増補改訂 法然遺文の基礎的研究

中野正明 著

法藏館

はしがき

法然上人（以下、尊称を略す）による専修念仏思想の主張とその展開は、結果的に後世鎌倉新仏教の先駆として幾多の反響を呼び、日本仏教史上における分水嶺を劃するに至った。しかし、法然自身の思想的真意はもとより、とくに彼の歴史的事象に関していまだ判明しない事柄が多いのはいかなる事由に起因しているのであろうか。

かつて法然の歴史的意義を論ずるにあたり、家永三郎氏著『中世仏教思想史研究』（法藏館、昭和二十二年）と井上光貞氏稿「藤原時代の浄土教」（『歴史学研究』第一三一号、昭和三十三年）が、平安時代の浄土教信仰の発展と解するか飛躍とみるべきかをめぐって主張を異にされたが、この重大な問題にすでに赤松俊秀氏は「鎌倉仏教の課題」（『史学雑誌』第六七巻第七号、昭和三十三年）において、社会構造の変遷に着目すべきであると説かれる一方、法然の遺文に関する具体的な問題点を指摘して、文献学的考証の再度の必要性を強く提示されている。そして、伊藤唯真氏は著書『浄土宗の成立と展開』（吉川弘文館、昭和五十六年）において、法然教団を古代から中世への変革期における聖仏教の展開の結果現出した聖教団であると規定して論じられた。また、平雅行氏は「法然の思想構造とその歴史的位置」（『日本史研究』第一九八号、昭和五十四年）、「中世的異端の歴史的意義」（『史林』第六三巻第三号、昭和五十五年）等において、法然教学の性格を思想史の観点から中世的異端と位置付けることによって理解された。こうした一般史のうえでの法然研究の盛況にもかかわらず、玉山成元氏が所論「法然伝の疑問について」（『三康文化研究所年報』第六・第七号、昭和五十年）において数々の問題点を指摘されるように、法然の歴史的事象の個別的な疑問は決して解決に至っているとは言えない。

それは中沢見明氏著『真宗源流史論』（法藏館、昭和二十六年）の法然伝に対する精緻な論考に影響を受けて、井川定慶氏著『法然上人絵伝の研究』（法然上人伝全集刊行会、昭和三十六年）、三田全信氏著『成立史的法然上人諸伝の研究』（光念寺出版部、昭和四十一年）、田村圓澄氏著『法然上人伝の研究』（法藏館、昭和四十七年）等体系的な法然伝の研究がつぎつぎに公けとなったものの、これら法然伝の各研究がいずれも『四十八巻伝』に集大成されていく成立過程を解明しようとの意図によっているため、諸伝記の成立時期の設定と各伝記の前後関係に主眼を置くものが多く、したがって、複雑な難題に決着がつかず諸説紛々の状態を呈しながら今日を迎えているという実情によるものである。もっとも、法然伝の研究は法然の歴史的研究にとって帰結しなければならない重要な視点であることはいうまでもない。しかしながら、法然の歴史的研究は他宗の宗祖のそれに比べて確かに遅れている。その最大の原因として現存する真筆類がほかの宗祖の場合と違って皆無に等しいことをあげ、伝来する遺文類の信憑性についても曖昧であるとの見方が一般的である。

法然の真蹟研究も種々論じられたが、以前は廬山寺所蔵『選択本願念仏集』の冒頭の題目を含む二一文字、金戒光明寺所蔵「一枚起請文」、大阪一心寺所蔵「一行一人阿弥陀経」の「源空」の行、二尊院所蔵「七箇条制誡」の署名・花押等のみがその対象であった。ところが、昭和三十七年に奈良興善寺において数点の法然自筆と見られる書状ならびに断簡、あるいは証空・親蓮・欣西等門弟の書状類が発見されると、それまで疑問であると言われていた嵯峨清涼寺所蔵の熊谷直実宛書状においても、主にその筆蹟の合致から真筆であるとの評価を受けるに至り、漸く法然の文書類の存在が確認されるという法然研究にとって画期的な進展を遂げる結果となった。そして、このことは伝来する多くの遺文類の史料的信憑性を再検討する糸口となる筈であったにもかかわらず、依然としてそれらの文献学的考証は等閑になっている。本書は法然房源空の研究を進展するにあたり、とくにその遺文類個々における史料批判の確立を目指し、終始一貫して実証的な姿勢によったものであり、ここにこそ刊行の主たる目的が存するというべきである。

実際に法然研究に使用しようとするテキストは意外に整備されていない。『浄土宗全書』がもっとも便利なようであるが、これは所収した刊本類の底本をも明示していないほど原本主義に拠っていない。江戸期の刊行物による場合、これらは遺文によって内容にまで及ぶ改変がなされていることもあり、純粋に法然に遡った議論を行なうには史料的に適切でないとしか言えない。黒田真洞・望月信亨両氏編『法然上人全集』(宗粋社、明治三十九年)、石井教道・大橋俊雄両氏編『昭和新修法然上人全集』(平楽寺書店、昭和三十年)があるが、とくに後者については校合の表示によって原型の記述が崩れ却って煩雑となっているように、いずれも基本的に史料操作のうえで問題がある。伝記資料集としては井川定慶氏編『法然上人伝全集』(同刊行会、昭和二十七年)があるが、これにも誤読や編集上誤解が多く見られる。そこで、こうした現状の打開を期して出来得る限り原本かもしくはそれに近い写本類を求めて、直接に書誌的検討を施し史料価値の吟味を図ることに努力したつもりである。

ところで、本書出版の経緯について少し触れておくと、平成二年六月三十日安居院西法寺において、鎌倉時代末頃の写本とみられる『和語灯録』残欠本を確認するに及んだことが直接の動因となっている。同九月七日には総本山知恩院で開かれた浄土宗典籍研究会において、この西法寺本『和語灯録』に関する緊急報告をさせていただき、会長の藤堂恭俊先生の鑑定をはじめご専門の諸先生方からのご教示を得るに及んで、これを出来る限り早い機会に公けとしなければならないとの感を強く抱くようになり、折角これを翻刻のうえ紹介するのであれば、時期的には早過ぎる嫌いもあるが、前々から構想としてあった法然遺文に関する研究の一書を上梓できればと考えるに至った。

そこで、これまでに学会誌・研究紀要等に発表してきた論文のうち、いくつかの法然研究に関するものに若干の手を加え、さらに脈絡を設けて配列所収し、これに数篇の新稿を添え全体として所期の目的を果たそうとしたものである。したがって、随所に内容の重複する論述が見られることについて、あらかじめご諒解を願っておきたい。与えられた課題が自らの能力を優に超えていることもあって未熟な論考の羅列となってしまったが、先述のような筆者の意を汲みとっていただき、本書の刊行が多くの法然研究者に寸分の喚起を促し、批判を辱くすることが出来たならば望外の喜びとするところである。

顧みると、私が法然の歴史的研究を始めたのは昭和五十二年大正大学文学部史学科日本史学専攻を卒業し、大学院文学研究科修士課程において故斎木一馬教授の講義を受けるようになってからである。爾来十余年の歳月が流れたが、斎木先生が口癖のようにいわれた法然研究の黎明はやはり未だに迎えられていないように思う。古記録学の提唱者、古文書学者として名高い先生はこの頃、嵯峨清凉寺所蔵文書、奈良興善寺所蔵文書を中心に、つぎつぎと法然関係古文書類の実証学的論稿を公けにされていたこともあって、法然研究の遅れていることをもっとも歎いておられた。そして、博士課程に進む頃になると先生の講義内容は専ら法然関係の基本的文献の操作について論じられることが多くなり、遺言とまで聴講の学生を叱咤、浄土宗に所属する学生が成長し将来自分の墓前に一書を纏めて供えることがあれば、教師としてまことに本懐であると述べられたことが今もって脳裏に焼きついて離れない。

同時に玉山成元先生からは三康文化研究所において浄土宗史研究会を催していただくなど専門的に亘る詳細なご指導を賜わることが出来た。先生は当時、丁度『中世浄土宗教団史の研究』(山喜房仏書林、昭和五十五年)、『定本法然上人全集』第七巻書簡篇(山喜房仏書林、昭和五十七年)などの出版のために原稿の整理にあたっておられた頃であり、数々の有益な問題点を提供して下さった。また、宇高良哲先生のご指導によってとくに史料調査の都度同行の許可を頂き、関東十八檀林をはじめとする関東一円、近畿・中部・東北地方と全国の浄土宗を中心とする寺院の史料探訪に随行できたことは、原物史料を扱ううえで貴重な体験を積むこととなった。各先生方からの温かいご示教は私が昭和五十七年博士課程を修了し、京都の総本山知恩院内にある華頂短期大学に奉職してからも書簡の往復その他によって続けられたが、総本山知恩院史料編纂所に籍を置くようになり、佛教大学をはじめとする諸先生方のご指導を得られるようになった。

就中、私の奉職先がご自坊のすぐ前に位置するという好運に恵まれ、浄土学の泰斗藤堂恭俊先生のご高誼を辱うし、教義面に疎い愚僧にとって懇切なご教導を賜われたことは誠に勿体ないところであった。その機縁によって浄土宗典籍研究会では、諸先生方から多くの示唆に富むご教示をいただくことが出来た。

そして、仏教史学会の月例研究会では委員諸氏より有益な啓発を受け、近年発足の法然上人研究会においても会員各位から具体的な問題について積極的にご助言を賜わった。

昭和五十六・五十八・五十九・六十年度、平成三・四年度には浄土宗教学院より、昭和六十三年度には浄土宗奨学会よりそれぞれ研究助成を賜わり、この度の刊行にあたっては平成三・同四年の両年度に亘り華頂短期大学研究成果刊行助成金の給付をいただいた。

以上のような広大な学恩に対して成果のあまりにも貧弱なことは私自身もっともよく承知しているつもりであるが、今後の研究指針の確認の意味から敢えて一冊の書物にまとめ、学恩の一端に報いることによって感謝の意を表したいと思う。そして、いまこの小著を斎木一馬先生のご霊前に謹んで献じ、合掌して浄仏国土でのご納受を願うものである。

なお、この書が成るにあたって法蔵館社長西村明氏には私の出版の申し出を快く承諾していただいた。中野真理子氏には面倒な索引作成、校正について多大のご援助を賜わった。記して深甚の謝意を表したい。

最後に私事にわたって恐縮であるが、師僧である父、母の両親は今日までの学業を経済的に支援しわがままな研究生活を温かく見守ってくれた。そして愚妻も執筆時間の確保によく努めてくれた。本書刊行にあたりこれら家族の理解と協力に感謝の言葉を捧げたい。

平成四年三月十九日

於華頂山麓学舎研究室

中野正明

目次

第Ⅱ部　各種遺文の史料的課題

序説

法然の歴史的研究にとってもっとも遅れているのは各遺文に対する史料批判の作業であると言ってよい。なかでも、伝記類におけるその傾向は顕著であって、個々の歴史的事象がいまだに判明しない大きな原因となっている。しかしながら、各種法然伝の史料的性格の確実な把握は決して容易でない。少なくとも、筆者は従来のような単なる伝記相互の記述の比較のみに頼っていたのでは方向を見出せないと考える。とくに、その記述形成過程が問題とならざるを得ない今日、各記述の原型はいかなる体裁で、それがどのような経路によってその伝記に所収されていったのか、この点が解明されなければ本当の意味で法然伝の成立過程を述べたことにはならないし、法然の歴史的事象に肉迫することは難しい。

筆者は勿論法然伝研究の必要性を否定するものではなく、それについてはいずれ取り組まなければならない重要な課題であると考える。しかし、これまでの法然研究があまりにも法然伝の各記述に束縛され過ぎてはいなかったかということである。周知のように法然の伝記は約二〇種類を数えるが、法然滅直後のものから約百年して作製された『法然上人行状絵図』（以下、『四十八巻伝』と称す）のようなものまである。これらの記述が成立年代の降るに従って増幅・潤色の度合いが強くなり、段々と物語化して法然の虚構が叙述されるようになったという一般論については理解できるが、所収遺文等の形態が原型からどのように踏襲され、あるいは改変して編集されていったのか、またそれぞれの遺文所収にあたっての情報経路は何処に拠ったのか等の問題は、室町時代初頭に至る法然滅後の初期教団史を端的に物語る視座であると言えよう。

そして、今後の法然伝研究の課題として、伝来する各伝記の原物に直接あたって、さらに適切な史料批判を行なうべき問題が多々あるように思う。ところが、それより以前に大切なことは、伝記編集の資料となった遺文類について、原本の確認とこれとの比較、各遺文の原型の想定等が必要である。このような遠大な問題設定のもとに、筆者はまずこれら各伝記について個々の考証過程においては取り扱うが研究の対象からひとまず除外して、その伝記形成に間違いなく資料となったと思われる法然遺文の研究を進めることにしたわけである。

本書の述作にあたって伝記史料を除く遺文類中心主義の方法や構想をとった理由としては、さらに史料論一般について述べておく必要がある。従来の法然研究が伝記中心によって進められてきた傾向が指摘されるところであるが、歴史学的見地に立つならば順序は逆である。まず一等史料というべき原物等の古文書類を中心に据え、そこからどの史料がつぎに信頼に耐えられるものかといった史料批判の作業が行なわれるべきである。

そうした手順からすると法然研究の場合にも、原本が現存する遺文類を中心にした実証的考察の成果を土台としながら、つぎに後世になって編纂された遺文集の史料的性格を検討すべきであると考える。そのことによって、所収される著述・法語・消息類など遺文個々の問題点も整理され、おのずと史料的信憑性が証明されてくるというものである。筆者が法然の歴史的研究の課題において、最初に遺文集の文献学的考証をとおして、所収遺文の史料的信憑性の検討を掲げた理由はここにある。

本書は二部から成り、第I部では法然の遺文集全般における史料的価値を認識することに主眼を置いた。遺文集として研究の対象となるべきものをあげると、まず醍醐三宝院所蔵の『法然上人伝記』(1)（以下、『醍醐本』と称す）がある。これは醍醐寺第八〇代座主義演によって書写された法然伝であるが、他の遺文集との照合によって「一期物語」以下六篇の遺文を収録する遺文集の性格を有していることが判明する。成立については本論において詳述するところであるが、一応仁治二年（一二四一）頃源智の門下らによって編集されたものと考えている。

つぎには康元元年（一二五六）から翌二年にかけて親鸞によって書写された高田専修寺所蔵の『西方指南抄』(2)（以下、『指南抄』と称す）があげられる。『指南抄』の成立についても諸説(3)あるが、筆者は仁治二年から宝治二年（一二四八）頃までにその原型の成立を設定している。これには「法然聖人御説法事」以下二八篇が収録されている。

さらに、文永十一年（一二七四）から翌十二年にかけて然阿良忠の門弟望西楼了恵道光によって『黒谷上人語灯録』（以下、『語灯録』と称す）が編纂されている。その編成は漢語一〇巻（以下、『漢語灯録』と称す）と和語五巻（以下、『和語灯録』と称す）に分かれており、『漢語灯録』には漢文体のものを二二篇、『和語灯録』には和文体のものを二四篇収録し、さらに『拾遺黒谷語録』（以下、『拾遺語灯録』と称す）三巻（漢語一巻――以下『拾遺漢語灯録』と称す、和語二巻――以下『拾遺和語灯録』と称す）を追加のため編集するなどもっとも大掛かりな遺文集と言える。しかしながら、これら個々の遺文集の史料価値につ(4)いては決して明確であるとはいいがたく、いまもって半信半疑の状態のままに使用しているのが現状といえよう。

『指南抄』や『醍醐本』の場合には、前述したごとき書写本(5)を考察の対象とするため問題はないが、その原型を想定しながら史料批判を加えるならば、とくに遺文の配列順序やその意味するところを掘り下げてみる必要があろう。そして、編集意図等の解明をとおして史料的性格の把握に努め、成立時期の設定が可能となるものと考える。

『語灯録』のように諸本伝来するようなものには善本を選定することに意を注がねばならない。こうした遺文集の史料価値やまた善本の選定に際して基準とすべき点は、原本かもしくは出来得る限り原本に近い書写本を求めてこれに依拠することである。その意味において、奈良興善寺から数点の法然自筆書状ならびに断簡、あるいは証空ら門弟の書状類が発見されたことは、[6] 嵯峨清凉寺所蔵熊谷直実宛法然書状がその筆跡の合致から間違いなく法然の真筆であると認定されるなど、[7] 法然研究は大きな飛躍を遂げることになった。しかも、それは『拾遺語灯録』巻下所収の「熊谷の入道へつかはす御返事」と共通するもので、[8] また清凉寺所蔵の熊谷入道宛証空自筆書状が『拾遺語灯録』巻下所収の「ある時の御返事」と共通するなど、[9] これらは『語灯録』の史料価値を考察するうえでもっとも貴重な存在と言える。

さらに、遺文の原本が伝来するものとして嵯峨二尊院所蔵「七箇条制誡」をあげることができる。これは『漢語灯録』巻一〇所収本と共通するものであり、『語灯録』研究においても欠くことのできない遺文である。『語灯録』の場合には古い完本が伝来しないために問題も多い。『漢語灯録』では江戸時代後期のものと思われる写本か近世になってからの版本しか現存しない。しかも双方の記述には内容にまでも及ぶ大きな相違が存する。これらのうち善本を選定するには前掲の「七箇条制誡」のような原本との照合が重要な作業であることになる。

そして、永享二年（一四三〇）隆堯によって書写された安土浄厳院所蔵『漢語灯録』[10] 残欠本の存在は、『漢語灯録』研究のうえで貴重な価値を有する。『和語灯録』ではこれまで主に龍谷大学所蔵元亨元年（一三二一）版が利用されてきたが、版本であるだけに信用し難い面もあった。しかし、このたびの安居院西法寺所蔵鎌倉時代末頃の書写と思われる『和語灯録』残欠本の確認によって、その対照をとおして元亨版の史料価値についての考察が可能となったわけである。このように、出来る限り原本に近いものとの比較によって『語灯録』自体の遺文集としての評価をくだすことができるものである。

第Ⅱ部は各論とし、遺文集に所収される個々の遺文が実際に原資料としてどの程度遡り得るのか、すなわちその史料的信憑性を見極めようとするものであるが、さらにはその考察の過程で新たな歴史的解釈が生ずることであろうことも期待している。それは、史料操作の面で一貫した手順を踏んで臨んできた成果として、各種の遺文において若干の史料的課題が設定され、私見を論述するに充分なる傍証の得られる場合が予想できるからである。

ここにおいて必要となるのが、各種法然伝のうち比較的法然滅後早い時期に成立したと推定される伝記類の記述との関係である。これら初期の伝記類をあげると、昭和三十九年に東寺宝菩提院より発見された隆寛の著『知恩講私記』(11)(以下、『講私記』と称す)、筑後善導寺に現蔵する躭空編集の『本朝祖師伝記絵詞』(以下、『四巻伝』(12)と称す)、『指南抄』中巻末に所収する『源空聖人私日記』(以下、『私日記』と称す)、そして前掲の『醍醐本』等がある。各遺文の信憑性を考証する過程で、これら初期の伝記類所載の記述との関連は各伝記成立時期の前後関係とあいまって重要な課題であると言える。この初期伝記類所載の記述や遺文集所収のものは、場合によっては緊密な関係を有しており、この相互関係を充分に検討し、伝承経路の確定に向けての試案が繰り返され、記述の形成過程が考証されるに及んで漸く各遺文の溯源性が実証されるわけである。

ここにとりあげた遺文は、いずれも法然研究の中核をなすといえる重要な遺文である。「三昧発得記」「法然聖人御夢想記」は法然の宗教体験としてどの程度信用が置けるものか思想史の面からも興味が持たれて当然であろう。これらの宗教体験の有無は、法然浄土教の理解に重要な課題であるばかりか、彼の思想成熟の歴程を知るうえにどうしても追究しなければならない問題である。「没後遺誡文」は建久九年(一一九八)法然が往生を一旦覚悟したときの葬家追善と遺産分与についての遺誡であるが、これも前掲の体験記との関連で、とくに年代的な前後関係において、また法然の身辺や門下の実態を語るうえで極めて重要な遺文である。

「七箇条制誡」「送山門起請文」等は、この頃の法然とその門下を取りまく、専修念仏者に対する朝廷ならびに南都北嶺の批判、いわゆる法難と称される問題に関して、とくに法然と比叡山との関係、法然門下達の実態や法然の姿勢等について、これらの真相を解明するために欠くことのできない遺文である。なかでも、「七箇条制誡」の一九〇名にものぼる署名者の検討からは、当時の法然門下における専修念仏者の実相が活写されることであろう。

さらに、「善導寺御消息」と安土浄厳院所伝の聖覚法語は、聖光相承系「一枚起請文」についての考察に、その伝承経路が確実に辿れるものとして貴重な史料というべきである。いずれの遺文においても、伝来諸本の比較による親近性の検討が充分に行なわれることによって溯源性が実証されるわけで、これらの遺文の実在したことが証明されることによって、法然の歴史的研究のうえに確定できる事象をいくらかでも加えることが出来るのである。

こうした基礎的作業を踏まえながらより多くの法然遺文を対象として、記述の形成過程の考証がかなえられるならば、そこには法然遺文の内容について正確な理解が実現し、おのずと法然の生きた歴史的事象が浮かび上がってくるであろう。そして、各遺文の伝記類への所収過程へと問題が広がりを見せることによって、伝承過程における記述の共通点・相違点等を正しく認識することが可能となり、ここに初期教団史の実像が自然に語られてくるであろうと考える。

以上のように、本書は筆者が法然研究の方法論上、従来の偏向に一石を投じ、自らにおいてはその具体的な考証の成果を土台として、今後の法然伝研究等への足掛かりにすべく一書に纏めたものである。博雅諸賢のご指導を乞いたい。

註

（1）『藤堂恭俊博士古稀記念 浄土宗典籍研究』資料篇（同朋舎、昭和六十三年）に影印・翻刻のうえ所収刊行されている。

（2）『親鸞聖人真蹟集成』第五・六巻（法藏館、昭和四十八年）に影印所収刊行されている。

（3）高田専修寺所蔵の親鸞自筆本を『指南抄』の草稿本とする『定本親鸞聖人全集』第五巻輯録篇（法藏館、昭和四十八年）巻末生桑完明「輯録篇解説」、浅野教信「西方指

南抄の研究序説」（『仏教文化研究所紀要』第三号、昭和三十九年）、霊山勝海「西方指南抄の編者について」（『真宗研究』第一一号、昭和四十一年）等と、転写本とする赤松俊秀「西方指南抄について」（『塚本博士頌寿記念仏教史学論集』、同記念会、昭和三十六年）、『親鸞聖人真蹟集成』第六巻（法藏館、昭和四十八年）巻末平松令三「解説」等の両説がある。

（4）『指南抄』所収遺文との比較によって問題を体系づけた先駆的なものに、中沢見明「西方指南抄と漢和語灯録に就て」（『高田学報』第二三・二四・二六号、昭和十四・十五・十七年）があげられ、その後藤原猶雪著『日本仏教史研究』（大東出版社、昭和十三年）所収「徳川時代における法然上人漢語灯録の改竄刊流」をはじめ、秦智宏「黒谷上人語灯録に関する一考察―その一「成立に関する問題」―」（『東海仏教』第二五号、昭和五十五年）、拙稿「『黒谷上人語灯録』（聖教解説）」（『日本仏教史学』第二一号、昭和六十一年）等がある。

（5）高田専修寺にはほかに覚信書写の『指南抄』を現蔵している。三井淳弁「覚信伝持の西方指南抄に就て」（『高田学報』第三号、昭和七年）参照。

（6）堀池春峰「興善寺蔵法然聖人等消息並に念仏結縁交名状に就いて」（『仏教史学』第一〇巻第三号、昭和三十七年）において、逸早くその全貌が詳細に学界に紹介された。また斎木一馬「興善寺所蔵の源空・証空書状覚え書」（『藤原弘道先生古稀記念史学仏教学論集』乾、同刊行会、昭和四十八年）、同「親蓮書状（仏教古文書学講座）」（『日本仏教史学』第一四号、昭和五十四年）、同「欣西書状（仏教古文書学講座）」（『日本仏教史学』第一五号、昭和五十四年）等において、正確な釈文が掲げられ精緻な考察のうえに詳細な解説が述べられている。

（7）斎木一馬「清凉寺所蔵の源空自筆書状について」（『櫛田博士頌寿記念高僧伝の研究』、山喜房仏書林、昭和四十八年）参照。

（8）大橋俊雄校註『日本思想大系』10「法然・一遍」（岩波書店、昭和四十六年）、竹内理三編『鎌倉遺文』古文書編第三巻（東京堂出版、昭和四十七年）に所収されている。論文としては赤松俊秀著『続鎌倉仏教の研究』（平楽寺書店、昭和四十一年）所収「熊谷直実の上品上生往生立願について」、近藤喜博「法然上人の書状と熊谷蓮生坊―清凉寺文書を中心に―」（『月刊文化財』第二五号、昭和四十年）等があげられ、それぞれ釈文を掲げられている。

（9）斎木一馬「清凉寺所蔵熊谷入道宛証空自筆書状について」（『仏教史研究』第七号、昭和四十八年）参照。

（10）宇高良哲編著『『逆修説法』諸本の研究』（文化書院、昭和六十三年）に影印所収刊行されている。

（11）櫛田良洪「新発見の法然伝記―「知恩講私記」―」（『日本歴史』第二〇〇号、昭和四十年）、同「知恩講私記（史料

紹介）」（『仏教史研究』第一〇号、昭和五十一年）等に写真版ならびに釈文が掲載されている。

(12) 『四巻伝』にはほかに梅津次郎氏が『国華』第七〇五号（昭和二十五年）に紹介された『伝法絵流通』下（以下、『国華本』と称す）、高田専修寺所蔵顕智書写の『法然上人伝法絵』下巻（以下、『高田本』と称す）等がある。

第Ⅰ部　法然の遺文集

第一章　醍醐本『法然上人伝記』について

法然の伝記類や遺文集のごとき編纂書個々の成立時期および編者、さらには編集意図・成立事情等の詳細な検討が、良質な一次史料の決して多いとは言えない法然研究にとって重要な意義を持つことは言うまでもない。とくに伝記類では東寺宝菩提院所蔵の『講私記』、筑後善導寺所蔵の『四巻伝』、醍醐三宝院所蔵の『醍醐本』、『指南抄』中巻末所収の『私日記』等、比較的法然滅後早い時期に成立したと推定されるものが、後世に成立する幾多の法然伝編集に大きな影響を及ぼし、それにともなってある一定の法然像が形成されていったことを思うと、その基礎資料となった初期の法然伝個々の成立事情を探ることは基本的な問題として重要と言える。

本章では性格的には遺文集ともみられ、各種法然伝成立の基礎資料の一つになったと考えられる『醍醐本』について論ずる。『醍醐本』は大正七年に醍醐三宝院の宝蔵から発見されたものを望月信亭氏によって紹介されたもの(1)で、醍醐寺第八〇代座主義演の書写となっている(2)法然伝である。「一期物語」「別伝記」「御臨終日記」の三部から成るが、康元元年（一二五六）から翌二年にかけて親鸞によって書写された『指南抄』、および文永十一年（一二七四）から翌十二年にかけて然阿良忠の門弟望西楼了恵道光によって編纂された『語灯録』等ほかの遺文集に所収されるものと照合すると、六篇の遺文によって構成されていることが判明し、『醍醐本』も法然の遺文集というべき性格を有していると言える。

『醍醐本』の史料価値については従来あまり疑問視されてこなかったが、(3)かといって書誌学的な検討が充分に行なわれてきたとも言い難い。むしろ、『醍醐本』構成上の問題すなわち所載形態の理解に曖昧な面が見られるなど、基本的なところで解決されていない点が多い。そうした観点からすると、『仏教古典叢書』（中外出版社、大正十二年）所収「法然上人伝記附一期物語」の翻刻は、石井教道・大橋俊雄両氏編『昭和新修法然上人全集』、井川定慶氏編『法然上人伝全集』等のそれと比べてもっとも写本の体裁に忠実であるといえるが、このたび『浄土宗典籍研究』資料篇に全文影印のうえ所収刊行され、『醍醐本』の研究にとって大いに進展をみるに至った。さらに、その研究篇に『醍醐本』においては十余の新たな所論が掲載され、各所説に導かれるところは多く、漸く『醍醐本』研究の方向性が確定したように思う。そして、今後は法然研究の重要課題の一つとして一層議論が盛んになることであろう。

註

（1）　望月信亨氏によって大正七年「醍醐本法然上人伝記に就て」と題し『仏書研究』第三七・三八号、ならびに『宗教界』第一四巻第三号等の誌上に紹介され、大正十二年には中外出版社より出版の『仏教古典叢書』に所収公刊された。

（2）　巻末奥書に「法然上人伝記依二及覧一雖レ為二枝葉一書レ之、義演」とあるが、本章第四節（七八頁）で述べるように、義演一流の一山聖教類における書写整理事業の一環として、義演の弟子らによって書写されたものと考えられる。

（3）　『醍醐本』の評価について基本的な役割を果したのは三田全信「『醍醐本法然上人伝』と『源空聖人私日記』の比較研究」（『佛教大学研究紀要』第三四号、昭和三十三年）、同「法然上人伝の成立史的研究序説」（『法然上人伝の成立史的研究』第四巻、知恩院、昭和四十年）、ならびに同著『成立史的法然上人諸伝の研究』二「法然上人伝記（醍醐本）」等一連の諸研究であるといってよい。

第一節　『醍醐本』の構成

『醍醐本』全体の構成については、望月氏が一連の誌上に載せられた解説内容にもとづき、今日「一期物語」以下六篇の遺文によって構成されるとの説明がなされているが、これは厳密には誤解であるように思う。この『醍醐本』「御臨終日記」の内容検討を前に、まずその所載文献である『醍醐本』自体の構成に関する確認から筆を起こしたい。

『醍醐本』は前述もしたとおり「一期物語」「別伝記」「御臨終日記」の三部から成っている。しかるに、石井教道・大橋俊雄両氏編『昭和新修法然上人全集』は校合編集の都合上、「一期物語」「禅勝房との十一箇条問答」「三心料簡および御法語」「別伝記」「御臨終日記」「三昧発得記」の六項目をとっており、のちに井川定慶氏編『法然上人伝全集』は収録の際に便宜を計り、「禅勝房への答」「三昧発得記」等写本にはない題目を挿入している。こうした認識は決して間違いではなく、事実『拾遺漢語灯録』所収「浄土随聞記」、『指南抄』所収「或人念仏之不審聖人に奉問次第」等の記述と照合してみると、『醍醐本』「一期物語」は三篇の遺文によって構成されていることが容易にわかる。同じことは「御臨終日記」にもいえる。『指南抄』『拾遺漢語灯録』等には、それぞれ「法然聖人臨終行儀」「建久九年正月一日記」、「臨終祥瑞記」「三昧発得記」というように別々に二篇の遺文として収録されている。したがって、「一期物語」が三篇、「御臨終日記」が二篇、さらに「別伝記」と合わせて六篇の遺文が所収されているのである。しかし、いま『醍醐本』自体の成立事情を探るうえにおいて、『醍醐本』の所載形態を無視しては、その時点で編集意図に迫ることが難しくなる。

ところで、『醍醐本』「御臨終日記」は二つの遺文の併合によって成っている。それは『指南抄』本や『拾遺漢語灯録』本によって対応すると、「法然聖人臨終行儀」ならびに「臨終祥瑞記」、「建久九年正月一日記」ならびに「三昧発得記」とがそれぞれ同一の遺文である。そして、『醍醐本』「御臨終日記」は構成上この両遺文の間につぎのような文節を挿入している。

上人入滅以後及二三十季一ニ、当世奉レ値二上人一之人其数雖レ多ト、時代若移者於二在生之有様一ニ定懐二朦昧一歟、為レ之今聊抄二記ス見聞事ヲ一、又上人在生之時、発二得口称三昧一常見二浄土依正一ノ、以自筆レ之勢至房〔観〕(源智)伝レ之、上人往生之後明遍僧都尋レ之加二一見一流二随喜涙一、即被レ送二本処一、当時聊ニ雖レ聞二及此由一未レ見レ本者不レ記二其旨一ヲ、後得二彼記一ヲ写レ之、

これについては後述するが、この挿入文は「又上人在生之時」から二つに分かれ、まずその後部の記述と『醍醐本』「御臨終日記」の最末尾に「此三昧発得之記、年来之間勢観房(源智)秘蔵シテ不二披露一、於二没後一不面(図カ)伝二得之一書畢」と附記する「三昧発得記」伝来の説明とは同時に追記されたもののようで、またそれは『醍醐本』の編者によってなされたものと見做される。とすれば、前述した挿入文の前半部の記述は、二つの遺文を併合するために加えられた文節と考えられる。そして、それはまさしく『醍醐本』の編者の手によるものである。

以上のような『醍醐本』構成上の問題点は原本の成立時期を推定するうえにおいて、さらには各遺文の原型を想定するために重要である。それぞれに先行する原型の遺文が存して、それらがある時期になんらかの編集意図にもとづいて纏められたのか、あるいはこの『醍醐本』の記述がもとになって個々の遺文が現出伝来したのか、興味深いところである。すなわち、前掲の『指南抄』『拾遺漢語灯録』所収の遺文、さらには各種伝記類所載のものなどとの比較の段階において、いずれの記述を原型に近いものと判断するかといった究極的な問題点にかかわるからである。筆者は、前述した『醍醐本』「御臨終日記」の編集事情に関して記された附記の内容から、前掲の遺文個々

にこの『醍醐本』所載の記述に先行する原型の存在を一貫して想定しており、以下に試みる他本との校合に際しても、そうした立場を前提としていることをまずご諒解いただきたい。

第二節　「別伝記」について

『醍醐本』の成立事情を考察するうえに、筆者はこの「別伝記」がもつ意味の大きいことに漸く考え及ぶことができた。これまでどちらかというと他の伝記と比べて内容的に特異であるとして史料的に敬遠されてきたが、『醍醐本』という一つの文献を考えるとき、ほかの所収遺文の記述は認めこの「別伝記」のみを短篇であるから偽撰であるとする考え方は説得力を有たない。このような論理からは、逆に『醍醐本』全体の記述に問題があるとすることにもなろう。こうした単純な問題意識のもとに、他の伝記類の記述との関係、あるいは『醍醐本』構成上の「別伝記」の位置・意味等に焦点を向けてみると、「別伝記」の存在が『醍醐本』の編集意図と極めて深い関係をもって理解されてくるのである。ここに先学各所論の成果を充分に踏まえながら、「別伝記」の成立に関する愚考を報告し大方のご批判を乞うところである。

一　「別伝記」の特徴と位置

「別伝記」の記述は出自・出家・叡山修学・諸宗習学・「公胤夢告」等、おもに法然の学問上の遍歴を記すところに特徴があるが、なかでも比叡登山に関して「上人慈父云、我ニ有レ敵、登山之後ニカハ聞レ被トハレ打ハニレ敵、可レ訪ハ二後世ヲ一云々、即十五歳ニノ登山ス、黒谷ノ慈眼房ヲノ為レ師ト出家授戒、然間慈父被ハレ打レ敵ニ畢」とあり、法然の父親の敵襲による討死を法然十五歳の比叡登山の後とし、さらにその出家の師として黒谷慈眼房（叡空）の名をあげるのはほかの伝記類に見られない特異な記事と言える。このことは、法然の伝記を考えるうえで、出家・登山・遁世とつづく少年期から青年期にかけての最も重要な問題である。『四巻伝』『私日記』以下『法然上人伝記』（以下、『九巻伝』と称す）『四十八巻伝』に至る各諸伝が、父時国の死をひとしく保延七年（一一四一）法然九歳の時の夜討によるものと記しているため、『醍醐本』「別伝記」の記述のみがこれらに相違することになり、したがってこの父時国夜討事件の時期設定については、登山の起因や遁世の理由等と係わるものとして詳細なる検討を要するのである。

この問題の解明には、「別伝記」を所収する『醍醐本』自体の文献としての適切な評価がなされるべきで、それはまた法然研究にとって遺文や伝記類の信憑性、すなわちその伝来過程に関する検討が基礎的課題と言えることからも重要な問題としなければならない。『浄土宗典籍研究』研究篇ではこうした期待に応えるべく、『醍醐本』に関して種々の観点から考察がなされている。従来の『醍醐本』研究においても史料的価値を否定するようなものは数少なく大方において認められていた感があったが(1)、『浄土宗典籍研究』では詳細な考証によってこれをさらに高めることになった。ところが、「別伝記」においては従前から扱いに消極的な面があったが(2)、『浄土宗典籍研究』においても説の分かれるところとなった。とくに「別伝記」という題目の意味するところについてであり、別載の「一期物語」との内容的な比較によって生ずる疑問が中心である。

三田全信氏は以前『成立史的法然上人諸伝の研究』二「法然上人伝記（醍醐本）」において、「別伝記」は最初の「法然上人伝記」から法然の直語を尊重する余りこれをとくに抜き出して、「一期物語」として収載したその残りの部分であるとされている。梶村昇氏は「醍醐本『法然上人伝記』の筆者について」（『小沢教授頌寿記念善導大師の思想とその影響』、大東出版社、昭和五十二年）において、編者は源智の門弟で法然の直語を記録したものの書写のあと、出家・修学等の行実面だけを源智が持っていた別の伝記のなかから補足して記したのが「別伝記」であると述べられている。(3)『浄土宗典籍研究』所収論文のうち「別伝記」を扱ったものとしては玉山成元氏の「『別伝記』の史料価値」、中井真孝氏の「醍醐本『法然上人伝記』の『別伝記』について」の二論文があげられる。玉山氏は『醍醐本』自体を良質な史料であると評価したうえで、「別伝記」の記述についてもほかの史料に照らし合わせて確実なものであることを考証されている。(4)ところが、中井氏は「別伝記」は「一期物語」など他篇と分離して別個に捉えるべきであるとしたうえで、他の法然伝との比較において「別伝記」特有の記事は必ずしも史実とできないとし、「一期物語」が源智系の記述であるのに対し「別伝記」は『講私記』同様に隆寛系の伝記類であると指摘され、「別伝記」の狙いが天台宗など諸宗高僧の帰服を得た法然像を構築することにあったとその編集意図についての見解を示され、結果的に「別伝記」の史料的信憑性に疑義を呈されている。

以上のように各氏によって説の分かれることになる最大の原因は、『醍醐本』自体の編集意図・成立事情等について定まった見解のないことにあると言える。『醍醐本』全体の編集に関する理解が正当になされれば、「別伝記」の所収目的についても見当がついてくるであろう。それは『醍醐本』の構成上の理解を正確に行なうことによって「別伝記」の位置を知り、さらに「御臨終日記」の所載意図をも考慮に入れながら考察を進めるとよいのではなかろうか。そのうえで、何故に「一期物語」とは別に伝記の性格の強い「別伝記」を所収したのか、ここに『醍醐本』の編者による何らかの目的意識を感じないでおられない。また、「別伝記」の史料的信憑性はその原型の存在性について、『講私記』『四巻伝』『私日記』等比較的成立の早い各法然伝の記述との対照によって、記述の系統的特徴を見極めることからも検討されるべきである。そして、その相互関係の具合によって「別伝記」の記述の成立事情に遡った評価を下せるのではないだろうか。

これについては後述するが、『指南抄』所収の「法然聖人臨終行儀」と、これにつづいて所収される中宮大進兼高をはじめとする諸人霊夢の記録（以下、「聖人御事諸人夢記」と称す）、さらには『講私記』『四巻伝』『私日記』等の初期法然伝の記述と比較を行なってみると、『指南抄』系の両遺文の原型同士がある時点で合糅し、それが基礎となって『醍醐本』と『講私記』、『四巻伝』と『私日記』という系統に分かれていったようである。さらに『指南抄』の記述との照合から『醍醐本』「御臨終日記」後半部の「三昧発得記」の記述は、前半部が多くの省略による抄出であるのに比べて、『指南抄』の記述にほとんど近いことが確認されることから、『醍醐本』の編者はこの「三昧発得記」の存在を世に主張することが重要な目的の一つであったものと思われる。詳細は考察が進むに従って述べられるであろうが、このように『醍醐本』全体の構成上の理解によってあるいは個々の遺文から現状の形に編集されるその形成過程に、それぞれの遺文を所収する必然性を想定することが可能である。

「一期物語」においても、梶村氏が述べられるようにその包括範囲は最初から「三心料簡事」までを指している。それは、前述のように『拾遺漢語灯録』所収「浄土随聞記」、『指南抄』所収「或人念仏之不審聖人に奉問次第」等との照合から三篇の遺文で構成されていることがわかる。しかし、書写本によってその体裁を確認してみると『醍醐本』全体は三部構成のように区切られており、少なくともこの三篇の遺文は連続して書かれており、つぎの「別伝記」までを一連のものと見るのが自然である。したがって、内題に、

法然上人伝記

附一期物語　　見聞出勢〔書カ〕観房

とある「附一期物語」なる部分が「別伝記」以前の「三心料簡事」までの題目であり、その「一期物語」全体に対して「見聞出勢〔書カ〕観房」という註記がなされているものと解される。

このように『醍醐本』全体の構成を考えてくると、おのずと「別伝記」の位置が明瞭に見えてくる。それは前述もしたが三田氏が論じられるように、「法然上人伝記」から法然の直語を抽出して「一期物語」としたその残りの部分が「別伝記」であるとする説は甚だ受け容れ難い。その徴証として題目が「別伝記云」と始まっていることである。これは、『醍醐本』所載の「別伝記」の記述がある記述の抄出によるものであることを意味しており、すなわち「一期物語」とは別系統の伝記の存在が想定される。その意味では「別伝記」を「一期物語」など他篇と分離して別個に捉えるべきである。では、「一期物語」のつぎに「別伝記」を掲載するところに何か意味があったのであろうか。筆者はそのあとに「三昧発得記」を附した「御臨終日記」を掲載することと関連して、そこに重要な意味が存するように思う。すなわち、「一期物語」「別伝記」「御臨終日記」という順で編集し「法然上人伝記」との表題を設けた意図はどこにあるのか、以下ここではとくに「別伝記」の記述内容の検討から探っていくことにする。

二　「一期物語」との関係

「一期物語」と「別伝記」との関係については、すでに『醍醐本』構成上の問題として、別個のものとの認識が得られたわけであるが、ここで記述内容の比較からもその関係を追ってみる。

まず、「別伝記」の記述を内容的にⒶⒷⒸの三部に大別し、それぞれに「一期物語」の対応する記述を掲げることにする。

Ⓐ

▽「別伝記」

法然上人ハ美作州ノ人也、姓ハ漆間氏也、本国之本師ハ智鏡房、本ハ山僧、上人十五歳ニ師云ㇾ非ト二直人ニ一欲二登ト山一、上人慈父云、

我有レ敵、登山之後聞レ被レ打レ敵可レ訪二後世一云々、即十五歳登山、黒谷慈眼房為レ師出家授戒、然間慈父被レ打レ敵畢云、上人聞二此由一師乞レ暇遁世云、遁世之人無智悪候也、依レ之始二談義於三所一、謂玄義一所、文句一所、止観一所也、毎日遇二三所一、依レ之三ヶ季亘二六十巻一畢、（下略）

▽「一期物語」（第一話）

或時物語云、幼少登山、十七年亘二六十巻一、十八年乞レ暇遁世、是偏絶二名利望一一向為レ学二仏法一也、自レ爾以来四十余年、習二学天台一宗一、粗得二一宗大意一、（下略）

(B)

▽「別伝記」

其後籠二居黒谷経蔵一、披二見一切経一、与レ師問答、師時々閉口、師即捧二二字一云、知者為レ師、今上人返為レ師云々、又花厳宗章疏見立、醍醐有二花厳宗先達一行決レ之、彼師云二鏡賀法橋一、々々云、我雖レ相二承此宗一、此程不二分明一、依二上人一開二処々不審一云々、依レ之鏡賀二字（奉二脱カ）即受二梵網心地戒品一、或時自二御室一鏡賀許花厳真言勝劣判可レ進云々、依レ之鏡賀思念、仏智照覧有レ憚、真言為レ勝、爰上人鏡賀許出来給、房主悦云、自二御室一有二如レ此之仰一云々、上人問、何様判思食、房主云如レ上申、此上人存外次第也、源空所存一端申サムトテ、花厳宗勝二真言一事一々被レ顕、依レ之房主承伏、御室返答花厳勝タル之由申畢、其後智鏡房自二美作州一上洛、上人奉二二字一、但真言中河少将阿闍梨受レ之、法相法門見立蔵俊決レ之、蔵俊返二字、已上四人師匠皆進二二字状一、（下略）

▽「一期物語」（第一話）

（上略）雖レ然以二十年廿年功一不レ能レ知二一宗大綱一、然闕二諸宗教相一、聊知二顕密諸教一、八宗之外加二仏心宗一亘二九宗一、其中適有二先達一者往而決レ之、面々蒙二印可一、当初醍醐有二三論先達一、往彼述二所存一、先達惣不二言説一而入レ内、取二出文櫃〔櫃〕十余合一云、於二我法門一無下可二付属一之人上、已達二此法門一給、悉奉レ付二属之一、称美讃嘆傍痛程也、進士入道阿性房同道聞レ之云々、又往二蔵俊僧都許一、談二法相宗法門一之時、蔵俊云非二直人一、恐大権化現歟、雖レ奉レ値二昔論主一、不レ可レ過レ之覚程也、知恵深達事言語道断、我一期有下思レ延二供養一志上云々、其後毎年送二供物一已果二願望一、凡毎レ値二先達一皆被二称嘆一、（下略）

▽ (C)

▽「別伝記」

竹林房法印静賢奉レ値二上人一取二念仏信一、其文者心義也、三井公胤於二殿上一七ケ不審開二上人一、々々老耄之後不レ見二聖教一三十年、其後山僧筑前弟子、為レ令レ遂二竪義一参二上人一、内々談二法門一、竪者云、卅季不レ見二聖教一被レ仰各分明事、当時勧学越、非二直之人一御云々、公胤夢見云、源空本地身、大勢至菩薩、衆生教化故、来此界度々云々、

▽「一期物語」（第十七話）

或云、上人在生時三井寺貫首大弐僧正公胤、作二三巻書一破二選択集一名二浄土決疑抄一、其書曰、法花有二即往安楽文一、観経有二読誦大乗句一、転二読法花一生二極楽一有二何妨一、然廃二読誦大乗一唯付二属念仏一云々、是大錯也、取意、上人見レ之不二見終一指置云、此僧正此程之人不レ思、無下分際哉、聞レ言二浄土宗義一者、可レ思三定判二教権実一者、可レ思下廃レ権立二実義一覧上、乍レ聞レ立二宗義一枉レ理以二法花一望レ入二観経往生行中一事、似レ忘二宗義廃立一、若能学道者、可レ謂二観経是爾前教一也、彼教中不レ可レ摂二法花一、今浄土宗意者、取二観経前後之諸大乗経一、皆悉摂二往生行内一、何法花独残レ之哉、事新不レ可レ望、入二観経内一普摂レ意者、教為下対二念仏一廃上レ之也云々、使者学仏房還語二此由一、僧正閉口不レ言説一、彼僧正来説法之次、被レ語二於前浄土決疑抄之由来一、我今日臨二此砌一事、偏為レ懺二悔此事一也云々、聴聞道俗貴賤莫レ不レ随喜一、其後僧正同遂二往生素懐一畢、瑞相非奇特旁（マヽ）多云々、（下略）

順次両記述の比較を行なっていこう。

(A)　全体的に「一期物語」に比べて「別伝記」の記述の方が詳細に亘っており、この部分はとくに「一期物語」に対する行実面の補足と見られても止むを得ない。しかるに、内容的には両者に若干の食い違いがある。登山の年時であるが「別伝記」が「即十五歳《ニメ》登山《ス》」とするのに対し、「一期物語」は「幼少《ニシテ》登山《ス》」とのみ記し明確な年時は記していない。また「一期物語」では十七歳で六十巻を亘ったとあるが（天台三大部の習得を指すのであろう）、「別伝記」では玄義・文句・止観を毎日三所で習得し三ヶ年に六十巻に亘ったとある。「別伝記」は登山年時を十五歳としており、また「遁世之人《モ》無智《ナルハ》悪《ク》候也」とあってこの三大部習得が遁世のためであるようになっているから、遁世は十八歳のことというようにも考えられるが、また遁世してから三大部の習得を始めたとも理解され、遁世の年時を明確には記していない。この点は「一期物語」は「十八《ノ》年乞《テ》レ暇遁世《ス》」と記述し、三大部習得の年時については十七歳としている。これらの相違は実は登山の年時や遁世の理由等に関する表現と関係しているのであろう。「一期物語」では遁世の理由を名利の望を絶って一向に仏法を学ばんがためとしているのに対し、「別伝記」ではこれを父親夜討を聞き及ぶがためであるとしている点はもっとも大きな相違である。そして、「別伝記」には登山の起因、父親夜討のこと、出家授戒の師等についての記事が加わっている。

(B)　ここでは、とくに諸宗習学上の遍歴とその勝れたるを記している。「別伝記」には師匠の叡空、華厳宗の鏡賀、美作国の本師智鏡房、法相宗の蔵俊らがかえって法然に二字を進じて弟子の礼をとったとあるが、「一期物語」では三論宗の先達某と法相宗の蔵俊の二人についてのみ記している。この点「別伝記」の主眼が四人の師匠から皆二字を捧げられた具体的な行実を記すことにあるが、「一期物語」ではむしろ法然は諸宗の教学に通じ先達に値うごとに皆称嘆されたと述べることにあったものと見られる。

(C)　「別伝記」は前からの諸宗先達の記述を受けた形で、竹林房静賢と三井寺公胤の話を載せている。法然は老耄の後は三十年聖教を見ていないとし、筑前弟子某が竪義を遂げんと訪問してこれに称嘆した様子と、最後に公胤の夢想の内容を記している。これに対応する箇所を「一期物語」に求めると第十七話の三井寺公胤に関する記事をあげることができる。ここには竹林房静賢の話はまったくなく公胤と法然の親交の様子が詳述されている。そして、公胤は『選択本願念仏集』（以下、『選択集』と称す）を破して『浄土決疑抄』と名づけた書を作ったが、法然からこれを見終わらないうちに難点の指摘を受けて閉口し、後にこの『浄土決疑抄』の執筆に懺悔し、往生の素懐を遂げて瑞相が現われたというものである。往生の瑞相については「別伝記」の夢告と通じないわけではないが、全体的には「一期物語」の内容は豊富であり、公胤のことのみについて記している点等「別伝記」が行実面の補足であるとする説を認めることになる。また、「別伝記」にある「於二殿上一ニ七ケノ不審ヲ開二上人一ニ」の話なども「一期物語」にはない行実面の重要な記事と言える。このように、この箇所においては両者の記述の間にかなりの距離を感ずる。しかしながら、これのみによって「別伝記」の記述は「一期物語」のような直語を抄出したその残りの部分で、とくに行実面を補足するためのものとの判断には達しえない。

以上、「別伝記」の記述を関連する「一期物語」の記述と比較してみると、内容的に食い違いが認められたり記述の主眼が相違していたりと、両者の記述に共通性を見出すことは難しく、同系統の伝記等から生まれたものとは考えにくい。しかし、「別伝記」の全容をよく見ると、最初から「公胤夢告」の記述までとくに比叡登山から黒谷遁世、諸宗習学というように一貫して法然の修学上の行実を記しており、「別伝記」の主眼はあくまでこうした学問上の遍歴を明確に記すことにあったものと考えられる。とすれば、「一期物語」の多くの記述のなかに対応するものがあるということは、逆に共通する起点に遡るものと考えることも可能である。「一期物語」は題目の註記にあるように勢観房源智が法然より直接見聞した話を記述したもので、「別伝記」はこれらとは別系統の伝記の抄出と考えた場合、前に見た程度の両者の記述の相違は起こりうる範囲と思われるのである。

三　初期法然伝との関係

『醍醐本』全体の構成および「別伝記」の内容等の検討から、「別伝記」が「一期物語」とは別個の伝記であって抄出した残りであるとかの直接的な関係にないとすれば、「別伝記」はいかなる系統に属しまたどのような事情によって『醍醐本』に所収されるようになったのであろうか。ここで、筆者は「別伝記」と「一期物語」との関係について前述したように、いずれの記述をも包括しうるような起点を想定できないであろうかを考えたい。そこで、一般的ではあるが法然滅後比較的早い時期に成立した『講私記』『四巻伝』『私日記』(5)等の各伝記類の記述との関係を追ってみることにする。

とりあえず、前掲「別伝記」の記述(A)(B)(C)にそれぞれ対応できる記述を左に掲げるとしよう。

(A)

▽『講私記』第一

（上略）俗姓漆間《マノ》氏美《ヒ》作州人《サクシウヒト》也、生年三五《ノ》春始挙《シテ》二四明山一同年《キノ》仲冬《ニ》登壇受戒《ス》、習《シテ》二学《スルコト》法華宗《ヲ》一歳月雖レ不レ幾、具《ニ》達《スルコト》二文理《ヲ》一殆《ホトント》拉《トリヒシノ》二宿老《ヲ》一、十八歳之秋遁《テ》レ名《ヲ》栖《スム》二黒谷一、（下略）

▽『四巻伝』第一

（上略）如来滅後二千八十二年、日本国人皇七十五代崇徳院長承二年癸丑美作国久米押領使漆間朝臣時国一子生ずるところ、（中略）保延七年辛酉はる《(春)》のころ、時国朝臣夜打にあへる刻、ふかききず《(疵)》をかふむりて、いまはかぎりになりにければ、九歳なる子にわれは此きずにて空くみまかり《(身罷)》なんとす、しかりと云て、敵人をうらむる《(恨)》事なかれ、是前世のむくひ《(報)》也、（中略）然者一向に往生極楽をいのり《(祈)》て、自他平等利益をおもふべしといひおはりて、心をたゞしくして、西方界にむかひて高声に念仏して、ねむる《(眠)》がごとくにしておはりぬ、同年のくれ《(暮)》同国のうち、菩提寺の院主観覚得業の弟子になり給、

一、師匠の命によりて　比叡山にのぼる《(登)》べきよし侍ける時、乳房のはゝ《(母)》にいとま《(暇)》を申とて、（中略）初登山の時、ひさしの得業観覚の状云、

進上

　大聖文殊之像一体

　　天養二年乙丑月　日　　　観覚上

西塔北谷持法房禅下源光

この消息を披閲して、文殊像を相尋の処、生年十三の少人許をさきにたてゝ登、仍奇異の思に住して後、一文をさづくる《(授)》に、十文をさとる《(覚)》次第、まことにたた《(直)》人にあらず、

　法花修業の侯

久安三年丁卯仲冬、出家受戒云々、竊以無明長夜以二戒光一而為レ炬、滅後軌範以二木叉一而為レ師、故受生昇沈依二戒持毀一、見仏有無任二乗緩急一、所以離レ雲不レ覓レ雨避レ池不レ尋レ蓮、叶二仏位一計無レ離二道心一、取二菩提一芸有レ勤二善根一、其志を以肥後阿闍梨皇圓に従て天台六十巻読畢之、件闍梨弥勒下生の暁をまたん《(待)》がために、五十六億七千万歳の間、遠江国笠原池に大蛇となりてすまふ《(住)》べきよし、彼領家に申請て誓にまかせて死後即その池にすまふよし、時の人遠近見知するところ也、

久安六年庚午生年十八はじめて黒谷上人禅室に尋いたる、同上人いでむかうて、発心の由来を問給ふに、親父夜打のために早世せしより、この遺詞にまかせて、遁世のよし思たちける次第つぶさ《(具)》にかきくどき《(搔口説)》給ければ、さては法然具足の人にこそましますなれと侍しより、法然といふ名はのたまひける、(下略)

▽『私日記』

夫以《ソレオモヒミレハ》、俗姓《ソクシヤウハ》者美作国庁官漆間時国之《ミマサカノクニノチヤウクワンウルシマノトキクニノ》息、同国久《ソクナリオナシクニノク》米《メノ》南条稲岡庄《ナムテウイナオカノシヤウハ》誕生《タムシヤウ》之地《チ》也、長承《チヤウシヨウ》二年癸丑《ミツノトノウシ》聖人始出《シヤウニンハシメテイテタマフ也タイナイ》二胎内二之時、両幡自レ天而降《フタツノハタヨリテンシテクタル》、奇異《キイ》之瑞相《スイサウ》也、権化之再誕《コンクエノサイタム》也、見者合レ掌《ミルモノアハセタナコ、ロヲキクモノオトロカスト》聞者驚レ耳《ミヽヲ》云々、保延《ホウエン》七年辛酉《カノトノハルノコロ》春比、慈父為二夜打一被二殺害一畢《シフタメニヨウチノラレセチカイオハリヌ》、聖人生年九歳《シヤウニンシヤウネンサイニシテモテ》、以二破矯小箭一射二凶敵之目間一《コヤヲイルクキヨウテキメノアヒタヲモテ》以二件疵一知二其敵一《クタンノキスヲシルソノカタキヲ》、即其庄預所明石源内武者也《スナワチソノシヤウノアツカリシヨアカシノクエンナイムシヤ》、因レ茲逃隠畢《ヨテコレニケカクレオハリヌ》、其時聖人同国内菩提寺院主観《ソノトキシヤウニンオナシキクニノウチノホタイシノキンシユクワン》覚得業之弟子成給《カクトクコフテシトナリタマフ》、

天養《テンヤウ》二年乙丑《キノトノウシ》初登山之時《ハシメテトウサンノトキ》、得業観覚状云《トクコフクワンカクノシヤウニイハク》、進上大聖文殊像一体《シンシヤウストタイシヤウモンシユノサウキチタイヲ》、西塔北谷持法房禅下《タウノキタタニチホフハウノセンカ》、得業消《トクコフノセウ》息見給奇給《ソクミタマフテアヤシミタマフニセウニ》小児来《キタレリ》、聖人《シヤウニン》十三歳《ノトシ》也、

然後十七歳《シカフシテノチサイニテンタイノ》天台六十巻読二始之一《クワンヨミハシムコレヲ》、久安《キウアン》六年庚午《カノエムマ》十八歳《サイニ》、始師匠乞二請暇一遁世《ハシメテシシヤウニコチシヤウシテイトマヲトンセイセムトス》、(下略)

(B)

▽『講私記』第一

(上略)尓降《ソレヨリコノカタ》一切経律論鑽仰忘レ眠《レ》、自他宗章疏《ノ》巻舒《クエンシヨ》無《シ》レ倦《コト》、此外和漢両朝伝記古今諸徳秘書《ノ》、何《カ》不レ携《タツサヘ》レ手何不レ浮《カサラム》レ心乎、訪《トフラフニ》二六宗洪才《ノ》二面々《ニ》談《シ》二義理《ヲ》一、探《テ》二諸家奥旨《ノ》二一々蒙《ル》二許可《コカヲ》一、挙《ヨコソリテ》レ世称二智恵第一《ト》一宜哉誠哉、就レ中天台円頓《ノ》菩薩《ノ》大乗戒々体戒儀相承在《リ》二一身《ニ》一、天皇以下海内貴賤為《シテ》二伝戒師《ト》一崇重《スルコト》異《リ》レ他《ニ》、凡於《テ》二顕密行業《ノ》一

修練尽《コト》レ力《ス》非《ニ》レ名《ス》非《ニ》レ利、唯為《メ》二無上道《ノ》一也、本《然則》国《ノ》明師《ハ》還《テ》成《リ》二弟子《ト》一、黒谷《ノ》尊師《ハ》押《テ》為《ス》二軌範《ト》一、興福寺《ノ》耆徳《ハ》称《シテ》二仏陀《ト》一展《ノヘ》二供養《ヲ》一、東大寺《ノ》長老《ハ》為《シテ》二和上一受二円戒一、智解抜《タルコト》レ群《ニ》尤足《レリ》二敬重《スルニ》一、（下略）

▽『四巻伝』第一

（上略）保元々年丙子求法のために、修行すとて先嵯峨に参籠、然後南都贈僧正蔵俊に法相宗を学し給ふに、其の義甚妙にして不可思議なりければ、師範かへて上人に帰して、仏陀と称して供養をのべ給、中川少将（実範）上人随て鑑真和尚の戒を受く、大納言律師寛雅に三論宗を学し給に、その宗のおぎろ（賾）をさぐり（探）、弟子のふかき（深）心を達するに、かへて涙をなが（流）して奥旨をきはむ、（下略）

▽『私日記』

（上略）聖《シヤウニンシヨカクノ》人所学之宗《シユシユノシ》宗 師匠《シヤウ》 四人還《カヘテナリ》 成二弟子《テシニ》一畢《オハリヌマコトニ》、誠 雖《イエトモタイクワンノシヨナリト》二大巻 書一 三反《ヘンヒ》披二見《ケンスルコレヲトキ》 之一時、於《オイテモンニハメイ》レ文 者明
明《メイニシテス》 不レ暗《クラカラキ》、義又分明《マタフンミヤウ》 也、雖《イエトモシカリトモテ》レ然 以二廿余《ヨ》之功《コウヲス》二不能《アタハシルコト》レ知二 一宗《シユノタイカウヲ》之大綱一、然《シカフシテノチウカヽフシヨシユ》 後窺二 諸宗之教相《ケウサウヲサトルケンミチノ》一悟二顕密之
奥旨《アウシヲ》一、八宗《シユ》之外《ホカニアキラカナリ》 明二 仏心達磨《フチシムタルマ》等《トウノシユノ》 宗之玄《クエンシニ》 旨一、爰《コヽニ》 醍醐《タイコ》寺《シノ》三論《ロンシユ》宗之先達《センタチ》、聖《シヤウニンユイテニ》 人往二于其所《ソノトコロシユチスイ》一述二 意趣《シユヲ》一、先達総《センタチソウシテ》
不《スシテモノイハタテ》レ言 起レ座入《ヲイテウチニ》レ内、取《トリイタシテフンハコ》二出 文函十余《ヨ》合《カフヲ》一、云《ク》、於《オイテワカホフモンニハ》二我法門一者無《ナク》二余念《ヨノオモヒナカクセシムトフ》一永 令レ付二嘱《ソクニ》于汝《ナンチ》一云々、此上称《コノウヘシヨウヒ》 美讃《サン》
嘆《タンスルニス》 不レ遑《イトマアララ》二 羅縷《ル》一、又値《アフ》二蔵俊《サウシユンソウツニ》 僧都一 而談《テ□ンセシ》二 法相《ホフソフノ》 法門《ヲ》一之時蔵俊《トキサウシユン》 云《ク》、汝《ナンチマサニアラスタヽヒトニコンシヤノ》 方非二直人一権者之化現《クエケン》也、智恵《チエ》
深遠《シンオンナルコトキヤウサウヘイエン》 形 相炳焉也、我《ワレ》一期之間《コノアヒタヘキ》 可レ致《イタスク》二供養《ヤウヲ》一之旨契約《ムネケイヤクセリキヨテマイネンニオクルク》、仍毎年 贈二供養物《ヤウモチヲイタスコンシヲ》一致二懇志一已《ステニトケ》 遂二本意《ホンイヲ》一了《オハリヌ》、

（下略）

(C)

▽『四巻伝』第四

（上略）

七々日　御導師　三井僧正公胤
　　　　別当法印大和尚位増円奉
　　両界曼陀羅阿弥陀如来
（中略）
然後はるか（遙）に五箇年をへ（経）て、建保四年丙子四月二十六日夜夢に聖人告云、
往生之業中　一日六時刻　一心不乱念　功験最第一
六時称名者　往生必決定　雑善不決定　専修定善業
源空為孝養　公胤能説法　感語不可尽　臨終先迎接
源空本地身　大勢至菩薩　衆生為化故　来此界度々

▽『私日記』
（上略）園城《オンシヤウシノ》寺長《チヤウリ》 吏法務大僧正《ホフムノタイソウシヤウ》 公胤《コウイン》為《タメニ》二法事《ホフシノ》一唱《シヤウ》二導《タウスル》 之《コレヲ》一時《トキ》、其夜《ソノヨ》告《ツケテ》レ夢《ユメニ》 云《ク》、
源空為《タメニ》二教益《キケウヤクノ》一、公胤《コウイン》能《ノウ ヨク》説《セチ トク》レ法《ホフヲ》、感《カム》即《ソク スナワチ》 不《フ》レ可《カ》レ尽《シン スヘカラツク》、臨終《リムシユニ》 先迎摂《センカウセフ マツセムト》、源《クエンクノ》 空本地身《ホンチシン ノハ》、大勢至菩薩《タイセイシホサチ ナリ》、衆生 教化故《シユシヤウケウクエコ ノユヘニ》、
来《ライ キタルコト》二 此界《シカイニ コノ》一度度《トト タヒタヒ》ト、（下略）

順次前掲「別伝記」の記述と比較しながら考察を加えていくことにする。

(A)　まず登山の年時についてであるが、「別伝記」は十五歳としているが『四巻伝』『私日記』はいずれも天養二年の十三歳説をとっており十五歳説を記すのは『講私記』のみである。(6) このとき『四巻伝』『私日記』には観覚から西塔北谷持法房宛の書状を載せ、「進上大聖文殊像一体」とあったことを記しており共通性が見られる。また、

出家授戒の師として具体的に黒谷叡空の名を記すのは「別伝記」のみである。そして遁世の理由については記述に若干相違がある。「別伝記」が父親の討死をあげているのに対し、『講私記』では「遁《テ》レ名《ヲ》栖《スム》二黒谷一」と記すのみで、『四巻伝』『私日記』に至ってはこの夜討事件を九歳のとき(7)とし遁世の頃からは離れたものとして扱っている。ところが、『四巻伝』の記述によれば遁世発心の由来は父親夜討による早世にあると明記しており、この点については「別伝記」と『四巻伝』に共通性が見出せる。ところで、『私日記』の記述についてであるが九歳父親夜討、十三歳登山、十七歳天台六十巻読始、十八歳遁世等とあるが、このうち九歳父親夜討を除いてむしろ前掲「一期物語」と相通じる内容であると言える。

(B)　この部分は法然の諸宗習学を記しているが、「別伝記」が記す内容は黒谷叡空、花厳宗鏡賀、美作国の本師智鏡房、法相宗蔵俊らがいずれもかえって二字を進じ弟子の礼をとったとある。『講私記』においても「本国明師」「黒谷尊師」「興福寺耆徳」「東大寺長老」といずれも具体名を示さないが「別伝記」の内容と一致している。そして、「還《テ》成《リ》二弟子《ト》一」「為《ス》二軌範《ト》一」「称《シテ》二仏陀《ト》一展《ノヘ》二供養《ヲ》一」「尤足《レリ》二敬重《スルニ》一」などその表現は『講私記』の方が却って賞讃している。『四巻伝』はなかでも記述が簡略で法相宗蔵俊と三論宗寛雅への習学について記しているが、蔵俊の「仏陀と称して供養をのべ給」との記述は、前述の『講私記』に見える興福寺耆徳の部分の表現と一致しておりここにも何らかの関連性を想定できる。それにしても、三論宗の寛雅という具体名を挙げているのは『四巻伝』のみである。『私日記』には「師《シ》匠《シヤウ》四人還《カヘテ》成《ナリ》二弟子《テシニ》一畢《オハリヌ》」と記し、とくに醍醐寺三論宗の先達ならびに蔵俊僧都の二人についての関わりを記しているが、この記述内容を前掲「一期物語」と比較してみるに両者の関係が極めて近い存在であることがわかる。それは、どちらかがどちらかを参考にして若干手を加えた程度のもので、内容・表現ともにまさに一致しているのである。

(C)「別伝記」には竹林房静賢の信心と三井寺公胤の夢告とについて記しているが、まず『講私記』にはこれらに関する記述が見当たらない。しかるに、『四巻伝』『私日記』にはそれぞれ「公胤夢告」についての記述を載せている。ただし、『四巻伝』が建保四年四月二十六日のこととするのに対し『私日記』は公胤の法事唱導の夜としている。あるいは、『四巻伝』が法然の七七日の導師を三井寺の公胤が勤めたとする記述と関連があるのかもしれない。それにしても、夢告の内容を見ると『四巻伝』の記す偈文はもっとも分量が多く、『私日記』がこれに順じ、「別伝記」のそれは末尾の四句「源空本地身　大勢至菩薩　衆生教化故　来此界度々」を掲ぐるのみであるが、その該当箇所には内容的な一致が見られ、この『四巻伝』『私日記』そして「別伝記」の記述には伝来過程のどこかで共通性を認めなければならない。

以上のように、(A)(B)(C)それぞれの内容ごとに『講私記』『四巻伝』『私日記』などの関連記事をとりあげ関係の度合を見てきたわけであるが、全体的にいって「別伝記」ともっとも近い内容を有するのは(A)の十五歳登山、(B)の諸宗習学などの記述を見れば『講私記』であると言える。しかし、だからとして「別伝記」を『講私記』同様に隆寛系の記述であるとするのは早計ではなかろうか。(8) その良い例としては、(C)について『講私記』には該当する記述が見当たらない。そこで筆者が問題としたい点は、「別伝記」と『四巻伝』に共通点が数箇所指摘できることである。(A)における遁世の理由が父親の討死にあるとすることや(C)における「公胤夢告」の内容などは、どちらかが何らかの影響を受けたものと想定しなければならない。さらに、『四巻伝』と『講私記』にも(B)の法相宗蔵俊についての記す表現などに関連性が認められた。ところで、問題は『私日記』の記述についてであるが、これはまず、(A)の十三歳登山説、観覚の西塔北谷持宝房宛書状などの掲載から『四巻伝』との共通性が考えられたが、(A)の十七歳天台六十巻読始、(B)の記述全体は「一期物語」との密接なる関係を想定するに充分であった。しかし、その『私日記』と

「一期物語」との関係でも(C)の記述においてはこうした関係を考えるには無理があるように見られる。各初期伝記類の記述と「別伝記」との関係を総合的に見て言えることは、これら各記述が形成される過程で相互に複雑に関連し合っているわけであろうが、その原型となる記述あるいは伝記が早期に遡って存在してそこから幾種かの表現が生まれていったということである。それは大別すると『四巻伝』『講私記』などの系列に属する記述と「一期物語」の如き系列のものとである。これも勿論もとは起点を同じくするものに違いないが、後世の伝来・編集の過程においてこうした系列による記述の相違が生じていったのである。そして、『私日記』の記述はこの『醍醐本』編集以降に両系統の記述を参考にして作成されたもの(9)と見做される。そこで、「別伝記」が前者の系列に属するものであることはいうまでもないが、とりわけ『四巻伝』『講私記』などよりさらに原型に近い記述と考えた方が、全体的に前述した相互の関連性を理解するうえに納得がいくものと言える。

四　「公胤夢告」の意味するもの

「別伝記」の最末尾にある「公胤夢告」の記事についてであるが、「別伝記」全体の内容が登山・出家・遁世・諸宗習学等、法然の天台・諸宗の学問上の遍歴を一貫して扱っていることを考えると、三井寺公胤の夢告によって記述が終わることは偶然のことなのであろうか。ここに何か「別伝記」の作者の意図が隠されているように思えてならず、こうした記事が伝来する事情ならびに意味するところを考えてみたい。

この「公胤夢告」を載せるものとしては、前掲『四巻伝』『私日記』のほかに『指南抄』(10)『私聚百因縁集』などがあげられる。『指南抄』上巻末の末尾につぎのように所収されている。

建保四年四月廿六日薗城《オンシヤウ》〔園〕寺《シ》長吏《チヤウリ》、公胤僧正《コウインソウシヤウ》之《ノ》夢《ユメ》ニ、空中《ソラノナカ》ニ告《ツケテ》云、源空《クエンク》ノ本地身《ホンチシン》ハ、大勢至菩薩《タイセイシホサチ》ナリ、衆生《シユシヤウ》教化《ケウクエ》ノ

故《コ》、来《ライ》ニ《キタレルコト》此界《シカイ》ノ一度度《トト》《タヒ〳〵》ト、

カノ僧正《ソウシヤウ》ノ弟子《テシ》大進公《タイシンノキミ》、実名ヲシラス、記レ之、

「公胤夢告」の年時をここに記すように建保四年四月二十六日と明記するものに『四巻伝』の記述があげられる。しかし、夢告の偈文の内容は『四巻伝』にもっとも詳しく、恐らくこれがその全容かと思われる。それが割愛されて、『指南抄』に所収されるごとき「源空本地身　大勢至菩薩　衆生教化故　来此界度度」という末尾の偈文のみを記すようになったのであろう。『私日記』の記述が公胤の法事唱導の夜のこととし、それは恐らく『四巻伝』の法然七七日の導師を公胤が勤めたとする記述と関係するものと思われることから、『私日記』のこの部分は『四巻伝』からの影響が大きいと見られる。

また、『私聚百因縁集』(11)第八「法然上人ノ事」の末尾に「公胤夢告」に関する記述がつぎのようにある。

（上略）抑々園城寺ノ長吏法務大僧正公胤為ニ二上人ノ御法事ノ一為《サセ》ニ二唱導ヲ一タマフ時、其ノ夜ノ夢ニテ告ク云、源空本地身、大勢至菩薩、衆生教化故、来二此界一度生云々、（下略）

ここにも、公胤の法事唱導の夜のこととして踏襲されている。『私聚百因縁集』は正嘉元年（一二五七）愚勧住信の編集に成るものであるが、『私日記』を所収する『指南抄』の書写も康元元年（一二五六）から同二年にかけてであり、年代的には『四巻伝』の成立以降この頃までの間に、「公胤夢告」の年時について建保四年から法然七七日の法事唱導の夜へと書き替えられていったものと推察できる。

つぎに、『四巻伝』編集以前の「公胤夢告」に関する記述を求めると、前掲『指南抄』所収のものをどの時期に設定するかの問題が浮かんでくる。ところが、もう一つ『講私記』第二「讃本願興行徳」に興味深い記述があるの

で掲げてみる。

(上略)　今見《ルニ》二世間《ヲ》一此事実然《ニシカナリ》、計三知《ヌル》非二直也人《ニ》一也、因《テ》レ玆或云二弥陀《ノ化》他身《ト》一、或云二勢至垂跡《ヒ》一、或云二道綽来現一、或云二善導再誕《ト》一、皆是夢中《ノ》得《ニ》レ告眼前《ヲ》見《ニ》レ証、伏以《テハ》弥陀如来勢至菩薩二而《ニシテ》不《ス》レ二《ニ》、道綽禅師善導和尚一而《ニシテ》不レ一《ニ》、盖《ケタシ》是鑒《ヲ》レ機知《ヲ》レ時以レ智救《スクフ》レ人也、当《ニ》レ知善導和尚《ノ》証定疏《ノ》正《ハク》是《レ》浄土宗之監触〔濫觴〕《ナリ》、源空上人選択集《ハ》専為《タリ》二他力門之指南一、各一心合掌《シテ》讃《スヘシ》二興《スル》レ宗之徳《ヲ》一矣、(下略)

これは法然が『選択集』を撰述し宗を興するの徳を讃歎する一節であるが、その濫觴を善導の『観経疏』に求めている。そして、法然を弥陀の化身、勢至の垂跡、道綽の来現、善導の再誕と称し、皆が夢告によって眼前にその証を得たと述べている。さらに、その相は弥陀如来と勢至菩薩、道綽と善導がそれぞれ合体した描写となっている。そこで、この記述は前掲の「公胤夢告」の内容に近く、すでに法然が神秘的な存在として語られていたことがわかる。また、この記述には善導との二祖対面における半金色の相が影響していると見られるが[12]、法然の本願興行の徳を讃歎するに、こうした当時の法然に対する世評を基礎に叙述されたものと考えられる。さらに、ここに「計三知《ヌ》非《ル》二直也人《ニ》一也」とあるが、これは「別伝記」の「公胤夢告」の直前に見える記述と共通し、こうした『講私記』の記述に何らかの影響があると見られる。

ところで、三井寺公胤は当時後鳥羽上皇、幕府などから信任を篤く受けた当代切っての名僧として著名であった[13]。「別伝記」がこの「公胤夢告」の記述を最末尾に加えているのは、こうしたことと何か関係があるのではないだろうか。『指南抄』の編者は「法然聖人御説法事」のつぎにこの「公胤夢告」の記述を載せており、そのあとに「三昧発得記」「法然聖人御夢想記」「法然聖人臨終行儀」等の体験記を所収し、さらに約二〇点余の法語と書状を掲載している。こうした全体のなかで、「法然聖人御説法事」は編者が最重要遺文として公表しようとした教義体系を成す根本ではなかったのか。[14] そして、その掲載直後に「公胤夢告」の文を所収することによって前段の最重要遺文の威厳を高揚し、またその裏付けとして法然自筆の体験記や臨終の記録等を添えて信憑性を主張しようと編集したのではなかろうか。いずれ綿密なる考証を要する問題であるが、もし『指南抄』の構成についてこのような想定が可能であるとすると、『醍醐本』においても類似した形態を見ることができる。

すなわち、最重要遺文として公表しようとしたのは法然の直語を多く載せる「一期物語」であって、とくにこれの学問的正統性あるいは威厳を強調しようとして登山・出家・諸宗習学等を記し、かつ「公胤夢告」をもって記述の終わる「別伝記」を掲載し、そのあとに「三昧発得記」という宗教体験記を載せた「御臨終日記」を添えることによって、その信憑性を主張しようとした『醍醐本』編者の意図を想察することができる。このように考えてくると、『指南抄』『醍醐本』ともに「公胤夢告」の記述の役割が大きいことに気がつく。「公胤夢告」の記述を末尾に有し、法然修学の遍歴とその学問が直人でないことを強調する「別伝記」の存在は、『醍醐本』の編者によってなくてはならない意味をもってここに編集収録されたものと言えるからである。

五　「別伝記」成立私見

「別伝記」の成立に関してはその所収文献である『醍醐本』自体の編集意図、成立事情の解明によっておのずと導き出される問題と言える。すなわち、何の目的意識によって「別伝記」を所収したかである。そして、その記述はどの程度まで遡り得てどうした事情で成立したものなのか、こうした観点に立って「別伝記」の信憑性に迫ることにする。

まず、『醍醐本』の最初に所収される「一期物語」とはまったく別系統の記述であり、『醍醐本』の編者は「一期物語」の記述とは別個にある必要性に応じて所収したものと考えられる。『醍醐本』は「一期物語」「別伝記」「御臨終日記」の三部によって構成されているが、内題に「法然上人伝記附一期物語」とあるのは、主題である「法然上人伝記」に対して「一期物語」が編集上の中心[15]であって、「別伝記」「御臨終日記」はそれとは別個に附加したものであることを意味していることでもわかる。そして、「別伝記」の記述内容を「一期物語」と比べると天台三大部習得の時期、諸宗習学、三井寺公胤の記述に相違があり、また「別伝記」には登山の起因、父親討死のこと、出家授戒の師、遁世の理由、竹林房静賢の記述が加わっているなど、「一期物語」と「別伝記」は明らかに別系統の伝記としなければならない。

ところで、『醍醐本』自体の成立についてであるが、これは後で「御臨終日記」の成立過程の検討を通して述べるごとく、源智の弟子によって源智の没後仁治二年（一二四一）ころ編集されたもので、とくに信空系統の間で嘉禎三年（一二三七）『四巻伝』なる法然の伝記が編まれたことに刺戟され、源智系統の間ではあまり世に知られていない伝聞・法語・記録類の公開に意義を感じて編集したものと考えられる。なかでも「御臨終日記」の後半部のいわゆる「三昧発得記」は、『指南抄』所収本との照合によってわかるように[16]、前半部が多くの省略による抄出とみられるのに比べて、後半部のほうは『指南抄』本にほとんど近い記述であり、『醍醐本』の編者はこの後半部「三昧発得記」の存在を世に主張することが重要な目的の一つであったと考えられる。この問題は、恐らく「別伝記」の所収目的ともいずれ関係すると言えよう。

「別伝記」の記述内容を初期に成立した『講私記』『四巻伝』『私日記』等の法然伝の記述と比較したのは、いずれの系統に属するかということもあるが、成立年代などをどこに置くことによって納得がいくかを認識することも重要である。十五歳登山、諸宗習学などの記述によれば、「別伝記」の記述はなかでは『講私記』に近いが、遁世の理由、「公胤夢告」の偈文などの一致によって『四巻伝』と関係の深いことが想定された。また『私日記』については「別伝記」との関係よりは十三歳登山、観覚の西塔北谷持宝房宛書状などの記述からは『四巻伝』、十七歳天台三大部六十巻読始、諸宗習学の記述の類似などからはむしろ「一期物語」との関連が考えられた。そして、これら相互の親近性を総合すると「別伝記」の原型の存在を『講私記』『四巻伝』の両記述より先行するものとして想定し、『私日記』は『醍醐本』編集以降に「一期物語」および『四巻伝』などの影響を受けたものとすることが穏当な考え方であろうと思う。さらに、こうした見解をさらに裏付ける記述として、『講私記』第二「讃本願興行徳」における夢告の内容をあげることが出来、「別伝記」が『講私記』以前に成立していた可能性を一層強めるのである。

「別伝記」全体の主眼は、法然の学問上の遍歴を記しそれが直人でなく諸宗先達、美作の本師でさえもかえって師と仰ぐ程その思想は正統であると叙述することにあった。三井寺公胤の夢告によって法然の本地は大勢至菩薩であるとする一節を、この「別伝記」の末尾に掲げるにはそれなりの意味があったと思われる。三井寺公胤といえば、当時後鳥羽上皇をはじめとする朝廷および幕府からの尊信を得た天台の代表的な学匠として名高く、この公胤の夢告による法然の評価をここに特記することによって、法然の天台三大部の習得から諸宗習学という遍歴を経た学問の正統性と威厳を強調しようとしたのではなかろうか。

以上のような各論点を総括して、「別伝記」の成立年代、作者等についての私見を述べておきたい。成立の上限は「公胤夢告」の記述がなかでは最も降ると見られるので、一応『指南抄』の記述に準じ建保四年(一二一六)として置く。問題は下限であるが、『醍醐本』の編集が仁治二年(一二四一)頃であるとすればこれより遡ることは明らかである。しかるに、『四巻伝』の成立した嘉禎三年[17](一二三七)よりはどうかというと、もしこれ以降の成立とすれば仁治二年までの四年間に想定しなければならず、『四巻伝』の記述と関係が深いとはいえ、この考えは『醍醐本』が「一期物語」とは別に所収した事情を説明するには少しく無理がある。『醍醐本』の編者が直前に成立した「別伝記」の記述に、わざわざ所収する必然性を感じるとは思えないからである。では、元仁二年（一二二五）より以前の成立と考えられる『講私記』[18]とはどうかというと、前述のごとく各伝記のなかではもっとも共通性を認められるが、「別伝記」の記述から『講私記』に影響を与えている可能性が強いことを指摘した。すなわち、「別伝記」の原型となるものが存して、『四巻伝』『講私記』等に何らかの影響を与えたものであるとの見解に達するのである。したがって、「別伝記」の成立は建保四年から元仁二年頃までの間と推測することができる。

『醍醐本』の編者は源智の弟子と見られるが、その所収に当たって編者の主たる目的である師源智の見聞録と見られ法然の法語集ともいうべき「一期物語」の公開に対して、その遺文の信憑性を主張するためにいくつかの実証能力のある記述の附加が必要であったのである。「御臨終日記」後半部の「三昧発得記」は法然自筆の体験記でもあったものであろうし、前半部の記述は源智の手記になるものかもしれない。こうした記録類との間に位置する「別伝記」は、「一期物語」に対してとくに学問上の信憑性を強調せんがために、『醍醐本』の編者が当時すでに一定の正統性が認められていた伝記の記述から抄出もしくは抜粋して所収したものであろう。

とすれば、源智自身あるいは源智系の周辺に伝持されていた記述であることになる。しかし、筆者は源智自身の筆録になるものとは考えていない。それは「別伝記」の内容が概して天台的色彩の強いものであるためであり、前述のような『四巻伝』との関連性[19]などを考えると、むしろ信空系統の記述と思われるのである。まして『指南抄』にも所収される「公胤夢告」の意味するところは、天台的学問の関心からくるもので、そうした点からは黒谷叡空のもとで一緒に修学した法兄弟[20]ともいえる信空の影響を考えるのが自然であろう。源智系の記述にはしばしば信空からの伝聞によったりすることが想定される。(21)こうした経路を遡ることによって、筆者は「別伝記」の原型の作者を信空自身かその周辺に求めることを提言するものである。

『醍醐本』の史料的信憑性が高く評価されつつある今日、「別伝記」の記述は再度見直されてしかるべきではないかと思う。とくに父親討死の年時、登山の起因、遁世の理由など、従来『九巻伝』『四十八巻伝』などによって語られてきた法然伝からすると、大幅な訂正を余儀なくされるものとなって抵抗感を抱くのも止むを得ない。そして、「別伝記」の扱いについては先学諸説と立場を若干異にすることになったが、『醍醐本』に信を置きその編集意図さらには「別伝記」が所収される意味を考察する時、その原型は少なくとも信空在世時にまで遡ると考えることがもっとも納得できるということである。ただし、「別伝記」の記述を肯定するとしたならば後世どの時点で誤伝が生じたのか、そしてそれはどうした事情によるものかなどの疑問を解決しなければならない。この点はとくに姑らく後考を俟つこととし、論旨に併せて諸賢の叱正を仰ぐことが出来れば幸甚である。

註

（1）本章序文註（3）掲載三田所論、および伊藤唯真「古法然伝の成立史的考察―特に『知恩講私記』を繞って―」（『法然上人伝の成立史的研究』第四巻）、阿川文正「知恩講私記と法然上人伝に関する諸問題」（『大正大学研究紀要』第五一輯、昭和四十一年）、梶村昇「醍醐本法然上人伝記について」（『亜細亜大学教養部紀要』第四号、昭和四十四年）、同「醍醐本『法然上人伝記』の筆者について」（『善導大師の思想とその影響』）等参照。

（2）本章序文註（3）、本節註（1）掲載各所論は「別伝記」の記述について決して否定的ではないが、田村圓澄著『法然』（人物叢書36、吉川弘文館、昭和三十四年）所載「略年譜」、『浄土宗大辞典』（山喜房仏書林、昭和五十七年）第四巻所載「浄土宗略年表」などで、父親夜討の年時を保元七年とするなど「別伝記」の特異記事は特別に採用されていない。

（3）　註（1）掲載梶村所論参照。

（4）　玉山氏は同論文のなかで、ただひとつ法然の父時国の死が、登山の前か後かの問題が残ると指摘されている。

（5）　『親鸞聖人真蹟集成』第五巻所収。

（6）　ほかに十五歳登山説を引くものに、『拾遺古徳伝絵』（以下、『古徳伝』と称す）巻一、『九巻伝』巻第一上、『四十八巻伝』第二巻などがある。

（7）　父親夜討の年時は『私日記』以下、『四巻伝』巻第一、『私聚百因縁集』、『法然聖人絵』（以下、『弘願本』と称す）巻一、『十六門記』第二、『法然上人伝絵詞』（以下、『琳阿本』と称す）巻一、『古徳伝』巻一、『四十八巻伝』第一巻等でひとしく保延七年（一一四一）法然九歳の時とする。

（8）　中井真孝「醍醐本『法然上人伝記』の「別伝記」について」（『浄土宗典籍研究』研究篇）参照。

（9）　中井真孝「『源空聖人私日記』の成立について」（『仏教文化研究』第二九号、昭和五十九年）によって、『私日記』の記述には嘉禎三年（一二三七）成立の『四巻伝』を原資料として作成されている面の多いことが提唱され、『私日記』の成立をこれ以降に設定するという興味深い分析がなされている。

（10）　註（5）に同じ。

（11）　『大日本仏教全書』（鈴木学術財団、以下同じ）第九二巻纂集部一所収。

（12）　第Ⅱ部第二章第二節（二九〇頁）参照。

（13）　『三井続灯記』（『大日本仏教全書』第六七巻）によると、公胤は建仁二年に別当、建久元年に探題、元久元年に灌頂大阿闍梨師となり、『法中補任（園城寺長吏）』（『続群書類従』第四輯上）には、元久三年に園城寺長吏に補せられている。『猪隈関白記』（『大日本古記録』第五巻）承元四年四月二十五日の条には「（上略）此日上皇於二最勝四天王院一、以二百口僧一被レ転二読三部経一（仁王経、法華経、最勝王経等也）、是此間天魔出見御祈也、百口之内御導師前僧正公胤也」とあり、また『明月記』第二（国書刊行会、以下同じ）の建暦元年十月二十五日の条には「（上略）参二宜秋門院一（後鳥羽上皇后、任子）、退出路次、謁二公胤僧正一、心閑談話、修二理破壊御堂旧仏一之願語レ之、尤随喜、昏帰廬、（下略）」とあるなど、公胤が後鳥羽上皇の信任を得ていたことを裏付ける記事は多い。また、『吾妻鏡』（『新訂増補国史大系』第二）承元三年十月十三日の条には「（上略）当二于故右大将家（源頼朝）御月忌一、於二法華堂一被レ修二御仏事一、導師明王院僧正（公胤）、施主尼御台所（北条政子）御参、相州（北条義時）・武州（北条時房）列二聴衆一給、（下略）」とあり、故源頼朝の月忌の法要を修するに当たり、導師として三井寺公胤を招請、公胤は十五日には御所において将軍と園城寺興隆につき会談し快諾を得るなどの厚遇を受けている（『吾妻鏡』）。高瀬承厳「三井寺公胤僧正に就て」（『仏書研究』第四三・四四号、大正七・八年）参照。

(14)『指南抄』所収の「法然聖人御説法事」は、了恵編の『漢語灯録』では「逆修説法」と称され、異本としては安土浄厳院所蔵の『無縁集』、鹿谷法然院所蔵の『師秀説草』などがあるが、石井教道著『選択集の研究』総論篇（平楽寺書店、昭和二十六年）第二編第四章「選択集成立の三期とその年代」、高橋弘次『逆修説法』と『選択集』」（『浄土宗典籍研究』研究篇）などで述べられるように、いわゆる『逆修説法』は法然の主著『選択集』の思想形成のうえで、その基礎となったものと位置付けられるが、のちに『指南抄』が編集されるようになってようやく公表された遺文なのではなかろうか。

(15) 伊藤唯真「『法然上人伝記』（醍醐本）の成立史的考察」（『浄土宗典籍研究』研究篇）に同様のことが指摘されている。

(16) 本章第四節（八一―八三頁）参照。

(17)『四巻伝』の序文末尾に「于レ時嘉禎三年丁酉正月廿五日沙門躭空記レ之」と記されている。

(18)『講私記』の奥書には「安貞二年八月十二日以二上蓮房本一書写了、沙弥信阿弥陀仏」とあり、信阿弥陀仏なる者の書写本であることがわかるが、東寺宝菩提院から同時に発見された同一人物の書写になる『別時念仏講私記』の奥書に、「元仁二年二月下旬手写了、隆寛　沙弥信阿弥陀仏」とあることから、『講私記』の成立もこの元仁二年以前と見做される。

(19)『四巻伝』は註（17）掲載の記述に見られるように、躭空なる者の編集になる伝記である。望月信亨著『浄土教之研究』（金尾文淵堂、大正三年）四六「本朝祖師伝記絵詞に就て」ではこれを信空の門弟である湛空とは別人であるとしているが、中沢見明「法然上人諸伝成立考」（『史学雑誌』第三四編第八・一〇・一一号、大正十二年）、井川定慶著『法然上人絵伝の研究』第二章第四「伝法絵流通の著者」、三田全信著『成立史的法然上人諸伝の研究』五「本朝祖師伝記絵詞」等では躭空と湛空を同一人としている。同一人であれば『四巻伝』はまさに信空系列の伝記と言える。

(20) 信空が法然と法兄弟であることは『明義進行集』「第五白河上人信空」の記述によってわかるが、栂尾高山寺所蔵元仁元年十一月二十八日付「信空自筆円頓戒戒脈」、清浄華院所蔵文保元年二月十八日付「了恵道光授隆恵天台円教菩薩戒相承師々血脈譜」等によって確認できる。

(21) 藤堂恭俊「諸人伝説の詞について―門弟によって伝承された宗祖の詞―」（『鷹陵』第一五号、昭和四十二年）において、「一期物語」「浄土随聞記」に信空所伝の宗祖の詞が収録される点について、源智は早くから宗祖の門弟であった信空より宗祖の詞を折にふれて聴聞していた結果でないかと考証されている。また本章第四節（八一頁）で述べるように、『醍醐本』所載の「御臨終日記」は、『指南抄』所収の「法然聖人臨終行儀」「建久九年正月一日記」の両遺文の原型をなす記述の合糅によって成ったもので、原型に遡った時点でいわゆる信空系の記述から源智系の記述が生まれていった格好の例とできる。

第三節　「御臨終日記」について

『醍醐本』の成立時期および編者、編集の意図等について考察するにあたり、とくに霊験的奇瑞にもとづく宗教体験を具体的に述べた「御臨終日記」を検討すると、遺文の原型の存在性に遡る糸口が求められたり、また『醍醐本』全体の成立事情を語るに恰好な諸問題を有することに気がつく。すなわち、この「御臨終日記」が『醍醐本』所載の形態となって伝来するに至るまでの成立過程についてである。「御臨終日記」と題される『醍醐本』の記述は、『指南抄』『拾遺漢語灯録』等によれば前述のごとく二篇の遺文に分かれる。その後半部は『指南抄』が「建久九年正月一日記」、『拾遺漢語灯録』が「三昧発得記」と題する記述と同一内容であるが、これについては第Ⅱ部の各論において詳述することにして、ここでは『醍醐本』「御臨終日記」の前半部について、『指南抄』所収の「法然聖人臨終行儀」、『拾遺漢語灯録』所収「臨終祥瑞記」との比較校合、ならびに初期成立の法然伝すなわち『講私記』『四巻伝』『私日記』等との関係について考察し、そのうえで『醍醐本』自体の史料価値に関する若干の卑見を述べてみようと思う。

一　『西方指南抄』所収「法然聖人臨終行儀」との比較

『指南抄』所収の「法然聖人臨終行儀」なる記述は、この『醍醐本』「御臨終日記」の前半部と内容的にほぼ同一のものである。そこで、双方の関連性を探る意味において両本の校合を左に行なってみる。（『指南抄』本を底本に、後掲の『醍醐本』の記述と照合して異同と認められる箇所は括弧で囲み、削除箇所には点線を付し、『醍醐本』に記述の挿入が認められる場合には『指南抄』本の該当箇所の傍らに▲符を付し、『醍醐本』の記述に傍線を付して示す）

『指南抄』(1)中巻本所収「法然聖人臨終行儀」

（法然聖《ホフネンシヤウ》人臨終《ニンリムシユ》行儀《ノキヤウキ》）

建暦《ケンリヤク》元年《クワンネン》十一月十七日、▲藤中納言光親《トウチウナウコンミツチカ》卿《ノキヤウ》ノ奉《ウケタマハリ》ニテ、（院宣《キンセン》ニヨリテ）（十一月）廿日戌時《イヌノトキ》ニ（聖《シヤウ》人宮《ニンミヤコ》ヘカヘリ入《イリ》タマヒテ）、東山大谷《ヒムカシヤマオホタニ》（トイフトコロニ）スミ侍《ハヘルニ》、同《オナシキ》二年正月二日ヨリ老病《ラウヒヤウ》ノ上《ウヘ》ニヒゴロノ不食《フショク》、▲（オホカタ）コノ二三年《ネン》ノホト（オイホレテヨロツモノワスレナトセラレケルホトニ）、▲（コトシヨリハ耳《ミヽ》モキヽ、コヽロモアキラカニシテ）、トシコロナラヒオキタマヒケルトコロノ法文《ホフモン》ヲ時時《トキトキ》オモヒイダシテ、弟子《テシ》トモニム□（カ）ヒテ談義《タンキ》シタマヒケリ、マタコノ十余年《ヨネン》ハ耳《ミヽ》オホロニシテサヽヤキ事《コト》オハキヽタマハス侍《ハヘリ》ケルモ、コトシヨリハ昔《ムカシ》ノヤウニ（キヽタマヒテ）例《レイ》ノ人ノコトシ、（世間《セケン》ノ事《コト》ハワスレタマヒケレトモ）、ツネハ往生《ワウシヤウ》ノ事《コト》ヲ（カタリテ）念仏ヲ（シタマフ）、マタアルイハ（高声《カウシヤウ》）ニトナフルコト一時《キチシ》、アルイハマタ夜ノホトオノツカラ（ネフリタマヒケルニモ）、舌《シタ》・口《クチ》▲ハウコキテ仏ノ御名《ミナ》ヲトナエタマフコト小声《セウシヤウ》聞《キコヘ》侍《ハヘリ》ケ

リ、アル時《トキ》ハ舌《シタ》・口《クチ》ハカリウコキテソノ声《コヱ》ハキコエヌ事モツネニ侍《ハヘリ》ケリ、サレハ口《クチ》ハカリウコキタマヒケル
コトオハ、ヨノ人（ミナシリテ）念仏ヲ耳《ミヽ》ニキ、ケル人コト〳〵クキト□〔ク〕ノオモヒナシ侍《ハヘリ》ケリ、マタ同正《オナシキシヤウ》
月《クワチ》三日戊□時《イヌ〔ノ〕トキ》ハカリニ、聖人《シヤウニン》看病《カムヒヤウ》ノ弟子《テシ》（トモニツケテノタマハク）、ワレハモト天竺《テンチク》ニアリテ声聞《シヤウモン》僧《ソウ》ニ
マシワリテ頭陀行《ツタヲキヤウ》（セシミノ）、▲（コノ日本《ホン》ニ）キタリテ天台宗《テンタイシユ》ニ入《イリ》テ、マタコノ念仏▲ノ法門《ホフモン》ニアエリトノタ
マヒケリ、ソノ時看病《トキカムヒヤウ》ノ人ノ中ニヒトリノ僧《ソウ》アリテトヒタテマツリテ（申《マフ》スヤウ）、極楽《コクラク》ヘハ往生《ワウシヤウ》シタマフヘ
シヤト申《マフシ》ケレハ、答《コタエテ》ノタマハク、ワレハモト極楽《コクラク》ニアリシミナレハ（サコソハアラムスラメトノタマヒケリ）、
又同正月《マタオナシシヤウクワチ》十一日辰時《タツノトキ》ハカリニ、聖人《シヤウニン》（オキヰテ）合掌《カフシヤウ》シテ高声《カウシヤウ》念仏（シタマヒケルヲ）、聞人《キクヒト》ミナナミ
タヲナカシテ、コレハ臨終《リムシユ》ノ時《トキ》カトアヤシミケルニ、聖人《シヤウニン》（看病《カムヒヤウ》ノ人ニ）ツケテノタマハク、高声《カウシヤウ》ニ念仏
スヘシト侍《ハヘリ》ケレハ人々同音《トウオム》ニ高声《カウシヤウ》念仏シケルニ、ソノアヒタ聖人ヒトリ唱《トナヘ》テノタマハク、阿弥陀仏《ワアミタフチ》▲ヲ恭敬《クキヤウ》
供養《クヤウ》シタテマツリ、（名号《ミヤウカウ》ヲ）トナエムモノヒトリモムナシキ事《コト》ナシトノタマヒテ、サマ〳〵ニ（阿弥陀仏）ノ
功徳《クトク》ヲ（ホメタテマツリタマヒケルヲ）、▲人々高声《カウシヤウ》ヲト、メテキ、侍《ハヘリ》ケルニ、ナホソノ中ニ一人タカクトナヘ
ケレハ、聖人《シヤウニン》イマシメテノタマフヤウシハラク高声《カウシヤウ》ヲト、ムヘシ、カヤウノコトハ時《トキ》オリニシタカ□〔フ〕ヘキナ
リトノタマヒテ、ウルワシクヰテ合掌《カフシヤウ》シテ、阿弥陀仏ノオハシマスソ、コノ仏ヲ供養《クヤウ》シタテマツレ、タ、イマ
ハオホエス供養文《クヤウモン》ヤアルエサセヨト、タヒ〳〵ノタマヒケリ、マタアル時弟子《トキテシ》トモニカタリテノタマハク、観《クワン》
音《オム》・勢至《セイシ》菩薩《ホサチ》聖衆《シヤウシユ》マヘニ（現《ケン》シ）タマフオハ、ナムタチオカミタテマツルヤトノタマフニ、▲弟子等《テシラ》エミタテ
マツラスト（申《マフシ》ケリ）、マタソノ、チ臨終《リムシユ》ノレウニテ、三尺《サムシヤク》ノ弥陀《ミタ》ノ像《サウ》ヲスエタテマツリテ弟子等申《テシラマフス》ヤウ、
▲（コノ御仏《オム》）ヲオカミマイラセタマフヘシト（申侍《マフシハヘリ》ケレハ）、（聖《シヤウ》）人《ニン》ノタマハク、コノ仏ノホカニマタ仏

(オハシマス)カトテ、(ユヒヲモテムナシキトコロヲサシタマヒケリ)、桉内《アンナイ》ヲシラヌ人ハコノ事《コト》□《〔ヲ〕》コ、ロエス侍《ハヘリ》、シカルアヒタイサ、カ由緒《ユシヨ》ヲシルシ侍《ハヘル》ナリ、

凡《オホヨソ》コノ十余年《ヨネン》ヨリ念仏ノ功《コウ》ツモリテ、極楽《コクラク》ノ(アリサマヲミ)タテマツリ、仏《フチ》・菩薩《ホサチ》ノ御《オム》スカタヲツネニミマイラセタマヒケリ、シカリトイエトモ、御意《オムココロ》ハカリニシリテ人ニカタリタマハス侍《ハヘル》アヒタ、イキタマヘルホトハヨノ人ユメ〱シリ侍《ハヘラ》ス、オホカタ真身《シンシン》ノ仏ヲミタテマツリタマヒケルコトツネニソ侍《ハヘリ》ケル、マタ御《オム》弟子《テシ》トモ臨終《リムシユ》ノレウノ仏ノ御手《ミテ》ニ五色《コシキ》ノイトヲ(カケ)テコノヨシヲ(申侍《マフシハヘリ》ケレ)ハ、聖人《シヤウニン》▲コレハオホヤウノコト▲(ノイハレソ)、カナラスシモサルヘカラストソノタマヒケル、

又同《オナシキ》廿日巳時《ミノトキ》ニ大谷房《オホタニノハウ》ノ上《ウヘ》ニアタリテ、(アヤシキ)雲西東《クモニシヒムカシ》ヘナオクタナヒキテ侍《ハヘル》中ニ、ナカサ五六丈《チヤウ》ハカリシテソノ中ニマロナルカタチ▲アリケリ、ソノイロ五色《コシキ》ニシテマコトニイロアサヤカニシテ光《ヒカリ》アリケリ、タトヘハ絵像《エサウ》ノ仏ノ円光《エンクワウ》ノコトクニ侍《ハヘリ》ケリ、ミチヲスキユク人々アマタトコロニテミアヤシミテオカミ侍《ハヘリ》ケリ、

又同《オナシキ》日午時《ムマノトキ》ハカリニアル御弟子《ミテシ》申《マフシ》テイフヤウ、コノ(上《ウヘ》ニ)紫雲《シウン》▲タナヒケリ、聖人《シヤウニン》□《〔ノ〕》往生《ワウシヤウ》ノ時《トキ》チカツカセタマヒテ侍《ハヘル》カト申《マフシ》ケレハ、(聖《シヤウ》)人《ニン》ノタマハク、アハレナル事カナトタヒ〱ノタマヒテ、コレハ一切《キチサイ》衆生《シユシヤウ》▲ノタメニナトシメシテスナワチ誦《シユ》シテノタマハク、光明遍照十方世界念仏衆生摂取不捨《クワウミヤウヘンセウシフハウセカイネムフチシユシヤウセフシユフシヤ》ト三返《サムヘン》トナヘタマヒケリ、マタ(ソノ)ヒツシノ時《トキ》ハカリニ、聖人《シヤウニン》コトニ眼《マナコ》ヲヒラキテ、シハラクソラヲ(ミアケテ)スコシモメヲマシロカス、西方《サイハウ》ヘ▲ミオクリタマフコト五六(度《ト》)シタマヒケリ、モノヲミオクルニソニタリケル、人ミナアヤシミテタ、事ニハアラス、コレ証相《シヨウサウ》ノ現《ケン》シテ(聖衆《シヤウシユ》ノキタリタマフカトアヤシミケレトモ)、

▲ヨノ人ハナニトモコ、ロエス侍《ハヘリ》ケリ、オホヨソ聖人《シャウニン》ハ老病日《ラウヒャウヒ》カサナリテ、モノヲクハスシテヒサシウナリタマヒケルアヒタ、イロカタチモオトロエテヨハクナリタマフカユヘニ、メヲホソメテヒロクミタマワヌニ、タ、イマヤ、ヒサシクアオキテ、アナカチニヒラキミタマフコトコソアヤシキコトナリトイヒテノチ、ホトナクカホノイロモニワカニ変《ヘン》シテ、死相《シサウ》タチマチニ現《ケン》シタマフ時《トキ》、御弟子《オムテシ》トモコレハ臨終《リムシユ》カトウタカヒテ、オトロキサワクホトニレイノコトクナリタマヒヌ、アヤシクモケフ紫雲《シウン》ノ瑞相《スイサウ》ア□〔リ〕ツル上《ウヘ》ニ、カタ〱カヤウノ事トモアルヨト御弟□〔子〕《テ》タチ申侍《マフシハヘリ》ケリ、

又同《オナシキ》廿三日ニモ紫雲《シウン》（タナヒキテ侍《ハヘル》）ヨシホノカニ（キコエケルニ）、同《オナシキ》廿（五）日ムマノ時《トキ》ニマタ紫雲《シウン》オホキニタナヒキテ、西《ニシ》ノ山《ヤマ》ノ水《ミツ》ノ尾《オ》ノミネニミエワタリケルヲ、（樵夫《セウフ》《キコルモノトイフ》トモ）十余人《ヨニン》ハカリミタリケルカ、▲ソノ中ニ一人マイリテコノヨシクワシク申《マフシ》ケレハ、カノマサシキ臨終《リムシユ》ノ午《ムマ》ノ時《トキ》ニソアタリケル、マタ（ウツマサ）ニ（マイリテ）下向《ケカウ》シケルアマモ、▲コノ紫雲《シウン》オハオカミテ（イソキマイリテツケ申侍《マフシハヘリ》ケル）、▲スヘテ（聖《シャウ》）人《ニン》念仏ノ（ツトメオコタラスオハシケル）上《ウヘ》ニ、正月《シャウクワチ》廿三日ヨリ廿五日ニイタルマテ三箇日《サムカ》ノア□〔ヒ〕タ、コトニツネヨリモツヨク▲高声《カウシャウ》ノ念仏ヲ申《マフシ》タマヒケル事、或《アルイ》ハ一時《シ》或ハ（半時《ハンシ》ハカリ）ナトシタマヒケルアヒタ、人ミナオトロキサワキ侍《ハヘル》、カヤウニテ二三度《サムト》ニナリケリ、マタオナシキ廿四日ノ酉時《トリノトキ》ヨリ廿五日ノ巳時《ミノトキ》（マテ）、聖人高声《シャウニンカウシャウ》ノ念仏ヲ（ヒマナク申《マフシ》タマヒケレハ）、弟子《テシ》トモ番番《ハンハン》ニカワリテ、一時《シ》ニ五六人ハカリ（コエヲタスケ申《マフシ》ケリ）、ステニ▲午時《ムマトキ》ニイタリテ、念仏シタマヒケルコエ（スコシヒキクナリニケリ）、サリナカラ時時《トキトキ》マタ高声《カウシャウ》ノ念仏マシワリテキコエ侍《ハヘリ》ケリ、コレヲキ、テ房《ハウ》ノニワノマヘニアツマリキタリケル結縁《ケチエン》ノ

(トモカラカスヲシラス)、聖人ヒコロツタヘモチタマヒタリケル慈覚大師《シカクタイシ》ノ九条《クテウ》ノ御袈裟《オムケサ》ヲカケテ、(マクラヲ)キタニシオモテヲ西《ニシニ》シテ、フシナカラ(仏号《フチカウ》ヲ)(トナヘテ)ネフルカコトクシテ、正月廿五日午《ムマノ》時ノ(ナカラ)ハカリニ(往生シタマヒケリ)、ソノ、チ(ヨロツノ)人々キオイ(アツマリテ)、オカミ(申《マフス》コト)(カキリナシ)、

これによって総合的に言えることは、『醍醐本』の記述のほうが『指南抄』本に比べて削除箇所が多く簡略であり、しかも大幅な挿入箇所が存するわけでもないから、おそらくは抜粋した記述であろう(2)ということである。しかし、基本的な内容についてはほとんど共通しており、『醍醐本』のほうの欠落箇所と確認できるものは、二十日の紫雲瑞相に関する記述をあげる程度である。

ところで、『指南抄』はこの「法然聖人臨終行儀」につづいて、「聖人御事アマタ人々夢ニミタテマツリケル事」なるいわゆる「聖人御事諸人夢記」を所収しており、中宮の大進兼高、四条京極の薄師太郎まさいゑ、三条小川の陪従信賢後家の尼の少女、白河の三河女房、鎌倉の来阿弥陀仏、東山一切経谷の大進の弟子袈裟、藤原惟方別当入道の孫、尼念阿弥陀仏(二件)、大谷坊の尼・房主・女、祇陀林寺西成房、華山院の侍江内と親しき女房、長楽寺隆寛、直聖房、天王寺松殿静尊法印、丹後国しらふ庄別所の和尚等一六件のいわゆる霊夢の記事が集録されている。その大部分は法然往生の奇瑞を夢想したというもので、「法然聖人臨終行儀」なる記録と密接な関連を有するものとして所収されたのであろう。そこで、『醍醐本』「御臨終日記」をみると、「或人七八季之前《ニ》有感夢《ヲ》」として夢想の記事を付加している。この部分を『指南抄』所収「聖人御事諸人夢記」の初出記事である中宮の大進兼高の夢想記事と照合してみよう(同上要領)。

一、聖人御事《シヤウニンノオムコト》アマタ人々夢《ユメ》ニミタテマツリケル事
中宮《チウク》ノ大進兼高《タイシンカネタカ》ト申《マフス》人（ユメニミ）タテマツルヤウ、或《アル》人▲モテノホカニオホキナルサウ□〔シ〕ヲミルヲ、イカナル
フミソトタチヨリテミレハ、ヨロツノ人ノ（臨終《リムシユ》）ヲシルセル文《フミ》ナリ、（聖人《シヤウニン》）ノ事ヤアルトミルニオクニ入《イリ》
テ、光明偏照《クワウミヤウヘンセウ》（十方世界《シフハウセカイ》念仏衆生摂取不捨《シユシヤウセフシユフシヤ》）トカキテ、コノ聖人ハコノ文《モン》ヲ誦《シユ》シテ往生スヘキナリトシルセ
リトミテユメサメヌ、コノ事聖人モ御弟子《オムテシ》トモモ（シ）ラスシテスクストコロニ、▲コノ聖人《シヤウニン》▲サマ〳〵ノ不思《フシ》
▲議《キ》ヲ現《ケン》シタマフトキ、ヤマヒニシツミテヨロツ前後《センコ》モシラストイエトモ、聖人コノ文《モン》ヲ三返誦《サムヘンシユ》シタマヒケリ、
カノ人ノムカシノユメニオモヒアワスルニコレ不思議《フシキ》トイフヘシ、カノ人フミヲモチテカノユメノ事ヲツケ申《マフシ》
タリケルヲ、御弟子《オムテシ》トモノチニヒラキミ侍《ハヘリ》ケリ、件《クタン》ノ文《フミ》コトナカキユヘニコレニハカキイレス、

『醍醐本』のこの部分は特定の人名を掲げてはいないが、このように『指南抄』本の「聖人御事諸人夢記」にみられる中宮の大進兼高の夢想記事と深い関連性を有することがわかる。(3) したがって、『醍醐本』系の記述が出来上がる過程において、『指南抄』本系の夢想記事のうちはじめの兼高の記事のみを取り入れ、そのほかはすべて省略して付け加えたものと考えられる。また、『醍醐本』には「諸人競来《テ》拝之供如盛市」なる文が臨終直後の記述に付加されているが、これは『指南抄』本の鎌倉の来阿弥陀仏の夢想記事に、「オホヨソ廿五日ニ、聖人ノ往生ヲオカミタテマツラムトテ、マイリアツマリタル人、サカリナル市《イチ》ノコトク侍《ハヘリ》ケリ」とある箇所から組み入れられた記述のようにみられる。どうも『醍醐本』系の記述のほうを後の成立に置くほうが妥当なようである。

さらに、『醍醐本』の最後には『指南抄』本には存しない記述がある。この箇所の分析は後にも述べるが、釈尊滅後百年に現れた阿育王仏心開悟の物語を挿入して、法然滅後三十年に行なおうとしている見聞録作成の事情につ

なげようとした一節である。これに類似した記述は後に掲げる初期法然伝所載本等にもみえるので、これら各法然伝の成立事情等と合わせて考察する必要があるが、『醍醐本』の記述が先行する記述から抜粋編集されていることを考えると、いずれの記載内容をも包括するものとして、奇瑞夢想ならびに阿育王仏心開悟の記述等の原資料となりうるような『醍醐本』『指南抄』本どちらにも先行する記述の存在を想定する必要があろう。

二　『拾遺漢語灯録』所収「臨終祥瑞記」との比較

『醍醐本』「御臨終日記」の前半部と同一内容の遺文としてもう一点、『拾遺漢語灯録』に所収される「臨終祥瑞記」がある。これは前述もしたように義山本が伝来するのみで史料的には問題があるが、その底本の記述を想定しながら、まず『醍醐本』との相互関連性を探り、さらには前掲の『指南抄』本との関係についても考えてみたい。

（『拾遺漢語灯録』本を底本に、後掲の『醍醐本』の記述と照合して異同と認められる箇所は括弧で囲み、挿入箇所には傍線、『拾遺漢語灯録』本の削除と認められる場合には、その傍らに△符を付し、『醍醐本』の該当記述に点線を付して示す）

『拾遺漢語灯録』(4)所収「臨終祥瑞記」

（臨終祥瑞記）

建暦元年十一月十七日、（有）（帰）洛之（敕許）、中納言藤光親奉綸命到勝尾、因同月二十日師（還）洛東大谷、緇白奔走如逢父母、悲喜交流、同二年正月二日少覚四大不愈、（従来所患）不（餐）之気（転）増、自爾（唯語）往生一事、（不復余言）高声念仏（宛如平生）、雖睡眠（間）（脣）舌尚動、又（比〔此〕年老病相侵耳目稍衰、大限已近反復聡明）、（不亦）奇（乎）、同三日語諸弟曰、我（前）身在天竺、交声聞僧常行頭陀、（今）

来本（邦）（学）天台宗、竟開浄土門専（弘）念仏矣、諸弟問曰、師今往生極楽世界（乎）、答曰極楽（吾本邦也）、（盍帰去乎）、同十一日辰刻、起（坐）合掌高声念仏殆過于平時、聞人皆（零）涙、乃告諸弟曰、汝等高声念仏、今阿弥陀仏来、因為（讃）歎念仏功徳、少時又曰、観音勢至及海会聖衆（来）、汝等（見）（不）、諸弟対曰、不（見）曰、汝等（至心）念仏、（必得見之）、又諸弟（乞）、安仏像于前手（繋）五色（線）、（以為臨終引接之助標）、（師）笑而指空曰、此外又有仏乎、吾十余年来念仏功積、三昧成就（頻）（見）（彼土）仏菩薩及諸荘厳、於予何用仮助標乎、同廿日当坊上紫雲（起雲）中、更有（彩）雲色甚鮮明、状如画仏、（諸）人見之随喜感歎、弟子白曰、已有紫雲之瑞、（師）往生其近乎、（師）曰（善）哉、（令見聞之人増長信根者）、同日未刻師仰首見空、自西（至）東者五六（度）、諸弟問曰師（見）仏乎、（曰仏菩薩来迎接於吾也）、同廿三日（洛下伝言）、東山有紫雲（瑞）、同二十四日午刻紫雲大（起）（覆于）西山、（樵夫）十余人皆見之、又有尼某者（詣）広隆寺、路見紫雲（以相伝諸人）、（師）自覚期迫愈力念仏、自二十三日至二十五日高声念仏、或一時或（半時）歇又勤、（無断時）、其勇進也、過于平生、弟子（数輩）更（相）助音、（結縁道俗満庭聴之）、二十五日午刻（被着）慈覚大師伝来（僧伽梨衣）、頭北面西誦光明遍照（四句之文）、已如（入禅定）而化、（世寿八十年）、為僧六十六夏、実建暦二年壬申正月二十五日也、（都下道俗）競来哭泣連日如市、（僧某者）（嘗）夢有人、（持簿来示）、僧曰（是何）、曰（記）日本国中諸人往生之（疏）、（因披見之）、至（巻尾）（記）曰、法然上人（臨終）誦光明遍照四句之文而往生也、彼《ノ》僧覚佐《テ》之、（黙《メ》而）不語《ラ》、（師入滅《ノ》）之後、（記贈《メル》）門人《ニ》、（其《ノ》外霊感）（不一《ニアラ》）、今略《メ》記其《ノ》大槩《ヲ》而已、如来滅後一百年《ノ》時《ニ》有阿育王不信仏法《ヲ》、而其国《ノ》人民皆（帰《ス》）仏（法《ニ》）、王《ノ》云仏《ニ》有《ル》何《ノ》功徳得《ル》超《タルコトヲ》衆（人《ニ》）、若有《ハ》値《ヘル》仏《ニ》者我《ノレ》（当《ニ》）往《テ》而尋《ヌ》之、時大臣奏云《ク》、波斯匿王《ノ》妹《ノ》尼乃値《シ》仏《ニ》人《ナリト》也、王即（往《テ》）而問曰、仏有何《ル》殊異《ラカ》、尼曰、仏《ノ》功徳（無量《ニメ》）難測《リ》、昼夜一劫《ストモ》何《ソ》能《ク》説《キ》尽《ン》）、乃為《ニ》説《ク》其《ノ》一相《ヲ》、王聞《テ》（悔）喜交生《ソ》心開（意解《ス》）、今也（師（コレ以降ノ対校ハ第四節掲載箇所ヲ参看）之滅後）才《カニ》（経）三十年《ヲ》、親値《タリ》（師《ニ》）之人世間尤《モ》多《シ》之、（後来遙隔《ニテハ》歳月《ヲ》）懼《クハ》（其《ノ》嘉言善行空従《クンコトヲ》晦冥《ニ》焉）、（因《テ》）今聊《カ》記《シテ》見聞《ヲ》貽於遐代《ニ》者《ナリ》也、

（『醍醐本』ニハ記載ナシ）

「私云、此《ノ》記雖非《ト》上人之語《ニ》、而附之《スヲ》、随聞《ノ》之後《ニ》、庶幾《クハ》後人《ハ》視上人臨終《ノ》之祥瑞《ヲ》、発起《センコトヲ》信心《ヲ》也、見者《ソ》得意《ヨヲ》、」

全体的には義山の改竄による記述の増広かとも思われるほどに語句の異同が目立つが、末尾の附記は他本に認められないため編者了恵独自の記述がもととなっていると考えられる。その底本を連想しながら再度これら両本を比較してみると、少なくとも『醍醐本』と同一系統の記述であるとみられる。(5) たとえば、『指南抄』本との比較において問題となった記述の付加文節について、『醍醐本』の体裁をよく踏襲しているといえる。とくに夢想記事については、『醍醐本』が『指南抄』に一六件を記しているなかから、第一件目の記事中宮の大進兼高の夢想記事のみを引いて改作付加していたのと同様に、この兼高の夢想記事が基礎となって改変されている。ただこちらのほうが「日本国中諸人往生《ノ》」と記すのは、『指南抄』が計一六件の夢想記事を掲載することを意識しながら、これを所収の際に省略したための表現であろうと想像できる。『語灯録』の義山本印刻に際して認められる改竄の傾向をほかの遺文類によってみると、こうした大部の割愛はあまりなく、むしろ記述の改竄は著しく認められるものの、記述

はある程度網羅的に収載しているようで、その面からすると、こうした省略は義山によってなされたと考えるよりは、すでに了恵編集時の記述がこのような体裁であったとみるほうが妥当と言えよう。要するに、あるいは『拾遺漢語灯録』の編集は『醍醐本』の記述をよく参考としたものであったのかもしれない。

ところが、『醍醐本』と合わせて三本のうち『拾遺漢語灯録』本が『指南抄』本とのみ共通する記述を拾ってみると、「起座合掌《シ》 高声念仏」「覆《フ》于西山《ニ》樵夫十余人」「或一時《ハ》或《ハ》半時《ニシ》」等の語句があげられるが、それぞれ『醍醐本』では「起居高声念仏《ス》」「在西山炭焼十余人」「或一時或二時」となっており、これを了恵編集時に存した記述とみると、『拾遺漢語灯録』本にも『指南抄』本系の記述からの影響を受けていたことになる。したがって、どの時点に遡って先行する原型もしくは原資料となった記述を想定することが、これら構成上の諸問題や語句の出入りについて最も納得できるかということになってくる。少なくともここまでの分析によって言えることは、『醍醐本』・『指南抄』本・『拾遺漢語灯録』本の三本に対して、基礎となってそれぞれに影響を示した記述の存在が確実であるということである。

三　初期法然伝所載本との関係

各種法然伝のうち比較的成立が早いとされるのは、『醍醐本』のほかには前述したように隆寛によって著された『講私記』[6]、躭空の『四巻伝』、『指南抄』に所収され信空系の伝記とされる[7]『私日記』等があげられる。これら四本をもって初期法然伝の成立史的研究が展開され、相互関連性について追究することによってとりわけその成立順序が重要な課題となっている。[8]『醍醐本』自体の編集年時の考察は後にするとして、いまはその『醍醐本』全体の成立事情に興味をもちながら、恰好な事例としてその一部である「御臨終日記」の成立過程に問題を置いており、これに先行する個別の遺文の存在を想定する場合、上記の各伝記類所載の記述にも同一内容あるいは類似する表現等が認められる。ここでは、いわゆる「三昧発得記」の記述を除く『醍醐本』「御臨終日記」の前半部に関する比較検討を進めたい。そして、いかなる経過によって『醍醐本』の記載形態が出来上がったのか、また個々の伝記類の記述とはどのように関係しているのか等の考証を行ない、原型の存在性や史料的信憑性を問うていきたい。

はじめに、『醍醐本』の記述と合わせて上述四本所載の記述における対照表を載せる。

〔「御臨終日記」初期法然伝所載本対照表〕

『醍醐本』(9)「御臨終日記」所載本

建暦元季十一月十七日可入洛之由賜宣旨《ヲ》、藤中納言光親《ノ》奉也、同月廿日入洛《シテ》住《ス》東山《ノ》大谷《ニ》、同二季正月二日老病之上日来《ノ》不食殊《ニ》増《シテ》、凡《ソ》此二三季耳《ヲ》ボロニ心朦昧也、然而死期已《ニ》近《テ》如昔《ノ》耳目分明也、雖不語《ラ》余事常《ニ》談往生事《ヲ》、

『講私記』(10)第四所載本

(上略)三四年来《ハ》耳目蒙昧《ナリヲ》而近大漸《ノ》期《コニ》聞音見《コト》色忽《ニ》以分明《ナリ》、

『四巻伝』(11)巻三・巻四所載本

(上略)鳳城に還帰あるべきよし、太上天皇の院勅をうけ給はらしめ給けれぱ、吉水の前大僧正慈鎮の御沙汰として、大谷の禅房に居住し給、権中納言藤原光親卿奉行にて帰京のよし被仰下侍ける時、もとよりかくこそは侍る

『私日記』(12)所載本

(上略)雖《イエトモ》然《シカリト》無《ナク》程《ホトク》帰洛《キラク》了《オハヌ》、権中納言《コンチウナウコン》藤原《フチハラノ》朝臣《アソン》光《ミツ》親《チカ》為奉行《シテフキヤウト》被下《ルクタサ》勅免《チヨクメン》之《ノ》宣旨《センシヲ》、去《イヌル》建暦《ケンリヤク》元年十一月廿日帰洛《クキラクシテ》、居《キヨヲ》卜《シメテ》東山《トウサン》大谷《オホタニノ》之別業《ヘチケフヲ》、鎮《トコシナヘニ》待《マツ》西《サイ》方浄土《ハウシヤウトノ》之迎接《カウセフヲ》、同《オナシキ》三年正月三日、老病《ラウヒヤウ》空《ソラニ》期《コス》蒙《モウ》昧《マイノ》之臻《イタリヲ》、所待《トコロマツ》所憑《トコロタノム》寔《マコトニ》

高声念仏無絶《ルコト》、夜睡眠《ノ》時
舌口鎮《ニ》動《ク》、見人為《ス》奇特之
思、同三日戌時上人語弟
子云、我本在天竺《ニ》交声聞
僧《ニ》常《ニ》行《シキ》頭陀、其後来本
国入天台宗《ニ》又勧念仏《ヲ》、弟
子問云、可令往生極楽哉、
答云、我本在極楽《ニ》之身《ナレハ》
可然、同十一日辰時上人
起居高声念仏《ス》、聞人流涙、
告弟子《ニ》云、可高声念仏《ス》、
阿弥陀仏来給也、唱此仏
名《ヲ》者《ハ》不虚《ラテ》云歎念仏《ノ》功徳《ヲ》事
如昔《ノ》、又観音勢至井聖衆
在《リ》前拝之乎否《ヤヤ》、弟子云、
不奉拝聞之弥勧念仏給《フ》、
其時可拝本尊之由奉勧、

人問《テ》云今度《ノ》往生極楽《ハ》決定
歟、答云、彼土《ハ》我本国《ナリ》、
定《テヘシカヘリユク》可還往観音勢至等聖《ノ》
衆来現《シテ》在《ス》眼《ノ》前之由度々
示《ス》之《ヲ》、

べかりける、（中略）
次年正月二日より老病の
うゑに、日来不食弥増気、
凡此両三年耳も不聞、心
も耄々として前後不覚に
まし／＼けるが、更如昔
明々になりて、念仏つね
よりも増盛也、
仁和寺に侍ける尼、上
人往生の夢に驚て参じ
給ける、病床のむしろ
に人々問たてまつりけ
る、御往生実否如何、
答云、我本天竺国に在
とき、衆僧に交て頭陀
を行じき、今日本にし

悦《ヨロコハシキ》哉《カナ》、高声念仏《カウシヤウネムフチ》不退《フタイ》也、
或時《アルトキ》聖人相語《アヒカタテ》弟子《テシニ》云《ク》、我《ワレ》
昔《ムカシ》有《アテ》天竺《テンチクニ》交《マシワリテ》声聞僧《シヤウモンソウニ》、
常行《ツネニキヤウシキツ》頭陀《タヲ》、本者《モトハ》是有《コレアリ》
極楽世界《コクラクセカイニ》、今来《イマキタリテ》于日本《ニ》
国学《コクマナフテ》天台宗《テンタイシユヲ》、又勧《ス、ム》念仏《ヲ》、
身心《シンシム》無苦痛《ナシクツウ》蒙昧《モウマイ》忽《タチマチニ》分
明《ミヤウ》ナリ、
十一日辰時《タツノトキニ》端座合掌《タンサカフシヤウシテ》
念仏不絶《スタエ》、即《スナワチ》告弟子《ツケテテシニ》云《ク》、
高声念仏各《オノ／＼》可唱《ヘシトナフ》、観《クワン》
音勢至菩薩聖衆《オムセイシホサチシヤウシユ》現《ケンシテ》在《イマス》
此前《コノマヘニ》、如《コトシ》阿弥陀経《ミタキヤウノ》所説《シヨセチノ》、
随喜《スイキノ》雨涙《フルナミタヲ》渇仰《カチカウ》融肝《トホルキモニ》、尽《シン》
虚空界之荘厳《コクカイノシヤウコム》遮《ハサイキリ》眼《マナコニ》、
転妙法輪之音声《テンメウホフリンノオムシヤウ》ハ満耳《ミテリミヽニ》、

（醍醐本）

上人以指々空《ヲ》此外《ニ》又有仏即語《テ》云《ク》、此十余季奉拝極楽荘厳化仏井《ヲ》事是常也、又御手《ニ》付《テ》五色《ノ》糸《ヲ》可令執之給之由勧《レ》者、如此事者是大様事也《ト》云《テ》終《ニ》不取、同廿日巳時当坊《ノ》上《ニ》紫雲聳《ク》、其中《ニ》有円戒〔形カ〕《ノ》雲、其色鮮《シテ》 如画像《ノ》仏《ノ》、行道《ヲ》人々於処々見之、弟子云《ク》、此空《ニ》紫雲已聳《ク》、御往生近給歟、上人云、哀《ナル》事哉、為令一切衆生《ニ》〇信念仏《ヲ》也云々、同日未時殊《ニ》開眼仰《ク》空《ニ》、自西方于東方《ヘ》見送《ル》事五六返《ス》、

（講私記）

聞《テ》紫雲現《ヲ》便語《テ》云《ク》、我《カ》往生《ハ》者為《メ》諸《ノ》衆生也、

（四巻伝）

て天台宗に入てかゝる事にあへり、抑今度の往生は一切衆生結縁のため也、我本居せしところなればたゞ人を引接せんと思、

十一日、上人高声念仏を人にすゝむとて云、此仏を恭敬し、名号を唱人一人も不空と云て、弥陀功徳を種々に讃嘆し給、弥陀常影向し給、弟子等不拝之哉云々、そのゝち二十日頃より念仏高声にねんごろなり、助音の人々はおのづからこゑをほの

（私日記）

至 于同《イタルマテニオナシキ》 廿日紫雲聳《シウンタナヒキ》上方《ニ》、円《エン》円雲鮮 其中《ノクモアサヤカナリソノナカニ》如図絵仏像《コトシツエノフチサウノ》、道俗貴賤遠《タウソクキセンオン》近緇《コンシ》素《ソ》、見者流 感涙 聞《ミルモノナカスカムルイヲキク》者成奇《モノナスキ》異《イヲ》、同 日《オナシキヒ》未 時《ヒツシノトキ》挙《アケ》目《メヲ》合 掌《アハセタナコヽロヲ》、 自《ヨリ》 東《トウ》方《ハウ》見西方 事《ミルサイハウヲコト》五六度《ト》、 弟子《テシ》奇 而問云《アヤシミテトフテク》、仏来迎《カウシ》 タマフ歟《カト》、聖人答《コタエテ》 云《ハク》、然也《シカナリト》、

人皆奇之奉問仏《ノ》在《ス》歟《ト》、然
也答《下テ》、同廿三日紫雲立之
由令風聞、同廿四日午時《ニ》
紫雲大《ニ》聳《ク》、在西山《ニ》炭焼十
余人見之来《テ》而語《ル》、又従庄〔広〕
隆寺下向《スル》尼　於路頭来《テ》而
語《ル》、爰上人念仏不退之上
自廿三日至廿五日殊強盛、
高声念仏事或一時或二時、
自廿四日酉時至廿五日高
声念仏無絶、弟子五六人
番々《ニ》助音《ス》、至廿五日午時《ニ》、
声漸《ク》細《ク》高声時《ハ》々相交《ル》、集《マル》
庭《ニ》若干《ノ》人々皆聞之、正《ク》臨
終《ノ》時《ハ》懸慈覚大師《ノ》九条《ノ》袈裟、
頭北面西《ニシテ》　誦光明遍照十
方世界念仏衆生摂取不捨《ト》

亦臨《テ》其期《ニ》三日三夜或《ハ》一時
或半時高声念仏聞《ク》者《ノ》皆驚《ク》、
廿四日酉剋《ノコク》以□称名迫《セメテ》
躰《ヲ》無間無余《ナリ》、助音人々《ハ》雖《トモ》
及窮屈暮齢病悩《ノ》身勇猛《ユミヤウニシテ》
不絶声未曾有事也、明日
往生之由依《テ》夢想告《ノツケニ》驚来《キテ》
逢《フ》終焉者《ノ》五六許輩也、臨
命終《ノ》時唱《フ》四句《ノ》文《ヲ》、光明遍
照十方世界念仏衆生摂取
不捨是也、有《テ》一《ノ》雲客七八

かにすといへども、上人
の音声はます／＼尽空法
界にもひゞくらん、抑け
ふよりさき七八年のその
かみ、ある雲客兼隆朝臣夢に、
上人往生のゆふべ、光明
遍照の偈を唱べしとつげ
をかふむりしのち、いま
この文をとなへて、廿四
日より廿五日の午正中に
いたるまで、念仏高声に
して如夢文を誦し給事、
時にかなへり、天日光明
をほどこす、観音の照臨
もとよりあらたなりとい
へども、紫雲虚にそびて
勢至の迎接おりをえたり、

廿三四日《ニ》紫雲《シウン》不《ス》罷《ヤマ》、弥《イヨ》く
広《ヒロク》大《オホキニ》聳《タナヒク》、西山《ニシヤマ》ノ売炭《ウリノスミ》
老翁《ラウオウ》荷《ニナフ》薪《タキヽヲ》　樵夫《セフフ》、大小《タイセウ》
老若《ラウニヤク》《オイタルワカキモノ》見《ミル》之《コレヲ》、

廿五日午　時《ムマノトキ》許《ハカリニ》行儀《キヤウキ》不違《スタカハ》、
念仏之《ノ》声《コエ》漸《ヤウヤク》　弱《ヨハシ》、見仏之《ケンフチノ》
眼《マナコ》如《コトシ》眠《ネフルカ》、紫雲《シウン》聳《タナヒク》　空《ソラニ》、
遠近《オンコン》ノ人人来《キタリ》集《アツマル》　異香《イキヤウ》
薫《クンス》室《シチニ》、見聞《ケンモン》之諸人《シヨニン》仰《アフテ》信《シンス》、
臨終《リムシユ》已《ステニ》到《イタリテ》、慈覚《シカク》大師《タイシ》之《ノ》

（醍醐本）

如眠命終《ス》、其時午正中也、
諸人競来《テ》拜之供如盛市、
或人七八季之前《ニ》有感夢《ヲ》、
有人見以外大《ニナル》双紙《ヲ》、思《テ》何
文而見之、注諸人《ノ》往生《ヲ》文
也、若有《ルト》法　然上人《ノ》往生
注《セル》処《ロ》遥《ニ》至《テ》奥《ニ》注也、有光
明遍照《ノ》四句《ノ》文、上人《ハ》誦此
文可被往生、夢覚《テ》不語上
人不語弟子《ニモ》、令《シテ》府〔符〕合此
夢《ヲ》生奇特《ノ》思《ヲ》、上人往生之
後以《テ》消息《ヲ》被注送、恐繁不
載、〇《旁》有不思義〔議〕夢想等可
足之故《ニ》略《テ》不記、御入滅者
満八十也、如来滅後一百
季《ニ》有阿育王不信仏法、国《ノ》

（講私記）

年前夢《ニミラク》　上人《ノ》臨終《ニ》可誦此
文《ヲ》、往日之夢《ユメト》与今符《フ》合誰《カ》
不帰信乎《ト》、著《テ》慈覚大師九
条袈裟《ヲ》頭北面西《ニシテ》　如眠《カ》取
滅《ヲ》、音声止《トヽマテ》　猶《ナヲ》動《コト》　唇舌《ヲ》
十余遍許《ハカリ》也、面色殊群《シテ》
形容《ケイヨウ》似咲《エメルニ》、于時建暦二年
正月二十五日《ノ》午《ノ》正中也、

春秋満《ツ》八十、同《シ》釈尊《ノ》在世《ニ》、
凡《ソ》瑞異連綿《トシテ》、不遑羅《ラ》縷《ル》各

（四巻伝）

爰に音楽窓にひゞく、帰
仏帰法の耳をそばたて異
香室にみてり、信男信女
の袖をふるゝ間、慈覚大
師附属の法衣を著して、
頭北面西にして念仏数遍
唱給の後、一息とゞまる
といへど両眼瞬がごとし、
手足ひへたりといへども
唇舌をうごかす事数遍也、
行年四十三より毎日七万
遍にて無退転云々、
　光明遍照十方世界念仏
　衆生摂取不捨　南無阿
　弥陀仏々々々　兼日に
往生の告をかふむる人

（私日記）

九条《テウ》ノ袈裟《ケサ》懸《カケテ》之《コレヲ》、向《ムカフテ》
西方唱《サイハウニトナヘテ》　云《クワ》、一一光明《クワウミヤウ》
偏照十方世界《ヘンセウシフハウセカイ》念仏衆生摂《シユシヤウセフ》
取不捨《シユフシヤト》云云、停午《テイコ》之正中《シヤウチウ》
也、三春何　節哉《サムシユンイツレノトキソヤ》、
釈尊唱《シヤクソントナエタマフ》　滅《メチヲ》、聖人唱《シヤウニントナ》
　滅《ヘタマフメチヲ》、彼者《カレハ》二月中旬《チウシユン》五
日也、此者《コレハ》正月下旬《ケシユン》五日

中《ノ》人民歌仏《ノ》遺典《ヲ》、大王云、
仏有何徳超衆生、若有値
仏者往而可尋云々、大臣
云、波斯匽〔匿〕王《ノ》妹《ノ》比丘尼値
仏之人也、其時大王請《シテ》
問、仏《ニ》有何殊異、比丘尼
云、仏《ノ》功徳難《レハ》尽粗説《ク》一
相、王聞此功徳《ヲ》即歓喜《シテ》
心開悟《ス》、
（下略）

凝《シニ》無二《ノ》感情《ヲ》、可望一仏
土《ノ》縁《ヲ》矣、頌曰、（下略）

く、前権右弁藤原兼
隆朝臣、権律師隆寛、
白川准后宮、別当入道、
尼念阿弥陀仏、坂東尼、
一切経谷住僧大進公、
陪従信賢《ノブカタ》、祇陀林経師、
薄師真清《サネキヨ》、水尾山樵夫、
紫雲見之、

于時建暦二年壬申正月廿五
日午剋遷化、行年満八十、伏以、
釈尊円寂の月にすゝめる
事一月、茶毘の煙ことな
りと云ども、弥陀感応の
日にしりぞくこと十日、
利生の風これ同耶、観音
垂迹の勝地勢至方便の善
巧如此、（下略）

也、八旬何歳哉《イツレノトシ□〔ソ〕ヤ》、釈尊《シヤクソン》
唱《トナヘタマフメチヲ》滅、聖人唱《ニントナヘタマフメチヲ》滅、
彼《カレモ》八旬也、此《コレモ》八旬《シユン》也、
（下略）

右の如く『醍醐本』の記述に他本の該当箇所を対照してみると、総合的に言って『醍醐本』と『講私記』、『四巻伝』と『私日記』とが相関関係のうえでそれぞれ近いことが窺える。ただし、それは何か原資料となる記述が存在して、その抄出もしくは改変された結果、それぞれの関係の度合によって内容的な親近関係が生じているものであろう。

前に述べたように、『醍醐本』と『指南抄』本とを対比すると、『醍醐本』の末尾に記述の付加が認められ、その箇所が『指南抄』「聖人御事諸人夢記」の最初の記事である中宮の大進兼高の夢想記事を土台としたものであった。これに釈尊滅後百年の阿育王仏心開悟の物語、さらに後で問題とする編者の附記を加えて四部から成っているが、この附記を除く構成上の特徴は他の三本それぞれに変形してはいるが踏襲されている。すなわち、『指南抄』本にはない記述としてまず「御入滅者満八十也」なる箇所をみると、『講私記』は「春秋満八十《ツ》」とし、『四巻伝』は「行年満八十」と註記し、また『私日記』は「八旬何歳哉」と記しているが、このような記述の一致は『指南抄』本に先行し基礎をなすものが存したことを意味する。さらに、これにつづく「如来滅後」以下の文節も『指南抄』にはない記述であるが、それぞれに形と内容を異にするなどして各本に影響を及ぼしている。これと同じ例は、『醍醐本』における夢想記事の書き出しに「或人七八季之前《ニ》」とあるが、これは形も変り挿入箇所も前後するが、『講私記』『四巻伝』等に受け継がれている記載である。しかるに、『指南抄』本にはこうした表現はどこにも見当たらない。

ここで『醍醐本』と『講私記』の記述の関係を少しくみていこう。はじめに、『醍醐本』が『指南抄』「聖人御事諸人夢記」の初出の記述を改作して付加する箇所に、「夢覚《テ》不語上人不語弟子《ニモ》、令《シテ》府《〔符〕》合此夢《ヲ》奇特《ノ》思《ヲ》」とあるが、『講私記』ではこの部分を「往日之夢《ユメト》与今符合《カ》誰不帰信乎《ト》」と記しており、内容的には少しく変っているが、ほかの二本にはこうした夢想に符合せしめるという表現は見当たらないから、両本の親近関係がこのような類似した記述を生じさせたとみることができる。しかしながら、こうした観点によれば『指南抄』の「法然聖人臨終行儀」と「聖人御事諸人夢記」から『醍醐本』の記述が形成され、また『醍醐本』から『講私記』の記述がというように段階的にとらえることが行なわれるようになる。

そこで、もう少し照合の例をあげてみると、『指南抄』本の特徴ある記述の一つとして「正月《シヤウクワチ》廿三日ヨリ廿五日ニイタルマテ三箇日《サムカ》ノア〔ヒ〕□タ、コトニツネヨリモツヨク高声《カウシヤウ》ノ念仏ヲ申《マフシ》タマヒケル事、或《アルイ》ハ一時《シ》或ハ半時《ハンシ》ハカリナトシタマヒケルアヒタ、人ミナオトロキサワキ侍《ハヘル》、カヤウニテ三度《サムト》ニナリケリ」とある部分を、『講私記』は「亦臨《テ》其期《ニ》三日三夜或《ハ》一時或半時高声念仏聞《ク》者《ノ》皆驚《ク》」としているが、『醍醐本』においては「自廿三日至廿五日殊強盛、高声念仏事或一時或二時」とある。『講私記』は「或《ハ》一時或半時」について『指南抄』本系統の記述を受け継いでいることがわかる。にもかかわらず、「自廿三日至廿五日」のところは『醍醐本』のほうが『指南抄』本に近い。

また『講私記』に「明日往生之由依《テ》夢想《ノ》告《ツケニ》驚《キテ》来《フ》逢終焉者《ノ》五六許輩也」とある部分であるが、『指南抄』本の「聖人御事諸人夢記」の三条小川の陪従信賢後家の尼の少女なる者の夢想に、「コヨヒノユメニ、聖人ノ御《オム》モトニマ〔イ〕□リテ侍《ハヘリ》ツレハ、聖人ノオホセラレツルヤウ、ワレハアス往生スヘキナリ」とある記述か、鎌倉の来阿弥陀仏の夢想記事に、「ソレヲ善導《センタウ》カトオモフホトニ、ツケテノタマフヤウ、法然聖人《ホフネンシヤウニン》ハアス往生シタマフヘシ、ハヤクユキテオカミタテマツレトノタマフトミテ、ユメサメヌ」とある部分かいずれかの記述と関係しているとみられる。したがって、この部分の記述に限って考えられることは、少なくとも『醍醐本』を原資料として『講私記』の記述が形成されたと考えるのは早計であるということである。

この時点において一つ想定しておきたいことは、『講私記』や『醍醐本』の記述に先行する原資料の存在であり、それがいまのところ『指南抄』本系の記述にもかなり近いものであって、この記述にどこかの段階において「聖人御事諸人夢記」のなかから一部分記述の合糅が生じていったということである。

つぎに『四巻伝』所載の記述について考えてみる。『指南抄』本の記述に共通する箇所を拾うと、正月十一日の記事を『四巻伝』が「此仏を恭敬し、名号を唱人一人も不空と云て、弥陀功徳を種々に讃嘆し給」と記すが、『指南抄』には「阿弥陀仏《ワアミタフチ》ヲ恭敬《クキヤウ》 供養《クヤウ》シタテマツリ、名 号《ミヤウカウ》ヲトナエムモノヒトリモムナシキ事《コト》ナシトノタマヒテ、サマ〳〵ニ阿弥陀仏ノ功徳《クトク》ヲホメタテマツリタマヒケルヲ」とあり、この箇所に限って親近性が認められる。同様に『指南抄』本によると二十五日に紫雲たなびきたるを見た者として、「西《ニシ》ノ山《ヤマ》ノ水《ミツ》ノ尾《オ》ノミネニミエワタリケルヲ、樵夫《セウフ》《キコルモノトイフ》トモ十余人《ヨニン》ハカリ」をあげているが、『四巻伝』においても紫雲を見たる人名の最後に「水尾山樵夫」を加えているが、『醍醐本』では二十四日に「午時《ニ》紫雲大聳《ニク》、在西山《ニ》炭焼十余人見之来《テ》而語《ル》」とあり、「樵夫」でなく「炭焼」となっており、さらに『講私記』にはこの箇所は欠落している。

このように、『四巻伝』の記述には『指南抄』本の影響が考えられるわけであるが、こうした見方を決定づけるのは『指南抄』「聖人御事諸人夢記」に記載される夢想体験者について、その人名だけが法然の往生を語る部分にほとんど踏襲されたかたちで挿入されている点である。また、『四巻伝』には往生に対する弟子との問答を記すまえに、「仁和寺に侍ける尼、上人往生の夢に驚て参じ給ける」とあるが、これは『指南抄』「聖人御事諸人夢記」の仁和寺に住む来阿弥陀仏という鎌倉の尼の夢想記事と関連するようにみられ、同様に『四巻伝』には臨終に際する慈覚大師附属の法衣着用の記述のまえに、「異香室にみてり、信男信女の袖をふるゝ間」と記されているが、これも『指南抄』「聖人御事諸人夢記」の東山一切経谷の大進の弟子袈裟の夢想記事と何か関連があるように思われてならない。これらのことから、『四巻伝』の記述は『指南抄』本系統の「法然聖人臨終行儀」や「聖人御事諸人夢記」にそれぞれ先行する原型があって、その両本の合糅によって形成された記述が原資料となっているように推測される。

では、『四巻伝』と『講私記』との共通点にはどういった意味があるであろうか。『四巻伝』に「抑けふよりさき七八年のそのかみ、ある雲客兼隆朝臣夢に、上人往生のゆふべ、光明遍照の偈を唱べしとつげをかふむりしのち、いまこの文をとなへて」とあるが、『講私記』では「光明遍照十方世界念仏衆生摂取不捨是也、有《テ》一雲客《ノ》七八年前《ニ》夢《ミラク》上人《ノ》臨終《ニ》可誦此文《ヲ》」とあり、内容的にはほぼ一致する。ところが『指南抄』本にも『醍醐本』にも「雲客」という記述はなく、両書以前にこうした記述の存在を想定しなければならない。

同じく『四巻伝』に「唇舌をうごかす事数遍也」、『講私記』に「脣舌《ヲ》十余遍許《リ》也」とあり共通性が認められるが、これはいずれも二十五日臨終の様子についてであるのに比べ、『醍醐本』では正月二日に「夜睡眠時《ノ》舌口鎮《ニ》動《ク》」、『指南抄』本にも同日に「アル時《トキ》ハ舌《シタ》・口《クチ》ハカリウコキテソノ声《コエ》ハキコエヌ事モツネニ侍《ハヘリ》ケリ」とある記事において関連性が考えられる。したがって、ここでもそれぞれに先行する記述を想定しなければならない。『醍醐本』が「或人七八季之前《ニ》有感夢《ヲ》」とする夢想の記述は、あるいはこうした原型と「聖人御事諸人夢記」との合糅時に附記されたもので、すべてはここから端を発しそれぞれに形を変えていったものでなかろうか。

最後に、『私日記』と『指南抄』本の記述であるが、『私日記』十一日の「辰時《タツノトキニ》端座合掌《タンサカフシヤウシテ》念仏不《ス》絶《タエ》」なる部分は『指南抄』本には「辰《タツノトキ》ハカリニ、聖人《シヤウニン》オキヰテ合掌《カフシヤウ》シテ高声《カウシヤウ》念仏シタマヒケルヲ」とあるが、『醍醐本』では「辰時上人起居高声念仏《ス》」とあり、『指南抄』本と『私日記』のほうに親近性が認められる。

同様に『指南抄』本では二十五日午の時に西山水尾にて紫雲聳くを見たるを「樵夫」としていたが、『私日記』

においても二十三・四日に「弥《イヨ〱》広《ヒロク》大《オホキニ》聳《タナヒク》、西山《ニシヤマ》ノ売炭老翁《ウリノスミラウオウ》荷《ニナフ》薪《タキ、ヲ》樵夫《セフフ》」と記しており、『醍醐本』が「炭焼」とするのとは異なっている。さらに、『私日記』本の冒頭部分に「去《イヌル》建暦《ケンリヤク》元年十一月廿日帰洛《クキラクシテ》」とあるのは他本と異なる特徴的な記述であるが、これは『指南抄』本のはじめに「十一月廿日戌時《イヌノトキ》ニ聖人宮《シヤウニンミヤコ》ヘカヘリ入《イリ》タマヒテ」と記される箇所の影響を受けているものとみられる。さらに、『私日記』の二十五日には「遠近《オンコン》ノ人人来集《キタリアツマル》異香《イキヤウ》薫《クンス》室《シチニ》、見聞《ケンモン》之諸人《シヨニン》仰信《アフテシンス》」とあるが、この記述は前述のごとく『四巻伝』にも認められ、やはり『指南抄』「聖人御事諸人夢記」からの挿入であると思われるが、「樵夫」の例といい、『四巻伝』と『私日記』とは同じ系統のものと思われる。

これら多くの諸本にみられる記述の異同・改変に対して、その成立過程を推測するには、はじめに『指南抄』本系で原型に遡れる記述を想定することが最も納得できるものと言えよう。そして、転写伝来の際に「聖人御事諸人夢記」との合糅がなされ、その記述を原資料として『醍醐本』や『講私記』系統の記述、『四巻伝』や『私日記』系統の記述が生まれていったものと推察できる。そこで、伝記それぞれの成立に関する問題は、『醍醐本』全体の考証と併せて以下に取りあげることにする。

註

（1）『親鸞聖人真蹟集成』第五巻所収。

（2）梶村昇「醍醐本法然上人伝記について」（『亜細亜大学教養部紀要』第四号）において、『指南抄』本のごとき和文体のほうが先行することが指摘されたが、後年に同「醍醐本『法然上人伝記』の筆者について」（『善導大師の思想とその影響』）において、これを訂正されているように、その判断は困難であって今後の課題としなければならない。

（3）伊藤唯真「古法然伝の成立史的考察―特に『知恩講私記』を繞って―」（『法然上人伝の成立史的研究』第四巻）参照。

（4）大正大学所蔵正徳五年版。

(5) 註(2)掲載梶村所論(後者)参照。

(6) 櫛田良洪「新発見の法然伝記―『知恩講私記』―」(『日本歴史』第二〇〇号)によって新出の東寺宝菩提院蔵『知恩講私記』が紹介されてより、赤松俊秀「新出の『知恩講私記』について」(『日本歴史』第二〇二号、昭和四十年)、註(3)掲載伊藤所論、三田全信「『醍醐本法然上人伝』と『源空聖人私日記』の比較研究」(『佛教大学研究紀要』第三四号)、同「法然上人伝の成立史的研究序説」(『法然上人伝の成立史的研究』第四巻)、同著『成立史的法然上人諸伝の研究』二「法然上人伝記(醍醐本)」、阿川文正「知恩講私記と法然上人伝に関する諸問題」(『大正大学研究紀要』第五一輯)等によってその史料価値が高く評価されている。

(7) 中沢見明「法然上人諸伝成立考」(『史学雑誌』第三四編第八・一〇・一一号)、註(6)掲載三田各所論参照。

(8) 初期法然伝の成立順序については、とくに『私日記』『醍醐本』両書の前後関係の設定によって見解が変ってくる。そこで、『私日記』先行説としては、註(7)掲載中沢所論、および田村圓澄著『法然上人伝の研究』第一部第三章「法然伝の系譜」等があげられ、逆に『醍醐本』先行説としては註(6)掲載三田各所論、註(3)掲載伊藤所論等があげられる。

(9) 醍醐三宝院所蔵本。

(10) 東寺宝菩提院所蔵本。

(11) 井川定慶編『法然上人伝全集』所収。

(12) 註(1)に同じ。

第四節　『醍醐本』成立私見

『醍醐本』「御臨終日記」成立過程の考察で得られた成果の一つに、『醍醐本』自体の成立にかかわる問題がある。[1] もちろん、ほかの「一期物語」「別伝記」等の史料批判[2]あるいは成立事情の検討と併せて、総合的に判断しなければならないことであるが、ここでは前節までに「御臨終日記」に関連性ある各所収本、ならびに各初期法然伝所収本などの照合によって確認された相互関係をもとに、『醍醐本』の成立に関する諸事情を探ってみたい。

醍醐三宝院に所蔵する書写本の巻末に、「法然上人伝記依二及覧一雖レ為二枝葉一書レ之、　義演」との奥書があり、醍醐寺第八〇代座主義演の書写によるものとなっている。もしも、前述してきた『醍醐本』構成上の諸問題が、この書写段階における編集操作によるものであるとすれば根本的に見直しを必要とするが、義演自身にそれだけの問題意識があったとは考えにくい。

まず、義演自筆の『義演准后日記』[3]が史料纂集古記録編に収録刊行されているため、その第一巻より第三巻の各口絵掲載写真版によって義演の字体を確認し『醍醐本』のそれと比べてみるに、同一人の筆とするには少しく共通性に欠けるように思われてならない。ただし、これが義演一流の一山聖教類における書写整理事業の一環として行なわれたものと考えると、あるいは模写本である可能性もある。たとえば、『醍醐本』「御臨終日記」にみる限りにおいても「有円〔形〕戒雲」「従庄〔広〕隆寺」「勢〔観〕至房伝之」「建仁九〔元〕年二月八日」など、とくに草体が類似している文字の誤写が目立つ。そうしてみると、筆者個人の主観ではあるが確かに鎌倉時代の字体をよく伝えているように思う。したがって、かりに義演自身の筆写によるものでなく弟子らによってなされたものとしても、模写本であるとすれば底本となったものの存在を意味することになり、それがまた鎌倉期に遡りうるとすれば史料として高く評価できるものである。

ところで、『醍醐本』「御臨終日記」は二つの遺文の併合によって成っている。それは『指南抄』本や『拾遺漢語灯録』本との照合によって、「法然聖人臨終行儀」あるいは「臨終祥瑞記」と、「建久九年正月一日記」あるいは「三昧発得記」とそれぞれ題される両遺文と同一のものである。『醍醐本』「御臨終日記」は構成上この両遺文の間につぎのような文節を挿入している。（点線は前掲『拾遺漢語灯録』本の該当箇所との校異表示）

上人入滅以後及二三十季一ニ、当世奉レ値二上人一之人其数雖レ多ト、時代若移者於二在生之有様一ニ定懐二朦昧一歟、為レ之今聊抄二記ス見聞事一ヲ、（『拾遺漢語灯録』本ニハ記載ナシ）「又上人在生之時、発二得口称三昧一常見二浄土依正一ノ、以二自筆一之勢〔観〕至房〔源智〕伝レ之、上人往生之後明遍僧都尋レ之加二一見一流二随喜涙一、即被レ送二本処一、当時ニ聊雖レ聞二及此由一未レ見レ本ヲ者不レ記二其旨ヲ一、後得二彼記一写レ之、」

この挿入文はよく読むと二つの内容から成っている。「又上人在生之時」から分かれ、(4)その前の部分は法然滅後三十年が経ち時代が移り変ると、師の在生の有様について詳しくわからなくなってしまうので、いまここに見聞することを抄記するとある。後部のほうは法然在生時に三昧発得の体験を自ら筆録していたものを源智が伝えていたが、法然滅後明遍がこれを一見して随喜の涙を流し本所に送ったため原本は確認できないでいたが、のちにこれを得て書写したというものである。

さらに、こうした「三昧発得記」伝来の説明は、この『醍醐本』「御臨終日記」の最末尾にも「此三昧発得之記、年来之間勢観房(原智)秘蔵シテ不二披露一、於二没後一不面伝〔図カ〕二得之一書畢」と附記されている。したがって、前掲の挿入文のうち後部の記述とこの末尾の部分とは、「三昧発得記」に説明文として同時に追記された可能性が強く、すでに指摘した『指南抄』「建久九年正月一日記」の註記といずれを先行させて想定するかの問題であるが、後述のごとく『醍醐本』「御臨終日記」の記述の構成にはほかにも同じような手の加えられていることを考えると、こうした筆録に関する説明は『指南抄』本系統の原型に近い記述を参考に、『醍醐本』の編者によってなされたものとみるほうが穏当なように思う。

とすれば、前述した挿入文の前半は、まさしく二つの遺文を併合するために加えられた文節とみなされる。その前に位置する阿育王仏心開悟の記述についてであるが、『指南抄』本には存しないのにその影響とみられる記述が『講私記』『四巻伝』『私日記』等に若干見られるのは、原資料と想定するどこかの段階で組み入れられたように考えられ、それが『醍醐本』の編者によってこうした詳細な記述に創作されたように推測される。その意図として法然滅後三十年という時期的な重要性の因縁を、釈尊入滅百年後の阿育王出現に求めようとしたものとみることができる。しかるに、前掲『拾遺漢語灯録』本はこの部分を遺文の一部として誤って収録しているが、これは『醍醐本』を原資料として編集したためのものとみる有力な要素と言えよう。

さて、『醍醐本』「御臨終日記」の成立過程を考える場合、関連あると思われる各初期法然伝の記述との照合を行なってみたが、『講私記』『四巻伝』『私日記』と併せて四本に遡る記述の存在を求めることが最も納得いく理解であった。それはとくに前半部の遺文の照合によって考察されたわけであるが、これは『指南抄』「法然聖人臨終行儀」と「聖人御事諸人夢記」の両遺文の原型同士がある時点で合糅して生まれたようである。そして、このような記述が基礎となって、『醍醐本』『講私記』『四巻伝』『私日記』等の記述に展開していったものとみられる。さらに、前節にて検討した各伝記相互の関連性を参考にすると、『醍醐本』と『講私記』、『四巻伝』と『私日記』というように系統が分かれるようで、前者の系統の原資料となった記述がすでに『醍醐本』「御臨終日記」前半部の記述に近い形をしていたと思われるが、これから『醍醐本』と『講私記』の記述が生まれていったものと考えられる。したがって、これらは後述のごとく『醍醐本』の記述伝来に関係の深い源智系の記述と言うことができよう。

また、後者の系統であるが、『四巻伝』は序文の最後に「于ㇾ時嘉禎三年丁酉正月廿五日沙門躭空記ㇾ之」と記されるごとく、嘉禎三年（一二三七）躭空なるものによって編集されたようである。これがかりに嵯峨二尊院の湛空と同一人物であるとすれば(5)、師信空を経由して受け継がれたものと理解でき、『私日記』や『指南抄』の編集について従来いわれてきたと同じように、信空系の記述と言うことができる。したがって、『指南抄』本系統の原型同士が合糅した記述を想定したが、これも信空系の記述であって、いわばこうした信空系の記述から源智系の記述が生まれていったのである。

ところで、初期法然伝の成立順序については諸説あって重要な課題となってくるが、奥書によって明確なのは嘉禎三年（一二三七）に成立した『四巻伝』のみである。『講私記』は安貞二年（一二二八）隆寛の弟子信阿弥陀仏の書写本であるからその原型の成立はまだ遡りうるわけで、現存最古の法然伝であるとも位置づけられている。[6]問題は『醍醐本』と『私日記』の位置するところである。『私日記』については最近『四巻伝』を原資料として作成されている面の多いことから、『四巻伝』編集時より以降であるとの興味ある見解が示されているが、[7]なお『醍醐本』の影響も受けているように思われる。また、その『四巻伝』の編集に『醍醐本』を原資料とした徴証はほとんどないと言われている。[8]

『醍醐本』の成立時期については『醍醐本』全体の編集意図と深く関係している。「御臨終日記」の成立過程には、確かに前述のような『指南抄』本あるいは同系統の原型である記述に遡って、二種類の記述の合糅が想定されたが、『醍醐本』の編者が「三昧発得記」と結合させようとした時点では、『醍醐本』「御臨終日記」前半部の記述はすでに確定していたと考えなければならず、『講私記』はすでにそうしたものを原資料として出来上がっていたことになる。そこで、『指南抄』本との照合によってわかったように、前半部が多くの省略による抄出とみられたのに比べて、後半部の「三昧発得記」のほうは『指南抄』本にほとんど近い記述であることを考えると、『醍醐本』の編者はこの「三昧発得記」の存在を世に主張することが重要な目的の一つであったという見解に達してくる。

『指南抄』本「法然聖人臨終行儀」に「凡《オホヨソ》コノ十余年《ヨネン》ヨリ念仏ノ功《コウ》ツモリテ、極楽《コクラク》ノアリサマヲミタテマツリ、仏《フチ》・菩薩《ホサチ》ノ御《オム》スカタヲツネニミマイラセタマヒケリ」とある箇所は、形を変えながら『醍醐本』『拾遺漢語灯録』本に受け継がれているが、『醍醐本』がかくのごとき三昧発得の体験によって、常に仏・菩薩を拝することができるから五色の糸をとったりする臨終行儀は必要でないとの法然の意思を記し、そのあと実際に大往生の様子を細かに記しているわけで、こうした経過の説明に根拠とすべき「三昧発得記」を掲載する意義が存したのである。このことは『醍醐本』も「此十余季」と記すが、これを逆算するとほぼ建久九年ころという時期に一致する[9]ことからも裏づけられるところであり、また『醍醐本』の編者が「御臨終日記」という標題を考案した背景にもそうした動機が関係していると言えよう。

　このように、三昧発得は法然の奇瑞体験のなかでも最も重要な位置を占めるものと思われる。実は『醍醐本』のごとき具体的で詳細な「三昧発得記」の記述は、各種法然伝[10]のなかでも嚆矢をなすものであるから、それまではこれといって根拠とできるようなものはなかったのであろう。なぜならば、この時点ではまだ『指南抄』も編まれていなかったと考えるからである。[11]源智系の門下らにとって、嘉禎三年に『四巻伝』が編集され世に出たことが直接の契機となったのであろう。その翌年暦仁元年（一二三八）十二月源智は五十六歳で没した。信空系の『四巻伝』編纂に刺戟された源智の弟子たちにとって、師源智が伝持していた「三昧発得記」等の存在を世に示すことは、それが法然自筆の記録であったかどうかは別としても意義深いことであったにちがいない。こう考えてくると、『醍醐本』「御臨終日記」に「三昧発得記」との結合のために記された「上人入滅以後及二三十季ニ一」を目安として、仁治二年（一二四一）ころの編集ということで納得できる。これは『醍醐本』全体に対する問題であるから、「一期物語」「別伝記」の記述のなかにも、源智の弟子たちが伝聞や伝来について特別に主張したかった内容のものが含まれるのかもしれない。また、最大の懸案ともいえる表題「法然上人伝記附一期物語」の下部に記される「見聞出勢観房」の解釈をめぐる問題は、[12]底本に「見聞書勢観房」とあったものを転写の際に誤写したものであり、勢観房源智が見聞したことの記録という意味に理解できる。上述の「御臨終日記」における挿入文に「為レ之今聊抄二記ス見聞事ヲ一」とあるは、源智没後に源智の見聞録から抄記するという表現と思われるのである。

『醍醐本』の史料的信憑性、ならびに各種法然伝成立の基礎資料としての史料価値、いずれも明確な位置づけはなされていない。これらの解明に資するべく、とくに「御臨終日記」の成立過程の検討を行なってきたが、『醍醐本』の編集時期、編集意図等に関して些少なりとも考証を加え成果を上げることができたように思う。『醍醐本』は源智の弟子によって源智の没後仁治二年（一二四一）ころ編集されたもので、とくに信空系統の間で嘉禎三年（一二三七）『四巻伝』なる法然の伝記が編まれたことに刺戟され、源智系統の間ではあまり世に知られていない伝聞・法語・記録類の公開に意義を感じてなされたのである。

かりに、このような私見が大方の支持を得られるとするならば、「三昧発得記」は当時源智秘蔵の法然の体験記とされていたもので非常に信頼に足るべきと言える。[13]これが本当に法然自筆本であったか源智の見聞録なのかは判明しない。概してはじめは『指南抄』本の原型をなす記述が、法然入寂直後に、おそらくは後継者信空を中心とする門下の間に成立したものと思われる。[14]しかし、秘蔵され世には知られていなかったのである。「一期物語」「別伝記」においても、源智あるいはその周辺に早くから見聞録として伝持されていた可能性が強く、[15]「三昧発得記」と同様これらが世に紹介されるのはこの『醍醐本』編集の時期まで下がる。

したがって、このような記述の原型が早くから存在したとしても、少なくとも『講私記』や『四巻伝』の資料とはなりえなかったのである。『指南抄』の編集年時も明らかでないが、かりにこれよりも後年のことであるとすれば、「公胤夢告」「建久九年正月一日記」「法然聖人御夢想記」「法然聖人臨終行儀」「聖人御事諸人夢記」「源空聖人私日記」等の所収には、『醍醐本』編集の影響が少なからず認められるように思われる。さらに年代が降って了恵によって『語灯録』が編纂され、その『拾遺漢語灯録』には「三昧発得記」「浄土随聞記」「夢感聖相記」「臨終祥瑞記」等が所収されることとなるが、これには『醍醐本』も大いに参考としたにちがいない。このように、『醍醐本』の編集は結果的に、信空系・源智系門人たちによる法然遺文蒐集の相互活性化を生む役割も果たしていくことになる。

こうした考証をもとに法然晩年の堅固な思想を窺うことができるが、一方、何故に「三昧発得記」が秘蔵され源智没後まで世に出なかったのかという疑問が生ずる。ここには一念・多念の教義論争、あるいは嘉禄の法難のごとき南都北嶺との諸問題[16]への配慮など種々の要素が考えられ、今後の課題としなければならないが、ますます法然の往生が滅後に及ぼした多大な影響、そしてこれにかかわる問題として在生時になした宗教体験、すなわち三昧発得の意義が浮き彫りになってくるのである。

註

（1）『醍醐本』の成立時期および筆者等に関する問題は、とくに梶村昇「醍醐本法然上人伝記について」（『亜細亜大学教養部紀要』第四号）、同「醍醐本『法然上人伝記』の筆者について」（『善導大師の思想とその影響』）等に詳しい。

（2）註（1）掲載梶村所論によれば、井川定慶編『法然上人伝全集』等の項目でいうと、いわゆる「一期物語」「禅勝房への答」「三心料簡事」の三篇の遺文全体が『醍醐本』「一期物語」であって、源智の執筆にかかるものであるとするは妥当な見解といえよう。また三田全信「『醍醐本法然上人伝』と『源空聖人私日記』の比較研究」（『佛教大学研究紀要』第三四号）、同「法然上人伝の成立史的研究序説」（『法然上人伝の成立史的研究』第四巻）、同著『成立史的法然上人諸伝の研究』二「法然上人伝記（醍醐本）」等にて、「別伝記」とは実は『醍醐本』の表題「法然上人伝記」を意味するものであり、編者が「一期物語」に重きをおいたために、他伝と比較して欠けた記事が生じたため、「別伝記」と題して収載したものと述べられるが、この点については構成上の理解からして賛成しがたい。藤堂恭俊「禅勝房によって聴聞されたと伝えられる宗祖の詞の研究」（『人文学論集』第一号、昭和四十二年）には、『醍醐本』収録の法語類と他の文献に所収する法語類との関係について体系づけて考証されている。坪井俊映「醍醐本・法然上人伝記について―三心料簡以下の法語について―」(『印度学仏教学研究』第二三巻第二号、昭和五十年)には、三心料簡以下の法語の中には隆寛の思想が処々混入しているから、隆寛門流の徒によって伝持されたものであろうと述べられている。

(3)　弥永貞三・副島種経校訂史料纂集『義演准后日記』(続群書類従完成会編)。

(4)　『仏教古典叢書』所収「法然上人伝記附一期物語」の翻刻が、この「又上人在生之時」から改行となっているが、これは底本に忠実とはいえない。底本の改行は三行前の「上人入滅以後及三十季」からである。

(5)　躭空と湛空を別人とするのは望月信亨著『浄土教之研究』四六「本朝祖師伝記絵詞に就て」であり、同一人とするものに中沢見明「法然上人諸伝成立考」(『史学雑誌』第三四編第八・一〇・一一号)、井川定慶著『法然上人絵伝の研究』第二章第四「伝法絵流通の著者」、三田全信著『成立史的法然上人諸伝の研究』五「本朝祖師伝記絵詞」等がある。

(6)　赤松俊秀「新出の『知恩講私記』について」(『日本歴史』第二〇二号)、阿川文正「知恩講私記と法然上人伝に関する諸問題」(『大正大学研究紀要』第五一輯)等参照。

(7)　中井真孝「『源空聖人私日記』の成立について」(『仏教文化研究』第二九号)参照。『私日記』の成立時期については註(5)掲載中沢所論、ならびに田村圓澄著『法然上人伝の研究』第一部第三章「法然伝の系譜」によって、主に嘉禄の法難に関する記事がない点から、上限について法然滅後十六年説、四年説と徐々に遡って考えられたが、その後福井康順「源空聖人私日記について」(『大原先生古稀記念浄土教思想研究』、同刊行会、昭和四十二年)によってこれらに若干の批判が加えられた。

(8)　中井真孝「本朝祖師伝記絵詞と一期物語」(『佛教大学研究紀要』第七〇号、昭和六十一年)参照。

(9)　戸松啓真「法然上人の『三昧発得記』について」(『智山学報』第一九号、昭和四十六年)によって指摘されている。

(10)　『琳阿本』巻五、『古徳伝』巻五、『九巻伝』第三下、『四十八巻伝』第七巻等に所載される。

(11)　赤松俊秀「西方指南抄について」(『仏教史学論集』)は、『指南抄』の成立を建保四年直後まで遡らせているが、この論は基本的に『私日記』の成立年時に立脚しているために一考を要しよう。第Ⅰ部第二章第四節(一三二頁)参照。

(12)　『拾遺漢語灯録』所収「浄土随聞記」は「勢観上人著」と記す。これらについて望月信亨「醍醐本法然上人伝記に就て」(『仏書研究』第三七・三八号)、同(『宗教界』第一四巻第三号)、および『仏教古典叢書』所収「法然上人伝記附一期物語」巻末の同氏解説等によれば、源智の諸弟子間における伝説を編集したものであると述べられているが、註(1)掲載梶村所論においてもこれは「見聞書」の誤写であり、「一期物語」全体が源智執筆の書であると指摘されている。

(13) 田村圓澄「法然伝の諸問題」(『仏教文化研究』第一号、昭和二十六年)には、教義的に非法然的であること、三昧発得の期間に出家の戒師をつとめていたり、南都北嶺の圧迫が高まりつつあった時期にありえないことであるとして、『選択集』が三昧発得の念仏者の製作であることを示そうとするために法然に仮託して作られたものであると述べられているが、筆者にはこれらのいずれをも首肯することができない。

(14) 藤堂恭俊「諸人伝説の詞について—門弟によって伝承された宗祖の詞—」(『鷹陵』第一五号)においては、「一期物語」「浄土随聞記」に信空所伝の宗祖の詞が収録される点について、源智が早くから宗祖の門弟であった信空より宗祖の詞を折にふれて聴聞していた結果ではないかと考証されている。

(15) 深貝慈孝「勢観房源智の著書についての一考察」(『法然浄土教の綜合的研究』、山喜房仏書林、昭和五十九年)に、新発見の滋賀県信楽町玉桂寺所蔵「源智造立願文」との間に、表現上の一貫した共通性のあることが提唱され、『醍醐本』全体の原資料の提供者は源智自身であると述べられているのは大いに参考としなければならない。

(16) 中井真孝「専修念仏停止と法然上人伝」(『法然浄土教の綜合的研究』)参照。

第二章　『西方指南抄』について

法然の遺文類の多くは門弟やその法系につらなる者によって蒐集がなされ、それらが今日伝来することによって源智の門弟達によって編集されたとみられる『醍醐本』一巻があげられ、これには「一期物語」以下六篇の遺文が収録されている。このような遺文類蒐集の初期のものとしてまず仁治二年（一二四一）頃法然研究の重要な手がかりとなっている。そして、文永十一年（一二七四）から翌十二年にかけては、然阿良忠の門弟望西楼了恵道光によって『語灯録』が編纂され、漢文体の『漢語灯録』一〇巻二二篇、和文体の『和語灯録』五巻二四篇、さらに追加として『拾遺語灯録』三巻一八篇（漢語一巻、和語二巻）を収録している。

しかし、これより遡ること約二十年前に当たる康元元年（一二五六）から翌二年にかけて親鸞によって筆記された『指南抄』の存在は、高田専修寺所蔵の一本（以下、自筆本と称す）が親鸞の自筆と認められるに及んで、また前述の『醍醐本』『語灯録』の現存する書写本がともにかなり年代の降った頃のものであるために、法然遺文の研究にとってもっとも史料的価値が高く欠くことのできない遺文集であるとされている（『指南抄』を底本として編集されたものに、『定本法然上人全集』第七巻書簡篇がある）。

しかるに、これまでの『指南抄』の研究は決して法然の遺文集としてのものではなく、むしろその筆記者親鸞のものとしての場合が多く、その意味における法然研究の停滞は指摘せざるをえないところである。それは、後述する編者が親鸞かどうかという重大な問題の未決着によるところも多分にあるが、昭和四十八年には『親鸞聖人真蹟集成』第五・六巻に影印所収刊行されたことでもわかるように、親鸞真筆本としての価値の方が先行し、その後の『指南抄』研究が途絶えてしまっていることを見ても明らかである。『指南抄』が法然研究の一次史料であることは、「法然聖人御説法事」以下説法・自記・消息・法語等合わせて二八篇の法然の遺文類を所収していることで一目瞭然である。

『指南抄』の研究は前述したように筆記者である親鸞の側に立ったものが多く、その論考のほとんどが『指南抄』の編者、成立の時期についてを語っている。しかしながら、この『指南抄』の成立という問題に関して定説を見るには至っておらず、いまだに正確なる史料的性格が把握されているとは言い難い。それは奥書等の記述について今ひとつ充分な理解がなされていない点も理由としてあげられるが、筆者は『指南抄』自体の編集意図についてあまり深く考察されていないことが大きな要因であると思う。親鸞の編集による草稿本と決定するにはそれだけの親鸞による編集意図が想定できなければ説得力を有しない。

随所に見られる記述の欠落は、親鸞編集時による改変と考えるか書写段階での省略と見做すのか重要な判断材料を提供している。どちらの場合においても改変・省略についての一貫した目的意識が想定されなければならない。そして、もし後者であるとすると『指南抄』の原典はどのような編集意図をもっていたのであろうか。もちろん、こうした問題の解明には所収遺文の記述の体裁がどのような性格を有するのか、すなわち現存する原本、あるいは『醍醐本』『語灯録』のごとき他の所収文献の記述と比較することによって、異同箇所についてその発生因由を確認し、また遺文の伝承経路などを分析していかなければならないものと考える。そして、編集意図を考察する手がかりの一つとして遺文の所収順序についてその意味するところを検討することも重要である。そのうえで、親鸞の編集によるものなのかどうか、またそうでない場合は編者としていつ頃どのような系統の者が想定できるのかといった、すなわちその成立時期・編集事情について具体的に迫ってみたいと思う。

第一節　親鸞編集説と転写説

『指南抄』の成立についてとりあげるに当たり、最大の焦点となるのが自筆本が親鸞の草稿本すなわち編集によるものかまたは転写本であるかという問題である。それはこのことによって現在伝来する『指南抄』所収の法然遺文に対する史料的位置付けが決定付けられることになり、ひいてはその記述自体の伝来や『指南抄』の成立過程に親鸞がどの程度関わりを持つのかを解明することになるからである。ここに主だった先学の論考を紹介し両説の論点を整理して置くことにする。

『指南抄』の研究は高田専修寺に現蔵する二本のうち真仏所持本について、まず親鸞の自筆本であるかどうかの問題から起こっている。親鸞の筆跡研究は大正九年に辻善之助氏が著された『親鸞聖人筆跡之研究』(金港堂)によって、それまで親鸞真筆の確定を見ていなかったものに一定の基準を示し、文献それぞれに真筆本かどうかの評価を与えた。そのなかで『指南抄』の所蔵確認が親鸞の筆跡研究に果たした役割は大きく、もちろん『指南抄』はなかでも真筆本の白眉であると認定されるに及んだ。

その後『指南抄』の研究は主に編集事情の解明に焦点が向けられて考察され、最初は高千穂徹乗氏「西方指南抄に就て」(『顕真学報』第一号、昭和五年)、中沢見明氏「西方指南抄と漢和語灯録に就て」(『高田学報』第二三・二四・

二六号、昭和十四・十五・十七年)、宮崎円遵氏著『真宗書誌学の研究』(永田文昌堂、昭和二十四年)第五章「輯録・写伝」、岩田繁三氏「西方指南抄の研究」(『高田学報』第三八号、昭和三十年)等において、おおむね親鸞の手記、所持の諸記録をもとに親鸞が編集したものが底本として存在して、現在の自筆本はその転写本であるというような見方がされた。

それが生桑完明氏によって『定本親鸞聖人全集』第五巻巻末の「輯録篇解説」に詳細なる原本検討の結果として、真筆本が親鸞自筆の稿本であるとする親鸞編集説が述べられ(生桑完明氏はすでに「西方指南抄とその流通」〈『高田学報』第一号、昭和七年〉において、自筆本が親鸞の編集によるものであるとの態度を表明している)、その後に赤松俊秀氏「西方指南抄について」(『仏教史学論集』、昭和三十六年)によって親鸞の書写以前に原型が成立していたとする転写説が発表されるに及んで、『指南抄』をめぐる問題はこの編集に関する両説に焦点が絞られて論じられるようになった。

親鸞編集説では浅野教信氏「西方指南抄の研究序説」(『仏教文化研究紀要』〈龍谷大学〉第三号、昭和三十九年)、同氏「西方指南抄の研究―1―」(『真宗学』第三三・三四号、昭和四十一年)、霊山勝海氏「西方指南抄の評価について」(『宗学院論集』第三七号、昭和四十年)、同氏「西方指南抄の編者について」(『真宗研究』第一一号、昭和四十一年)、同氏「西方指南抄における省略について」(『印度学仏教学研究』第一九巻第一号、昭和四十五年)、同氏「『法然上人御説法事』について」(『京都女子大学人文論叢』第一九号、昭和四十五年)、同氏「再説西方指南抄の編者について―奥書の解明を手がかりとして―」(『真宗研究』第二三号、昭和五十四年)等の所論がある。一方、転写説では平松令三氏による『親鸞聖人真蹟集成』第六巻巻末「解説」、同氏「西方指南抄の編集をめぐって」(『井川定慶博士喜寿記念 日本文化と浄土教論攷』、同記念会出版部、昭和四十九年)、同氏「西方指南抄をめぐって―宝物展観の問題点―」(『真宗研究』第二二号、昭和五十二年)等の所論がある。

右のような両説の論議の対象は親鸞筆記の順序を示す奥書類の理解、所収遺文の内容や他の所収文献の記述との比較による異同・省略箇所の検討とに大別できる。前者については実際に理解し難い点があって、小論においても考察を加えなければならないが、まず岩田氏によると、中巻末の日付を正しくは十月二十四日であったものを十四日と誤記したものと想定することによって、書写日数の計算に整合性を求めているがこれは根拠のない論理とできよう。最初にこの奥書類の記述から編集過程の事情を考察したのは生桑氏である。同氏の解説によれば、奥書の表現で「書之」は親鸞の自著を示し、「書写之」は自著の書写であると区別のあること、奥書の日時が上巻末から下巻末まで必ずしも順序になっていないことなどを理由に親鸞の自筆稿本であることを述べられている。

このいわゆる親鸞編集説をさらに進めたのが浅野氏である。同氏によれば、親鸞のはじめの構想は上・中・下の三巻を目標としていたが、完成時には取り扱い易いように上・中・下巻をさらに本・末に分けて六冊としたものと想定され、中巻本の署名が康元二年正月一日のものと考えられることから中巻を本・末に分断したのはこの日であろうと推論し、そのあと同様に上巻を同二日に分断したと指摘することによって、康元元年十月から翌二年正月にかけて筆記の順序等に矛盾のあった奥書に新しい理解を示され、『指南抄』が親鸞自らの編集によるものであることを論じられている。また霊山氏は親鸞の他の書写本によると、題号の下には必ず撰号を記して自著と厳密に区別している点を指摘され『指南抄』の親鸞編集説を支持し、さらに上巻末の最終頁に所収される「公胤夢告」の記述が、墨の濃淡から判断して中巻の編集中に発見した断簡を、所収する空白がないのでやむなく上巻末に追記所収、そのときに奥書も追記したものであるとして、すなわち上巻の「法然聖人御説法事」の筆記につづいてすぐに中巻の内題へと筆を進めており、このことは親鸞が編集した痕跡と理解すべきであると述べられている。

主にこうした書誌的観点から転写説を提唱されたのは平松氏であるが、同氏の主張の中心は上巻本の内題を原本によってよく検証し、さらに覚信本によって確認すると「曰」という字を一旦書いたあと、それを磨り消してその痕跡を覆い隠すためにその上からわざと肉太に大きく「上」と書いたと見えるということにあり、もとが「西方指南抄曰」とあったとなればそれはこの本に先行する底本の存在を証明することになるというものである。

ところで、前述した所収遺文の内容等に係わる問題では、高千穂氏や霊山氏によって「法然聖人御説法事」「七箇条制誡」「起請没後二箇条事」等における省略箇所の指摘がなされ親鸞の編集時における操作である裏付けとされている。とくに霊山氏は「法然聖人御説法事」の省略箇所に一定の法則性があることを言い、それは『観経』所説のうち定散二善の諸行往生に関するもの、および定散二善の文をもってなされた説法はほとんど省略されており、すなわち念仏往生を明かす部分のみが経の大意として採択されているとしてそれを親鸞編集説の根拠の一つにあげ、さらには各遺文の資料入手を親鸞が法然の室に入り流罪に遭うまでの間膝下で修学した吉水の庵室時代に求められている。また岩田氏の所論では『浄土高僧和讃』源空章、『教行信証』の記述に対して『指南抄』の影響が認められると述べられている。

これらに対して赤松氏の転写説では、建長七年十月三日付の親鸞性信宛消息「かさまの念仏者のうたかひとわれたる事」、「獅子身中の虫」に言及した九月二日付親鸞慈信坊善鸞宛消息などに、『指南抄』中巻末「鎌倉の二品比丘尼へ御返事」、同じく下巻末「つのとの三郎宛御返事」、あるい下巻本「故聖人の御坊の御消息」の内容とそれぞれ共通する点が指摘され、親鸞は康元元年の『指南抄』筆記以前に『指南抄』を手にしていたと述べられている。同氏は「七箇条制誡」「法然聖人御説法事」等の省略箇所に対する転写説としての立場を示され、さらに妻恵信尼が親鸞が観音の化身である夢を見たとき同時に法然が勢至の化身であることを夢に見ているが、これは建保四年の「公胤夢告」以降に親鸞と恵信尼がその確信を深めたことによるもので、関東でこの直後に『指南抄』を読んでいたものと推論され、『教行信証』後序に見える「別伝」を『指南抄』自体に当てられている。

以上、親鸞編集説と転写説との間にはいまだに解決の方向が見出せていない現状にある。まずは奥書類に対する書誌学的な検討が正確になされるべきであるが、私見によればこれについてはいずれの所論もまだ説得力を有しているとは思われない。つぎに先学の指摘される欠落箇所等に対して、親鸞編集時における改変なのか転写の際の省略と見るのか、これらは『指南抄』の編集事情についての考察に欠くことのできない重要な問題であると言えよう。

第二節　親鸞自筆本の書誌

一　表紙・内題・奥書等の検討

先学の所論がまず奥書等の記述について書誌的考察を試みられているので、筆者もこうした手続きに準じて表紙・内題等の体裁、ならびに各冊毎の所収遺文の内容と併せて奥書類の検討を施し、親鸞の筆記事情の解明に資することにする。

各冊の奥書を列挙するとつぎのようにある。

〔上巻本〕

康元元〔二〕丁巳正月二日書レ之、

愚禿親鸞八十五歳、

〔上巻末〕

康元元年丙辰十月十三日

愚禿親鸞八十四歳書レ之、

(朱書)「康元二歳正月一日校レ之、」

〔中巻本〕

(朱書)「康元元〔二〕丁巳正月二日

愚禿親鸞八十五歳校了、」

(別丁)「愚禿親鸞八十五歳書レ之、」

〔中巻末〕

康元元年丙辰十月十四日

愚禿親鸞八十四歳書二写之一、

〔下巻本〕

康元元丙辰十月卅日書レ之、

愚禿親鸞八十四歳、

〔下巻末〕

康元元丙辰十一月八日

愚禿親鸞八十四歳書レ之、

まず上巻本と中巻本朱書部分において「康元元」と記しているが、これは先学の多くが指摘するように、干支が丁巳に替わっていることや親鸞の年齢も八十五歳とあることからして康元二年と記すべきところを誤って書き損じたものである。それにしても奥書を一見して親鸞の筆記が上巻本から下巻末まで順序に従ってなされたものでないことが了解される。それではどのように想定してこの筆記の過程を再現することがもっとも納得いくであろうか。先学もここに頭を悩ませたのである。

筆者はいまだ原本を眼前にすることがならず、早急に実現して親しく手にしてみなければ査証といえないことは充分に承知しているが、幸い『親鸞聖人真蹟集成』第五・六巻に影印所収されているため、これによって些か確認できた事柄を報告し奥書類に関する私見を述べておきたい。そこで各冊の体裁がまちまちであるため、前掲の奥書に表紙・内題の記述、さらには所収遺文の題目（『親鸞聖人真蹟集成』第六巻巻末平松氏解説を参考に筆者が付題した。以下、『指南抄』所収遺文の題目はこの表による）等の一覧表を作成し、これによって総合的に判断していきたい。

〔『西方指南抄』各冊体裁・所収遺文一覧表〕

	表紙	内題	尾題
A	西方指南抄上末（マヽ） 釈真仏	西方指南抄上本〔×中〕	（ナシ）
B	西方指南抄上末 釈真仏	（ナシ）	（ナシ）
C	西方指南抄中本 釈真仏	西方指南抄中本	（ナシ）
D	西方指南抄中末〔×下〕 釈真仏	（ナシ）	西方指南抄中
E	西方指南抄下本 釈真仏	西方指南抄下本	（ナシ）
F	西方指南抄	（ナシ）	（ナシ）

奥書	朱書	所収遺文
康元元〔二〕丁巳正月二日書レ之、愚禿親鸞八十五歳、	康元二歳正月一日校レ之、	法然聖人御説法事
康元元年丙辰十月十三日 愚禿親鸞八十四歳書レ之、	康元二歳正月一日校レ之、	法然聖人御説法事 公胤夢告
（別丁）「愚禿親鸞八十五歳書レ之、」	康元元〔二〕丁巳正月二日 愚禿親鸞八十五歳校了、	建久九年正月一日記 法然聖人御夢想記 法語十八条 法然聖人臨終行儀 聖人御事諸人夢記
康元元年丙辰十月十四日 愚禿親鸞八十四歳 書二写之一、	（ナシ）	七箇条制誡 起請没後二箇条事 源空聖人私日記 決定往生三機行相 鎌倉の二品比丘尼へ御返事 名号の勝徳と本願の体用
康元元丙辰十月卅日書レ之、愚禿親鸞八十四歳、	（ナシ）	念仏の事御返事 おほごの太郎宛御返事 しやう如ぼう宛御消息 故聖人の御坊の御消息 基親取信信本願之様 聖人御房の御返事の案 或人念仏之不審聖人に奉問次第 浄土宗の大意
康元元丙辰十一月八日 愚禿親鸞八十四歳書レ之、	（ナシ）	四種往生事 法語（末代の衆生を云々） 法語（末代悪世の衆生の云々） 九条殿北政所御返事 九月十六日付御返事 法語十三問答 つのとの三郎宛御返事

このように上巻本から下巻末までの各冊を説明の都合上それぞれ記号AからFに当てて称することにする。最初筆者は表紙の記述に目をやりDの部分に新たな書き直しを確認し、このことがきっとAの内題の書き直しに深く関係しているものと考えたのであるが、それは平松氏の解説にあるように、表紙のうち親鸞筆記の時のものが自筆と

して確認できるものは上巻本と下巻末のみで、あとの四本の表紙は室町時代以降のものであるとなれば些か思い過ごしということになる。ただ後考の参考に報告のみしておくと、『親鸞聖人真蹟集成』第五巻（三八九頁）の影印本によってよく見れば、Dの表紙にはもともと「西方指南抄下」とあってその「下」の字のうえから「中」となぞるようにして書き直しているのが明らかに認められる。このことがもしAの内題の書き直しと関係があるとすれば、後述するその内題「西方指南抄上」の「上」と書き直される前の字が「中」である方が全体として論理に一貫性が生まれたのであるが、前述した平松氏の表紙の書誌学的判断に誤まりがない限り、Dの表紙の書き直しとAの内題の書き直しは切り離して考えなければならない。

したがって筆者は以下のように理解した。はじめに親鸞が筆記を始めようとした時にはB・D・E・Fの四本のみがあってこれを順番に筆記した。すなわち奥書にあるように、Bが康元元年十月十三日、Dが同十月十四日、Eが同十月三十日、Fが十一月八日にそれぞれ筆記を終了した。ただしこのままの手順で筆記されたとすると、Dは一日で筆記を終了したことになり分量的に甚だ不自然である。この点について浅野氏は上巻・中巻が共に筆の進められた状況を設定されているが、ここでは同氏の考え方に立つことが理解し易い。ただ浅野氏の場合は後述するように上・中・下の三冊本を前提とされているから、A・Bの上巻とC・Dの中巻の編集が並行して進められたという解釈に立っているが、筆者の場合には単にBとDの筆記が並行して進んだ結果であろうと想定している。

それには、どちらかの筆記の途中にその対象を替えざるを得ないような事情、例えばはじめの段階でA・Cが存在しなかったことを前提としたように、同様に日数が経つ間に他の者が借覧したりというようなことがあったのではないかと推測する。その後康元元年十一月八日以降にAとCの存在が確認されその筆記にかかった。ここでもBとDの並行筆記と同様の現象が生じている。それはAは翌康元二年正月二日に筆記を終了しているが、Cの筆記も本文の後に改丁して奥書を記し自らの年齢を「八十五歳」としているから正月を迎えてからと見做され、おそらく朱書の内容からして前日の正月一日に終えたものと推定される。

それはともかく、問題はA・B・Cの三本の奥書に確認される朱書の内容をどのように理解するかである。筆者はつぎのように考察するのであるがいかがであろう。AとCの筆記終了を間近にして、正月一日に筆記を終えたCがいずれの前半部なのかを確定する必要に迫られ、まずBとの組み合わせを想定しBの内容確認に当たった。それがBの朱書として「正月一日校レ之」とある意味であろう。まだAの筆記を終了していない間であったが、この組み合わせの確定のために同時に筆記中のAも内容確認が行なわれた。そしてCの朱書は翌二日になってCとDの組み合わせを確定するための内容確認を指すものと思われる。おそらくDの尾題に「西方指南抄中」とあることによったのであろう。そして、Aの筆記も奥書に記すように正月二日に終了したということになる。所収遺文の内容からして親鸞がBとCを組み合わせた場合に、「法然聖人御説法事」が分断されてしまうことに気付かない筈がないから、AとBの組み合わせが確定したのは前述の正月一日であったことになる。

ではどうしてこのような誤解を一旦生じたのかというと、Aの内題の記述に問題があったからではないかと考える。それは平松氏はAの内題の「西方指南抄上」とある「上」の字のしたに「曰」の字が書かれていたと見られているが、この一字の訂正のみでは多くの先学が考証される親鸞編集説を覆えすには証拠不充分である。自筆本のこの部分を『親鸞聖人真蹟集成』第五巻掲載口絵カラー写真版によって確認して言えることであるが、同じく『親鸞聖人真蹟集成』第六巻巻末掲載写真版の専修寺にもう一本所蔵する覚信本によっても鮮明に確認される如く、「曰」よりは「中」とあったうえに肉太に「上」と訂正した痕跡であると見える。[2] してみれば、AとCの存在を他の四本の筆記後に確認したとするのであるが、Cと混同して内題の「上」を「中」と書き損じて気付かないままに筆記を続けていたため、単純に内題や尾題に従って一旦AとDの組み合わせを想定したのであろう。ところが内容的にAは「上」でなければならなくなりあとで訂正が施されたのである。Aの内題の書き直しは覚信本においても同様に確認されるが、覚信本は親鸞筆記より二ヵ月程あとの書写であるから、覚信が親鸞の訂正した自筆本の状態を克明に踏襲しようとしたとするか、もしくは覚信が同時に書き直したと考えるかである。どちらにしてもあとで全体の体裁の不都合に気が付いたために訂正されたものである。

このような論の展開は筆者がすでに親鸞編集説ではなく、この自筆本以前に底本が存在したとする転写説の立場にあることを意味している。そして、浅野氏が言われるような上・中・下の三冊本を構想としているのではなく、親鸞が書写の底本とした『指南抄』はすでに六冊本に分冊されていたものと考える。はじめの十月に書写しようとしたときは、B・D・E・Fの四本のうち内題を持つのはEの「西方指南抄下」のみで、あとの十一月八日以降にA・Cの両方とも内題をもつ二本を手にしたために、内題を混同して記してしまったのであろう。

またBの「法然聖人御説法事」は「次ニ双巻無量寿経、浄土三部経ノ中ニハ」と始まるが、これは『漢語灯録』と照合すると三七日の説法の途中であって、このままの状態で遺文の内容を把握するのは難しかったのであろうと思う。正月一日になって結局AとBの組み合わせが確定された段階で、「法然聖人御説法事」の遺文が一つのものでAからBにつながる内容であることが確認された。そこで、正月二日にAの書写を終了したあとで、『親鸞聖人真蹟集成』第五巻（九頁）の影印本でも補筆と認められるように、内題の下に「法然聖人御説法事」という題目を付けたのであろう。もとから題目が付いていたのであれば内題の次の行にくるべきであり、底本にはなかったがこのようにして後から書写した親鸞によって付け加えられたもので、親鸞がAとBの組み合わせによって長篇の遺文「法然聖人御説法事」の内容があとになって把握された状態を裏付けている。

親鸞の書写した底本は前述したごとく六冊本であったと思う。あるいはFの外題に「西方指南抄」とのみあって「下」と記されていないように、原典は「西方指南抄」という題目のみの時点もあったのかもしれない。それがどこかの段階で上・中・下がそれぞれに記入され、またその後六冊本に分冊されたのではないだろうか。浅野氏が言われるように、上・中・下の三冊本の構想であったものを編集の途中康元二年正月になって六冊に分断し本末をそれぞれに付したと考えるにはどうしても無理がある。それはもちろん前述したような筆者の想定の場合において受容できないこともあるが、何よりもAとB、CとDの筆記の日時が明白に離れているという事実であり、その編集が並行して進められていたとしても、双方とも前半部分の筆記が後まわしになったとでも考えなくてはならなくなるからである。では、内題に本末を付したのはいつであろうか。親鸞書写の時点ではすでに付いていた可能性も捨てられないが、影印本で外題を見る限り「中本」のように明らかにあとで追記したと認められるものもあって、一応親鸞かもしくは後世の者が六冊本の構成に便宜を計って付したものとしておこう。

ところで、生桑氏の言われる奥書の「書之」と「書写之」の区別についてであるが、「書之」が自著を示し、「書写之」が自著の書写であるとすると、Dだけがすでに編集を終えていたものと考えなくてはならず、他の五冊ははじめての編集ということになるわけであるが、これでは何故にそうしたことが生じたのか判然としない。霊山氏は親鸞が自著との区別を厳密に行なっていた点に着目し、親鸞の『唯信鈔』『一念多念分別事』などの書写における撰号の存在を事例としてあげられるが、それは個別の文献や遺文の書写において言えることであって、『指南抄』のごとき遺文集そのものに撰号を付すことはあまり見ない。

このように考えてくることによって、底本となった『指南抄』は六冊本で内題を有するのはA・C・Eの三本であったと仮定できる。そして、その原典が上・中・下巻の三冊仕立てであったことは充分に想像され、どこかの時点で六冊に分断されたものと想定し親鸞はそれを手にして書写したという、すなわち転写説の方が全体に亘って無理なく理解できるのである。

二　欠落箇所

『指南抄』の記述のなかには他の所収文献との比較によってかなりの欠落箇所が確認される。これまでの研究では霊山・浅野の両氏[3]がとくに「法然聖人御説法事」についての検討を行ない、それは親鸞の編集時における省略であると言われ、そこには親鸞の編集意図による一貫性が存すると論じられている。後で述べるように成る程そうした欠落が確認されるが、これを早急に親鸞編集説に結びつけることには異論がある。それは、欠落箇所について両氏が言われるような親鸞の編集意図によるものとすればこれは遺文の改変にも等しいことになる。たとえそれが意志のともなうものであるにしても、書写段階におけるまったくの省略であったということも考えられる。筆者はこの欠落箇所について『指南抄』全体のなかで位置付けられないかと、他の所収遺文に認められる欠落箇所の検討も並行して行なうことが必要であると考える。

問題となっている「法然聖人御説法事」の欠落箇所から見ていくと、これはほかに京都法然院所蔵『師秀説草』、安土浄厳院所蔵『無縁集』、『漢語灯録』[4]（恵空本、以下同じ）巻七・巻八「逆修説法」等の異本が現存し、これらとの比較によって前述のような欠落箇所が指摘されるものである。これら異本と『指南抄』所収「法然聖人御説法事」との関係については、宇高良哲氏の「『逆修説法』諸本比較」（『浄土宗典籍研究』研究篇）に詳しく[5]、同氏によればこれら諸本の比較検討の結果として、『指南抄』所収「法然聖人御説法事」は書誌学的にも内容的にももっとも信頼できるものであるが、原本「逆修説法」を想定するとその抄出本であって、その点『漢語灯録』所収「逆修説法」

は書誌学的には問題があるが、『指南抄』所収「法然聖人御説法事」と内容がよく合致しており、比較的原本「逆修説法」に近いものと述べられている。

そこで、この両本の記述を比較してみるとすぐに『指南抄』の方に大部の欠落箇所が存することに驚かされる。この欠落箇所を見ていくと、まず『漢語灯録』では第一七日から第六七日[6]に至るつぎのような説法讃歎すべき標題を掲げている。

第一七日　三尺立像阿弥陀　双巻経・阿弥陀経
第二七日　弥陀　観経、同疏一部
第三七日　阿弥陀仏　双巻経・阿弥陀経
第四七日　阿弥陀仏　観無量寿経
第五七日　阿弥陀仏　双巻経、五祖影
第六七日　阿弥陀仏　観無量寿経

『指南抄』の欠落箇所のほとんどは「乃至」という語句に当てられており、その分量は後述のごとくであり全文の四分の一強にもなる。そのなかにこの各標題が含まれており、『指南抄』の体裁は全体が区切りのない一つの説法であるかのようになっている。ここに欠落箇所の各々を列挙して検討を加えるべきであるが、この点は他日に譲ることにして、いまかりに大幅なものだけでも石井教道・大橋俊雄両氏編『昭和新修法然上人全集』(二三二―二七三頁)の校註に従ってその欠落箇所と字数を掲げてみる。

(第一七日)

(a)　「第一七日」以下一八字

(b)　「則上巻初所説四十願等」以下四五字

(c)　「開経文、当観経疏正雑二行」以下九〇字

(d)　「文云、説不可以少善根福徳因縁得生彼国」以下一五五字

(第二七日)

(e)　「仏経功徳、存略如斯」(第一七日末) 以下七五字

(f)　「然者就経如形可奉讃嘆」以下三八字

(g)　「先釈定散義者」以下六三五字

(h)　「次宝樹観、次宝池観、次宝楼観」以下五一七字

(i)　「先三福者」以下二一三二字

(j)　「次下品下生者」以下一八二字

(第三七日)

(k)　「仰願云云」(第二七日末) 以下一九字

(l)　「然奉仏於灯明」以下一七六字

(m)　「玄弉三蔵為求法度天竺之時」以下二四九字

(n)　「故知、此逆修五十ヶ日間供仏施僧営」以下一〇七字

(o)　「或成父母」以下八字

(第四七日・第五七日)

(p)　「仏経功徳大略如此」(第三七日末) 以下五七四六字

（第五七日）

(q)　「下輩文云」以下三三字

（第六七日）

(r)　「第六七日」以下七七四字

(s)　「達磨宗不依経立教」以下五四四字

標題の欠落については、『無縁集』『師秀説草』がともに存するところから『指南抄』の欠落であろうと思われるが、反対にもともとはなくあとで記録整理のために付けられたものとも考えられなくはない。その確認はできないが、(a)(e)(k)(p)等のように欠落の状況が必ず標題を含んだ前後に亘っているか、あるいはその前後どちらかの記述を同時に欠落しているところを見ると、おそらく前者のごとく親鸞の意志が加わった結果であろうと思う。

欠落の特徴を述べることにすると、その多くが『観経』に関する説法についてである。『観経』の大意は第二七日・第四七日・第六七日において説かれている。第二七日では『観経疏』一部を標題としており、(g)(h)は『観経』大意中の第七・第八・第九観を除く十三観の定善についての説法であり、このあと(i)が同じく三福について、(j)が同じく九品についての説示であるが、いずれも大幅に欠落している。(p)の箇所は第三七日の末から第四七日と第五七日の一部に亘る部分であるが、このうち第四七日は『観経』を標題としているためか全文を欠いている。ここには三身・白毫相などの化身の功徳について詳説したうえ、『観経』における三福九品の散善を論じている。つづいて、第五七日においても仏の功徳を述べるに当たって、『観経』によって依正二報の功徳を解説する前段部を欠いている。さらに第六七日の標題も『観経』であるためであろう、とくに(s)の箇所においてはその『観経』大意中、聖浄二門のなかに禅・真言は往生浄土を説いていないと解説している。

このように、一貫して『観経』の説示のうちとくに定散二善の諸行往生に関するもの、さらには三福九品に示される直接自力の行についての記述を欠落し、諸経の大意解説のうち念仏往生を説く部分のみが記述として残っている。これは霊山・浅野両氏が指摘された点(7)を再び確認したに過ぎないけれども、こうした『観経』に関する記述の欠落という傾向を、ほかの遺文に見られる欠落の状況と比較することによって理解してみたいと思う。

『指南抄』に所収するほかの遺文のなかで原本の現存するのは唯一つ中巻末「七箇条制誡」である。これを嵯峨二尊院現蔵の「七箇条制誡」と比べてみると、ここではとくに本文についてまず第一条の起筆箇所である「一」を題目ともいうべき「普告号予門入念仏上人等」(二尊院本)のうえに記しているが、これは『指南抄』の誤認による改変と見られる。その題目の部分は「普三告《アマネクツケタマハク》　于《ニ》二予門人《ワカモンニン》念仏上人等《トウ》一」とあるように、「号」を「于」として返り点・訓点が付され、原本の意図しているところと違っている。これは法然にとっては、自分で門人であるという念仏上人がいるならばその人達に普く告げるという意味であった筈である。それが普く法然自身の門人である念仏上人に告げるというようにまったく変えられている。(8) 全体的には「恣述私義」を「恐述私義」、「恣成自由之妄説」を「恐成自由之妄説」というような異同があったり、また「既同九十六種異道」を「既同九十五種異道」と外道の数を変えて記していたり、ほかにも若干の字句の相違が見られるがいずれも内容にまで及ぶようなものではなく、むしろ『指南抄』の編者は何らかの形でこの原本かあるいは同系列の写本等を参考にしたものと見做される。

ところが、問題とすべき点が二箇所ある。それは両方とも第三条に関する部分であるから左に両本の条文を掲げて対照してみる。

二尊院本（第三条）

一、可停止対別解別行人、以愚癡偏執心、称当弁置本業、強嫌逜之事、

右修道之習、只各勤自行、敢不遮余行、西方要決云、別解別行者、惣起敬心、若生軽慢、得罪無窮云々、何背此制哉、加之善導和尚大呵之、未知祖師之誡、愚闇之弥甚也、

『指南抄』所収本（第三条）

一、可《ヘキ》二停《チヤウ》下下止《シス》一対《ムカフテ》二別解別行《ヘチケヘチキヤウノ》人《ニ》一、以《モテ》二愚癡《クチ》偏執《ヘンシフノ》心《コヽロヲ》一、偁《イフコトヲ》下当《マサニ》《ヘシト》中中弁《キ》二置《チシ》本業《ホンコフヲ》一、強《シキテ》嫌《ケム》《キラヒキラフ》中喧《クワン》之《スコレヲ》上事《コト》、

右修道之習《ミキシユタウノナラヒ》、各《オノ〳〵》勤《ツトムルニ》敢《アエテ》不《ス》三遮《シヤセヨ》二余行《キヤウヲ》一、西方要決《サイハウエウクエチニ》云《イハク》、別解別行者《ヘチケヘチキヤウハ》、惣《スヘテ》起《オコ》二敬心《セキヤウシムヲ》一、若生《モシシヤウセハ》二軽慢《キヤウマンヲ》一、得《エムコト》二罪《ツミヲ》一無《ナシト》二窮《キワマリ》一云云、何《ナンソ》背《ソムカム》二此制《コノセイヲ》一哉《ヤ》、

この第三条は、別解別行の人に対して愚癡な偏執の心をもって本業を棄て置くように非難することへの誡めであるが、『指南抄』所収本にはここに重大なる脱字が存する。一箇所は「只各勤自行」が単に「各勤」となっている点であるが、別解別行を「自行」とすることを避けようとしているように思われてならない。さらに『指南抄』所収本には「加之」以下の二一字が欠けている。内容的には祖師善導和尚もこの別解別行について誡めていることを指摘する部分であり、法然の善導に対する想いからすれば自然な表現と思われる。

また、『和語灯録』巻四の「十二の問答」と『指南抄』下巻本「或人念仏之不審聖人に奉問次第」とは同様の遺文と見られるにもかかわらず、(9)『指南抄』は最後の一問答を欠落しており十一問答となっている。その十二問答目の記述は『和語灯録』(10)につぎのようにある。

問曰、臨終の一念ハ百年の業にすくれたりと申すハ、平生の念仏の中に、臨終の一念ほとの念仏をハ申しいたし候ましく候やらん、答、三心具足の念仏ハおなし事也、そのゆへは観経にいはく、具三心者必生彼国といへり、必文字のあるゆへに臨終の一念とおなし事也、

この問答の問をハ進行集にハ禅勝房の問といへり、ある文にハ隆寛律師の問といへり、たつねへし、

この『指南抄』に欠落する記述も、三心具足の念仏が臨終の一念と同等であるとの答えを『観経』を引いて解説する箇所である。これらから『指南抄』が『観経』の記述や諸行往生、善導についての記述を排しているとの事例が得られ、前述の「法然聖人御説法事」の場合と共通点が指摘できる。

こうした傾向はほかにもある。『漢語灯録』巻一〇「遣兵部卿基親之返報」、同じく「基親取信信本願之様」等に見える「善導和尚」なる記載が、『指南抄』所収本の記述では「善導」と尊称を削除しているが、『和語灯録』巻三「九条殿下の北政所へ進する御返事」、同じく「大胡太郎実秀へつかはす御返事」等においても、『指南抄』所収本等に同様のことが見られる。また、前述の『和語灯録』巻四「十二の問答」の記述と『指南抄』下巻本「或人念仏之不審聖人に奉問次第」の記述との比較によって、『指南抄』本が「善導の釈の中に已に」を脱していることが認められる。さらに、『和語灯録』巻四「越中国光明房へつかはす御返事」の「また善導和尚の疏には、上尽二一形一下至二十声一声一定得二往生一乃至一念無レ有二疑心一といへる」とある記述の「の疏に」を脱し、すなわち『観経疏』からの引用という形態を避けているようである。このように、『指南抄』に所収する多くの遺文に、原本や『語灯録』に比べてとくに善導についての記述に削除されている箇所が見られる。親鸞にとっては観想の方法を説く『観経』、およびその注釈書である『観経疏』やその著者善導について、定散二善の諸行往生に否定的であったがために記述の削除を生ぜしめたのであろうと考えられる。

ところで、「七箇条制誡」の署名に目をやってみよう。

（本文省略）

元久元年《クエンキウクワンネン》十一月七日　沙門源空

信空《シンク》　感聖《カム》　尊西　証空《シヤウ□□》
源智《クエンチ》　行西　聖蓮　見仏《ケンフチ》
導亘《タウクワン》　導西　寂西《シヤクセイ》　宗慶《ソウケイ》
西縁　親蓮《シンレン》　幸西《カウセイ》　住蓮《チユレン》
西意《サイイ》　仏心　源蓮　蓮生《レンセイ》
善信　行空　已上

已上二百余人連署《レンシヨ》了、

このように『指南抄』所収本の署名は二二名を記すにとどめられ、あとは「已上二百余人連署《レンシヨ》了」と省略されている。二尊院本の署名者の数は一九〇名であるが、末尾の余白等に問題がないわけではない。つまりあと一紙程存したものが欠落したことも可能性として考えられることから、これ以上の署名者の数が想定されてもあながち否定はできない。とはいえ、こうした曖昧な書写の仕方が『指南抄』所収本の史料的価値を頗る低くしている。

では、何故に大幅な省略を行なったのであろうかとなるとさらに疑問である。この二二名を二尊院本と比べてみると、一九番目の源蓮までは間違いなく二尊院本を底本として書写していることを証するように一致した記述である。ところが、二〇番目蓮生、二一番目善信、二二番目行空の三人についての記述は、それぞれ二尊院本では八九番目蓮生（『漢語灯録』所収本には「法力熊谷」との註記がある）、八七番目綽空、四〇番目行空（『漢語灯録』所収本には

「法本房」との註記がある）等の署名を繰り上げて書写したようである。しかも、ほかならぬ二一番目善信[11]とは親鸞自身のことである。どうしてこの三名の署名のみが繰り上げられたのであろうか、そこには親鸞にとって一念義主張者や熊谷直実蓮生のような身近[12]な者の存在を、意識的に自分の署名と一緒に繰り上げて記し、立場を誇示しようとした操作であったことが推察される。

さらには、『指南抄』中巻末「起請没後二箇条事」の場合を見ると、『漢語灯録』巻一〇「没後起請文」（題目は内容からして良照義山印刻の正徳版に準じて「没後遺誡文」とする方が妥当である）との比較によって、「起請没後二箇条事」と題しながらも、第二条目の「不可諍論房舎・資具・衣鉢・遺物等事」なる遺産分与に関する記述を欠き、第一条目の「葬家追善事」のみを所収していることが確認される。これも、「葬家追善事」の記述について『漢語灯録』所収本と『指南抄』所収本とを校合してみると、それは大同小異、数度の書写の段階における異同と見做すことができることからすれば、編集もしくは書写の段階における脱落としなければならない。しかも、この第二条目の法然の遺産分与の内容が主に信空とか感西・円親らへの付属となっていることや、信空以下七人の入室者ならびに遵西以下三人の同法者のみが明記されている点等、親鸞にとってあまり都合のよい記述でなかったであろう[13]ことが想察される。とくに吉水の地は親鸞にとっても布教活動の根拠地となるべき処であったろうし、黒谷の本坊・白川の本坊、本尊・聖教類等、どの付属物件をとってもこの記述によってこれらを付属されたという門弟達は、正統なる法然の後継者ということになる。すなわち、親鸞は法然滅後における念仏宗団内での位置を考えて、都合の悪い第二条目の記述を削除したように思えてならない。

ここまで、いくつかの所収遺文における欠落箇所の検討を行なってきたが、教義的には『観経』の観想による諸行往生の解説、その定散二行の註釈に関する記述、あるいは直接的な善導自身に対する記述の脱落、また「七箇条制誡」の署名にみられる省略や、「起請没後二箇条事」の遺産分与に関する記述全体の脱落のように、宗団内の位置の誇示という性格の強い操作などを見るに、親鸞の一貫した意図を想定できるものと思われ、もはやこれらの欠落箇所が親鸞の手によるものであることは明白である。

問題はそれが編集時になされたのか、転写の段階で行なわれたのかという点に絞られるが、これは編集説の場合でも各遺文の原本なり写本が数点存在してそれを順次所収したと想定するわけであるから、ある意味では書写のような過程を経るのであって、その時点での一定の意図による記述の省略と考えることもできる。しかしながら、それは『指南抄』自体の編集意図としてこうした省略による法然遺文類の改変を提示することにつながる。常陸の弟子真仏に付与しようと筆記した親鸞に果たしてそうした意図があっただろうか。先学が指摘されるように、親鸞の編集によるならば親鸞にとって所収の各遺文はいわゆる「大切の証文」[14]類であったことになり、編集意図が遺文類の改変などである筈がない。

普通にはこのような編集は遺文蒐集を意図してなされるのであり、わざわざその各遺文個々に編集の主観を導入して記述を省略するとは考えにくい。『指南抄』のさらに具体的な編集意図は後述のように所収遺文の配列順序などからも推論されるだけに、筆者は如上の記述の欠落は親鸞編集時の改変意図によるものではなく、転写の際の省略であったと考える。その省略のほとんどが一貫して大部の記述の省略であって、記述の増幅をみるものではないことからも、転写の際に親鸞独自の主観によってなされた割愛であったと解すべきと思うがいかがであろうか。

三　底本の附記と親鸞の加筆

先学諸説のうちとくに霊山氏は親鸞編集説の論拠の一つに、『指南抄』自筆本に見られる加筆・訂正ならびに附記の存在をあげられている。しかし、いま再びこれらの箇所を書誌的な観点から慎重に検討してみると、むしろ転写説を裏付ける充分なる状態を呈していることがわかる。そればかりか、このように本文以外の記述の存在に目を移すと、ほかにも転写の底本にすでに存したと想定できる附記と、転写の後に親鸞によって加えられたと見られる記述とに分けることができる。そして、そのいずれであるのかの判断は、全巻に亘って各遺文の所収方法や親鸞筆記の特徴について詳細に検討してみなければならないであろう。

まず、『指南抄』自筆本全体に見られる特徴を述べておくと、一見して著しいのは振り仮名および訓点がほぼ全文に亘って付されており、場合によっては語句の左側に訓読みをほどこしている。さらに、問題は朱書についてであるが、平松氏の解説などによると自筆本はこの朱書をも含めて親鸞の一筆書であると言われているので、これに従うと上巻本・上巻末・中巻本の各冊末尾に存する朱書の校合終了の奥書をはじめ、本文中に検出される後述のような挿入語句も親鸞の筆ということになるし、また本文中に付されている読点の役割と思われる朱点、ほぼ各遺文の最初に付されている「∴」の形をした符号（庵点の一種であろうか）等も親鸞が追記したものとしなければならない。この点についてはとくに原本の眼福に預かっての課題とし、今は姑らくこのように理解しておく。

霊山氏の指摘される付記とは「公胤夢告」「建久九年正月一日記」「おほごの太郎宛御返事」「故聖人の御坊の御消息」「聖人御房の御返事の案」「つのとの三郎宛御返事」等の前文や後記などであり、これらの附記の部分を収録した異本はないとして、そのいくつかは親鸞によって記されたものと述べられている。これらの記述については単に内容的に附記であるからとか、異本に見られない記述であるからとして親鸞の追記であるとのみはできない。

『指南抄』自筆本を草稿本であるとする見方があるが、全体を概観して訂正や推敲の跡がほとんど見られないことからすれば当を得ていないように思う。訂正箇所としてはわずかに数箇所挿入符を記し字句の脱落を補ったりしているのを確認する程度である。中巻末「私日記」(『親鸞聖人真蹟集成』四二五頁)の頭部に「或作俊字」との註記があり、本文の「修乗坊重源」の「修」の字の校合を記しているが、これも親鸞の筆によるものであろうか定かではない。また同頁にはその「修乗坊」に「改名ハ南無阿弥陀ト号セリ」との朱書による註記がある。本文中の朱書としては、下巻本「或人念仏之不審聖人に奉問次第」(同七〇一頁)に「殿上ヘマイルヘキキリヤウニテハ」、同法語(同七〇六頁)に「阿弥陀仏ノ本願ニワカ名号ヲ」等の挿入語句が確認されるが、これらをかりに親鸞の加筆であるとしても、そのほかにはこの類の訂正・加筆を見ることができず、筆者にはとても草稿本としての性格を有しているとは思えない。

さらに筆記の特徴としてあげるべきは、全巻を通して六行筆記の原則を一貫して保っていることである。今その行数を示すと上巻本は墨付一二九丁のうち全部が六行筆記であり、上巻末は墨付一二三丁のうち五行筆記が一丁(同二一七頁)、七行筆記が二丁(同一四三頁、二六一頁)、中巻本は墨付一二一丁のうち五行筆記が一丁(同二八六頁)、中巻末は墨付一三七丁のうち五行筆記が二丁(同四〇二頁、四〇四頁)、七行筆記が一丁(同五〇〇頁)、下巻本は墨付一八三丁のうち五行筆記が一丁(同五八四頁)、七行筆記(底本に存したと思われる附記を含む)が一丁(同六六八頁)、下巻末は墨付二〇五丁のうち七行筆記が三丁(同七六五頁、七九五頁、八〇三頁)等の例外を除いてすべてが六行筆記の体裁を貫いている。この整然とした筆記の状態も自筆本が転写本である可能性をさらに強めていると言える。

ところで、『指南抄』の所収遺文個々には題目が存したりなかったりと不統一であるが、「法然聖人臨終行儀」(同三一四頁)、「聖人御事アマタ人々夢ニミタテマツリケル事」(同三三七頁)、「聖人ノ御返事」(同五六二頁)、「基親取信信本願之様」(同六六九頁)、「或人念仏之不審聖人ニ奉問次第」(同六八三頁)等の場合を見ると、それぞれ前出の所収遺文の末尾に連続して筆記されその本文の記述へとつながっており、ほかの所収遺文の場合のように末尾に余白を置いて改丁してからつぎの所収遺文の記述を設けるという一般的な方法をとっていない箇所ということができる。本文終了後の余白では中巻末「七箇条制誡」(同四〇三頁)、同「起請没後二箇条事」(同四〇八頁)の場合には、前述したように大部の記述を省略した跡と認められる箇所であるから、本来記述が存していたが省略のために止むなく生じた余白であると見られる。このように、遺文が改丁して一行目から始まっている箇所と前出遺文に連続して始まっているところとがあるのは、その底本の体裁を踏襲しながら転写したための現象であり、とくに前述のような記述を省略した場合の余白はつぎの所収遺文が改丁して始まっていたために出来たものであろう。

また、自筆本が転写本であるとする徴証はほかにも消息類の書写の体裁上の問題に見受けられる。下巻本「おほごの太郎宛御返事」(同六一八頁)の日付と源空の署名であるが、両方が近過ぎるうえに差し出しとしては署名の位置が高過ぎる。同じく「聖人御房の御返事の案」前段の基親消息(同六八〇頁)の基親の署名には、そうした差し出しとしての意識をもって筆記されていないことが明瞭である。また下巻末「つのとの三郎宛御返事」(同九一九頁)の「ツノトノ三郎殿御返事」なる記述は題目や本文ではなく消息の宛名である筈であり、したがって「御返事」は宛名左側の脇付であるべき記述であるが、そうした意味合いはまったく関わりなく筆記されている。それらの状態はおそらく底本『指南抄』の転写本であるがための体裁であって、少なくとも原資料からの筆写によるものとは考え難い。個々の原本を忠実に書写したのであれば、こうした消息としての体裁をまったく無視することはないと思われるからであり、数度の転写のうちに原典の体裁が段々と崩れ自筆本のごとき状態を呈するに至ったと解釈できるのである。

このように全巻に亘って筆記状況を見てくると、霊山氏の指摘された附記の箇所のうち、筆者にとって親鸞の加筆による追記であることが認められるのは、上巻末「公胤夢告」(同二六二頁)の後記として見える「カノ僧正ノ弟子大進公、実名ヲシラス、記之」なる記述のみである。この箇所について霊山氏は上巻末最終頁の「公胤夢告」の記事は墨の濃淡などからして、「法然聖人御説法事」が書かれた時点で記されたものではなく後から追記されたことを物語っているとしている。その理由として最後の一行がいかにも小さく書かれているとし、さらにこの最終頁は他の頁が六行書になっているのに七行書であると述べられているが、これは影印本によってもう一度確認していただければ誤認であることが了解されるであろう。この最終行の記述こそは親鸞の加筆による追記であって、あくまでも「公胤夢告」の記事はもともと三行のみで、この最終頁の行数もその前の三行と合わせて六行書であったと見るべきである。そこに親鸞が小さな字で註記をほどこしたのである。

親鸞の加筆と考えられるものとして、筆者はほかに上巻本「法然聖人御説法事」（同九頁）の題目と、中巻本「法然聖人御夢想記」（同二七九頁）の題目に付されている「善導御事」なる副題をあげておきたい。前者についてはすでに奥書類の検討のなかで述べたように、上巻本・上巻末両冊の組み合わせを確定したあとで、一個の遺文としてつながる記述であると認識したために、「法然聖人御説法事」なる題目を付したのではないだろうか。そうした目によって見ると、この題目の筆力は若干勢いに欠けるうえに、何といっても位置が内題の次行ではなく真下という奇異な場所にあることがそうした事情を語っていると言えよう。後者の「善導御事」なる副題にも同様のことが感じられるが、これはおもに『拾遺漢語灯録』などの異本との比較によって底本には存しなかった記述と見られるが定かではない。

いずれにしても、筆者はこれらの親鸞の加筆によるものと想定した以外の以下のごとき記述は、むしろ底本に存した附記と考えるものである。それはまず中巻本「建久九年正月一日記」の冒頭に見られる「聖人御在生之時記註之、外見ニオヨハサレ、秘蔵スヘシト、御生年六十有六、丑年也、」（同二六七頁）、同記の末尾に「聖人ノミツカラノ御記文ナリ」（同二七八頁）

とある記述をあげることができる。これらは『醍醐本』『拾遺漢語灯録』等の所収本と比較することによって、少なくとも筆記された康元元年以前にすでに存した記述である可能性が強いと考えられる。

また下巻本「おほごの太郎宛御返事」の前文としてつぎのような記述がある（同五六〇―五六二頁）。

上野《カウツケ》ノクニノ住人《チユニン》オホコノ太郎《タラウ》ト申モノ、京ヘマカリノホリタルツイテニ、法然聖人《ホフネンシヤウニン》ニアヒタテマツリテ、念仏ノシサイトヒタテマツリテ、本国《ホンコク》ヘクタリテ念仏ヲツトムルニ、アル人申テイハク、イカナル罪《ツミ》ヲツクレトモ念仏ヲ申セハ往生《ワウシヤウ》ス、一向専修《キチカウセンシユ》ナルヘシトイフトモ、トキ〳〵ハ法華経《ホフクエキヤウ》オモヨミタテマツリ、マタ念仏申サムモナニカハクルシカラムト申ケレハ、マコトニサルカタモアリトテ、法然聖人《ホフネンシヤウニン》ノ御《オム》モトヘ消息《セウソク》ニテコノヨシヲイカヽト申タリケル御返事、カクノコトシ、件《クタン》ノ太郎《タラウ》ハ、コノス、メニヨリテ、メオトコトモニ往生《ワウシヤウ》シテケリ、

このあと「聖人ノ御返事」として実際に法然の消息が収録されているので、その消息の説明文としての役割を果たしているようである。下巻本「故聖人の御坊の御消息」の末尾には段を下げて（同六六八―六六九頁）、

コレハ越中国ニ光明房ト申ヒシリ、成覚房カ弟子《テシ》等一念ノ義《キ》ヲタテ、念仏ノ数返ヲト、メムト申テ、消息《セウソク》ヲモテワサト申候、御返事ヲトリテ国ノ人々ニミセムトテ申候アヒタ、カクノコトクノ御返事候キ、

とある。これもその前に収録されたる法然の光明房宛消息の説明文として付けられた記述である。下巻本「聖人御房の御返事の案」の前文には段を下げて（同六七七頁）、

兵部卿《ヒヤウフキヤウ》三位《サムヰ》ノモトヨリ、聖人《シヤウニン》ノ御房《オムハウ》ヘマイラセラル、御文《オムフミ》ノ按《アン》、基親《モトチカ》ハタ、ヒラニ本願《ホンクワン》ヲ信《シン》シ候テ念仏ヲ申候ナリ、料簡《レウケン》モ候ハサルユヘナリ、

とある。これもこの後に収録する平基親からの来翰の説明であり、それらを受けて法然の基親宛消息を収録する構

成となっている。

最後に下巻末「つのとの三郎宛御返事」の末尾には（同九一九―九二〇頁）、

ツノトノ三郎トイフハ、武蔵国《ムサシノクニ》ノ住人也、オホコ・シノヤ・ツノト、コノ三人ハ聖人根本ノ弟子ナリ、ツノトハ生年八十一ニテ自害《シカイ》シテメテタク往生ヲトケタリケリ、故聖人往生ノトシトテシタリケル、モシ正月廿五日ナトニテヤアリケム、コマカニタツネ記《キ》スヘシ《シルスヘシ》、

とある。これはこの前に収録される津戸三郎宛消息のあとに説明を加えるために記されている。これらの各消息類は「故聖人の御坊の御消息」の場合が若干小文字にて註記の体裁をとっているのを除けば、あとは本文の筆記方法とまったく変わらない調子で一丁六行筆記を維持しており、親鸞が収録に際して意志を働かせながら附記を設けていったものと想定するにはあまりにも筆致が単調である。これらはむしろ底本となった『指南抄』にすでに附記があって、親鸞はそれをそのまま書写したことを裏付ける材料であると見た方が穏当であるように思う。

すなわち、『指南抄』の随所に見られる附記の存在は、親鸞の転写段階においてなされた加筆のものと、その底本にすでに存した附記とに分けて理解することが必要である。

註

（1）『親鸞聖人真蹟集成』第六巻巻末の平松令三「解説」によると、外題が「西方指南抄上末」となっている表紙が現在は上巻本の巻頭に綴じ込まれているが、もとは上巻末のものであったことを述べられている。

（2）霊山勝海「再説西方指南抄の編者について―奥書の解明を手がかりとして―」（『真宗研究』第二三号）に同様のことが指摘されている。

（3）浅野教信著『親鸞聖人編『西方指南抄』の研究』（永田文昌堂、昭和六十二年）上巻第四章第二節「『法然聖人御説法事』」参照。

（4）千葉県善照寺所蔵本。第Ⅰ部第三章第一節（一四一頁）参照。

(5) 宇高良哲編『『逆修説法』諸本の研究』にはこの「逆修説法」の諸本を所収したうえで、各書の解説と異同箇所における問題点を述べられている。

(6) 京都法然院所蔵『師秀説草』、安土浄厳院所蔵『無縁集』には七七日までの記事が存する。

(7) 浅野教信氏は註(3)掲載所論において、「逆修説法」に関する縁由に相当する部分はすべてと言ってよい程省略されていると指摘されているが、これはその主な記事が正徳版『漢語灯録』(義山本)の冒頭や末尾に存する「逆修説法」の縁由を記す箇所を指していて、たとえ末尾の但書については恵空本にも見られるとしても、それは後の追記であることも充分に考えられるため短絡的に省略とすることはできない、その意味において、霊山勝海「法然上人御説法事」(『京都女子大学人文論叢』第一九号)において、法然が説法のなかで禅門が逆修のために造像、写経、燃灯、施僧等の供養を行なったことをたたえ、その報をのべるに当たって諸行往生の可能性に言及しているものを省略していると述べられているのは当を得ている。

(8) 正徳版『漢語灯録』(義山本)では「普旨予門人念仏上人等」と「号」の一字が削除されている。この冒頭の理解によって「七箇条制誡」の起草目的やその背景についての考え方が大きく違ってくる。第Ⅱ部第四章第三節(四四〇頁)に「七箇条制誡」の起草目的を署名者の検討から論じているが、あくまでも内部における自らの誡飭を促すための署名であったものと考えられる。

(9) 藤堂恭俊「禅勝房の問いと法然の解答—『十一問答』に関する諸問題—」(『浄土宗典籍研究』研究篇)参照。

(10) 龍谷大学所蔵元亨元年版『和語灯録』。

(11)『教行信証』(『定本親鸞聖人全集』第一巻)の後序に「(上略)(元久)同二年閏年七月下旬第九日真影銘以二真筆一令レ書二南無阿弥陀仏与二若我成仏十方衆生称我名号下至十声若不生者不取正覚彼仏今現在成仏当知本誓重願不虚衆生称念必得往生之真文一、又依二夢告一改《アラタム》二綽空字一、同日以二御筆一令レ書二名之字一畢、本師聖人(法然)今年七旬三御歳也」とあり、元久二年に綽空の名字を夢告によって改めたことが確認されるが、宗昭の『親鸞夢記』等の記述によれば告命によって善信と改名している。

(12) 蓮生すなわち熊谷直実については、福田行慈「熊谷直実の吉水入門をめぐって」(『日本仏教史学』第一五号、昭和五十四年)に、直実が建久三年久下直光との境相論によって髻を切り走湯山に逐電した後、上洛して法然の室に入ることになったが、それは走湯山源延から聖覚を通してのことと考察されている。そして、親鸞は数度に亘って『唯信鈔』を書写していることなどから、親鸞と蓮生との間に聖覚を介して関連するものが推測できる。行空は『三長記』

元久三年二月三十日条によれば数度に及ぶ興福寺からの訴えを考慮して法然から破門となった一念義主張者であるが、一念義主張者と聖者とは『明月記』寛喜二年四月十四日条に、嵯峨往生院念仏房が聖覚を導師として一日念仏を催し善導像の供養を行なっており、ここに一念義幸西の弟子教脱なるものが同席して礼讃を修していることが確認される。親鸞は熊谷直実蓮生や一念義主張者と聖覚を通して身近な存在にあったことが想定できる。

(13) 第Ⅱ部第三章第一節（三〇七頁）・同第二節（三一七頁）参照。

(14) 霊山勝海「『西方指南抄』の評価について」（『宗学院論集』第三七号）参照。

第三節　『西方指南抄』の編集事情

一　『醍醐本』との関係

『指南抄』の史料的信憑性は『語灯録』との比較によってすでに認められるところであるが、所収遺文のなかには『醍醐本』の記述と共通するものが数点見られるため、ここで『醍醐本』との比較をほどこすことによって各遺文の溯源性に迫り『指南抄』の史料的性格を知る手がかりとしたい。

『醍醐本』は醍醐寺第八〇代座主義演の書写になる法然伝であるが、その原型は仁治二年（一二四一）頃法然の遺弟源智の没後に源智の弟子によって編集されたものである。(1)「一期物語」「別伝記」「御臨終日記」の三部から成るが、『語灯録』等ほかの遺文集に所収されるものと照合すると六篇の遺文によって構成されていることが判明する。この『醍醐本』「一期物語」所載「或時遠江国連花寺住僧禅勝房参上人奉問種々之事上人一々答之」は『指南抄』下巻本「或人念仏之不審聖人に奉問次第」と同一(2)の遺文であり、『醍醐本』所収本では第一一番目の問答の末尾に「已上十一問答了」と割註し、それぞれの問答に「一」から「十一」までの番号を付しているが、『指南抄』

所収本にも一一の問答それぞれに同様に朱書の番号が付いている。このいわゆる「十一問答」の記述を相互に比べてみると、第一問では『醍醐本』が「立二浄土宗一」「立レ宗事者」「今立二浄土宗一事」とあるのに対し、『指南抄』ではそれぞれ「浄土宗ノ名ヲタツルコトハ」「宗ノ名ヲタツルコトハ」「イマ浄土宗ノ名ヲタツル事ハ」となっていたり、『指南抄』が第三問に「善根ヲ修セム人ニ」、第九問に「数返ツモラムオモ本願トハキコエタルハ」等の記述を有していたり、『醍醐本』第一一の「至二最後ノ一念一ニ不二退転一者」の部分が『指南抄』には欠けているとかの異同箇所があげられるものの、全体的には表現上およそ記述の一致をみることができる。

つぎに『醍醐本』「御臨終日記」の前半部と『指南抄』中巻本「法然聖人臨終行儀」の記述は内容的にほぼ同一のものである。そこで、双方の関連性を探る意味において両本の校合を行なってみると、まず総合的にいえることは『醍醐本』の記述のほうが『指南抄』所収本に比べて削除箇所が多く簡略であり、しかも大幅な挿入箇所が存するわけではないからおそらくは抜粋した記述であろう[3]ということである。しかし、基本的な内容についてはほとんど共通しており、『醍醐本』のほうの欠落箇所と確認できるものは二十日の紫雲瑞相に関する記述をあげる程度である。

ところで、『指南抄』はこの「法然聖人臨終行儀」につづいていわゆる「聖人御事諸人夢記」を所収しており、中宮の大進兼高、四条京極の薄師太郎まさいゑ、三条小川の陪従信賢後家の尼の少女、白河の三河女房、鎌倉の来阿弥陀仏、東山一切経谷の大進の弟子袈裟、藤原惟方別当入道の孫、尼念阿弥陀仏（二件）、大谷坊の尼・房主・女、祇陀林寺西成房、華山院の侍江内と親しき女房、長楽寺隆寛、直聖房、天王寺松殿静尊法印、丹後国しらふ庄別所の和尚等一六件の霊夢の記事が集録されている。その大部分は法然往生の奇瑞を夢想したというもので、「法然聖人臨終行儀」なる記録と密接な関連を有するものとして所収されたのであろう。

そこで、『醍醐本』「御臨終日記」所載本の後部には、

（上略）或人七八季之前《ニ》有レ感レ夢《ヲ》、有人見二以外《ニ》大《ナル》双紙《ヲ》一、思《テ》二何文一而見レ之、注二諸人《ノ》往生《ヲ》一文也、若有《ルト》二法然上人《ノ》往生注《セル》処《ロ》一遙《ニ》至《テ》レ奥《ニ》注也、有二光明遍照《ノ》四句《ノ》文一、上人《ハ》誦二此文一可レ被二往生一、夢覚《テ》不レ語二上人一不レ語二弟子《ニモ》一、令《シテ》レ府〔符〕二合《ヲ》此夢一生二奇特《ノ》思《ヲ》一、上人往生之後以《テ》二消息《ヲ》一被二注送一、恐繁不レ載、○旁有二不思義〔議〕夢想等一、可レ足之故略《ニテ》不レ記、

（下略）

とあるが、これは特定の人名を掲げてはいないが、『指南抄』中巻本「聖人御事諸人夢記」にみられる中宮の大進兼高の夢想記事と深い関係を有していることがわかる。前章で述べたように、『醍醐本』系の記述が出来上がる過程において、『指南抄』所収本系の夢想記事のうちはじめの兼高の記事のみを取り入れ、そのほかはすべて省略して付け加えたものである。また、『醍醐本』「御臨終日記」には「諸人競来《テ》拝之供如盛市」なる文が臨終直後の記述に付加されているが、これは『指南抄』所収本の鎌倉の来阿弥陀仏の夢想記事に「オホヨソ廿五日ニ、聖人ノ往生ヲオカミタテマツラムトテ、マイリアツマリタル人、サカリナル市ノコトク侍ケリ」とある箇所から組み入れられた記述のようにみられる。『指南抄』中巻本が「法然聖人臨終行儀」の記述終了後、改丁をせず行間余白を置くこともなく連続して筆記する体裁をとっていることとこのような遺文の結合と無関係ではないのかもしれない。

『醍醐本』「御臨終日記」後半部のいわゆる「三昧発得記」は、『指南抄』中巻本「建久九年正月一日記」の記述と同一[4]のものである。両本の記述を比較してみるに漢文体・和文体の違いはあるがおおむね一致するところであり同系統のものと判断できる。あえていうならば、『醍醐本』においては『指南抄』所収本に比べて挿入語句より削除箇所のほうが若干多いようにみられる。そして、『醍醐本』「御臨終日記」の成立過程を考察するうえには、『指南抄』所収本あるいは同系統の原型である記述に遡って、これら前半部・後半部二種類の記述の合糅を想定しなければならないが、『指南抄』所収本との照合によってもわかるように、『醍醐本』「御臨終日記」の前半部が多くの

省略による抄出とみられたのに比べて、後半部の「三昧発得記」のほうは、ほとんど『指南抄』本に近い記述であることを考えると、『醍醐本』の編者にとってはこの「三昧発得記」の存在を世に主張することが重要な目的の一つであったことが推察される。

これらの独立した遺文とは違うが、『醍醐本』所載遺文の記述内容に『指南抄』所収本との関係を求められるものがある。『醍醐本』「一期物語」の第一番目に掲載されている物語に、

（上略）為《ニ》ニ他人《ノ》一雖レ欲《ト》レ弘《ト》レ之《ヲ》、時機難レ叶《カ》故煩《テ》而眠《ル》、夢《ノ》中《ニ》紫雲大聳《ニテ》覆《ヘリ》ニ日本国《ニ》一、従ニ雲中一出ニ無量光《ヲ》一、従ニ光中《ノ》一百宝色《ノ》鳥飛散充満《セリ》、于レ時昇ニ高山《ニ》一忽奉《ル》レ値《ヒ》ニ生身《ノ》善導《ニ》一、従レ腰下者金色也、従レ腰上者如ニ常人《ノ》一、高僧云、汝雖《モ》ニ不肖《ノ》身《タリト》一弘ニ専修念仏一故来《レリ》ニ汝前《ニ》一、我是善導也云々、従レ其後弘ニ此法一、年々繁昌《シテ》無下不《ル》ニ流布一之境上也云々、（下略）

とある記述は、法然が師と仰いだ唐善導との夢中対面、すなわち今日一般的に二祖対面と称される宗教的体験を記しているが、これは『指南抄』中巻本「法然聖人御夢想記」と内容的に共通している。この両記述を比較してみると、ほかに伝来するこの種の記述に比べて両本の記述がかなり近いことがわかる。(5) 後半部に比べて前半部の記述がほとんど省略されているが、全体的には『醍醐本』の記述が『指南抄』所収本系の記述の抄出によるものとみられる。

また『醍醐本』「別伝記」の末尾には、

（上略）公胤夢見云、源空本地身、大勢至菩薩、衆生教化故、来此界度々云々、

とある公胤夢見の記述であるが、これは『指南抄』上巻末「公胤夢告」のことである。夢告の偈文の内容は『四巻伝』にもっとも詳しく、おそらくこれが全容かと思われる。『指南抄』にはそれが割愛されて「源空本地身、大勢至菩薩、衆生教化故、来此界度度」という末尾の偈文のみが収録されているが、この偈文の内容は『醍醐本』の記

述と共通している。

ところで、前述の「法然聖人臨終行儀」「法然聖人御夢想記」等の記述の成立過程を探るうえにおいて、各種法然伝のうち比較的成立が早いとされるのは『醍醐本』のほかに、隆寛によって著わされた『講私記』、躭空の『四巻伝』、『指南抄』中巻末所収の『私日記』等があげられるので、これらの記述と比較してみると、四本それぞれに遡る記述の存在を求めることが最も納得のいく理解であると考えられ、『指南抄』所収の「建久九年正月一日記」「法然聖人臨終行儀」「聖人御事諸人夢記」「法然聖人御夢想記」等の記述は、その原型に近いものと想定することができる。

このような『指南抄』系の記述が基礎となって、『醍醐本』と『講私記』という源智・隆寛系の記述、『四巻伝』と『私日記』という信空系の記述に分かれていったのではなかろうか。(6) また、「或人念仏之不審聖人に奉問次第」「公胤夢告」においても『醍醐本』の記述との親近性が確認されたように、『指南抄』所収の遺文のなかには原型に近い記述であると評価できるものが多い。それはとりもなおさず『指南抄』自体の史料的信憑性を高めることにもなる。そして、かなり正確な原資料の提供を得て成立したものであることを意味している。筆者はここに述べたように法然自らの宗教体験を証する重要な遺文に多いこともあるが、『指南抄』の編集意図を考察していくと、『四巻伝』や『醍醐本』の編集とまったく無関係ではないように思うからである。

二　所収順序が意味するもの

筆者は『醍醐本』の編集意図を考察するに際し、その所収順序に焦点をあてとくに「公胤夢告」の記事の存在や法然の宗教体験記の配列などから、最初に収録する「一期物語」の公開という点を問題とした。(7)『指南抄』の場合には一見遺文の配列順序にこれといった一貫性を見出すことは難しく、これまでも平松氏らによってその雑然とした配列についてが疑問の一つにあげられていた。しかしながら、親鸞の編集であるにしてもそれ以前の成立であるにしても、この種の文献にはその編集意図というものが想定されるべきであり、ここに『指南抄』の場合に所収遺文の配列順序を問題としてみたいと思う。

前掲した「『西方指南抄』各冊体裁・所収遺文一覧表」によって論を進めようと思うが、概観してまず感ずるのは特別にこれといった一貫性が存するようには思われないことである。ところが、よく見ていくと霊山氏の指摘にもあるように教義篇・伝記篇・書簡篇（消息・法語篇）というような一定の秩序をもった構成によっている。すなわち、上巻本・上巻末の「法然聖人御説法事」が教義篇、上巻末「公胤夢告」から中巻末『私日記』までが伝記篇、そして中巻末「決定往生三機行相」から以降が消息・法語篇というものである。確かにそのような区分けをすることによって遺文の性格毎にまとめられているようである。しかしながら、それだけでは『指南抄』自体の編集意図に迫るには物足りない。そこに何か構成上の意味付けを考えられないであろうか。

筆者は『醍醐本』の場合に「別伝記」最末尾に存する「公胤夢告」の記事に注目して論じた。(8)「一期物語」の直後に収録される「別伝記」はおもに法然の天台・諸宗の学問上の遍歴を記したものであるが、当時朝廷・幕府からの尊信を得る天台の代表的な学匠であった三井寺公胤の夢告を最末尾に有していた。そのあとに「三昧発得記」を載せる「御臨終日記」なる宗教体験記を添えてその信憑性を主張しようとしており、最重要遺文として公表しようとしたのは法然の直語を多く載せる「一期物語」で、「公胤夢告」の記事を最末尾に有する「別伝記」はとくにこれの学問的正統性あるいは威厳性を強調しようとして収録されたものであるとしたのであった。その際にも若干触れたがこれと同様のことが『指南抄』においても言える。

『指南抄』の「公胤夢告」の記事は二箇所に見られる。一箇所は上巻末「法然聖人御説法事」の終了直後につぎのようにある。

建保四年四月廿六日薗〔園〕城寺《オンシヤウシ》長吏《チヤウリ》、公胤僧正之《コウインソウシヤウノ》夢《ユメ》ニ、空中《ソラノナカ》ニ告《ツケテ》云、源空《クエンク》本地ノ身《ホンチシン》ハ、大勢至菩薩《タイセイシホサチ》ナリ、衆生教化故《シユシヤウケウクエコ》ノニ、

来《ライ》《キタレルコト》ニ此界《シカイ》ノ一ニ度度《トト》《タヒ〳〵》ト、

カノ僧正《ソウシヤウ》ノ弟子《テシ》大進公《タイシンノキミ》、実名ヲシラス、記レ之、

「公胤夢告」の年時をここに記すように建保四年四月二十六日と明記するものに『四巻伝』の記述があげられる。

「公胤夢告」の記事は『指南抄』にもう一箇所、中巻末『私日記』のやはり末尾につぎのように見られる。

（上略）園城寺長吏《オンシヤウシノチヤウリ》法務大僧正《ホフムノタイソウシヤウ》公胤為《コウインタメニ》ニ法事《ホウシノ》一唱ニ導之《シヤウタウスルコレヲ》一時《トキ》、其夜《ソノヨ》告《ツケテ》レ夢《ユメニ》云《ク》、

源空為《キ》《タメニ》ニ教益《ケウヤクノ》一、公胤能説《コウインノウセチ》《ヨクトク》レ法《ホフヲ》、感即《カムソク》《スナワチス》不レ可レ尽《フカシン》《ヘカラツク》、臨終《リムシユニ》先迎摂《センカウセフ》《マツ》《セムト》、源《クエンク》ノ空本地ノ身《ホンチシン》ハ、大勢至菩薩《タイセイシホサチ》ナリ、衆生教化故《シユシヤウケウクエコ》《ノユヘニ》、

来《ライ》《キタルコトコノ》ニ此界《シカイニトト》一度度《タヒ〳〵》ト、（下略）

此故勢至来見名《コノユヘニセイシノライケンヲナツク》《キタリミヘタマフ》ニ大師聖人《タイシシヤウニン》一、所以《トコノユヘニ》讃《ホメテ》ニ勢至《セイシヲ》一言《イハマク》、無辺光《ムヘンクワウ》以《モテ》ニ智恵光《チエクワウヲ》一普《アマネク》照《テラスカ》ニ一切《ヲ》一故、嘆《ユヘニタンシテ》ニ聖人《ヲ》一称《シヨウス》ニ智恵第《チエタイ》一《ト》一、以《モテ》ニ碩徳之用《セキトクノユウヲ》一潤《ウルホスカ》ニ七道《タウヲ》一故也《ユヘ》、弥陀動《オコカシテ》ニ勢至《セイシヲ》一為《シタマヘリ》ニ済度之使《サイトノツカヒト》一、善導遣《センタウツカワシテ》ニ聖人《ヲ》一整《トヽノエ》ニ順縁之機《シユンエンノキヲ》一、定《サタメテシヌ》知十方三世無央数界《ムアウシユカイノ》有情無情《ウシヤウムシヤウ》、遇《アフテ》ニ和尚《クワシヤウニ》一興《コウス》レ世《ニ》、初《ハシメテ》悟《サトル》ニ五乗《シヨウ》済入之道《サイニフノタウヲ》一、三界虚空四禅八定《カイコクシセンハチチヤウ》、天王天衆《テンワウテンシユ》依《ヨテ》ニ聖人誕《ノタム》生《シヤウニ》一、添《カタシケナク》秡《ヌク》ニ五衰退没之苦《スイタイモチクヲ》一、何況《イカニイハムヤ》末代悪世之衆生《マチタイアクセノシユシヤウ》、依《ヨテ》ニ弥陀称名《ミタシヨウミヤウノ》之一行《キヤウニ》一、悉《コトコトク》遂《トケム》ニ往生素懐《ノソクワイヲ》一、源空聖人

伝説興行《テンセチコウキヤウ》　故《ノユヘ》也、仍《ヨテ》為《タメナリト》三　来《キタルコトハ》レ　之《コヽニ》弘通《クツシ》二勧《スヽメム》　之《カコレヲ》一、

（下略）

この部分の記述は「公胤夢告」の記事を載せたあと、源空の本地は勢至菩薩で善導によって衆生教化のために遣わされたとする伝説を記して「公胤夢告」の意義を解説している。ここでは夢告の時期を法事唱導の時としているが、これは『四巻伝』が法然七七日の導師を公胤が勤めたとする記述と関係しているものと思われるから、前掲『指南抄』上巻末「公胤夢告」の記事とともに『四巻伝』の影響が考えられる。

この「公胤夢告」のあとには「建久九年正月一日記」「法然聖人御夢想記」「法語十八条」「法然聖人臨終行儀」「聖人御事諸人夢記」を収録する中巻本につづくが、これらの遺文の特徴としては法然の宗教体験とそれに基づく法語や効験に係わる手記であると言える。「建久九年正月一日記」は法然が建久九年正月一日より恒例念仏を始行したところ、これより順々に同年九月頃までかかって三昧発得を体得し、その後も数度の発得を重ねたことを示す自記である。「法然聖人御夢想記」は法然が師と仰ぐ唐善導との夢中対面を記すもので、紫雲のなかから半金色の相で法然に専修念仏の貴きを語りかける姿は、いわゆる今日二祖対面と称し浄土宗伝法史上において重要な夢想と位置付けられているものである。

「法語十八条」は法然が門弟の念仏の不審に対して折々に語った事柄であり、殊更に一貫性をもっているとは思えないが、多くが観念の聖道門と称念による浄土門の相違について、『観経』『往生要集』などを中心に述べており、なかには「念仏ハヤウナキヲモテナリ」「称名ノ行者常途念仏ノトキ不浄ヲハ、カルヘカラス」など後に聖光系の重要法語として伝承するものをも含んでいる。(9) そして、善導の釈をよく引いて『観経』の真実心について詳説したあと、善導の称名による念仏三昧の重要性を説くことによって、聖道・浄土両門の宗義の相違点を明確にしている。

「法然聖人臨終行儀」は法然の臨終記であって、建暦二年正月二十五日までのとくに臨終に至るまでの様子を細かに記しており、三昧発得の体験者である法然が臨終に際しいかにして往生を遂げたかを証する記録と言ってよい。「聖人御事諸人夢記」はその後に法然往生の奇瑞を夢想したとする一六件の記事であり、まさに「法然聖人臨終行儀」と関係の深い記録である。

このように見てきてもわかるように、中巻本に収録する遺文の配列には、三昧発得の体験者である法然に対して宗教者としての霊験性を強調しようとの意図を感ずる。三昧発得の結果善導との夢中対面を果たし、「法語十八条」に見るような称名念仏三昧の専修念仏の道を確信した法然の臨終は、実際に五色の糸を引くことを大様の謂われと言って斥け、高声念仏の間に紫雲の瑞相を得て大往生を成したが、その法然往生の奇瑞は門弟や京都市中の多くの人人によって紫雲たなびくなどの霊夢を感得したことによって分明であるというものである。すなわち、法然の専修念仏義による霊験を実証するための構成であったと言える。

『醍醐本』においては「一期物語」を公表の最重要遺文としていたと考察されたが、『指南抄』の場合にもそれが上巻本・上巻末に亘って最初に収録されている「法然聖人御説法事」であったことは想像に難くない。ここでも「公胤夢告」の記事をわざわざ「法然聖人御説法事」終了直後に収録していることを見れば、やはり遺文の教義的内容に学問的正統性を強調せんとした編者の意図が汲み取られる。「法然聖人御説法事」の異本には前述した如く『無縁集』『師秀説草』『漢語灯録』所収本等が現存するが、比較検討の結果から内容的には『指南抄』所収本が省略箇所を大部に有するものの、そのことを考慮に入れて扱うならばもっとも原型に近いものといわれている[10]ように、この『指南抄』の編集時まで遺文が世に出ていた形跡が見当たらない。こうした点からも、『指南抄』の編集意図の一つにこの「法然聖人御説法事」の公開ということがあったように思われてならない。その教義内容の正統付けとして「公胤夢告」の記事を直後に挿入したのであろう。そして、そのあとの宗教体験記等はいわゆる証拠記録とでも言えるもので、法然の思想と行状に宗教的威厳性・信憑性を高めようとして添えられたのである。

このように考えるならば、中巻末『私日記』が「七箇条制誡」「起請没後二箇条事」につづいて収録され、そのあと十数点の消息・法語類が列挙されるその所収意図についても同様のことが想定できるようになり、そのことがまた全体を通じて上巻本・上巻末・中巻本の前述したような編集意図を補強する結果となって、全巻の遺文構成に一定の法則性を示しているように思えてくる。「七箇条制誡」「起請没後二箇条事」は双方とも初期念仏宗団にとっては重要な遺文であったに違いない。ここでは大部が省略して書写されているが筆者はもともとは全容を収録していたものと想定しているので、とくに両遺文の原典の意味した内容に遡るならば、自然に法然の高弟信空の果たした役割や位置が浮かんでくる。

そして、また法然が当時置かれていた南都北嶺を中心とした複雑な社会環境に配慮の意を注いだそのいわば証文である。それを前述の中巻本所収の各記録類掲載のあとに連続して収録し、その正統性を『私日記』によって一層強調しているものと見做すことができる。

『私日記』の内容は初期法然伝のなかでももっとも霊験譚の記述が豊富であり、法然が直人ではなく勢至菩薩の垂迹にして善導の再誕であることを記すことに主眼の置かれた伝記であって、まさに中巻本「建久九年正月一日記」から中巻末「起請没後二箇条事」までの各記録類を強調するために必要となっている。その最末尾が前述したような「公胤夢告」の記事とその詳細な解説であって、それがこうした内容とまた合致した記述であることからも裏付けられる。そして、このあと「決定往生三機行相」から下巻末「つのとの三郎宛御返事」まで計一八点の消息・法語類を載せているが、これもそうした法然の伝記やそれ以前に掲載された遺文の示す行状に対して、それらを証明する遺文類として列挙されたものと考えられる。今はこの部分の配列順序には一定の規則を見い出し得ないが、これも何かの基準によって並べられている可能性はあると思う。

ここまで、最初に述べた「公胤夢告」から順に各遺文の簡単な内容と所収順序についての卑見を述べてきたが、総合的に言えることはこの『指南抄』編集の目的が法然遺文の蒐集にあったことはいうまでもないが、その最重要遺文として公開しようと意図したのは最初に掲げられている「法然聖人御説法事」ではないかということである。そして、「公胤夢告」のあとの各遺文類は、その学問的・教義的内容の正統性、宗教的信憑性等の証明のために法然自身の宗教体験記や臨終奇瑞の様相を証する記録等を添付し、さらにそのうえに法然の生涯や布教活動の実態を重ねようとのねらいから、「公胤夢告」による法然の意義付けを末尾にしっかりと述べる『私日記』を収録し、これをはさんで前後に「七箇条制誡」「起請没後二箇条事」および十数点の消息・法語類を掲載列挙して全体的に正統性を主張したものと考えられる。遺文類の所収順序を一見してもただ雑然と並んでいるようにしか感じられなかったが、このように想定してみると一応の構成を見極めることになり、『指南抄』成立時における編集意図を想察できるように思う。

註

（1）　第Ⅰ部第一章第四節（八二頁）参照。

（2）　藤堂恭俊「禅勝房の問いと法然の解答―『十一問答』に関する諸問題―」（『浄土宗典籍研究』研究篇）参照。

（3）　註（1）に同じ。

（4）　「三昧発得記」としてはほかに「二尊院縁起」所載本、『拾遺漢語灯録』所収本等がある。

（5）　比較的初期の法然伝である『講私記』第二、『四巻伝』巻一、『私日記』等の記述があげられる。

（6）　註（1）掲載拙論参照。

（7）（8）　第Ⅰ部第一章第二節（四九頁）参照。

（9）　第Ⅱ部第七章（第二節五二八・五三〇頁）において指摘するように、『浄土宗行者用意問答』『閑亭後世物語』

『明義進行集』『一言芳談』『祖師一口法語』等を経て、「善導寺御消息」などと同様に聖光系の重要法語として伝承している。

(10) 宇高良哲「『逆修説法』の諸本比較」(『浄土宗典籍研究』研究篇)、同編著『『逆修説法』諸本の研究』巻末「解説」等参照。

第四節 『西方指南抄』成立私見

ここで各論点を総括して『指南抄』の成立に関して到達した若干の卑見を述べることにする。現存する親鸞自筆の『指南抄』を草稿本と見たり、また親鸞編集によってなる各遺文の書写本とする限りはその成立は筆記年時である康元元年(一二五六)から同二年にかけてということになる。そして、それは親鸞が師事した法然の遺文蒐集を目的として編集したものということになり、ここに親鸞自身の師法然に対する並々ならない追慕の念が知られるとともに、当時親鸞の果たした初期念仏宗団内部における役割が歴史的に高く評価されることになるであろう。ところが、筆者は随所において各論点を提供しながら一貫して主張してきた如く、この自筆本は親鸞の手による転写本であると考えている。以下に、その理由をまとめて列挙し、その場合における原典の想定はどの頃に可能であるか、また編者は誰なのかこれらの点について言及してみたい。

はじめにこれまでに筆者の主張した転写本であるとする理由を簡単にまとめてみよう。

㈠ 上巻本の内題の「上」は「中」と一旦書いたうえに肉太に「上」と訂正したものであることを確認し、それが中巻本との混同から生じたものであるとすると、六本各冊の奥書、奥の朱書等の検討によって、各冊の底本となった六冊本の存在を想定して筆記過程を再現することがもっとも納得いくものと考えられた。

㈡ 自筆本には他の記述との比較によって随所に欠落箇所が認められるが、そのうちとくに「法然聖人御説法事」

の場合は一貫して『観経』の説示のうちなかでも定散二善の諸行往生に関するものを欠落しており、また「七箇条制誡」「起請没後二箇条事」などの場合にも、総じて親鸞のある一定の主観にもとづく記述の脱落ばかりであって、少なくとも改変というようなものではない。

㈢　内容的に遺文そのものの記述ではなく附記と見られるものが数箇所存するが、これは筆記方法がおもに六行筆記の体裁をよく維持している点を基準にすると、すでに底本となったものに存在していた附記と、親鸞によって加筆された転写時の記述とに分けて理解することができる。

㈣　「建久九年正月一日記」「法然聖人御夢想記」「法然聖人臨終行儀」「聖人御事諸人夢記」は『醍醐本』所載「御臨終日記」の記述の形成過程においてその原型をなす記述であると考えられ、また「公胤夢告」「或人念仏之不審聖人に奉問次第」などの『醍醐本』との親近性と併せて、『指南抄』の記述はかなり原型に遡り得るものであることが確認され、そのことは『指南抄』が相当に正確な資料の提供を得て成立したものであることを示しているものと言える。

㈤　「公胤夢告」の記述はその直前に位置する「法然聖人御説法事」の公開に正統性・威厳性を加えようと置かれたもので、このあとに続く法然の宗教体験を中心とした記録類はその霊験を証するための遺文類であり、「七箇条制誡」「起請没後二箇条事」を含めたこれらの全体を、「公胤夢告」と法然を勢至菩薩の垂迹とする解説を末尾に載せる『私日記』によって強調し、なおかつこれらを証明しようと多数の消息・法語類を添付するといった構成が確認されることによって、所収遺文の配列順序から編者の意図が想定できる。

これらの諸点はいずれも親鸞編集説を肯定するには矛盾を生ずる問題であり、それ以前に底本あるいは原典が存在したとする転写説を裏付けることになるものと思う。

自筆本の表紙外題の下部には下巻末を除く五冊に「釈真仏」という袖書がある。真仏は下野国高田如来堂に居住し親鸞帰洛後の門弟達の指導的立場にあった。この袖書は親鸞の筆とは思われないが真仏に付与したことを意味するものであるとすると、親鸞の書写の目的がこうした関東の門弟達に対して師法然の遺文集を伝授しようとしたものであると推察される。(1) また高田専修寺にもう一本現蔵する覚信本が、(2) 康元二年二月五日から同三月二十日までに書写されているが、覚信も下野高田在住の親鸞の直弟の一人であり、真仏に伝授した自筆本が同正月二日に書写を終えているので、日数などからしてこれが下野高田に持参されてから、自筆本を底本にして書写されたものと考えることも可能である。

ところで、親鸞自筆本が転写本であるとするとその底本なりまた『指南抄』の原典の成立時期はどの程度遡り得るものであろうか。この下限はいうまでもなく親鸞書写年時である康元元年（一二五六）である。上限は遺文の内容に具体的年時を示す「公胤夢告」の建保四年（一二一六）を一応あげておこう。そして、これは赤松氏によって指摘されるところであるが、『指南抄』下巻本「故聖人の御坊の御消息」のなかで、専修念仏停止を招く念仏者を非難して「附仏法ノ外道」「獅子ノミノ中ノ虫」と記しているが、これは九月二日付の親鸞慈信坊善鸞宛消息のなか(3)で、同様に『蓮華面経』に出てくる「獅子の身中のむしのしゝむらをくらふがごとし」を引用している。この消息は年代不明であるが善鸞が義絶された建長八年（一二五六）五月二十九日より以前であることは間違いない。さらに、これも岩田・赤松両氏が述べられるところであるが、(4) 宝治二年（一二四八）の著述とされる『浄土高僧和讃』源空章においては、第五・第六・第七・第八・第九首、第一四・第一五・第一六首等の記述に、それぞれ『私日記』「法然聖人臨終行儀」等の記述を土台にして作られた形跡を認めることができ、親鸞はすでにこの宝治二年には『指南抄』を目にしていたものと考えられる。

つぎに、その『私日記』の成立時期の上限についてであるが、中沢氏や田村圓澄氏[5]により法然滅後十六年説、四年説と徐々に遡って論じられてきたが、中井真孝氏によって『四巻伝』を原資料として作成されている面の多いことから『四巻伝』編集以降であるとの興味ある見解が示されている。[6]『四巻伝』の編集は嘉禎三年（一二三七）であるから、もし『私日記』の成立時期をここまで下げて考えるならばそれを所収する『指南抄』であるから、『指南抄』の成立上限もこれ以降ということになるのは当然である。『私日記』といえば藤堂恭俊氏・中井氏によって正嘉元年（一二五七）愚勧住信の編纂にかかる『私聚百因縁集』との関係が指摘されており、[7]ここにはじめて『私日記』の存在が確認されるのであって、どうも『私日記』の成立はかなり下げて考えた方が穏当であるように思われる。

そして、筆者はこの『私日記』の編集には仁治二年（一二四一）頃源智の門弟達によって編集された『醍醐本』の影響もあったように考えている。それは筆者もあとで指摘する如く、法然と善導の夢中対面を示す記事についてとくに認められるところであり、[8]『私日記』の編集意図からしたならばこの一節は重要な箇所であったと考えられ、『私日記』の編集には『四巻伝』の記述のほかにこの部分についてはとくに『醍醐本』に依拠したのではないかと見られるからである。したがって、『指南抄』の成立時期についてはこれらの年代推定の成果として一応仁治二年（一二四一）から宝治二年（一二四八）の間とすることができる。

『醍醐本』は源智の門弟達によって編集されたが、その契機として湛空によって『四巻伝』が編集され世に出たことをあげることができる。『指南抄』の遺文の構成を検討すると、ある編集目的に沿って各遺文を配列していると見られ、『醍醐本』と類似したこの所収遺文の構成から言えることは、『指南抄』が遺文集であることには相違ないが、『醍醐本』が伝記の題目を有しているのと同様に『指南抄』も実は法然の伝記であるといっても過言でない。

『四巻伝』は嘉禎三年（一二三七）に編集されたが、その翌年暦仁元年（一二三八）十二月源智は五十六歳で没した。信空系の『四巻伝』編纂に刺激された源智の弟子達によって、源智の没後すぐに師が伝持していた記録類を中心に『醍醐本』の編纂を思いたったのであろう。『指南抄』もこうした一連の遺文蒐集・公開という風潮にならって行なわれたもので、『醍醐本』の編纂のあとに少なからずその影響を受けながら成立したものと思われ、そうした意味からも前述した年代設定は首肯されるものである。

『四巻伝』は信空の弟子湛空の編と言われている。この信空系の伝記編纂のあとに源智系の『醍醐本』の編纂が行なわれた。『指南抄』の所収遺文のなかでは前述のような遺文配列のうえで重要な位置を占め、こうした系統的な特徴を有するものをあげると、まず上巻末「公胤夢告」であるがこれについては前述した通り、天台の学僧として名高い三井寺公胤の夢告を挿入することによって、その前に位置する「法然聖人御説法事」に遺文としての威厳性をもたせようとしている。

中巻末『私日記』についてはつぎの蛇出来の箇所に興味ある記述がある。

（上略）華厳披《クエコムヒ》覧之《ランノ》時《トキ》、蛇出来《シヤイテキタル》、信空上人見《ミテ》レ之怖驚給《コレヲオソレオトロキタマフ》、其夜夢《ソノヨノユメニミラク》、我者《ワレハ》此聖人夜経論見《コノシヤウニンヨルキヤウロンミタマフニ》、雖《イエトモ》レ無《ナシ》二灯《トトウ》

明《ミヤウ》二室内《シチノウチニ》有《アテ》レ光《ヒカリ》如《コトシ》レ昼《ヒルノ》、信空法蓮房也、聖人之同法《トウホフ》、同《オナシク》見《ミラル》二其光《ソノヒカリヲ》一、（下略）

これは『華厳経』披覧の時に蛇の出現する記述であるが、その情況説明のなかに同座した法弟の信空の名を二度あげている。『私日記』の全体をながめても個人名を記すのはこの箇所のみであり、『私日記』が「公胤夢告」の詳説の記述を末尾にあげて終わっていることなどを考えると、『私日記』の編者はこの信空の法系につらなる者との見方が強まるわけである。

そして「七箇条制誡」であるが、これは『漢語灯録』所収本に「私云、執筆法蓮房(信空)也、右大弁行隆息也」とある

ように本来信空が中心となって行なわれたものである。[9]「起請没後二箇条事」においても『指南抄』には第二条目が欠落しているが、もともとはこの部分も載っていたものと思われ、それには黒谷本坊、白川本坊、坂下薗一所、洛中地一所、三尺本尊立像、聖教六十巻等法然の主たる財産を信空に譲るとする旨趣が詳細に記されていた筈である。

さらには、中巻本「建久九年正月一日記」「法然聖人御夢想記」「法然聖人臨終行儀」「聖人御事諸人夢記」などの記述も、他の『講私記』『四巻伝』『醍醐本』『私日記』など比較的成立の早い初期の法然伝の記述と対比し、その記述形成の過程を考察してみることによって、この『指南抄』の記述を信空系のものとして原型に置き、その後に系統が分かれて伝承したと想定するともっとも納得がいくものであった。[10]このように見てくると、『指南抄』が『四巻伝』『醍醐本』の編集を受けて、再び信空の法系につらなる者によって編集されたものとの推測が出てくるわけである。

『私日記』の所収位置はその内容的特徴から見ても何かを意味しているように思う。法然の宗教体験やその口称念仏による効験を伝える記録類や行状を語る重要資料のあとに、初期法然伝のうちでももっとも霊験譚の記事が豊富で「公胤夢告」の詳説を末尾に載せるこの『私日記』を所収し、法然が直人ではなく勢至菩薩を本地として衆生の教化のためにこの世に現来したとの伝説を作りあげているように見える。あるいは『私日記』の作者と『指南抄』の編者は同一人であるのかもしれない。すなわち、このような法然の霊験譚を強調するために伝記資料を必要としたことが考えられるからである。また以前に『私日記』を作成していた者がのちに『指南抄』に所収したものとも想定できる。

「西方指南抄」という題目であるが、これは『選択集』[11]巻末の後序の文に、

（上略）静《ニ》以《レハ》、善導《ノ》観経疏者《ハ》、是《レ》西方《ノ》指南、行者《ノ》目足也《ナリ》、然《ハ》則西方《ノ》行人、必《ス》須《ク》二珍《シ》敬《ス》一矣、（下略）

とあるように、善導の『観経疏』は西方往生の指南であるとしているが、同書はこの説明に至るまでに偏依善導の理由として三昧発得の人であることを強調して掲げている。『指南抄』においても法然のそうした意思を汲み「建久九年正月一日記」(12)以下の宗教体験記を載せたうえ、法然は直人ではなく三昧発得を体験し実際に多くの者によって往生の奇瑞が感得された勢至菩薩の垂迹、善導の再誕であることを強調しているのであって、『私日記』の「公胤夢告」についての末尾の解説などからしても、『私日記』の所収位置について『指南抄』の編者の意図を読み取ることができる。

『私日記』が信空系の伝記であることは先にも述べたが、成立時期を中井氏が論じられるように『四巻伝』のあとに置き『指南抄』の書写年時までの間に設定するならば、「公胤夢告」の詳細な解説や高倉天皇御得戒の記事において「其戒之相承自二南岳大師一所レ伝、于レ今不レ絶、世間流布之戒是也」と南岳大師より所伝の円頓戒であることに触れているところなどからして、『私日記』の編者の候補として信空からの円頓戒正嫡の後継者である湛空など(13)をあげることができよう。したがって、『指南抄』の編者も同様に湛空その人かまたはその周辺の者に求めてもよいと考えるのであるがいかがであろうか。『指南抄』の原典の成立時期を仁治二年（一二四一）から宝治二年（一二四八）頃としたが、湛空の没年(14)は建長五年（一二五三）であるので年代的にも受容できる。

要するに、『指南抄』の自筆本はすでに信空系の弟子の間で成立していたものを、帰洛した親鸞が下野高田在住の門弟らに念仏の安心を示そうとして、真仏に師法然の遺文集を付与するために康元元年になって転写されたものと推定するのが妥当と言えるのである。

結び

法然研究のうえにこの『指南抄』が早くから何故にとりあげられなかったのであろうか。『指南抄』は法然の遺文集であり、本稿で論じたごとくもし信空の法系につらなる者によって編集されたものならば、また遺文集でありながらも法然の伝記的性格の強い書ということであれば、それは法然研究の一等史料として、あるいは法然伝研究の基本的文献として再認識されてしかるべき文献であると言える。これまではそれが親鸞自筆本であるが故に、その筆跡の価値が高く評価されしかも親鸞の編集であるからとして法然研究からはずされていた感がある。たとえ親鸞の編集であるにせよおかしなことである。

卑見のように成立は仁治二年から宝治二年頃まで遡り『四巻伝』『醍醐本』につづいて編集されたもので、編者は信空門下の湛空かその周辺の者ということであれば、法然滅後しばらくしてから信空系の者によってこのような伝記類、遺文集の編纂がよくなされていたことを物語っていると言える。このような考察をもとに、史料としての信憑性はほかの法然の伝記・遺文集と比べて、量的に豊富で質的にも勝れておりもっとも高く位置付けられるべきものと思う。

筆者はいまだ原本に接しておらず少しく大胆な仮説を述べる結果となってしまい、この点において大方のご批判を免がれないが、今後その機会を得て確認すべき問題点を整理しえたつもりである。さらには所収する遺文について『語灯録』をはじめとする他の文献との対照によって細部に亘る内容的な検討を必要としている。とりわけ多数所収する消息・法語類の内容検討は未開拓といってもよい。また『指南抄』にのみ所収する「法語十八条」「決定往生三機行相」「名号の勝徳と本願の体用」「浄土宗の大意」(15)「四種往生事」などの遺文についての評価など残された課題は山積している。『指南抄』が法然研究の一等史料と位置付けられ、これら諸問題の解決が早急に進展することを念じて擱筆する。

註

（1）『三河念仏相承日記』（『続真宗体系』第一五巻、真宗典籍刊行会編）に「建長八年丙辰十月十三日ニ〔上〕薬師寺ニシテ念仏ヲハシム、コノトキ真仏聖人（中略）御正洛ノトキヤハキ薬師寺ニツキタマウ」とあり、真仏が建長八年（一二五六）に上洛したことが確認されるが、『指南抄』はこのときに付与されたものであろうか。

（2）三井淳弁「覚信伝持の西方指南抄に就て」（『高田学報』第三号）、『定本親鸞聖人全集』第五巻輯録篇巻末生桑完明「輯録篇解説」等参照。

（3）『定本親鸞聖人全集』第三巻和文・書簡篇「親鸞聖人御消息集」所収。

（4）岩田繁三「『西方指南抄』の研究」（『高田学報』第三八号）、赤松俊秀「西方指南抄について」（『仏教史学論集』）等の両所論ともに、『教行信証』との関わりを論じられているが、『教行信証』の成立時期についての検討と併せて重要な問題点と思われるため後日の課題とし、ここでは取り扱わなかった。

（5）中沢見明「法然上人諸伝成立考」（『史学雑誌』第三四編第八・一〇・一一号）、田村圓澄著『法然上人伝の研究』第一部第三章「法然伝の系譜」等参照。

（6）中井真孝「『源空聖人私日記』の成立について」（『仏教文化研究』第二九号）参照。

（7）藤堂恭俊「愚勧住信の法然上人伝成立攷」（『東山高校研究紀要』第一集、昭和二十九年）、註（6）掲載中井所論等参照。

（8）第Ⅱ部第二章第二節（二九一頁）・同第三節（二九八頁）参照。

（9）塚本善隆・三谷光順「法蓮房信空上人の研究」（『専修学報』第一輯、昭和八年）によって、第一番目の信空の署名は栂尾高山寺所蔵元仁元年十一月二十八日付信空自筆円頓戒戒脈の署名と一致することが考証されている。

（10）第Ⅰ部第一章第四節（八〇頁）、第Ⅱ部第二章第二節（二九一・二九二頁）、同結び（二九九頁）等参照。

（11）藤堂裕範校訂『選択本願念仏集』（土川勧学宗学興隆会編）。

（12）『指南抄』における「建久九年正月一日記」の意義について論じたものに、浅野教信「西方指南抄における三昧発得記について」（『龍谷大学論集』第四三四・四三五合併号、平成元年）がある。

(13) 京都清浄華院所蔵文保元年二月十八日付「了恵道光授隆恵天台円教菩薩戒相承師々血脈譜」、鎌倉宝戒寺所蔵元弘三年七月二十九日付「恵鎮授惟賢天台菩薩戒相承血脈譜」等参照。

(14) 『法水分流記』『蓮門宗派』『二尊院住持次第』等にひとしく建長五年七十八歳にて没する旨が記されている。

(15) 藤堂恭俊「『浄土宗大意』にみられる師弟二師の法語——法然真撰・非撰をめぐって——」（『雲井昭善博士古稀記念仏教と異宗教』、同記念会、昭和六十年）によって、『指南抄』下本所収の「浄土宗の大意」は、内容的に親鸞の『愚禿鈔』にもとづく説を多く含んでおり、法然の遺文とは認められないことを論証されている。

第三章　『黒谷上人語灯録』について

法然の伝来する種々の遺文類における信憑性については、真筆類がほかの宗祖と違って皆無に等しいことを理由に、一般的な既成概念として曖昧であるとする見方が存したことは事実である。しかし、昭和三十七年に奈良興善寺において数点の法然自筆と見られる書状ならびに断簡が発見されると、[1]それまで疑問とされていた嵯峨清涼寺所蔵の熊谷直実宛法然書状が、主にその筆蹟の合致から真筆であるとの評価を受けるに至り、[2]漸く法然の文書類の存在が確認されるという法然研究にとっては画期的な進歩を遂げる[3]結果となった。このことは現今に伝わる多くの遺文類についての史料的信憑性を再検討するための糸口となる筈であったにもかかわらず、決してこれらの文献学的考証が充分に行なわれてきたとは言えない。

法然の遺文類は滅後約百年の間に次々と製作された各種伝記類にも所収されているが、遺文蒐集の努力は門下等によって早くから行なわれていた。その最初は仁治二年（一二四一）に編まれた『醍醐本』一巻であり、これには「一期物語」以下六篇を収録している。つづいては康元元年（一二五六）から翌二年にかけて親鸞によって書写された『指南抄』六巻があげられ、これには「法然聖人御説法事」以下二八篇が収録されている。そして、文永十一年（一二七四）から翌十二年にかけて（龍谷大学所蔵元亨版『和語灯録』序文）、然阿良忠の門弟望西楼了恵道光によって編纂されたのが『語灯録』[4]である。その編成は[5]『漢語灯録』一〇巻と『和語灯録』五巻とに分かれており、『漢語灯録』には漢文体のものを二二篇、『和語灯録』には和文体のものを二四篇収録し、さらに『拾遺語灯録』三巻（『拾遺漢語灯録』一巻、『拾遺和語灯録』二巻）を追加のために編纂している。

この了恵によって行なわれた法然の遺文蒐集・編纂の事業は最も大掛かりであり、したがって収録されている遺文の数も多い。これらの遺文集は本来法然研究の根幹史料となるべきものである。ところが、『醍醐本』と『指南抄』には醍醐三宝院あるいは高田専修寺にそれぞれ良質の書写本を現蔵するからその必要はないが、『語灯録』には原本が伝わらないばかりか写本・版本類に諸本あるため、まずはどの系統の記載に信を置くべきかの文献学的な検討を要するところである。

註

（1）堀池春峰「興善寺蔵法然聖人等消息並に念仏結縁交名状に就いて」（『仏教史学』第一〇巻第三号）によって逸早くその全貌を紹介された。

（2）昭和四十年には双方ともに重要文化財の指定を受く。赤松俊秀著『続鎌倉仏教の研究』（平楽寺書店、昭和四十一年）所載の「熊谷直実の上品上生往生立願について」、斎木一馬「清凉寺所蔵の源空自筆書状について」（『高僧伝の研究』）等参照。

（3）大橋俊雄校注『日本思想大系』10「法然・一遍」、竹内理三編『鎌倉遺文』第三巻等に所収される。そして、斎木一馬「興善寺所蔵の源空・証空書状覚え書」（『史学仏教学論集』乾）によって詳しく解説されるに及ぶ。

（4）『語灯録』全体の研究としては、中沢見明「西方指南抄と漢和語灯録に就て」（『高田学報』第二三・二四・二六号）、河住玄著『黒谷上人語灯録の解説』（欣求庵、昭和四十九年）等があげられる。

（5）各冊の内題を見ると、『漢語灯録』には恵空本・義山本ともに「第一」、『和語灯録』には元亨版・正徳版ともに「第二」と付記されており、総体的な編成を表示している。

第一節　『漢語灯録』について

『漢語灯録』に関しては、写本類として大谷大学所蔵本（以下、谷大本と称す）・千葉県善照寺所蔵本（以下、善照寺本と称す）等の恵空得岸所持本の転写本（以下、恵空本と称す）があげられ、また版本には良照義山によって印刻された正徳五年版（以下、義山本と称す）がある。この正徳版の如き流布本について藤原猶雪氏は、その著『日本仏教史研究』所収の「徳川時代における法然上人漢語灯録の改竄刊流」において、正徳版『漢語灯録』の印刻に際して行なわれた義山の改変箇所を具体的に指摘され、正徳版『漢語灯録』の史料的価値が頗る劣る点を論じられており、『漢語灯録』研究の重要な指針として参考としなければならない。

本稿では『漢語灯録』諸本の伝来状況を検討したうえで、個々の遺文について原本の伝存する遺文との校合、あるいは前述のような他の遺文集所収本、各種法然伝所収本等との比較検討を通して、『漢語灯録』自体に法然遺文集としての史料的批判を加えようと試みるものである。

一　恵空本と義山本

『漢語灯録』には前述のように恵空本・義山本の二系統の写本・版本類が伝存する。そこで、これらのそれぞれについてまず伝来状況を整理して置かなければならない。

写本に関しては、前述のごとく東本願寺枳殻邸円林文庫より大谷大学図書館に移管されて現蔵するものと、千葉県市川市善照寺の所蔵にかかるものが、第一冊から第六冊までその体裁を整えて伝存し、この両本の記載を校合してみるに、一部の字句の相違を除いてほとんどが合致し、明らかに同一の底本より書写したものか、少なくとも同一系統の写本であることが確認される。これらの各冊に奥書等が見えるので、善照寺本のこれらを参考に両本の伝来状況について少しく考えてみたい。

いくつかの奥書が幾度かの書写の過程を証するわけであるが、なかでも最後尾の巻一〇の奥には、

応永八年辛巳卯月廿八日、根本書写人専覧御房、至二十二丁目書写一其奥残、已遂二往生一畢、故依二相伝人誂一令二続筆一畢、

右筆賢照

右此録者古本、従二来迎寺一令二恩借一奉レ書二写之一矣、願遠伝二末代一広及二諸人一、自他同生二極楽世界一必披二見之一、貴賤奉レ仰二十念回向一者也、

南無阿弥陀仏　円定和尚

于レ時明応元年十二月一日

此一巻紙三十九張
此巻書写元禄七年戌極月九日之夜功畢、根本ハ和州三輪之本、書写之後以二一尊院之蔵本一校二合之一、今写本ハ良照（義山）和尚ノ本也、

凡漢語前集十巻拾遺一巻也、今得二前集十巻一闕二拾遺一巻一尤所レ哀也、後学願尋求而補写令レ全矣、

墨付三十九丁　主恵空得岸

と記されている。本書は明らかに恵空得岸書写本系統のものである。そしてその恵空本であるが、元禄七年十二月九日の夜に書写を終えており、その際に底本となったのは和州三輪本で、これを書写の後一尊院所蔵本と校合したとしている。さらに写本は良照義山所持の本であると追記しているが、これはこの和州三輪本を指すものと理解さ

れ、すなわち恵空は義山からその三輪本を借受して書写した後に二尊院本と校合したのである。

ところが同様に巻七の奥には、

紙数三十八丁

写本者義山公自㆓三輪㆒借出一本、再ヒ以㆓二尊院之蔵本㆒校㆑之、今以㆓彼ノ校本㆒写㆑之畢、　恵空

元禄十一年八月写㆓此巻㆒校、

と記している。元禄十一年八月の年次は巻一〇の奥書から四年も降ることになるが、これについては巻七にのみ対する記述であると見れば、ここにいう三輪より一本を借りて再び二尊院蔵本によって校合し書写したという過程も納得できる。したがって、恵空の記述に関して、「写本」を義山所持の和州三輪本、「校本」を二尊院所蔵本と校合を終えたものというように区別して使用していると解される。

ところで巻八の奥には、

本云、嘉元四年八月五日以㆓蓮花堂正本㆒書写了、　覚唱

写本云、永徳三癸亥五九日於㆓三光院北坊㆒令㆓書写㆒畢、　吉水末流導見

時也、嘉慶戊辰(嘉慶二年)八月廿七日於㆓忌部道場観音寺㆒書写畢、　快尊

右此録者古本、従㆓来迎寺㆒令㆓恩借㆒奉㆑写㆓書之㆒矣、願遠伝㆓末代㆒広及㆓諸人㆒、自他同生㆓極楽世界㆒必披㆓見之㆒、
貴賤奉㆑仰㆓十念之廻向㆒者也、
于㆑時明応元年十二月一日

南無阿弥陀仏　円空和尚

于レ時明応五年卯月廿六日書写畢、筆者云々、

第八巻紙数三十二張

元禄十一年寅九月五日校二合此巻一竟、　所持　恵空

と記されており、恵空本に至る正確な伝来状況を知ることができる。ここに記されるなかで、前述した点から見て「写本云」以下明応五年四月二十六日の行までは三輪本よりの転写である。そして、巻七とまったく同様に、恵空によって義山の三輪本に再度二尊院本を校合して書写されたのが、元禄十一年九月五日のことである。さらにここには記述がないが、前掲の巻一〇に見られた応永八年四月二十八日賢照の奥書が、ここの巻八の奥書で言えば嘉慶二年八月二十七日快尊の奥書と明応元年十二月一日円空との間に、あるいは巻三「阿弥陀経釈」の奥に見られる明応六年二月十一日知恩院徳誉光然の奥書が、同じく巻八では明応五年四月二十六日の直後にそれぞれを挿入して伝来状況が考えられる。そのことは、巻八と巻一〇の双方共に存する明応元年十二月一日の奥書が、筆者こそ「円空」「円定」と相違するが、これはいずれかの誤写であると考えられるため、この点を除けばまったく同文であることからも証することができる。

これら伝来過程についての奥書と明確に区別をした巻八の第一行目の奥書について一言触れておく必要がある。先に問題とした恵空の校合・書写の手順からすれば、ここに言う「本云」とは校合したという二尊院本からの記述ということになろう。その二尊院本には、覚唱なるものが嘉元四年（一三〇六）八月五日蓮花堂の正本を書写したと明記されていたことになる。蓮花堂とは『語灯録』の編者了恵のことであるから、その正本からの書写となると、二尊院本が原型に非常に近い良本であったと言える。恵空がこれとの校合に努力したのもそのためであり、勿論三

輪本は前掲の如く幾人もの手写を経ている点から信を置き難いと考えたからであろう。

つぎに、正徳年間になると義山によって開版がすすめられる。そこで、この義山本開版の由来を知るべくして、今かりに大正大学所蔵正徳五年（一七一五）印本の奥書類に記述を求めると、まず最末尾に知恩院第四二世白誉至心の宝永二年（一七〇五）の跋文がある。それには、

開祖大師一代《ノ》法語有㆓和《ナル》者㆒有㆓漢《ナル》者㆒、多《ハ》是《レ》門人之所《ナリ》㆑記《スル》也、望西楼師嘗《テ》集《テ》㆑之《ヲ》大成《ス》、名《テ》曰㆓語灯録㆒《ト》、其《ノ》和《ナル》者《ノハ》已《ニ》刊行矣、其《ノ》漢《ナル》者《ノハ》則《チ》未《タシ》也、予曾《テ》把《テ》㆓各〻二三本㆒読《ム》㆑之《ヲ》、魚魯倒置遺字闕脱往生《ニ》有《リ》㆑之、又背㆓馳《シテ》大師尋常《ノ》法語《ニ》㆒而牟㆓盾《セル》宗義《ニ》㆒者《ノ》間亦〻有《リ》㆑之、予快快《トシテ》措《テ》㆑巻《ヲ》黙黙《トシテ》思忖《スルニ》疑雲未《タ》㆑披《ケ》陰晦度《ル》㆑日《ヲ》、既《ニシテ》而自《ミ》捜《テ》㆓枯腸《ヲ》㆒記㆓得《シタリ》往事《ヲ》㆒、豆州薬王山寺《ニ》有《リ》㆓武州金沢《ノ》蔵本㆒、昔時遊歴《ノ》之次所《ナリ》㆓親見《クル》㆒也、於《ス》㆑是遣《ニム》㆓弟子某《ヲメテ》往《ニハ》㆑彼請《ヲ》㆑之、良願不㆑違《ハ》不日《ニ》齎《チル》来、予欣然《トシテ》披《テ》㆑巻《ヲ》展覧一過《スルニ》、曾《テ》所《ノ》㆑疑《フ》者《ノ》果然《トシテ》掃《テ》㆑迹《ヲ》而、従来《ノ》陰晦一時《ニ》帰《ス》㆑晴《レニ》矣、不《ヤ》㆓亦快《ラ》㆒乎、想《ニ》是《レ》背宗《ノ》之徒欲《メ》㆑遂《ント》㆓邪僻《ノ》之情《ヲ》㆒、偽㆔誣安㆓頓《シテ》無根《ノ》之語《ヲ》於兹《ニ》㆒、以為《ル》㆓濫託《ノ》之所拠《ト》㆒者必《セリ》也、因《テ》使《ム》㆘義山法師《ヲメテ》就《テ》㆓彼《ノ》善本《ニ》㆒対校訂正《シテ》去《ヲ》㆓瑕玼㆒還《ラ》㆗全璧《ニ》㆖焉、校成《テム》蔵《ヲ》㆓之当山《ノ》書室《ニ》㆒、庶幾《クハ》綿代不《ンヿヲ》㆑墜《チ》㆑地《ニ》矣、予日《カ》已西《ニス》矣、先《ツ》欲《ス》㆑玉《ニセンヿヲ》㆓其《レヲメ》於成《ルニ》㆒、其《ノ》以《スルヿハ》㆑属《クルヲ》㆑刻則《ニチ》亦有《ランカ》㆑日也乎、

宝永二乙酉三月十有一日

知恩院四十二世白誉至心記

とある。これによると、知恩院第四二代白誉至心（秀道）が『和語灯録』にはすでに印本が存するが『漢語灯録』にそれがないことを嘆き、諸本を通読した経験から魚魯倒置遺字闕脱が多く存し、祖法然尋常の法語に背いて宗義

に矛盾する点もあるとし、義山に依頼して善本と思われる豆州薬王山寺所有の武州金沢蔵本を校本として対校訂正し、その瑕瑾を去って原型に復元し知恩院の書室に所蔵することを目的としたと記している。また「予曾把二二三本一読レ之」と記す二・三本とは勿論前述の三輪本あるいは二尊院本等を意味するのであろうが、後述するようにいずれの写本と校合してみても明らかな如く、転写の際の誤字とは考えられない相違が存する。

それはともかく、本書第七「拾遺黒谷上人語灯録」上の奥付には「華頂山蔵板」と捺され、さらに弘通所として「京知恩院古門前　沢田吉左衛門」、「京三条通寺町西へ入　山中善兵衛」の名が摺られている。また前掲奥書の前紙に義山の「刻語灯録跋」が能文によって記され、その末尾に、

正徳元辛卯年臘月十八日　　沙門義山書二于華頂茅舎一

とあり、加えて次頁に「正徳五乙未稔正月吉日」と刻まれている。これらのことから本書は正徳元年（一七一一）より印刻をはじめ正徳五年に開版されたものであることがわかる。知恩院白誉至心は宝永四年（一七〇七）に遷化しているから、この開版にあたってその由来を記すべく、宝永二年のすでに亡き白誉至心の跋文を最後に掲げたのである。そして、現今に流布する印本の多くはこの正徳五年開版の義山跋文を有するものである。

さらにこの跋文の前紙につぎのような金沢蔵本に関する記載がある。

建武四年七月、得二了恵上人所一レ集語灯録艸本十八巻一、従二其初冬一至二臘月廿五日一、與二同門老宿四五輩一治二定之一畢、更写二一本一蔵二武州金沢称名寺文庫一者也、

下総州鏑木光明寺良求

これによれば、建武四年（一三三七）七月に了恵の草本を得て、これからさらに一本を写し金沢称名寺文庫に所蔵

したこととなる。したがってその金沢本によって対校訂正したという義山本も、それが忠実であれば了恵筆の原型に非常に近いことになる。

その意味においては恵空本同等の可信性を有することになり、奥書類の記述からはすぐにいずれの系統が原型に近いものかを論ずるのは難しいと言える。

二　安土浄厳院所蔵本

『漢語灯録』の比較的古い写本として完全な形ではないが、滋賀県蒲生郡安土町浄厳所院蔵(1)の一本（以下、浄厳院本と称す）があげられる。伝来するのは第七巻「逆修説法」の前半部の一冊のみに限るが、体裁・字体等からも中世の書写本としての特徴をよく備えているように見える。その奥書によれば、

永享二庚戌年四月廿五日於二金勝寺谷草庵一書二写之一畢、

南無阿弥陀仏後見一反　右筆法印隆堯六十二、

とあり、永享二年（一四三〇）に浄厳院を開創した隆堯によって前身の金勝寺の草庵において書写されたことがわかる。

表紙の標題には「江州浄厳院開山隆堯法印真跡〔蹟〕」なる脇書が存するが、隆堯自筆の書写本であるとすれば、伝来する『漢語灯録』のうち最古の書写本ということができる。さらに、つづいて最終頁にはそれぞれ別筆にてつぎのような添書がある。

隆堯法印真筆黒谷漢語灯録第七巻一冊寄二附江州浄厳院常住一畢、

元禄十年丁丑孟夏廿七日　雒東獅谷〔法然院〕忍澂（花押）

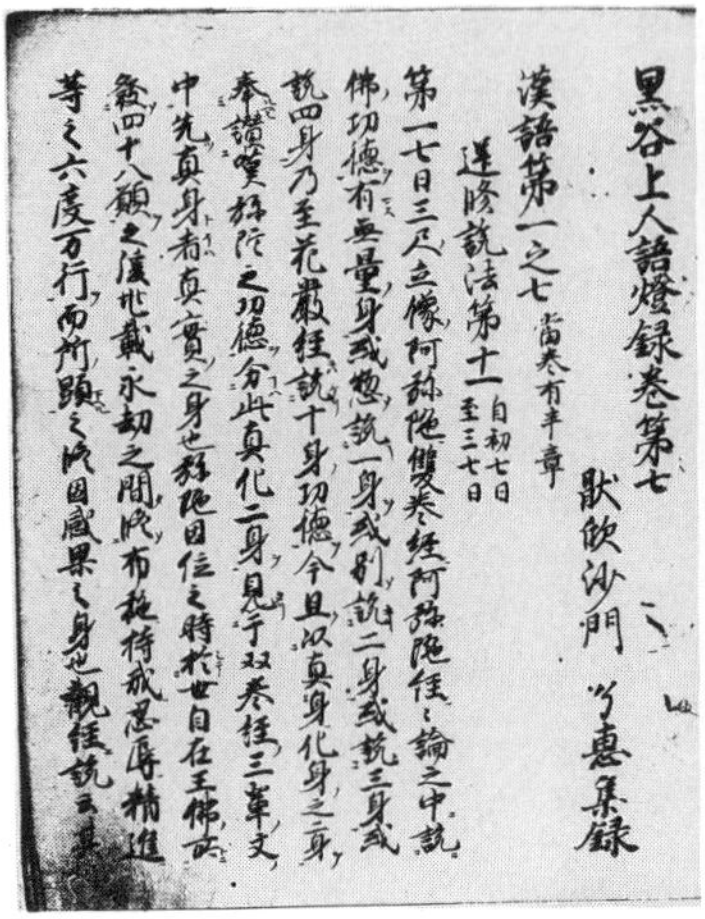

黒谷上人語燈録巻第七

厭欣沙門　了恵集録

漢語第一之七　当巻有十章

逆修説法第十一　自初七日 至三七日

第一七日三尺立像阿弥陀佛双巻経阿弥陀経〻論之中説
佛功徳有無量身或説一身或別説二身或説三身或
説四身乃至花厳経説十身功徳今且以真身化身之二身
奉讃嘆弥陀之功徳分此真化二身見于双巻経三輩文
中先真身者真實之身也弥陀因位之時於世自在王佛所
発四十八願之後兆載永劫之間修布施持戒忍辱精進
等之六度万行所顕之修因感果之身也観経説云真

同巻頭部分

浄厳院所蔵『漢語灯録』表紙

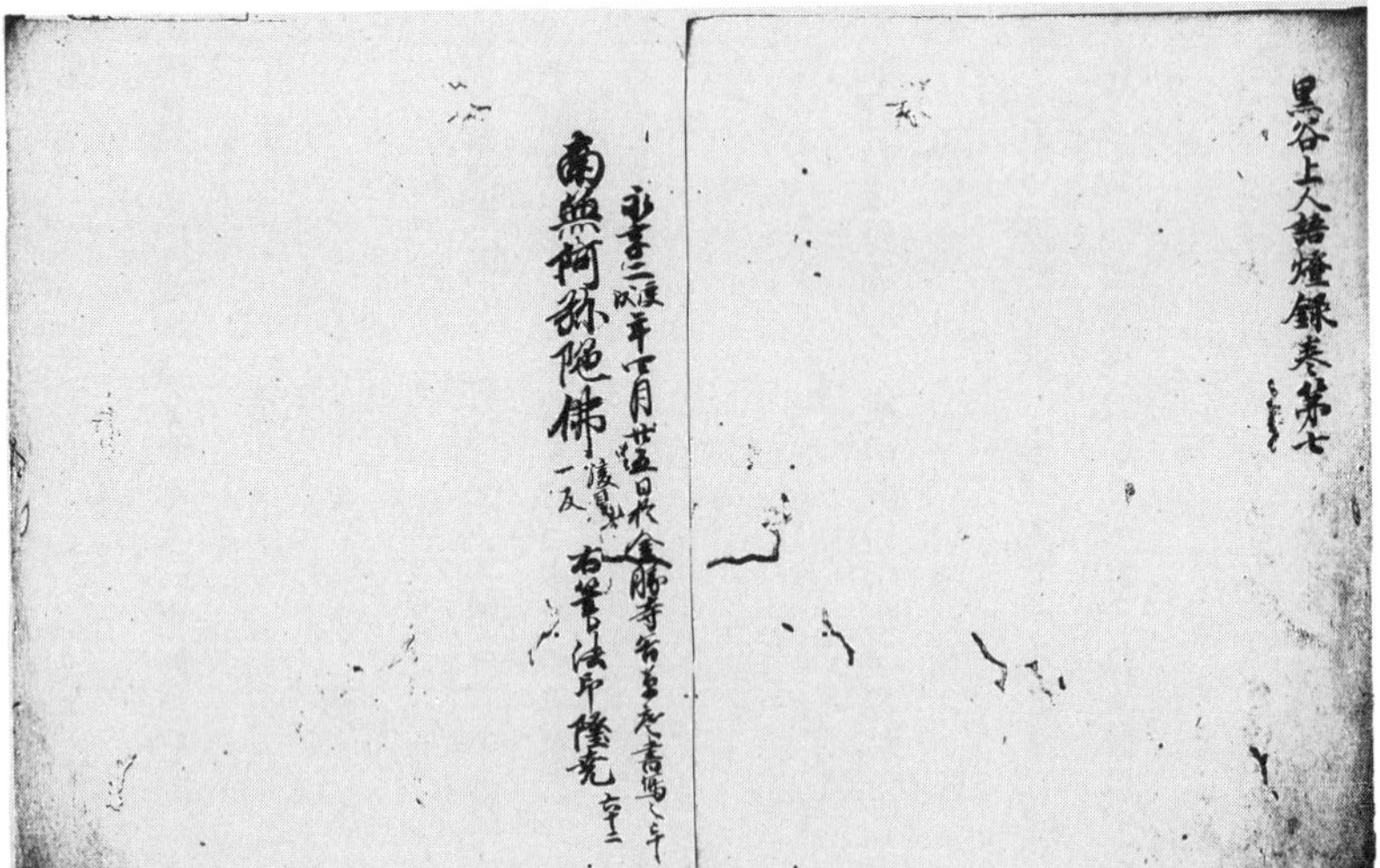

同　奥　書

此真筆一巻令二感得一之者也、

当院《浄厳院》十四世興誉（花押）

月　日

これによると、元禄十年（一六九七）になって獅谷法然院の忍澂が、この一本を隆堯の真筆本であるとして浄厳院に寄附したもののようである。

そこで、この「逆修説法」の記述を検討してみるとまず前述の恵空本と義山本のいずれの系統に属するものであるか、第七巻一冊のみであるために七七日説法の記述のうち三七日までしか可能でないが、両本との校合を実施してみるに、恵空本の方が若干の字句の相違を見る程度でほとんど共通するのに対し、義山本の方の記述とは相違が甚だしく到底同一系統の写本とは見られない。したがって、『漢語灯録』の写本のうち唯一室町期にまで遡れるものが、恵空本の記述と共通性を有するとすれば、ここで対象とできうる「逆修説法」のみに限らず、恵空本系の記述に拠る方が遺文個々の原型に近いものであるという仮定につながることになる。

ただし、勿論近世になってからの写本である恵空本・義山本両系統とはまったく別系統の写本であるとの可能性も捨て切れないために、後述する「逆修説法」諸本と併せて仔細なる検討を要するものと言える。

三　原本伝存遺文の校合——「七箇条制誡」——

『漢語灯録』収録の遺文のなかで原本の現存[2]するのは、唯一篇「七箇条起請文[3]」のみである。嵯峨二尊院に現蔵しながらも、主に一九〇名の署名方法に関する疑問から真偽の判断が保留となっていたが、諸先学[4]において原本であることが充分に実証されるようになった。しかるに、これを底本としての『漢語灯録』研究は今日までなされていない。史料の信憑性を吟味するための校合を実施する際に、一方の史料が原型に近ければ近い程その効果が確実であるのは勿論のことで、その意味において『漢語灯録』収録の遺文のなかに原本の伝存するものがあるということは、史料批判の方法論上格好なる例証となり得るわけである。

左に二尊院所蔵の原本を底本に据え、恵空本（善照寺本による、以下同じ）と義山本（正徳版による、以下同じ）それぞれの記載を校合してみたい。（上段には二尊院所蔵の原本を底本に恵空本との校異を傍注㋓にて示し、下段には義山本を掲げ、底本に対して異同箇所と見られる箇所を括弧で囲み、削除箇所は上段に点線、挿入箇所には下段に傍線を付す）

嵯峨二尊院所蔵七箇条制誡・恵空本『漢語灯録』所収「七箇条起請文」の校異

普告号予〔之アリ㋓〕門人念仏上人等、

一、可停止未窺一句文〔章アリ㋓〕、奉破真言止観、謗余仏菩薩事、

右至立破道者、〔是アリ㋓〕学生〔匠㋓〕之所経也、非愚人之境界〔矢アリ㋓〕、加之誹謗正法、既除弥陀〔本アリ㋓〕願、其報当堕那落、豈非癡闇之至哉、

一、可停止以無智身対有智人、遇別行輩好致諍論事、

右論義者、是智者之有也、更非愚人之分〔矢アリ㋓〕、又諍論之処諸煩悩起、智者遠離之百由旬也、況於一向念仏行人乎、

一、可停止対別解〔別解ナシ㋓〕別行人、以愚癡偏執心、称当弃置本

義山本『漢語灯録』所収「七箇条起請文」

普告予門人念仏上人等、

一、停止未窺一文一句、謾破真言止観、誹謗余仏菩薩、

右至立破之道者、是学（匠分上之事）、而非愚人境界、（況又）誹謗正法、（弥陀）本（願）既除此等悪人、其報当堕那落、豈非癡闇之（極）哉、

一、停止以無智身相対有智人、別行輩好致諍論、

右論義者、是智者之（所為而）、非愚人之分也、（且）諍論之処諸煩悩起、智者遠離之百由旬也、況於一向念仏行人乎、

一、停止対別行人、以愚癡偏執心、（勧）弃（捨）彼本

業、強嫌嗤〔喧㊤〕之事、
右修道之習、只各勤自行、敢不遮余行、西方要決云、
別解別行者、惣起敬心、若生軽慢、得罪無窮云々、何
背此制哉、加之善導和尚大呵之、未知祖師之誡、愚闇
之弥甚也、
一、可停止於念仏門号無戒行、専勧婬酒食肉、適守律
儀者名雑行人、憑弥陀本願者、説勿恐造悪事〔罪㊤〕、
右戒是仏法大地也、衆行雖區同専之、是以善導和尚挙
目不見女人、此行状之趣過本律制、浄業之類不順之者、
惣失如来之遺教、別背祖師之旧跡、旁無拠者歟、
一、可停止未弁是非癡人、離聖教非師説、恣述私義、
妄企諍論、被咲智者、迷乱愚人事、
右無智大天此朝再誕、猥述邪義、既同九十六種異道、
尤可悲之、
一、可停止以癡鈍身殊好唱導、不知正法説種々邪法、
教化無智道俗事、

業、（横瞋）嫌之、
右修（行）之（道）、（宜）各勤自（宗法）、（不敢）（妨）
余人行、故西方要決云、別（学之）者、（総）起敬心与
己不司、但知深敬也、若生軽慢、得罪無窮、加之善導
和尚又大呵之、未知祖師之誡、是愚闇之甚也、
一、停止（言）念仏門無有戒行、専勧婬酒食肉（希見）
守律儀者名雑行人、反説憑弥陀本願者、勿恐造悪、
右戒是仏法之大地也、衆行雖區同（依於此）、是以善
導和尚不挙目（視）女人、此其行状過本律制、浄業之
（徒）若不順之、（遠）（違）如来之遺教、（近）背祖師
之（嘉躅）、（都）無拠者（哉）、
一、停止未弁是非癡人、（不依）聖教又非師説、恣（立）
私義、妄（致）諍論、（取）咲智者、迷乱愚人、
右若夫如此西天大天此（土）再誕者也、（全）同九十六
種異道、尤可（恐懼焉）、
一、停止以癡鈍身好致唱導、不知正法説（諸）邪法、
（誑惑）無智道俗、

右無解作師、〔者アリ㊤〕是梵網之制戒也、黒闇之類欲顕己才、以浄土教為芸能、貪名利望檀越、恣成自由之妄説、誑惑世間人、誑法之過殊重、是寧非国賊乎、

一、可停止自説非仏教、邪法為正法、偽号師範説事、

右各雖一人説、所積為予一身衆悪、汚弥陀教文、揚師匠之悪名、不善之甚無過之者也、

以前七箇〔ヶ㊤〕条甄録如斯、一分学教文弟子等者頗知旨趣、年来之間雖修念仏随順聖教、敢不逆人心無驚世聴、因茲于今〔三ナシ㊤〕三十箇〔ヶ㊤〕年、無為渉日月、而至近来此十〔年㊤〕ヶ年以後、無智不善輩時々到来、非啻失弥陀浄業、又汚穢〔釈㊤〕尺迦遺〔之アリ㊤〕法、何不加炳〔炳㊤〕誡乎、此七ヶ条之内、〔之ナシ㊤〕不当之間〔聞㊤〕巨細事等〔雖アリ㊤〕多具難注〔註㊤〕述、惣如此等之無方、慎不可〔外㊤〕犯、此上猶背制法輩〔之アリ㊤〕者、是非〔非是㊤〕予門人、魔眷属也、更不可来草庵、自今以後、各随聞及、必可被触之、余人勿相伴、若不然者、是同意人也、彼過如作者、不能嗔同法恨師匠、自業自得之理、只在己心而已、是故今日催四〔西㊤〕方行人、集一室告命、僅雖有風聞、慥不知誰人失、抛于沙汰、愁歎送

右無解作師者、是梵網之制戒也、（愚）闇之（輩）不畏当来唯務眼前、以浄土教為名利謀（欲）網檀越、妄（為）邪説、誑惑世人之過（甚）重、是寧非国賊乎、

一、停止自説邪法言為正法偽（称）師説、

右如此雖是（各）人所説、而其積悪（帰）予一身、汚弥陀教（法）、揚師（範）悪名、不善之甚無過之者也、

（上来）七条甄録如斯、（少）学教文弟子等者頗知旨趣、予也年来所修念仏、随順聖教、不用私心（不敢）逆人（意）又無驚世聴、因茲（至）今三十箇年、未嘗遇患難（安静）渉日月、（然而）比来十（箇）年（間）、無智不善之輩時（時）紛然（起）来、非啻妨（礙）弥陀浄業、又復汚穢（釈）迦遺法、何不加（炳）誡乎、此七（箇）条之（外）雖有不（法）之（聞）、（其）事（繁）多難具（紀）述、（総）如此等（不法）之事敬慎（勿敢）犯焉、（若）背此制者非予門人、乃魔眷属也、（当）擯斥門下（不復対面）矣、自今以後各随（伝聞）必（当告）之、若不然者、反同（党類）、（其）過全如作者、是故今日普（促）

年序、非可黙止、先随力及、所廻〔回㊀〕禁遏之計也、仍録其
趣、示門葉等之状如件、
元久元年〔甲午アリ㊀〕十一月七日　沙門源空〔御判㊀〕（花押）
〔「信空法蓮房」以下八七名㊀〕（「信空」以下ノ一九〇名ノ署名ヲ省略ス）
〔私云、執筆法蓮房也、右大弁行隆息也、アリ㊀〕

（門）人、集会一（所）告命垂誡、雖先是有（所）聞、
（未）知誰人（悲）歎送年序、而非可黙止、越及于此
事矣、制禁旨趣如（斯）而已、
元久元年甲子十一月七日　沙門源空（御判）
（「信空法蓮房」以下ノ八八名ノ署名ヲ省略ス）
私云、執筆法蓮房也、右大弁行隆息也、

右に掲げた校合の結果に従って、両本の記述についての卑見を述べることにする。まずは本文についてであるが、恵空本の場合においても日付に「甲午」なる間違った干支を挿入していたり（義山本にも同様の記載あり）、ほかにも若干の字句の出入りを認めることができるものの、いずれも転写伝来の際に生じた誤謬と容認のできる範囲と判断できる。それに比べて義山本の記述の方は、到底に誤写の類とは思われない語句の追加・修飾が随所に見られ、義山の明らかなる作文意図を感じないでおられない。例えば第一条においては「既除弥陀願」を「弥陀本願既除此等悪人」として、弥陀の本願がこれら正法を誹謗する悪人を対象としない旨を強調しようとしている。また第三条の「只各勤自行、敢不遮余行」を「宜各勤自宗法、不敢妨余人行故」とするのは、別行に対する定義を些か変えているように見られる。さらに、後文においては「更不可来草庵」を「当擯斥門下不復対面矣」というように強い表現にしていたり、書き止めの「仍録其趣示門葉等之状如件」を「制禁旨趣如斯而已」としていることなどを見ると、出来るだけ法然を中心とした教団の存在性を前面に出そうとしている傾向が見られる。それの最も良い例は、第一

行目の「普告号予門人念仏上人等」を「普告予門人念仏上人等」と「号」の一字を脱しているが、これによって「予」の意味する主体がまったく逆になっている点であろう。このような語句の削除・挿入の痕跡をあげれば枚挙に遑なく、それは魚魯倒置遺字闌脱の類とは到底見られない、義山の意図的な文章の改変がなされたためのものと考えて相違ない。

つづいて一九〇名の署名について一言触れておく。署名の方は両方ともに正確な転写とは言い難く、史料的信憑性を論ずるうえには欠点であると言える。ただし両方の記述は、恵空本の二六番目昌西なる署名の註に道也なるつぎの署名を記している点を除けば、本文の場合とは反対にほとんどが一致する。原本との比較で述べると、二〇番目源雲までの署名はまったく一致するが、これ以降一名あるいは二名を脱落させながらも、大略類似させて概観を保つように書写されているように窺える。そして、恵空本では八七名、義山本では八八名をもってともに以下を略し、「私云、執筆法蓮房也、右大弁行隆息也」との編者の註記を載せて終わっている。百名余りの署名がどの時点でなぜ省略されたのか等の経緯はまったく見当がつかないが、とくに署名の前半部において、少なくとも原本の体裁を一応なりとも伝えている点は評価してよいものと思う。このように、「七箇条起請文」の本文・署名両方における原本との校合は、『漢語灯録』の遺文としての信憑性を考えるうえに貴重なる示唆を与えてくれる。

四　所収遺文の諸本比較

『漢語灯録』には二二篇の法然遺文を収録していた筈であるが、恵空本では初めの「無量寿経釈」「観無量寿経釈」については、版本の流布に任せて書写を割愛したと記しており、特にその理由として第一冊の奥書に、「阿弥陀経釈」のみが流布本と一致を見ないために書写したと特記している。ほかにも「如法念仏法則」「選択本願念仏

集」の本文を脱しているが、恵空本の「如法念仏法則」には、

如法念仏法則未《ハス》二本尋得一不レ書之、世間《ニ》般舟讃文《ノ》ノ《ヲ》（載）セタルハアラヌ文也、マコト（誠）ノ本ヲ尋テ書入サセ給ヘシ、

との注記があり、由来に確実性を求めようとした痕跡が見られる。すなわち、各本の伝来過程において遺文個々の信憑性も、他本とのあるいは原本との校合によって検討がなされていることを意味している。

そこで、『漢語灯録』所収の遺文個々について、現在ほかに伝来する諸本があるとすればこれらとの比較によって、史料的信憑性の検討がなされなければならないのは当然のことであり、恵空本・義山本両系統の記述に対する扱いに明確なる方向性を示すことになると考えられるため、以下にいくつかの遺文個々を取りあげて、ほかに伝来する諸本との比較によって得られた若干の卑見を述べることにする。

1　往生要集釈

「往生要集釈」と同様の遺文としては、金沢文庫に所蔵される二種類の写本があげられる。一本は良忠の弟子良聖手沢本（以下、良聖本と称す）と伝えられるものであり、さらに一本は「往生要集鈔」なる外題を有する承久二年（一二二〇）の書写本（以下、承久本と称す）である。まずこの両本を比較してみると、承久本の奥書には「承久二年六月十二日　於二越後国府一為二往生極楽一拭レ汗書了、校合了」とある点、また、たとえば良聖本には「或依二帰命想一、或依二引接想一、或依二往生想一、応二一心称念一」とあるところを、承久本では点線にて示した部分が削除されている等、ほかにもかなりの字句の異同が認められる。しかし、これらの多くは改変箇所として指摘されるようなものではなく、まったく別系統のものとは言い難い。

つぎに、恵空本・義山本の記述についてであるが、義山本の方は「往生要集大綱」および「往生要集略料簡」の二部から成っている。そこで、該当箇所について左に二・三の校合の例を任意にとりあげてみる。

（上段には良聖本を底本に承久本との校異を傍註㋛にて示し、中段に恵空本、下段に義山本それぞれの記述を掲げて、底本に対して字句の異同と見られる箇所は括弧で囲み、削除箇所には点線、挿入箇所には傍線をそれぞれ付す）

金沢文庫所蔵良聖手沢本「往生要集釈」・同所蔵承久二年書写「往生要集鈔」

(イ)

（上略）次言〔言ナシ㋛〕要者、此集之中雖有念仏諸行二門、而以諸行、不為其要、即以念仏為往生要故、序云、依念仏一門聊集経論要文云云〔云云ナシ㋛〕、（下略）

(ロ)

（上略）問曰、十門次第造立〔主㋛〕定可有其意、今何故末学稟膚輙論開合之義、有何故耶、答曰、第三極楽証抝門之意、即釈〔尺㋛〕第二欣求浄土門之疑、謂対十方及都卒〔覩㋛〕、唯偏釈〔尺㋛〕成西方一義、故合為一門、問曰、何故第五〔第四アリ㋛〕第六第七第八、合之為一門耶、答曰、依正助

恵空本『漢語灯録』所収「往生要集釈」

（上略）次……要者、此集……中雖有念仏諸行二門、而以諸行、不為其要、即以念仏為往生要故、序云、依念仏一門聊集経論要文……、（下略）

（上略）問曰、十門次第造（主）定可有其意、今何故末学稟（庯）輙論開合之義、有何故耶、答曰、第三極楽証抝門之意、即（尺）第二欣求浄土門之疑、謂対十方及都卒、唯偏（尺）成西方一義、故……為一門、問曰、何故第五第六第七第八、合之為一門耶、

義山本『漢語灯録』所収「往生要集大綱」「往生要集略料簡」

（上略）……要者、此集……中雖有念仏諸行之二門、而不以諸行為其要、（但）以念仏為往生要故、序文云、依念仏一門聊集経論要文……、又総結要行曰、往生之業念仏為本、（下略）

（上略）問曰、十門次第（集）（主）定有其意、而今……末学（膚受）輙論開合……、有何（所由）耶、答曰、第三極楽証抝門（者）意、即釈通第二欣求浄土……之疑、謂対十方及以都（率）、唯偏釈成西方一（土）、故（開）為一門、……（合在第二也、五六七八之四門者）

長時別時〔別時ナシ㋛〕修因得果等義、一往開之雖為五門、対諸行五門〔門アリ㋛〕共是念仏之故、亦合為一門、故序中云、依念仏一門、聊集経論〔要アリ㋛〕文云云〔云云ナシ㋛〕、又第八〔念仏アリ㋛〕証拠門〔門ナシ㋛〕中云、問曰、一切善業、各有利益、各得往生、何故唯勧念仏一門耶云云〔云云ナシ㋛〕、(下略)

答曰、依正助長時別時修因得果……義、一往開之雖為五門、対諸行五門共是念仏……故、亦合為一門、故序中云、依念仏一門、聊集経論要文云云、又第八念仏証拠門中……、問曰、一切善業、各有利益、各得往生、何故唯勧念仏一門……、(下略)

……、依正助長時別時修因得果……義、一往開之而、……、対諸行、……共是念仏……故、亦合在正修念仏門也、凡今集中、念仏一門之言往生、乃序中(曰)、依念仏一門、聊集経論要文……、又第八念仏証拠門中、……問曰、一切善業、各有利益、各得往生、何故唯勧念仏一門……、(下略)

(八)

(上略)往生階位云、問、若凡下輩得往生、云何近代於彼国土求者千万、得者〔者ナシ㋛〕無一二、答、綽和尚云、信心不深、若存若亡故、信心不一、不決定故、信心不相続、余念間故、此三不相応者、不能往生、若具三心不往生者、無有是処云云〔云云ナシ㋛〕、導和尚云、若能如上念々相続畢〔命㋛〕竟為期者、十即十生、

(上略)往生階位云、問、若凡下輩得往生、云何近代於彼国土求者千万、得……無一二、答、綽和尚云、信心不深、若存若亡故、信心不一、不決定故、信心不相続、余念間故、此三不相応者、不能往生、若具三心不往生者、無有是処……、導和尚云、若……如上念々相続畢(命)為期者、十即

(上略)又往生階位云、問、若凡下輩亦得往生、云何近代於彼国土求者千万、得……無一二、答、綽和尚云、信心不深、若存若亡故、信心不一、不決定故、信心不相続、余念間故、此三不相応者、不能往生、若具三心不往生者、無有是処―、善導和尚云、若能如上念(念)相続畢(命)為期者、十

百即百生、若欲捨専修雑業者、百時希得一二、千時希得三五、〔指礼㋛〕言如上者礼指拝等五念門至〔成㋛〕誠等三心長時等四修也、（下略）

十生、百即百生、若欲捨専以修雑業者、百時希得一二、千時希得三五、如上者（指礼）拝等五門至誠等三心長時等四修也、（下略）

即十生、百即百生、若欲捨専修雑業者、百時希得一二、千時希得三五、言如上者（指礼）拝等五門至誠等三心長時等四修也、（下略）

(ニ)

（上略）私云、恵心雖〔雖ナシ㋛〕尽理定往生得否、以善導道綽所為指南也、又処々多引用於彼師釈〔尺㋛〕可見、〔云云アリ㋛〕然則用恵心之輩、必可帰善導道綽也、依之先披綽禅師安楽集、覧之分聖道浄土二門釈仏教〔仏教尺㋛〕也、次善導観経疏可〔可ナシ㋛〕見之矣、〔之矣ナシ㋛〕

（上略）私云、恵心　尽理定往生得否、以善導道綽（而）為指南也、又処々多引綽導用於彼師（尺）可見之、然則用恵心之輩、必可帰（道綽）（善導）也、依之先披綽　師安楽集、覧之分聖道浄土二門（仏教）（尺）　、見之次善導観経疏　見之矣、

（上略）私云、恵心已　定往生得否、以善導道綽（而）為指南也、又処々多引用　（綽導二師之釈）　、然則（随順）恵心之輩、必（当）帰依（道綽）（善導）、　披　安楽集、　（明了）聖　浄　二門（之意）、　　（閲）　観経疏、領会安心起行之旨、以為出離解脱準則也、

以上(イ)から(ニ)に列挙したように、恵空本の記述の方が良聖本あるいは承久本に近い。なかでも恵空本の校異箇所は、承久本の影響を大きく受けているように思われてならない。これに比べて義山本の記述の方には、かなりの異同および削除・挿入箇所が目立ち、編者の手の加えられたことを予測せしめるのである。ここには掲げなかったが義山本における大きな改変箇所を指摘すると、「付之亦有五門、一礼拝門、二讃嘆門、三作願門、四観察門、五廻向門也」のうち点線部分二一字を脱している点、さらには「深心至誠常念仏随願決定生極楽」に関する説明四百余

字が欠落している等の問題は、義山本の記述の方に信を置こうとするにはあまりにも無理があることを示唆していると言える。

2　逆修説法

「逆修説法」はほかに安土浄厳院所蔵の『無縁集』、京都法然院蔵の『師秀説草』、『指南抄』[5]上巻本末所収の「法然聖人御説法事」等が存するのでこれらとの関係を考える必要がある。『無縁集』は浄厳院に所蔵される前述した永享二年隆堯書写の『漢語灯録』第七巻一冊との比較からすれば、『無縁集』の方が後世のものと見られ、この『漢語灯録』所収の記述を土台にしたもののようである。[6]『師秀説草』はその奥書によると伝歴等に不明瞭な点が多いが、文明十七年（一四八五）に月公なるものの弟子と思われる恵月が書写したものの転写本で、貞享四年（一六八七）証誉雲卧の書写になるものである。後述の『指南抄』本との比較によっても、いずれはこの『無縁集』および『師秀説草』と恵空本『漢語灯録』について、それぞれの記述の成立背景や関連性を探ることが、これら諸本の伝来過程を明確にすることになると考えられる。今ここでは、『指南抄』本と恵空本・義山本両『漢語灯録』の記述の対照によって分かるところを述べて置く。

恵空本と『指南抄』本との間で全般的に言えることは、『指南抄』本の記述の方が随所に大部な脱文・脱行が見られるということである。これらの脱文・脱行がなぜ生じたのであるか最も疑問な点であるが、かりに大幅なものだけでも石井教道氏編『昭和新修法然上人全集』（二三二―二七三頁）の校註に従って少しく列挙してみると、一七日の題目である「第一七日」以下一八字、その一七日の記述では「則上巻初所説四十願等」以下四五字、「開経文」以下九〇字、同じく文末の「仏経功徳存略如斯」以下二七日にかけて七五字、同じく二七日の「然者就経如形可奉讃嘆」以下三八字、「先釈定散義者」以下六三五字、「宝樹観、次宝池観、次宝楼観」以下五一七字、「先三福者」以下二一三二字、「次下品下生者」以下一八二字、三七日にかけて「仰願云云」以下一九字、「然奉仏於灯明」以下一七六字、「玄奘三蔵為求法度天竺之時」以下二四九字、「故知」以下一〇七字、四七日にかけては「仏経功徳大略如此」以下五七四六字、五七日の「下輩文云」以下三三字、六七日の題目「第六七日」以下七七四字、同じく「達磨宗不依経立教」以下五四四字等省略の度合に驚くばかりである。

そして、これらの箇所を改めて確認すると、第一七日より第六七日までの題目がすべてこの脱文・脱行箇所の中に入っている。こうした体裁でありながらも、漢文体と和文体との違いはあるがほかの記述がほとんど一致するのは、何らかの形で密接な関係を有していると想定できる。つぎに、義山本の記述を合わせて考えてみよう。概して義山本の記述は独自的で前の二者と相違が甚しいが、同一箇所について左に例示してみる。

(上段には『指南抄』本、中段には恵空本、下段には義山本をそれぞれ掲げ、上段に対して異同と見られる箇所は括弧で囲み、削除箇所には点線、挿入箇所には傍線を付す)

(イ)

『指南抄』上巻本末所収「法然聖人御説法事」

(上略)シカノミナラス、宗ノ名ヲタツルコトハ、天台法相等ノ諸宗ミナ師資相承ニヨル、シカルニ浄土宗ニ師資相承血脈次第アリ、イハク菩提流支三蔵恵寵法師道場法師曇鸞法師法上法師道綽禅師善導禅師懐感禅師

恵空本『漢語灯録』「逆修説法」

(上略)加之立宗名者、天台法相等諸宗皆由師資相承、然浄土宗既有師資相承血脈次第、(所謂)菩提流支三蔵恵寵法師道場法師曇鸞法師法上法師道綽禅師善導禅師懐感禅師(少)康法師等也、自菩提流支至法上者、出

義山本『漢語灯録』「逆修説法」

(上略)(又凡)立宗名者、天台法相等諸宗、皆依師資相承立之、……於浄土宗亦有師資相承血脈……、(所謂)菩提流支三蔵恵寵法師道場法師曇鸞法師法上法師道綽禅師善導禅師懐感禅師小康法師等也、自菩提流支至法上

小康法師等ナリ、菩提流支ヨリ法上ニイタルマテハ、道綽ノ安楽集ニイタセリ、自他宗ノ人師ステニ浄土一宗トナツケタリ、浄土宗ノ祖師マタ次第ニ相承セリ、コレニヨテイマ相伝シテ浄土宗トナツクルモノナリ、

(下略)

道綽安楽集、自他宗人師既名浄土一宗、浄土宗祖師又次第相承、依之今相伝名浄土宗者也、(下略)

者、出道綽安楽集、自他宗……師既立浄土……宗名、浄土宗祖師亦次第相承、今依此義、相伝立浄土宗(名)……也、

(下略)

(ロ)

(上略)次ニ往生浄土ノ祖師ノ五ノ影像ヲ圖絵シタマフニ、オホクココロアリ、マツ恩徳ヲ報セムカタメ、次ニハ賢ヲミテハヒトシカラムコトヲオモフユヘナリ、天台宗ヲ学セム人ハ、南岳天台ヲ見タテマツリテヒトシカラハヤトオモヒ、真言ヲナラハム人ハ、不空善無畏ヲミテハヒトシカラムトオモヒ、華厳宗ノ人ハ香像

(上略)次……五祖者、如此啚絵往生浄土祖師五影像、有多意、先為報恩徳、次見賢思斉等事故也、学天台宗人、見南岳天台(恩)等、習真言人、見不空善無畏思均、(花)厳宗人想如香(象)恵(苑)、法相宗人玄弉慈恩如思、三論学者浦病浄影大師、持律行者道宣律師不遠可思也、爾者今欣浄土人、可学(此)宗祖師也、

(上略)次……五祖者、曇鸞法師道綽禅師善導禅師懐感法師少康法師是也、伝出下第九巻故今略之、凡圖祖師真影(者)、即有(二)意、(一)為報恩徳、(二)(為)見賢思斉也、……

恵遠ノコトクナラムトオモヒ、法相宗ノ人ハ玄弉慈恩ノコトクナラムトオモヒ、三論ノ学者ハ浄影大師ヲモウラヤミ、持律ノ行者ハ道宣律師ヲモトオカラスオモフヘキナリ、シカレハイマ浄土ヲネカハム人、ソノ宗ノ祖師ヲマナフヘキナリ、シカルニ浄土宗ノ師資相承ニ二ノ説アリ、安楽集ノコトキハ、菩提流支恵寵法師道場法師曇鸞法師斉朝法上法師等ノ六祖ヲイタセリ、今マタ五祖トイフハ、曇鸞法師道綽禅師善導禅師懐感禅師小康法師等ナリ、(下略)

然浄土宗師資相承有二説、如安楽集者、出菩提流支恵寵法師道場法師曇鸞法師斉朝法師法上法師等六祖、今此五祖者、先曇鸞法師道綽禅師善導禅師懐感禅師（少）康法師等也、(下略)

然浄土宗師資相承、乃有二説、、(一)菩提流支三蔵恵寵法師道場法師曇鸞法師大海禅師法上法師　次第相承、(此出安楽集)、(二)　、菩提流支三蔵曇鸞法師道綽禅師善導禅師懐感(法)師(少)康法師　次第相承、此出唐宋両伝、(下略)

(イ)の記述は第一七日において浄土宗の師資相承と立宗に関して論じた箇所であるが、恵空本がまったく同様の漢文体であるのに対して、義山本には少しく修飾が加わっているように見られる。ここの部分は内容的にも誰もが慎重に取り扱かったに違いないから、一層こうした見方が成り立つところであろう。また(ロ)の記述は第五七日において浄土五祖を論じている箇所であるが、これも恵空本の方は若干異なるが概ね同様の漢文体であるのに比べ、義山本の方は他宗の祖師に関する記述を省略するばかりか、祖師それぞれの伝歴の記述もこのあとすべて割愛し直接に浄土宗の師資相承として中国浄土五祖の名をあげている。これらの検討からすると、やはり恵空本の方に『指南抄』本の記述との関連性を認めなければならず、義山本の記述はまったく独自的なものと言うことができる。

3　没後起請文

恵空本で称する「没後起請文」[7]の記述は、ほかにも『指南抄』[8]中巻末に所収されている。ただし、「起請　没後二箇条事」と標記しながら、第一条葬家追善、第二条遺産分与に関するうち第一条の記述のみが所載され、なぜか第二条は全文闕けている。[9]そこで、第一条葬家追善のみに限りこれと恵空本・義山本それぞれの記述を比べてみよう。(上段には『指南抄』本、中段には恵空本、下段には義山本をそれぞれ掲げ、上段に対して異同と見られる箇所は括弧で囲み、削除箇所には点線、挿入箇所には傍線を付す)

『指南抄』中巻末所収「起請没後二箇条事」

起請　没後二箇条事

一、葬家追善事

右葬家之次第、頗有其採旨、有籠居之志遺弟同法等、全不可群会一所者也、其故何者、雖得似和合、集則起闘諍、此言誠哉、甚可謹慎、若然者、我同法等、於我没後、各住各居、不

恵空本『漢語灯録』所収「没後起請文」

起請　没後二箇条事

一、葬家追善事

右葬家之次第、頗有其(存)旨、有籠居之志遺弟同法等、全不可群会一(處)者也、其故何者、雖復似和合、集則起闘諍、此言誠哉、甚可謹慎、若然者、我同法等、於我没後、各住

義山本『漢語灯録』所収「没後遺誡文」

(没後遺誡文一 此有二条)

一、普告予

遺弟　等、予之没後各宜別住、不須共居一所、共居雖　似和合、而又恐起闘諍、不如閉居静處、独行念仏也、

如不会、闘諍之基、由集会之故也、
羨我弟子同法等、各閑住本在之草菴、
苦可祈我新生之蓮臺、努々群居一所、
莫致諍論起忿怨、有知恩志之人、毫
末不可違者也、兼又追善之次第、亦
深有存旨、啚仏写経等善、浴室檀施
等行、一向不可修之、若有追善報恩
之志人、唯一向可修念仏之行、平生
之時既付自行化他、唯局念仏之一行、
歿没之後、豈為報恩追修、寧雑自余
之衆善哉、但於念仏行、尚可有用心、
或眼閉之後、一昼夜自即時始之、標
誠至心各可念仏、中陰之間不断念仏、
動生懈惓、各還闕勇進之行、凡没後
之次第、皆用真実心、可棄虚仮行、
有志之倫勿乖遺言而已、

各居、不如不会、諍闘之基、由集会
之故也、羨我弟子同法等、各閑住本
在之草菴、苦可祈我新生之蓮臺、努
々莫群居一所、致諍論起忿（怒）、有
知恩志之人、毫末不可違者也、兼又
追善之次第、亦深有存旨、（圖）仏写
経等善、浴室檀施等行、一向不可修
之、若有　報恩　志之人、唯一向
可修念仏之行、平生之時既（就）自
行化他、唯局念仏之一行、（没故）
之後、豈寧為報恩追修、　雑自余之
（修）善哉、但於念仏行、尚可有用
心、或眼（閇）之後、一昼夜自即時始
之、或気絶之後七昼夜自即日始之、
標誠至心各可念仏、中陰之間不断念
仏、動生懈惓之咎、　還闕勇進之
行、凡没後之次第、皆用真実心、可

又為予
修追福、亦莫（聚）居一所、致諍論
起忿（怒）也、
、且莫修圖仏写経
檀施等（善）、
唯応一向　修念仏之行、平
生之時　自行化他、既唯　念仏
一行、（没後）　寧雑自
余（修）善哉、
、又気絶之後、即時興行念仏、或
一昼夜、或一七日、（至誠）
（勤修）、不要中陰之間不断念仏、（恐）
生懈惓、　還（妨）勇進　也、
有志之（輩）勿敢乖遺（語）（矣）、

棄虚仮行、有志之倫勿乖遺言而已、

してみるに、恵空本の場合は「或気絶之後七昼夜自即日始之」が『指南抄』本に脱しているほかは、双方における若干の字句の相違は大同小異、転写伝来の際に生じた誤謬と充分に見ることができる。義山本の記述を見ていくと、まずは「普告予遺弟等」の記述については、第二条でも「普告予門人」等の文言を挿入しているように、これは「七箇条起請文」の冒頭に「普告号予門人念仏上人等」と記される文言を意識して利用したものでないかと思われる。概ね義山本は全体的に要約され、本文の長さもかなり短かくなっている。したがって、第一条に見る限り恵空本の記述の方に信憑性を求めようとするのは妥当と言える。そして、恵空本が事書のあとに「右葬家之次第」と書き起こしているが、義山本ではこれはなくはじめから何を指すのか明瞭でない。また、恵空本「苦可祈我新生之連臺」が義山本では「又為予修追福」となっていたり、恵空本で「有知恩志之人」「若有報恩志之人」等と限定する表現が義山本では抜けてすぐに修法についての記述となっている。また恵空本が「或眼閇之後一昼夜自即時始之、或気絶之後七昼夜自即日始之」とする箇所は「又気絶之後、即時興行念仏、或一昼夜、或一七日」と簡略になっているばかりか、文意も閉眼の後についての記述を脱する等幾分変化している。同様のことは恵空本に「中陰之間不断念仏、動生懈惓之咎還闕勇進之行」とある箇所が、義山本では「不要中陰之間不断念仏、恐生懈惓還妨勇進也」とより積極的な表現となっている。これらは、義山によって修飾語句等が抜かれ、その概略のみを伝える文体が構成し直されたためのものと見るしかない。

4　遺兵部卿基親之返報

『漢語灯録』には法然と平基親との往来を示す文書が所収されている。八月十五日付の法然宛平基親書状一通と、これに対する八月十七日付の平基親宛法然書状一通の計二通である。これらは『指南抄』[10]下巻本、『四十八巻伝』[11]

第二九巻等にも和文体ではあるが所収されている。そこで、『指南抄』本と恵空本・義山本それぞれの記述を比較してみる。

（上段には『指南抄』本、中段には恵空本、下段には義山本をそれぞれ掲げ、上段に対して異同と見られる箇所は括弧で囲み、削除箇所には点線、挿入箇所には傍線を付す）

『指南抄』下巻本所収「基親書翰上人返書」

兵部卿三位ノモトヨリ、聖人ノ御房ヘマイラセラル、御文ノ按、基親ハタ、ヒラニ本願ヲ信シ候テ、念仏ヲ申候ナリ、料簡モ候ハサルユヘナリ、

ソノ、チ何事候乎、抑念仏ノ数返、ナラヒニ本願ヲ信スルヤウ、基親カ愚按カクノコトク候、シカルニ難者候テ、イワレナクオホエ候、コノオリカミニ御存知ノムネ、御自筆ヲモテカキタマハルヘク候、難者ニヤフラルヘカラサルユヘナリ、別解別行

恵空本『漢語灯録』所収「遺兵部卿基親之返報」

（基親卿状）……

……

……

……

其後何事候（哉）、抑念仏数遍并信本願之様、基親愚（案）如此候、……難者　申状無謂覚候、此折紙御存知旨、以御自筆可書給候、此則難者不被破故也、別解別行之人申候者、（雖）可耳（外）候、御弟子等説候者作不審候也、又念仏者女犯不可憚申相

義山本『漢語灯録』所収「遺兵部卿基親之返報」

〔文体文意共ニ相違甚シキタメ校異ヲ示シ難ク、他ノ二本ニ比べ表現ノ相違スル箇所ヲ括弧ニテ囲ム〕

（近日道体安寧也否、弟子）基親（辱承尊師慈悔、深立信於阿弥陀仏本願、公務之暇唱仏、日五万遍、頃有邪人、詰難多端、悉胸臆之妄談、全非師授之正道也、今別記吾所領解取）信本願（之趣、謹呈之猊座下、又有邪人曰、深）信本願（修念仏者）、出家在

ノ人ニテ候ハヽ、ミヽニモキヽイルヘカラス候ニ、御弟子等ノ説ニ候ヘハ、不審ヲナシ候也、又念仏者女犯ハ、カルヘカラスト申アヒテ候、在家ハ勿論ナリ、出家ハコハク本願ヲ信ストテ、出家ノ人ノ女ニチカツキ候条イハレナク候、善導ハ目ヲアケテ女人ヲミルヘカラストコソ候メレ、コノコトアラ〳〵オホセヲカフルヘク候、恐々謹言、　基親

聖人御房之御返事ノ案

オホセノムネ、ツヽシムテウケタマハリ候ヌ、御信心トラシメタマフヤウオリカミツフサニミ候ニ、一分モ愚意ニ存シ候トコロニタカハス候、フカク随喜シタテマツリ候トコロナリ、シカルニ近来、一念ノホカノ数

候、在家勿論(候)、出家(強)信本願者、出家人近女候条無謂候哉、善導和尚挙目不見女人候、此事等麁々可蒙仰候、恐(惶)謹言、

八月十五日　　基親

折紙状

遣兵部卿基親之返報一

仰旨謹承候(畢)、深所奉随喜候也、令取御信心(御)之様折紙具令拝見之候、雖一分不違愚(按)之所存候、

而近来一念之外数遍無益申義出来候、粗承候事勿論也、不足言候、離文義申(輩)、若

家(共不応避婬酒食肉等諸悪業也、予曰、在家且措、出家犯婬食肉、無有此處)、善導和尚、不挙目見女人、(豈非是亀鏡乎、伏乞、受師賢判、以防邪人誣説、幸甚)、謹言、

(恭領芳書)、承(聞、君雖公務事繁、深信弥陀本願之旨、日別称名至五万遍、実是人中芬陀利華)、随喜(何極乎、且披見寄取信本願一章、無有一事違愚懐也、邪人妄説、固)不足言、離(聖教)文(恣立私)義、(実)附

返無益ナリト申義イテキタリ候ヨシ、
ホホツタヘウケタマハリ候、勿論不
足言ノ事カ、文義ヲハナレテ申人、
ステニ証ヲエ候カイカムモトモ不審
ニ候、マタフカク本願ヲ信スルモノ、
破戒モカヘリミルヘカラサルヨシノ
事、コレマタトハセタマフニモオヨ
フヘカラサル事カ、附仏法ノ外道、
ホカニモトムヘカラス候、オホヨソ
ハ、チカコロ念仏ノ天魔キオイキタ
リテ、カクノコトキノ狂言イテキタ
リ候カ、ナホ〱サラニアタハス候、
〱恐々謹言、
八月十七日

既得証候乎如何尤不審候、又深信本
願者、不可顧破戒之由事、此又不
可及（御）問候事歟、附仏法外道者
外不可求候、凡近（来）念仏（者）天
魔競来候、如此（誑）言出来候歟、猶
々不能（左右）候、　非見参者
難尽候哉、恐々謹言、
八月十七日　　源空

仏法外道、天魔（所為、尚非面謁難
尽、不堪痛歎、可恐可恐）、

恵空本と『指南抄』本は漢文体・和文体の相違があるものの、両書状ともによく酷似しているのに対して、義山本の記述は一・二の語句を使用してまったく異なった内容の書状になっていることがよくわかる。恵空本との相違に関して少しく述べると、恵空本の基親書状の方には「兵部卿三位ノモトヨリ」以下の前書全文がなかったり、逆に『指南抄』本には恵空本にある「八月十五日」の日付がないなどの大きな相違点を除くと、「シカルニ難者候テ」が「難者申状」に、「ミミニモキ、イルヘカラス候ニ」が「雖可耳外候」に、「善導ハ目ヲアケテ女人ヲミルヘカラストコソ候メレ」が「善導和尚挙目不見女人候」と尊称が付されているというような相違や、ほかに若干の文字の異同を見る程度である。

さらに返信の法然書状の方においても、「御信心トラシメタマフヤウオリカミツフサニミ候ニ、一分モ愚意ニ存シ候トコロニタカハス候、フカク随喜シタテマツリ候トコロナリ」が「深所奉随喜候也、令取御信心御之様折紙具令拝見之候、雖一分不違愚按之所存候」というように文節が入れ変わっていたり、「コレマタトハセタマフニモオヨフヘカラサル事カ」が「此又不可及御問候事歟」となっていたり、恵空本に差し出し名として「源空」の署名が付されている程度でほぼ同じ内容の遺文ということができる。『四十八巻伝』の記述とも詳細に照合すべきであるが概略同様の和文体であることを考慮に入れると、一層に義山本の記述のみがあまりにもかけ離れていると言える。

5　基親取信信本願之様

平基親から遣わされた書状が「基親取信信本願之様」という題目で所収されている。同様のものがまったく同じ題目によって『指南抄』[12]下巻本、『四十八巻伝』[13]第二九巻等に所収されている。前掲遺文と同様に『指南抄』本と恵空本・義山本それぞれの記述とを対比してみたい。（上段には『指南抄』本、中段には恵空本、下段には義山本をそれぞれ掲げ、上段に対して異同と見られる箇所および表現の相違する箇所は括弧で囲み、削除箇所には点線、挿入箇所には傍線を付す）

『指南抄』下巻本所収「基親取信信本願之様」

基親取信信本願之様

双巻上云、設我得仏、十方衆生、至

恵空本『漢語灯録』所収「基親取信信本願之様」

基親取信信本願之様

双巻経上云、設我得仏、十方衆生、

義山本『漢語灯録』「基親取信本願章」

基親取信　本願（章）

双巻経上云、設我得仏、十方衆生、

心信楽欲生我国、乃至十念、若不生者、不取正覚、同下云、聞其名号、信心歓喜、乃至一念、至心廻向願生彼国、即得往生、住不退転、往生礼讃云、今信知、弥陀本弘誓願、及称名号下至十声一声等、定得往生、乃至一念、無有疑心、
観経疏云、
一者、決定深信自身現是罪悪生死凡夫、曠劫已来常没常流転、無有出離之縁、二者、決定深信彼阿弥陀仏四十八願摂受衆生、無力定得往生、已上、基親熟（案）此等文、自啓発
コレラノ文ヲ按シ候テ、基親罪悪生死ノ凡夫ナリトイエトモ、一向ニ本願ヲ信シテ、名号ヲトナエ候、毎日ニ五万返ナリ、決定仏ノ本願ニ乗シ

至心信楽欲生我国、乃至十念、若不生者、不取正覚、已上、同経下云、諸有衆生、聞其名号、信心歓喜、乃至一念、至心（回）向願生彼国、即得往生、住不退転、已上、往生礼讃云、今信知、弥陀本弘誓願、及称名号下至十声一声等、定得往生、乃至一念無有疑心已上、観経疏云、一者、決定深信自身現是罪悪生死凡夫、曠劫已来常没常流転、無有出離之縁、二者、決定深信彼阿弥陀仏四十八願摂受衆生、無疑無慮、乗彼願力定得往生、已上、（存）此等文候、基親雖為罪悪生死之凡夫、一向信本願唱名号候事、毎日五万遍也、決定乗 本願力、可往生上品之由、深所令存知候也、此外別無料簡候、而或人云、信

至心信楽欲生我国、乃至十念、若不生者、不取正覚、已上、同経下云、諸有衆生、聞其名号、信心歓喜、乃至一念、至心（迴）向願生彼国、即得往生、住不退転、已上、往生礼讃云、今信知、弥陀本弘誓願、及称名号下至十声一声等、定得往生、乃至一念、無有疑心故名深心、已上、観経疏云、一者、決定深信自身現是罪悪生死凡夫、曠劫已来常没常流転、無有出離之縁、二者、決定深信彼阿弥陀仏四十八願摂受衆生、無疑無慮、乗彼願力定得往生、已上、基親熟（案）此等文、自啓発信知、雖為罪悪生死凡夫、（深）信本願唱仏名号 、乗（彼願力）（決定）往生、 如是（信）知（焉）、 是以称名念仏、

テ、上品ニ往生スヘキヨシ、フカク
存知シ候也、コノホカ別ノ料簡ナク
候、シカルニ或人、本願ヲ信スル人
ハ一念ナリ、シカレハ五万返無益也、
本願ヲ信セサルナリト申ス、基親コ
タエテイハク、念仏一声ノホカヨリ、
百返乃至万返ハ、本願ヲ信セストイ
フ文候ヤト申ス、難者云ク、自力ニ
テ往生ハカナヒカタシ、タヽ一念信
ヲナシテノチハ、念仏ノカス無益ナ
リト申ス、基親マタ申テイハク、自
力往生トハ、他ノ雑行等ヲモテ、願
スト申サハコソハ自力トハ申候ハ
メ、シタカヒテ善導ノ疏ニイハク、
上尽百年下至一日七日、一心専念弥
陀名号、定得往生必無疑ト候メルハ、
百年念仏スヘシトコソハ候ヘ、マタ

本願人一念也、然者五万遍無益也、
不信本願也申、基親答云、念仏一声
之外、及百遍乃至万遍者、不信本願
云文候乎申、難者云、自力往生難叶、
只一念成信後、念仏数遍無益也申、
基親又申云、自力往生者、以他雑行
等願往生申者自力申候、随善導和尚
疏云、上尽百年下至一月七日、一心
専念弥陀名号、定得往生必無疑也候
者、百年可念仏候、又(上)人御房令
唱七万遍御、基親為御弟子一分、仍
員数多唱存候也申、難者云、自二念
報仏恩念仏也申、即礼讃云、不相続
念報　仏恩故、已上、
基親答云、報仏恩念仏

(日五万)声、更無他事、或　云、信
本願人、一念已足　五万(称名)更
無益也、欲積多念者由(疑)本願也　、
(予)　云、念仏一声之外、
不須多念、積多念者不信本願、
(出在何)文、(或)云、(須多念者、是
自力心、故不信本願也、一念已足、
多念又何為乎、予云、凡自力他力者、
聖浄二門相対論之、浄土門中雖有正
雑二修之別、共乗彼仏願故皆名他力、
聖道門者、即難行道也、以是自力故、
浄土門者即易行道也、以是他力故、
然則雑行尚非自力、何況称仏之多念
乎)、(故)善導疏曰、上尽百年下至
一日七日、　専念　名号、定得
往生、　既言上尽百年、
豈非是多念乎、(且)吾師(上)人、曰

聖人御房七万返ヲトナエシメマシマス、基親御弟子ノ一分タリ、ヨテカスオホクトナエムト存シ候ナリ、仏ノ恩ヲ報スル也ト申ス、スナワチ礼讃ニ、不相続念報彼仏恩故、心生軽慢、雖作業行常与名利相応故、人我自覆不親近同行善知識故、楽近雑縁自障障他往生正行故云云、基親イハク、仏恩ヲ報ストモ、念仏ノ数返オホク候ハム、

数返多候、無難歟、私云、難者云成覚房也、

別唱七万(声)、(吾)
従師蹤故唱五万耳、或又云、
本願是一念也、二念已後為(謝)仏恩、(故)善導礼讃曰、又不相続念報彼仏恩故、已上、知、
是相続為報仏恩也、
(予)云、仏好功徳弥多、品位弥高、是故行者相続多念、則称仏意、是乃為報仏恩、
非汝所謂之報謝也、

ここでも同じように恵空本と『指南抄』本との間には共通性が見出せる。大きな相違点をあげてみると、「他ノ雑行等ヲモテ、願スト申サハコソハ自力トハ申候ハメ」が「以他雑行等願往生申者自力申候」と、また「ヨテカスオホクトナエムト存シ候ナリ、仏ノ恩ヲ報スル也ト申ス」が「仍員数多唱存候也申、難者云、自二念報仏恩念仏也申」等と挿入されていたり、「心生軽慢、雖作業行」以下四一字を恵空本の方が脱していたり、恵空本の書き止めに「無難歟、私云、難者云成覚房也、」という記述が存する等の箇所を指摘できるが、それらを除けば若干の字句の異同はあるものの大略一致する記述と言える。ところが、義山本の方は題目も「基親取信本願章」と他の二本と異なるうえ、と

くに『指南抄』本が和文体となる箇所から、突然にまったく相違する内容となることが判明する。したがって、両者の間にまったく共通性がないものと見做され、恵空本の記述の方が原型に近い点がまた確認されるわけである。

6　浄土三部経如法経次第

「浄土三部経如法経次第」は『漢語灯録』のほかに『四十八巻伝』[14]第一〇巻にも所収されている。そこで、紙数の都合上対照の詳細は割愛するが、恵空本と義山本それぞれの記述との校異について得られた私見を述べて置く。第一条から見ていくと、恵空本の「但行紙曾之間」が『四十八巻伝』本では「其間」となっていたり、「欲読誦経之時、可用三部経也」あるいは末尾の「其次第如常」を脱している。また第四条の末尾にある「已上前方便次第、」あるいは第五条の末尾の「已上写経次第」等の記述も『四十八巻伝』本にはなく、第七条全体を脱している。これらの異同箇所を除くほかはほとんど一致し、史料的な信憑性の問題で『四十八巻伝』成立期にまでは遡れる裏付けとできる。

義山本の記述とどうであるかと言うと、第一条の「殖紙曾、千日行之可用」が「植楮種已一千日間」となっていたり、第三条の「用否可在人意」が「用否従宜、如老比丘及多病人、著蠶服亦得矣、袈裟必須用如法衣」と増広されていたりする。また第四条において「但開白之時者可略念仏以後讃嘆」の部分が「但開白之時闕略念仏」に、また「後々時准之可知」の七文字、第五条の「日々次第准之可知」等の部分を省略していることがわかる。さらに、後文の「御菩提可修何行法」以下四七字が、「追薦之法事、一夜夢有人告曰、奉為追薦修如法経、覚後乃語上人、上人即撰浄土如法経法則與之」というように書き改められている。これらは前述してきた幾つかの事例と同様に、義山本に見られる改変箇所と見ることができる。

7　送山門起請文

「送山門起請文」は『漢語灯録』のほかに、『四巻伝』[15]巻第二、『琳阿本』[16]巻五、『古徳伝』[17]巻五、『九巻伝』[18]巻第五上「山門蜂起事」、『四十八巻伝』[19]第三一巻等の各種法然伝にも所収されている。これら諸伝記所収の「送山門起請文」の記述に見られる改変過程については、後に論述する通り[20]二系統を想定することができ、『琳阿本』巻五所収の記述はそのうち省略のない系統のなかで最も年代的に古いものと見られるので、この『琳阿本』の記述と恵空本・義山本それぞれの記述を対照してみる。（上段には『琳阿本』の記述、中段には恵空本、下段には義山本をそれぞれ掲げ、上段に対して異同と見られる箇所は括弧で囲み、削除箇所には点線、挿入箇所には傍線を付す）

『琳阿本』巻五所載「送山門起請文」

（上略）叡山黒谷の沙門源空敬白、当寺住持の三宝護法善神の御宝前、右源空壮年のむかしの日は、粗三観のとほそをうかゝふ、衰老のいまの時はひとへに九品のさかひをのそむ、これ先賢の古跡なり、さらに下愚か行願にあらす、しかるに近日風聞にいはく、源空ひとへに念仏の教をすゝめて余の教法を謗す、諸宗これによりて陵遅し諸行これによりて滅亡すと云々、此旨を伝聞に心神を驚す、

恵空本『漢語灯録』所収「送山門起請文」

叡山黒谷沙門源空敬白

当寺住持三宝護法善神御宝前

右源空壮年之昔日、粗窺三観戸、衰老之今時、偏望九品境、是又先賢之古跡、更非下愚之（所）願、然近日風聞云、源空偏勧念仏教、謗余教法、諸宗依此陵（夷）諸行依之滅亡云云、伝聞此旨、心神驚怖、終事聞于山門、議及于衆徒、可加炳誡之由、被中達貫首畢、此条一者恐衆勘、一者喜衆恩、所恐者以貧道之身、忽及山

義山本『漢語灯録』所収「送山門起請文」

叡山黒谷沙門源空敬（投）

当寺住持三宝護法善神　宝前、

右源空壮年之昔　、粗窺三観（幽扃）、衰老之今　、偏望九品浄境、是乃訪先賢之古（蹟）、更非下愚之（今案）也、然近　聞華夷皆言、源空偏（弘）念仏（道）、誹謗（他）教法、諸宗由此陵（夷）、諸行由之（窒塞矣）、（一）聞此（言）、心神驚怖、又聞浪言遂　聞于山門、而　及于衆（議）、（欲）加（厳）誡、頻（達）貫首（矣）、　（予於

ついに則事山門にきこへ議衆徒に及へり、炳誡をくわうへきよし、貫首に申されをはりぬ、此条一には衆勘をおそる、一には衆恩をよろこふ、おそるゝところは、貧道か身をもて忽に山洛のいきとおりに及む事、謗法の名をけちてなかく花夷のそしりをやめむ事、若衆徒の糺断にあらすは、いかてか貧道か愁歎をやすめむや、おほよそ弥陀の本願にいはく、唯除五逆誹謗正法と云々、念仏をすゝむるともからいかてか正法を謗せむ、又恵心要集には、一実の道をきゝて普賢の願海に入と云々、浄土をねかふたくひあに妙法をすてむや、就中源空念仏の余暇にあたりて、天台の教釈をひらきて、信心を玉泉の

洛之禁……、所悦者銷謗法之名、永止花夷之誹……、若非衆徒糺断者、争（慰）貧道之愁歎哉、凡弥陀本願云、唯除五逆誹謗正法云云、勧念仏之（徒）、争謗正法、……恵心要集云、聞一実道、入普賢願海云云、欣浄土之類、豈捨妙法哉、就中、源空当念仏余暇、披天台教釈、凝信心於玉泉之流、致渇仰於銀池之風、旧執猶存、本心何忘、（且）憑冥鑒、（且）仰衆察、但老後遁世之輩、愚昧出家之類、或入草菴剃（頭）、或臨松（窓）言志之次、以極楽可為所期、以念仏可為所行之由、時々以（諷）諫、是則（齢）衰不能練行、性鈍不堪研精之間、暫（置）難解難入之門、（試）示易（往）易（修）之道……、仏智猶設方便……、凡（慮）豈無斟酌哉、

是且恐且喜）、所恐者以貧道之（所以）、（叨）（労）（衆徒）之胸（襟）（也）、所悦者自此永銷謗法之名也、…………、若非衆徒之糺断者、（何発）貧道之（困蒙）哉、（夫）弥陀願網、雖普救済一切善悪、尚漏五逆謗法之輩、故彼仏本願云、唯除五逆誹謗正法、……、然則勧念仏（者）、（誰）謗正法、且聖道浄土二門雖異、至其所期同在一実、恵心往生要集云、行者生彼国已、乃至、即従菩薩漸至仏所、跪七宝階、瞻万徳之尊容、聞一実道、入普賢之願海……、欣求浄土之（人）、（又何）棄捨華厳法華等妙法乎、……源空念仏余暇、以披天台教釈、凝信心於玉泉之流、致渇仰於銀池之風、旧執猶存焉、（今）心又何（軽）乎、抑予所勧化者、

流にこらし、渇仰を銀池の風にいたす、旧執なを存す、本心なんそ忘む、唯冥鑒をたのむ、たゝ衆察をあふく、たゝし老後遁世のともから、愚昧出家のたくひ、あるひは草庵に入てかみそり、或は松室にのそみて心さしをいふつゐに、極楽をもて所期とすへし、念仏をもちて所行とすへきよし、時々もて説諫す、是則よはひをとろへて研精にたへさるあひた、暫く難解難入の門を出、心みに易行易道をしめすなり、仏智猶方便をまうけ給ふ、凡愚あに斟酌なからむや、あえて教の是非を存するにあらす、ひとへに機の堪否を思ふ、この条もし法滅の縁たるへくは、向後よろしく停止にしたかふへし、愚朦ひそか

敢非存教之是非、只偏思機之堪（不）也、此条若可為法滅之縁者、向後宜従停止、愚（矇）竊惑、衆断宜定、（本来）不好化導、天性不専弘教、此外以僻説弘通、以虚誕披露、尤可有糺断、尤可有炳誡、所望也、所欣也、

……此等子細、先年沙汰之時進起請……了、……其後于今不変、雖不能重陳、厳誡既重畳之間、誓状又及再三、上件子細、一事一言、（以）虚（言）設会釈者、毎日七万遍念仏、空失其利、堕在三途、現当二世依身、常沈重苦永受楚毒、伏乞当寺諸尊満山護法、証明知見……、源空敬白、

元久元年甲子十一月（七）日

沙門源空……（在御判）

私云、執筆宰相法印聖覚也、

……、老後遁世之輩、愚昧出家之（徒）、或（来）艸菴剃（頭）、或（敲）松（窓）（述）志……、対此等人、偏教極楽……、専勧念仏……、是（乃）報色衰窮不能練行、性質闇昧不堪研精、是故暫（措）難解難入之門、（試）示易（修）易（往）之道、仏智（既）設方便……、則雖凡慮豈無斟酌、（固）非存教之是非、由偏（顧）機之堪（不）也、此（事）尚……為法滅之縁、……（冒止之耳）、愚（蒙）竊惑、請取決於衆断……也、源空（天性）魯鈍不好化導、……

……、而有講説由不得已也、後来若……以僻説弘通、……

……

……、当受衆徒厳責、

にまとへり、衆断よろしくさたむへし、いにしへより化導をこのます、天性弘教をもはらにせす、このほかに僻説をもて弘通し、虚誕をもちて披露せは、もとも糺断あるへし、尤炳誡あるへし、のそむ所なり、ねかふ所、よし此等の子細、先年沙汰のとき起請文を進しおはりぬ、又其後今に変せす、かさねて陳するにあたはすといへとも、厳誡すてに重畳のあひた、誓状また再三、かみくたむの子細、一事一言、虚誕をくはへ、会釈をまうけは、毎日七万遍の念仏、その利をうしなひて、三途に堕在して、現当二世の依身、常重苦にしつみて、なかく楚毒をうけむ、ふしてこふ当寺の諸尊満山の護法、証明知見し給へ、

此所不可避也、……
……、此等子細、先年……
(呈)(誓詞)了、……雖不及(復)
陳、而厳(責)既……畳……、
……不得敢
黙、覆述下情、只仰賢慮之淵鑑耳、
所陳若(以)虚(欺)……日別
七万……念仏、空失其利、……
現当二世……常沈重苦、永受楚毒、
無免出期矣、伏乞……一切三宝
……護法諸神、証明知見、源空
敬白、
元久元年甲子十一月(七)日
沙門源空……
私云、執筆宰相法印聖覚也、

源空うやまて申す、元久元年十一月十三日源空敬白、御判在、
（下略）

まず『琳阿本』と恵空本の記述であるが、恵空本に傍線を付したる「所悦者」「不能練行、性鈍」の挿入されているのを除けばまったく一致している。勿論、どちらの記述の方が成立的に遡るのかは保留にして論を進めなければならない。これに対して、義山本の記述はあまりにも隔たりがある。たとえば恵空本に「衆断宜定、本来不好化導、天性不専弘教」とあるのを脱しているが、法然はもともとは化導・弘教を好まなかった様子が如実に示されている。同じ様に「以虚誕披露、尤可有糺断、尤可有炳誡、所望也、所欣也」とある文を脱しているが、ここの部分は、もし虚言であったならば糺断・炳誡があっても当然で、望むところ欣うところであるとさえ言い、法然の比叡山に対する信頼の念が知られる箇所である。

さらに、神文のなかで「当寺諸尊満山」の字句を脱しているが、これはまさに比叡山のことを指すのであって、誓約を述べもし偽りであった場合の仏罰を受ける相手の名を記した箇所だけに、これを脱するのは編者の何らかの積極的な意図を感じないでおられない。恐らくは天台的色彩を出来るだけ取り除こうとする配慮からなされたものと推測される。こうした傾向は、「送山門起請文」の記述のうち法然自身が天台智顗に傾倒したとしてよりどころとする表現において、あるいは善導の章疏に書き直されたりあるいは全文が削除されたりという改変の操作が、法然伝の成立過程のなかで行なわれていることを見ても首肯できるところである。

8　遺或人之返報

『漢語灯録』の最後部に「遺或人之返報」なる遺文を収録し、恵空本には「指南抄云、遣空阿弥陀仏」と註記し

ている。そこで註記のごとく『指南抄』に該当する遺文を探してみるが見当らない。しかしながら同様の文が『四十八巻伝』(21)第四八巻に所収されている。書き始めの「仰旨委以承候畢、先御所労事、返々為歎々々、但痟瘍病者、設雖大事候、多分及死門事不出来候歟」(恵空本)の部分と、末尾の「其旨可令存知給候、子細此御房申候畢、謹言」(同上)なる記述、ならびに「三月十日　源空」(同上)の日付と差し出し等が記載のない形となっており、「如無量寿経云」なる一部分を脱していたり、「決定往生仕候之由」の「往生」が抜けている程度で、和文体ではあるがまったく合致する。しかし、義山本の記述においては、例えば「往生の業おほしといへども、称名念仏にはしかず」を「往業雖多、無過称名」のみに表現したり、「故に称名往生はこれ弥陀の本願なり」なる部分を脱するなど、また仔細にはかなりの字句の異同を確認することができ、ここでも恵空本の記述の方が原型に近いであろうことの事例を得る結果となる。

遺文集というような編纂物の史料的信憑性を検討するうえに、伝来等性格の異なる複数の遺文集に拠るべき場合、必ず問題となるのは一方の脱落と見るか他方の増広と考えるかである。ここでも例外でなく、『漢語灯録』について筆者なりに検討を終えてなお結論の出し難い面が多い。ただ恵空本と義山本の記述に関する判断は、相互に内容的相違が甚しいため比較的容易である。その方法論上格好なる事例となり得たのが、唯一原本の現存する「七箇条起請文」であり、またこれに準じて他に伝来する諸本のある遺文について対照を行なってみると、最早恵空本の方が良質であって原型に近く、義山本は明らかに何らかの意図をもって改変がなされていることは曲げようのない事実である。しかも、「送山門起請文」のように遺文によっては、義山が浄土宗教団の色彩を強めようとした形跡が認められる。

ところで、筆者は歴史学の立場から幾つかの遺文を扱ってきたわけであるが、『漢語灯録』研究の主たる題材は本来教理学的史料になければならない。特に「無量寿経釈」「観無量寿経釈」「阿弥陀経釈」には寛永九年（一六三二）開版のもの、同様に承応三年（一六五四）開版の「無量寿経私記」「観無量寿経私記」「阿弥陀経私記」というように二種類の印本が存し、これらの記述の検討も並行して行なわなければならない。(22) そのうえで、中世にまで遡れる浄厳院本のような特異的に伝存するものの位置付けがなされるべきである。恵空本の記述はこの浄厳院本と共通する性格を有するために、その可信性が一層高くなるわけであるが、親鸞書写の『指南抄』にも所収する他の遺文を対象に再び考察してみると、個々の遺文の底本を『指南抄』の成立・書写年時にまで遡らせることができるかどうかは疑問になってくる。すなわち前述したような脱落・増広いずれの立場をとるかといった新たな問題がでてくる。しかしながら、恵空本の記述がこれらとも非常に共通性を有する事実が確認されたことによって、これらの底本となったものの存在性、すなわち法然の遺文としての史料的信憑性がある程度容認されてよいものと考える。遺文によっては各種法然伝所収本との共通性からも裏付けられ、また、これら伝記の成立過程にある方向性をもった改変のなされている事例を考え合わせると、ひとまず『漢語灯録』の記述の方に信を置いて考えられ、なかには親鸞の書写段階における改変と見られる箇所も指摘できるのである。

以上のように、大変粗雑な考証によって、『漢語灯録』の恵空本・義山本両記述の対照から恵空本の方の可信性が考察されたわけであるが、筆者がこうした論点を提示した理由は、あくまで遺文個々の信憑性を見極めるためのものであって、『漢語灯録』自体の遺文集としての成立事情にまでは迫ることができなかった。元亨版『和語灯録』、『拾遺語灯録』等の検討と併せて取り扱うべき問題である。

註

（1）玉山成元「隆堯の著書と書写本について」（『三康文化研究所年報』第四・五号、昭和四十八年）で紹介されるごとく、浄厳院には隆堯による多くの著書・書写本が現蔵する。これらについては隆堯が京都浄華院定玄に師事して修学しているため、浄華院との関連性においても考察を進めなければならない。浄厳院本『漢語灯録』は、宇高良哲編『『逆修説法』諸本の研究』に影印所収されている。

（2）斎木一馬「興善寺所蔵の源空・証空書状覚え書」（『史学仏教学論集』乾）によって確認されているごとく、嵯峨清凉寺所蔵の熊谷直実宛法然自筆書状は『拾遺和語灯録』所収の「熊谷の入道へつかはす御返事」にあたり、これと校合をすると、「こと〳〵」以下「謹言」までの七一文字や宛書の「武蔵国熊谷入道殿御返事」を脱していたり、ほかにも若干の字句の異同・脱字が存する。このような改変をどのように理解するかは併せて今後の課題である。

（3）『漢語灯録』における呼称。内容的には起請文でなく「七箇条制誡」と題する方が妥当と考える。

（4）塚本善隆・三谷光順「法蓮房信空上人の研究」（『専修学報』第一〇号）、香月乗光「七箇条起請文と送山門起請文とについて――その偽作説に対する反論――」（『仏教文化研究』第八号、昭和三十四年）、同「各種法然上人伝所載の七箇条起請文について」（『法然上人伝の成立史的研究』第四巻）等参照。

（5）『親鸞聖人真蹟集成』第五巻所収。

（6）『無縁集』には六七日までで終わっている恵空本の体裁と異なり、七七日までの記述を載せているために、浄厳院本との関係を考える場合は慎重に取り扱わなければならない。

（7）後世義山によって「没後遺誡文」と題されるが（正徳版『漢語灯録』）、内容的には起請文でなくこの方が妥当と考える。

（8）註（5）に同じ。

（9）第Ⅱ部第三章第二節（三一〇頁）において論述するように、特に『指南抄』本が遺産分与に関する記述の第二条を何故に闕くのか重要な問題点である。

（10）『親鸞聖人真蹟集成』第六巻所収。

（11）井川定慶編『法然上人伝全集』所収。

（12）註（10）に同じ。

（13）（14）（15）（16）（17）（18）（19）註（11）に同じ。

（20）第Ⅱ部第五章第二節（四七七頁）参照。

（21）註（11）に同じ。

（22）石井教道・大橋俊雄編『昭和新修法然上人全集』脚註に拠る。とくに「阿弥陀経釈」については、恵空本とこれらとの関係を慎重に検討していかなければならない。

第二節　『和語灯録』について

一　『和語灯録』の諸版本

『語灯録』の和語篇である『和語灯録』はその所収対象が和文体の遺文にあるということから、ほとんどが法然の消息か返書または法語類である。このなかには式子内親王・九条兼実の妻・北条政子・熊谷直実等、歴史上著名な人物とのあるいは何人かの関東御家人等との書状のやりとりを意味するものがあり、この史料的信憑性の検討は法然研究にとってもっとも具体的な事例として重要な意味を有している。ところが、これらのほとんどは原本が現存するわけでもなく、また全体的に法然との交流を裏付ける傍証にも欠けるなどの問題を抱えている。そこで、筆者は『和語灯録』[1]についても『語灯録』研究の一環として位置付け、全体的に原型に遡り得るものかどうかの判断を行なっていきたい。したがって、『和語灯録』の伝来する諸本の確認を通して書誌的な問題点の整理を行なっておく。

『和語灯録』には第一冊から第五冊まで完結して伝来するものとなると、まずは龍谷大学図書館所蔵の元亨元年（一三二一）円智なる者によって印刻されたいわゆる元亨版があげられる。近世になると寛永二十年（一六四三）に片仮名本、正徳五年（一七一五）には良照義山によって平仮名本がそれぞれ開版されている。

1　元亨元年版

龍谷大学図書館には稀覯本として元亨元年（一三二一）印版の『和語灯録』五巻、『拾遺和語灯録』二巻が現存する。これは鷲尾教導氏によって大正二年（一九一三）西本願寺の倉庫より発見されたもので、同氏は『六条学報』第一三五号（大正二年）に「元亨古版『和語灯録』（古刻史料）」、『仏教史学』第三編第九号（大正二年）に「『和語灯録』の元亨版本に就て」と題してそれぞれその概容を紹介されている。

筆者も浄土宗典籍研究会（会長藤堂恭俊博士）に参加したことによって、幸い、龍谷大学図書館蔵元亨版『和語灯録』を親しく検証する機会に恵まれ、さらに同研究会において龍谷大学浅井成海教授のご指導を賜わることができた。

前述のように七冊で全体を成しており、内題には第一冊から第五冊までが「黒谷上人語灯録」、第六・第七冊が「拾遺黒谷語録」とある如く、第一冊から第五冊までが『和語灯録』、第六・第七冊が『拾遺和語灯録』となっている。全冊青地の表紙でそれぞれ左上部分には「語灯録」という標題と「第一」「第二」の如く巻数が墨書され、右下部分には、

主蓮戒尼之　　常楽台
（花押）

と同筆で書かれており、蓮戒尼なる者の手沢本であったことがわかる。そして、見返しには、

南無阿弥陀仏十反
一部七帖内　　円明相伝之

と全冊同様に同筆で墨書されている。また、裏表紙内側の奥書には、

覚忍禅尼被レ付二属光助法印一訖、

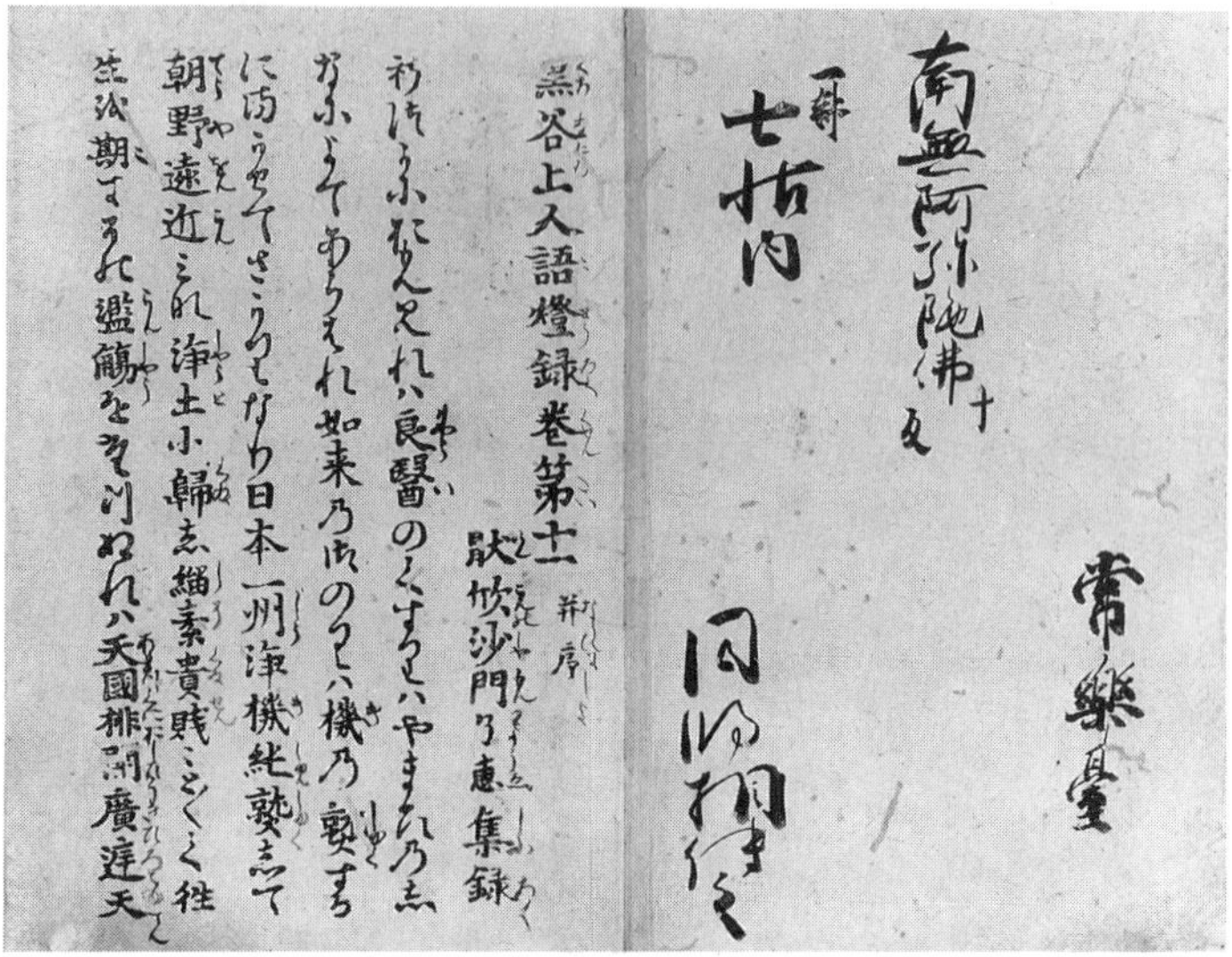

龍谷大学所蔵元亨版『和語灯録』巻頭部分

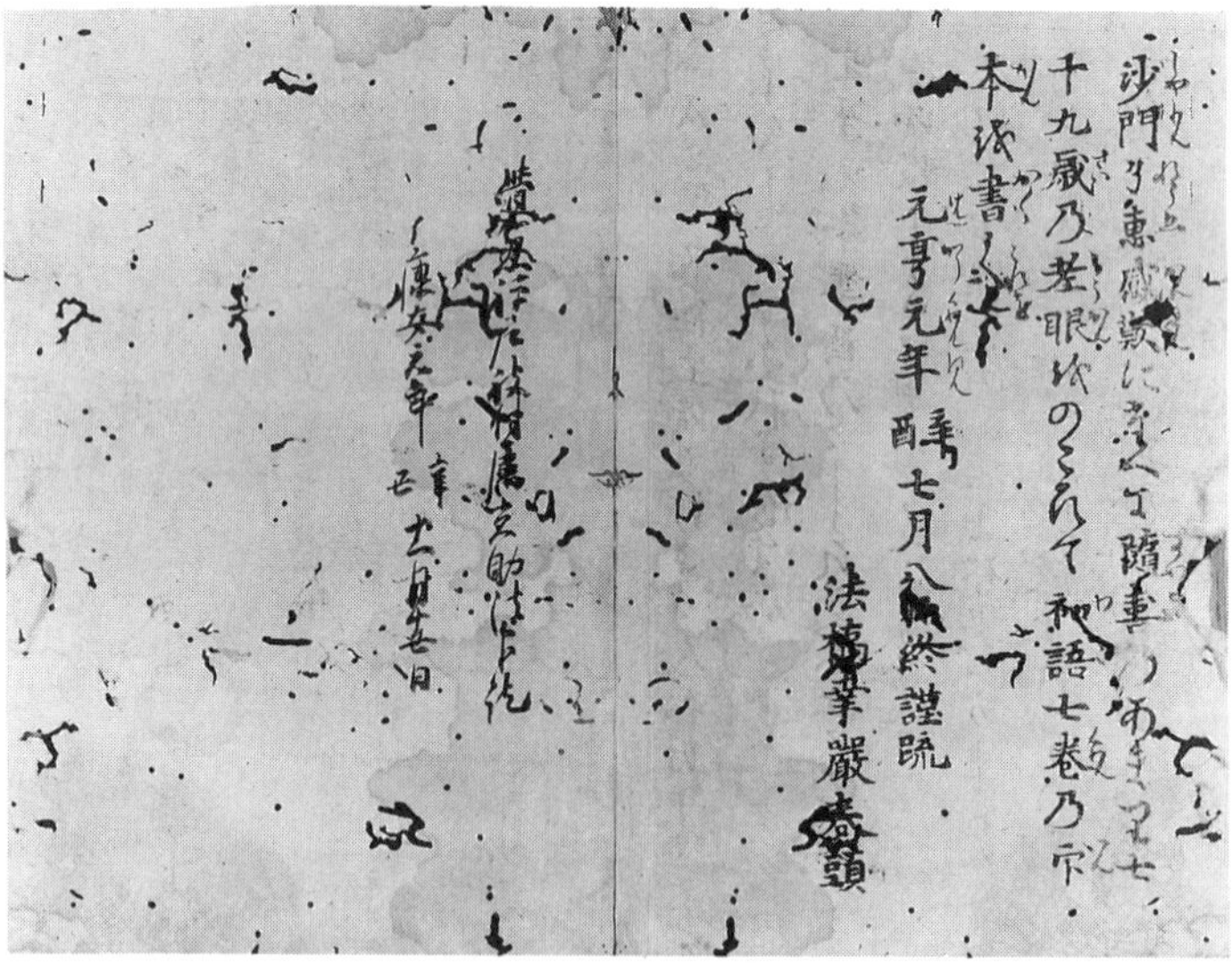

同奥書部分

康安元年辛丑十一月十七日

と全冊同筆で同様に記されているが、第二冊のみは改頁せずに同文を末尾の狭い余白に小さな文字で書き込んでいる。これら三種類の記述はそれぞれ別筆のものであることが認められることから、この版本の伝来事情を語っているものであると思われるが、これについては後に述べることにする。

紙質は鳥ノ子紙を用い字体も印刻ながら鎌倉期の風体を伝えているように思われ、全冊粘葉装にて一頁七行仕立てであるなど、元亨元年当時のものと認定してよいと考える。漢字に平仮名で付されている音訓の振仮名文字は、明らかに印刻ではなく後世の書き入れであることが確認できるが、それもすべてが一筆によるものとは判定し難いようである。

法量は全冊縦二四センチメートル、横一五・一センチメートル、本文紙数は墨付で第一冊が七五丁、第二冊が九三丁、第三冊が七六丁、第四冊が七四丁、第五冊が六五丁、第六冊が五七丁、第七冊が七六丁である。

第七冊の奥にはつぎのような奥書ならびに刊記がある。

元亨元年辛酉のとし、ひとへに上人の恩徳を報したてまつらんかため、又もろ〳〵の衆生を往生の正路にをもむかしめんかために、この和語の印板をひらく、

一向専修沙門南無阿弥陀仏円智　謹疏

沙門了恵感歎にたへす、随喜のあまり七十九歳の老眼をのこひて、和語七巻の印本を書之、

元亨元年辛酉七月八日終謹疏

法橋幸厳巻頭

これによって円智なる者によって開版されたことや、了恵自身も七十九歳という老齢であったが印本を書したこと

などがわかる。この円智[2]であるが『浄土鎮流祖伝』[3]『浄土伝統総系譜』[4]（以下、『総系譜』と称す）などに知恩院第一世として見える円智と同人であるかどうか、年代的には近いが傍証のあるところではない。

了恵はまた第一冊の冒頭に「幷序」として自ら序文を載せており、この序文の記述が『語灯録』全体の編集年時を示す唯一の資料となっている。そして、第七冊末尾に「拾遺黒谷語録巻下」の尾題を記したあと次節に掲載するような了恵の後文がある。さらに、「語灯録瑞夢事」と題して本心房なる者の安心と予告往生の瑞夢について述べ、『語灯録』全体の題名の由来を示しているが、この部分は正和元年（一三一二）八月の記述からして元亨元年印版のときのものと見做される。最後に名前の見える「法橋幸厳巻頭」の記述については明らかではない。これらの編集上の体裁は正徳版の一部に語句等の改変が認められるものの、そのほかは元亨版・寛永版・正徳版ともにほぼ共通している。

元亨版の伝来事情について前掲墨書を中心に考えてみる。まず表紙に花押の存した手沢本の主「蓮戒尼」なる者であるが、花押の形態からしてかなり高貴な尼僧であると思われるが、その詳細については分からない。また、全冊裏表紙内側の奥書に見えるこの書の伝受者である光助法印であるが、これは『本願寺系図』[5]、『系図纂要』[6]二十五「藤氏十九本願寺流錦織寺」、『大谷本願寺通紀』[7]五「宗主旁付諸伝」、『日野一流系図』[8]などによって、本願寺第四世光玄存覚の第四子で、存覚滅後常楽台を継承した者のようである。この常楽台の名が各冊の見返しに書かれている。これは『常楽台主老衲一期記』[9]なる存覚の一代記が現存するが、その題名にある如く常楽台は存覚開創の寺院である。『大谷本願寺通紀』[10]には、

九月（暦応元年）十八日和成、同居㆓大谷㆒、先是師営㆓艸堂於大宮街㆒、扁㆓常楽台㆒、

とある。この記事に一応従うと存覚は正応三年（一二九〇）の誕生であるから[11]、存覚四十九歳の頃の建立というこ

とになる。そして、光助に付属した覚忍禅尼、(12)あるいは見返しに見える円明なる者についてであるが、存覚や光助の周辺にもその名を検出することはできない。しかし、この元亨版が存覚の開創した常楽台において光助に付属されたものであり、またそれが常楽寺に伝来し、後世になってから西本願寺に移管されたものであるということは確かである。

なお、元亨版を底本として活字化されたものに、昭和五年檀王法林寺より了恵上人六百年忌記念出版として上梓された『了恵輯録法然上人和語灯録』がある。先見の明ありと当時の大事業にひとえに敬意を表するところであるが、その凡例にも記してあるように便宜を計ってあえて総振仮名を付しているため、原本の体裁を著しく損じており、また若干の誤読・誤謬が見られるなど、法然の基本文献として早い時期に正確な翻刻・校訂の要なることを述べておきたい。

2　寛永二十年版

寛永二十年版は京都大学・大谷大学・龍谷大学・大正大学等の各図書館所蔵のものをはじめ数点が確認されるが、ここでは大正大学図書館所蔵本によって述べることにする。

寛永版は元亨版・正徳版とは違って片仮名交りの印刻である。そして、同様に七冊から成り、外題は全冊が表紙左肩に題簽を貼り「黒谷語灯録」と標記しており、内題では第一冊から第五冊までを「黒谷上人語灯録」、第六・第七冊を「拾遺黒谷語灯録」と題している。そして、元亨版・正徳版が漢語篇を第一と想定して和語篇には「第二」と記し、第一冊を「和語第二之一」から第五冊を「和語第二之五」、さらに第六・第七冊の内題を「拾遺黒谷語録巻中」「拾遺黒谷語録巻下」（正徳版では「拾遺黒谷語灯録」と題している）と称しているのに対し、寛永版の内題では第一冊から第七冊までを通して「巻第一」から「巻第七」と付している。これに準じて元亨版・正徳版の和語篇第一冊の内題を「黒谷上人語灯録巻第十一」、同じく第五冊を「黒谷上人語灯録巻第十五」と称しているが、寛永版ではそうした漢語篇からの通巻の表示は行なっていない。そして、元亨版・正徳版が各冊の冒頭に所収遺文の題目を掲載しているが、これをまとめて第一冊の序のあとに「黒谷上人語灯録目録」として一括してあげているのは特徴的である。

このように、全体的な表示上の体裁は寛永版のみが他とは異なっている。これはどちらかというと寛永版が元亨版かあるいは同一系統の体裁をもとに改変したためのものであろうと考えられる。そして、寛永版の校訂・印刻には漢語篇との関係があまり念頭に置かれることなく、恐らく和語篇のみの開版を目的としていたためのものであろう。寛永版の第一冊の内題が「黒谷上人語灯録弁序」となっているが、元亨版・正徳版では「黒谷上人語灯録巻第十一弁序」とあるのであって、寛永版の「弁序」とはその巻数を除いたことによってまったく意味をなさなくなっている。これは寛永版が元亨版等の形式のみを踏襲しようとして生じた痕跡であろう。

装丁は袋綴で、法量はいずれも縦二五・九センチメートル、横一八・三センチメートルである。紙数は墨付で第一冊が三八丁、第二冊が四二丁、第三冊が三五丁、第四冊が三五丁、第五冊が二八丁、第六冊が二五丁、第七冊が三三丁で、半丁一頁は一一行のおよそ二〇字から二三字詰めとなっている。

刊記は第七冊の「拾遺黒谷語灯録巻第七」の末尾に、

寛永癸未(二十年)孟春吉日　柳馬場二条下町
吉野屋権兵衛

とあって、寛永二十年（一六四三）正月に二条下町の吉野屋権兵衛を版元として開版されたものであることがわかる。

寛永版の本文を元亨版と比較してまず言えることは、行詰、字詰によってさらには平仮名を漢字に宛てるなどの操作によって大幅に丁数の短縮が計られていることである。字句の異同に関しては西法寺本該当記述の検討を通してその傾向について後述するが、概して元亨版の記述をよく踏襲しているものの、上述のごとく平仮名に漢字を宛てたり、また元亨版とは異なった漢字に宛て替えている箇所が著しく目立っている。さらに、元亨版の音訓振仮名が後世の書き入れであると確認されるのに対して、寛永版ではところどころ漢字の右横に音訓振仮名や送仮名を付して印刻している。これに類するものとして返り点も若干付されており、また全冊を通して丸印の読点がほどこされている。

3　正徳五年版

正徳五年版の『和語灯録』は東京大学・東北大学・大正大学等の各図書館所蔵のものをはじめ、刊年不明ではあるが、体裁から見て同様の印行と判断することができるものを含めると、かなりの点数が伝来していることが確認され、もっともよく流布した版本と言うことができる。ここでは大正大学図書館所蔵本によって知れるところを述べることにする。

正徳版は元亨版同様に平仮名交りの印刻である。そして、元亨版・寛永版と同じくやはり七冊からなっている。ところが、外題においては他と異なり全冊が表紙左肩に題簽を貼りそれに「円光大師和語灯録」と標記しており、内題では第一冊から第五冊までを「黒谷上人語灯録」、第六・第七冊を「拾遺黒谷語灯録」と題している。その内題においては第一冊を「黒谷上人語灯録巻第十一」、同じく第五冊を「黒谷上人語灯録巻第十五」、第六・第七冊を「拾遺黒谷語灯録巻中」「拾遺黒谷語灯録巻下」と称し、その第一冊の内題に「并序」を付して「黒谷上人語灯録巻第十一并序」とし、あるいは各冊の所収遺文の目録は各冊冒頭に掲げ、第一冊から第五冊では漢語篇との関係を意識して、最初に「和語第二之一」等の表示を設けているなど、正徳版全体の形態からはまったく元亨版のそれを踏襲したものと言える。

装丁は袋綴で、法量はいずれも縦二七・五センチメートル、横一八・九センチメートルと若干大きい。紙数は墨付で第一冊が六一丁、第二冊が六七丁、第三冊が五五丁、第四冊が五六丁、第五冊が五一丁、第六冊が四七丁、第七冊が五五丁で、半丁一頁は八行のおよそ二〇字から二三字詰めとなっている。

刊記は第七冊の「拾遺黒谷語灯録」巻第七の末尾に、

正徳五乙未稔
　正月吉日
　　　　　　　　　　書林芳野屋権兵衛
　　　　　　　　　　　　沢田吉左衛門

とあり、正徳五年（一七一五）正月に芳野屋権兵衛、沢田吉左衛門の両人を版元として開版されたことがわかる。そして、この刊記の前に義山の跋文が載っている。それには、

刻語灯録跋

（知恩院第四二世白誉秀道）
知門大王康存《ノ》之曰、予嘗《テ》自攜《テ》二此《ノ》録《ヲ》一呈《ノ》三之《ヲ》左右《ニ》二曰、是《レ》僕曾《テ》抛《テ》二善本《ニ》一所《ナリ》二校正《スル》一也、伏‐請《フ》一歴《ヒハ》二高眸《ヲ》一幸甚、
大王欣然《トメ》言《テ》‐曰、有《ルカナ》レ是哉《レ》已聞《ニケリ》レ之《ヲ》、是《レ》実《ニ》高《ク》掲《ク》二宗灯《ヲ》一、語灯之《ノ》名宜《ナリ》也、宜《シク》三繍《シ》レ梓附《ニ》レ蔵以《シテ》公《ニ》二于世《ニス》一也、子其知《レ》レ之《ヲ》、予謹《テ》奉《シテ》レ命《ヲ》去《ル》、因《テ》乃使《ム》三剞劂氏《ヲメ》掌《ヲ》二印行之《ノ》事《ヲ》一、刻‐成《テ》蔵《ム》二之《ヲ》宝庫《ニ》一、嗚‐乎、

鶴-駕既《ニ》-往《ケリ》、
鳳-吹今《マ》何《クニ》-在《スヤ》也、空《ク》掩《テ》二老-涙《ヲ》一遂《ニ》倣《フト》二懸《ルノ》レ劔《ヲ》之志《ニ》二云、

正徳元辛卯年臘月十八日

沙門義山書于華頂茅舎

とあり、義山が知恩院第四二世白誉秀道の命を受けて印行の準備にとりかかったが、完成時にはすでに秀道は往生してこの世になく、そのことを歎いて老涙に咽ぶ様子を義山一流の能文で記している。これは前掲した義山本『漢語灯録』の末尾に存する義山の「刻語灯録跋」とまったく同文のものであり、義山が『漢語灯録』『和語灯録』の両方に印行の事情を記したか、または正徳五年に開版の際に両方にこの跋文を所収したかのいずれかである。義山本『漢語灯録』にはその義山跋文の後に宝永二年（一七〇五）三月十一日付の知恩院白誉至心（秀道）の跋文が掲げられており、上述のような義山の跋文の内容を裏付けている。ともかく、義山本『漢語灯録』『和語灯録』はともに正徳元年十二月十八日に上梓されたことになる。

この義山跋文の前にはまたつぎのような記述がある。

和字語灯録全部七巻、了恵上人所二撰集刊行一也、予以二建武五年仲春与去冬一、自所二校正一漢字語灯草本同、蔵二武州金沢称名寺文庫一者也、

下総州鏑木光明寺良求

これは前節において掲げた義山本『漢語灯録』の光明寺良求の奥書と関係が深い記述である。これらをそのまま解釈すれば、下総鏑木光明寺の良求なる者が、建武四年（一三三七）七月から十二月までは『漢語灯録』の校正にあたり、翌五年になって『和語灯録』の校正を行なったというものであり、その草本はともに金沢称名寺文庫に所蔵す(13)

るものであるという。このすぐ前には元亨版と同様の円智と法橋幸厳の奥書が載っていることからすると、義山は元亨版を草本として建武年間に鏑木光明寺良求なる者が校正をほどこしたものを底本として印行したことになる。[14]

しかしながら、義山本は内容的には『漢語灯録』の場合にすでにその史料価値の疑わしい点を指摘したように、[15]『和語灯録』においても元亨版の記述との比較によって、相当の内容的改変が認められ、これも『漢語灯録』と同様に義山の改竄によって生じた可能性が強い。また正徳版にもかなり多くの平仮名の音訓振仮名、返り点が付されており、全冊を通して丸印の読点がほどこされている。

この正徳五年に義山によって開版された『和語灯録』はもっともよく流布し、確認できるところでは文化四年（一八〇七）、同六年（一八〇九）、明治十四年（一八八一）に再版されている。また明治三十九年（一九〇六）に始まった浄土宗宗典刊行会編『浄土宗全書』第九巻には、文化四年版を底本として活字化のうえ所収刊行している。大正六年（一九一七）には同刊行会は『和語灯録』と題して『漢語灯録』とともに刊行しているが、その底本は文化六年版である。このように、『和語灯録』については義山が要に応じて改竄のうえ印刻したと思われる正徳五年版を底本として開版されたもの、いわゆる義山本が流布しており、種々の議論もこの義山本の記述によってなされる場合が多いようであるが、こうした態度は早急に見直されなければならないところである。

二　安居院西法寺所蔵残欠本

安居院西法寺（京都市上京区大宮通鞍馬口下ル）に鎌倉時代末期頃の写本とみられる『和語灯録』の残欠本が現蔵する。これは夙に藤堂祐範氏編「浄土教稀覯書目第三」（『専修学報』第九輯、昭和十六年）の42番に、

和語灯録残欠　京都市上京区西法寺

鎌倉時代末写　粘葉綴　一帖　七行
内容　和語灯録第十三巻
一　鎌倉二位禅尼へ進する御返事第十（末尾）
二　要義問答第十一
三　大胡太郎実秀へ遣す御返事第十二（初頭）

と載せられているもので、また『国書総目録』（岩波書店）第二巻にも「鎌倉時代末写」としてあげられているなど、その存在について知られはしていたが[16]、これまで調査が具体的な内容にまで及んでいなかった。

それがこの平成二年六月三十日、筆者は好縁を得て西法寺住職野田澄成師から閲覧、撮影のご快諾を賜わることになり、鎌倉時代末の写本といわれる『和語灯録』残欠本一冊を眼前に置くことがかなえられた。法然研究が他宗の宗祖研究に比べて遅れているといわれる原因に、法然の一次史料ともいうべき真筆類などの数量の少なさが指摘されることが多いが、その意味では法然の遺文集である『語灯録』は『醍醐本』『指南抄』とともに法然研究の基礎史料の一つであり、その史料的信憑性が証明されるようになるとしたならば、法然研究にとって洵に悦ばしいことである。

『和語灯録』には前述のように、元亨元年版、寛永二十年版、正徳五年版などが伝来するが、『語灯録』全体でも元亨版を除くと中世に遡る成立の完本は伝来していない。『漢語灯録』においてはたとえ完本でないにしても、安土浄厳院所蔵の永享二年（一四三〇）隆堯書写本の存在が希少価値を有している[17]。この浄厳院本は第七巻「逆修説法」の前半部の一冊のみしか伝来せず、「逆修説法」の六七日説法のうち三七日のみの記述しか確認することができない。しかしながら、確実に中世に遡る写本の存在は、江戸時代末頃の写本しか伝来しない『漢語灯録』の傍

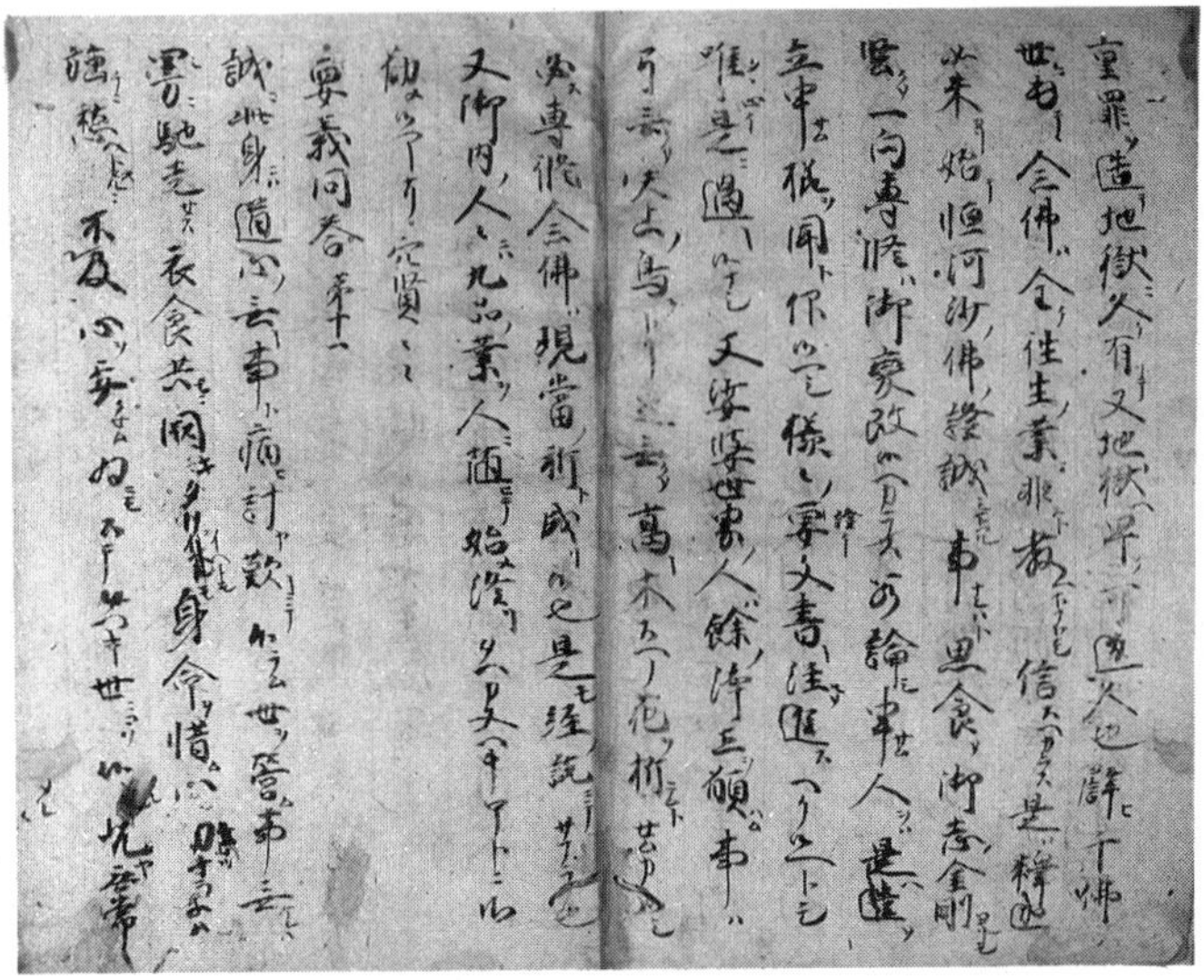

安居院西法寺所蔵『和語灯録』残欠本「要義問答」題目部分（1丁ウ～2丁オ）

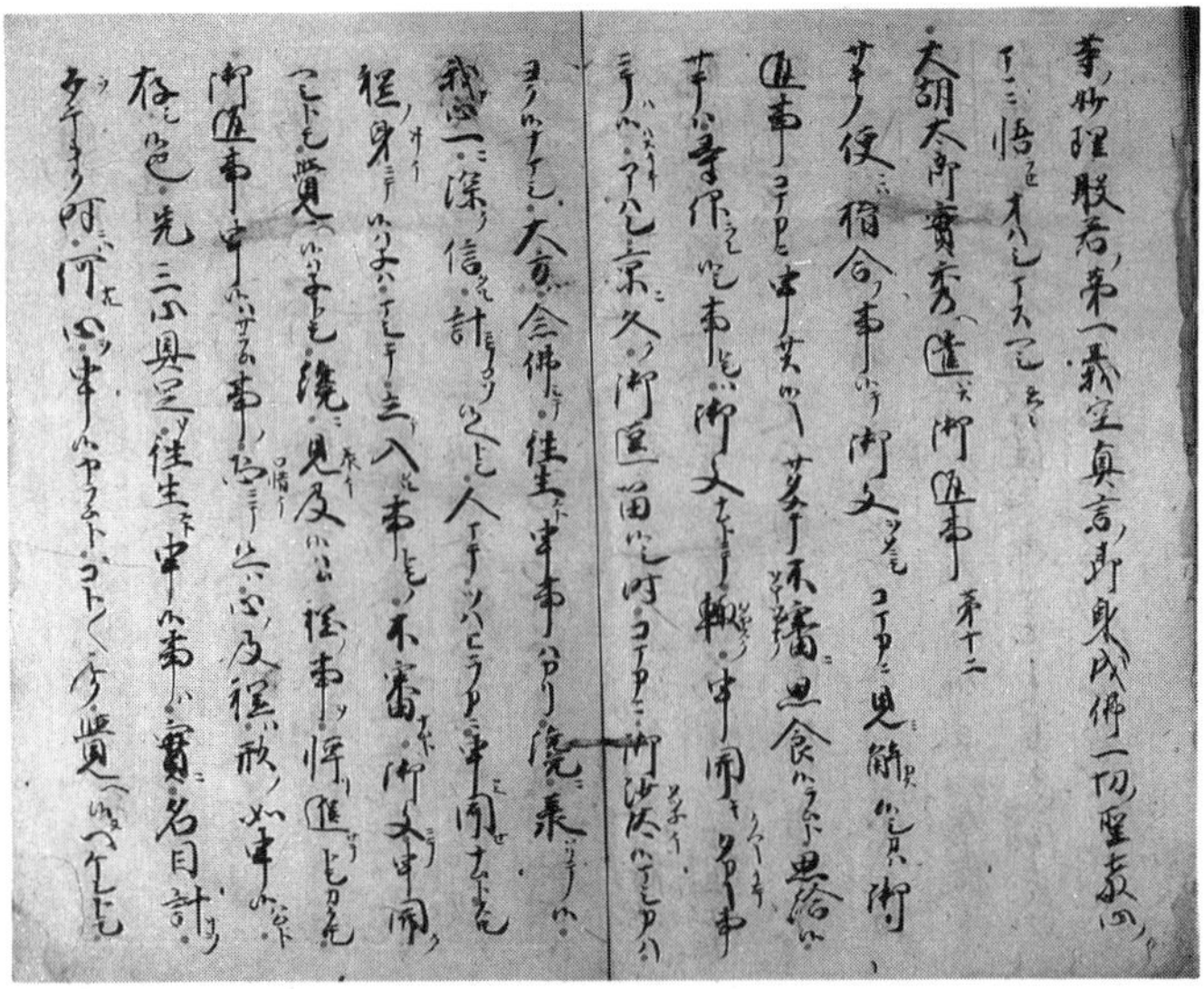

同「大胡太郎実秀へ遣ハス御返事」題目部分（20丁ウ～21丁オ）

証の役割を果たすものと言うことができる。ところが、『和語灯録』には元亨版のような版本はあっても中世の写本は確認されていなかった。そして、元亨版は版本であるがゆえに、年代的にいって信頼性に欠けるとの批判があったとしてもやむを得ないところであった。それが、今回たとえ残欠本であるとはいえ鎌倉時代末頃の写本の存在を確認するに及んだことは(18)、『和語灯録』流伝史のうえでまた『語灯録』全体の研究に寄与するところ非常に大きいものと考え、ここに全文を翻刻のうえ史料紹介の大任を果たし、さらにその性格について若干の考察を加えてみることにする。

1　翻刻

安居院西法寺所蔵『和語灯録』残欠本（翻刻）

凡例

一、本稿本は、安居院西法寺（京都市上京区大宮通鞍馬ロ下ル）に現蔵する『和語灯録』残欠本を翻刻するものである。

一、原本は粘葉装であるので、各頁頭部欄外の第1行目に丁数と表（オ）、裏（ウ）の表示を付して体裁の踏襲を計った。改行においても原本の体裁通りとし、頭部欄外にその行数を算用数字によって示した。

一、翻刻上の体例は、おおむね次の通りである。

(1)　底本に用いられている古体・異体・略体等の文字は、才（等）、井（菩薩）、井（菩提）等の一部の例外を除いて、原則として正体もしくは現時通用の字体に改めた。

(2)　底本が片仮名交りのため片仮名が頻出するが、本文以外のものではとくに送仮名は右寄せに、音訓仮名は漢字の傍らに表記し、両者を区別した。

(3)　底本に欠損文字の存する場合には、その字数を測って、□□等として示し、要すれば（破損）等と註記した。

(4)　本文の読解に資するため、読点（、）および並列点（・）を加えた。

(5) 傍註は、文字の誤りを正すためのものには〔　〕を用い、「カ」の字を添えたものは、断定をさし控えたものである。
なお、文意の通じがたい箇所、もしくは底本どおりであることを示す箇所には（マヽ）を付した。

(6) 朱点は「○」で表示し、朱書の部分にはその旨を傍註した。

(7) 抹消文字で解読し得るものは左傍らにミミを付し、解読ができない箇所は塗抹として▒で示した。

(8) 校訂にあたって翻刻者の加えた文字にはすべて（　）を施して本文と区別した。

（表紙）

（タテ二六・〇、ヨコ一六・二センチメートル）

（一丁オ）

食メスヘシ、今生ノ財宝ノ乏シカラムニモ力ヲ加ヘ給フヘシ、サリナカラ少《スコ》シモ
念仏ニ心ヲカケ候ハムヲハ、ヨク〳〵勧メ給フヘク候、是モ弥陀如来ノ御
宮《ミ》仕ト思シ含候ヘシ、釈迦如来滅後ヨリ以来タ、次第ニ小智小行ニ
罷リ成テ候、我モ々ト智恵アリカホニ申人々ハ過カニテ候ヘシ、セメテハ
録ノ内ノ経教ヲタニモ不聞一、不見一何況ヤ録ノ外ノ経教ヲ不ル見一人ノ、
智恵アリカホニ申ハ井ノ底ノ蛙《カヘル》ニ似タリ、随分ニ震旦・日本ノ
聖教ヲ取リ集メテ、此間タ開キ勘ヘテ候ニ、念仏ヲ信セヌ人ハ、先ノ世ニ

（一丁ウ）

重罪ヲ造テ、地獄ニ久ク有ツテ又地獄ヘ早ク可返一人也、譬ヒ千仏
世ニ出テ、、念仏ハ全ク往生ノ業ニ非スト教ヘ給フトモ信スヘカラス、是ハ釈迦
如来ヨリ始テ、恒河沙ノ仏ノ証誠シ給ヘル事ナレハト思食メ、御志ノ金剛ヨリモ
堅クメ、一向専修ハ御変改候ヘカラス、若論シ申サム人ヲハ是ヘ遣メ、
立申サム様ヲ聞ト仰候ヘシ、様々ノ要文書キ注《証イ》ルメ進スヘク候ヘトモ、
唯〇《タ、心イ》是ニ過キ候マシ、又娑婆世界ノ人ハ、余ノ浄土ヲ願ハム事ハ、
弓無クメ天上ノ鳥ヲトリ、足無クメ高キ木スヘノ花ヲ折ラムトセムカ如シ、

（二丁オ）

必ス専修念仏ハ現当ノ祈ト成リ候也、是モ経ノ説ニテサフラフ也、
又御内ノ人々ニハ九品ノ業ヲ、人ニ随ヒテ始メ終リタヘカヌヘキホトニ御
勧メ候ヘキナリ、穴賢々々、

〇要義問答第十一
誠ニ此身ニハ道心ノ無キ事ト病ヒ計ヤ歎キニテ候ラム、世ヲ営ム事無ケレハ、
四方《シ》ニ馳走セス、衣食共モニ闕《キ》ケタリイヘ共《イヘトモ》モ、身命ヲ惜ム心切《セツ》ナラネハ、
強チニ愁ヘトセルニ不《ス》レ及一、心ヲ安クセム為ニモ、ステ候ヘキ世ニコソ候ミレ■《メレ》、況ヤ無常
（二丁ウ）
悲ヒハ目ノ前ニ満テリ、何ノ月日ヲカ終リノ時ニ期セム、栄ヘ有ル者モ久シカラス、
命チ有ル者モ又憂ヘアリ、惣ヘテ可厭一者六道生死之境ヒ、
可欣一者浄土菩提ナリ、天上ニ生レテ楽ニホコルト云ヘトモ、五衰退
没ノ苦シミ有リ、人間ニ生レテ国王ノ身ヲ受テ、一天下ヲ随フト云ヘトモ、生老
病死、愛別離苦、怨憎会苦一事モ免《マヌカ》ル、事ナシ、仮一令《タトヒ》
此才ノ〇《苦》無カラムスラ、三悪道ニ返ヘル恐レアリ、心有ラム人何カ、厭ハサルヘキ、
難キ受一人界ノ生ヲウケテ、難キ値仏教ニアフ、今一度《コノ》出離ヲ
（三丁オ）（コノ頁、異筆カ）
求メサセ給ヘ、
問、大方タサコソ思フ事ニテ候ヘトモ、か様ニ仰セラル、詞ニ付テ、無ク左右一
出家ヲシ《シ》タリトモ、心ニ名利ヲ離レタル事モナク、無道心ニテ人ニ謗ヲ
ナサレム事何カト覚ヘ候、在家ニアリテ多《多》ノ輪廻ノ業ヲ増《マ》サム
ヨリハ、ヨキ事ニテヤ候ヘキ、答、戯《タハフレ》ニ尼《アマ》ノ衣ヲキ、酒ニ酔テ出
家ヲシタル人、皆仏道ノ因トナリキト、旧物《フルキ》ニモ書キ伝ヘラレテ

（三丁ウ）（コノ頁、異筆）
7 候、往生十因ト申文ニハ、勝如聖人ノ父母倶ニ出家セシ時、男《ヲトコ》ハ
1 年四十一、妻ハ三十三ナリ、修行僧ヲ以テ師トシ、師ホメテ云ク、衰老ニモ至ラス病
2 患ニモ臨マス今出家ヲ求、是最上ノ善根ナリトコソハ云ケレ、釈
3 迦如来当来導師ノ慈尊ニ付属シ給ヒシ、破戒・重悪之
4 輩ナリト云トモ、頭ヲソリ衣ヲソメ袈裟ヲ懸ケタラム者ノヲハ、皆汝ニ付クトコソハ
5 仰セラレテ候へ、サレハ破戒ナリト云ヘトモ三会得脱ナヲ憑ミアリ、或ル経文ニハ、
6 在家ノ持戒ニハ出家ノ破戒ハ勝レタリトコソハ申候へ、実トニ仏法流布ノ
7 世ニ生テ出離ノ道ヲ知テ、解脱幢相ノ衣ヲ肩ニ

（四丁オ）
1 カケ、釈氏ニ連リテ仏法修行セサラム、実ニ財ノ山ニ入テ、手ヲ
2 空シクメ返ヘルタメシ也、
3 問、実ニ出家ナムトシテハ、サスカニ生死ヲ離レ、卉ニ至ラム事ヲコソハ
4 イトナミ候へ、何様ニカ勤メ、何様ニカ願候ヘキ、答、安楽集ニ云、大乗
5 聖教ニヨルニ二種ノ勝法アリ、一ニハ聖道、二ニハ往生浄土也、穢土ノ
6 中ニメヤカテ仏果ヲ求ムルハ皆聖道門也、諸法ノ実相ヲ観メ（削リ跡アリ）
7 証ヲ得ムトシ、法花三昧ヲ行メ六根清浄ヲ求メ、三密ノ行法ヲ凝《コ》ラメ

（四丁ウ）（コノ頁、異筆カ）
1 即身ニ成仏セムト思ヒ、或ハ四道果ヲ求メ、又三明・六通ヲ願フ、是皆
2 難行道ナリ、往生浄土門ト者、先浄土ヘ生テ、カシコニテ（サトリヲモ（サトリヲモ開、仏ニモ成テト

思ナリ、是ハ易行道ト云、生死ヲ離ル、道《ミ》チ々チ多シ、何レヨリモ入セ給ヘ、
問、是ハ我カ如キ之《ノ》ヲロカナル、《モノ》浄土往生ヲ可欣カ如何、
答、安楽集云、聖道一種ハ今時ニ難シ証一シ、一ニハ大聖ヲ去ルコト遙ニ
遠キヨル、二ニハ理ハ深悟リ御(マヽ)《スクナキニ》ナルニヨル、是故ニ大集月蔵経ニ云、我
末法時中億々衆(行)生、行ヲ起道修スルニ、イマタ一人モ得ル者ハ非ス、

(五丁オ)(コノ頁、異筆カ)
方ニ今末法五濁悪世也、但浄土ノ一門ノミアリテ通入スヘキ道
ナリ、是ヲ以テ諸仏大悲浄土ニ帰セヨト勧メ、一形悪ヲ造レトモ、唯タ、
能ク心ニ懸《カケ》テ(意繋)実ヲ専ニメ(専精ニ)、常ニ能ク念仏セヨ、一切ノ諸ノ障リ自然ニ
除《ノソコリ》テ、定テ得《ウ》往生一ヲ、何ソ思ニ量ラスメ去ル心ナキヤト云ヘリ、永観ノ云、
真言・止観ハ理深メ悟リカタク、三論・法相ハ道幽《カスカ》ニメ迷トヒ易《ヤス》シ
ナムト候、誠ニ観念ニモ不《ス》堪一、行法ニモ至ラサラム人ハ、浄土ノ往生ヲ遂ケテ、
一切ノ法門ヲ○《ヤスク》モ悟ラセ給ハムハ、能ク候ナムト覚ヘ候、

(五丁ウ)
問、十方ニ浄土多シ、何ヲ願ヒ候ヘキ、兜率ノ往生ヲ願フ人モ多ク候、
何《イカ、》思ヒ定メ候ヘキ、〔答脱カ〕天台大師ノ《ノ》云ハク、諸教ニ所ロ讃一ムル多ハ在リ弥陀一ニ、
故ニ以西方一ヲ而モ為ト一(順(準一)ト、又顕密ノ教法ノ中ニ、専ラ極楽ヲ勧ムル
事勝計スヘカラス、恵心ノ往生要集ニ、十方ニ対メ西方ヲ勧メ、
兜率ニ対メ多ク勝劣ヲ立テ、難易相違ノ証拠トモヲ引ケリ、

6 尋ネ御覧セサセ給ヘ、極楽此土ニ縁深シ、弥陀ハ有縁ノ教主ナリ、
7 宿因ノ故ヘ、本願ノ故ヘ、唯《タ、》西方ヲ願ハセ給ヘキトソ覚ヘ候、

（六丁オ）

1 問、実トニサテハ一脈チニ極楽ヲ可キニソ欣レ候ナレ、極楽ヲ欣ハムニハ何レノ行カ
2 勝レテ候ヘキ、答、善導釈ノ云《ノ》ハク、行ニ二種アリ、一ニハ正行、
3 二ニハ雑行、正ノ中ニ五種アリ、一ニハ礼拝ノ正行、二ニハ讃歎供養ノ
4 正行、三ニハ読誦ノ正行、四ニハ称名ノ正行、五ニハ観察ノ正行也、
5 一ニ礼拝ノ正行ト者、礼セムニハ則チ彼ノ仏ヲ礼メ余礼ヲ交ヘサレ、二ニハ讃
6 嘆供養ノ正行ト者、讃嘆供養セムニハ則チ彼ノ仏ヲ讃嘆供養メ
7 余ノ讃嘆ヲ交ヘサレ、三ニ読誦ノ正行ト者、読誦セムニハ弥陀経

（六丁ウ）

1 才ノ三部経ヲ読誦メ余ノ読誦ヲ交ヘサレ、四ニ称名正行ト者、称サムニハ
2 則彼仏ヲ称メ余ノ称名ヲ交ヘサレ、五ニ観察ノ正行ト者、憶念観察セムニハ
3 彼土ノ二報荘厳才ヲ観察メ余ノ観察ヲ交ヘサレ、此五種ヲ往全ノ
4 正行トス、此ノ正行ノ中ニ又二アリ、一ニハ正、二ニハ助ナリ、称名ヲ以テハ正トシ、礼誦（マヽ）
5 才ヲ以テハ□〔助業カ〕名、此ノ正助二行ヲ除テ、自余ノ修善ハ皆雑行ト
6 名ク、又□〔釈〕云ク、自余ノ衆〔修カ〕善ハ皆善ト名クト云ヘトモ、念仏ニ校《タクラフレハ》全ク
7 比校ニ非ストノ給ヘリ言、浄土ヲ欣ハセ給ハヽ、一向ニ念仏ヲコソハ申サセ給ハメ、

（七丁オ）

1 問、余行ヲ修メ往生セム事ハ叶ヒ候マシヤ、サレトモ法花経ニ即往

2 安楽世界阿弥陀仏所ト云ヒ、密教ノ中ニモ決定往生ノ真言アリ、
3 諸教ノ中ニ浄土ニ往生スヘキ功力ヲ説ケリ、又穢土ノ中ニメ仏果ニ至ルト
4 云フ、カタキ徳ヲタニ具セラム教ヲ修行メ、安スキ往生極楽ニ廻向セハ、
5 仏果ニ叶マテコソ難クトモ、往生ハ安ク候ヘキトコソ覚ヘ候ヘ、又自《ヲラ》聴聞ナムトニ
6 承ハルニモ、法華・念仏一ノ物ト釈セラレ候、並ヘテ修セムニ何ニカ苦シク候ヘキ、
7 答、双巻経ニ三輩往生ノ業ヲ説キテ、倶ニ一向専念無量寿

（七丁ウ）（コノ頁、異筆カ）

1 仏トノ給ヘリ、観無量寿経ニ諸ノ往生ノ行ヲ集メテ説給フ、終リニ阿難ニ
2 付属シ給フ処ニハ、汝チ此語ハヲ持テ言ヲ持言《ト者》ゝハ、無量寿仏ノ名《ミナ》ヲ持ツナリト説キ給フ、
3 善導観経ヲ釈メ給《ノ給フニ》ニ、定散両門ノ益ヲ説トイヘトモ、仏ノ本願ニ望《ノソムレハ》、
4 一向ニ専ラ弥陀ノ名号ヲ称セシムルニアリト云フ、同キ経ノ文ニ、一々ノ光明ハ十方
5 世界ノ念仏ノ衆生ヲ照テ摂取《セツシユ》メスクヒ給フト説《トト》ケリ、善導釈メ言《ノ給ハク》、
6 余雑業ノ者ヲ照シ摂取《セツシユ》スト云事ヲハ不論《ト説》ニ候、余行者ハ不通ト
7 不《ト》生ニ云ニアラス、善導モ廻向シテムマルヘシト云トモ、衆《モロ〳〵》疎雑ノ行ト

（八丁オ）

1 名クトコソハ仰セラレタレ、往生集〔要脱〕ノ序ニモ、顕密ノ教法其文一ニ
2 非ス、事理ノ業因其行是レ多シ、利智精進ノ人ハイマタ難シトセス、
3 予カコトキノ頑《クワン》魯ノ者、豈《ア》ニタヤスカラムヤ、是故ニ念仏ノ一門ニ
4 ヨリテ、経論要文ニ集、是ヲ開キ是ヲ修スルニ、悟リヤスク行シ安シト

云フ、是才ノ証拠アキラメツヘシ、教ヲエラフニハ非ス、機ヲ計ラフ也、
我カ力ニテ生死ヲ離レムコト励ミカタクシテ、偏ヘニ他力ノ弥陀ノ本願ヲ
馮ム也、先徳達思ヒ計ヒテコソ、道綽ハ聖道ヲ捨テ、浄土ノ門ニ

（八丁ウ）

入、善導ハ雑行ヲ止トメテ一向ニ念仏ノ三昧ヲ得給キ、浄土宗ノ祖師
次第ニ相ヒ継ケリ、纔ニ挙ク一両一ヲ、此朝ニモ恵心・永観ナムト云フ自宗・
他宗偏ニ念仏ノ一門ヲ勧メ給ヘリ、専雑二修ノ義初テ申スニ及ハス、
浄土宗ノ文多シ、コマカニ御覧スヘシ、又即身得道ノ行、往生
極楽ニ不及《ラム》一ヤト候ハ、誠ニ云ハレタル様ニ候ヘトモ、何《ナニ》ニモ宗ト申事ノ候ソ
カシ、善導ノ観経疏ニ云ク、如キハ般若経一ノ空恵ヲ以テ為宗一ト、維摩
経ノ如キハ不思議解脱ヲ以テ為宗一ト、今此ノ観経ハ以観仏三昧一ヲ

（九丁オ）

宗トシ、以念仏三昧一ヲ宗トスト云フカ如キ、法花ハ真如実相平才ノ
妙理ヲ観メ取ル証一ヲ、現身ニ五品六根ノ位ニモ叶フ、此才ヲ以テ宗トス、
又真言ニハ即身成仏ヲ以テ宗トス、法花ニモ多ノ功力ヲ挙テ経ヲ
讃《ホムルニ》、次ニ即往安楽トモ云ヒ、又即往兜率天上トモ云フ、是レハ便宜ノ
説也、往生ヲ旨トスルニハ非ス、真言又如シ是一、法花・念仏一也ト云テ、並テ
修セヨト云ハ、善導和尚ハ法花・維摩才ヲ誦シキ、浄土ノ一門ニ入ニシヨリ
以来《タ》、一向念仏メ敢テ余行ヲ雑シフル事ナカリキ、シカノミナラス、浄土宗ノ

（九丁ウ）

祖師相継テ、皆一向ニ名号ヲ称メ、余業ヲ交《交》ヘサレト勧ム、是ヲ案《幸ノ》専修一行ニ入セ給ヘト申也、

問、浄土ノ法門ニ先ナニ〳〵ヲ見テ心付キ候ナム、答、経ニハ双巻・観無量寿・小阿弥陀経才ノ是ヲ浄土三部経ト名ク、文ミニハ善導ノ観経ノ疏・六時礼讃・観念法門、道綽ノ安楽集、慈恩ノ西方要決、懐感ノ群疑論、天台ノ十疑論、我朝ノ人師恵心ノ往生要集ナムトコソハ、常ニ人ノ見ル物ニテ候ヘ、但シ何ニヲ御覧セストモ、

（一〇丁オ）

能ク御心得テ念仏申サセ給ナムニ、往生何事カ疑ヒ候ヘキ、

問、心ヲハ何様ニカ仕《ツカヒ》候ヘキ、答、三心ヲ具足セサセ給ヘ、其ノ三心ト申ハ、一ニハ至誠心、二ニハ深心、三ニハ廻向発願心ナリ、一ニハ至誠心ト者真実ノ心ナリ、善導釈メ云ク、至ト者真ノ義、誠ト者実ノ義、真実ノ心ノ中ニ此自他ノ依正二報ヲ厭ヒ捨テ、、三業ニ所ロノ修スル行業ニ必ス真実ヲ用ヨ、外ニ賢善精進ノ相ヲ現メ、内ニ虚仮ヲ懐ク物ハ、日夜十二時ニ勤メ行フ事、頭ヘ火ヲ払フカ如クニスレトモ往生ヲ得スト

（一〇丁ウ）

云フ、唯《タヽ》内外明闇ヲハ不《ス》簡ハ、真実ヲ用フル故ニ至誠心ト名ク、二深心ト者深キ信ナリ、決定メ深ク信セヨ、自身ハ現ニ是レ罪悪生死ノ凡夫也、曠劫ヨリ以来タ常ニ沈ミ常ニ流転メ、出離ノ縁アル事無シ、又

決定シテ深ク信セヨ、彼仏ケ四十八願ヲ以テ衆生ヲ摂受シ、疑ヒナク慮ヒナク彼ノ願力ニ乗リテ定テ往生スト、仰キ願ハクハ仏ケノ言ヲハ信セヨ、若一切ノ智者百千万人来テ、経論ノ証ヲ引テ、一切ノ凡夫念仏シテ往生スル事ヲ不得《ト》ニ云ムニ、一念ノ疑ノ心ヲ不可起《ス》、唯答《タ》テ云ヘシ、汝カ所ノ引経論

（一一丁オ）

信セサルニハ非ス、汝カ所ノ信ル経論ハ汝カ有縁ノ教ナリ、我カ所ハ信我カ有縁ノ教ナリ、今所ノ引〇《経論ハ》菩薩・人・天等ニ通シ説ケリ、此ノ観経等ノ三部ハ濁悪不善ノ凡夫ノ為ニ説キ給フ、然レハ彼経ヲ説給フ時ニハ、対機モ別ニ所モ別ニ〇益モ利別也キ、今キミカ疑ヲ聞ニ弥ヨ信ヲ増長ス、若羅漢・辟支仏、〇地初・十地ノ菩薩十方ニ満テ、化仏・報仏光ヲ耀ヤカシ、虚空ニ舌ヲハキテ生レストノタマハヽ、又答テ云ヘシ、一仏ノ説ハ一切ノ仏ノ説ニ同シ、釈迦如来ノ説給フ教ヲアラタメハ、制給フ所ノ殺生十悪才《ノ》罪ヲ

（一一丁ウ）

改メテ又犯スヘシヤ、前ノ仏ケ空《ソ》事シ給ハヽ、後ノ仏モ又虚言トシ給フヘシ、同シ事ナラハ、只シソメタル法ヲハ改タメシト云テ、ナカク退スル事ナカレ、故《カ》ヘニ深心也、三ニ廻向発願心ト者、一切ノ善根ヲ悉ク皆廻向シ往生極楽ノ為トス、決定真実ノ心ノ内ニ廻向シ生ル、思ヒヲ生《ナス》也、此心深信ナル事金剛ノ如クニシ、一切ノ異見・異学・別行人才ニ動乱破懐セラレサレ、今更ニ行者ノ為ニ一ノ譬ヲ説テ、外邪・異見ノ難ヲフセカム、人アテ西ニ向ヒテ

百里千里ヲ行《ユ》クニ、忽然トメ中路ニ二ノ河アリ、一ハ是火ノ河南ニ
(一二丁オ)
有リ、二ハ是水ノ河北ニ有リ、各ノ広サ百歩深クメ底モ無シ、
方ニ水火ノ中間ニ一ノ白キ道アリ、広サ四五寸ハカリナルヘシ、此道チ
東ノ岸ヨリ西ノ岸ニ至マテ長サ百歩、其ノ水ノ波浪交過メ道ヲ
ウルヲス、火焰又来テ道ヲ焼ク、水火相ヒ交ハテ常ニ止ムコト無シ、此ノ人
已ニ空曠ノ迴《ハ》ナル処ニ至ルニ、人無クメ群賊・悪獣アリ、此ノ人ノ独リ行ヲ
見テ競ヒ来テ殺サムトス、此人死ヲオソレ直《タ》チニ走リテ西ニ向フ、忽然トメ
此大河ヲ見ルニ即チ念言スラク、南北ニホトリ無シ、中間ニ一ノ白道ヲ
(一二丁ウ)
見ル、極テ狭少也、二ノ岸相去ル事近シトイヘトモ何《イカヽ》行クヘキ、
今日定テ死セム事無シ疑《ウタカヒ》㆒、正シク返ラムト思ヘハ、群賊・悪獣漸ク
来テセム、南北ニ去リ走ラムト思ヘハ、悪獣・毒虫競ヒ来テ我ニ向フ、
方ニ西ニ向テ道ヲ尋テ、而モ去ラムト思ヘハ、恐ラクハ此ノ二ノ河ニ落チヌヘシ、此時
恐《ヲツ》ル、コト云ヘカラス、則思念スラク、返ルトモ死シ又去トモ死セム、一種トメモ死ヲ
免ヌカレサル物也、我レ寧ロ此道ヲ尋テ前キニ向テサラム、ステニ此道チ
アリ、必ス度ルヘシ、此ノ思ヲ生《ナス》時ニ、東ノ岸ニ忽チニ人ノ勧ムル声ヲ聞ク、
(一三丁オ)
若決定メ此道ヲ尋テ行《ユ》ケ、必ス死ノ難ナケム、住セハ即チ死ナム、
西ノ岸ノ上ニ人アリテ呼《ヨハ》イテ云ク、汝チ一心ニ正シク念メ、道ヲ尋テ直チニ

進ミテ疑怯退心ヲ生《ナサ》シ、或ハ一分二分行ニ群賊等呼テ云ク、君《キミ》返リ来レ、〇《彼ノ》道ハハケシク悪シキ道也、過クル事不可得、死ナム事無疑ト、我オカ衆ハ悪心無シト、此人呼フ声ヲ聞クト云ヘトモカヘリミス、直ニ進ミテ道ヲ念メ而モ行クニ、須臾ニ即チ西ノ岸ニ至（マヽ）サテ、長ク諸ノ難ヲ離ル、善友相向テ悦ヒヤム事ナシ、是譬ナリ、次ニ譬ヲ合スト者、

（一三丁ウ）

東ノ岸ト云ハ、則此娑婆ノ火宅ニ譬ルナリ、群賊・悪獣イツハリ近付ト云ハ、則衆生ノ六根・六識・六塵・五陰・四大ナリ、人無キ空《ク》迴ノ沢ト者、則悪友ニ随ヒテ誠トノ善知識ニ相ハサル也、水火ノ二河ト云ハ、則チ貪衆生ノ貪愛ハ水ノ如ク、嗔恚ハ火ノ如クナルニ譬フル也、中間ノ白道四五寸ト云ハ、衆生ノ貪瞋煩悩ノ中ニ、ヨク清浄ノ願往生ノ心ヲナス也、貪瞋強キニヨルカ故ニ、則水火ノ如シト譬フル也、願心少《ス》キカ故ニ白道ノ如シト譬也、水波常ニ道ヲ

（一四丁オ）

潤スト云ハ、愛心常ニ善心ヲ染汚スル也、又火焔常ニ道ヲ焼ト云ハ、瞋嫌ノ心ヨク功徳ノ法財ヲ焼ナリ、人ト道ヲ上ルニ直ニ西ニ向フト云ハ、諸ノ行業ヲ廻クラメ直ニ西ニ向ニ譬フル也、東ノ岸ニ人ノ声ノ勧メ遣ヲ聞テ、道ヲ尋テ直ニ西ニ勧ト云ハ、則釈迦ハ已ニ滅シ給ヒテ、後ノ人見上テマツラサレトモ、猶ヲ教法アリテ尋ネツヘシ、是ヲ音ノ

如シト譬フル也、或ハ行ク事一分二分スルニ群賊才ヨヒ返ト云ハ、別
解・別行・悪見才ミタリニ見解ヲ説テ相ヒ惑乱シ、及自罪《罪》ヲ

(一四丁ウ)

造《ツクリテ》退失スルニ譬フル也、西ノ岸ノ上ニ人アリテ呼ハ、則弥陀ノ願ノ心ニ
譬フル也、須臾ニ即チ西ノ岸ニ至リテ、善友相ヒ見テ悦ト云ハ、即チ衆生
久ク生死ニ沈テ、曠劫ニ輪廻シ迷到シ、自《ミ》迷ヒテ解脱スルニ由シ無シ、仰テ
釈迦発遣メ西方ニ向ハシメ給、弥陀ノ悲心招キ呼ヒ給フニヨリテ、二尊ノ
心ニ信順メ、水火ノ二河ヲ不顧一、念々ニ忘ル、事無ク、彼ノ願力ノ道ニ
乗シテ、命ヲステ終リテ後チ、彼国ニ得テ生一ルヿヲ、仏ヲ見上マツリテ慶喜スル事
無ラム窮一、行者行住坐臥ノ三業ニ所修一ル、昼夜時節ヲ問フ

(一五丁オ)

コトナク、常ニ此ノ悟リヲナシ、此思ヒヲナスカ故ニ廻向発願心ト云フ、
又廻向ト云ハ、彼国ニ生レ已テ、大悲ヲ発メ生死ニ還リ入テ、衆生ヲ教
化スルヲ廻向ト名ク、三心既ニ具スレハ行トメ成セスト云コト無シ、願行既ニ成
若シ生レスト云ハヽ、此理リ有《コ》ルコト無ケムト、已上善導ノ釈ノ文也、
問、阿弥陀経ノ中ニ、一心不乱ト候ソカシナ、是阿弥陀仏ヲ申サム時、
余事ヲ少コシモ思ハセ候マシキニヤ、一声念仏申サム程ト物ヲ思ヒ
マセサラム事ハ安ク候ヘハ、一念往生ニハ漏ル、人候ハシト覚ヘ候、又命ノ

(一五丁ウ)

終ヲ期トメ余念無ラム事ハ、凡夫ノ往生スヘキ事ニテモ候ハス、此義何カ、候ヘキ、

2 答、善導此事ヲ尺ノメ云ハク、一ト度ヒ三心ヲ具足メ後、乱レ壊レサルコト
3 金剛ノ如キニテ、命チ終ヲ期トスルヲ名テ一心ト云ニ候、阿弥陀仏ノ本願ノ
4 文ニ、設我得仏一、十方衆生、至心信楽メ、欲テ生ト我国一ニ、乃至十
5 念セムニ、若不生一者、不取正覚一ト云フ、此文ニ至心ト云ハ、観経ニ明ス
6 所ノ三心ノ中ノ至誠心ニアタレリ、信楽ト云ハ深心ニアタレリ、欲生
7 我国ハ廻向発願心ニ当レリ、是ヲ深ク命チ終ルヲ期トメ乱レヌ者ヲ

（一六丁オ）

1 一心トハ申也、此ノ心具セム者ノ、若ハ一日二日、乃至十声・一声ニ、
2 必ス往生スル事ヲ得ト云フ、争テカ凡夫ノ心ニ散乱無キ事候ヘキ、
3 サレハコソ易行道トハ申事ニテ候ヘ、双巻経ノ文ニハ、横截五悪
4 趣、悪趣自然閉、昇道無窮極、易往而無人ト説ケリ、
5 実トニ行キ易キ事、是ニ過タルヤ候ヘキ、劫ヲ積テ生ルト云ハヽ、命モ短カク
6 身モ堪ヘサラム人ハ何カト思フヘキニ、本願ニ乃至十念ト云フ、願成
7 〔就文カ〕□（破損）ニ、乃至一念モ彼ノ仏ヲ念メ、心ヲ至メ廻向スレハ、即チ彼

（一六丁ウ）

1 〔国生カ〕□（破損）事ヲ得ト云フ、造悪ノ物不生ニ云ハ、観経ノ文ニ五逆ノ罪人
2 生ルト説ク、若世モ下タリ人ノ心モ愚ナル時ハ、信心薄クメ生レカタシト云ハ、双
3 巻経ノ文ニ、当来之世ニ経道ノ滅尽セムトキ、我以テ慈悲一ヲ哀愍メ特《ヒトリ》

4 留テ此経ヲ止住メム百歳、其有衆生一値此経一者、随テ意ノ所願ニ
5 皆可ト得度一ス云々、尓時ノ衆生ハ〇宝三之名ヲ聞ク事無シ、
6 諸ノ聖教ハ龍宮ニ隠レテ一巻モ留ル物ノ無シ、只邪悪無信ノ
7 サカリナル衆生ノミアリ、皆悪道ニ落ヌヘシ、弥陀ノ本願ヲ以テ

（一七丁オ）
（一六丁ウカラ一七丁オノ間ニ凡ソ二丁分相当ノ記述ノ欠落ヲ認ム）

1 者、浄土ノ教ヲ述ヘム者ヲハ、若ハ千由旬ヨリモコノカタ、並ニ敬重シ親近
2 供養スヘシ、別学ノ者ヲモ惣メ敬フ心ヲ起スヘシ、若軽慢ヲナサハ罪ヲ得ルコト
3 無シ窮一、進ミテモ衆生ノ為ニ善知識ト成リテ、必ス西方ニ帰スル事ヲ用ヨ、此
4 火宅ニ住ハ退没アリテ難カ出一故ナリ、火宅ノ修道甚タ可キカ難《カタカル》一故ニ
5 西方ニ帰シム、一度ヒ往生ヲ得ツレハ三学自然ニ勝進〔精〕メ、万行並ニ備ルカ故ニ、
6 弥陀ノ浄国ハ造悪ノ地無シ、四ニ同縁ノ伴ヲ敬ト者、同シク業ヲ修スル
7 物ナリ、自ハ障リ重クメ独業成セスト云ヘトモ、必ス善キ友ニヨリテ方ニ行ヲ

（一七丁ウ）

1 ナス、アヤウキヲ助ケアヤウキヲ済クフ事同伴ノ善縁ナリ、深ク相ヒ馮テ
2 重モクスヘシ、五ニ三宝ヲ敬ト者、絵像・木仏、三乗ノ教旨、聖僧・
3 幷、破戒ノ輩マテ敬ヲ起シ慢ヲ生スル事無レ、木ノ傾倒《カタフキタルハタウル、ニ》曲レルニヨルカ如シ、
4 事ノ障ハリアリテ西ニ向ニ及ハスハ、西ニ向フ思ヲナスヘシ、三ニ無間修ト者、
5 要決ニ云ク、常ニ念仏メ往生ノ心ヲナス、一切ノ時ニ於テ心ニ常ニ思ヒ巧ムヘシ、
6 譬ヘハ若人抄掠《セウリヤウ》セラレテ身下賤ト成リテ艱辛《カムシム》ヲ受ク、忽ニ父母ヲ思テ本

7 国ニ走リ返ラムト思フ、行ヘキ計リコトイマタ不《ス》メ弁一他郷ニアリ、日夜ニ思惟スル

（一八丁オ）

1 苦シミ堪ヘ忍フヘカ■《ラ》ス、時トメ本国ヲ思ハスト云フ事無シ、ハカリ事ヲ成スコトヲ
2 得テ、已ニ還リテ達スル事ヲ得テ、父母ニ親近シ恣シキマ、ニ歓楽スルカ如シ、行者モ
3 又尓ナリ、往因ノ煩悩ニ善心ヲ壊乱セラレテ、福智ノ珎財並ニ散失メ、
4 久ク生死ニ沈テ六道ニ駈馳《クチ》《カリハス》シ苦シミ身心ヲ迫《セ》ム、今善縁ニ相ヒテ弥陀ノ
5 慈父ヲ聞テ、方ニ仏恩ヲ念メ報尽ヲ期トメ心ニ常ニ思フヘシ、心々相続メ余
6 業ヲ雑ヘサレ、四ニ無余修ト者、要決ニ云ク、専ラ極楽ヲ求テ礼念スルナリ、
7 諸余ノ行業ヲ雑起セサレ、所作ノ業ハ日別ニ念仏スヘシ、善導ノ云《ノ》ハク、

（一八丁ウ）

1 専ラ彼ノ仏ノ名号ヲ念シ、専ラ彼仏及ヒ彼土ノ一切ノ聖衆才ヲホメテ
2 余業ヲ雑一（マヽ）ヘサレ、専修ノ者ハ百ハ即百ナカラ生レ、雑修ノ者ハ百カ中ニ
3 纔ニ一二ナリ、雑縁ニ近付キヌレハ自《ミ》モ障ヘ、他ノ往生ノ正行ヲモ障フルナリ、我レ自《ミ》ラ
4 諸方ヲ見聞《ミ》クニ、道俗ノ解行不同ニメ専雑殊《コト》《異》ナリ、只心ヲ専ニ生《ナス》ハ、十ハ
5 即十ナカラ生ル、雑修ノ者ハ千カ中ニ一モ不ト得ニ云フ、又善導釈メ
6 云《ノ》ハク、西方浄土ノ業ヲ修セムト思ハム物ハ、四修ヲツル事ナク三業雑ハルコト〔衍〕
7 事無クメ、一切ノ諸願諸行ヲ廃メ、唯西方ノ一行一願ヲ修セヨトコソ候ヘ、

（一九丁オ）

1 問、一切ノ善根ハ魔王ノ為ニ妨タケラル、是ハ何カ、メ対治シ候ヘキ、
2 答、魔界ト云物ハ衆生ヲタフラカス物ナリ、一切ノ行業ハ自力ヲ憑ム故ナリ、

念仏ノ行者ハ身ヲハ罪悪生死ノ凡夫ト思ヘハ、自力ヲ馮ムコト無クメ、唯弥陀ノ願力ニ乗リテ往生セムト願フニ、魔縁便リヲ無シ得一コト、観恵ヲ凝ラス人ニモナヲ九境(マヽ)ノ魔事アリト云フ、弥陀ノ一事ニハ本トヨリ魔事無シ、果人清浄ナルカ故ニト云ヘリ、仏ヲタフロカス魔縁無ケレハ、念仏ノ者ヲハ妨タクヘカラス、他力ヲ馮ニヨルカ故ヘナリ、百丈ノ石ヲ船ニ於ツレハ万里ノ大海ヲ過ルカ如シ、又念仏ノ行者ノ前ヘニハ

(一九丁ウ)

弥陀・観音常ニ来給フ、二十五ノ菩薩百重千重ニ圍繞護念シ給フニ便リヲ不可得一、

問、阿弥陀仏ヲ念ニ、何カ計ノ罪カ滅シ候、答、一念ニヨク八十億劫ノ生死ノ罪ヲ滅ト云ヒ、又但《タ》開クニ仏名《ミナ》二井名《ミナ》一ヲ、除ク無量劫ノ生死之罪一ヲナムト申候ソカシ、

問、念仏ト申候ハ仏ノ色相ヲ念シ候カ、答、仏ノ色相光明ヲ念スルハ観仏三昧也、報身ヲ念シ同体ノ仏性ヲ観スルハ、智浅ク心少クナリ我才ハ

(二〇丁オ)

境界ニ非ス、善導ノ云ハク、相ヲ観セスメ唯名字ヲ称セヨ、衆生障リ重クメ観成スル事難シ、是ノ故ニ大聖哀ミヲ垂テ称名ヲ専ニ勧メ給ヘリ、意ロ幽カニメ神ヒ十方ニ飛ヒ散ルカ故ヘナリト云ヘリ、又本願文ヲ善導釈メ云ハク、若我成仏、十方衆生、願生我国、称我名号下至十声、乗我願力、若不生者、不取正覚、彼仏今現在世成仏、当知本誓重

願不虚、衆生称念必得往生ト仰セラレテ候、トク〱〇《安楽》浄土ニ
往生セサセオハシマシテ、弥陀・観音ヲ師トメ、法花ノ真如実相平

（二〇丁ウ）

等ノ妙理、般若ノ第一義空、真言ノ即身成仏、一切ノ聖教心ノ
マヽニ悟ラセオハシマスヘシ云々、
〇大胡太郎実秀ヘ遣ハス御返事第十二
サキノ便ニハ指合フ事候テ、御文ヲメ《(マヽ)》ニモコマカニ見《ミ》解カス候シカハ、御
返事コマカニ申サス候キ、サタメテ不審《ヲホツカナク》ニ思食候ラムト〇思給候〇、
サテハ〇尋仰ラレ候シ事トモハ〇、御文ナムトニテ〇輒《タヤ》スク〇申開キ《クヘキイ本》、タカキ事
ニテハ候〇《ハスイ本》、アハレ〇京ニ久ク〇御逗留候シ時〇、コマカニ〇御沙汰《タツネイ》候マシカハ〇

（二一丁オ）

ヨク候ナマシ〇、大方ハ〇念仏シテ〇往生スト申事ハカリ〇、纔ニ〇承ハリテ候〇、
我心一ニ〇深ク信タル〇計ニテコソ候ヘトモ〇、人マテ〇ツハヒラカニ〇申シ聞セナムト〇スル
程ノ身《みイ》ニテ候ハネハ〇、マシテ〇立テ入タル事トモノ〇不審ナムト〇、御文ニテ〇申開ク
ヘシトモ〇覚ヘ候ハネトモ〇、纔ニ〇見及候ハム程ノ事ヲ〇憚《承イ》リ進セテ、トモカクモ〇
〇御返事申候ハサラム事ノ〇恐《口惜イ》ニテ候ヘハ〇、心ノ及程ハ〇形ノ如申候ハムト〇
存シ候也〇、先三心具足メ〇往生スト申候事ハ〇、実ニ〇名目計リヲ〇
ウ《ゥ》チキク時ニハ〇何ナル心ヲ〇申候ヤラムト〇、コト〱シク〇覚ヘ候ヌヘケレトモ〇、

（二一丁ウ）

善導ノ御心ニテハ〇心得ヘ安キ事ニテ候也〇、必シモ〇習ヒ沙汰セサラム〇無智ノ

人ヤ○、覚リ無ラム○女人ナムトノ○エクセヌ程ノ○心ハエニテハ候ハヌ也○、只マメヤカニ○往生セムト○思ヒテ○念仏申サム人ハ○、自然ニ○具足シヌヘキ心ニテ○候物ヲ○、其ノ故ハ○、三心ト申ハ○観無量寿経ニ○説テ候様ハ○、若衆生アリテ○彼国ニ○生レムト○願ハム物ハ○、三種ノ○心ヲ○発メ○即往生スヘシ○、何才ヲカ○三トスル○、一ニハ○至誠心○、二ニハ○深心○、三ニハ○廻向発願心ナリ○、此ノ三ヲ具スル者ノハ○必ス○彼国ニ生ルト○説レタリ○、然ルニ○善導和尚ノ○御心ニヨラハ○、初メニ○至誠心ト

（二二丁オ）

云ハ○真実ノ心ナリ○、真実ト云ハ○イハク○、内ハ虚クメ○外ヲ厳ル心ノ○無キヲ申也○、即○観経疏ニ釈メ云ク○、外ニハ○賢善精進ノ相ヲ現シ○、内ニハ○虚仮ヲ○懐クコトヲ○得サレト云ヘリ○、此ノ釈ノ心ハ○、内ハ○愚ロカニメ○、外ニハ○賢キ人ト○思ハレムト○振舞ヒ○、内ニハ○悪ヲ作リ○、外ニハ○善人ノ由ヲ示シ○、内ニハ○懈怠ノ心ヲ懐テ○、外ニハ○精進ノ相ヲ○現スルヲ○、真実ナラヌ○心トハ申ナリ○、外モ○内モ○アリノマ、ニテ○カサル心ノ○無キヲ○至誠心ト○名クルニコソ○候メレ、

二ニ深心ト云ハ○即○深ク信スル心ナリ○、何事ヲ深ク信スルソト○云ニ○、先ッ諸ノ

（二二丁ウ）

煩悩ヲ○具足シ○、多ノ罪ヲ造リテ○余ノ善根ナムト無ラム凡夫○、阿弥陀仏ノ○大悲本願ヲ仰テ○、其仏ノ名号ヲ唱ヘテ○、若ハ百年ニテモ○、若ハ四・五十年ニテモ○、若ハ十・二十年ニテモ○、乃至一・二年ニテモアレ○、スヘテ○往生セムト○思ヒハシメタラム時ヨリシテ○、最後臨終ノ時ニ至ルマテ懈怠セス○、若ハ○七日・一日○十声・

一声《ニテモ》〇多《クモ》少《クモ》〇、称名念仏《ノ》人《ハ》〇決定《メ》往生スヘシト信シテ、
乃至一念《モ》〇疑《フ》心ナキヲ〇深心《トハ》申也〇、而《ルニ》〇諸《ノ》往生《ヲ》願《フ》
人〇、本願《ノ》名号《ヲ》〇持《チナカラ》〇、猶《ヲ》〇内《ニ》妄念《ノ》起《ルヲ》恐《レ》〇、外《ニ》余善《ノ》少《スク》

（奥書）
（異筆、朱書）「圓光大師御真筆」

2　書誌

西法寺本『和語灯録』の書誌的問題について述べておく。現在の伝来状況は非常に良好で、その要項をあげるとおよそつぎのとおりである。

〔表題〕（ナシ）
〔表紙〕黒地金蓮華紋様厚表紙
〔装丁〕粘葉装
〔法量〕タテ二六・〇、ヨコ一六・二センチメートル
〔紙質〕鳥ノ子紙
〔紙数〕粘葉綴二三丁
〔本文〕一頁七行、一行一四〜一六字詰（但シ送リ仮名・振仮名等ヲ除ク）
〔時代〕鎌倉時代末写
〔内容〕鎌倉二位禅尼へ進する御返事第十（末尾）
要義問答第十一
大胡太郎実秀へ遣ハス御返事第十二（巻頭）
〔奥書〕圓光大師御真筆（朱書、異筆）
「大胡太郎実秀へ遣ハス御返事第十二」ニノミ朱点アリ

書写年時の推定であるが、まずは紙質・字体等から主観的な見地ではあるが、前掲目録等で示している鎌倉時代末という鑑定を積極的に否定するには至らない。了恵自筆本として伝来しているものに、清浄華院所蔵文保元年（一三一七）二月十八日付「了恵道光授隆恵天台円教菩薩戒相承師々血脈譜」があるので、この署名と花押の部分

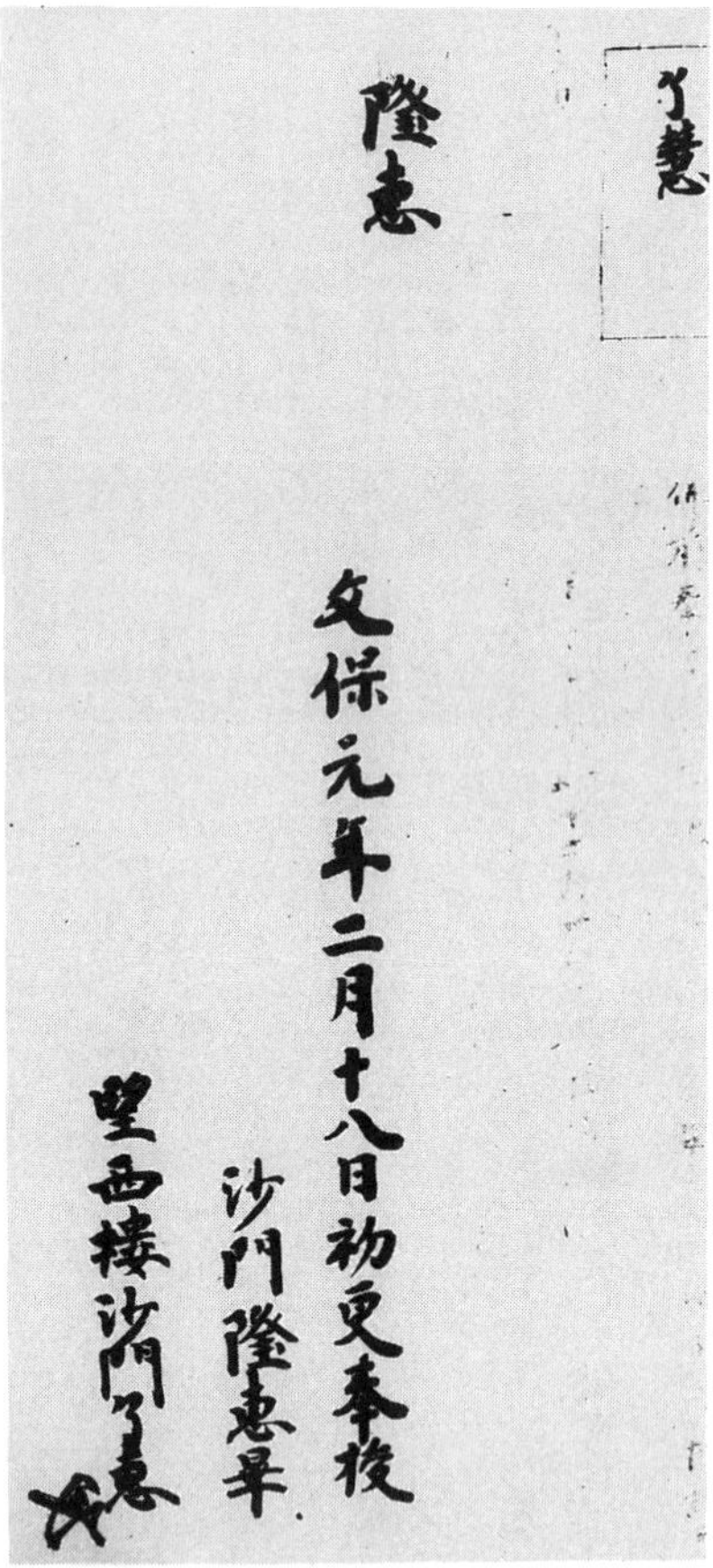

清浄華院所蔵「了恵道光授隆恵天台円教菩薩戒相承師々血脈譜」（末尾）

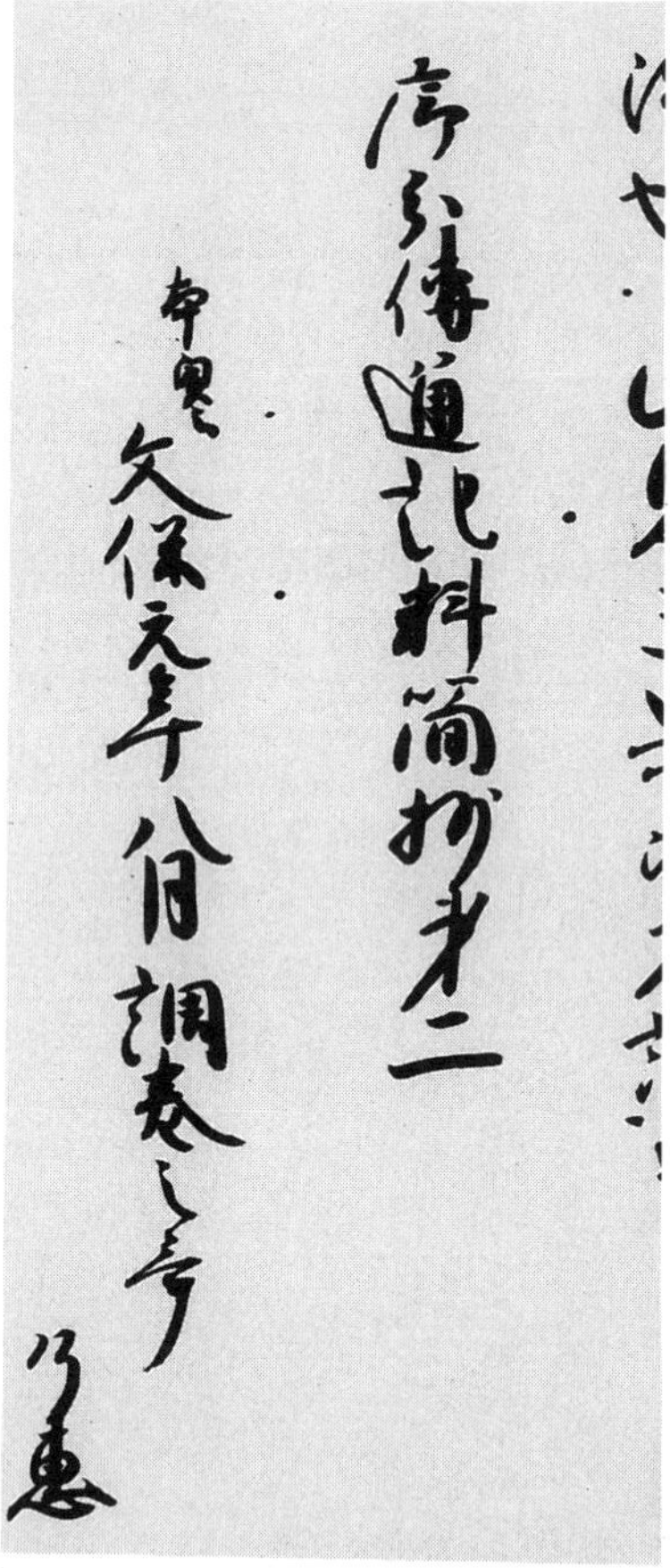

禅林寺所蔵『伝通記料簡抄』第二冊奥書

の写真版を掲載しよう。さらに近年新しく確認したものとして東山禅林寺所蔵『伝通記料簡抄』[19]があり、写真版に見られるように文保元年八月の奥書をもつ。これが自筆であると判断をするには問題があるが、少なくとも模写本と想定する場合に前記血脈譜の了恵の署名と『伝通記料簡抄』のそれとは酷似している。そこで、『伝通記料簡抄』の本文と西法寺本とを比較してみると両者には共通性を有することが想定され、あるいは西法寺本が了恵自筆本の模写であるという可能性も捨てることができない。少なくとも前掲の文保年間と同時代のものであることは首肯されるであろう。

西法寺本が書写本であろうとの推測は、西法寺本と元亨版とを対照した場合のつぎのごとき事例によっても明らかである。

西法寺本　　元亨版

○五丁(ウ)―2天台大師ノ云ノハク　　答天台大師のの給く

………「天台」と「答」の草体が類似していたために生じた誤謬であろう。

○九丁(ウ)―1是ヲ案幸メ　　これらを案して

………「案」の草体が不鮮明。

○一三丁(オ)―1若決定メ　　きみ決定して

………「君」と「若」の草体の類似による誤謬と見られる。

これらはいずれも西法寺本の書写人が底本を写し取る際に不注意によって誤写したもので、恐らくは模写に心懸けていた形跡でないかと思われる。

ところで、西法寺本に用いられている片仮名のうち、ア(ホ)、子(ネ)、＼(キ)、丅(マ)などは、康元元年

（一二五六）から翌二年にかけて親鸞によって書写された『指南抄』等の表示と相通じるものであり、中世鎌倉期の特徴を伝えている。後述する校異箇所ならびに挿入箇所などの検討によっても考証されるように、西法寺本の書写年時はやはり鎌倉期にまで遡って、元亨版よりも若干早い頃に設定することができると言えよう。

しかしながら、書誌的に難点もある。第一にどうして所収遺文の途中において分断されて一冊となったのか、その事情に併せて残欠異本としての伝来過程について疑問がある。元亨版・寛永版・正徳版いずれを見ても、遺文の途中で分断されるような冊子仕立ての構成を当然してはいない。しかし、「要義問答」に「第十一」、「大胡太郎実秀へ遣ハス御返事」に「第十二」等の『和語灯録』所収遺文の篇数がすでに同筆で明確に記されていることから、これ以前に編集された『和語灯録』の完本があって、西法寺本はその一部の書写本であり原型にきわめて近いものと言える。たとえば「要義問答」の記述の伝来に主眼があってこのように分断されたのか、もとは全体揃った完本であったが伝来の途中で残欠本となったのか、装丁からするとかなり早い頃より現状のような残欠本であったことは確かであり、依然伝来に関する疑問は解決しない。

粘葉装二二丁、四四頁のうち、全体的に格調高い流麗な一筆書きのようであるが、原物によって詳細に確認すると、つぎに掲げる数箇所は後世の補修等手が加えられた跡であろうか、疑問な点として指摘できる。まず三丁（ウ）はほかと明らかに異筆である。しかも、同7行目下部の空白は後人による補筆の痕跡と見做される。三丁（オ）も後述のように問題の箇所であるが、いずれにしても後世の補修時におけるものと思われる。つぎに六丁（ウ）の5行目・6行目に摩損の著しい箇所を指摘できる。また四丁（オ）の6行目の第1字「中」であるが、一旦何かの文字を削ってそのうえに書き直した跡が認められる。さらに、三丁（オ）・四丁（ウ）・五丁（オ）・七丁（ウ）の四丁はほかと比べて筆の流れが不自然であり、恐らくは異筆であって、これらも後人によって補修がなされた形跡であろうと解される。そして、一六丁（オ）・一六丁（ウ）双方には破損箇所があるが、裏打ちによって修理が施されているようである。ほかにも虫損箇所を修理した痕跡もあるなど、西法寺本はかなり早い頃から貴重な文献として保存に留意されてきたものである。

ところが、その文献としての最大の欠陥は諸本の対照によって明らかなように、一六丁（ウ）と一七丁（オ）とのあいだに大幅な記述の脱落が存することである。これをおよそ推量してみると、二丁分、四頁程度に相当する記述であると想定することが出来、粘葉装であることを考慮すると、恐らく一枚分が何らかの事情によって脱落し、そのことに気付かないままに伝来したものであろうことが予測される。以上のような書誌的諸問題が史料的価値を下げていることは事実であるが、より詳細な分析をとおしてこれらの問題点が伝来過程においてどのように生じてきたのかを検討すべきである。

朱点は「要義問答」「大胡太郎実秀へ遣ハス御返事」の題目の部分と、後者の本文のみに付されているが、いつ頃付けられたものかその時期については定かでない。

奥書に「圓光大師御真筆」と朱書されているが、これは本文とは異筆であり、少なくとも諡号宣下を受けた元禄年間以降の補筆であることに間違いはない。もちろん、本文の筆跡を法然自筆の書と比べてみても一致するものではない。

3　考　察

西法寺本の確認によって『和語灯録』の史料的価値を検討するための基準ができた。これまではそれを元亨版に頼ってきたわけであるが、版本であるために曖昧さを禁じえなかったが、中世に遡るしかも編集時期を大きくは降らないであろう写本が現存するのであれば、これを底本にして他の諸本の記述を比較検討してみる必要がある。勿論、西法寺本がその一部しか現存しない残欠本であるので、該当部分にのみ限っての対照であることはいうまでもない。

はじめに、西法寺本、『指南抄』、元亨版は行数や字詰等書写の形式から見て、相互に直接的な関係の存在しないことが確認される。そこで、書写時期推定のための格好な材料として、「イ」と傍注して他本との校異を記す記述が数箇所見られるためこれの検討を行なってみる。これらについて左に元亨版・『指南抄』所収本の該当箇所とともに列記してみよう。（、印は該当文字であることを示す）

西法寺本	元亨版	『指南抄』
○一丁(ウ)—5様々ノ要《証イ》文	様々の要文	ヤウ〳〵ノ証文
○一丁(ウ)—6唯〇《タヽ心イ》是ニ過キ候マシ	たゝこれにすき候まし	タヽコヽロコレニスキ候ヘカラス
○二〇丁(ウ)—6申開キ《クヘキイ本》	申ひらき	申ヒラクヘキ
○二〇丁(ウ)—7ニテハ候ハスイ本	にて候	ニテモ候ハス
○二〇丁(ウ)—7御沙汰《タツネイ》候マシカハ	御沙汰候ましかハ	御サタアリセハ
○二一丁(オ)—3程ノ身《みイ》ニテ	程の身にて	ホトノ身ニテ
○二一丁(オ)—4見及《承イ》候ハム	見およひ候ハん	ウケタマハリオヨヒテ候ハム
○二一丁(オ)—5恐《口惜イ》ニテ候ヘハ	おそれにて候へハ	クチオシク候ヘハ

この西法寺本の傍注は本文と同筆で記されている。記述の比較によると八箇所の校異表示のうち、六箇所が『指南抄』の記述と一致している。そして、元亨版の記述は西法寺本の校異を表示する以前の本文とすべて一致している。

これらの傾向から西法寺本が元亨版以前の成立である可能性が強いことが言える。元亨版以降のものならば元亨版の記述も校異の対象とすると考えられるからである。

また、「要義問答」の記述には挿入・訂正箇所が頻出するため、つぎに同様に列挙してみる。（、印は該当文字であることを示し、＊印は異筆と見られるなど、書誌的難点の指摘される頁である）

西法寺本	元亨版	『指南抄』
○二丁（ウ）—6此才ノ〇《苦》無カラムスラ	これらの苦なからんすら	コレラノ苦ナカラムスラ
○四丁（ウ）—2カシコニテ〇《〇サトリヲモ　サトリヲモ》開＊	かしこにてさとりをもひらき	カシコニテサトリオモヒラキ
○五丁（オ）—7一切ノ法門ヲ〇《ヤスク》モ悟ラセ給ハムハ＊	一切の法門をもやすくさとらせ給ハんは	一切ノ法門オモヤスクサトラセタマハムハ
○一一丁（オ）—2今所ノ引ニ〇《経論ハ》菩薩・人・天等ニ通メ説ケリ	いまひくところの経論ハ菩薩・人・天等に通してとけり	イマヒクトコロノ経論ハ菩薩・人・天等ニ通シテトケリ
○一一丁（オ）—4所モ別ニ〇益モ利別也キ	所ろも別に利益も別なりき	所モ別ニ利益モ別ナリキ
○一一丁（オ）—5〇地初・十地ノ菩薩	初地・十地の菩薩	初地・十地ノ菩薩

○一三丁(オ)—3〜4君返リ来レ、〇彼ノ道ハハケシク悪シキ道也	きミ返りきたれ、かのミちハはけしくあしきみち也	キミカヘリキタレ、コノミチハケアシクアシキミチナリ
○一六丁(ウ)—5尓時ノ衆生ハ〇宝三之名ヲ聞ク事無シ	その時の衆生は三宝の名をきく事なし	ソノ時ノ衆生ハ三宝ノ名ヲキク事ナシ
○二〇丁(オ)—6〜7トク〳〵〇安楽浄土ニ往生セサセオハシマシテ	とく〳〵安楽浄土に往生せさせおハしまして	トク〳〵安楽ノ浄土ノ往生セサセオハシマシテ

以上九箇所をあげることができるが、いずれも元亨版、『指南抄』の記述に踏襲されている。これらの箇所が後世になって前記元亨版か『指南抄』によって訂正がなされたものと見るか、元亨版以前に施されたものとするか判断は難しいが、＊印で示す書誌的に難点があると指摘した丁数を除けば本文と同筆の傍注であることが判明し、前述の校異表示と同時期に他本と校合をした際のものと見做される。それにしても、「鎌倉二位禅尼へ進する御返事」「大胡太郎実秀へ遣ハス御返事」のような消息類と、「要義問答」の校異表示の方法が相違するのは何かその事情を語っているものであろうか。

また、西法寺本の記述の最も大きな特徴は、片仮名交りの書式であるが、その送り仮名等が右寄せに小文字で表わされていることであろう。そして、音訓仮名は右傍らに付している。この形式は文章の原型が漢字中心のもので、それに送仮名が打たれるようになり、次第にその送仮名が本文に混入されて元亨版のような仮名交りの文章になっていったという、その形成過程のものであると理解できる。法然の遺文類の問題点としてとりあげられている一つに、和文体のものと漢文体のものといずれが先行するものかということがあるが、この西法寺本の文章形式はこうした問題にも新たな観点を提供することになるであろう。

ところで、諸本の対照をもとに異同箇所等を検討し、諸本相互の関係性について論ずることにする。最初にもっとも異同が著しい義山校訂の正徳版について述べる。その正徳版の異同・削除箇所であるが、これは西法寺本・元亨版・寛永版等の該当箇所との比較によって、正徳版独自のものが非常に多いことが判明する。しかもそれは内容にまで及ぶような字句の出入りをともなう場合もあって、義山本『漢語灯録』が義山の改竄箇所が多いものと認められ史料的評価が定まった[20]と同様に、その度合いこそ『漢語灯録』ほど顕著ではないが、正徳版『和語灯録』の記述の相違も義山の校訂に際する改変の跡と想定せざるをえない。したがって、正徳版の記述は後世になってからのものであって、『和語灯録』流伝史のうえでその成立過程を問題とするとき、考察の対象から除外しても差支えないことが確認できる。

そこで、西法寺本・元亨版・寛永版の記述の関係であるが、漢字・平仮名・片仮名等の相違は除外し明らかに字句の異なっている箇所のみを問題としても、まず全体的に言えることは元亨版と寛永版は概ね近い記述であり、西法寺本はそのいずれに近いかというとそれは元亨版であるということである。例として西法寺本の最初の部分、一丁から二丁にかけての「鎌倉の二位の禅尼へ進する御返事」の記述について、その異同箇所をつぎに掲げてみる。

（傍線は西法寺本に比べて異同箇所、△印は削除箇所を、、印は漢字、仮名等の書き換え箇所をそれぞれ示す）

西法寺本	元亨版	寛永版
○一丁（オ）—4〜5セメテハ録ノ内ノ経教	せめてハ録△内の経教	セメテハ録△内ノ経△
○一丁（オ）—6井ノ底ノ蛙《カヘル》	井のうちのかへる	井ノ内ノカイル

○一丁(オ)—7此間タ開キ勘ヘテ候ニ	ひらきかんかへて候に	披《ヒラ》キ検《カンカヘ》テ候ニ
○一丁(ウ)—1地獄ニ久ク有ッテ	地獄にひさしくありて	地獄ニ久クアリテ
○一丁(ウ)—3御志ノ金剛ヨリモ	御心さしの金剛よりも	御心サシ金剛ヨリモ
○一丁(ウ)—7弓無クメ天上ノ鳥ヲトリ	弓なくして天の鳥をとり	弓ナクシテ天ノ鳥ヲ取リ
○二丁(オ)—2〜3始メ終リタヘカヌヘキホトニ	はじめおわりたへ候ひぬへきやうに	始終堪ヘ候ヒヌヘキ様ニ
○二丁(オ)—2〜3御勧メ候ヘキナリ	御すゝめ候へし	御スヽメ候ヘシ

これを見ても明らかなように、元亨版と寛永版の記述はかなり近いものと言える。しかるに、寛永版は元亨版に比べて漢字の書き換えを頻繁に行なっているが、これは寛永版の全般に亘って著しく例をあげれば枚挙に遑がない。この点について元亨版と西法寺本とを比べると、元亨版では西法寺本の漢字をその音訓仮名などと同様の平仮名に改めるといった傾向が一貫して認められる。したがって、この時点においては元亨版の記述は西法寺本系の記述を踏襲して平仮名交りに書き換えられたもので、寛永版の記述は元亨版の記述を土台として主に漢字等の書き換えが行なわれたものであろうと想定される。

つぎに、『指南抄』所収本の記述との関係を見ることにする。これは『和語灯録』の諸本とは系統を異にするためにかなりの字句の相違が認められるが、遺文としての原型に遡るための傍証史料としては重要であり、またその意味において両者の記述には充分に共通性が確認されると言える。『指南抄』所収本の表現について、西法寺本と元亨版・寛永版のどちらとも相違する箇所を『指南抄』所収本によって確認してみると、ことごとく西法寺本の方の記述に一致している。これはどのように解釈されるのであろうか。前述した西法寺本「鎌倉の二位の禅尼へ進する御返事」に『指南抄』系の記述との校異を表示している点と関連して、西法寺本の記述の形成過程に『指南抄』かあるいはこれと同一系統の記述をよく参考としていたことが考えられるのではなかろうか。

ところで、西法寺本の二一丁（オ）―1行目「纔ニ承ハリテ」の箇所だけは、元亨版に「わつかにうけ給はりて」とあるのに対して、寛永版には「ワツカニ承リテ候」となっていて、西法寺本が元亨版よりも寛永版の記述と一致する唯一の例としてあげられる。

また、つぎの例は寛永版のみがまったく他の諸本と内容を異にする箇所(21)である。

西法寺本

一三丁（ウ）―1
東ノ岸ト云ハ則此娑婆ノ火
宅ニ譬ルナリ群賊悪獣イツ
ハリ近付ト云ハ則衆生ノ六
根六識六塵五陰四大ナリ

元亨版

東の岸といふハすなはち
この娑婆の火宅にたとふ
る也群賊悪獣いつハりち
かつくといふハすなはち
衆生の六根六識六塵五陰
四大也

寛永版

東ノ岸ト云ハ即チ此ノ娑
婆ノ火宅ニタトウル也西
ノ岸ト云ハ即極楽ノ宝国
ニタトフル也群賊悪獣イ
ツハリチカツクト云ハ即
衆生ノ六根六識六塵五陰
四大也

『指南抄』

東ノ岸トイフハスナワチ
コノ娑婆ノ火宅ニタトフ
ルナリ群賊悪獣イツワリ
チカツクトイフハスナワ
チ衆生ノ六根六識六塵五
陰四大ナリ

傍線部分は寛永版独自の付加ということになる。これらのことは、寛永版は元亨版を土台として片仮名交りに改めて印刻されたものと考えられるが、ほかにも何らかの事情によって手が加えられていることを示す例外の箇所としなければならない。

以上のことから、西法寺本は了恵によって編集されてからしばらくの間に他との校異などによって記述が変えられていった、その中途に位置するものと判定される。『指南抄』系統の記述との関係はその意味で興味深い。恐らく西法寺本よりも以前に『和語灯録』の底本となるものの存したことが窺われ、またその所収遺文の記述の原型となるものがあって、そこから『指南抄』の記述へと踏襲されていったものと考えられる。あるいは了恵編集『和語灯録』の原型が、幾度かの転写に際する校訂を経て元亨版のような記述となったものであろうか。このような系統論の組み立てによって、西法寺本の位置を明確に知ることができるものである。

そして、西法寺本が『和語灯録』自体の史料的価値を一段と高めるものとして評価されるべきことは勿論である。残欠本であることを考慮しても、元亨版のような完結本に至る記述形成過程を証明し、ひいては『和語灯録』の原型の体裁を具体的に想定するなど、『語灯録』全体の編集に係わる諸問題について、現段階でその解明に資するもっとも有力な史料であると言える。

註

（1）『和語灯録』諸本の研究としては、高千穂徹乗「和語灯録三本の比較研究」（『龍谷大学論集』第二六一号、大正十四年）が詳しい。ほかに中沢見明「西方指南抄と漢和語灯録に就て」（『高田学報』第二三・二四・二六号）、徳沢龍泉「元亨版『和語灯録』について」（『龍谷学報』第三二七号、昭和十五年）等がある。

（2）藤堂祐範著『浄土教版の研究』（大東出版社、昭和五年）「三四元亨版黒谷上人語灯録」は、解説において知恩院第一一代円智ではないかと推測している。

（3）『浄土宗全書』（山喜房仏書林、昭和四十六年）第一七巻。
（4）『浄土宗全書』第一九巻。
（5）龍谷大学所蔵本。
（6）『系図纂要』二五（名著出版、第四冊）。
（7）『大日本仏教全書』第八三巻。
（8）『続群書類従』第六輯上。
（9）『続々群書類従』第三史伝部。
（10）註（7）に同じ。
（11）『常楽台主老衲一期記』上（『続々群書類従』第三史伝部）に「正応三年庚寅六月四日生」とある。
（12）鷲尾教導「『和語灯録』の元亨版本に就て」（『仏教史学』第三編第九号）は、覚忍禅尼を存覚室奈有の出家名であると推測している。
（13）新村出「金沢文庫沿革考」（『図書館雑誌』第五二号、大正十二年）には、「建武五年に和字及漢字語灯録を金沢称名寺文庫に収めた由が流布刊本の和語灯録の末に刻記されているが、予はその事の 確否を疑っている。」と述べられている。
（14）義山の弟子見阿の『和語灯録日講私記』第一巻（『浄土宗全書』第九巻）には、義山印刻に際しては金沢文庫所蔵の鏑木光明寺良求書写本が伊豆薬王寺に所在する由を知恩院白誉至心に申達し、本山よりこれを取り寄せて底本としたと解説されている。
（15）本章第一節参照。
（16）西法寺本は註（12）掲載鷲尾所論、註（1）掲載高千穂所論、徳沢所論等ですでにその所在について触れられている。
（17）宇高良哲編著『逆修説法』諸本の研究』所収。
（18）拙稿「安居院西法寺所蔵残欠異本和語灯録について」（『仏教論叢』第三五号、平成三年）に緊急報告を述べている。
（19）京都永観堂禅林寺には稀覯本ともいうべき古典籍類が多く伝存しており、そのなかでも『伝通記料簡抄』は元亨元年五月の円空奥書を有する玄義第二冊から第四冊、序分第一冊と、著者了恵の文保元年八月の奥書を有する序分第二冊・第三冊の計六冊が現存、いずれも書誌的に見て同時代を大きくは降らないものと認定される。
（20）註（15）に同じ。
（21）この点については、すでに註（1）掲載高千穂所論においで指摘されるところである。

第三節　『拾遺黒谷語録』について

了恵は拾遺篇の編集をもって『語灯録』の完結としたようで、その事情は後述の元亨版第七冊の末尾に存する了恵の後文によって知られる。そして、元亨版・寛永版・正徳版というように『和語灯録』諸本に、各々その拾遺篇である『拾遺和語灯録』を伝来している。一方、『漢語灯録』の拾遺篇である『拾遺漢語灯録』は恵空本にはなく、現在は義山本である正徳版にのみ「拾遺漢語灯録」との標題を付して伝わっている。元亨版の第六・第七冊の内題によると、この拾遺篇の漢語・和語両方を総称して「拾遺黒谷語録」と題していたようである。この『語灯録』拾遺篇の編集事情を考察することは、『語灯録』全体の成立といった問題にも深い関係を有する。さらには、嵯峨清凉寺所蔵文書のなかの二点の原物書状が、この『拾遺和語灯録』所収の消息と一致するものであるため、『語灯録』全体の史料批判のうえに恰好な例証となり得ると思われるため、それらとの諸本校合の結果についても言及することにする。

一　『拾遺黒谷語録』の編集事情

『拾遺語灯録』の編集事情を理解しようとするには、伝来する版本等の関係から『拾遺漢語灯録』と『拾遺和語灯録』とを分けて考えなければならない。

そこで、『拾遺和語灯録』の後文はこの『拾遺語灯録』全体の編集事情について語っているので、元亨版・寛永版・正徳版等によって若干字句の異同があるが、元亨版より左にその全文を掲げることにする。

愚見のおよふところ集編かくのことし、しかるに世の中に黒谷の御作といふ文おほし、いはゆる決定往生行相抄・本願相応抄・安心起行作業抄・九条の北の政所へ進する御返事かの御返事に二通あり、これは三心をのせたる本なり、この文ともは、余の和語の書に、文章も似ず義勢もたかへり、おほきにうたかひあるうへに、ふるき人偽書と申つたへたり、しかれはこれをいれす、又二十二問答とて、二十六七張の文あり、又臨終行儀とて、五六張の文あり、真偽しりかたし、いさゝかおほつかなきによりてこれをのそけり、又念仏得失義といふ文あり、上人の御作といへり、しかれともこれはまさしくあらぬ人のつくれる文也、このほかにま事しからぬ文二三本あり、中〳〵にいふにたらぬ物とも也、およそ二十余年のあひた、あまねく花夷をたつね、くはしく真偽をあきらめて、これを取捨すといへとも、なをあやまる事おほからん、後賢かならすたゝすへし、又おつるところの真書あらは、この拾遺に続へし、心さすところは、衆生をして浄土の正路におもむかしめんかためなり、あなかしこ〳〵、

望西楼沙門了恵謹疏

これによると、了恵は『和語灯録』の編集に当たり真偽の撰定には慎重な態度で臨んでいたことが知られる。そして、『決定往生行相抄』『本願相応抄』『安心起行作業抄』「九条の北の政所へ進する御返事」等については、他の所収遺文と内容・形態ともに相違するとして疑問であるとし、さらに『二十二問答』『臨終行儀』『念仏得失義』等の文は偽書であると判定して所載しなかった旨趣を述べている。

石井教道・大橋俊雄両氏編『昭和新修法然上人全集』によると、このうち標題は若干違うが、大谷大学所蔵了祥書写本『決定往生秘密義』、慶安元年印刻本および大谷大学所蔵江戸期書写本の『本願相応集』等をはじめ、大谷大学所蔵寛文四年印刻本の『念仏得失義』、比較的良本として伝存するものに安土浄厳院所蔵永正十一年（一五一四）の書写本である『安心起行作業抄』、静岡県沼津乗運寺旧蔵本の『臨終行儀』（同種の遺文として、京都浄福寺に享禄四年

書写本の『臨終講式』がある）等の伝存が確認されているが、これらの真偽の判定を内容的に下す調査結果を筆者は現在のところ備えていない。

『拾遺漢語灯録』は今日義山校訂の正徳五年版のみしか伝来しないが、その後文につぎのようにある。

漢語語灯録十巻十七章、幷拾遺語灯録上巻三章、都《テ》是《レ》二十章、此予《レ》二十年来、偏索《ク》二此《ヲ》於華夷《ニ》一、慎《テ》撿《テ》二真偽《ヲ》一而所《ナリ》二撰集《スル》一也、此《ノ》外世間《ニ》所《ル》レ流本願奥義一巻、往生機品一巻、称《スル》二黒谷《ノ》作《ト》一者《ノハ》即偽書《ナリ》也、又有《リ》下三部経総章列《テ》二四十八願《ノ》名目《ヲ》一、第十八願《ヲ》名《ル》二十念往生願《ノト》一者《ノ》一巻、及問決一巻・金剛宝戒章三巻上、幷亦偽書《ナリ》也、上人与《ル》二鎮西《ニ》一書《ニ》曰《ク》、金剛宝戒章是《レ》偽書《ナリ》也、予不レ製《セ》二如《ノ》レ是《ノ》書《ヲ》一、釈迦・弥陀以為《ヲ》二証明《ト》一云《ト》云、況《ヤ》又拠《テ》レ理《ニ》而論《スルニ》、宝戒所《ハ》レ述《スル》乃是聖道《ノ》法門《ニシテ》而、非《ルコト》二上人之所作《ニ》一者著明《ナリ》矣、今則管見《ノ》所《フ》レ及取捨如《シ》レ斯《ノ》、若有《ラハ》二舛差《ノ》一後賢糺《セ》レ之《ヲ》、又有《ラハ》二子遺一来哲続《ケ》レ之《ヲ》、又拾遺語灯本有《ト》二三巻一、但《シ》中・下両巻《ハ》和語《ニシテ》而、与《ニ》二和字語灯録第六・第七巻一其《ノ》事全《ク》同《シ》、故《ニ》今略《ノ》不レ載《セ》レ之《ヲ》、若欲《セハ》二三巻全備《セント》一、以《テ》二彼六・七両巻《ヲ》一続《テ》二次《スヘシ》于茲《ニ》一焉、

ここにも了恵は『漢語灯録』の編集に際して真偽の撰定を細かに行なったと記述し、『本願奥義』『往生機品』『金剛宝戒章』等を偽書と判定して所載しなかった旨趣が述べられている。これも同様に石井教道・大橋俊雄両氏編『昭和新修法然上人全集』によると、寛永十年版・元禄十年版等の『金剛宝戒訓授章』、坂本来迎寺所蔵の享禄二年（一五二九）岌威書写本、金沢文庫所蔵書写本、寛永十一年版・元禄十年版等の『金剛宝戒釈義章』等の伝来が確認されているが、これらの真偽の判定についても『拾遺和語灯録』の後文に記される各遺文と同様に難しい。

ところで、中沢見明氏はこれら両後文の「およそ二十余年のあひた」「此予《レ》二十年来」なる語と、『漢語灯録』を文永十一年、『和語灯録』を文永十二年とする各々の編集年時についての記述は、編者了恵の年齢からして矛盾す

る点を指摘され、これを論拠として「遺北陸道書状」が偽造文書であるとの説も含めて、『語灯録』の編集を了恵晩年のものであると言われる(1)。

しかし、了吟の『新撰往生伝(2)』三には「寛元一年癸卯某月日生、建長五年癸丑出家剪髪、時年十一、師二事台嶠尊恵公一」とあるなど、了恵は建長五年（一二五三）十一歳のとき叡山に登って尊恵に師事して剃髪したとなっており、これから『語灯録』編集の文永十一・二年までを数えると丁度二十一・二年となり、「二十余年」なる表現に当たるものと見られる。これは何も実際に法然遺文の蒐集を開始して以降の年数であると限定しなくても、了恵が出家して天台を修学するようになってからという広義の意味に解釈することによって、それ程大きい矛盾であるとは考えられない。「遺北陸道書状」が偽文書であるかどうかは、恵空本の記述を底本に据え、そして『九巻伝』『四十八巻伝』所収本との関係にも考慮しながら慎重に取り扱うべきであると思われ、結論を避け今後の重要な課題の一つに掲げておくことにする。

問題は『拾遺語灯録』はどのような形態で編集されていたかである。これについては元亨版の内題「拾遺黒谷語録」の下部に「上漢語、中・下和語、」なる註記があり、また義山本しか存しないが『拾遺漢語灯録』の内題の下部に上巻と記されていることなどからすると、すでにこの元亨版印刻の際には上・中・下巻の三巻編成であったということになる。しかしながら、寛永版にはこのような内題下部の註記が存しなかったり、また拾遺篇を組み合わせた『漢語灯録』が同時に印刻されていてしかるべきであるが、少なくとも今日確認することはできないなど疑問な点がないわけではない。とくに前掲の『拾遺漢語灯録』の後文などを見ると、すでに元亨版のような『和語灯録』の第六・第七冊、すなわち『拾遺和語灯録』の存在を意識した文意に受け取られ、とても『拾遺和語灯録』の後文と同時期に記述されたものとは思えない。ただし、これは義山本のみしか伝来しないために義山による文章の改竄が行なわれているためであるのかもしれない。

このように、『拾遺語灯録』の原型の形態が元亨版の註記等に確認されるように上巻が漢語篇、中・下巻が和語篇となっていて、もともとは『漢語灯録』『和語灯録』『拾遺語灯録』の三部構成であったのか、または『漢語灯録』の編集時に拾遺篇として『拾遺漢語灯録』が、『和語灯録』編集時に拾遺篇として『拾遺和語灯録』がそれぞれ追録されていたのか、これは一応元亨版『拾遺和語灯録』内題下部の註記に信を置けば前者のごとき体裁であったものを、元亨版の『和語灯録』印刻に際して『漢語灯録』に併せて『拾遺漢語灯録』も同様に除外されたのであろうことが想定される。そして、後世になって『漢語灯録』の校訂に至って、恐らくはもとは了恵によって記されていた『拾遺漢語灯録』末尾の後文を底本にして、現今伝来するごとき義山本『拾遺漢語灯録』の後文のような記述が出来上がったものと考えられる。以上のような見解が妥当であるとすれば、中沢氏の述べられる『語灯録』晩年編集説も再考を要すると言える。

二　清凉寺所蔵文書と『拾遺和語灯録』所収本

嵯峨清凉寺には「熊谷蓮生房誓願文」や「迎接曼荼羅由来」等と共に、熊谷直実宛の法然・証空書状各一通が現蔵する。これらは黒田真洞・望月信亨両氏編『法然上人全集』、石井教道・大橋俊雄両氏編『昭和新修法然上人全集』、辻善之助氏著『日本仏教史』第二巻中世編之一（岩波書店、昭和二十二年）等に収められているが、永い間真偽についての評価が定まらず疑惑に包まれていた文書である。それが、昭和三十七年に奈良興善寺の本尊阿弥陀如来の胎内から法然・証空以下一連の各自筆書状が発見されると、(3) これらとの筆蹟の合致からともに真蹟であるとの認定を受け一躍脚光を浴びるに至ったものである。このことは、真筆類の少なかった法然研究にとって画期的な発展をなすものとなった。

両文書は竹内理三氏編『鎌倉遺文』第三巻にも収められ、また赤松俊秀氏らによって種々論じられていたが(4)、書誌学的な解釈においてその決着をつけられたのは斎木一馬氏による詳細なる分析にもとづいた解説であった(5)。そして、玉山成元氏編『定本法然上人全集』第七巻書簡篇に、正確なる稿本を所収されるに至ったのである。この清涼寺所蔵の両文書が『拾遺和語灯録』に所収されている。そこで、了恵がこれらを掲載するに至った事情についても興味深いが、ここではともかく原本かもしくは原本に極めて近いものと断定されるに及んだ(6)この両文書を底本に、『拾遺和語灯録』諸本との記述の校合を行ない、それぞれの史料的性格を理解する格好な例としたい。

1　五月二日付熊谷直実宛法然書状

清涼寺現蔵の五月二日付熊谷直実宛法然書状（以下、清涼寺本と称す）は、『拾遺和語灯録』下巻「御消息第三」の四通のうち第三通目に収録される「熊谷の入道へつかはす御返事」と同一のものであり、『四十八巻伝』第二七巻にも収載されている。『大日本史料』四編之一二の源空の寂伝においてはこれを史料的に評価せず捨て去っているが、前述の如く奈良興善寺所蔵文書の発見によってその筆蹟の一致から法然の真蹟に間違いないものと断定されるに及んで、大橋俊雄氏校注『日本思想大系』10「法然・一遍」や竹内理三氏編『鎌倉遺文』第三巻にも所収されるようになった。ここでは、前述のようにこの清涼寺本を底本として、『拾遺和語灯録』諸本所収本の記述を対照して左に掲げ、その異同箇所等における問題点を検討してみようと思う。

なお、清涼寺本の稿本は写真版をもとに、斎木一馬氏「清涼寺所蔵の源空自筆書状について」（『高僧伝の研究』）所載の釈文を参照し、改行箇所を」印で表示、その最初に行数を算用数字で書き入れた。

〔表Ⅰ『拾遺和語灯録』「熊谷の入道へつかはす御返事」諸本対照表〕

清涼寺所蔵五月二日付熊谷直実宛法然書状	元亨元年版（龍谷大学所蔵）	寛永二十年版（大正大学所蔵）	正徳五年版（大正大学所蔵）
1御文よろこひてうけたま はり」2候ぬ、まことにそ のゝちおほつか」3なく候 つるに、うれしくおほ」4 〔ら脱〕せれて候、たんねんふつの もん」5かきてまいらせ 候、こらん候へ」6し、念 仏の行ハかの仏の本願」7 の行にて候、持戒・誦経・ 誦呪・」8理観等の行ハ、 かの仏の本願」9にあらぬ 〔お〕をこなひにて」10候へハ、 極らくをねかはむ人ハ、」 11まつかならす、本願の念	熊谷の入道へつかはす御返 事 御文よろこひてうけ給ハり 候ぬ、まことにそのゝちお ほつかなく候つるに、うれ しくおほせられて候、たん ねんふつの文かきてまいら せ候、御らん候へし、念仏 の行ハかの仏の本願の行に て候、持戒・誦経・誦呪・ 理観等の行ハ、かの仏の本 願にあらぬおこなひにて候 へハ、極楽をねかはん人ハ、 まつかならす、本願の念仏	熊谷ノ入道ヘツカハス御返 事 御文ミ悦テ承リ候ヌ、誠ニ 其後不審ク候ツルニ、ウレ シク仰セラレテ候、但念仏 ノ文書テマイラセ候、御ラ ン候ヘシ、念仏ノ行ハ彼仏 ノ本願ノ行ニテ候、持戒・ 誦経・誦呪・理観等○ノ行ハ、 彼仏ノ本願ニアラヌ行ニテ 候ヘハ○、極楽ヲ願ハン人ハ、 先ツ本願ノ念仏ノ行ヲ勤《ツト》メ テ上ニ、若シ異行ヲモ念仏 ニシ加ヘ候ハント思ヒ候ハ	熊谷の入道へつかはす御返 事 御文よろこひてうけ給はり 候ぬ、まことにそのゝちは○ おほつかなく候つるに、う れしくおほせられて候、但 念仏の文かきてまいらせ 候、御らん候へし、念仏の 行はかの仏の本願の行にて 候、持戒・誦経・誦呪・理 観等の行◎は、かの仏の本願 にあらぬをこなひにて候へ は、極楽をねかはん人は、 まつかならす、本願の念仏

仏の行を」12つとめてのうへに、もし□〔ことカ〕」13おこなひをも□〔ねんぶつこカ〕」14しくはへ候はむとおもひ」15候はゝ、さもつかまつり候、又」16たゝ本願の念仏はかりにても」17候へし、念仏をつかまつり」18候はて、たゝことおこなひはかり」19をして極楽をねかひ候人ハ、」20極楽へもえむまれ候はぬこと」21にて候よし、善導和尚のおほ」22せられて候へハ、たん念仏か決定」23往生の業にては候也、善導和尚ハ」24阿弥陀〔の脱カ〕化身にておハしまし候へ

の行をつとめてのうゑに、もしことおこなひをも念仏にしくわへ候ハんとおもひ候ハヽ、さもつかまつり候、又たゝ本願の念仏ハかりにても候へし、念仏をつかまつり候ハて、たゝことおこなひハかりをして極楽をねかひ候人ハ、極楽へもえむまれ候はぬ事にて候よし、善導和尚のおほせられて候へハ、但念仏か決定往生の業にてハ候也、善導和尚ハ阿弥陀の化身にておハしまし候へハ、それこそハ一定にて候へと申候に候、又女犯と候ハ、不婬戒の事にこ

ヽ、サモ仕リ候、又只本願ノ念仏計ニテモ候ヘシ、念仏ヲ仕リ候ハテ、只異行計ヲシテ極楽ヲ欣《ネカ》ヒ候人ハ、極楽ヘモヱ生レ候ハヌ事ニテ候ヨシ、善導和尚仰ラレ○テ候ヘハ、但念仏カ決定往生ノ業ニテハ候也、善導和尚ハ阿弥陀ノ化身ニテ御座候ヘハ、其レコソハ一定ニテ候ヘト申候ニ候、又女犯《ニヨホン》ト候ハ、不婬《イン》戒ノ事ニコソ候ナレ、又御キンタチトモノ堪《カン》道ト候ハ、不瞋戒ノ事ニコソ候ナレ、サレハ持戒ノ行ハ、仏ノ本願ニアラヌ行ナレハ、堪《タヘ》タランニ随テ、

の行をつとめてうへに、もし◎異《こと》をこなひをも念仏にしくはへ候はんとおもひ候はゝ、さもつかまつり候、又たゝ本願の念仏はかりにても候へし、念仏をつかまつり候はて、たゝことをこなひはかりをして極楽をねかひ候人は、極楽へもえむまれ候はぬ事にて候よし、善導和尚のおほせられて候へは、但念仏か決定往生の業○にては候也、善導和尚は弥陀の化身にておはしまし候へは、それこそは一定にて○候へと申にて○候、又女犯と候は、不媱戒の事にこそ候

ハ、」25それこそは一定に
て候へと申」26候に候、又
女犯と候は、不婬戒の」
27ことにこそ候なれ、又御
きうたちと」28ものかんた
うと候は、不瞋戒のこと」
29にこそ候なれ、されハ持
戒の行ハ、仏の」30本願ニ
あらぬ行なれハ、たへた
らんに」31したかひて、た
もち候へく候《たせたまふへく候》、」32けうや
うの行も、仏の本願ニあら
す、」33たへんにしたかひ
て、つとめさせ」34おハし
ますへく候、又あかゝねの
阿」35字のことも、おなし
ことに候、」36又さくちや

そ候なれ、又御きうたちと
ものかんたうと候ハ、不瞋
戒のことにこそ候なれ、さ
れハ持戒の行ハ、仏の本願
にあらぬ行なれハ、たへた
らんにしたかひて、たもた
せ給へく候、けうやうの行
も、仏の本願にあらす、た
へんにしたかひて、つとめ
させおハしますへく候、又
あかゝねの阿字の事も、お
なしことに候、又さくちや
うの事も、仏の本願にあら
ぬつとめにて候、とてもか
くても候なん、又かうせう
のまんたらハ、たいせちに
おハしまし候、それもつき

持タセ給フヘク候、孝養ノ
行モ、仏ノ本願ニ非ス、堪《タヘン》
ニ随テ、勤メサセ御坐マス
ヘク候、又アカヽネノ阿字
ノ事モ、○同事ニ候、○錫杖《シャクチャウ》
ノ事モ、仏ノ本願ニアラヌ
勤メニテ候、トテモカクテ
モ候○ヒナン、又迎接ノ曼陀《マンタ》
羅《ラ》ハ、大切ニ御坐シ候、其
モ次キノ事ニ候、只念仏ヲ
三万、若ハ五万、若ハ六万、
一心ニ申サセ御坐シ候ハン
ソ、決定往生ノ行ニテハ候、
異善根ハ念仏ノ暇《イトマ》アラハノ
事ニ候、六万遍ヲタニ申サ
セ給ハヽ、其外ニハ、何事
ヲ○カセサセ御坐ヘキ、マメ

なれ、又御きんたちな○との
かんたうと候は、不瞋戒の
ことにこそ候なれ、されは
持戒の行は、仏の本願にあ
らぬ行なれは、たへたらん
にしたかひて、たもたせ給
へく候、孝養の行も、仏の
本願にあらす、たへんにし
たかひて、つとめさせおは
しますへく候、又あかかね
の阿字の事も、をなしこと
に候、又さくちやうの事も、
仏の本願にあらぬつとめに
て候、とてもかくても候な
ん、又迎接の曼陀羅は、た
いせちにをはしまし候、そ
れもつきの事に候、たゝ念

うのことも、▒仏の本」37願ニあらぬつとめにて候、とてもかく」38ても候なん、又かうせうのまんた」39らは、たいせちにおハしまし候、それ」40もつきのことに候、たゝ念仏ヲ三万、も」41しは五万、もしは六万、一心ニまうさせ」42おハしまし候はむそ、決定往生の」43おこなひにては候、こと善根ハ念」44仏のいとまあらはのことに候、」45六万へんをたに一心ニ申せ〔さ脱〕たまはゝ、」46そのほかには、なにこと〔を〕おかはせさ」47せおはしますへき、まめ

の事に候、たゝ念仏を三万、もしハ五万、もしハ六万、一心に申させおハしまし候はんそ、決定往生のおこなひにてハ候、こと善根ハ念仏のいとまあらハの事に候、六万遍をたに申させ給ハゝ、そのほかにハ、なに事をかハせさせおハしますへき、まめやかに一心に、三万・五万念仏をつとめさせ給ハゝ、せう〳〵戒行やふれさせおハしまし候とも、往生ハそれにハより候ましきことに候、たゝし、このなかにけうやうの行ハ、仏の本願の行にてハ候はね

ヤカニ一心ニ、三万・五万念仏ヲ勤メサセ給ハゝ、少々戒行破レサセ○御坐候トモ、往生ハ其レニ依リ候マシキ事ニ候、但、此中ニ孝養ノ行ハ、仏ノ本願ノ行ニ○テ候ハネトモ、八十九ニテ御坐シ候也、相構《カマヘ》テコトシナントヲハ、待マイラセサセ御坐マセカシト覚ヘ候、アナカシコ〳〵、

五月二日　源空御自筆也、

仏を三万、もしは五万、もしは六万、一心に申させおはしまし候はんそ、決定往生のをこなひにては候、こと善根は念仏のいとまあらはの事に候、六万遍をたに申させ給はゝ、そのほかには、なに事をかはせさせおはしますへき、まめやかに一心に、三万・五万念仏をつとめさせ給はゝ、少々戒行やふれさせをはしまし候とも、往生はそれにはより候ましきことに候、たゝしこの中に孝養の行は、仏の本願の行にては候はねとも、八十九にておはしまし

やかに」48一心ニ、三万・五
万念仏をめ〔つ〕とめさせたまは
ゝ、」49せう〳〵戒行やふ
れさせおハしまし」50候と
も、往生ハそれにはより候
まし」51きことに候、たゝ
し、このなかに」52けうや
うの行ハ、仏の本願にては
候」〔は脱〕53ねとも、八十九にて
おハしまし候なり、」54あひ
かまへてことしなんとを」
55は、まちまいらせさせお
ハしませか」56しとおほへ〔え〕
候、あなかしこ〳〵、こと
〳〵」57は、いかてもおハ
しまし候はむに」58くるし
く候ハす、たゝひとりたの」

とも、八十九にておハしま
し候なり、あひかまへてこ
としなんとをハ、まちまい
らせさせおハしませかしと
おほへ候、あなかしこ〳〵、
五月二日　源空御自筆也、

候なり、あひかまへてこと
〇しなとをは、まちまいらせ
させおはしませかしとをほ
〇え候、あなかしこ〳〵、
五月二日　源空御自筆也、

59みまいらせておハしまし
候なるに、」60かならす
く、まちまいらせさせお
ハしま」61すへく候〔也カ〕□、
謹言、」
62　五月二日　源空拝」
63　武蔵国熊谷入道殿御返
事」

斎木氏はこの記述のうち元亨版との対照によって、両者の文字の相違を列挙し、これらは了恵の『語灯録』への収録態度がかなり乱暴なものであったと考えるか、あるいは自筆のものか正文と草もしくは案との二通りあって、了恵が見たのは今日伝来する清凉寺本ではなかったと考えるかであるとされ、了恵は遺文そのものを後世に伝える敬虔な目的で収録したものであるとして後者の場合を想定されている。(7)

前掲対照表によってまず言えることは、三本ともにほぼ共通しているということである。以下の諸点は斎木氏も指摘されているところであるが、まず清凉寺本の12行目から13行目にかけて少しく破損箇所が認められるが、ここの部分は元亨版等によって欠損文字を補うことができる。31行目の書き直しや36行目の塗抹部分についてであるが、訂正した記述と元亨版等の記述は一致している。ところで、『拾遺和語灯録』にはそれぞれ「熊谷の入道へつかはす御返事」なる題目がついている。そして、清凉寺本に「武蔵国熊谷入道殿御返事」とある宛名は『拾遺和語灯録』

諸本ともに見られない（『四十八巻伝』収録本には同様の宛名が存する）。これは収録の際に宛名を確認しながら題目をつけたことによって、重複するとの見方から削除されたものであろうと思う。

こうした大きい相違は文書の末尾に著しく、清涼寺本の56行目から61行目までの最末尾の文章をすべて割愛している。これについても斎木氏の指摘されるごとく、56行目の「あなかしこ〳〵」で一旦書状が結ばれているのであり、この部分は追而書に当る記述である。したがって、その点からすると清涼寺本は控えであるとも考えられる。

また清涼寺本が「源空拝」と差出書の下に右に寄せて下付を記しているが、『拾遺和語灯録』諸本にはこれはなく、その部分に「御自筆也」との註記が記されているが、これはいうまでもなく編者了恵の書き入れであって、こうした例は他の遺文に見られないことからすると、原典に親しく接しながら収録したものであろうことが想像される。

ところで、元亨版・寛永版・正徳版のそれぞれの記述を清涼寺本と比べてみると、なかではもっとも元亨版の記述が清涼寺本に近いことが判明する。それでも、対照表の傍線に示すような文字の異同箇所が認められ、その該当箇所を寛永版・正徳版において見てみると、同様に傍線で示した如くことごとく踏襲されていることが確認される。そのなかには7行目の「うけたまはり」を「うけ給ハり」、4行目の「たんねんふつのもん」を「たんねんふつの文」、5行目の「こらん」を「御らん」のように漢字を宛てたものや、3行目の「おほせれて候」を「おほせられて候」、45行目の「申せたまはゝ」を「申させ給ハヽ」のように一字を補なったり、9行目の「をこなひ」を「おこなひ」、10行目の「ねかはむ人」を「ねかはん人」のように一字の異同であったりするような簡単なものがほとんどであるが、なかには45行目の「たに一心に申せたまはゝ」の「一心に」を脱したり、52行目の「仏の本願にては候ねとも」に「仏の本願の行にてハ候はねとも」と「の行」を挿入したりという内容に及ぶ異同を二箇所指摘することができる。これらの異同箇所がすべて寛永版・正徳版にも同様であるのは、やはり寛永版・正徳版が元亨版を土台として成立しているためであろうか。

つぎに、寛永版を見ていくと元亨版の記述に比べてかなりの漢字が宛てられていることに気がつく。「悦テ」「承リ」「誠ニ」「其後」「不審ク」などはじめから列挙すれば大幅な余白を費すこととなるであろう。寛永版に示した○印箇所は漢字の宛字を除く文字の異同で寛永版独自の記述を意味する。

正徳版の記述であるが、これは清凉寺本24行目の「阿弥陀の化身」の部分が、正徳版では「、弥陀の化身」、25行目の「一定にて候へと申候に候」の部分が「一定にて候へと申にて候」と、54行目の「ことしなんと」が「ことしなと」とそれぞれなっているが、これらは正徳版の記述に○印で示したように、正徳版独自の記述であって、それらを除けばほとんど元亨版同様に清凉寺本の記述に近い。ただしわずかな例ではあるが、◎印で示すように清凉寺本の9行目の「をこなひ」、14行目の「くはへ」などは正徳版が元亨版ではなく清凉寺本と一致している箇所としてあげられる。

いずれにしても、このような現象は前述した安居院西法寺本所載の「要義問答」の記述において確認した正徳版の記述の改竄とも受け取られたものとはまた違っており、むしろ清凉寺本のような原本かあるいはそれに極めて近い記述と一致するものである。

このように見てくることによって、まず『拾遺和語灯録』収録の「熊谷の入道へつかはす御返事」なる文書の実在を証明することになり、そのことは『拾遺和語灯録』ひいては『語灯録』全体の信憑性を増すことになるのは当然のことであるが、『拾遺和語灯録』諸本の比較からはやはり元亨版の記述がもっとも原型に近いものであるとの例証を得ることができた。そして、清凉寺本と元亨版との相違箇所を他の寛永版・正徳版がほとんど踏襲している点から、かなり元亨版の記述の影響が後世に大であったことを知ることができる。そして、寛永版・正徳版独自の異同箇所の存在に関しては、元亨版以前にも前掲西法寺本等で推測される別系統の『語灯録』の存在等をも想定しながら、『語灯録』諸本間の記述の異同について考慮すべきであり、その意味からはたとえ清涼寺本が正文か草もしくは案のいずれであったとしても、また元亨版との記述との間に若干の相違が存在したとしても、それは充分に受容出来得る範疇のものと言えよう。

2　四月三日付熊谷直実宛証空書状

清涼寺現蔵の四月三日付熊谷直実宛証空書状（以下、清涼寺本と称す）は、『拾遺和語灯録』巻下「御消息第三」の四通のうちの最後に、前掲「熊谷の入道へつかはす御返事」につづいて収録される「ある時の御返事」と内容から見て同一のものである。ただ、大きな違いは清涼寺本は証空書状であるのに比して、『拾遺和語灯録』に収載されるごとく法然の書状となっている。『四十八巻伝』第二七巻にも法然の書状として収められている。しかしながら、清涼寺本の原本に準じて『大日本史料』第五編之二三には証空寂伝においてこれを収載している。そして、これも奈良興善寺からの胎内史料の発見によって、前掲の五月二日付熊谷直実宛法然書状とともに注目を集めるようになった(8)。ここでも、前例同様にこの清涼寺本を底本にして、『拾遺和語灯録』諸本所収本の記述を対照して左に掲げ、その異同箇所等について再び考察を加えてみたい。

清涼寺本の稿本は写真版をもとにして、斎木一馬氏「清涼寺所蔵熊谷入道宛証空自筆書状について」（『仏教史研究』第七号）所載の釈文を参照し、改行箇所を」印で表示、その最初に行数を算用数字で書き入れた。

〔表Ⅱ『拾遺和語灯録』「ある時の御返事」諸本対照表〕

清凉寺所蔵四月三日付熊谷直実宛証空書状	元亨元年版（龍谷大学所蔵）	寛永二十年版（大正大学所蔵）	正徳五年版（大正大学所蔵）
1二字ともかへしまいらせ	ある時の御返事	○又或時御返事	ある時の御返事
候」2ぬ、御ふミ又候めり、	およそこの条こそ、とかく	凡此条コソ、兎角申スニ及	をよそこの条こそ、とかく
およそこ」3のてうこそ、	申におよひ候ハすめてたく	ヒ候ハス目出度ク候ヘ、往	申にを◎よひ候はすめてたく
とかく申にを〔お〕」4よひ候は	候へ、往生をせさせ給ひた	生ヲセサセ給ヒタランニ	候へ、往生をせさせ給ひた
すめてたく候へ、」5わう	らんには、すくれておほへ	ハ、勝《スクレ》テ覚ヘ候、死期知テ○	らんには、すくれておほえ◎
さうせさせ給たらんにハ、」	候、死期しりて往生する人	往生スル人々ハ、入道殿ニ	候、死期しりて往生する人
6すくれておほえ候、しこ	々は、入道とのにかきらす	限ラス多ク候、加様ニ耳目	々は、入道とのにかきらす
しりて」7わうさうする人	おほく候、かやうに耳目お	驚《ヲトロ》カス事ハ、末代ニハヨモ	おほく候、かやうに耳目を◎
々ハ、にうたう殿」8にか	とろかす事ハ、末代にはよ	候ハシ、昔モ道綽禅師計コ	おとろかす事は、末代には
きらすおほく候、かやうに」	も候ハし、むかしも道綽禅	ソ御坐候ヘ、返々申計リ無	よも候はし、むかしも道綽
9しほくを丶とろかす事	師はかりこそおハしまし候	ク候、但何事ニ付テモ、仏	禅師はかりこそおはしまし
ハ、まつ」10たいにハよも	へ、返々申ハかりなく候、	道ニハ魔事ト申◎事ノ、ユ、	候へ、返々申はかりなく候、
候はし、むかしも」11たう	たゝしなに事につけても、	シキ大事ニテ候也、能々御	たゝしなに事につけても、
さくせんしはかりこそ」12	仏道にハ魔事と申す事の、	用心候ヘキナリ、加様ニ不	仏道には魔事と申す事の、

おハしまし候へ、返々申は」13かりなく候、たゝしなに事に」14つけても、仏道にハましと申」15事の、ゆゝしきたいしに」16て候なり、よく〳〵御ようしむ」17候へきなり、かやうにふしきを」18しめすにつけても、たより」19をうかゝう事も候ぬへきなり、」20めてたく候にしたかひ」21て、いたはしくおほえさせ給て、」22かやうに申候なり、よく〳〵」23御つゝしみ候て、ほとけにも」24いのりまいらせさせ給へく候、いつか」25御のほり候へき、かまへ

ゆゝしき大事にて候なり、よく〳〵御用心候へきなり、かやうに不思議をしめすにつけても、たよりをうかゝふ事も候ひぬへきなり、めてたく候にしたかひて、いたハしくおほえさせ給て、かやうに申候なり、よく〳〵御つゝしミ候て、ほとけにもいのりまいらせさせ給ふへく候、いつか御のほり候へき、かまえて〳〵のほらせおハしませかし、京の人々、おほやうハミな信して、念仏をもいますこしいさみあひて候、これにつけても、いよ〳〵す

思議ヲ示スニ付テモ、便ヲ伺《ウカヽ》フ事モ候ヒヌヘキ也、目出度候ニ随テ、イタハシク覚ヘサセ給ヒテ、加様ニ申候也、能々御慎《ツヽシ》ミ候テ、仏ニモ祈リマイラセサセ給フヘク候、イツカ御ノホリ候ヘキ、カマヘテ〳〵ノホラセ御坐セカシ、京ノ人々、大様《オホヤウ》ハ皆ナ信シテ、念仏ヲモイマスコシイサミアヒテ候、是ニ付テモ、イヨ〳〵進《スヽ》マセ給フヘク候、アシサマニ思食スヘカラス、猶々目出度候、アナカシコ〳〵、

四月三日　　源空

熊谷入道殿へ

ゆゝしき大事にて候なり、よく〳〵御用心候へきなり、かやうに不思議をしめすにつけても、たよりをうかかふ事も候ひぬへきなり、めてたく候にしたかひて、いたはしくおほえ候て、かやうに申候なり、よく〳〵御つゝしみ候て、ほとけにもいのりまいらせさせ給ふへく候、いつか御のほり候へき、かまへて〳〵のほらせおはしませかし、京の人々、おほやうはみな信して、念仏をもいますこしいさみあひて候、是につけても、いよ〳〵すゝませ給

て〳〵」26のほらせおハしませかし、」27京の人々、おほやうハみな」28しんして、念仏をもいます」29こしいさみあひて候、これに」
30つけても、いよ〳〵すゝませ給へく候、」31あしさまにおほしめすへら〔か脱〕」32す候、なを〳〵めてたく候、」
33あなかしこ〳〵、」
34　四月三日　証空」
35熊谷入道殿へ」
36(別筆)「うれしさを」
37　むかしは」
38　そてにつゝミけり」」
39「□□」ハうの御返事」

ゝませ給ふへく候、あしさまにおほしめすへからす候、なを〳〵めてたく候、あなかしこ〳〵、

四月三日　源空

熊谷入道殿へ

わたくしにいはく、これハ熊谷入道念仏して、やう〳〵の現瑞を感したりけるを、上人へ申あけたりける時の御返事なり、

私ニ云、是ハ熊谷入道念仏シテ、様々ノ現瑞ヲ感シタリケルヲ、上人へ申アケタリケル時ノ御返事也、

ふへく候、あしさまにおほしめすへからす候、なを〳〵めてたく候、あなかしこ〳〵、

四月三日　源空

熊谷入道殿江○

私云、これは熊谷入道念仏して、さま〳〵の現瑞を感したりけるを、上人へ申あけたりける時の御返事なり、

斎木氏は前掲論稿において、この清涼寺本の筆蹟を興善寺発見の証空自筆書状および誓願寺所蔵の証空自筆書状等と比較して、間違いなく証空の自筆であると述べられたうえで、これを『拾遺和語灯録』が法然の書状とする誤りがどうして生じたのかを問題とされている。(9) 赤松俊秀氏はこの点についてを了恵の過失であると述べられている(10)が、斎木氏は冒頭の「二字ともかへしまいらせ候ぬ、御ふミ又候めり」の二〇字を『拾遺和語灯録』が削除している問題と、その二字返進について、誡飭・勘責を受けたために二字および怠状を進めていたが、その悔過・反省が認められてこれが返却されたものと解され、また、『拾遺和語灯録』諸本がこの遺文の末尾に「わたくしにいはく、これは熊谷入道念仏してやう〳〵の現瑞を感したりけるを上人へ申あけたりける時の御返事なり」(元亨版)と了恵の註記があること、最後に「□□ハうの御返事」とあるが、この破損部分を「ひしりの御ハう」または「聖人の御ハう」「法然の御ハう」などと推測する(11)ことによって、清涼寺本を証空の書状ではあるが内容的には法然の書状と称すべきものであることを考証されている。そして、法然が熊谷入道の悔過・反省を喜ぶと共に、二字と怠状とを返却し、併せてその霊夢感得を感嘆し、いよいよ念仏に励むべきことを、(12)証空をして勧めしめたものであろうと述べられている。

前例同様に清涼寺本と元亨版・寛永版・正徳版等の記述を比べていくことにすると、大きな相違点としては前述の如く冒頭二〇字分の削除、差し出し署名が「証空」から「源空」となっている点、清涼寺本には36行目から39行目に宛名の後部に蓮生の述懐と思われる「うれしさをむかしはそてにつゝミけり」(13)なる句と、破損して判読できないが「□□ハうの御返事」なる銘とが記されているが、これらは『拾遺和語灯録』には除かれており、末尾に了恵の註記が記されていることなどがあげられる。そして、『拾遺和語灯録』諸本はこの遺文の冒頭に「ある時の御返事」なる題目を付している。

これらの清凉寺本と『拾遺和語灯録』の記述の相違点は元亨版とのみに限らず、寛永版・正徳版とも共通しているものであるが、さらに両記述の細部に亘って検討してみることにする。斎木氏も指摘される通り、清凉寺本と元亨版との文字の相違箇所は傍線に示した程度であるが、そのすべての場合が清凉寺本の3行目の「てうこそ」を「条こそ」、5行目の「わうさうせさせ」を「往生をせさせ」、6行目の「しこしりて」を「死期しりて」のように漢字を宛てたものか、3行目の「をよひ候はす」を「およひ候ハす」、6行目の「おほえ」を「おほへ」、19行目の「うかゝう」を「うかゝふ」と一字の異同、もしくは31行目の「へらす候」を「へからす候」のように一字を補うというような異同に止まっている。そして、これらの異同箇所は寛永版・正徳版によって確認してみると、そのほとんどが踏襲されていることを、この書状の場合においても指摘することができるのである。

寛永版独自の記述としては、最初から見ると「兎角」「及ヒ」「目出度ク」等多く漢字の宛てられた箇所をあげなければならないが、寛永版の記述に○印で示すように、清凉寺本の6行目「しりて」が「知テ」、21行目の「いたはしくおほえさせ給て」が「イタハシク覚ヘサセ給ヒテ」、32行目の「へらす候」が「ヘカラス」とそれぞれなっているなどの字句の異同が指摘できる。また、寛永版の題目にだけ「又或時御返事」と「又」の一字が加わっている。清凉寺本14行目の「申事」は寛永版では◎印で示すように、元亨版とは違って清凉寺本と一致している唯一の箇所としてあげられる。

正徳版であるが、独自の記述としては○印で示すように、唯一21行目の「おほえさせ給て」が「おほえ候て」となっているのが確認できるのみである。また末尾の註記に「さま〱の現瑞」とあるこれらの点を除けばほぼ元亨版の記述に近似しており、義山による改竄の痕跡[14]などは少しも見出せない。むしろ、正徳版の記述に◎印で示したように、清凉寺本3行目の「をよひ」、6行目の「おほえ」、9行目の「しほくをゝとろかす」等の箇所は、元亨版では相違箇所であるのに対して、清凉寺本と正徳版の記述に少しく共通性を認めざるをえないものである。

この書状の場合においても清凉寺本と元亨版との相違箇所は、他の寛永版・正徳版にも踏襲されていることを見たように、やはり元亨版が『拾遺和語灯録』諸本の記述の基本となっているようであるが、一部の寛永版・正徳版において確認したそれぞれ独自の記述の存在は、西法寺本所載「要義問答」の例のような別系統の『語灯録』の想定を、可能性として捨て切れないものにしていると言える。

以上、嵯峨清凉寺に現蔵する法然・証空の各自筆書状と、『拾遺和語灯録』所載本との記述の比較を行なってきたわけであるが、ここに両文書ともに共通する傾向を見ることができる。まず言えることは、『拾遺和語灯録』諸本のうち元亨版がもっとも清凉寺本に近い記述であるということである。そして、両者の相違箇所が寛永版・正徳版にも踏襲されていることは、『語灯録』の記述はここでも元亨版がもととなって寛永版や正徳版が形成されたとの徴証を得ることができるものと考えられる。しかしながら、また一方では寛永版・正徳版にも若干独自の記述が認められ、場合によってそれは元亨版以前に別系統の『語灯録』の存在を想定でき得るもののようでもある。

正徳版については義山による改竄の跡が、この両遺文の記述に限ってまったくと言ってよい程見られなかったことも特徴的である。これらの対照の結果が清凉寺本と『拾遺和語灯録』所載本の両記述について、いずれが正文か草もしくは案の系統であるかとの決着を見るには至らないが、その相違の程度は『拾遺和語灯録』収録本の記述の信憑性をより確実にする範疇のものであり、さらには『語灯録』全体についての史料的価値、了恵の編集態度の評価へと充分につながるものであることを強調して置く。

註

(1) 中沢見明「西方指南抄と漢和語灯録に就て」(『高田学報』第二三・二四・二六号）参照。
(2) 『浄土宗全書』第一七巻所収。
(3) 堀池春峰「興善寺蔵法然聖人等消息並に念仏結縁交名状に就いて」(『仏教史学』第一〇巻第三号）によって全点が翻刻紹介された。
(4) 阿川文正「興善寺所蔵法然上人書状に就いて」(『浄土学』第二九号、昭和三十九年）、赤松俊秀「熊谷直実の上品上生往生立願について」(『続鎌倉仏教の研究』）参照。
(5) 斎木一馬「清涼寺所蔵の源空自筆書状について」(『高僧伝の研究』)、同「清涼寺所蔵熊谷入道宛証空自筆書状について」(『仏教史研究』第七号）等参照。
(6) 註(4)掲載赤松所論によって双方の筆蹟一致が確定的となったが、これより以前昭和四十年七月には一連の各自筆書状が重要文化財の指定を受けた。その後、近藤喜博「法然上人の書状と熊谷蓮生坊—清涼寺文書を中心に—」(『月刊文化財』第二五号）などが報告されている。
(7) 註(5)掲載前記斎木所論参照。
(8) 註(4)掲載赤松所論、註(5)掲載後記斎木所論、玉山成元「源空門下における証空」(『日本仏教史学』第一三号、昭和五十三年)、岩田茂樹「清涼寺蔵・証空自筆消息の再検討—鎌倉時代来迎図研究のための前提考察—」(『文化史学』第四二号、昭和六十一年）等参照。
(9) 註(5)掲載後記斎木所論参照。
(10) 註(4)掲載赤松所論参照。
(11) 奈良興善寺所蔵十二月四日付欣西書状には、法然のことを「ひしりのをんハう」「このをんハう」「かのをんハう」などと記しており、一連の証空書状にも「聖人御房」「御房」などと記されている。斎木一馬「欣西書状（仏教古文書学講座)」(『日本仏教史学』第一五号）参照。
(12) 斎木一馬「興善寺所蔵の源空・証空書状覚え書」(『史学仏教学論集』乾）によると、年月日未詳証空書状断簡の解説において、とくに「わひしく候なりとそ申せと候」とあったが、その「とそ申せと候」の文字を塗抹して、「いのちハしり候ねとも、いまはあきこそまち候めとそ申とそ候」というように、更に法然の語を書き足しているのは、証空が法然の意を承けて正行房に書き送ったことを意味しているものであることが明瞭であると述べられている。
(13) 斎木一馬「熊谷蓮生の述懐」(『仏教史研究』第八号、昭和四十九年）参照。
(14) 本章第一節（一七九頁）参照。

第四章　法然書状の全容

法然の書状は全部でどのくらいの量が伝わっているのであろうか。そのなかで確実に法然のものといえるのはどのぐらいあるのか、法然書状の信憑性[1]を考えるには伝来の全容を整理しておくことも必要である。

明治三十九年黒田真洞・望月信亨の両氏によって編集された『法然上人全集』によって、多くの他の遺文類ともにほぼその全点が蒐集刊行された。その後昭和三十年になって石井教道・大橋俊雄両氏は、これら個々について諸本を広くもとめ諸本校合の結果を載せて『昭和新修法然上人全集』を刊行された。しかし、いずれも決して利用に便とは言い難く、とくに底本の選定に関しては疑問な点が多い。このような事情によって、昭和五十七年法然上人全集刊行会により『定本法然上人全集』が編集され、その第七巻に玉山成元氏校訂による書簡篇が法然書状の全点を収載して刊行された。これには原本の書状に『指南抄』『語灯録』所収の書状を加えて全体としているが、なかでも『指南抄』の史料的価値を評価し、これにないものを『語灯録』から補足する形をとっている。このような史料操作にもとづく編集は、一貫性に富み歴史学的見地からもっと用いられるべきと言える。厳密にはこれらに若干の書写本、あるいは伝記類所載の書状を加える必要があると思われるが、ここに改めてこれらの全容を整理し、法然書状の伝来事情について確認して置くことにする。

現存の自筆書状として以前から知られているものに、嵯峨清凉寺所蔵五月二日付熊谷直実宛書状[2]がある。ほかに自筆の書状が存しないことからその真偽については定まった説がなかったものである。ところが、昭和三十七年奈良興善寺の阿弥陀如来立像胎内から、数点の門弟の書状とともに、三点の正行房宛法然自筆書状断簡が発見され[3]、とくにこの懸紙に記される署名と嵯峨清凉寺所蔵法然書状との「源空」なる署名の一致により、両史料がともに真蹟であるとの評価を受けるに至ったのである[4]。また同書状の写本と見られるものとしては、『蜷川家文書』[5]に所収される建永二年正月朔日付熊谷直実宛書状があり[6]、これは清浄華院にも写本が現存する。

今日伝来する法然書状のほとんどは、康元元年（一二五六）から翌二年にかけて親鸞によって書写された『指南抄』と、文永十一年（一二七四）から翌十二年に然阿良忠の門弟了恵道光によって編纂された『語灯録』に所収されている。この両文献については、その成立史的あるいは書誌的問題点に関して前章までに詳述してきたところであるが、ここでは所収される書状の種類を整理しておこうと思う。勿論、『指南抄』『語灯録』ともに性格上法然の遺文集ともいうべきもので、書状のほかに多くの著述類・聖典類・法語類・記録類を所収している。

『語灯録』には前述したように漢文体の遺文を集録した『漢語灯録』、和文体の遺文を集録した『和語灯録』、補充として編集した『拾遺語灯録』（上巻が漢文体の『拾遺漢語灯録』、中・下巻が和文体の『拾遺和語灯録』）とが存する、これら遺文集のなかより書状のみを抜粋し題目を左に列挙することにする。

『指南抄』の題目は第二章第二節掲載「『西方指南抄』各冊体裁・所収遺文一覧表」によった。『漢語灯録』は恵空本の善照寺本、『和語灯録』は元亨版、『拾遺漢語灯録』は正徳版、『拾遺和語灯録』は元亨版にそれぞれ拠った。

『**指南抄**』（所収順序）
◇鎌倉の二品比丘尼へ御返事―a
◇念仏の事御返事―b
◇おほごの太郎宛御返事―c
◇しやう如ぼう宛御消息―d
◇故聖人の御坊の御消息―e
◇聖人御房の御返事の案―f
◇法語（末代の衆生を云々）―g
◇九条殿北政所御返事―h
◇九月十六日付御返事―i
◇つのとの三郎宛御返事―j

『**漢語灯録**』（所収順序）
◇遣北陸道書状―a
◇遣兵部卿基親之返報―b
◇遣或人之返報―c

『**和語灯録**』（所収順序）
◇浄土宗略抄―a
◇九条殿下の北政所へ進する御返事―b
◇鎌倉の二位の禅尼へ進する御返事―c
◇大胡太郎実秀へつかハす御返事―d
◇大胡の太郎実秀か妻室のもとへつかハす御返事―e
◇熊谷の入道へつかハす御返事（九月十六日付）―f
◇津戸の三郎入道へつかハす御返事（九月十八日付）―g
◇黒田の聖人へつかハす御文―h
◇越中国光明房へつかハす御返事―i
◇正如房へつかハす御文―j

『**拾遺語灯録**』（所収順序）
◇答博陸問書―a
◇示或人詞―b
◇津戸三郎へつかはす御返事（十月十八日付）―c
◇津戸三郎へつかはす御返事（九月二十八日付）

―d

◇津戸三郎へつかはす御返事（四月二十六日付）―e

◇示或女房法語―f

◇御消息―g

◇ある人のもとへつかはす御消息―h

◇熊谷の入道へつかはす御返事（五月二日付）―i

◇熊谷の入道へつかはす御返事（四月三日付）―j

◇往生浄土用心―k

これらの所収文献のほかに、法然の書状を収録するものとして、各種法然伝のうちとくに『九巻伝』と『四十八巻伝』を挙げることができる。両伝記に所収する法然の書状の題目（『昭和新修法然上人全集』の第三輯「消息篇」等による）を抜き書きし、つぎに列挙しよう。

『九巻伝』（所収順序）

◇津戸の三郎へつかはす御返事（九月十八日付）―a

◇津戸三郎へつかはす御返事（九月二十八日付）―b

◇九条兼実の問に答ふる書―c

◇津戸三郎へつかはす御返事（十月十八日付）―d

◇大胡太郎実秀へつかはす御返事―e

◇津戸三郎へつかはす御返事（八月二十四日付）―f

◇基親卿に遣はす御返事―g

◇遣北陸道書状―h

◇津戸三郎へつかはす御返事（戒・袈裟等乞はれける時の消息）―i

◇津戸三郎へつかはす御返事（念珠を所望しける時の消息）―j

◇津戸三郎へつかはす御返事（或時の消息）―k

◇津戸三郎へつかはす御返事（真影を所望しける時の消息）―l

『四十八巻伝』（所収順序）

◇九条殿下の北政所へ進ずる御返事―a

◇正如房へつかはす御返事―b
◇黒田の聖人へつかはす御文―c
◇御消息―d
◇往生浄土用心―e
◇法性寺左京大夫の伯母なりける女房に遣はす御返事―f
◇鎌倉の二位の禅尼へ進ずる御返事―g
◇大胡の太郎実秀が妻へつかはす御返事―h
◇熊谷の入道へつかはす御返事（五月二日付）―i
◇熊谷の入道へつかはす御返事（四月三日付）―j
◇津戸の三郎へつかはす御返事（九月十八日付）―k
◇津戸の三郎へつかはす御返事（九月二十八日付）―l
◇津戸三郎へつかはす御返事（十月十八日付）―m
◇津戸三郎へつかはす御返事（念珠を所望しける時の消息）―n
◇津戸三郎へつかはす御返事（或時の消息）―o
◇基親卿に遣はす御返事―p
◇越中国光明房へつかはす御返事―q
◇遣北陸道書状―r
◇津戸三郎へつかはす御返事（八月二十四日付）―s
◇遣空阿弥陀仏書―t

このように法然の書状類は集大成期の伝記によく所収されているが、それ以前の伝記類にほとんど見えないのはどうした事由によるものであろうか。こうした疑問は、いずれ各種法然伝の成立事情について詳細な検討を要する重要な問題点と言える。

さらに、法然の代書と見られるものとして、奈良興善寺所蔵の十二月四日付正行房宛証空書状断簡、(7)二月付正行房宛証空書状、同じく年月日未詳正行房宛証空書状断簡、嵯峨清凉寺所蔵四月三日付熊谷直実宛証空書状等が(8)あげられるが、師法然の意を承けて筆を執ったもの(9)とすれば、これらもその内容を法然のものと受けとめ法然書状の範疇に入れて考えなければならない。

以上がおよそ今日伝来する法然書状の全容と見てよかろう。『指南抄』や『語灯録』の編集事情を考慮すると至当なことであるが、かなりの割合で同一の書状を収録している。そのなかには清涼寺所蔵文書等の原物や写本類の記述と一致するものも存する。そこで、これらの共通性を明確に認識するために、左に書状それぞれの所収文献の一覧表を作成しておく（掲載順不同）。従来、『語灯録』あるいは前掲の『昭和新修法然上人全集』『親鸞聖人真蹟集成』『定本親鸞聖人全集』『定本法然上人全集』等において、題目の呼び方に一貫性がなかったと思われるので、ここで筆者の私見ではあるが一定の様式によって統一を試みた。なお、表中のアルファベット符号は前掲各所収本との題目照合に際する便宜を考慮して付したものである。また、それぞれに所収巻数を傍らに註記した。

この表を見ると、従来法然関係の史料が少ないといわれるのが通例となっていたが、自筆書状が数点あり、『指南抄』『語灯録』等の遺文集によって蒐集所収され、それらが基礎となって伝記類に所収されていく過程がよく理解できるように思う。そして、その後種々の事情によって多くの自筆本は伝わるには至らなかったのであろうことも推測できる。そうした意味で、『指南抄』『語灯録』等の歴史的意義はさらに高く評価されなければならない。

註

（1）玉山成元「法然の書状について」（『法然浄土教の綜合的研究』）参照。

（2）斎木一馬「清涼寺所蔵の源空自筆書状について」（『高僧伝の研究』）によって、詳細な考証が行なわれている。

（3）堀池春峰「興善寺蔵法然聖人等消息並に念仏結縁交名状に就いて」（『仏教史学』第一〇巻第三号）によってその全貌が紹介された。

（4）註（3）掲載堀池所論、赤松俊秀「熊谷直実の上品上生往生立願について」（『続鎌倉仏教の研究』）によって史料的評価が定まり、大橋俊雄校註『日本思想大系』10「法然・一遍」、竹内理三編『鎌倉遺文』第三巻等に所収されるようになった。

(5)『大日本古文書』家わけ第二一巻。

(6) 福田行慈「『実隆公記』に見える法然書状について」(『仏教論叢』第二九号、昭和六十年) 参照。

(7) 註(3)掲載堀池所論、斎木一馬「興善寺所蔵の源空・証空書状覚え書」(『史学仏教学論集』乾) 等参照。

(8) 斎木一馬「清涼寺所蔵熊谷入道宛証空自筆書状について」(『仏教史研究』第七号) 参照。

(9) 註(7)・(8)掲載斎木所論参照。奈良興善寺所蔵十二月四日付証空書状断簡、年月日未詳証空書状断簡等の内容に、証空が法然の意を承けて正行房に書き送ったものであることを明らかに示す文が見られる。

付録〔法然書状所収文献照合一覧表〕

題目	年月日	原本写本	西方指南抄	黒谷上人語灯録 漢語	黒谷上人語灯録 和語	黒谷上人語灯録 拾遺	九巻伝	四十八巻伝	その他
熊谷直実宛書状	五月二日	○				i ○ 下		i ○ 27	
熊谷直実宛書状	九月十六日		i ○ 下末		f ○ 4				
熊谷直実宛書状	建永二年正月朔日	○							清浄華院文書・蜷川家文書・真如堂縁起
正行房宛書状断簡Ⅰ		○							
正行房宛書状断簡Ⅱ		○							
正行房宛書状断簡Ⅲ		○							
九条兼実宛書状Ⅰ	二月二十一日					a ○ 上			
九条兼実宛書状Ⅱ							c ○ 3-上		
九条兼実室宛書状			h ○ 下末		b ○ 3			a ○ 19	

正如房宛書状			d○下本		j○4			b○19	
平基親宛書状	八月十七日		f○下本	b○10			g○6-下	p○29	
藤原信実伯母某女房宛書状						f○中		f○24	
北条政子宛書状Ⅰ			a○中末		c○3			g○25	
北条政子宛書状Ⅱ					a○2				
津戸三郎為守宛書状	四月二十六日					e○中			
津戸三郎為守宛書状	八月二十四日						f○6-下	s○35	
津戸三郎為守宛書状	九月十八日		j○下末		g○4		a○3-上	k○28	
津戸三郎為守宛書状	九月二十八日					d○中	b○3-上	l○28	
津戸三郎為守宛書状	十月十八日					c○中	d○4-下	m○28	
津戸三郎為守宛書状断簡Ⅰ（戒・袈裟乞われる時の書状）							i○9-下		
津戸三郎為守宛書状断簡Ⅱ（念珠を所望の時の書状）							j○9-下	n○28	
津戸三郎為守宛書状断簡Ⅲ（或時の書状）							k○9-下	o○28	
津戸三郎為守宛書状断簡Ⅳ（真影所望の時の書状）							l○9-下		
大胡太郎実秀宛書状	三月十四日		c○下本		d○3		e○5-下		
大胡太郎実秀妻宛書状			b○下本		e○4			h○25	専修寺文書

黒田聖人宛書状			g○下末		h○4			c○21	
光明房宛書状			e○下本		i○4			q○29	
空阿弥陀仏宛書状	三月十日			c○10				t○48	
北陸道某人宛書状	承元三年六月十九日			a○10			h○6-下	r○29	琳阿本
某人宛書状Ⅰ						b○中			
某人宛書状Ⅱ						g○下		d○22	
某人宛書状Ⅲ						h○下			
某人宛書状Ⅳ						k○下		e○23	
熊谷直実宛証空書状	四月三日	○				j○下		j○27	
正行房宛証空書状	二月ヵ	○							
正行房宛証空書状断簡Ⅰ	十二月四日	○							
正行房宛証空書状断簡Ⅱ		○							

第Ⅱ部　各種遺文の史料的課題

第一章　「三昧発得記」について

法然の思想的立場について考えるには、門弟を取りまく周囲の状況すなわち朝廷および南都北嶺との関係を充分に考慮にいれなければならないが、とくに比叡山黒谷の叡空を師として円頓戒を伝受した法然は、下山して東山吉水の地に居住しても生涯を持戒の僧として送ったといわれている。(1)ここに取りあげようとする「三昧発得記」は、その真偽の判断によって法然の思想的立場の理解(2)に大きな影響を及ぼす遺文といえる。

しかるに、今日も遺文としての信憑性は曖昧なままであり、法然の三昧発得という宗教体験の有無についても確実視されていないのが現状である。筆者はこのたび『浄土宗典籍研究』研究篇に「醍醐本『法然上人伝記』所載「御臨終日記」の成立過程について」なる拙論を寄せた際に、「御臨終日記」の成立過程の考察が「三昧発得記」の史料的信憑性の問題と密接な連関性を有することを知ることができた。したがって、(3)「三昧発得記」諸本の検討を通してその信憑性を確認するとともに、併せて一部に説かれる「三昧発得記」偽撰説の見直しを論ずることにする。

註

（1）望月信亨「法然上人と円頓戒の系統」（『宗教界』第一〇巻第四・五号、大正三・四年）、石田瑞麿「法然上人の戒律観」（『仏教史学』第二巻第四号・第三巻第一号、昭和二十七年）、赤松俊秀「鎌倉仏教の課題」（『史学雑誌』第六七編第七号、昭和三十三年）等参照。

（2）菊地勇次郎「源空と三昧発得」（『南都仏教』第一一号、昭和三十四年）参照。

（3）田村圓澄「法然伝の諸問題」（『仏教文化研究』第一号）参照。

第一節　「三昧発得記」の諸本

今日伝来するいわゆる「三昧発得記」をあげると親鸞書写の『指南抄』中巻本所収「建久九年正月一日記」、醍醐三宝院所蔵の醍醐寺第八〇代座主義演書写の『醍醐本』収録「御臨終日記」の後半部、『拾遺語灯録』漢語篇のいわゆる『拾遺漢語灯録』所収本の三本が主であり(1)、ほかに一部が転載されるものとして「二尊院縁起」(2)所載のものがあげられる。このなかで、題目を明確に「三昧発得記」と附しているのは『拾遺漢語灯録』所収本のみであるが、これは後世になって附けられた可能性が強い(3)。ここでは『醍醐本』「御臨終日記」の後半部の該当する記述を独立した遺文と解し、便宜上同記の末尾に存する附記に従って「三昧発得記」と称することにする。そして、史料的信憑性の追究を目指して、これら各本の記述を左に掲げてその校異箇所について検討してみる。（最上段には『指南抄』本を掲げ、それぞれこれに対して異同と認められる箇所を括弧で囲み、削除箇所には点線、挿入箇所には傍線を付す）

〔「三昧発得記」諸本対照表〕

『指南抄』中巻本所収「建久九年正月一日記」(4)	「二尊院縁起」(5)所載本	『醍醐本』(6)「御臨終日記」所載本	『拾遺漢語灯録』(7)所収「三昧発得記」
御生年《オムトシ》六十有六也、丑年《ウシノトシ》	…………	御生季当六十六ニ……、長承二季	三昧発得記第一 長承二年癸丑誕生至于

建久《ケンキウ》九年《ネン》正月一日記《キス》《シルスナリ》、
一日桜梅《ヤマモヽノ》法橋《ホフケウ》教慶《ケウケイ》ノモ
トヨリカヘリタマヒテノ
チ、未申《ヒツシサル》ノ時《トキ》ハカリ、恒《コウ》
例正《レイシヤウ》月七日念仏始行《シキヤウ》セ
シメタマフ、一日明□《ミ》相少《スコシ》
コレヲ現《ケン》シタマフ、自然《シネン》
アキラカナリト云云、
二日水想観《シキサウクワン》自然《シネ》ニコレ
ヲ成就《シヤウシュ》シタマフ云云、惣《ソウ》シ
テ念仏七箇《カ》日ノ内《ウチ》ニ地想《チサウ》
観《クワン》ノ中ニ琉璃《ルリ》ノ相少分《サウセウフン》コ
レヲミタマフト、
二月四日朝《ノアシタ》、瑠璃《ルリ》地《チ》分明《フンミヤウ》
ニ現《ケン》シタマフト云、
六日後夜《コヤニ》琉璃《ルリノ》宮殿《クテンノ》相《サウ》コレ
ヲ現《ケン》スト云、

建久九年正月……、一
日従（山桃）法橋教慶之
許帰……後、……申時許、恒
例正月七日念仏始行之、
一日明相少現之、自（例
甚）明……、
二日水想観自然成就之……、
惣念仏七箇日之内地想観
之中（瑠）璃相少分見之、
二月四日朝、瑠璃地分明
現之……、
六日後夜（瑠）璃宮殿相現
之……、七日朝（重又）現之、

关丑 延生、〔誕〕……、建久九季正月……
一日従（山桃）《ノ》法橋教
慶之許帰後、未……時……恒
例（毎）月七日念仏始行之、
一日明相少《シキ》現之、自然《トシテ》
甚明也……、
二日水想観自然成就之……、
惣《シテ》念仏七（ケ）日之内《ニ》地
想観之中《ニ》（王王）相少分
見之、
二月四日朝、（王王）地（今）
明現之云々、
六日後夜《ニ》（王王）宮殿《ノ》相現
之云々、七日朝（重《テ》又）現之、

建久九年戊午、（行）年六十有六《ニ》、建久九年
正月……、朔日予赴《ク》……
山桃《ノ》法橋教慶之……請《ニ》、帰
菴《ノ》……之後、未《ノ》……刻……、正
月一七箇日（恒例《ノ》）別時念
仏始《ム》……之《ヲ》、（初日）光明……
少《ク》現《ス》……、……、
第二日水想観自然《ニ》成就《ス》……
、……
……又瑠璃（地《ノ》）相少《ク》……（現《ス》）
……、
（至《テ》第六日《ノ》後夜《ニ》瑠璃地及《ヒ》
宮殿相現《ス》）、
（二月四日早晨《ニ》復瑠璃地
現《ス》、其相分明《ナリ》）同月七日

（指南抄）

七日朝《アシタ》ニマタカサネテコ
レヲ現《ケン》ス、スナワチコノ
宮殿《クテン》ヲモテソノ相影《ソウヤウケン》現シ
タマフ、惣《ソウ》シテ水想《シキソウ》・地《チ》
想《サウ》・宝樹《ホウシユ》・宝池《ホウチ》・宝殿《ホウテン》ノ
五観《イツヽノクワン》、始《ハシメ》正月一日ヨ
リ二月七日ニイタルマテ、
三十七箇《カ》日ノアヒタ、毎《マイ》
日《ニチ》七万《マン》念仏不退《フタイ》ニコレヲ
ツトメタマフ、コレニヨ
テコレラ□《〔ノ〕》相《サウ》ヲ現《ケン》ストノ
タマヘリ、
始《ハシメ》二月廿五日ヨリ、アカ
キトコロニシテ目《メ》ヲヒラ
ク、眼根《ケンコン》ヨリ赤袋《アカキフクロ》琉璃《ルリ》
ノ壺《ツホヲ》出生《シユツシヤウ》ス、コレヲミ

（二尊院縁起）

即以此宮殿影其相現之、
惣水想・地想・宝樹・宝
（地）・宝 之五観、始自
正月一日至二月七日三十
七箇日間、毎（月）七万
念仏不退勤之、依之此等
相現之、

（醍醐本）

即（似） 宮殿類《ノニ》其相 現
之、惣《シテ》水想・地想・宝
樹・宝池・（宮）殿之五観、
始自正月一日至于二月七
日三十七（ケ）日之間也、
毎日七万反《ハ》念仏不退勤之、
依之此等《ノ》相現也云々、
始自二月廿五日明処《ニシテ》 開
目、自眼根仏（出生《ス》）、赤
袋（王王）壺《ツホ》見之、其前《ニハ》
閇目見之開目 失之 、

（拾遺漢語灯録）

復（瑠璃地）現《ス》、
（凡《ツ》）（上来
種種《ノ》相） 自正月朔日至《マテ》
二月七日《ニ》、三十七 日之《ノ》
間《ニ》現《ス》、顧《フニ》我（平生）課《シ》（念
仏）（六）万遍《ヲ》不退《ニ》（勤修《ス》）
、由《テ》此《ニ》今此等《ノ》相現《ルカ》歟、
二月二十五日目《ヨリ》
、 出《ス》 如《ナル》赤嚢《ノ》
物《ヲ》、又出《ス》 如《ナル》瑠璃壺《ノ》物、
前則閉《レハ》目《ヲ》見之、開《ケハ》目《ヲ》

ル、ソノマヘニシテ、目《メ》
ヲ閉《トチ》テコレヲミル、目《メ》ヲ
開《ヒラケハ》スナワチ失《ウス》ト云リ、
二月廿八日病《ヤマウ》ニヨテ念仏
コレヲ退《タイ》ス、一万返アル
イハ二万、右眼《ミギノマナコ》ニソノ
、チ光《クワウ》明アリ、ハナタナ
リ、マタ光《ヒカリ》アリ、ハシア
カシ、マタ眼《マナコ》ニ琉璃《ルリ》アリ、
ソノ形《カタチ》琉璃《ルリ》ノ壺《ツホ》ノコトシ、
琉璃《ルリ》ニ赤花《アカキハナ》アリ、宝形《ホウキヤウ》ノ
コトシ、マタ日入《イリ》テノチ
イテ、ミレハ、四方ミナ
方《ハウ》コトニ赤青《アカクアオキ》宝樹《ホウシユ》アリ、
ソノ高《タカサ》サタマリナシ、高《カウ》
下《ケ》コ、ロニシタカフテ、
アルイハ四五丈《シゴチヤウ》アルイハ

二月廿八日依為……念仏
(延)之、一万……或二万文、
(左)眼《ニ》其後有光明放《コト》、又
光《ノ》端《シ》赤《シ》、又眼《ニ》有（王王）、
其(眼)如(王王)壺、々々
々《ニ》有赤花如宝(瓶)《ノ》、又日
入《テ》後出見四方《ヲ》……、……有
赤有青宝樹、其高無定高
下随(喜)、或四五丈或二
三……丈云々、

即失《ス》……、今則開閉倶見《ニル》、
(同)月二十八日《ヨリ》少《ク》有《リ》病
悩由《テ》暫《ク》(減《ス》)念仏《ヲ》、或《ハ》一万
遍或《ハ》二万遍、随意《テニ》勤修《ス》、
(其後《ノ》)右眼《ニ》有(白光)、(現)
……光端(青色《ナリ》)、又……(出《ス》)
瑠璃《ノ》光《ヲ》、其《ノ》(貌)如《シ》……壺、
(内)有《リ》紅華状、如《シ》宝(瓶《ノ》)、
又日(没《ノ》)後出《テ》望四方《ヲ》、(各)
方《ニ》……有赤青色宝樹、……
……、高下無準《シ》……、或《ハ》四
五丈或《ハ》二三十丈……、其《ノ》相
宛《モ》如《シ》経中所説《ノ》、同年七月
下旬《ノ》所労乃復《ス》、

（指南抄）

二三十丈《シフチヤウ》ト云、
八月一日、本《モト》ノコトク六
万返コレヲハシム、九月
廿二日ノ朝《アシタ》ニ地《チ》想《サウ》分明《フンミヤウ》ニ
現《ケン》ス、周囲《シユキ》《メクリ》七八段《タン》ハカリ、
ソノ、チ廿三日ノ後夜《コヤ》ナ
ラヒニ朝《アシタ》ニマタ分明《フンミヤウ》ニコ
レヲ現《ケンスト》云々、
正治《シヤウチ》二年二月ノコロ、地《チ》
想等《ソウトウ》ノ五ノ観《クワン》、行住座臥《キヤウチユサクワ》
コ、ロニシタカフテ、任《ニム》
運《ウン》ニコレヲ現スト云々、
建仁元年《ケンニンクワンネン》二月八日ノ後《コ》
夜《ヤ》ニ鳥《トリ》ノコエヲキク、マ
タコトノオトヲキク、フ
エノオトラヲキク、ソノ

（二尊院縁起）

……
……
……
……
……
……
……
……
……
……
……

（醍醐本）

八月一日、如本（七）万
返始之、
及九月廿二日朝地想分明《ニ》
現《ス》、（闇円）七八段許也、
其後廿三日後夜幷朝又分
明《ニ》現之云々、
正治二季二月之比地想等《ノ》
五観、行住坐臥《ニ》随意《ニ》任意《ニ》
任運現之……、
建仁（九）季二月八日後夜《ニ》
聞鳥（舌）《ヲ》、……琴《ノ》音《ヲ》聞笛《ノ》音
等《ヲ》聞、其後随日《ニ》自在聴
（音）《ヲ》、……、……

（拾遺漢語灯録）

八月朔日、……日課念仏《ノ》
六万遍（如《ク》初《ノ》勤行《ス》）同月
二日、座下四方一歩許《リ》変《ノ》
為瑠璃地《ト》、
同年九月二十二日（早晨）
復（瑠璃地）……現《ス》、周囲
可《リ》七八（歩）朗然《トシテ》映徹、
（同）二十三日後夜《ヨリ》（至暁《マテニ》）
復……（瑠璃地）現《ス》……、案《ルニ》
地観《ノ》文《ヲ》為未来世一切大衆
欲脱（若）苦若者説是観地法、
若観是地者除八十億劫生
死之罪、捨身他世必生浄
国心得無疑《ヒ》、釈《ニ》曰《ク》願行之
業已《ニ》円《ナレハ》命尽無疑不《ルコトヲ》往、

、チ日ニタシカフテ、自《シ》在《サイ》ニコレヲキク、シヤウノオトラコレヲキク、サマ〳〵ノオト、正月《シヤウ》五日三度《サムト》勢至《セイシ》菩薩《ホサチ》ノ御《オム》ウシロニ、丈六ハカリノ勢至《セイシ》ノ御面像現《コメンサウケン》セリ、コレヲモテコレヲ推《スイ》スル、西《ニシ》ノ持《チ》仏堂《フチタウ》ニテ勢至菩薩形像《セイシホサチキヤウサウ》ヨリ丈《チヤウ》六ノ面《メン》ヲ出現《シュツケン》セリ、コレスナワチコレヲ推《スイ》スルニ、コノ菩薩《ホサチ》ステニモテ念仏法門《ホフモン》ノ所証《ショショウ》ノタメノユヘニ、イマ念仏者《シヤ》ノタメニ、ソノカタチヲ示現《シケン》シタマヘリ、コレヲウタカフヘカラス、

正月五日三度勢至
井御後、丈六許……御面
……現云々、……、西持
仏堂勢至井形……、丈六
面……現、是則……、此
井既以念仏法門為所証法
門故、今為念仏（音）示
現其（相）、不可疑之、

依経釈文往生無疑也、
正治二年二月之頃、地想
等五観、……坐臥随意任
運顕現、建仁元年二月八
日後夜聞極楽衆鳥……
（并）（笒 琴之写誤歟）……笛
（等音）、其後……日
……聞……（種種）音声、
同二年正月五日仏殿勢至
菩薩像後、即（彼菩薩）
丈六許……頭面……三度現、
……、又……（彼）
菩薩……丈六許（真身）……
現、（想）（彼）菩薩因地……
以……念仏（三昧）（入無生忍）
故、今為念仏者示現其
（身）、不可疑……也、……

（指南抄）

同《オナシキ》六日ハシメテ座処《サシヨ》《キトコロ》ヨ
リ四方《ハウ》一段《タン》ハカリ青琉璃《シヤウルリ》《アオキ》
ノ地《チ》ナリト云々、今《イマ》ニオイ
テハ経釈《キヤウシヤク》ニヨテ往生ウ
タカヒナシト、地観《チクワン》ノ文《モン》
ニコ、ロウルニウタカヒ
ナシトイヘルカユヘニト
イヘリ、コレヲオモフヘ
シ、
建仁《ケンニン》二年十二月廿八日、
高畠小将《タカハタケノセウシヤウ》キタレリ、持《シ》
仏堂《フチタウ》ニシテコレニ謁《エチ》ス、
ソノアヒタ例《レイ》ノコトク念
仏ヲ修《シユ》シタマフ、阿弥陀
仏ヲミマイラセテノチ、
鄣子《シヤウシ》ヨリスキトホリテ仏

（三尊院縁起）

建仁二年十二月廿八日、
……、於持
仏堂……、
……、乃至阿弥
陀仏(現之)、或勢至菩薩
空中現之云々、……

（醍醐本）

同廿六日始《テ》座処《ヨリ》
下《テ》、四方《ニ》一段許青（王王）
地也云々、於今者依経并
尺往生無疑、地観《ノ》文《ニ》心
得無疑　故云々、可思　也、
建仁二季　二月廿(一)日、
高畠《ノ》(少)将殿　、於持仏
堂《ニ》謁《ニ》之、其間如例修念仏《ヲ》、
見阿《ミ》弥陀仏之後、障子《ヨリ》
徹通《テ》仏面　而現、大如長
丈六《ノ》、仏《ノ》面《ノ》即忽《ニ》　隠給《ヌ》、
廿八日午時　也、

（拾遺漢語灯録）

(同)十二月二十八日午時、
高畠《ノ》少将来訪、謁《ス》於　仏
(殿《ニ》)……、(法話之)間(念仏)
如(常《ノ》)……、阿弥陀仏《ノ》
形像《ノ》之後、即彼仏《ノ》(丈六許《ノ》
頭)面《ニ》　(透徹障楮《ヲ》而)現《ス》、
……(少時《アフ》　而没《ス》)、……

ノ面像《メンサウ》ヲ現《ケン》シタマフ、大《オオキサチヤウ》丈六ノコトシ、仏面《フチメン》スナワチマタ隠《カクレ》タマヒ了《オワリヌ》、廿八日午時《ムマトキ》ノ事也、元久《クエンキウ》三年正月四日、念仏ノアヒタ三尊《ソン》大身《シン》ヲ現シタマフ、マタ五百三尊《ソン》大身《シン》ヲ現シタマフ、

…………

元久三季正月四日、念仏之間、三尊現大身ヲ、又五(日)(如前)云々、

…………、

元久三年正月(朔)日、勤修ス恒例ノ七日ノ念仏ヲ、至第四日ニ念仏ノ之間、阿弥陀仏観音勢至ノ三尊共ニ現ス大身ヲ、五(日)ニ(復)…………現ス、

まず『拾遺漢語灯録』「三昧発得記」の記述であるが、これを『指南抄』「建久九年正月一日記」と比較してみるに、削除・挿入・異同箇所がはなはだしいことがわかる。これについては、その伝来過程に介在する諸問題を考慮に入れなければならない。『拾遺語灯録』は『漢語灯録』『和語灯録』に追加編集されたもので漢語一巻・和語二巻から成る。このうち和語二巻は『和語灯録』と同時に印行された元亨版(8)によるものであり、比較的信頼がおかれる。しかし、『漢語灯録』は写本類として谷大本・善照寺本等の恵空得岸所持本の転写本である恵空本があげられ、版本には近世に良照義山印刻の正徳五年版等の流布本であるいわゆる義山本があるが、他に所収する諸種遺文類の比較検討の結果から、義山本は恵空本に比べて良照義山個人による改竄箇所の多いことが判明している(9)。しかるに、現在伝来する『拾遺漢語灯録』は恵空本にはなく義山本によるしかない。したがって、この義山本によるところの

『拾遺漢語灯録』においては、義山が手を加える以前の文体を推測しながら検討すべきと言える。

つぎに「二尊院縁起」所載本（以下、二尊院本と称す）と『醍醐本』の記述を比べると、若干の異同箇所は認められるものの大略共通するようであるが、二尊院本が全体の記述を伝えるものでなく、一部を除き後半部が省略されており、全文を比較することはできない。「二尊院縁起」は天文二十年（一五五一）ころ伏見宮貞敦親王・三条西公条、画師狩野法眼元信らによって作られたものであるが、原本は現存せず、元禄八年（一六九五）に大串元善が副本を書写したものという。(10) この二尊院本ならびに『醍醐本』『指南抄』本それぞれの記述については、和文体・漢文体の違いはあるがおおむね一致するところであり、この三本は一応同一系統のものと判断できる。これは、すなわち法然自筆本のような原型の存在を裏づけるものにほかならない。あえていうならば、『醍醐本』においては『指南抄』本に比較して挿入語句より削除箇所のほうが若干多いようにみられるが、基本的にいずれの文体が先行するかの問題は、さらに『醍醐本』「御臨終日記」の成立過程を追究しなければ方向を見出せない。

このことで注意しておきたいのは、各本においてこの「三昧発得記」を収載するにあたって書かれた附記・註記等の存在である。『拾遺漢語灯録』本は題目を「三昧発得記」とするが、末尾にも「三昧発得記　源空自筆記レ之」と法然の自筆本であることを附記している。自筆本であることは『指南抄』本に「聖人ノミツカラノ御記文ナリ」とあり、『醍醐本』「御臨終日記」にも「以自筆レ之勢至〔観〕房伝レ之」と相互に関連していることが認められる。また『拾遺漢語灯録』本の題目に割註をほどこし「長承二年癸丑誕生、至二于建久九年戊午一行年六十有六一」と記しているが、この記述と特に『醍醐本』「御臨終日記」後半の書き出し部分とには深い関係が想定される。さらに、『指南抄』本のはじめに「聖人御在生之時記註レ之、外見ニオヨハサレ、秘蔵スヘシト、」とある記述については、『醍醐本』「御臨終日記」の附記として「又上人在生之時、発二得口称三昧一常見二浄土ノ依正一」とあったり、末尾に「年来之間勢観房秘蔵シテ不二披露一」等と追記される箇所との間に相互関連性が認められるなど、これら各本の先行順序を検討する際には充分に参考としなければならない。

註

（1）　伊藤真徹「法然上人の念仏修行方軌について」（『法然上人伝の成立史的研究』第四巻）、嵐瑞澂「法然上人の『三昧発得記』の研究―醍醐・報恩院本を中心として―」（『史学仏教学論集』坤）等によって、京都三条檀王法林寺所蔵の袋中良定筆写の「三昧発得記」（袋中の註記から醍醐報恩院所蔵本の転写本であることがわかるために報恩院本と称されている）が紹介されているが、今日いまだその所蔵を確認するに及ばないため、ここでは一応除外する。

（2）　『続群書類従』第二七輯上所収。

（3）　『拾遺漢語灯録』所収本にのみ「三昧発得記」と題されているが、これを所収する『拾遺漢語灯録』は正徳版等の義山本しか伝来しないため、了恵編集の時点にそれが存していたかどうかはわからない。梶村昇「醍醐本『法然上人伝記』の意図するもの」（『浄土宗典籍研究』研究篇）は、『醍醐本』と『拾遺漢語灯録』との関係について述べている。

（4）　『親鸞聖人真蹟集成』第五巻所収。

（5）　註（2）に同じ。

（6）　醍醐三宝院所蔵本。

（7）　大正大学所蔵正徳五年版。

（8）　龍谷大学所蔵元亨元年版。

（9）　第Ⅰ部第三章第一節（一七九頁）、藤原猶雪著『日本仏教史研究』所収「徳川時代における法然上人漢語灯録の改竄刊流」等参照。

（10）　『群書解題』（続群書類従完成会編）第七巻釈家部「釈二尊院縁起」参照。

235

第二節　偽撰説を疑う

田村圓澄氏はかつて「法然伝の諸問題」（『仏教文化研究』第一号）なる所論（後に同著『法然上人伝の研究』収録）に

おいて、内容的に非法然的であるとしてこの「三昧発得記」を偽撰であるとする趣旨を述べられた。問題はきわめて重大であるにもかかわらず、積極的な反論もみられずに今日をむかえている。

田村氏の主張されるところの要点をまとめてみると、「では何故、法然に仮託した「三昧発得記」がつくられたのであろうか。」と想定して、おもにつぎのような諸点を指摘されている。①教義上からいって非法然的である。②『私日記』が人間法然は菩薩の化身、弥陀の応跡として直人に非ざることを表現するような一貫した思想に促されたものである。③建久九年正月から元久三年三月までの間は兼実女房、宜秋門院、兼実らに授戒し、また南都・北嶺による専修念仏教団圧迫が、次第に高まりつつある時であった。④建久九年からその筆を起こしているのは、主著『選択集』が三昧発得中の念仏者の製作であることを示そうとしているものである。⑤「三昧発得記」の作者は、『観経疏』を書いた善導の夢中対面による玄義の指授を、『選択集』をつくった法然にあてはめようとしたものである。もちろん、指摘される諸点はいずれももっともなる疑問であり、同氏の優れた視点には導かれるところが多い。しかし、この問題にはとくに「三昧発得記」の文献学的な認識が必要と思われ、その意味で筆者と立場を少しく異にする。前節において得られた文献学的な成果にもとづいて、上述の偽撰説に対して若干の疑問を述べておきたい。

はじめに、「三昧発得記」の伝存についてどの程度確認できるのかを述べると、まずは『園太暦』[1]貞和五年（一三四九）五月十五日の条をあげることができる。

（上略）法然上人三昧発得記可レ令ニ拝見一之旨、先日長老約諾、仍旁所ニ参向一也、用輿、光熙朝臣・永季・定季等在、共先参ニ御塔一、次於ニ本堂一謁ニ上人一、彼記被ニ取出一、拝見、随喜渇仰、今生之思出也、中紙草子、自筆也、自ニ建仁二年正月一日一、勲ニ念仏別行一歟、自ニ六日一有ニ発得瑞一、是地観・宝樹以下次第現前、以レ之称ニ三昧

発得一歟、彼記可ニ写給一之旨申了、又其後現前勢至像并三尊像・臨終仏等拝ニ見之一、二世之値遇不レ可レ疑了、

（下略）

これによると、記主洞院公賢は同行の公家衆達とともに二尊院において法然の「三昧発得記」を拝見している。まず塔に参っているが、これはおそらく二尊院の廟塔を指すものと見られる。法然の自筆であることを記し感激の様子を今生の思出とまでいっている。しかし、建仁二年正月から念仏の別行が始まったとか、六日より発得の瑞があらわれたとか記しているが、これは『醍醐本』や後述の『指南抄』の記述と比べれば公賢の記憶違いであろう。

つぎに、前掲の天文二十年（一五五一）ころ伏見貞敦親王・三条西公条、画師狩野法眼元信らによって作られた「二尊院縁起」に所載される記述をあげることができる。この二尊院本は全体の記述を伝えるものではなく一部を除き後半部が省略されており、また原本は現存せず、元禄八年（一六九五）に大串元善が副本を書写したものという。ほかにも円慈の『浄土希聞抄』(2)第四によれば、「三昧発得記」の正本が二尊院に存した旨が記されていたり、義山の『円光大師行状画図翼賛』(3)（以下、『翼賛』と称す）巻五〇「二尊院」にも「七箇条起請文」のほかに自筆の「三昧発得記」と合わせて六巻伝持するとあり、さらに二尊院に所蔵する元禄十一年七月に記された『巡見奉行案内帳』によれば、「源空和尚当山在住行事」の一つとして「七箇条制誡」「足引之御影」等についての記述とともに「在住之内三昧発得者」との項目を記しており、この時点でも「三昧発得記」の伝存が窺われる。これらの記述を信頼すると、それが本当に法然の自筆本であったかどうかは分明でないが、自筆本といわれていた「三昧発得記」が少なくとも元禄年間のころまで二尊院に伝存していたこととなり、「二尊院縁起」はこれをそのまま収載したものとみなされる。

ところで、「三昧発得記」の現存する記述をあげてみると、『指南抄』中巻本所収「建久九年正月一日記」、「二尊

院縁起」所載本、『醍醐本』「御臨終日記」所載本、『拾遺漢語灯録』所収「三昧発得記」等がある。これら諸本の記述をそれぞれ比較検討してみることによって、「三昧発得記」自体の淵源に迫れるかどうかがみきわめられるものである。諸本対照表を前節に掲載し検討を試みたが、その問題点を整理して述べると、まず『拾遺漢語灯録』所収「三昧発得記」と『指南抄』中巻本所収「建久九年正月一日記」とを比較すると、削除・挿入・異同箇所がはなはだしい。しかし、『拾遺漢語灯録』は恵空本にはなく義山本によるしかない。義山本は他に所収する遺文類の校合の結果から、義山個人による改竄箇所の多いことが判明している。(4)

ところが、ほかの三本はそれぞれの記述について、和文体・漢文体の違いはあるがおおむね一致するところであり、この三本は一応同一系統のものと見做される。これは、すなわち法然自筆本のような原型の存在を裏付けるものにほかならない。あえていうならば、『醍醐本』においては『指南抄』本に比較して挿入語句より削除箇所の方が若干多いようにみられる。つづいて『醍醐本』「御臨終日記」所載の「三昧発得記」を除いた前半部であるが、これを『指南抄』本ならびに各種法然伝のうち比較的成立の早い『講私記』『四巻伝』『私日記』の記述と比較検討し、相互の関係についてとくにその成立過程を推測すると、はじめに『指南抄』本系で原型に遡れる記述を想定することがもっとも納得いくことであり、そして転写伝来の際に『指南抄』所載「聖人御事諸人夢記」との合糅がなされ、その記述を原資料として『醍醐本』や『講私記』系統の記述、『四巻伝』や『私日記』系統の記述が生まれていったものと推察される。(5)

そこで、『醍醐本』「御臨終日記」は二つの遺文の併合によって成っている。それは『指南抄』本や『拾遺漢語灯録』本との照合によって、「法然聖人臨終行儀」あるいは「臨終祥瑞記」と、「建久九年正月一日記」あるいは「三昧発得記」とそれぞれ題される両遺文と同一のものである。『醍醐本』「御臨終日記」は構成上この両遺文の間に前掲（第Ⅰ部第一章第一節二八頁）のような文節を挿入している。

この挿入文は二つの内容から成っていて、「又上人在生之時」からわかれ、その前の部分は法然滅後三十年が経ち時代が移り変わると、師の在生の有様について詳しくわからなくなってしまうので、いまここに見聞することを抄記するとある。後半部の方は法然在生時に三昧発得の体験を自ら筆録していたものを源智が伝えていたが、法然滅後明遍がこれを一見して随喜の涙を流し本所に送ったため原本は確認できないでいたが、のちにこれを得て書写したというものである。さらに、こうした「三昧発得記」伝来の説明は、この『醍醐本』「御臨終日記」の最末尾にも、

此三昧発得之記、年来之間勢観房《源智》秘蔵不㆓披露㆒、於㆓没後㆒不面《図カ》伝㆔得之㆒書畢、

と附記されている。この挿入文のうち後半部の記述と末尾の部分とは、「三昧発得記」に対する説明文として同時に追記されたものであろう。このように『醍醐本』の編者が「三昧発得記」と結合させようとした時点で、『醍醐本』「御臨終日記」前半部の記述はすでに確定していたと考えられる。

そして、『指南抄』本との照合によってわかったように、前半部が多くの省略による抄出とみられたのに比べて、後半部の「三昧発得記」のほうはほとんど『指南抄』本に近い記述であることを考えると、『醍醐本』の編者はこの「三昧発得記」の存在を世に主張することが重要な目的の一つであったという見解に達(6)してくる。そして、『醍醐本』「御臨終日記」前半部に、

（上略）同三日戌時上人語㆓弟子㆒云、我本在㆓天竺㆒交㆓声聞僧㆒常行㆓頭陀㆒、其後来㆓本国㆒入㆓天台宗㆒又勧㆓念仏㆒、（中略）又御手付㆓五色糸㆒可㆓令㆑執㆑之給㆒之由勧者、如㆑此事者是大様事也云終不㆑取、（下略）

とあるように、三昧発得の体験によって常に仏・菩薩を拝することができるから五色の糸をとったりする臨終行儀は必要でないとの法然の意思を記し、そのあとに実際に大往生の様子を細かに記しているわけで、こうした経過の

説明に根拠とすべき「三昧発得記」を掲載する意義が存したのである。

さて、田村説の検討であるが、まず教義上からいって本当に非法然的であろうか。問題にされているのはつぎのごとき『選択集』(7)第十二章「付属仏名篇」私釈段の記述である。

(上略)就レ中同疏玄義分中云、此経観仏三昧為レ宗亦念仏三昧為レ宗、既以二二行一為二一経宗一、何廃二観仏三昧一而付二属念仏三昧一之哉、答曰云丁望二仏本願一意在丙衆生一向専称乙弥陀仏名甲、定散諸行非二本願一故不レ付二属之一、亦於二其中一観仏三昧雖二殊勝行一非二仏本願一故不二付属一、念仏三昧是仏本願故以付二属之一、(下略)

この部分は念仏三昧を付属して観仏三昧を廃する仏意を明らかにしようとした一節である。しかし、法然の三昧発得は観仏三昧によるものとはかぎらず、それがむしろ念仏三昧によるものであることは想像にかたくない。それはまた前掲の『醍醐本』「三昧発得記」の附記に「又上人在生之時、発二得口称三昧一常見二浄土依正一」とあることからも、口称の念仏三昧によるものに相違ない。『選択集』第十六章「以弥陀名号付属舎利弗篇」私釈段に「偏依善導」の理由を述べて、「善導和尚是三昧発得之人也」と記し、加えて「善導是弥陀化身也」と表現している。法然がいかに三昧発得の宗教体験に重要性を置いていたかが窺い知られる。

つぎに、『私日記』についてであるが、その成立時期について中井真孝氏は「『源空聖人私日記』の成立について」(『仏教文化研究』第二九号)に、『四巻伝』を原資料として作成されている面の多いことを指摘されている。また、建久九年から元久三年の間の授戒は『玉葉』の記事などで確認できるところであるが、比叡山との関係はたとえば元久元年(一二〇四)十一月七日付「送山門起請文」の趣旨からすると、とても法然に弾圧を加えていたとも法然が比叡山に妥協的な姿勢をとっていたとも思えない。そして、『拾遺和語灯録』収録の建久九年四月二十六日付「津戸三郎為守へつかはす御返事」等の記述によると、建久八年(一一九七)から翌九年にかけて法然は病気がちで瘧病を患い一時は危険な状態にあった。同九年正月に始まる三昧発得の体験、同三月の『選択集』の撰述、同四月の「没後遺誡文」の起草等は、そうした法然の健康状態との関係において考察されるべきである。

善導との夢中対面は、これを記す『指南抄』所収「法然聖人御夢想記」ならびに『拾遺漢語灯録』所収「夢感聖相記」と、各種法然伝所載の記述を検討してみると、それぞれの年代設定が、法然の浄土門帰入、三昧発得、『選択集』撰述のうちいずれかの関連において行なわれているが、年時を「建久九年五月二日記レ之」と明確に記すのは、改竄箇所が多く信憑性に問題のある義山印行本しか現存しない『拾遺漢語灯録』所収「夢感聖相記」のみである。

これらの諸点を田村説のそれぞれにあてはめてみることによって、「三昧発得記」偽撰説が少しく思い過ごしであることが明瞭となるであろう。

以上、「三昧発得記」に関する問題点として、とくに自筆本の伝来性、伝存諸本の文献学的位置付け、『醍醐本』「三昧発得記」の信憑性、教義的整合性等を中心に考察し、田村氏の偽撰説に対する若干の疑問を述べさせていただき、併せて「三昧発得記」の真撰なることとその事由を開陳した次第である。

註

（1）『園太暦』（続群書類従完成会編）巻三。
（2）大正大学所蔵享保三年版。
（3）『浄土宗全書』第一六巻。
（4）第Ⅰ部第三章第一節（一七九頁）参照。
（5）第Ⅰ部第一章第三節（七六頁）参照。
（6）第Ⅰ部第一章第四節（八一頁）参照。
（7）藤堂祐範校訂『選択本願念仏集』。

第二章　「法然聖人御夢想記」について

法然研究に遺文や伝記類の信憑性、すなわちそれらの伝来過程に関する検討が不可欠であることは言を俟たない。親鸞の書写本とされる『指南抄』、ならびに了恵道光編纂の『語灯録』のような遺文集をはじめ、東寺宝菩提院所蔵『講私記』、醍醐三宝院所蔵『醍醐本』、『指南抄』所収の『私日記』等比較的成立が早いと見られる各伝記について、主に各記述の比較から相互の関連性がよく述べられるのもそうした観点による。ところが、これら文献個々の史料的性格が的確に評価されたうえでのことかというと決してそうではない。したがって、『指南抄』所収遺文と同内容のものが『漢語灯録』にも所収されている場合、どちらを優先して考えるのか判断に迷う。和文体を取るか漢文体を取るかという問題の生ずる場合である。当然どちらの場合にもこれらに先行する原型を想定して論を進めなければならない。

ここで取りあげようとする記録は、法然が師と仰いだ唐善導との夢中対面、今日一般的に二祖対面と称される宗教的体験を記した「法然聖人御夢想記」である。これは上述の『指南抄』に所収伝来するが、『拾遺漢語灯録』にも「夢感聖相記」なる同内容の記録が所収されている。この両書に相違が著しいためか、また初期法然伝あるいはそれ以降の各種法然伝への記述の伝入過程が解明しにくいからか、原型の存在性ひいては記録自体の史料的信憑性に疑義が呈されてもいる。[1] こうした法然の宗教体験を記録したものとしては建久九年（一一九八）の体験とする「三昧発得記」[2]がある。建久九年といえば法然が瘧病を患い非常に危険な容体にあったと考えられる時のもので、三月には主著『選択集』の撰述[3]、四月には遺言ともいうべき「没後遺誡文」[4]を記した頃にあたる。この二祖対面の夢想は法然研究上回心[5]とか開宗とかに係わる重大な問題であるだけに、『拾遺漢語灯録』本の示す「建久九年五月二日」の年代設定と併せて、その真偽について慎重でなければならない。勿論、この記録についての文献学的考察の成果が、それらの問題解決の決定にはなりえないが、今日に伝わる二祖対面の記録に、ある一定の史料的批判を加えておくことの意義は大方に認められるところであろう。

註

（1）　田村圓澄「法然伝の諸問題」（『仏教文化研究』第一号）は、「夢感聖相記」の記述は『選択集』をはじめ法語にも法然自身の言葉として伝えられていないことを主たる理由に、法然滅後に善導―法然という浄土教相承の系譜を成立させようとして生まれた説話であるとする。

（2）　「三昧発得記」の諸本としては、『指南抄』所収「建久九年正月一日記」、『醍醐本』所収「御臨終日記」所載本、「二尊院縁起」所載本、『拾遺漢語灯録』所収「三昧発得記」等の四本が確認される。嵐瑞澂「法然上人の『三昧発得記』の研究―醍醐・報恩院本を中心として―」（『史学仏教学論集』坤）参照。

（3）　『選択密要決』（『浄土宗全書』第八巻）「題目事」によると、その執筆は法然六十六歳の春、建久九年三月のこととされている。

（4）　善照寺本『漢語灯録』所収。第三章第三節参照。

（5）　井上光貞著『新訂日本浄土教成立史の研究』（山川出版社、昭和三十一年）第三章第三節「法然教と天台教団」の三「法然の思想形成」によると、『醍醐本』の記述に信を置き源信の『往生要集』との訣別によって善導の『観経疏』と出会う経過を考察している。その年次については、重松明久・福井康順・香月乗光の各氏によって、それぞれ六十六歳、七十二歳以降、四十二歳等の各説が提唱されている。田村圓澄氏のように法然が教化伝道に努めていたとするのは不当であるとする説もある。

第一節　『西方指南抄』所収本と『拾遺漢語灯録』所収本

法然の二祖対面の体験記は上述の如く、親鸞が康元元年（一二五六）から翌二年にかけて書写したという『指南抄』中巻本に所収される「法然聖人御夢想記」なる記録と、文永十一年（一二七四）・十二年の両年に亘り了恵によって編集された『語灯録』のうち『拾遺漢語灯録』所収の「夢感聖相記」なるものの二種類が伝来する。後に掲げるように両者の記述にはかなりの異同が見られ、どちらに信を置くかの問題はそれぞれの所収文献の史料的性格については勿論、記述の伝来過程についての考察を俟たなければならない。はじめに両記述の対照によって語句さらには内容の相違点を明確に認識しておこう。したがって、両記述を比較校合し左に掲載する。(1)

（上段には『指南抄』本、下段には『拾遺漢語灯録』本をそれぞれ掲げ、上段に対して異同と見られる箇所は括弧で囲み、削除箇所は上段に点線、挿入箇所は下段に傍線を付す）

『指南抄』中巻本所収「法然聖人御夢想記」

法然聖《ホフネンシヤウ》　人《ニン》御《ゴ》夢《ム》想記《サウキ》　善導《センタウ》御事
或夜《アルヨ》夢《ユメ》ニミラク、一ノ大山《タイセン》アリ、ソノ峯《ミネ》キワメテ高《タカシ》、南北《ナムホク》ナカクトオシ、西方《サイハウ》ニムカヘリ、山《ヤマ》ノ根《ネ》ニ大河《タイカ》アリ、傍《カタワラ》ノ山《ヤマ》ヨリ出《イテ》タリ、北《キタ》ニ流《ナカレ》タリ、南《ミナミ》ノ河《カ》原眇《ワラベウ》眇トシテソノ邊際《ヘンサイ》ヲシラス、林樹滋滋《リムシユシケシケ》トシテ、ソノカキリ

『拾遺漢語灯録』所収「夢感聖相記」

夢感聖相記
源空多年勤修念仏、未曽一日敢懈廃焉、一夜夢、有一大山、南北（悠）遠（峰頂至高）、其山西（麓）有一大河、（傍山出、北流南）、（濱畔）（渺茫）不知（涯）際、林樹（繁茂）（莫）知（幾許）、（予乃）飛揚登於山腹、遥視西

ヲシラス、コヽニ源空《クエンク》、タチマチニ山腹《サンフク》ニ登《ノホリ》テ、ハルカニ西方《ヤマノハウ》ヲミレハ、地《チ》ヨリ已上《イシヤウ》五十尺《シヤク》ハカリ上《カミ》ニ昇《ノホリ》テ、空中《クチウ》ニヒトムラノ紫雲《シウン》アリ、以為《オモヘラク》、何所《イツレノトコロ》ニ往生人ノアルソ哉《ヤ》、コヽニ紫雲《シウン》トヒキタリテ、ワカトコロニイタル、希有《ケウ》ノオモヒヲナストコロニ、スナワチ紫雲《シウン》ノ中ヨリ、孔雀《クシヤク》・鸚鵡《アウム》等《トウ》ノ衆鳥《シユテウ》トヒイテヽ、河原《カワラ》ニ遊戯《ユケ》《アソヒタワフル》ス、沙《イサコ》ヲホリ、濱《ハマ》ニ戯《タワフル》、コレラノ鳥《トリ》ヲミレハ、凡鳥《ホムテウ》ニアラス、身《ミ》ヨリ光《ヒカリ》ヲハナチテ、照曜《セウエウ》キワマリナシ、ソノノチトヒ昇《ノホリ》テ、本ノコトク紫雲《シウン》ノ中《ナカ》ニ入了《イリオハリヌ》、コヽニコノ紫雲《シウン》、コノトコロニ住《チユ》セス、コノトコロヲスキテ、北《キタ》ニムカフテ、山河《サンカ》ニカクレ了《オワリヌ》、マタ以為《オモヘラク》、山東《ヒムカシ》ニ往生人ノアルニ哉《ヤ》、カクノコトク思惟《シユイ》スルアヒタ、須臾《シユユ》ニカヘリキタリテワカマヘニ住《チユ》ス、コノ紫雲《シウン》ノ中ヨリ、クロクソメタル衣着僧《コロモキタルソウ》一人トヒクタリテ、ワカタチタルトコロノ下《シモ》ニ住立《チユリフ》ス、ワレスナワチ恭敬《クキヤウ》ノタメニアユミオリテ、僧《ソウ》ノ足《アシ》ノシモニタチタリ、コノ僧《ソウ》ヲ瞻仰《セムカウ》スレハ、身上　半《シンシヤウナカハ》ハ肉身《ニクシン》、スナワチ僧形《ソウキヤウ》也、身《ミ》

（嶺《ヲ》）、空（間《ニ》）有紫雲（一片）、去地可《リ》五丈、（意之《ラク》）、何《レノ》、處《ニカ》有《テ》往生人、現《ストノ》此瑞相《ヲ》、須臾《ニノ》（彼《ノ》）雲飛《ル》（頭上《ニ》）、仰望《ムニ》孔雀・鸚鵡等《ノ》衆鳥、出於雲中《ヨリ》遊戯河濱《スニ》、此等衆鳥《ノ》、身（無《シテ》）光明而照曜《スルコト》無極、（翔飛《ノ》）（復）入雲中《ルニ》、予（為希有思《ノヲ》）、少時（彼《アテノ》）雲北《ニ》（去《テ》）覆隠山河《ス》、復以為《ラク》、山東《ニ》有往《テ》生人迎之、既而須臾《ニ》（彼《ノ》）雲（復至頭上《ニ》）、漸大《ニソ》偏《クフ》覆於一天下《ニ》、（有）（一《ノ》）高（僧）、出於雲中《テヲ》、住立《ス》吾（前《ニ》）、（予）即（敬礼）瞻仰《スルニ》（尊容《ヲ》）、腰《ノ》上半（身《ハ》）（尋常《ノ》）僧（相）、腰《ノ》下半（身《ハ》）金色《ノ》仏（相《ナリ》）、（予）合掌低頭《シテ》、問曰、師《ハ》是《レ》何人《ソ》、答曰、我是《ハレノ》唐善導也《ナリ》、又問、時去代異《リナリ》、何《ヲ》（以《カ》）今来《ルヤ》于此耶《ニ》、答曰、（汝）能（弘演《ス》）専修念仏《ノ》（道《ヲ》）、甚（為希有《ナリト》）、吾為《レニ》（来証之《テス》）、又問曰、専修念仏之人《ノ》、皆（得）往生《ヤトヲ》耶、未答《タ》（乃）覚《ム》、覚已《テ》聖容尚如在《シカ》也、

建久九年五月二日記之

源空

ヨリシモ半《ナカハ》金色《コムシキ》ナリ、仏身《フチシン》ノコトク也、コ、ニ源空《クエンク》合掌低頭《カフシヤウテイツ》シテ、問《トフ》テマフサク、コレ(誰《タレ》)人《ヒト》ノ来《キタリ》タマフソ哉《ヤト》、答曰《コタエテイハク》、ワレハコレ善導也《ト》、マタ問《トフテ》マフサク、ナニノユヘニ来《キタリ》タマフソ哉《ヤ》、マタ答曰《コタエテノタマハクヨ》、尓《ワレ》不肖《フセウ》ナリトイヱトモ、ヨク専修《センシュ》念仏ノコトヲ言《マフス》、ハナハタモテ貴《タウトシ》トス、タメノユヘニモテ来也《キタレル》、マタ問言《トフテマフサク》、専修念仏ノ人ミナモテ為《ス》往生哉《ワヤト》、イマタソノ答《タウ》ヲウケタマハラサルアヒタニ、忽然《コチネン》トシテ夢覚《ユメサメ》了、

これを概観するにまず題目の相違を挙げなければならない。また日付の「建久九年五月二日記レ之」ならびに署名は、『拾遺漢語灯録』本独自のもので『指南抄』本にはない。そして、『拾遺漢語灯録』本の方の書き出しに「源空多年勤二修《ス》念仏《ヲ》一、未《タ》二曽《テ》一日《モ》敢《テ》懈廃《セ》一焉」（返り点筆者、以下同じ）と記す部分は『指南抄』本には見られないが、自らの署名を記す記録でありながらこうしたことを意識的に記す積極性には不自然さを感ずる。こうした点を考慮に入れて、いずれを原型に近いと見るかの問題はさらに細かく検討しなければならない。そこで、興味深いのは『指南抄』本に「コ、ニ源空」「ワレスナワチ」等とある部分を、いずれも『拾遺漢語灯録』本では「予」としている点である。これは、前にも指摘した『拾遺漢語灯録』本に署名を有し、書き出しに源空の念仏所行について記すことと関連する。すなわち、『指南抄』本のごとき記述であったものを、日付と署名とを付加し起草者の主体をより強調せんがために、「予」なる語を用いて若干の表現の改変を試みたかに考えられるからである。とすれば、それ

は恐らく法然自らの執筆によるとの印象を強めようとの意図からであろう。

ところで、両書の相違をさらに見ていくと、『指南抄』本の「五十尺」は『拾遺漢語灯録』本では「五丈」となっている。同様に「衣着僧《コロモキタルソウ》一人」が「一《ノ》高僧」、また「ワレハコレ善導也《ト》」が「我《ハ》是《レ》唐《ノ》善導也《ナリ》」と「唐」の一字を挿入している。さらに「カクノコトク思惟《シユイ》スルアヒタ」を削除するのは、夢想の様子を現実的に描写するためのものと解される。「尓《ヨ》《ワレ》不肖《セウ》ナリトイエトモ」を削るのも表現上好ましくないとの判断からであろう。そして、「時去《リ》代異《ナリ》」等客観的な説明語句とも取れるものが付加されている。以上のような明瞭に相違と認識できる箇所のみを取りあげても、『拾遺漢語灯録』本が後世にかなり手の加えられたものとの見方は変わらない。ただし、義山による改変と見るか、『語灯録』自体の編纂時にすでに記述の相違が存したものなのかは分からない。あるいは、後述の如く『拾遺漢語灯録』自体の存在を疑問とし、『語灯録』編纂時の所収を認めないで他に伝来する記述によると見る場合も想定できよう。いずれにせよ、ここの段階においても両者のうちどちらを優先させて考えるかとなると、それは『指南抄』所収「法然聖人御夢想記」の方と言える。

「夢感聖相記」を所収する『拾遺漢語灯録』であるが、『語灯録』自体の構成上の問題(2)やその史料的信憑性(3)について、決して充分に検討されているとは言えず、したがって種々の疑問点を未解決のままに用いているのが現状と言ってよい。ここで、これらの問題点を整理し今後の指針としたい。そのうえで、「夢感聖相記」の記述に認められた改変の背景を推察してみる。

はじめに、伝来する『語灯録』全体の諸本を確認しておこう。『漢語灯録』には前述のように写本として谷大本、善照寺本等のような恵空本の転写本があげられ、また版本には義山本の正徳五年版がある。そして、『和語灯録』の方は近世になってから寛永二十年に片仮名本、正徳五年に義山によって平仮名本がそれぞれ開版されているが、龍谷大学所蔵の元亨版によれば、すでに編者了恵在世中の元亨元年西山派円智によって印刻がなされている。その拾遺編は諸本ともに『和語灯録』の後部に「拾遺黒谷語灯録」と題して編集されている。これが『拾遺和語灯録』ということになる。(4)かりに寛永版巻七「拾遺黒谷語灯録」の跋文によれば、了恵は『語灯録』の編纂にあたり、二十余年もの長い間に亘って真偽を尋ね漸くこの『拾遺語灯録』の編集によって『語灯録』の完成をなし遂げたと述べている。

ところで、『拾遺和語灯録』所収の遺文のなかには原本の現存するものがある。「熊谷の入道へつかはす御返事」である。これは嵯峨清凉寺所蔵の五月二日付熊谷直実宛法然自筆書状と同一のものである。(5)そこで、双方の記述を校合してみると、『拾遺和語灯録』所収本に若干の脱落箇所が認められるほかはほとんどの記述が合致し、転写・伝来の際に生じた異同の範囲と見做すことが可能である。したがって、ここでも『拾遺和語灯録』の記述に関する信憑性を、その原本の存在性から確認することができる。(6)

問題の『拾遺漢語灯録』は同じような体裁によって、勿論『漢語灯録』と合粿したかたちで編集されているが、その拾遺編を有する『漢語灯録』とは恵空本ではなく義山本の方である。すなわち、恵空本には『拾遺漢語灯録』は存しない。ここが重要な問題点であって、『拾遺漢語灯録』の存在性をめぐって再検討を必要とする所以である。なぜならば、すでに『漢語灯録』諸本の検討において、恵空本の方がはるかに原型に近く、義山本は近世になってから義山によって積極的な改竄がなされたと認識される箇所が多く、その程度は転写に際する字句の異同というものでなく、何か改竄意図をも感ずる傾向にあることは、筆者も機会あるごとに論じてきた。(7)では、つぎに考えなければならないのは、『拾遺語灯録』の原型が存在するとすれば、和語編と漢語編を合わせたものであったかどうかである。

元亨版によると上・中・下巻の三巻編成であったということになり、その題目の下部に「上漢語、中・下和語、」なる註記の存在によって、元亨版の印刻にあたり全体のうち和語編のみを取り扱ったがために、上巻の漢語編はその編成から除外されたということになる。しかしながら、それは元亨版に信を置くことを前提にした見解であって、印行した円智なる者の詳細が分明でなかったり、寛永版には前述のごとき題目下部の註記が存しなかったり、版本自体に対する問題点と合わせて疑問な点がないわけではない。そして、元亨版と同時に拾遺編を組み合わせた『漢語灯録』が印刻されていてしかるべきであるが、少なくとも今日確認することはできない。かりに義山本『漢語灯録』の系統に信頼性があるとすれば、その改作のなされた底本がそれに該当する可能性を持つ。筆者は前に『漢語灯録』の史料的信憑性を検討の結果、遺文個々の可能性について大略認められると述べた[8]。しかし、それは恵空本の記述に限ってのことであって、義山改変の底本となったものの信憑性までは考慮に入れていなかった。『拾遺漢語灯録』所収遺文個々の検討に際しては、とくにこの点を念頭に置いて考察を加える必要があろう。

『拾遺漢語灯録』は了恵編纂時に本当に存在したのであろうか。それは伝来の文献が義山本であって、恵空本『漢語灯録』の後部には確認できないことによる疑問である。そして、所収遺文の内容が『醍醐本』『指南抄』とあまりにも関連深いことも取りあげるべき問題であろう。『拾遺漢語灯録』の「三昧発得記」「夢感聖相記」「浄土随聞記」「臨終祥瑞記」は、それぞれ『醍醐本』の「御臨終日記」後半部[9]、「一期物語」の一部、「一期物語」前半部、「御臨終日記」前半部[10]の記述と対応することができる。ただし、もう一点の「答博陸問書」だけは該当遺文が見られない。そして、これらの和文体が『九巻伝』[11]巻三上に所収されていることをどう位置付けるのか、『拾遺漢語灯録』の成立年次に絡む問題である。

また、『拾遺漢語灯録』の所収方法であるが、「三昧発得記第一附夢感聖相記」「浄土随聞記第二附臨終祥瑞記」というように、それぞれ奇異な形態をとっていることについて、その事情あるいは意図が分明でない。『醍醐本』と『拾遺漢語灯録』の関係を考えるうえで興味ある箇所は、「臨終祥瑞記」に見える後部夢想に関する記事についてである。ここの箇所は『指南抄』において計一六件の夢想記事を掲載するなかから、第一件目の記事中宮の大進兼高の夢想記事のみを引いて付加していることに気がつく。しかしながら、それは『醍醐本』においてすでになされている記述の省略であり、このように改作付加して所収されている『醍醐本』の記述を土台として改変されたものと考えられる。(12)

『指南抄』にもさらに「浄土随聞記」を除いて同様の遺文が所収されている。「建久九年正月一日記」は「三昧発得記」であり、「法然聖人御夢想記」は「夢感聖相記」であり、「法然聖人臨終行儀」は「臨終祥瑞記」に対応することができる。これら『指南抄』の所収順序からすると、『拾遺漢語灯録』の成立には『指南抄』の影響も受けているとの見方が出てくる。もちろん、これらの諸問題は『語灯録』編纂時にすでに和語・漢語両編とも揃った『拾遺語灯録』が存在したかどうかということと関係があり、とくに前述の元亨版『和語灯録』の可信性について検討を要するところである。これを信用する場合には前述のごとく円智が印刻に際して漢語体のものを除外したとの見解を示さねばならない。そして、了恵自身編纂時に『指南抄』や『醍醐本』をよく参考にしたということになる。また、『指南抄』や『醍醐本』との関連性は偶然的なものであって、各所収文献同様原本あるいはそれに準ずるものから書写し所収した結果であって、むしろ各遺文原型の存在性を証するものであるとの考えも成り立つであろう。

ところが、『指南抄』も『醍醐本』も『語灯録』編纂時にどれ程世に流布していたかというと疑問である。また、『拾遺漢語灯録』所収遺文のうち「答博陸問書」のみがこれらの所収文献とは関係しないもので、若干年代が降っ(13)

てからの編集と見られる『九巻伝』に見えている。これらを考慮に入れると、この前後には『指南抄』や『醍醐本』といった編纂文献から、何らかの基準によってこれらの遺文を抄出所収して『拾遺漢語灯録』が成立したものと考えられる。ただ、それを『語灯録』編纂時である文永十二年頃まで遡れるかどうかは分からない。そして、この場合においても「答博陸問書」を所収しなければならない内容的な必然性も明らかでない。この問題は両方の立場における想定が可能なようで、今後検討を加えるべき文献であるとの確認にとどめる。

註

（1）『親鸞聖人真蹟集成』第五巻所収。
（2）中沢見明「西方指南抄と漢和語灯録に就て」（『高田学報』第二三・二四・二六号）、秦智宏「黒谷上人語灯録に関する一考察—その一「成立に関する問題」—」（『東海仏教』第二五号）等参照。
（3）第Ⅰ部第三章第一節（一七九頁）、藤原猶雪著『日本仏教史研究』「徳川時代における法然上人漢語灯録の改竄刊流」等参照。
（4）大正大学所蔵本。
（5）斎木一馬「清涼寺所蔵の源空自筆書状について」（『高僧伝の研究』）参照。第Ⅰ部第三章第三節参照。
（6）ほかにも「登山状」に安居院西法寺所蔵の書写本があり、これとの照合も重要な課題と言える。
（7）（8）第Ⅰ部第三章第一節（一七九・一八〇頁）参照。
（9）『醍醐本』はその書写本の体裁を尊重すると、「一期物語」「別伝記」「御臨終日記」の三篇から構成されることになり、その「御臨終日記」の後半部に『指南抄』「建久九年正月一日記」と同様の遺文、すなわち『拾遺漢語灯録』が「三昧発得記」と題するものが所載されている。第Ⅰ部第一章第一節参照。
（10）註（9）の見解に準じ『醍醐本』「御臨終日記」の前半部が、『指南抄』「法然聖人臨終行儀」と同様の遺文、すなわち『拾遺漢語灯録』が「臨終祥瑞記」と題するものである。
（11）井川定慶編『法然上人伝全集』所収。以下同じ。
（12）伊藤唯真「古法然伝の成立史的考察—特に「知恩講私記」を繞って—」（『法然上人伝の成立史的研究』第四巻）、および第Ⅰ部第一章第三節（六一頁）参照。
（13）三田全信著『成立史的法然上人諸伝の研究』一七「法然上人伝記（九巻伝）」によると、『九巻伝』の序文の記述から法然滅後約百年正和元年（一三一二）頃の成立とされている。

第二節　初期法然伝の記述

法然と善導の夢中対面を示す記事は、ほかにも隆寛によって著わされた『講私記』、躭空編集の『四巻伝』、源智の門弟によって編集された『醍醐本』、信空系の伝記とされる(1)『私日記』等比較的成立の早い法然伝に認められる。実際にはこれら四本をもって初期法然伝の成立史的研究が展開され、相互の関連性について追究することによってとりわけその成立順序が重要な課題となっている。(2)その判断が各遺文の記述に見られる形成過程を物語り、ひいては原型想定の決め手となるだけに注目を要するところである。

筆者は『浄土宗典籍研究』研究篇に、「醍醐本『法然上人伝記』所載「御臨終日記」の成立過程について」と題する愚稿を寄せ、そのなかでこの点についてつぎのような見解を提示した（第Ⅰ部第一章第三・四節）。それは、「御臨終日記」に見る限り、はじめに『指南抄』本系統の記述が原資料として存在し、これから『醍醐本』『講私記』系統の記述、『四巻伝』『私日記』系統の記述がそれぞれ抄出もしくは改変されて生まれていったのではないかというものである。「法然聖人御夢想記」の場合にはいかがであろうか、『指南抄』の記述と各初期法然伝所載の記述との比較、さらには『拾遺漢語灯録』本改変の底本となった記述をも考慮しながら考察を進めることにする。はじめに各伝記の該当する記述を対照し左に掲げることにする。

〔初期法然伝所載「法然聖人御夢想記」該当箇所対照表〕

『講私記』(3) 第二	『醍醐本』「一期物語」(4)	『四巻伝』(5) 巻一	『私日記』(6)
（上略）因テ茲或云弥陀ノ他《化》身ト	（上略）為ニ他人ノ雖欲ト弘之、	（上略）唐善導和尚もすそ	（上略）然則為世為人雖欲

或云勢至垂跡《ヒ》、或云道綽来現或云善導再誕《ト》、皆是夢《ノ》中《ニ》得告《ヲ》眼前《ニ》見《ル》証、伏《テ》以《ハ》弥陀如来勢至菩薩二《ニシテ》而不二《スニ》、道綽禅師善導和尚一《ニシテ》而不一《ニ》、盖《ケタシ》是鑒機《ヲ》知時以智救《スクフ》人《ヲ》也、当知善導和尚《ノ》証定《ノ》疏《ハ》正《ク》是《レ》浄土宗之監触〔濫觴〕《ナリ》、（下略）

時機難叶故煩《テ》而眠《ル》夢《ノ》中《ニ》、紫雲大《ニ》聳《テ》覆《ヘリ》日本国《ニ》、従雲中出無量光《ヲ》、従光《ノ》中百宝色《ノ》鳥飛散充満《セリ》、于時昇高山忽奉《ル》値生身《ノ》善導《ニ》、従腰下者念〔金〕色也、従腰上者如常人《ノ》、高僧云、汝雖不肖身《タリト》弘専修念仏故来《レリ》汝前《ニ》、我是善導也云々、従其後弘此法年々繁昌《シテ》無不《ル》流布之境也、（下略）

よりしもは阿弥陀如来の御装束にて現して、さま〱の事をときてをしへ給ける、（下略）

令弘通此行、時機難量感応難知、倩思此事暫伏寝之処示夢想、紫雲広大聳覆日本国、自雲中出無量光、自光中百宝色鳥飛散充満虚空、于時登高山惣拝生身之善導、自御腰下者金色也、自御腰上者如常、高僧云、汝雖為不肖之身、念仏興行満于一天、称名専修及于衆生之故、我来于此、善導即我也云々、因茲弘此法、年年次第繁昌無不流布之所、（下略）

まず『講私記』「第二讃本願興行徳」[7]の記述であるが、善導の『観経疏』との出会いこそ浄土宗の濫觴とする一節に、夢告を得て眼前に証を見たとしているが、これは善導との夢中対面を意味しているのではなかろうか。弥陀如来と勢至菩薩が二にして二でなく、道綽と善導が一にして一でないとの表現は、『指南抄』本ならびに『私日記』『醍醐本』等における半金色の相と共通するものが感じ取られる。しかし、他の伝記の記述と比較して分かるように、『講私記』のみが異なった体裁の記述であり、関連性が薄いかもしくはどこかの時点でかなりの文章作成が行なわれているようである。しかしながら、つづいての「第三讃専修正行徳」において、三昧発得の徳を讃ずるにおいても同様の傾向が(8)認められるごとく、やはり『指南抄』本ならびに『醍醐本』『私日記』等の記述との関係を想定することによって納得いくものと言える。

『醍醐本』の記述を見るとこれはかなり『指南抄』本の記述に近い。しかし、全体的には抄出の感を拭い得ず、また後半部に比べて前半部の記述はほとんどが省略されている。そして、「為二他人一雖レ欲レ弘レ之、時機難レ叶故煩而眠」と夢見に至る事情を記し、紫雲聳く情景の叙述は「紫雲大聳覆二日本国一」と簡潔になっている。『拾遺漢語灯録』本の記述とも比べてみると、『指南抄』本にある「尓不肖ナリトイヱトモ」の箇所を欠いていたが、これが『醍醐本』には「雖二不肖身一」とあり、また後述の『私日記』にも「雖レ為二不肖之身一」と記されている点は、『指南抄』本系に近いことを証している。ところが、『指南抄』本にはなく『拾遺漢語灯録』本にあった「漸大徧覆二於一天下一」なる記述は、前述した『醍醐本』の「紫雲大聳覆二日本国一」に、また後述する『私日記』の「紫雲広大聳覆二日本国一」に相通じる。『醍醐本』『私日記』等に「高僧云」とあったが、この語句は『指南抄』が「衣着僧一人」とする箇所を『拾遺漢語灯録』本が「有二一高僧一」と表現していたものである。これらからすると、『醍醐本』『私日記』と『拾遺漢語灯録』本との関係もあながち捨て切れない。いずれにせよ、まず『醍醐本』の記述が『指南抄』本系の記述の抄出によることは間違いない。

『四巻伝』には善導との夢中対面に関する記述はほとんどない。ただ三昧発得の記事のつぎに、善導来現の図とともにとくに善導の形相について記している。その部分に「阿弥陀如来の御装束にて」とあり、他の伝記の記述との関係が想像される。それにしても、三昧発得に関する記事においても、『醍醐本』が詳細な内容を有するのに比べて、ただその状態だけを簡潔に記している点で、この善導夢中対面の箇所と共通性があり、『四巻伝』にはどうして両宗教体験の記録が詳しく載らなかったのであろうか、記録類の伝来形成過程に関する何らかの示唆を与えてくれるようである。

『私日記』の記述については前にも少しく触れたが、『醍醐本』の記述と比べるに若干詳しいが内容的にはほぼ近いものと言える。たとえば「雖レ欲レ令レ弘二通此行一」以降の夢見に至る情況を記す点、『拾遺漢語灯録』本との比較における「高僧云」「雖レ為二不肖之身一」等の箇所の有無など、『私日記』の記述には『醍醐本』との共通性を見出せる。また、相違点としてははじめに「況於二自身得脱一」とあること、「示二夢想一」とはっきりと「夢想」なる語句を採用していること、百宝色の鳥飛び散るとの記述につづいて「充二満虚空一」が挿入されていたり、また高僧の弁として「念仏興行満二于一天一、称名専修及二于衆生一之故、我来二于此一、善導即我也」なる一節を加えている。このうち「夢想」なる語句は『指南抄』の「法然聖人御夢想記」を意識しているようであるし、また善導の言葉である来現の理由についても『指南抄』本にその素材があるように見られる。これらからすると、『私日記』の記述も『指南抄』本系の影響が少なからず存すると認められるのである。

これら初期に成立したと思われる法然伝に所収される記述を見てくると、各文献に共通する原資料の記述を想定することが、もっとも納得のいく考え方であることになる。ここでも恐らく『指南抄』本の記述に近いような体裁であったと考えられる。そして、それが実際に『指南抄』に所収され、少なくとも親鸞によって書写されるのは康元元年頃まで下がる。したがって、この原資料に想定される記述はかなり後まで流布しなかったのであろう。その間に一方では『四巻伝』さらには『醍醐本』の底本となった記述や『講私記』が成立し、これらの影響を受けながら『私日記』の成立時にという如く、それぞれの時点で記述の抄出・改作がなされたものと考えられる。こうした因果関係の系列に『四巻伝』のみが三昧発得に関する記述同様に内容が簡潔にして乏しいのは、信空系統の法然伝である『四巻伝』編集時に、こうした詳細なる内容を有する記録が存しなかったがためと思われる。(9) その意味でも『醍醐本』所収の記録類、あるいはその素材となった原型の存在性について、肯定的な見方ができるように思う。

註

(1)　三田全信著『成立史的法然上人諸伝の研究』三「源空聖人私日記」参照。

(2)　初期法然伝の成立順序については、とくに『私日記』『醍醐本』両書の前後関係の設定によって説が分かれる。望月信亨「醍醐本法然上人伝記に就て」（『仏書研究』第三七・三八号）、中沢見明「法然上人諸伝成立考」（『史学雑誌』第三四編第八・一〇・一一号）、三田全信「『醍醐本法然上人伝』と『源空聖人私日記』の比較研究」（『佛教大学研究紀要』第三四号）、田村圓澄「法然伝の諸問題」（『仏教文化研究』第一号）、福井康順「源空聖人私日記について」（『浄土教思想研究』）、中井真孝「『源空聖人私日記』の成立について」（『仏教文化研究』第二九号）等参照。

(3)　東寺宝菩提院所蔵本。

(4)　醍醐三宝院所蔵本。

(5)　井川定慶編『法然上人伝全集』所収。以下同じ。

(6)　『指南抄』中巻末（『親鸞聖人真蹟集成』第五巻）。

(7)　『講私記』にはこの後「(上略)源空上人選択集専《ハ》為《タリ》二他力門之指南一、各一心合掌《シテ》讃《スヘシ》二興《シル》レ宗《ヲ》之徳《ヲ》一矣、(下略)」との記述があり、『選択集』撰述と善導夢告の関連性が確認される。

(8)　『講私記』第三「讃二専修正行《ノ》徳《ヲ》一」には「(上略)初《ニハ》常《ニ》見《ル》二宝樹宝宮殿一、仏力不思議故《ニ》、後親《ニク》拝《ス》二化仏化菩薩《ヲ》一、闇夜《ニ》雖《モ》レ無《ト》レ燭、光明照《スニ》如《シ》レ昼、見《コト》二室《ノ》内外《ヲ》一似《タリ》レ向《ニ》二明鏡一、口称之力現レ身《ニ》得レ証《ヲ》、(下略)」と記す一節があるが、これは『指南抄』「建久九年正月一日記」等の抄出記事と思われる。

(9)　『醍醐本』の構成上の諸問題を整理すると、源智の没後に源智の門弟によって仁治二年（一二四一）頃編集されたものとの考えに至り、その編集意図に嘉禎三年（一二三七）信空系の躭空によって編纂された『四巻伝』の成立との関連性が想定される。したがって、源智系の『醍醐本』編集には、これら師法然の霊験的体験に関する記録の存在を強調しようとした点が考えられる。

第三節　各種法然伝における記述の展開

法然の伝記が数多く伝来することはあまりにも著名である。そのうち比較的成立の早い初期の記述にそれぞれの素材が存し、それをもとに編者の意識により補充、場合によっては潤飾されていったようである。とくに、法然伝の集大成ともいえる『四十八巻伝』の記述の形成過程には、今日に及ぼす影響が大なることもあって興味を持つところである。ここでは、「法然聖人御夢想記」の記述が初期法然伝以降、いかなる経過を辿り『四十八巻伝』の記述に到達したのかを見ることによって、介在する諸問題を整理し、この記録に対する価値判断の手がかりとしたい。

左に特徴的な伝記の記述を掲げ、ほかの伝記との関連性について述べることにする。

○『法然上人伝』[1]（以下、『増上寺本』と称す）下巻

（上略）それよりのち善導和尚御こしよりしもは金色にて、夜な〳〵きたりたまひてのりをとき給を、画師にあつらへて影像をうつしとゝめ給けり、（下略）

これは一見して『四巻伝』の体裁によく類似し簡潔に記されている。しかし、画師に誂えて善導の影像を写しとどめたという挿話はここで新たに見る記述と言ってよい。

○『私聚百因縁集』[2]

（上略）抑上人取㆓此信㆒給てのち、忽感㆓霊夢㆒、紫雲広聳覆㆓日本国㆒、自㆓雲中㆒出㆓無量光明中㆒、百色鳥飛散充㆓

満虚空一、于レ時登二高山頂一忽拝二見生身善導一云々、（下略）

ここでも夢想対面の情景のみを簡潔に取りあげている。そして、「紫雲広聳二日本国一」の箇所は『醍醐本』あるいは『私日記』と共通性が認められる。

○『源空上人伝』[3]（以下、『知恩伝』と称す）巻上「広可レ弘二通浄土法一夢想事」

安元々年三月十四日夜夢云々、所見夢一々附合者、高山者、表二弥陀名号無上功徳一也、長河者、念仏浄水可レ洗二罪障垢一表示也、紫雲広大者、日本国衆生悉帰二浄土一可レ乗二迎雲相一也、光明無量者摂二取念仏衆生一可レ施二三縁益相一也、周礼云、夢者事之祥也云々、此事誠哉、（下略）

この記述は善導との対面について記さないが、法然が浄土門帰入後に弘通の証を得た夢想を記しており、いわゆる二祖対面の記述である。『知恩伝』は奥書によれば、元禄十六年（一七〇三）に恵山なるものによって良照義山所持本を写したものとされている。また本文末尾近くに「私加レ之云、了恵」「於二望西楼一抄二出之一畢」とあり、底本がまた了恵の書写もしくは編集によることになる。了恵編集の法然伝であるとすれば、義山がこれに興味を示したことは、『語灯録』[4]の例に徴して納得のいくところである。したがって、『指南抄』系の記述に近いが後世にかなりの手が加えられていることが認められるのも、恐らくは義山の改変によるものと思われる。ところで、夢想を安元元年三月十四日というように、従前の伝記にはない時日の記事が見えるのは特徴的と言える。

○『古徳伝』[5]巻三

（上略）但自身の往生はすでに決定し畢ぬ、他のために此法を弘通せんと思給に、若仏意に合哉否、心労の夜、夢に見らく紫雲靉靆として日本国におほへり、雲の中より無量の光をいだす、光の中より百宝色の鳥とびちる、雲の中に僧あり、上は墨染、下は金色の衣服也、予問て云、是為レ誰、僧答て云、我是善導也、専修念仏の法をひろめんとす、故に其証とならんがためにきたれる也と云云、善導は則是弥陀の化身なれば、詳覈の義、仏意に協けりとよろこびたまふ、（下略）

この記述は全体的にはここでは掲載を割愛したが[6]『弘願本』[7]、『琳阿本』[8]等の記述と共通性が認められ、いずれもその素材を初期法然伝に想定するとしたならば『醍醐本』『私日記』をあげることができよう。『古徳伝』は『四巻伝』『法然上人秘伝』[9]（以下、『秘伝』と称す）『琳阿本』等に拠る箇所が多いと言われるが、この部分についてはとくに『弘願本』の記述との共通性が指摘できる。それは後半部の「紫雲靉靆として日本国におほへり」以下の文節が合致すると言ってもよい表現であることによる。ただし、『古徳伝』がその末尾に善導が弥陀の化身であるとの強調を加えているが、この素材は『四巻伝』にもあるが『講私記』にまで遡ることも可能であって興味深い。

○『九巻伝』[10]巻一の下

（上略）他の為に此法をひろめんと思ふ所存の義、仏意に叶や不レ叶やと思ひわづらひて、まどろみ給へる夢に、紫雲たなびきて日本国に覆、雲の中より無量の光を出す、光の中より百宝色の鳥とびきたりてみちみてり、又高山あり、けんそにして西方にむかへり、長河あり、洪汗として邊畔なし、峰のうへには紫雲そびき、河原には孔雀・鸚鵡等の衆鳥あそぶ、雲の中に僧あり、上は墨染下は金色にて半金色の衣服なり、上人問ての給はく、これは誰にかあると仰られければ、答ての給く、我はこれ善導なり、汝専修念仏の法をひろむる故に、証とならんが為に来れる也と、（下略）

『九巻伝』は『四十八巻伝』[11]の草稿本であるとする説[12]に従うと、この段階における記述の再編成は重要なる意味を有することになる。前半部の夢想に至る事情説明は、『醍醐本』『私日記』をはじめ『弘願本』『古徳伝』等従前の伝記の影響と見られる記述である。また中間部の「又高山あり」以下の情景を挿入する一節は、従前の伝記には見られない記述であるが、これは言うまでもなく『指南抄』本系の記述を素材としている。あるいは『拾遺漢語灯録』本の存在を認めるのであればそれに拠ったのかもしれない。いずれにしても、『九巻伝』編集の時点で遺文の原本に遡ろうと模索したための記述の構成であろう。それはつぎの『四十八巻伝』の記述を一見しても感ぜられるところである。

○『四十八巻伝』(13) 第七巻

（上略）上人ある夜夢見らく、一の大山あり、その峯きはめてたかし、南北長遠にして西方にむかへり、山のふもとに大河あり、碧水北より出て波浪南になかる、河原眇々として邊際なく、林樹茫々として限数をしらす、山の腹にのほりてはるかに西方を見たまへば、地よりかみ五丈ばかりあがりて、空中に一聚の紫雲あり、この雲とびきたりて上人の所にいたる、希有の思をなし給ところに、この紫雲の中より無量の光を出す、光のなかより孔雀・鸚鵡等の百宝色の鳥とびいでゝよもに散じ、又河濱に遊戯す、身より光をはなちて照耀きはまりなし、其後衆鳥とびのぼりて、もとのごとく紫雲のなかにいりぬ、この紫雲又北にむかひて山河をかくせり、かしこに往生人あるかと思惟し給ほとに、又須臾にかへりきたりて上人のまへに住す、やうやくひろごりて一天下におほふ、雲の中より一人の僧出で、上人の所にきたり住す、そのさま腰より下は金色にして、こしよりかみは墨染なり、上人合掌低頭して申給はく、これ誰人にましますぞやと、僧答給く、我は是善導なりと、なにのために来給ぞやと申給に、汝専修念仏をひろむること、貴きがゆへにきたれるなりとの給とみて夢さめぬ、画工乗台におほせて、ゆめに見るところを圖せしむ、世間に流布して夢の善導といへるこれなり、その面像のちに唐朝よりわたれる影像にたがはざりけり、上人の化導和尚の尊意にかなへることあきらけし、（下略）

法然伝の集大成とも言うべき『四十八巻伝』のこの部分は、まず『指南抄』本の記述とそう大差なく内容的に一致するということである。そこで、詳細な関連性を考えるについて両本の校合を行なってみると（前掲『指南抄』本参照）、相違箇所としてまずあげなければならないのは、後部に夢中の善導像を画工に誂えて描かせたる記述が加えられている点である。これは従前の伝記のなかでは『増上寺本』に見られる。つぎに、『指南抄』本との比較における若干の相違点のうち、「五十尺」を「五丈」、「やうやくひろごりて一天下におほふ」を挿入、「衣着僧一人」を「一人の僧」、「尓不肖ナリトイエトモ」を削除する等の箇所は、『拾遺漢語灯録』本にそれぞれ共通した記述を確認することができる。『指南抄』本と『四十八巻伝』との記述にはほかにも相違が存するわけで一概には言えないが、『四十八巻伝』の編集時にすでに『拾遺漢語灯録』本の底本となった記述が存在した可能性が出てきたわけである。それにしても、『四十八巻伝』が『九巻伝』よりもさらに夢想記の原型に遡ろうとしたことが認識できよう。あるいは、草稿本と言われる『九巻伝』においてその必然性が問われ、『四十八巻伝』編集時に影響を与えたと解すれば、こうした記述の変遷に記録自体の価値が存することを意味する。

　最後に夢想の年次に関する記事であるが、『拾遺漢語灯録』本に「建久九年五月二日」という年次を記すのは何に拠ったのであろうか。可能な範囲で各伝記の年代設定を見ると、『四巻伝』は安元元年の法然四十三歳の時から三昧発得を始めたとし、その一環にこの善導との夢中対面を取りあげている。『知恩伝』は承安四年四十二歳を浄土門帰入とし、翌安元元年三月十四日を夢想の年次に当てている。このように浄土門帰入と関連して記すものに、年代は降るが智演の『獅子伏象論』(14)があり、それによれば、この夢想を機として承安四年二月九日、叡山黒谷を出て洛陽東山の吉水大谷に住して浄土宗を興し、勧化を行なって一心不乱に念仏三昧の妙行を弘むと記されている。どうもこの夢想は後世になって利用されていった感が強い。

　『秘伝』には「聖人六十六の三昧発得これなり」と三昧発得の記述として載せられている。『琳阿本』では法然自筆の「三昧発得記」につづいて「又別伝に云」として載せられており、同じ年すなわち建久九年のこととなっている。さらに、『弘願本』は建久七年東山霊山の如法念仏の記述の前に置き、そのあとの六十六歳にて三昧発得したとする記述と離している。『四十八巻伝』においても建久九年の三昧発得の記述の前に掲載している。また、『講私記』『私聚百因縁集』等では『選択集』の撰述と関連付けている。

このように、年代となると各伝記ともまちまちで確かな記述を示していないものさえある。ただ、法然の浄土門帰入か三昧発得、『選択集』撰述のうちいずれかの関連において年代設定が行なわれていることは確かである。それは、それぞれの伝記の編者が、善導との夢中対面の有する意義として、何と関連させて採用したかによるわけで、勿論その目的意識として背後に働く編者の立場や編集に用いた素材が問題となるであろう。ここまで一貫してとってきた筆者の立場によると、『指南抄』本の記述のごとく年代の記述はなかったものと考え、後に各伝記の編者が推測と脚色によって設定していったものと思われる。そして、『醍醐本』『私日記』の時点ですでに年代の記述が存しないのであるから、かなり早い頃から明らかでなかったものと推察される。したがって、『拾遺漢語灯録』本の示す年次は後世に転写伝来の際（義山によることも充分に考えられる）、とくに建久九年正月から二月にかけての三昧発得の体験、あるいは『選択集』の撰述等と関連づけるために任意に設定されたものと見做される。

結び

法然と善導の二祖対面といえば、浄土宗教団が永き歴史に亘って開宗の拠としてきた夢想であり、浄土宗伝法史上重要な意味をもつ。その記述は『醍醐本』『私日記』等初期に成立した伝記をはじめ、各種法然伝に載せられているが、その史料的評価についてはむしろ消極的であった。ところが、「三昧発得記」の史料価値が認められるとすれば、その関連として『指南抄』所収「法然聖人御夢想記」の信憑性も承認されてくる。しかも、筆者の見解に妥当性がある場合、『指南抄』の原本に所収された原型の想定についてである。そして、『醍醐本』『私日記』等の記述はその抄出であり、『四巻伝』の記述が簡略なのはその記録の存在に疎かったためではなかろうか。

この頃にはまだ『指南抄』本は世には知られていなかったのであろう。『語灯録』『九巻伝』等の編集を経て、どこかの段階で原型に近い記述の確認がなされたものと考えられる。そうした経過において『四十八巻伝』には原型に近い記述が所収されているのであろう。このように考えてくると、原型とは『指南抄』本の素材となった記述に想定できるように思われる。そこで、年代設定に関する考察でも述べたように、いつ頃の出来事であるかは未詳であると言った方がよい。それは、この記録自体が法然からの聴聞したことを門弟が書き留めたもの、もしくは後に想起して記し置いたものであるために年代の記述がないということではなかろうか。したがって、筆者はこうした歴史的事実を肯定する立場を有するが、一方では後世になって年代の設定と併行して、教団的意義としての各種の霊験譚が案出されていったということも見逃せない事実であると思う。

註

(1)(2)(3)　井川定慶編『法然上人伝全集』所収。
(4)　第Ⅰ部第三章第二節（一九一・一九二頁）参照。
(5)　註（1）に同じ。
(6)　ほかにも面授口決、浄土教法授与等を強調した『黒谷源空上人伝』（以下、『十六門記』と称す）、後述の『秘伝』のごとき伝記の記述もあるが掲載を割愛する。
(7)(8)(9)(10)(11)　註（1）に同じ。
(12)　三田全信著『成立史的法然上人諸伝の研究』一七「法然上人伝記（九巻伝）」参照。
(13)(14)　註（1）に同じ。

第三章　「没後遺誡文」について

「七箇条制誡」や「送山門起請文」の原本への溯源性の確認と並んで、ここでは了恵道光編集『語灯録』の漢語篇である『漢語灯録』の分類でいう、「諸起請文」のうち「没後起請文」（恵空本『漢語灯録』）の史料的信憑性を検討しようとするものである。この遺文は建久九年（一一九八）四月八日付で法然が弟子達に言い置いたいわゆる遺言状ともいうべきものであり、後にも述べるが後世良照義山が正徳版『漢語灯録』において題したごとく「没後遺誡文」と称する方が適当と思われる。内容的には「葬家追善事」と題する没後の取るべき行動について示したものと、「不可諍論房舎・資具・衣鉢・遺物等事」と題した遺産分与に関するものとの二箇条から成る。

法然にとっては建久九年三月には『選択集』を撰述するなど一大転機となった年であった。すなわち、この「没後遺誡文」が史料的に信用できるかどうかの問題は、『選択集』撰述の事由について判断する恰好の要素ともなる。勿論、法然が自ら弟子達に示していた葬家追善の内容、また私有の財産とこれの付属という法然の具体的な身辺の様子を語ることになるなど、法然研究にとって重要な意義を有することは言うまでもない。しかしながら、本論で詳述するように親鸞書写の『指南抄』所収本が遺産分与についての一箇条を欠く点は最も疑問とするところであり、また具体的な記述がほかの文献の内容に矛盾するとして直接的な史料としては敬遠されることもあった。したがって、ここで『漢語灯録』『指南抄』それぞれの性格を踏まえたうえで、前述したようなほかの遺文についての検討も行ないながら「没後遺誡文」に関する史料批判の考察を進めることにする。

註

（1）第Ⅱ部第四章第一節・第二節、同第五章等参照。

（2）相田二郎著『日本の古文書』上（岩波書店、昭和二十四年）の起請文の項（八六九―八七〇頁）、佐藤進一著『古文書学入門』（法政大学出版局、昭和四十六年）の起請文の項（二三三頁）、『国史大辞典』4（吉川弘文館、昭和五十九年）などで同様に述べられているように、古文書学的な「起請文」の定義としては、虚偽なき旨趣を記した前書と、もし偽わりがあれば神罰・仏罰を蒙るべき由を誓った神文とから成る。したがって、『漢語灯録』所載の「諸起請文」のうちこの要件を満たすものは「送山門起請文」一点のみであり、他の「七箇条起請文」「没後起請文」の二点はその内容から妥当な題目とは言えないことになる。

（3）『選択集』は『四十八巻伝』第一一巻や証空の『選択密要決』第一等の記述によれば、九条兼実の懇請によって撰述されたようであるが、その時期については『四十八巻伝』に「上人同（建久）九年正月一日より草菴にとぢこもりて」とあり、『選択密要決』第一（『浄土宗全書』第八巻）「題目事」には「依レ之上人六十六之春、建久九年三月被レ撰二此文一之時」とあり、これらに従えば建久九年（一一九八）法然六十六歳の時の春頃ということになる。

（4）三田全信「宗祖の経済観及び経済生活」（『専修学報』第五輯、昭和十三年）、同「原知恩院の変遷について」（『仏教文化研究』第五号、昭和三十年）、伊藤唯真著『浄土宗の成立と展開』第二章第一節の二「法然同法集団の出現―文治・建久期―」等は、「没後遺誡文」の記述に関してそれぞれ肯定的な視点から論じられている。また鈴木（玉山）成元「『選択集』撰述の理由」（『日本歴史』第一七六号、昭和三十八年）は、同様の立場にもとづきさらに『選択集』撰述の動機となった大病の患いとも関連付けて述べられている。

（5）田村圓澄著『法然上人伝の研究』第三部第五章「遺誡文と起請文」は、「三昧発得記」「夢感聖相記」の記述によると、建久九年の法然は三昧発得の最中であり遺誡文を記すような状況にはなかったことを主たる理由として、その土地の所有者であった円親・長尊たちが自己の所有権を確保するために、法然の名においてこのような遺誡文を偽作したものであるとの否定的見解を論じられている。

第一節　『漢語灯録』所収本

「没後遺誡文」の史料的価値は、『大日本史料』や竹内理三氏編『鎌倉遺文』等に取りあげられていないのを見ると、決して高く評価されているとは言えない。現在この遺文を所収する主なものとしては、黒田真洞・望月信亨両氏編『法然上人全集』（四二六―四二九頁）、石井教道・大橋俊雄両氏編『昭和新修法然上人全集』（七八三―七八六頁）を見るに過ぎない。いずれも文永十一年（一二七四）・十二年の両年に亘って了恵によって編集された『語灯録』所載のものを底本としている。『語灯録』は、漢語一〇巻二二篇の『漢語灯録』と和語五巻二四篇の『和語灯録』、拾遺三巻一一篇の『拾遺語灯録』からなる。「没後遺誡文」は『漢語灯録』第一〇巻に、「七箇条起請文」（『漢語灯録』における呼称、以下同じ）「送山門起請文」とともに、「没後起請文」と題して計三点の「諸起請文」という形で所収されている。ここでは、そのなかで「没後遺誡文」について『漢語灯録』諸本の記述を校合してみたい。黒田真洞・望月信亨両氏編『法然上人全集』が、正徳五年（一七一五）に印行された義山本を底本とするのに対し、一方の石井教道・大橋俊雄両氏編『昭和新修法然上人全集』は、恵空本である善照寺本を底本に、谷大本と義山本との校合による字句の相違を示している。

本来であればいずれかを良質な本として底本に選び、これに他本を校合し異同の認められる語句について註記を施していくところであるが、恵空本である善照寺本と谷大本とはまったく合致するのに対して、義山本をかりに大正大学所蔵の正徳五年版によって照合すると、これと恵空本とでは到底に魚魯倒置遺字闕脱の類ではなく、文章の構成自体に大きな相違が見られるため、両本の記述を左に掲げて検討を加えることにする。（底本には振仮名・返り

点等が付されているが煩雑を避けてここでは割愛することとし、また通読の便を計って新たに読点・並列点等をほどこした）

恵空本（千葉県市川市善照寺所蔵本）

没後起請文一

起請　没後二箇条事

一、葬家追善事

右葬家之次第、頗有其存旨、有籠居之志遺弟同法等、全不可群会一処者也、其故何者、雖復似和合集則起闘
諍、此言誠哉、甚可謹慎、若然者我同法等、於我没後、各住各居不如（不）会、闘諍之基由集会之故｜也、羨我
弟子同法等、各閑住本在之草菴、苦可祈我新生之蓮台、努々莫群居一所致諍論起忿怒、有知恩志之人、毫末
不可違者也、兼又追善之次第、亦深有存旨、図仏・写経等善、浴室・檀施等行、一向不可修之、若有報恩志
之人、唯一向可修念仏之行、平生之時、既就自行化他唯局念仏之一行、没故之後、豈寧為報恩追修雑自余之
修善哉、但於念仏行尚可有用心、或眼閇之後一昼夜自即時始之、或気絶之後七昼夜自即日始之、標誠至心各
可念仏、中陰之間不断念仏、動生懈惓之咎還闕勇進之行、凡没後之次第、皆用真実心可棄虚仮行、有志之倫
勿乖遺言而已、

一、不可諍論房舎・資具・衣鉢・遺物等事

右聞古見今、於人没後多有喧嘩之事、抑是由諍遺塵也、然間或在家之兄弟忽忘六親之眤、或釈門之法孫俄変
一器之志、毎見聞此事敢不勝安忍、然則我弟子同法有志之倫、明察此趣於我没後莫起諍論、但弟子雖多入室
者僅七人也、所謂信空・感西・証空・円親・長尊・感聖・良清也、此等諸人於彼世・出世間之恩深、於我至
順至孝之志篤者也、誰人忘二世之恩徳、致一旦之諍論乎、此中信空大徳者、是多年入室之弟子也、其志互而

有誠、為表懇志聊有遺属、謂黒谷本坊、寝殿・雑舎、白川本坊、寝殿・雑舎、坂下薗一所、洛中地一所、此外本尊、三尺弥陀立像、定朝、聖教、摺写六十巻等、付属之了、其状在別紙、感西大徳亦是年来常随給仕之弟子也、其恩相共而不浅、為酬給仕之恩、又聊有所付属、謂吉水中房、本在西山広谷、高畠地一所、但売買之時半直与之、付属之了、吉水東新房是円親大徳所領也、是本主故六条尼御前為其養子付属、幷六条敷地手自書付属状与之了、雖然源空一期之間、可進止之由被載彼状、仍今重所付属也、其状在別紙、長尊大徳者故如行死去之刻、覚悟房幷付帳一口沙汰与之了、又於白川邊買儲一屋之刻、価直与之了、又此吉水西旧房、其本主顕然也、人皆所知也、不能分配者也、持仏堂本在大谷、西坊尼御前、自西尊・成乗房之手乞之所壊渡也、此外雑舎一両、雖加潤色皆付西本房了、先例非一経回白川房之時、雖於廊幷門等加修造、付亭主而去了、経回嵳峩邊之時、雖新添荘厳新搆築垣、亦付家主而去了、此吉水西坊亦復如是、雖治旧搆新皆付西房本主了、不能左右者也、此外無房舎亦無領地、不能付属自余諸人者也、凡倩案事情、此等諸人者皆是年来同室能知其心性、或内蓄道心外行忍辱、或内懐道理外忘僻見、生前既有至順之心、没後豈有反逆之事哉、然則縦無如此遺誡之詞、向後之事不審更以不可有者哉、雖然人心随時而不定、好悪亦以叵量者也、未来法暗以難知、因之今鑒此等事、注委曲之状慥以所遺誡也、若於此等衆中互発競望之心、或称年来或称親族、或搆謀書我謂得付属、或搆虚言謂我蒙約諾、或六人語合乖今一人、或三人語合乖今四人、乃至其半相分起諍論於両方、乃至一人抜群押所分於一方、如此等事、或従自心而起、或由人勧而起、如是未然之事、皆以堅所禁制也、庶幾我為弟子同法之人、不可毀此禁遏、若乖此遺誡、至濫妨之倫出来直《者歟》可非門弟、既非門弟者是何者乎、宜云怨敵亦可云盗人、不可親近人情《人情イニアリ》者也、凡有所付属皆以自筆書之、若以他筆而為証文者可処盗犯、可云人面之畜生、此外雖非年来当時同法者三人、所謂遵西・直念・欣西也、為其◯《証》人故所註列也、又西来東来有｜問法門、西去東去不知行方、朝来暮往之人甚多、誠以不足言者也、尚々於我没後有報恩之志人、固守此遺誡之旨、雖

云毫末不可違失矣、
以前二箇条起請如右、若夫不忘累劫之縁者、可不忘此遺誡、亦厚半偈之功者、頗可厚此遺言以此可為報恩、不可有他事者也、羨我同法遺弟等、於我没後互如水与水、共不可如石与石者也、穴賢々々、努努敢莫違失、仍故以遺言而已、

建久九年四月八日　　　　釈源空　在御判

上人入滅八年以前也、

義山本（大正大学図書館所蔵正徳五年版）

没後遺誡文一此有二条、

一、普告予遺弟等、予之没後各宜別住、不須共居一所、共居雖似和合、而又恐起闘諍、不如閉居静処、独行念仏也、又為予修追福、亦莫聚居一所致諍論起忿怒也、且莫修図仏・写経・檀施等善、唯応一向修念仏之行、平生之時自行化他、既唯念仏一行、没後寧雑自余修善哉、又気絶之後、即時興行念仏、或一昼夜、或一七日、至誠勤修、不要中陰之間不断念仏、恐生懈惓還妨勇進也、有志之輩、勿敢乖遺語矣、

一、予見聞古今人之没後、在家出家多有喧諍、皆由諍遺塵也、或兄弟忽忘連枝之昵、或同法俄変一器之志、毎見聞此事、不敢勝安忍、普告予門人、於予没後、就坊舎・資具等、莫起諍論、白衣尚可愧、況於緇服乎、門徒雖多、信空実是多年給仕弟子、因為表懇志、聊有遺属、謂黒谷本坊、寝殿・雑舎、白川本坊、寝殿・雑舎、坂下園一所、洛中領地一所、此外本尊、三尺弥陀立像、定朝、聖教、摺写六十巻等、付属之者也、其書在別紙、又吉水中坊、旧在西山広谷、高畠領地一所、付属之感西也、又吉水東新坊、本故六条尼公之所持而円親為其仮子、故今付属之円親、其書在別紙、又吉水西旧坊、長尊其本

主也、今還遣之、仏堂一宇旧在大谷、西坊尼公以西尊・成乗乞之、因付与之、此外雑舎一両、皆付西坊付属之長尊也、感西・長尊是亦年来常随弟子故付与之者也、凡五衆亡後資財皆入僧、生存之間物属於己、予今分与乃以此也、没後二条予示遺誡如斯、若夫不忘累劫之縁、荷負半偈之恩、服膺遺語、以擬報恩、同法遺弟共如水乳互策励心行、同入和合海、是予所願也、

建久九年四月八日　　釈源空

もう一つの恵空本である谷大本との相違は、例えば善照寺本が「不如〇(不)会」「為其〇(証)人故所註列也」と挿入符を付す箇所を、それぞれ「不如不会」「為其証人故所註列也」と本文に書き入れていたり、「抑是由諍遺塵也」と「仰是由諍遺塵也」と誤写したり、また「不可親近人情(人情イニアリ)者也」と一端「人情」の字句を記したがこれを抹消したうえ傍注した箇所が「不可親近者也」と抹消された文体になっていたり、最後の「穴賢々々」を「穴賢穴賢」と書き直すなどすべてを列挙しても、いずれも書写の段階に生じた些細な相違であって前述したようにほとんど合致することが認められる。

ところで、恵空本（善照寺本）と義山本（正徳版）との相違を述べてみよう。まず題目であるが、恵空本が「没後起請文」と記すところを義山本では「没後遺誡文」とし、さらに義山本は恵空本に「起請没後二箇条事」とあるのを「此有二条」と註記することで表わしている。つづいて、この二箇条のそれぞれの事書が義山本では省略され直接本文に入っている。また義山本は両条ともに「普告予遺弟等」「普告予門人」等の文言を挿入しているが、これは「七箇条制誡」の冒頭に「普告号予門人念仏上人等」[1]と記される文言を意識し利用したものでないかと思われる。それにしても、義山本は全体的に要約され本文の長さもかなり短くなっている。そして葬家追善の条で見ると、門弟達に自分の没後は諍論の起こることを案じて、一所に集会・群居することを禁じて別住するようにと記し、また

追善の次第として図仏・写経・檀施等の余行よりもただ念仏一行を修することを勧め、そのなかでも中陰における不断念仏の修法は懈惓の咎を生じてかえって勇進の行を闕するとし、一昼夜あるいは七昼夜といった心のこもった念仏を修するようにといい、志ある者は遺言に乖くことのないようにと結ぶ条文の概略は両本に共通している。

しかしながら、恵空本が事書のあと「右葬家之次第」と書き起こしているが、義山本ではこれらはなく、はじめから何を指すのか明瞭となっていない。また「苦可祈我新生之蓮台」が義山本では「又為予修追福」となっている。恵空本では「有知恩志之人」「若有報恩志之人」等と限定する表現も義山本には抜けており、すぐに修法に関する記述となっている。また恵空本が「或眼閇之後一昼夜自即時始之、或気絶之後七昼夜自即日始之」とする箇所は「又気絶之後、即時興行念仏、或一昼夜、或一七日」と簡略になっているばかりか、文意も閇眼の後についての記述を脱する等幾分変化している。同様のことは恵空本に「中陰之間不断念仏、動生懈惓之咎還闕勇進之行」とある箇所が、義山本では「不要中陰之間不断念仏、恐生懈惓還妨勇進也」とより積極的な表現になっている。これらのほかにも修飾的な語句が抜けて前述したごとき概略のみを伝える文体が構成されている。

つづいてもう一条の「不可諍論房舎・資具・衣鉢・遺物等事」について見ると、これも記されている内容の概略は同様にほぼ一致する。弟子は多くいるが入室の者は七人であり、そのうち信空はとくに多年入室の弟子であるとして、黒谷本坊・白川本坊・坂下薗一所・洛中地一所・弥陀本尊・聖教等を付属すると記し、また感西には吉水中坊・高畠地一所を付属するとしている。そして、吉水東新坊は円親にその本主である故六条尼の養子であるとして付属すると記すなど内容的にはほぼ踏襲されていると言える。しかし、全体的には義山本の文章は半分以下となり、かなり大幅な要約・改変また場合によっては記述の脱落がおきている。例示すると、恵空本には「入室者僅七人也、所謂信空・感西・証空・円親・長尊・感聖・良清」とまず入室の弟子の名を挙げたうえで、信空をはじめとするそれぞれへの付属物件を記しているが、この部分を脱しすぐに信空への付属に関する記述になっている。

また吉水西旧房の処置について、恵空本では本主は顕然であるので分配はしないとし、西尊・成乗房らの乞いによって西坊尼御前なる者の手より壊ち渡った持仏堂や雑舎については、白川房ならびに嵯峨の辺りを経回の時にも、廊・門等の修造、荘厳の改築等に手を加えながらも各家主に返してきたとの例をあげながら、その本主に返付すべきであると記しているが、この箇所が簡略になされ本主は弟子の長尊であるからこの長尊に付与すると改変されている。特にこの問題は本主を今岡達音氏が指摘される(2)ごとく青蓮院であると見れば、義山の天台宗教団との結び付きを隠匿しようとの意図が感じられてくる。さらに、恵空本においては門弟達の心情を察しながら自らの没後に備えさせようとする経緯が記されているが、義山本ではこうした後部の全体が削除されている。したがって、恵空本の「此外雖非年来《マヽ》当時同法者三人、所謂遵西・直念・欣西也」という興味ある記述も勿論義山本にはない。さらに、義山本の最後尾に「没後二条予示遺誡如斯、若夫不忘累劫之縁、荷負半偈之恩」とあるのは、恵空本がやはり後段に条文とは区別し改行して、「以前二箇条起請如右、若夫不忘累劫之縁者、可不忘此遺誡、亦厚半偈之功者」と記すところを書き改めて加え置いたと見ることができる。

以上のように、恵空本と義山本の記述の相違については「七箇条制誡」や「送山門起請文」をはじめとするほかの遺文に対するものと同様に、義山本改変の方向に立場を置くと一応納得のいく点が多い。これを逆に恵空本改変の方向で考えてみることは、当然ながら前述したような個々の問題点の理解に無理を生ずるように思う。したがって、この「没後遺誡文」においては、とくに義山本は恵空本に比べると遺文の内容的な概略だけを記述してまったく別の文章を構成し直したと見ることができ、法然が自らの没後を意識して思索した苦悩の様子や葬家追善に対する真意、また具体的な遺産分与に至る詳しい個々の事情を読み取ることは難しい。何故に義山はこうした要約的な改変をする必要があったのか最も疑問とする点であるが、ここでも恵空本の記述の方が遺誡文としての体裁を整えているという結果が得られるのである。

註

（1）嵯峨二尊院所蔵の原本に拠る。恵空本『漢語灯録』にも「普告号予門人之念仏上人等」と記されている。

（2）『古本漢語灯録』（『仏教古典叢書』〈浄土〉）末尾「古本漢語灯録解説」。

第二節　『西方指南抄』所収本

一　葬家追善の記述

「没後遺誡文」を収録するものに、[1]親鸞が康元元年（一二五六）から同二年にかけて書写したとされる『指南抄』がある。これは高田専修寺に現蔵し親鸞自身の編集であるとする説と、これに先行する底本が存在しそれを親鸞が書写したものとする両説[2]があるなど、史料として使用するには充分に慎重でなければならない。その『指南抄』中巻末[3]に「七箇条制誡」につづいて「起請没後二箇条事」と題して「葬家追善事」なる遺文が収録されている。これは『漢語灯録』所収本を前に掲げたが、とくに恵空本の「葬家追善事」と共通する記述であることから、二条から成っている「没後遺誡文」の一方の条文であるものと認識できる。

そこで、前項において『漢語灯録』のうち良質であると判断した恵空本（ここでは善照寺本による）の「葬家追善事」との校合を行なってみる。（底本に高田専修寺所蔵親鸞自筆本『指南抄』をすえ、善照寺本『漢語灯録』〈恵空本〉

との異同を㊀の傍注にて表示する）

「没後起請文一」アリ㊀

起請　没後二箇条事

一、葬家追善事

右葬家之次第、頗有其採〔存㊀〕旨、有籠居之志遺弟同法等、全不可群会一所〔処㊀〕者也、其故何者、雖復似和合、集則起闘諍、此言誠哉、甚可謹慎、若然者、我同法等、於我没後、各住各居、不如不会〔〇不ト傍注アリ㊀〕、闘諍之基、由集会之故也、〔一アリ㊀〕羨我弟子同法等、各閑住本在之草菴、苦可祈我新生之蓮台、努々群〔莫アリ㊀〕居一所、莫〔ナシ㊀〕致諍論起忿〔怒㊀〕怨、有知恩志之人、毫末不可違者也、兼又追善之次第、亦深有存旨、啚仏・写経等善、浴室・檀施等行一向不可修之、若有追善〔追善ナシ㊀〕報恩之志〔志之㊀〕人、唯一向可修念仏之行、平生之時既付自行化他、唯局念仏之一行、歿〔没故㊀〕没之後、豈為〔寧アリ㊀〕報恩追修、寧〔ナシ㊀〕雑自余之衆善〔修㊀〕哉、但於念仏行、尚可有用心、或眼閉之後、一昼夜自即時始之、〔或気絶之後七昼夜自即日始之アリ㊀〕標誠至心各可念仏、中陰之間不断念仏、動生懈惓〔之咎アリ㊀〕各還闕勇進之行、凡没後之次第、皆用真実心、可棄虚仮行、有志之倫勿乖遺言而已、

この『指南抄』に収録される「起請没後二箇条事」に関して最も重要な疑問点は、『漢語灯録』に収録されていた第二条の「不可諍論房舎・資具・衣鉢・遺物等事」なる条文全体を欠いているということである。条文の内容は前掲の如く恵空本と義山本とでかなり相違するが、いずれにおいても、この第二条について『指南抄』の編集または書写の段階での脱落と見るか、あるいは『漢語灯録』の編集もしくは書写の過程での付加と考えるかによって、この「没後遺誡文」の遺産分与に関する条文の内容を史料的にどう評価するかが決まるのである。この問題は『指南抄』全体の信憑性(4)とも関連することなので、特に『漢語灯録』収録の遺文との照合によって次項にて詳述することとして、ここではとりあえず両方に収録される「葬家追善事」の記述に限って、校合の結果得られた私見を述べておく。

両方の記述のなかで最も大きな異同は、恵空本『漢語灯録』には「或気絶之後七昼夜自即日始之」とあるが、『指南抄』にはこの部分がないということである。勿論これだけでは脱落か付加かの判断はつかない。ほかの異同というと恵空本『漢語灯録』の「頗有其存旨」とする箇所が『指南抄』では「頗有其採旨」となっていたり、また同じく「報恩之志」が「追善報恩之志」、「動生懈惓之咎」が「動生懈惓」、「還闕勇進之行」が「闕勇進之行」とそれぞれなっていたり、さらには「一処」を「一所」、「忿怒」を「忿怨」、「修善」を「衆善」と記していたりする程度で、あとは傍注されている「不」が挿入されていたり、また「莫」・「之」・「寧」の字句の位置が両方で相違するぐらいのことでいずれも大同小異、数度の書写の段階における異同と見做すことが充分に可能である。

それにしても、『指南抄』収録のこの「葬家追善事」の記述は、前節において述べた『漢語灯録』の恵空本と義山本各々の遺文との照合において、『漢語灯録』収録の「没後遺誡文」の記述に関して、いずれを良質な本として論を進めるのかといった問題についての重要な傍証ともなる。すなわち、恵空本の記述の方がより原型に近いと考えられたことに対して、このように全くほかの系統の遺文集である『指南抄』収録のものと、一条分とはいえ大変近い記述であることが確認できたことは、その原本の存在性を示唆することになると言えよう。したがって、『漢語灯録』収録の「没後遺誡文」は、当然その『指南抄』収録の記述に近似する恵空本の方が、この遺文に見る限りにおいても原型に近いものと考えられるのである。

二　『西方指南抄』の欠落

『指南抄』が「没後遺誡文」の第二条を欠くのは、果たして編集者もしくは書写人の不注意による脱漏であろうか、あるいは何人かの意図的な改変によるものであろうか。特に『指南抄』が「起請没後二箇条事」と題しながらも、この遺産分与に関する第二条を欠いているのは重要な疑問点である。しかしながら、こうした問題点は実は『漢語灯録』所載の記述との校合から生じたことであり、その意味からはほかの遺文についても同様のアプローチが必要と言える。この問題はまず全体的なこととして、現存する高田専修寺蔵の親鸞自筆の『指南抄』を草稿本とするか、あるいは転写本と見るかによって方向が変わる。(5)すなわち、草稿本である場合は『指南抄』の編者は親鸞であることとなり、史料としての信憑性を内容的に一層高く評価しなければならない。『指南抄』の記述と『漢語灯録』の記述とを比べて特に確認される大部の相違箇所を、一方の欠落と見るか同様に他方の付加と判断するか難しい問題である。それにしても「没後遺誡文」に関しては、『漢語灯録』の編集時に了恵が第二条を付加したと考えるにはあまりにも不自然であり納得がいかない。筆者は前述もしたように、『指南抄』が「起請没後二箇条事」と記していることから、これについては何らかの事由により編集あるいは書写の段階で脱落したものと考えている。では、どの時点においてどういう事由が可能性として想定でき得るか、ほかの遺文についての『漢語灯録』『指南抄』両本の校合を通して考察してみたい。

そこで、『漢語灯録』『指南抄』ともに収録する遺文といえば（括弧内は『指南抄』所収の該当遺文）、「没後起請文」（起請没後二箇条事）のほかに「逆修説法」（法然聖人御説法事）、「七箇条起請文」（七箇条制誡）、「基親取信信本願之様」（同）、「遺兵部卿基親之返報」（聖人御房の御返事の案）がある。なかでも「七箇条起請文」（以下、嵯峨二尊院所蔵の原本〈二尊院本と称す〉に従って「七箇条制誡」とする）のように原本が現存する場合は、これに双方を校合することによって欠落箇所等の認識、すなわち良質な本の適確なる判断が最も可能である。二尊院本「七箇条制誡」と恵空本『漢語灯録』所収本との相違は、本文においては二十余箇所を指摘できるがすべては魚魯倒置遺字闕脱の類であり、転写伝来の際に生じた誤りと容認のできる範囲である（日付に「甲午」なる間違った干支を挿入しているのは(6)

疑問として残る）。

署名は八七名にとどまりこれ以後は省略されているが[7]、それらの異同を見ると、9（署名順番）導亘を「道亘」、21欣蓮を「欣西」と誤写したことによる24西縁の脱漏、33導源を「道源」、36・37いずれかの行西を「行首」とすることによる一方の行西の脱漏、41導感を「道感」、43覚成を「尊成」、58蓮恵の脱漏、61念西・62安西の脱漏、64神円を「祥円」、68念生と69尊忍の間に「尊蓮」の挿入、73好阿弥陀仏を「住阿弥陀仏」、75昌西を「仙空」、78禅寂を「祥寂」、80了西・81尊蓮・82仙雲の脱漏、90度阿弥陀仏・94自阿弥陀仏の署名順等をあげることができるが、これらをしてすなわち改変意図によるものであるとは言えない。そのうえ信空に「法蓮房」、感聖に「定生房」、尊西に「相縁房」等二十余箇所の註記が前半部に集中して見られることからも原本との関係を連想することができる。したがって、転写伝来の過程において前述した如き誤謬が生じたものとの見方が妥当であろう。

ところが、『指南抄』中巻末所収本の場合には[8]どうであろうか。本文についてであるが、まず第一条の起筆箇所である「一」を題目ともいうべき「普告号予門人念仏上人等」（二尊院本）のうえに記しているのは、『指南抄』の誤認による改変と見られる。またその題目の部分は「普レ告二于予門人念仏上人等一」（返り点筆者）となっており、原本の意図しているところと違っているが、これは法然にとっては自分で門人であるという念仏上人がいるならば、その人達に普く告げるという意味であった筈である。それが普く法然自身の門人である念仏上人に告げるというようにまったく変えられている。門人であると意識する主体を法然に置くか門人側に置くかの相違であるが、実はそれによって法然の「七箇条制誡」起草の目的や[9]その背景についての考え方も違ってくる。しかしながら、元久年間において法然が一九〇人もの門人を有する宗団を形成していたとはとても思われない。つまり、自分で門人と号するのであれば、以下に示すような誡飭を勧めるという意味での題目であったものと考えられる。だから、はじめから署名する人数が決まっていたのでもなく、結果的にはあたかも署名を募ったかのようになったのではなかろうか。

ところで、全体的には「恣述私義」を「恐述私義」、「恣成自由之妄説」を「恐成自由之妄説」というような異同があったり、また「既同九十六種異道」を「既同九十五種異道」と外道の数を変えて記していたり、ほかにも若干の字句の相違が見られるがいずれも内容にまで及ぶようなものではなく、むしろ『指南抄』の編者は何らかの形でこの原本か或いは同系列の写本等を参考にしていると見做されるところである。ところが、問題とすべき点が二箇所ある。それは両方とも第三条に関する部分である（第Ⅰ部第二章第二節一〇六頁参照）。

この第三条は、別解別行の人に対して愚癡な偏執の心をもって本業を棄て置くように批難することへの誡めであるが、『指南抄』所収本にはここに重大な脱字が存する。一箇所は「只各勤自行」が単に「各勤」となっている点であるが、別解別行を「自行」とすることを避けようとしているように思われてならない。さらに『指南抄』所収本には「加之」以下の二一字が欠けている。内容的には祖師善導和尚もこの別解別行について誡めていることを指摘する部分であり、法然の善導に対する想いからすれば自然な表現と思われる。もしこれが編集あるいは書写の段階にて削除されたとすればいかなる理由によるものであろうか。『漢語灯録』の「遣兵部卿基親之返報」「基親取信信本願之様」等に見える「善導和尚」なる記載が、『指南抄』所収の「聖人御房の御返事の案」「基親取信信本願之様」には「善導」と尊称を削除しているようであるが、『和語灯録』（龍谷大学所蔵元亨元年版）の「九条殿下の北政所へ進する御返事」「大胡太郎実秀へつかはす御返事」等についても、『指南抄』の「九条殿北政所御返事」「念仏の事御返事」等に同様のことが見られる。また『和語灯録』所収「十二の問答」の「またく雑行になるへからす、わか往生の助業となるへき也、善導の釈の中に已に他の善根を随喜讃嘆せよと釈したまへるをもて、こころうへき事」とある記述のうち、『指南抄』の「或人念仏之不審聖人に奉問次第」では「善導の釈の中に已に」を脱している。

さらに『和語灯録』所収「越中国光明房へつかはす御返事」の「また善導和尚の疏には、上尽二一形一下至二十声一声一定得二往生一、乃至一念無レ有二疑心一といえる」とある記述の「の疏に」を脱し、すなわち『観経疏』からの引用という形態を避けているようである。このように『指南抄』に所収するほかの遺文に、『語灯録』に比べて特に善導についての記述に削除されている箇所が多く見られる。したがって、前述の「七箇条制誡」第三条についても善導に関する記述であるがゆえに操作されたのかもしれない。その時期については、『指南抄』が親鸞の編集に成るものであれば間違いなく親鸞によって、また親鸞以前に成立したものとすればその編集時か親鸞の書写の段階において生じたこととなる。いずれにしても明らかに操作を必要とする何らかの意図が感じられる。

こうした『漢語灯録』と『指南抄』の記述に関する問題は、両方の間にかなりの相違が見られるために、どちらかに史料的信憑性を求めなければならないわけであるが、『指南抄』の方にはほかにも省略と見做される箇所がある。まず「法然聖人御説法事」を善照寺本『漢語灯録』所収の「逆修説法」[10]と比べると、「第一七日　三尺立像阿弥陀、双巻経・阿弥陀経」から「第六七日　阿弥陀仏、観無量寿経」までの説法の題目が欠落しているのをはじめ、本文においても大幅な省略が随所に見られる[11]。これらの省略箇所個々の検討はいずれ仔細に行なわれなければならないが、『漢語灯録』の編者了恵も収録の際に「(上略)但集二多本一、或有二真字一或有二仮字一、未レ知二何正一、今且就二真字本一集レ之、須レ尋二正本一焉」と末尾に附記するように、了恵は恐らくこの仮字本である『指南抄』所収本あるいは同系統本の存在を知ったうえで、真字本である方を収録したと思われることから、両系統の文献がかなり以前から存在したものと考えられ、したがって『漢語灯録』に所収されるようになった記述の信憑性も充分に認められてよい。

このような問題点に解決の糸口となるのは、前述の「七箇条制誡」の署名についての二尊院本と『指南抄』所収本との対照からである。（第Ⅰ部第二章第二節一〇八頁参照）。『指南抄』所収本の「七箇条制誡」の署名は二二名を記すにとどめられ、あとは「已上二百余人連署了」と省略されている、二尊院本の署名者の数は一九〇名であるが、末尾の余白等に問題がないわけではなく、つまりあと一紙程存したものが闕落したことも可能性として考えられるために、これ以上の署名者の数が想定されてもあながち否定はし難い。とはいえ、こうした曖昧な書写の仕方が『指南抄』所収本の史料的価値を頗る低くしている。では、何故に大幅な省略を行なったのであろうかとなるとさらに疑問である。この二二名を二尊院本と比べてみると、一九番目の源蓮までは間違いなく二尊院本を底本として書写していることを証するように一致した記述である。ところが、二〇番目蓮生、二一番目善信、二二番目行空の三人についての記述は、それぞれ二尊院本の89（署名順番）蓮生[12]（『漢語灯録』所収本には「法力熊谷」との註記がある）、87綽空[13]、40行空（『漢語灯録』所収本には「法本房」との註記がある）等の署名を繰り上げて書写したようである。

二一番目善信[14]とはほかならぬ親鸞自身のことである。どうしてこの三名の署名のみが繰り上げられたのであろうか。それは結果からいうとやはり親鸞自身の操作によるものであって、身近な者の存在を意識的に記しておこうとしたためのものと考えれらる。まず親鸞と蓮生すなわち熊谷直実についてであるが、これは直実が建久三年（一一九二）久下直光との境界相論によって髻を切り走湯山に逐電した後、上洛して法然の室に入ることになるが、それは走湯山源延から聖覚を通してのことと考察されている[15]。そして親鸞は数度に亘って『唯信鈔[16]』を書写していることを考えると、親鸞と蓮生との間に聖覚を介して関連するものが推測できる。さらに行空は『三長記』元久三年二月三十日条によれば数度の興福寺からの訴えによって法然から破門となった一念義主張者である[17]。一念義主張者と聖覚といえば、『明月記[18]』の寛喜二年（一二三〇）四月十四日条にも、

（上略）及二申時一心寂房来談、一日嵯峨念仏、請二聖覚法印一、供二養善道〔導〕像一、公棟・敦通以下入道成レ群縮坐、狭

小之座之中、常覚〔成〕弟子教脱一念宗之長云々、入二其中一、座狭而不二安坐一之間、超二公棟肩一入二道場一、人雖二属目一説法了、件
教脱礼讃無二指事一、法印退帰云々、（下略）

とある。この記事は礼讃念仏者であった嵯峨往生院念仏房が、嵯峨において一日念仏を催したときのものである。この時念仏房は聖覚を導師として善導像の供養を行なったようであるが、ここに一念義成覚房幸西の弟子教脱なるものが同席し礼讃を修している。しかも、この教脱には「一念宗之長」という註記がある。「七箇条制誡」の個々人の署名の検討によれば、礼讃を好む念仏者や一念義主張者が特に最前部に集中して見える。[19] これらのことを総合すると、親鸞は一念義主張者達や熊谷直実蓮生とも聖覚を通して身近な存在にあり、自分の署名と同時にこれら親交の深い者の署名も一緒に繰り上げたものと考えられるのである。そうするとこの「七箇条制誡」の署名者の省略は、かりに『指南抄』が親鸞の書写によるものとすればその書写の段階においてある改変意図、恐らくそれは自らの立場の堅持のために行なわれた操作と推察できる。

論を『指南抄』所収の「没後遺誡文」に見られる第二条遺産分与に関する条目の欠落に戻して考えてみる。親鸞にこの第二条目を脱する目的意識を想定できるかどうかであるが、法然の遺産分与の内容が主に信空とか感西・円親らへの付属となっていることや、信空以下七人の入室者ならびに遵西以下三人の同法者を明記している点等、自分にとってあまり都合の良い記述でなかったのであろうということが挙げられる。特に吉水の地は親鸞にとっても布教活動の根拠地となるべき処であった。そして黒谷の本坊・白川の本坊、本尊・聖教類等、どの付属物件をとってもこの記述によってこれらを付属された門弟達は正統なる法然の後継者ということになる。

親鸞書写の『指南抄』に一貫した改変意図に基づく操作がなされていると考察したが、すなわち親鸞は法然滅後における念仏宗団内での位置を考えて、都合の悪い記述をある部分に限って削除して書写したように思われてなら

ない。勿論、康元年間になってその頃の実情には合わない記述であるとして、つまり建久年間の遺誡文であって実際に効力を見なかったことを理由に割愛したとも考えられる。しかしいずれにしても、断定は差し控えなければならないが、自らの宗団内の位置に関する政治的要素がまったくなかったとは思えない。法然の遺文蒐集・書写等の段階に親鸞によるそうした主観が入っていなかったならば、どのようにしてもこのような改変・脱落は起こらないものと考えるからである。

「没後遺誡文」の記述は恵空本『漢語灯録』、義山本『漢語灯録』、そして『指南抄』等各所収本によって形態といい内容といいかなりの相違がある。しかしながら、これらの記述の改変過程や改変意図が明確になったとしたならば、いずれの記述が原型に近いかといった問題点とともに史料的信憑性においても示唆を与える結果となるであろう。その意味においては、正徳版『漢語灯録』の記述にほかの「七箇条起請文」「送山門起請文」の考証例と同様のことが想定できたことは意義のあることである。すなわち、正徳版『漢語灯録』の方に印行した義山の何らかの意図による省略・改変箇所を見出すことができた。このことは、法然滅後四十五年に親鸞によって書写された『指南抄』所収本との対照によっても傍証とすることができたが、最大の問題点は『指南抄』所収本には第一条の「葬家追善事」のみしか記載が見えず、第二条として記載あるべき法然の遺産分与に関する記述が欠落していることである。

これについては、筆者なりに相対的に良質と判断した恵空本『漢語灯録』と『指南抄』との全体的な比較が必要と考え、双方ともに所収される遺文の対照を行なってみた。特にすでに原本と認められている二尊院本「七箇条制誡」の記述を基本にこの作業を進めると、『指南抄』の編者か書写人の主観がかなり働いているとの結果に至った。ほかの遺文からも親鸞の主観による省略・削除が随所に見られるなどの理由から、『指南抄』所収の「没後遺誡文」が第二条遺産分与に関する記述を欠落しているのも親鸞の改変意図による操作の痕跡のように思われたのである。

そして、内容的な問題については次節において詳述するように、全体的に証左の得られる点が多く、ある程度信用を置いてしかるべきと考える。『四十八巻伝』[20]第一一巻、『醍醐本』[21]「三昧発得記」等に記されるように、法然は建久八年頃から病気がちで瘧病を患い一時は危険な状態にもあったようで、この遺誡文はそうしたなかで作成されたものと考えられる。そして『選択集』が翌建久九年三月に撰述されているのも、このような事情とまったく無関係とは思われない。実際には瘧病は治病し、この遺誡文の内容がすぐに効力を示すことはなかったわけであるが、それでも法然は概略こうした意志によって、没後における門弟への訓誡を考えていたに相違ない。

法然の滅後門弟個々人がそれぞれの思想を展開し活動をなしていった。親鸞が常陸国から帰洛した頃京都では法然の門弟としては源智や証空が主に活躍していた。そうしたなかで、親鸞にとって法然の遺文を書写しようとした時、かりに利害感情が働いたとしても不思議ではなかろう。特に師法然の遺産分与に関する記述は大谷の属する吉水の地について述べている等、親鸞にとって活動上都合の良くないものであったのかもしれない。そこで、第二条の書写を意識的に割愛したのではないだろうか。どうもそうした改変意図が想定されてならない。『漢語灯録』と『指南抄』所収本の比較検討からこのような問題点が提示できるとともに、史料的価値の認識すなわち遡って原本の存在性についても肯定的に考えなければならないと言えよう。

註

（1）『四十八巻伝』第三九巻の冒頭部分に、

上人臨終のとき遺言のむねあり、孝養のために精舎建立のいとなミをなすことなかれ、心さしあらハをの

〳〵群集せす、念仏して恩を報すへし、もし群集あれは闘諍の因縁なりとの給へり、しかれとも法蓮房《（信空）》世間の風儀に順して、念仏のほかの七日〳〵の仏事を修すへきよし申されけれは、諸人これにしたかふ、

とあり、つづいて法然の初七日から七七日までのすなわち中陰法要についてそれぞれの導師と檀那を挙げて仏事の内容を記しているが、この文体のなかには明らかに遺誡文の葬家追善の条目の一部が使われている。しかも、それは建久九年のところではなく勿論建暦二年の法然入寂直後の中陰法要を述べる導入部分にである。『四十八巻伝』には「没後遺誡文」は所載されていないが、恐らく編者がこの遺誡文の内容との矛盾に配慮して、ここに説明文としての役割を意味しながら挿入したものと考えられる。

（2）　『定本親鸞聖人全集』第五巻輯録篇巻末生桑完明「解説」によって、高田専修寺所蔵の親鸞自筆本が『指南抄』の草稿本であることが提唱され、この親鸞編集説は浅野教信「西方指南抄の研究序説」（『仏教文化研究所紀要』第三号）、霊山勝海「西方指南抄の編者について」（『真宗研究』第一一号）などによって一層の発展をみせた。しかしながら、一方で赤松俊秀「西方指南抄について」（『仏教史学論集』）において転写説が提唱されると、『親鸞聖人真蹟集成』第六巻巻末平松令三「解説」においても、詳細なる検討にもとづいてこれを支持した説明がなされるようになった。

第Ⅰ部第二章第一節（九〇頁）参照。

（3）　『親鸞聖人真蹟集成』第五巻。

（4）　註（2）掲載赤松所論参照。

（5）　註（2）参照。

（6）　第Ⅰ部第三章第一節（一五〇―一五三頁）参照。

（7）　「七箇条制誡」の署名者の人数については、坪井俊映「初期法然教団における法難について―特に七箇条制誡・送山門起請文の成立について―」（『印度学仏教学研究』第六巻第一号、昭和三十三年）、大橋俊雄「七箇条起請文疑撰説を疑う」（『印度学仏教学研究』第七巻第一号、昭和三十三年）等が、ともに増加説を提唱されたが、香月乗光「各種法然上人伝所載の『七箇条起請文』について」（『法然上人伝の成立史的研究』第四巻）において、早い成立と思われる伝記に見られる署名の人数が少ないのは二尊院本の一九〇名の署名から抜萃したものと見なければならないと述べられるように、むしろ原本の署名を省略して記されたものと想定される。同所論も指摘するように、『四十八巻伝』第三一巻所載「七箇条制誡」の八八人の署名は『漢語灯録』の八七人の署名とほとんど一致しているが、これは『四十八巻伝』の編者が『漢語灯録』の記載を踏襲したからに相違ない。

（8）　註（3）に同じ。

（9）　第Ⅱ部第四章第三節（四三九・四四〇頁）で論ずるよ

うに、法然の「七箇条制誡」起草の目的とは、南都北嶺の大衆らへの無用の刺激を避けようとの意思において、特に一念義主張者や礼讃を好む念仏者達の行動に対して自誡をうながすことを主としていたと考えられる。また同所論において は、署名方法にはこれといった原則もなかったようで、すなわち自らが法然の門人と思う者が署名したのであり、極端には法然が名前も知らない念仏者の署名もあるのかもしれないとの見解を示している。

(10)　安土浄厳院所蔵永享二年（一四三〇）の隆堯書写本『漢語灯録』が、第七巻「逆修説法」一冊のみしか現存しないために全文を対照することはできないが、この「逆修説法」三七日までの記述を恵空・義山両本と校合してみると明らかに恵空本と共通性を有する。「逆修説法」の記述はほかにも同じく安土浄厳院に所蔵する『無縁集』、京都法然院所蔵の『師秀説草』等がある。『無縁集』は隆堯書写本『漢語灯録』の記述を土台にしたもののように見られるが、隆堯書写本が完本ではないうえに、恵空本が六七日の記述で終わっているのに比べ『無縁集』には七七日の記述が存する等一概には断じ難い。しかし、これらの記述が義山本よりも恵空本の記述に近い点、また『指南抄』所収本と恵空本との相違も甚しいが、いずれの箇所においても『指南抄』所収本の記述の方に省略と見做される場合が多い点などから、現段階では信憑性を一応恵空本『漢語灯録』の記述に求めて置くことにする。宇高良哲「『逆修説法』諸本比較」（『浄土宗典籍研究』研究篇）、同編著『『逆修説法』諸本の研究』等参照。

(11)　石井教道・大橋俊雄編『昭和新修法然上人全集』一三「逆修説法」（二三二―二七三頁）に校合結果が指摘されているごとく、『指南抄』の省略は大部に亘り具体的にあげれば枚挙に遑がない。

(12)　嵯峨清涼寺所蔵の「熊谷直実自筆夢記」の署名と酷似しており蓮生自署の可能性が高い。

(13)　辻善之助著『親鸞聖人筆跡之研究』において親鸞自筆の署名であることが立証されている。

(14)　『親鸞伝絵』第三段に記述のある綽空から善信への改名は、『教行信証』後序の記述に従うと元久二年（一二〇五）閏七月二十九日に法然によって認められたものである。

(15)　福田行慈「熊谷直実の吉水入門をめぐって」（『日本仏教史学』第一五号）参照。

(16)　『親鸞聖人真蹟集成』第八巻。

(17)　『増補史料大成』（臨川書店）三長記の元久三年（一二〇六）二月十四日条・同月三十日条参照。

(18)　『明月記』（国書刊行会編）第三。

(19)　第四章第三節参照。

(20)(21)　井川定慶編『法然上人伝全集』所収。

第三節　条文内容の整合性分析

「没後遺誡文」を収録する『漢語灯録』にも善照寺本・谷大本等の恵空本と、たとえば正徳版[1]のごとき義山本とが存するために、両系統の記述を対照してみると、「七箇条起請文」や「送山門起請文」のような他の遺文の場合と同様に、双方に見られる記述の大幅な相違は、義山本の要約・改変また場合によっては記述の脱落と見做すことによって納得のいく箇所が多い。[2]そうでなければ、法然が自らの没後を意識して思索した苦悩の様子や、葬家追善に対する真意、また具体的な遺産分与に至る詳しい個々の事情を読み取ることは難しい。このことは『指南抄』の「葬家追善事」の記述とほとんど一致することでも傍証とできた。

『指南抄』所収本についてであるが、「起請　没後二箇条事」と標記しながらも第二条の遺産分与についての全文を欠落している点は最大の疑問であったが、他の遺文の信憑性検討の過程でも、『指南抄』における師善導に関する記述の改変、あるいは自己の立場に係わる記述の改変という傾向を指摘することができ、恐らくは親鸞が書写の段階において都合の悪い記述の書写を嫌ったがために生じた現象と考証したのである。こうした想定にかりに妥当性がある場合、「没後遺誡文」自体の遺文としての信憑性、すなわち原本の存在性が裏付けられる結果となる。

そこで、ここではつぎの作業として、とくに内容的な面から当時の事情に符合するかどうかの分析を行なおうとするものである。そして、法然が遺誡文の作成時に置かれていた社会的状況や、抱いていた真意を想察してみたいと思う。

一　葬家追善について

第一条目の「葬家追善事」の内容から考えてみよう。その条文を恵空本『漢語灯録』収録の記述によるため、本章第一節（三〇三頁）掲載恵空本「没後起請文」を参照しながら論を進めることにする。

ここでは、まず門弟達に対して自分の没後は諍論の起こることを案じて、一所に集会・群居することを禁じ別住するようにと記している。ここに述べる闘諍・諍論とは勿論同法の者同士のことを指すのであるが、この時点ですでに後年になって生ずる興福寺のような外部からの攻撃(3)を充分に予想し配慮する意味もあったように考えられる。それは、たとえば奈良興善寺の阿弥陀如来像の胎内文書中(4)の法然書状断簡Ⅰ(5)には、

（上略）みち《道》のあひだことなくくだり《下》つかせおハしまして候、かへすぐ\よろこび申候、これにはたれ《誰》も、そのゝちべち《別》のことも候ハず、又おハしまさぬに候、おぼつか《覚束》なくおぼしめ《思召》すべからず候、（下略）

とある。これは「源空」と署名のある懸紙の記載によって、当時南都に下向していた法然随侍の弟子正行房宛のものと分かるが、この内容より法然は正行房が京都から奈良に帰国したことへの心遣いを示しながら、誰も訪ねて来ないので安心するように言っているのは、恐らく南都北嶺の念仏弾圧の気運の高まりに対することを意味している(6)ように思われる。同じく証空書状断簡Ⅱ(7)にも、

（上略）くだら《下》せ給ひてのちハ、たのもし《頼母》き人もなきやうにて、わび《侘》しく候なりとぞいのち《命》ハしり《知》候ねども、い申せと候まはあきこ《秋》そまち候めとぞ申とぞ候、

とある。まずこの箇所の塗抹は証空が師法然の意を承けて書き記したことを意味するもの(8)であるが、ここでも多くの門弟達が南都に下向してしまい、その後は周囲に頼母しい人もいなくなり侘びしくなったと言っている。

さらに、興善寺所蔵文書には同じく正行房宛の欣西・親蓮等の書状がある。元久元年（一二〇四）十一月七日付にて起草された「七箇条制誡」[9]の署名では、欣西のは二三番目に親蓮のは一四番目にそれぞれ見える。とくに欣西の署名はこの興善寺所蔵文書中の自筆書状の署名と一致する[10]ことが確認されており、この頃在京して法然の身近に居たことがわかる。そこで、十二月四日付の欣西書状の書き出しが「そのゝちは、なに事も候はぬに候」と京都の状勢や師法然の容体についてかと思われる表現で始まり、

（上略）又、それにはなに事かをハしまし候、おほつかなく《覚束》候、又、なみた《涙》なからくたら《下》せ給ひて候事を、よ《世》によろこはれておはし候事をも、とく《疾》申やるかたなく候ものかな、（下略）

という一節を認めているが、正行房の奈良下向が涙ながらのことであったことが窺われ、また法然は奈良の動静を心配しながらそのことを聞き及んで喜んでいる等、師弟間同士の親愛の情が偲ばれる。同じく十二月十六日付の親蓮書状も「あいしたしき《相親》ものゝくたり《下》候なり」と始まり、後部で「京にてハ、よき《良》あしき《悪》につけて、ありにくかられ候て、くたら《下》れ候なり」と述べている等、法然の門弟が京都での在住に難しくなって奈良に下向している様子がよくわかる。

以上のごとき興善寺所蔵の一連の書状および断簡は、先学の考証[11]によって元久元年から同二年にかけてのものとされているが、だとすれば、南都北嶺の衆徒らによる弾圧の気運が徐々に盛り上がりつつある頃、法然は京都での集住を禁じ、出来る限り地方に分散して居住することをすすめたことがよくわかる。法然が瘧病を患い遺言を決意するに及んだ建久九年に遡っても、自らの没後にそうした状勢の生ずることを予想しながら、まず最初に没後の集会・群居を禁ずることによって、門弟間における闘諍は勿論のこと、南都北嶺の衆徒らに対する刺激を避けようと考えたことが察せられる。

つづいて、追善の次第に関しては、図仏・写経、浴室・檀施等の余行は何も修してはいけない、もし報恩の志ある者はただ一向に念仏の行を修するようにと言っている。これは『選択集』の第三篇「弥陀如来不以余行為往生本願唯以念仏為往生本願之文」(12)の私釈段に、

（上略）故知、念仏易故通二於一切一、諸行難故不レ通二諸機一、然則為レ令三一切衆生平等往生一、捨レ難取レ易為二本願一歟、若夫以二造像・起塔一而為二本願一者、貧窮困乏類定絶二往生望一、然富貴者少貧賤者甚多、若以二智恵高才一而為二本願一者、愚鈍下智者定絶二往生望一、然智恵者少愚癡者甚多、若以二多聞多見一而為二本願一者、少聞少見輩定絶二往生望一、然多聞者少少聞者甚多、若以二持戒持律一而為二本願一者、破戒無戒人定絶二往生望一、然持戒者少破戒者甚多、自余諸行准レ之応レ知当レ知、以上諸行等而為二本願一者、得二往生一者少不二往生一者多、然則弥陀如来法蔵比丘之昔、被レ催二平等慈悲一普為レ摂二於一切一、不下以二造像・起塔等諸行一為中往生本願上、唯以二称名念仏一行一為二其本願一也、故法照禅師五会法事讃云、彼仏因中立二弘誓一、聞レ名念レ我総迎来、不レ簡二貧窮将富貴一、不レ簡二下智与高才一、不レ簡三多聞持二浄戒一、不レ簡二破戒罪根深一、但使二廻レ心多念仏一、能令二瓦礫変成一レ金、（下略）

と記されることとも一致している。すなわち、法然はここで造像・起塔などの余行をもって本願とするは平等に一切衆生を救うことにはならないとして、阿弥陀如来は称名念仏一行をもって往生の本願としたと述べている。そして、造像(13)・起塔を本願とするならば貧窮困乏の者は往生の望みを絶たれてしまい、さらに智恵高才、多聞多見、持戒持律等を本願とするのであれば往生できるものは少なくなってしまうと強調している。

ところで、嵯峨清凉寺には五月二日付の熊谷直実宛法然自筆書状(14)が現蔵する。これは、関東の御家人で師事を仰いできた熊谷直実、出家して蓮生と号した念仏者からの質問に対する返書である。その内容は、念仏の行は阿弥陀

仏の本願であり、持戒・誦経・誦呪・理観等の行は本願ではないとまず応えている。そして、不婬戒・不瞋戒のような持戒の行、さらに銅の阿字・孝養・錫杖・迎接曼荼羅等の異行は、本願の念仏の行をつとめたうえに暇があればよいことだと言っており、特に孝養の行については八十九歳の親をもつ蓮生に対して、よくつとめて往生をまつようにと気遣いを忘れていない。また興善寺所蔵文書の正行房宛証空書状の書き出しに、

たより《(便)》をよろこびて申候なり、なにとし候らん、おぼつか《(覚束)》なくこそ思まいらせ候へ、さてハ、おほせ候ひたりし御えい《(影)》の事のかなひ《(叶)》候ざ□《(りカ)》しこそ、まめ□《(やカ)》かにくちおしく《(口惜)》候へ、（下略）

とある。この頃の証空は法然に随侍していたようで、正行房から師法然の影像についての斡旋を依頼されていたが、それがかなえられなかったことに詫びを言っている。法然としては、恐らく影像を描かせることを好ましく思っていなかった[15]からと考えてよい。したがって、これらの法然関係の書状の内容からも、法然が遺誡文のなかで追善の志ある者は念仏一行によるべしと言っているのは肯けることである。

そして念仏の用心について、閉眼の後は一昼夜、気絶の後は七昼夜すぐに至心に念仏を始めなければならないとしている。『醍醐本』所載の「御臨終日記[16]」には法然の臨終間際の様子をつぎのように記している。

（上略）爰上人念仏不退之上、自二廿三日《(建暦二年一月)》一至二廿五日一、殊強盛高声念仏事、或一時或二時、自二廿四日酉時一至二廿五日一、高声念仏无レ絶、弟子四五人番々ニ助音ス、至二廿五日午時一ニ声漸細ク、高声時々ハ相交ル、集レ庭マル若干ノ人々皆聞レ之、正ク臨終時ノハ、懸二慈覚大師ノ九条ノ袈裟一、頭北面西ニシテ、誦二光明遍照十方世界念仏衆生摂取不捨一ト、如レ眠命終、其時午正中也、（下略）

これは法然の臨終が念仏不退のなかで迎えられたことを語るものであるが、一月二十三日から二十五日までの間は

とくに高声念仏が盛んに行なわれたとしている。さらに同二十四日酉の時から二十五日にかけて、すなわち一夜の間は弟子等が交替で助音した様子が記され、二十五日午の時になって声も細くなり高声は時々という状態となって、いよいよ慈覚大師の九条袈裟を懸け頭北面西の姿勢をとって、光明遍照の文を誦しながら命終を遂げたというものである。これらの記述が法然の臨終における様相をそのまま伝えるものとは断じ難いが、法然在世時の意をうけて記されていると考えると、遺誡文に述べられている臨終念仏の用心の内容も法然の意と見て差し支えないと言えよう。

さらに、中陰の不断念仏は懈惓の咎を生じ還って勇進の行を闕するとし、没後の次第は真実の心を用いて虚仮の行を棄てるべきであると否定している。このことについても、『選択集』第八篇「念仏行者必可具足三心之文」[17]の私釈段に、

（上略）其中至誠心者是真実心也、其相如二彼文一、但外現二賢善精進相一内懐二虚仮一者、外者対レ内之辞也、謂外相與内心不レ調之意、即是外智内愚也、賢対レ愚之言也、謂外是賢内即愚也、善者対レ悪之辞也、謂外是善内即悪、精進者対二懈怠一之言也、謂外示二精進相一内即懐二懈怠心一也、若夫飜レ外蓄レ内者祇応レ備二出要一、内懐二虚仮等一者、内者対レ外之辞也、謂内心與外相不レ調之意、即是内虚外実也、虚者対レ実之言也、謂内虚外実者也、仮者対レ真之辞也、謂内仮外真也、若夫飜レ内播レ外者亦可レ足二出要一、（下略）

とある記述と関連する。これは、念仏者の心構えとも言える三心について、法然が師と仰ぐ善導の主著『観経疏』散善義・『往生礼讃』等の文を引いたうえ、自らの解釈を述べたうちの至誠心に関する部分である。ここで法然は、「外現賢善精進相内懐虚仮」の文について、外とは内に対するもので外相と内心とが調和しないことを意味すると[18]し、もし外相のものを内心に持てたならば出離の要道となると強調している。すなわち、外見のための虚仮の念仏

でなく要するに内心による念仏であるべきことを説いている。したがって、法然が遺誡文のなかで真実の心を用いて虚仮の行を棄てるべきであるとして、中陰の不断念仏を禁じたのもこうした至誠心釈に見られるごとき思想に基づくものと言える。

ところで、この遺誡文が書かれたのは建久九年のことであったが、法然が建暦二年（一二一二）一月二十五日入寂すると、実際にこれらの点について没後どのように展開していったのであろうか。(19) 各種伝記のなかでも成立が早い『講私記』(20)には、

（上略）然《ハ》則《チ》詣《ハレテ》二廟堂一祈二往生一、礼二真影一ヲ恋《フル》二禅容一ヲ者引《ヒキ》レ友ヲ成《シテ》レ群、夜《ヨ》以《テ》続《ツク》レ昼《ヒルニ》、就レ中年々孟春廿五之候《コウ》、月々下旬第五之天、連《ネ》レ袖ヲ接《テ》レ肩ヲ不レ異二盛《ナル》市一、（下略）

とあるように、廟堂には祥月命日の正月二十五日と月忌の毎月二十五日に、往生を祈って参詣する者が群をなして続いたとあるが、ここでは、法然の真影を礼して禅容を恋慕している。このことは『四巻伝』(21)巻第四の改葬茶毘に関する記述にも「然後摸二真影一以修二月忌一、設二礼奠一以行二遠忌二」とあるように、法然の没後に真影が画かれ礼拝(22)の対象となっていた。『知恩伝』(23)下「隆寛律師空阿等流罪事」にもつぎのようにある。

（上略）彼空阿以二上人(法然)御影一隆信子息信実ノ筆、上人御往生年三月比写レ之、与二善導御影一並懸為二本尊一一向称名、彼本尊在二知恩院一、上人影隆寛銘文書給へり云々、（下略）

この記述によると、空阿は法然の入寂した年の三月に、藤原信実筆の法然の真影を写して善導の御影と並べて一向称名したということである。法然の真影には隆寛が銘文を書いたとも記している。このように、法然の没後にとった弟子達の行動は決して師法然の本意に従っていたものではなかった。

昭和五十四年に滋賀県甲賀郡信楽町玉桂寺所蔵の木像阿弥陀如来立像の胎内から、「源智造立願文」一点と念仏結縁交名数巻が発見され注目を浴びたが、[24]この建暦二年十二月二十四日付の「源智造立願文」によれば、師法然への報恩謝徳の念から何とか一周忌に間に合うように仏像を造って、そのなかにこの四万六千にも及ぶ道俗貴賤・有縁無縁の人々の交名を募って納入し、その引接にあずからせようとした。これも法然入寂の後に源智によって突然とられた追善の行動と言える。法然はこうした門弟らの間に上述の如き余行修行による熱心な顕彰活動を要望する者が存したために、遺誡文で没後の次第に一層称名念仏一行ばかりを強調したものと考えられる。

その格好な例は『四十八巻伝』第三九巻に、

上人臨終のとき遺言のむねあり、孝養のために精舎建立のいとなミをなすことなかれ、心さしあらハをの〳〵群集せす、念仏して恩を報すへし、もし群集あれは闘諍の因縁なりとの給へり、しかれとも法蓮房(信空)世間の風儀に順して、念仏のほかの七日〳〵の仏事を修すへきよし申されけれは、諸人これにしたかふ、

と記したあと、初七日から七七日までのすなわち中陰法要について、それぞれの導師と檀那を挙げながら仏事の内容を記していることである。しかも、この文体のなかには前掲の遺誡文の一部が使われている。それも建久九年のところではなく、この建暦二年の法然入寂直後における中陰法要を述べる導入部分にである。『四十八巻伝』の編者は恐らく遺誡文の内容との矛盾に配慮して、ここに説明文としての役割を意味しながら挿入したのであろう。この中陰法要の記載はほかの各種伝記のなかにも、成立が比較的早いとされる『四巻伝』をはじめ、『琳阿本』[25]『古徳伝』[26]『九巻伝』[27]等にほぼ同内容の記載が見られることからも信頼できるところであろう。

それにしても、各導師・檀那等に名をつらねているのは、高弟法蓮房信空・勢観房源智・隆寛・正信房湛空らのほかに、聖覚・慈鎮・三井寺公胤というように当時の天台系仏教界としては一流の役者揃いと言える。しかし、こ

うした群集や中陰法要は遺誡文の内容に最も違背するところであった筈である。にもかかわらず、信空らの門弟は自ら中心となって、これを反古にしてまで中陰法要を盛大に営んだのである。逆に、法然にしてみると前述した肖像の描写や造仏といいこの中陰法要といい、没後にきっと行なわれることが充分予想できる状態にあったものと考えられる。それだけ門弟らからの要望が強かったものと思う。したがって、法然は周囲の状勢に配慮する思いも働いて、群集を禁じ各自の草庵にて念仏一行につとめることとした。これらの法然の意思は、当時置かれていた状勢と彼の思想信念からすれば当然納得できるものである。

二　遺産分与について

つづいて、第二条目の「不可諍論房舎・資具・衣鉢・遺物等事」、すなわち遺産分与に関する条文の内容を検討してみたい。同様に恵空本『漢語灯録』収録の記述によるため、本章第一節（三〇四頁）掲載恵空本「没後起請文」を参照しながら論を進めることにする。

この第二条目遺産分与の記載はかなり長文に亘るものであるが、その主眼とする要点を概観するに、自らの没後に遺産をめぐる諍論の起こることを恐れ、それぞれの相続者と具体的な付属物件とを書き置いたものであり、したがって、内容的な検討はこれら相続者として挙げられている門弟と、個々の付属物件として記されるものとについて、当時の状況に整合性があるかどうかという問題になってこよう。

そこで、「但弟子雖〻多入室者僅七人也」と記した後に信空・感西・証空・円親・長尊・感聖・良清の七名を挙げ、個々人との因縁に触れながら付属物件を明示している。まず信空には「是多年入室之弟子也」として、黒谷本坊（寝殿・雑舎）、白川本坊（寝殿・雑舎）、坂下薗一所、洛中地一所、本尊・聖教等を付属するとある。これは勿論他の門弟達と比べると圧倒しており、いわゆる法然の所有したと考えられる財産の中核をなすものといえ、さらに本尊・聖教類の付属は事実上の後継者であることを表明したものと理解できる。では、法然と信空との関係は実際にどうであったのか少しく述べることにする。信空の弟子敬西房信瑞撰『明義進行集』[29]第五「白河上人信空」の記述によれば、信空は葉室行隆の息で保元二年（一一五七）十二歳の時に叡山黒谷の叡空に師事して出家を遂げたとあり、これより七年前に叡空に入室している法然と法兄弟ということになる。

ところで、信空の法然入室年時を求めることは難しい。叡空の示寂年時は治承三年（一一七九）二月とされているが、[30]『尊卑分脈』[31]等の「法然上人第一弟子」という註記から見ると、後述の真観房感西の入室した承安元年（一一七一）以前ということになる。また法然は信空の登叡したちょうど前年に当たる保元元年[32]（一一五六）から、嵯峨清涼寺に参籠しその後南都の学匠を歴訪しているというが、これらから帰山した年時も不明であるため、信空の入室はこの十余年間のことと考えるしかなかろう。いずれにしても、両人は比叡山黒谷に同宿の縁を結んで以来、実に五十余年もの長き年月に亘り寝食苦楽を共にした関係にあり、最も古い常随の弟子として後継者たる位置付けを示されるのは至極当然のことであった。

さらにまた、信空は叡空相伝の円頓戒を相承している。栂尾高山寺所蔵の元仁元年（一二二四）十一月二十八日付「法蓮房信空自筆円頓戒戒脈」[33]は法然入寂後十三年のもので、信空が高山寺玄朝阿闍梨に円頓戒を授けた際の戒脈であるが、ここでも信空は叡空・法然両師から円頓戒を相承していることが見られる。同様のことは京都清浄華院所蔵の文保元年（一三一七）二月十八日付「了恵道光授隆恵天台円教菩薩戒相承師々血脈譜」によっても、信空が叡空・法然両師から円頓戒を相承していることは自明のこととされていた[34]ことがわかる。

さらに、嵯峨二尊院所蔵の元久元年十一月七日付「七箇条制誡」を見ると、法然の門弟間における信空の立場[35]が一層明瞭である。この七箇条から成る条文はいずれも法然が門弟等に誡飭をうながしたもので、自ら花押を署しそのあと七日から九日までの三日間に亘り一九〇名に及ぶ念仏者の署名[36]が見え、初期念仏宗の殊に法難関係の諸問題を解明するための重要な史料となっている。そのうち信空の署名は先頭にある。それは、恵空本『漢語灯録』所収の末尾に「私云執筆法蓮房也、右大弁行隆息也」と編者了恵の註記があるように、起草において中心的な役割を果たしていた[37]。すなわち、当時の弾圧気運の盛り上がるなかにあって、法然の意を承け宗団内部の統率に粉骨砕身努力していた様子が如実にわかる。それは、やはり五十余年の宿縁による絆からであって、もちろん建久九年の法然瘧病の際においても同様の位置にあったに違いない。したがって、そうした立場にあった信空が後継者同様の遺産分与を受けるのは、まったく当然のこととして行なわれたものと見られる。

黒谷本坊とは、『古徳伝』巻三および『九巻伝』巻第一下「叡空上人臨終之事」等に、叡空が臨終に際し本尊・聖教類等をことごとく法然に譲与したと記すなかに、叡空の後継者として西塔黒谷の所有権をも含んでいたことが想定され、それらが今度は法然から同門の信空に付属されるのは自然な成り行きであったに相違ない。白川本坊とは『四巻伝』巻第四の法然七七日法要における信空の願文中に、

（上略）自㆑宿㆓叡山黒谷之草庵㆒至㆑移㆓東都白河之禅房㆒、（下略）

とあるごとく、法然は京都の町中に「白河之禅房」なる殿舎をもっていたようであるが、それがどの辺りであったのかは判明し難い[38]。『明義進行集』第三には「二階坊」、「九巻伝」巻第五下、『法然上人伝』[39]（以下、『十巻伝』と称す）巻第七等には「北白川（河）二階房」とあり、また『古徳伝』巻四、『正源明義抄』[40]巻第五等は「姉小路白河二階房」と記し、『法水分流記』[41]は「白川二階坊錦小路京極」と註記しているが、これらはいずれも確実な記録とは思われない。『華頂要略』[42]も後世の編纂物であるが、第三上「山下御本坊并御管領所」の項を見ると、その最初

に「三条白川坊」が挙げられ、その註記に「始号二松坊一、私称二粟田御所一、又東山御所、在二洛東三条白河南一」とある。つづいて同書には、

（上略）

仁安二年十一月二日、七宮（青蓮院門跡覚快法親王）以二当門跡一譲二慈鎮和尚一給云々、

元久二年四月二十三日、慈鎮和尚以二此地一被レ避二進仙洞一（後鳥羽院、）為レ被レ建二御願寺一也、（本坊移造二于吉水一、）則被レ建二最勝四天王院一、承元元年十一月二十九日供二養之一、承久二年十月四日被レ壊レ之、貞応元年四月二十六日敷地如レ元被レ返二下之一（此間凡十八年、）

和尚遺誡云、貞応元年六月　日白川房跡同返給畢、早尋二常作事一畢、可レ為二師跡之本一也、

（下略）

とも記している。これによると、この三条白川坊は仁安二年（一一六七）に青蓮院七宮門跡から慈鎮に譲り渡されたもので、それを元久二年（一二〇五）になって後鳥羽院に最勝四天王院建立のため進上しており、これらのうち白川房跡の返されたのは貞応元年（一二二二）のことであったという。したがって、建久九年の時点ではもちろん慈円に所有権があったということになる。そして、それはかりに前掲の註記を信用すれば「三条白河南」に存した。

しかしながら、『浄土鎮流祖伝』[43]第八には黒谷金戒光明寺の寺誌に触れて、

（上略）

黒谷光明寺者、伝曰昔日大師（法然上人）有レ故詣二真如堂一、勤念嘗感三紫雲騰二涌今黒谷之嵓上一、乃就二其地一架二蓮宇一故称二山於紫雲一、勅伝三十九曰従レ宿二北嶺黒谷之艸菴一至レ遷二東都白川之禅房一矣、是禅房当二今黒谷一、地脈相合而対亦宜、又称二金戒光明寺一具如二縁起一、（下略）

と記し、法然が真如堂へ参詣の折に紫雲を感見したのは、今の黒谷の地であるとして紫雲山なる山号の由来を述べ、前述した伝記の記載「白川之禅房」は今の黒谷の地形とよく合っているからこれに当たるとしている。『黒谷光明寺誌要』[44]（以下、『黒谷誌要』と称す）もこの説を踏襲している。ところが、知恩院の学僧義山は『翼賛』[45]巻三九に、

（上略）此禅房東京ノ又東山ナレバ東都ト云ナリ、凡《ソ》賀茂河ノ東上ハ川合《タヽス》ノ邊ヨリ下ハ四条、或ハ六条河原ノ邊マテヲミナ白川ト云、今此禅房トハ知恩院ヲ指ナルベシ、白川ノ流《レ》寺門ニソヒテ下リケレバナリ、（下略）

と記述して、この禅房とは知恩院であるとしている。このように、近世初頭には黒谷金戒光明寺・知恩院ともにこの「白河之禅房」に対して因縁を求めようとしていた。両寺の中世に遡った寺史の検討と併せて論を進めなければならないが、いずれにしても、『華頂要略』に記載のあるようなかたちで、恐らくは叡山黒谷本坊の里坊として法然に管理が任されていたのであろう。法然はそれを第一の弟子信空に付属しようとした。ほかにも坂下薗一所・洛中地一所と挙げているが、その所在地を推定することは難しい。ともかくも、法然は門弟への遺産分与を考えるにあたり同門で年長の信空にその継承を委ねようとしたのである。

　つぎには感西で「亦是年来常随給仕之弟子也」として、吉水中房と高畠地一所を付属するとある。常随給仕の弟子と記すとはいえ、感西の行跡はそれ程法然の各伝記に見えるわけではない。『四十八巻伝』第四八巻の真観房感西についての記述によれば十九歳で法然の門に入ったとあるが、没年とする正治二年（一二〇〇）および生年四十八歳等の記述から逆算すると、それは承安元年（一一七一）にあたり、門弟のなかでは信空に次いで早い入室となる。『選択集』撰述時の執筆役に当たったとあるが、このことは『四十八巻伝』第一一巻、『九巻伝』巻第三上、『十巻伝』巻第四、『選択密要決』等の記述によれば、第二章までは安楽に執筆させたが、法然は安楽が驕慢の言を吐いたのを理由にこれを斥け、第三章からは代わって真観が執筆した[46]ようである。これが建久九年三月のことである

から、同時期における感西の位置として容認されてしかるべきと考える。

そこで、付属された吉水中房であるが、これには西山広谷にあったものとの註記がある。また、『京都坊目誌』下京第一五学区之部[47]「吉水房ノ址」の記述は、円山町の元安養寺境内の地をもって吉水中房にあてており、『翼賛』巻四九「東山吉水」の項では二岩といい今の知恩院御影堂の地にあったと註記している。高畠地一所を確定することは難しいが、『京都坊目誌』下京第八学区之部[48]「高畑町」の項に「進之町の西南にありて、南北一町の街なり、南は古門前に通じ、北は唐戸鼻町より、西長老町に通ず」とある一部であろうか。また、『弘願本』[49]巻四に「又高畠の少将見参の時、丈六の面像現じ給けり」とあったり、『醍醐本』「三昧発得記」に「建仁二年二月廿一日、高畠少将殿於二持仏堂一謁之」との記述があるが、いずれも法然の三昧発得における見仏の様態を記すものである。この高畠少将も前述の高畑辺りに居住していたのであろうか。

つづいて付属のあるのは円親で、吉水東新房を故六条尼なるものの養子として付属するとある。同じく六条の敷地はその付属状によれば、源空一期の間は管理するようにと載っているのでこれも重ねて付属すると記している。この円親であるが、各伝記にもあるいは「七箇条制誡」の署名にもその名が見えないために疑問視され[50]てきたが、奈良興善寺所蔵文書のなかに「正行御房御返事　円親」なる懸紙があり[51]、その書状こそ確定はされないが、奈良の正行房からの手紙に対する返書を法然の身近にいた円親が認めた時のものと考えられ、その実在を証することとなったのである。吉水東新房については『翼賛』巻四九「東山吉水」の項で、法然の住房は前述の中房・西本房と合わせて三箇所であったとし、松ノ下と称し今の鐘楼の東北附近にあったと註記するを見るに過ぎない。ところで六条尼であるが、『明月記』[52]建久九年二月二十四日の条に、「(上略)又出二向六条尼上御許一、謁申之後参二八条殿一、(下略)」とある六条尼上を指すと思われるがその詳細はわからない。

長尊には如行なる者死去の時に、覚悟房ならびに付帳一口を付与したと述べ、また白川の辺りで一屋を買った時にその資財を与えたとしているが、長尊という門弟の名は法然の各伝記類にもあるいは「七箇条制誡」にも検出することができないうえ、如行なる者や覚悟房と称する房舎も判明しないために、この長尊に関するこれらの諸問題については最も疑問点として指摘せざるを得ない。

そして、「不レ能レ付ニ属自余諸人一者也」と記すに該当するのは、七人のうち証空・感聖・良清の三人であり、この点も併せて考察しなければならない。証空であるが、『選択密要決』によると『選択集』撰述時には勘文役[53]に当たったとされている。これが同じ建久九年のことである。しかし、慈円との緊密な関係をもとに、青蓮院門跡領西山善峰寺の往生院において、隠遁居住のうえ布教活動をはじめるのは法然の没後建暦年間以降[54]のことである。法然の門に入ったのはいつ頃かというと、『四十八巻伝』第四七巻には建久元年（一一九〇）とあるから、同九年の時点ではかりに付属物件が具体的に記されていないとしても、入室の者七人の一人に挙げられている程度で不自然とは思われない。ただ、この七年後の「七箇条制誡」の署名では第四番目に見られるように、宗団内における位置が急速に高まっていったのは確かである。

感聖は「七箇条制誡」に信空の次にすなわち第二番目に署名しており、宗団内部における位置がかなり認められていたかに見えるが、各伝記の記載にはほかに行跡を求めることができないので、『漢語灯録』本「七箇条起請文」の注記「定生房」をたよりにすると、『国華本』[55]、『高田本』[56]下、『古徳伝』巻八等の法然臨終の際に「紫雲に乗じて来現したまうをみる人々」として、信空・隆寛・証空・空阿弥陀仏・源智らと共に定生房なる者の名が見える。また、『四巻伝』巻第四に、

元仁元年甲申正月、大谷修正に詣、梵唄引之後念仏に交、同八月三日、定生房(感聖)往生の跡に、五日、法蓮上人(信空)の沙

汰として、以二定仏一為二後房主一、（下略）

とあり、定生房の没後は信空の沙汰によって定仏なる者を大谷の房主としたと記述しているが、これを感聖と見れば感聖は大谷の房主であったことになる。さらに、良清であるが『四巻伝』『古徳伝』『四十八巻伝』等各伝記類の記載によれば、法然入寂後の中陰法要の四七日において願文を読んでおり、存在だけは確かめられるがほかには何の傍証もない。しかしながら、これら三人に対して具体的な付属物件が記されていないとしても、述べてきたような幾多の整合性からすれば、建久九年頃の法然と門弟達個々の関係が大略この遺誡文に反映していると見て差し支えないように思う。

さらにつづいて吉水西旧房に関する記述がある。「其本主顕然也、人皆所レ知也、不レ能二分配一者也」とあり、吉水西旧房の本主は顕然にして皆もよく知るところで、分配の対象にはならないと言っている。この本主について青蓮院を指すとの説[57]もある。これは、前述もした「三条白川坊」についての『華頂要略』の記載から充分に想定できることと言えよう。この西旧房には持仏堂があったようで、それは西坊尼御前と呼ばれる者が西尊・成乗房なる者から乞い壊ち渡ったものとしている。これらの具体的な所在地・人名等については他に証するものがないため確定できないが、この外の雑舎一両も手を加えはしたが、皆ともにこの西本房すなわち西旧房に返すとし、そうしたことは先例にも一度ではなく、白川房においても廊・門等に修造を加えたが亭主に返し、また嵯峨においても荘厳を新たにし築垣も構えたが家主に返した経験等を述べることによって、この吉水西坊もまた同様に本主に返付することの正当性を強調しているのは、恐らくは法然の生活の根拠地となっていたためであろうと推考され、とすれば一貫した姿勢に基づく事情として自然に生じた方針と読み取ることができよう。

そして、この遺誡の内容に乖いて濫妨をなす者が出来したならば、その者は門弟として認められないとし、もしすでに門弟でない者であればそれは怨敵とも盗人とも言うべきであると語調を強めている。また、付属あるものは皆自筆の証文を書いたので、もし他筆にて証文となすような者は盗犯に処すべきで、人の顔をした畜生にひとしいと述べたうえに、こうした事情の証人として、年来常随の弟子ではないが、当時の同法者であると遵西・直念・欣西の三人の名を列挙している。

そこで遵西であるが、これは「七箇条制誡」の第三〇番目に署名が見え、これについて『漢語灯録』が安楽房と註記するごとく、建永二年に住蓮と共に罪科に問われ六条河原で斬首された専修念仏者であるが、『四巻伝』巻第二をはじめとする諸伝によれば、建久三年（一一九二）秋には八坂引導寺において念仏をつとめ六時礼讃を行なっている。また『選択密要決』によると、建久九年三月『選択集』撰述に当たって第二章までは安楽が執筆したが、法然は安楽が驕慢の言を吐いたのを理由にこれを斥けたという。いずれにしても、この建久九年の時点で安楽は師法然からある程度の信用を得ていたようであるが、法然入室後それ程長い年月に至っていなかったものと見られる。直念なるものであるが、この三人の証人のなかでこの人物のみいまだ不明であり、この問題も前述の長尊について確認できないのと合せて疑問な点としなければならない。欣西であるが、これは「七箇条制誡」にも第二三番目に自ら署名しており(58)その存在が知られる。また、興善寺所蔵文書の元久元年頃と推定される前掲十二月四日付欣西書状(59)によっても、師法然の身辺でその意を承けながら筆を執っている様子が窺える。したがって、入室年時は不明であるが、少なくともこの元久年間頃には法然の身辺にいたことは確実である。

ここまで、第二条目の内容について整合性を検討するのに紙数を費してしまったが、後継者には信空をあてていることといい、ほかの門弟らの位置付けといい、また各付属物件においても、建久九年四月のこととして概略容認してよいとの結論に達する。勿論、詳細には長尊・直念という未確認の門弟について、如行・西尊・成乗房等傍証の得られない人物名について、また坂下薗・高畠地・覚悟房等の不明なる付属物件等に関してまだまだ疑問な点は多い。しかし、建久九年の時点では門弟の数はそれ程大勢ではなかったようで、それは聖光房弁長、勢観房源智らにおいても入室後間もない頃のことであって[60]、これらの門弟の名が見えないのもそうした事情に関連するとさえ考えられる。そこで、「三昧発得記」によれば建久九年の正月から二月にかけて、法然は三昧発得の真最中であり、これが八月・九月頃まで続いて体験されており、「法然聖人御夢想記」（『指南抄』中巻本所収）もその中途に同年五月二日記されたものであるから[61]、到底遺誡文のような内容の遺言状は書けるものでないとの説もあるが[62]、遺誡文自体の史料的信憑性を問うことなく、ただ相容れない内容であるとの理由のみによって、法然の行動を限定して考えることはいかがなものであろうか。筆者としては、これらの経過のなかに「没後遺誡文」執筆の事実を想定して考えた方がより自然なように理解できる。

三　遺産の伝来

遺誡文に見られる法然の遺産は合わせると相当なものとなるが、その中心はあくまで黒谷本坊・白川本坊・吉水坊、本尊・聖教類等であったと推量されるため、それらのまたほとんどがすなわち信空継承の物件であった。今、これらの個々について伝来の詳細を述べることができるならば、遺誡文の信用度も一層高まるであろうが、それには史料的に限界がある。そこで、叡山西塔の黒谷本坊、京都の里坊であったと見た白川本坊、および本尊・聖教類等に関連すると思われる史料を掲げて、これら法然遺産の伝来に係わる問題点を述べることにする。

『明義進行集』第二の「第五白河上人信空」の項に、

（上略）シカレハ信空上人ハ、源空上人ノ為ニハ、ハシメニハ同法、後ニハ弟子ナリ、コノ故ニ、源空上人ノ

補處トシテ、本尊・聖教・三衣・坊舎、コト〳〵クニモテ相伝シ給ヘリ、（下略）

とあり、信空相伝のものを「本尊・聖教・三衣・坊舎」と記している。遺誡文の記載と比べると三衣が加わってはいるが、あとは概略類似している。『明義進行集』は信空の弟子敬西房信瑞なる者の撰述であり、信空の記述には特に気を配ったに違いないから信頼できる。ここで信空のことを「白河上人」と称しているが、遺誡文にあるような白川本坊の相伝者として呼ばれたのであろうか。『黒谷誌要』（第一由緒沿革）はこのことについて、

（上略）中について当山は白川の禅坊と称し、旧と黒谷の所領なりしが、叡空上人入滅の時之を大師に付属したまふ、旧記を案するに大師会て真如堂に詣てゝ浄教の弘通を祈り、其より当山の林中を経回し、山上の一石に安座して暫く西方を念したまひしに、谿間より紫雲靉靆として騰涌し、金光赫奕〔突〕として照耀せしかは、是れ浄教有縁の地なるへしとて止住あらせたまふと、其後嫡弟法蓮房信空上人叡山黒谷の本所と共に之を相続し、常に当山に居住せられしかは人之を白川の上人と呼へり、（下略）

と述べて、黒谷金戒光明寺の寺称「白川の禅房」の由来を信空相伝の白川本坊に求め、「白川の上人」なる呼称も信空がここに居住したためとしている。こうした後世の寺伝を信用するわけではないが、金戒光明寺の寺史[63]を考慮しながら検討すべきことは認めなければならない。

ここに近江坂本西教寺所蔵の弘安九年（一二八六）一月二十七日付の恵尋置文[64]の第二条目に興味ある記述が存する。それには、

一、（第二条目）黒谷本堂・経蔵・湯屋・慈眼坊等者、先師上人（湛空）一円進止之所也、仍於㆓検校職㆒、雖㆑奉㆑譲㆓妙法院之門主㆒、於㆓当谷㆒嫡々之五師相伝之瀉瓶・経蔵・聖教・房舎・□帳、（経蔵弐口、湯屋、慈眼房壱口、）並法成寺法咒（咒法カ）等者、譲㆓賜求道（恵尋）㆒之間、数十年知行敢以無㆓違乱㆒、仍所㆑附㆓属于人㆒也、正円為㆓上首㆒、素月・行禅各随㆓残留㆒可㆑為㆓長者㆒、於㆓此瀉瓶㆒

者永不レ可レ出二他所一、可レ留二置于当谷一也、

とある。これは恵尋が黒谷の円頓戒相承、遺産分与等に関して記し置いた遺言状であり、「定条々規式事」と題し自らは「黒谷沙門恵尋」と署している。これによれば、黒谷本堂・経蔵・湯屋・慈眼坊等は先師の管理するところであったが、これらのうち検校職は妙法院門主に、そして黒谷相伝の瀉瓶・経蔵・聖教・房舎・法成寺呪法等は恵尋に譲られてから数十年の間違乱なく管理してきたが、今正円を上首になし素月・行禅等を長者として付属するとし、特に瀉瓶は門外不出である旨を厳しく言い置いている。

そこで、この「先師上人」であるが、前掲の清浄華院所蔵文保元年二月十八日付「了恵道光授隆恵天台円教菩薩戒相承師々血脈譜」、および鎌倉宝戒寺所蔵元弘三年（一三三三）七月二十九日付「恵鎮授惟賢天台菩薩戒相承血脈譜」(65)等によれば、正信房湛空を指すであろうことは容易に想像される。さらに、清浄華院には「黒谷住持職記」なる文献を所蔵することが新たに確認されている(66)ので少しくこれについて述べると、この記録の成立年次は明らかでないが、歴代の最後に記される性誉は『黒谷誌要』によると道残良智の前の住持であることから、浄華院から金戒光明寺の住持となり、浄華院の羈絆を脱しようとの独立運動に努めた道残の手によって作成された可能性が強い。したがって、中世の浄華院と金戒光明寺との複雑な関係、すなわち兼帯世代の存在ならびに両寺間の本末争い等の問題(67)と無関係にはできない。とくに霊宝類の注文あるいは円頓戒・授手印等両血脈の正統性が、問題に取り挙げられたに違いないからである。

それにしても、ここで道残は金戒光明寺の開山を法然まで遡り、その後を法蓮坊信空、正信坊湛空、求道坊恵尋、素月坊恵顗、寿観坊任空、我観坊範空、等玉坊運空、示観、忠恵と世代して、浄華院兼帯の始まりであり新黒谷住持と称す定玄につないでいる。これらの諸問題についてはいずれ深く追究すべきであることを指摘するに留め、初

期の黒谷金戒光明寺の寺史と関係が深い問題として、求道坊恵尋の前の世代は正信坊湛空ということになり、前述した二点の円戒譜に示されたところと一致するため、恵尋置文に記す「先師上人」は湛空を指すことに間違いない。そして、この置文によれば素月なる者が相続者として挙げられていたが、これも「黒谷住持職記」の恵尋のつぎの素月坊恵顗のことであり一致するところである。

このあたりで、問題を前掲の恵尋置文第二条目の内容検討に戻すことにする。とくに求道恵尋がここで湛空から譲られたという相伝の瀉瓶・経蔵・聖教・房舎・法成寺呪法等は、ほかならぬ法然が「没後遺誡文」にて信空に付属した黒谷本坊・白川本坊・本尊・聖教類とほぼ同じ内容のものと見られる。それらは、円頓戒の相承と同様に、法然から信空、信空から湛空、そして湛空から恵尋へと確実に相伝され、ここで恵尋から正円・素月・行禅らに引き継がれたのである。このように、「没後遺誡文」(83)にて法然から信空に付属されたものが、少なくとも法然滅後百年余り経った十四世紀半ばになって、その相伝の実態を確認できるということは、法然の在世時にそうした具体的な指示があったと見ることとの妥当性を補う史料とできよう。

結び

法然にとって建久八年から翌九年にかけての一年間は、精神的にも物質的にも整理の必要な時期となった。その原因は言うまでもなく自己の瘧病なる病状の悪化のためで、往生の準備を整えようとしたのである。病気は回復し大事には至らなかったが、法然は建久九年の正月から三昧発得の体験を重ねるようになり、同三月に『選択集』の撰述をなし遂げたわけで、これはいわゆる精神的整理としてなされたことである。そして、物質的整理として挙げられるのが、同四月に執筆された葬家追善と遺産分与に関わる二箇条から成る「没後遺誡文」である。これらは、いずれも法然の病状おもわしくない状態のなかでなされたもので、したがって、門弟らの手による代筆の形態がとられたのであろう。(69)

「没後遺誡文」の遺文としての信憑性に問題がないわけではないが、愚稿によってその解決に些かなりとも方向を示すことができたと思われ、そのうえに、とくに条文の内容について当時の事情に照らして整合性あるものかどうかの検討を試みたわけであるが、その結果は勿論詳細な面で疑問な点を残しながらも、総体的には大略首肯されてしかるべき記述内容であり、また一部後世にその内容通りの継承がおこなわれているとの確認も得、ある程度信用の置ける遺文であるとの考えに至った。第一条目では没後は自らの草庵に戻り、決して一所に集会することのないようにと言い置いている。その真意は、一所に集会すれば門弟同士のいらぬ闘諍を生ずる結果となるのを恐れたことが主なる理由であるが、さらには当時の社会情勢すなわち南都北嶺の衆徒らへの無用の刺激を避けるための配慮があった点も考えられた。『選択集』撰述の直後であるから一層そうした危惧を抱いていたに違いない。そして、報恩の志ある者は余行ではなく念仏一行によるべしとし、しかも中陰の不断念仏は虚仮の念仏であると禁止し真実心による念仏であるようにと言っているが、これらからも、師法然の追慕の気風が漂い門弟が群集することによって、世情を刺激する結果となることを嫌ったという経緯が想定できよう。

遺産分与の条文は後継者を信空と表明することが最大の主眼であったが、しかしながら、本文でも述べたように、すでにそのことは衆目の一致するところであった筈である。それも大切であったろうが、むしろ他の遺産分与に関して、また吉水旧房の処置、あるいは他の門弟らの位置付け等もそれに劣らず重要であったということである。それは、すなわち自らの没後に南都北嶺の衆徒らの批判の気運が盛んとなるであろうことを察知していたために、信空を中心として行なわれる念仏宗団の統率が、出来るだけ周囲を刺激することなく成し易いようにとの気持からではなかっただろうか。何も言い置かなかった場合に、そうした闘諍の起こらないとも限らない状況にあったのであろう。内部でのこうした統率の乱れが前述したような社会情勢に拍車をかけるのは目に見えていたのである。こう考えてくると、どうも建久九年四月の遺言状執筆の背景には、同年三月に著わされた『選択集』の教義的内容と密接な関連性が想定できるように思われてならない。

註

（1）ここでは大正大学所蔵本に拠った。

（2）第Ⅰ部第三章第一節（一七九頁）、藤原猶雪著『日本仏教史研究』所収の「徳川時代における法然上人漢語灯録の改竄刊流」等参照。筆者もほかに「『黒谷上人語灯録』の基礎的研究―特に漢語灯録について―」（『仏教論叢』第二九号、昭和六十年）、「『黒谷上人語灯録』（聖教解説）」（『日本仏教史学』第二一号）等のなかで若干の卑見を述べている。

（3）元久二年（一二〇五）十月には興福寺三綱大法師らによって、朝廷に専修念仏義の糺改をもとめて奏上したいわゆる「興福寺奏状」（『大日本仏教全書』第六一巻）が解脱房貞慶によって起草されているし、また『三長記』によれば翌元久三年二月より同八月頃にかけて、興福寺五師三綱らが朝廷に対して、法然の門弟のうちとくに安楽房・法本房等の処罰を迫る訴訟を再三に亘って行なっている。

（4）昭和三十七年奈良興善寺の阿弥陀如来立像の胎内から、法然および門弟達の一連の自筆書状が発見され、堀池春峰「興善寺蔵法然聖人等消息並に念仏結縁交名状に就いて」（『仏教史学』第一〇巻第三号）によってその全貌が紹介された。大橋俊雄校注『日本思想大系』10「法然・一遍」、竹内理三編『鎌倉遺文』第三巻等に収録。斎木一馬「興善寺所蔵の源空・証空書状覚え書」（『史学仏教学論集』乾）参照。

（5）奈良興善寺には三通の法然書状断簡を所蔵するので、便宜上斎木所論の掲載順に準じて付番した。

（6）註（4）斎木所論「源空書状解説」参照。

（7）奈良興善寺には二通の証空書状断簡を所蔵するので、便宜上斎木所論の掲載順に準じて付番した。

（8）註（4）斎木所論「証空書状解説」参照。証空書状がこうした法然の意を承けた形式であったとの見解は、同稿「清凉寺所蔵熊谷入道宛証空自筆書状について」（『仏教史研究』第七号）によっても述べられているごとく、清凉寺所蔵の証空書状にも見られるところである。したがって、岩田茂樹「清涼寺所蔵・証空自筆消息の再検討―鎌倉時代来迎図研究のための前提的考察―」(『文化史学』第四二号)において、この消息が証空自身のものであるとの説が提唱されたが、興善寺所蔵文書の証空書状の分析を経たものとは思われずすみやかには受け容れ難い。

(9) 嵯峨二尊院所蔵。

(10) 香月乗光「各種法然上人伝所載の七箇条起請文について」(『法然上人伝の成立史的研究』第四巻)、斎木一馬「欣西書状(仏教古文書学講座)」(『日本仏教史学』第一五号)等参照。

(11) 註(4)・(10)掲載各斎木所論、ならびに同稿「親蓮書状(仏教古文書学講座)」(『日本仏教史学』第一四号)等参照。

(12) 藤堂祐範校訂『選択本願念仏集』。同書は底本に奈良当麻奥院所蔵の元久元年古鈔本を据え、京都廬山寺所蔵本(以下、廬山寺本と称す)、京都鹿谷法然院所蔵の延応元年版等をはじめとする諸本との異同を脚註している。それによれば、とくにこの箇所は廬山寺本には欠落する記述であり、他の欠落箇所とともに『選択集』諸本に見られる異同箇所の検討は今後の課題と言える。

(13) 元亨版『和語灯録』、ならびに『指南抄』中巻末所収の「鎌倉の二品比丘尼へ御返事」においては、造堂・造仏・写経等について、雑行であるが心乱れず慈悲をおこして行なえとむしろすすめている。

(14) 斎木一馬「清涼寺所蔵の源空自筆書状について」(『高僧伝の研究』)参照。

(15) 玉山成元「法然の肖像と阿弥陀仏造立」(『日本仏教史学』第一八号、昭和五十八年)参照。同所論はほかにも『九巻伝』の熊谷直実によって画かれた肖像について、また『四十八巻伝』第八巻の勝法房によって描かれた似絵について等の記述を挙げられている。

(16) 「御臨終日記」はほかにも『指南抄』中巻末所収「法然聖人臨終行儀」、『拾遺漢語灯録』所収「臨終祥瑞記」等同様の遺文が存する。第Ⅰ部第一章第三節(五五頁)参照。

(17) 註(12)参照。この箇所で問題とすべきは、廬山寺本には塗抹のうえ文章の修正をほどこした痕跡が随所に見られ、とくにこの点において草稿であるとする見方が成り立つわけであるが、その抹消前の文体と修正後の文体との関連、ならびに大部の欠落箇所との関係等、文章構成時における表現上の操作についても考慮すべき点がある。

(18) 『四十八巻伝』第三〇巻の記述によれば、法然は妙覚寺浄心房の臨終が散々たるものであったのは、虚仮の行者であったからであると評している。

(19) 註(15)掲載玉山所論参照。

(20)(21) 井川定慶編『法然上人伝全集』。

(22) 親鸞は「尊号真像銘文」広本末(『親鸞聖人真蹟集成』

第四巻）によると、隆寛が法然の入寂直後建暦二年（一二一二）三月一日に法然の真影に書いた賛を書写している。

(23) 註（20）に同じ。

(24) 史料発見後すぐに玉山成元「新発見の源智造立願文」（『浄土宗宗報』第七二八号、昭和五十四年）に造立願文の訓みと交名等の概要を紹介された。そして、昭和五十六年には『玉桂寺阿弥陀如来立像胎内文書調査報告書』（同調査団編、玉桂寺、昭和五十六年）が出版されその全容が明らかになった。伊藤唯真著『浄土宗の成立と展開』第三章第一節「勢観房源智の勧進と念仏衆―玉桂寺阿弥陀仏像胎内文書をめぐって―」、玉山成元「勢観房源智のこと」（『大正大学大学院論集』第七号、昭和五十八年）、註（15）掲載同所論、深貝慈孝「勢観房源智の著書についての一考察」（『法然浄土教の綜合的研究』）、野村恒道「勢観房源智の親類紀氏について」（『三康文化研究所年報』第一六・一七号、昭和六十年）、伊藤唯真「源智と法然教団」（『仏教文化研究』第二八号、昭和五十八年）、柴田実「勢観房源智の造像勧進の随縁者―信楽玉桂寺木像阿弥陀如来立像の胎内納入文書に就いて―」（『鷹陵史学』第一二号、昭和六十一年）、玉山成元著『勢観房源智上人』（浄土宗東京教区教務所編、昭和六十二年）、藤堂恭俊著『一枚起請文のこころ』（知恩院浄土宗学研究所シリーズ1、東方出版、昭和六十二年）、伊藤唯真「源智勧進の念仏結縁交名より見たる法然教団について」（『源智弁長良忠三上人研究』、同朋舎、昭和六十二年）参照。

(25)(26)(27) 註（20）に同じ。

(28) 塚本善隆・三谷光順「法蓮房信空上人の研究」（『専修学報』第一輯）、玉山成元「法然門下における信空と聖光」（『浄土学』第二八号、昭和三十六年）、吉田清「信空における円頓戒相承について」（『印度学仏教学研究』第一四巻第二号、昭和四十一年）等参照。

(29) 註（20）に同じ。

(30) 『浄土法門源流章』『正源明義抄』巻第二等は治承三年二月としているが、『四十八巻伝』第一三巻は同四月と記述している。

(31) 『増補国史大系』尊卑分脈第二巻。葉室行隆の息であるとする『明義進行集』の記述は、この『尊卑分脈』によっても裏付けられる。

(32) 年代を明記するものは少ないが『四巻伝』第一巻の記述に準ずる。

(33) 註（28）掲載塚本・三谷所論、『浄土宗大辞典』第一巻の口絵17掲載写真等参照。

(34) 鎌倉宝戒寺所蔵の元弘三年七月二十九日付「恵鎮授惟賢天台菩薩戒相承血脈譜」（『鎌倉市史』史料編第一巻、吉川弘文館、昭和三十三年）の戒脈によれば、「―叡空―源空―信空―湛空―」という継承になっている。

（35）　註（28）掲載塚本・三谷所論参照。
（36）　第Ⅱ部第四章第三節（四一九頁）参照。
（37）　第Ⅱ部第四章第二節（四〇七頁）、同第五章第四節（四八七頁）参照。同日付にて比叡山に起請文を書き示しているが、こちらは聖覚が起草の役を果たしている。
（38）　三田全信「宗祖の経済観及び経済生活」（『専修学報』第五輯）において、信空の祖父葉室顕時は『尊卑分脈』によれば「中山中納言」と号したとの註記があるが、中山は吉田山の旧称であるとし、ここに別邸が営まれたと考えるのが最も有力であるとされている。
（39）（40）　註（20）に同じ。
（41）　大谷大学図書館蔵。
（42）　『天台宗全書』（第一書房、昭和四十九年）第一巻。
（43）　『浄土宗全書』第一七巻。
（44）　『浄土宗全書』第二〇巻。以下同じ。
（45）　『浄土宗全書』第一六巻。以下同じ。
（46）　『四十八巻伝』第二五巻によれば、「大胡太郎実秀妻宛書状」（筆者付題）も真観房の執筆によって遣わされている。
（47）（48）　『新修京都叢書』（臨川書店）京都坊目誌四。
（49）　註（20）に同じ。
（50）　田村圓澄著『法然上人伝の研究』第三部第五章「遺誡文と起請文」参照。
（51）　伊藤唯真著『浄土宗の成立と展開』第二章第一節の二「法然同法集団の出現—文治・建久期—」参照。
（52）　『明月記』（国書刊行会編）第一。
（53）　鈴木（玉山）成元「『選択集』撰述の理由」（『日本歴史』第一七六号）は、証空が『選択集』撰述に際して勘文役を勤めたとすることに疑義を示されている。上田良準「選択本願念仏集と西山上人—勘文、執筆の事実と選択密要決撰述の真否—」（『石田博士記念浄土教の研究』、永田文昌堂、昭和五十七年）は、『選択集』の第三筆は証空の筆蹟であることを考証されているが、筆者はこれらの問題点についてしばらく結論を避けてとくに今後の課題としたい。
（54）　註（38）掲載三田全信所論、同「原知恩院の変遷について」（『仏教文化研究』第五号）等が、証空は慈円から西山の善峰寺北尾の往生院を付属されているから、分配分を記すべき必要がなかったとされるがいかがであろうか。西山三鈷寺所蔵文書によると、証空と西山との結びつきを証する最初の史料は、証空が観性の弟子聖弘から西山水谷なる田一反を買得したことを示す建暦二年（一二一二）正月十四日付の沽却状である。
（55）（56）　註（20）に同じ。
（57）　『古本漢語灯録』（『仏教古典叢書』〈浄土〉）末尾所載今岡達音「古本漢語灯録解説」参照。
（58）　註（10）掲載香月・斉木両所論参照。

(59)　註(10)掲載斉木所論参照。

(60)　聖光房弁長の吉水入室は『九巻伝』巻第三下には建久八年五月、『四十八巻伝』第四六巻には単に建久八年とそれぞれ記され、また勢観房源智の入室は『四十八巻伝』第四五巻によると建久六年とされている。

(61)　「法然聖人御夢想記」と同様の遺文は『拾遺漢語灯録』所収の「夢感聖相記」であるが、双方には異同が甚しく一方の改変と認めざるをえないが、そればかりか『拾遺漢語灯録』本には「建久九年五月二日記」之　源空」なる日付と署名が記されている。しかしながら、これは『拾遺漢語灯録』に所収されるもので、したがって、正徳版等の義山本によらねばならないもので、すみやかに信用できる起草年時とは言い難い。

(62)　註(50)掲載田村所論参照。

(63)　金戒光明寺の寺史を取り扱ったものとしては、藤本了泰「黒谷金戒光明寺々史の一考察—恵尋、恵顗の行業、寺門の三展開、寺号の事—」(『大正大学学報』第三〇・三一号、昭和十五年)を挙げなければならない。

(64)　註(63)掲載藤本所論註(5)掲載史料。

(65)　『鎌倉市史』史料編第一巻。

(66)　宇高良哲「浄土宗京都浄華院成立年次考—特に新出の浄華院文書を中心に—」(『大正大学研究紀要』第七一輯、昭和六十一年)によって新たに紹介された。

(67)　福田行慈「浄華院秀馨について」(『三康文化研究所年報』第一八号、昭和六十一年)は、中世末期における浄華院と金戒光明寺の本末争いについて、とくに両寺の兼帯が秀馨によって終わることに着目して、秀馨の果たした役割を評価したうえで彼の死をもって原因の一つであるとされている。

(68)　清浄華院には現在数点の法然遺品と伝えられるものが所蔵されるが、もともと相伝したと推測される金戒光明寺の住持が、新黒谷と称される頃から浄華院の住持によって兼帯され、この状態が秀馨の代までつづくわけで、この間に捏造されたかあるいは重複管理の行なわれた可能性が強い。しかし、これら遺品類の信憑性については、中世における両寺の霊宝目録の変遷からも検討すべきであるが、いずれ科学的調査に基づく正確な位置付けがなされるべきことを提言して置く。

(69)　奈良興善寺所蔵法然書状断簡Ⅲに「(上略)べちにせうらう《(所労)》のけ《(気)》ハさぶらはぬに候、おぼつかなく《(覚束)》おぼしめし《(思召)》候べ《〔か脱〕》らず候、(下略)」とあったり、同寺所蔵欣西書状が「そのゝちは、なに事も候はぬに候、さは候へとも、ひしり《(聖)》のをんハう《(御房)》ハ、れい《(例)》のさむけ《(寒気)》ニ候、あひた《(間)》はすこしつゝ《(宛)》ませ《(増)》給ひ給□《〔ひカ〕》候に候、もしとしあけ候ひては、をこり《(発)》やせさせ給ひ候はんすらん、(下略)」という文章で書き始まっているが、これらは註（11）掲載等の一連の斎木所論によって元久元年から同二年頃の文書と推定されているから、法然の病気はこの建久八年頃から晩年までの間、定期的に繰り返して患っていたものと見られる。

第四章　「七箇条制誡」について

嵯峨二尊院に所蔵する「七箇条制誡」は、初期念仏宗の殊に法難関係の諸問題を解明するために重要な史料である。七箇条から成る条文は、いずれも門弟等に誡飭をうながすもので、元久元年（一二〇四）十一月七日法然自ら花押を署し、そのあと七日から九日までの三日間に亘り、一九〇名にも及ぶ念仏者の署名がある。この遺文は法然のものとして早くから重要視されていたようで、親鸞筆写の『指南抄』、了恵道光編集『語灯録』の漢語篇である『漢語灯録』等に所収されており、また『四巻伝』『古徳伝』『四十八巻伝』等をはじめとする各種法然伝にも引載されている。

『大日本史料』は第四編之九、建永二年二月十八日の法難の項に掲載し、『古文書時代鑑』続編上（東京帝国大学史料編纂所、昭和二年）もこれを原本と認定し収録している。そして、大橋俊雄氏校注『日本思想大系』「法然・一遍」、竹内理三氏編『鎌倉遺文』古文書編第三巻等にも原本として所収されている。また、黒田真洞・望月信亨両氏編『法然上人全集』、大屋徳城氏著『日本仏教史の研究』三、二―一「創立時代の浄土教」第一章「元久の法難」（法蔵館、昭和三年）、鷲尾順敬氏著『日本仏教文化史研究』所収「法然の七箇条起請の原本検討」（冨山房、昭和十三年）等に所載され、石井教道・大橋俊雄両氏編『昭和新修法然上人全集』第六輯制誡篇には諸本と校合のうえ転載されている。写真版としては、『法然上人伝の成立史的研究』第四巻（一八三—一八六頁）、小川龍彦氏著『一枚起請文原本の研究』（同刊行会、昭和四十五年）上巻写真版三二—四六、『浄土宗開宗八百年記念法然上人研究』（佛教大学法然上人研究会編、隆文館、昭和五十年）口絵、『浄土宗大辞典』第二巻口絵18等に全貌が掲載されていて確認に便である。

「七箇条制誡」の研究は、早くは鷲尾順敬氏・禿氏祐祥氏・辻善之助氏らによって問題点の整理がなされたが[1]、坪井俊映氏が偽撰説を提唱され[2]、これに対して大橋俊雄氏が反論を述べられた[3]ために一躍注目されるところとなった。そして、香月乗光氏はこの議論に係わり[4]、とくに『指南抄』『漢語灯録』『古徳伝』所収のものとの校合によって、二尊院所蔵本が原本に相違ないことを実証されるに及んでいる。

ところで、『漢語灯録』第一〇は「七箇条起請文」と称し、各種法然伝においても例えば『四巻伝』には「七箇条の起請文」、『古徳伝』には「七箇条起請文」、『九巻伝』には「七ケ条の起請」、『四十八巻伝』には「七箇条の事をしるして起請をなし」などと記していて、「七箇条起請文」と称するのが一般的であったことがわかる。そして、『大日本史料』第四編之九掲載写真版においても「源空七箇条起請文」と題している。『指南抄』には題目が付いていないが、『親鸞聖人真蹟集成』第六巻、『定本親鸞聖人全集』第五巻輯録篇等の解説も「七箇条起請文」としている。したがって、上記の『法然上人全集』『昭和新修法然上人全集』も「七箇条起請文」と題し収録している。ところが、小川龍彦氏著『一枚起請文原本の研究』上巻の写真版は「七ケ条普告」と、また『鎌倉遺文』古文書編第三巻は「源空法然房告文案」と、さらに『日本思想大系』「法然・一遍」は「七箇条制誡」とそれぞれ題している。この点については、第五章第四節「七箇条制誡との関連」において詳述するが、古文書学的に言って神罰・仏罰を蒙るべき由を誓った神文に匹敵するものを有するとは解されないことから起請文とすることは出来ず、むしろ自誡を意味するものであり、その意味から筆者も「七箇条制誡」と称するのがもっとも妥当であると考えている[5]。

「七箇条制誡」の法然研究に占める意義は、それが原本に相違ないものと評価できる史料であることに起因し、内容的にも当時の専修念仏者とそれを取り巻く社会的環境との関係を語るものとして、誠に多大な役割を果たすものであると言える。それには「七箇条制誡」の起草目的を明確に把握することが必要とされ、一九〇名のその署名方法や署名者個々人の検討を通して、専修念仏者の実態についても考察すべきところである。

註

（1）　鷲尾順敬「法然上人七箇条起請の原本検討」（『現代仏教』第九巻第九八号、昭和七年）、禿氏祐祥「法然上人の七箇条制誡」（『龍谷史壇』第一三号、昭和九年）、辻善之助著『日本仏教史』中世篇之一第七章第六節「浄土宗」等参照。

（2）　坪井俊映「初期法然教団における法難について―特に七ケ条制誡・送山門起請文の成立について―」（『印度学仏教学研究』第六巻第一号）参照。なお坪井氏は後年『法然浄土教の研究―伝統と自証について』附録「法然の語録述作年次に関する研究集録」（隆文館、昭和五十七年）において自説を一部訂正されている。

（3）　大橋俊雄「七箇条起請文偽撰説を疑う」（『印度学仏教学研究』第七巻第一号）参照。

（4）　香月乗光「七箇条起請文と送山門起請文とについて―その偽作説に対する反論―」（『仏教文化研究』第八号）、同「各種法然上人伝所載の『七箇条起請文』について」（『法然上人伝の成立史的研究』第四巻）等参照。

（5）　『浄土宗大辞典』第二巻の項目は「七箇条起請文」を用いているが、『国史大辞典』第六巻は「七箇条制誡」を採っている。しかし、この問題はすでに早くより『古文書時代鑑』続編上「古文書時代鑑続編の解説上」において、「本書は古来七ケ条起請文と称すれとも所謂起請文の体にあらず、即ち源空が其一門弟子等の遵守すべき箇条と理由とを掲げて自署し、之に弟子をして連署せしめたるものなり。」と指摘されている。

第一節　「七箇条制誡」の諸本

「七箇条制誡」の原本は嵯峨二尊院に現蔵しているが、ほかにも『指南抄』『漢語灯録』などの遺文集所収本、『四巻伝』『高田本』『弘願本』『古徳伝』『九巻伝』『四十八巻伝』などの各種法然伝収録本、あるいは写本等の存在があげられる。これら諸本の記述を照合すると決して合致するものではなく、とくに署名者数に至ってはかなりの相違があり、こうしたことが二尊院本の史料的信憑性に疑問を投げ掛けている。(1) ここに諸本を掲載のうえ、各記述の相違点について考察を加えることにする。

はじめに二尊院本であるが、前記所載の活字本には誤植・誤読等の誤謬が目立つ(2)ため再び稿本を作成し左に掲げることにする。(写真は後掲、原本の署名は一列であるが、便宜上これを四列に書き改め、さらに署名に算用数字を付してその順番を示した)

普告号予門人念仏上人等、

一、可停止未窺一句文、奉破真言・止観、謗余仏・菩薩事、

右至立破道者、学生之所経也、非愚人之境界、加之誹謗正法、既除弥陀願、其報当堕那落、豈〇(非)癡闇之至哉、

一、可停止以無智身対有智人、遇別行輩好致諍論事、

右論義者、是智者之有也、更非愚人之分、又諍論之処諸煩悩起、智者遠離之百由旬也、況於一向念仏行人乎、

一、可停止対別解別行人、以愚癡偏執心、称当弃置本業、強嫌嗤之事、

右修道之習、只各勤自行、敢不遮余行、西方要決云、別解別行者、惣起敬心、若生軽慢、得罪無窮云々、何背

此制哉、加之善導和尚大呵之、未知祖師之誡、愚闇之弥甚也、
一、可停止於念仏門号無戒行、専勧婬酒食肉、適守律儀者名雑行人、憑弥陀本願者、説勿恐造悪事、
右戒是仏法大地也、衆行雖區同専之、是以善導和尚挙目不見女人、此行状之趣過本律制、浄業之類不順之者、惣失如来之遺教、別背祖師之旧跡、旁無拠者歟、
一、可停止未弁是非癡人、離聖教非師説、恣述私義、妄企諍論、被咲智者、迷乱愚人事、
右無智大天此朝再誕、猥述邪義、既同九十六種異道、尤可悲之、
一、可停止以癡鈍身殊好唱導、不知正法説種々邪法、教化無智道俗事、
右無解作師、是梵網之制戒也、黒闇之類欲顕已才、以浄土教為芸能、貪名利望檀越、恣成自由之妄説、誑惑世間人、誑法之過殊重、是寧非国賊乎、
一、可停止自説非仏教邪法為正法、偽号師範説事、
右各雖一人説、所積為予一身衆悪、汚弥陀教文、揚師匠之悪名、不善之甚無過之者也、
以前七箇条甄録如斯、一分学教文弟子等者頗知旨趣、年来之間雖修念仏随順聖教、敢不逆人心無驚世聴、因茲于今三十箇年、無為渉日月、而至近来此十ヶ年以後、無智不善輩時々到来、非啻失弥陀浄業、又汚穢尺迦遺法、何不加炯誡乎、此七ヶ条之内、不当之間巨細事等多具難注述、惣如此等之無方、慎不可犯、此上猶背制法輩者、是非予門人、魔眷属也、更不可来草庵、自今以後、各随聞及、必可被触之、余人勿相伴、若不然者、是同意人也、彼過如作者、不能嗔同法恨師匠、自業自得之理、只在已心而已、是故今日催四方行人、集一室告命、僅雖有風聞、慥不知誰人失、據于沙汰、愁歎送年序、非可黙止、先随力及、所廻禁遏之計也、仍録其趣、示門葉等之状如件、

元久元年十一月七日　　沙門源空（花押）

1 信空
2 感聖
3 尊西
4 証空
5 源智
6 行西
7 聖蓮
8 見仏
9 導亘
10 導西 十人
11 寂西
12 宗慶
13 西縁
14 親蓮
15 幸西
16 住蓮
17 西意
18 仏心
19 源蓮（裏書）「信願房」
20 源雲 廿
21 欣蓮
22 生阿弥陀仏
23 欣西
24 西縁
25 安照
26 如進
27 導空
28 昌西
29 導也
30 遵西 卅
31 義蓮
32 安蓮
33 導源
34 証阿弥陀仏
35 念西
36 行西
37 行首
38 尊浄
39 帰西
40 行空 四十
41 導感
42 西観
43 覚成
44 禅忍
45 学西
46 玄曜
47 澄西
48 大阿
49 西住
50 実光 五十
51 覚妙
52 西入
53 円智
54 導衆
55 尊仏
56 蓮恵
57 源海
58 蓮恵
59 安西
60 教芳 六十

61念西
62安西
63詣西
64神円
65弁西
66空仁
67示蓮
68念生
69尊忍
70参西 七十
71仰善
72忍西
73好阿弥陀仏
74鏡西
75昌西
76惟西
77好西
78禅寂
79戒心
80了西

同八日追加人々

81僧尊蓮 八十
82僧仙雲
83僧顕願
84僧仏真
85僧西尊
86僧良信
87僧綽空
88僧善蓮
89蓮生
90度阿弥陀仏
91阿日 九十
92静西
93成願
94自阿弥陀仏
95覚信
96念空
97正蓮
98向西
99親西
100実蓮（裏書）「大夫屬入道本名定綱」
101観然〻 然 百人
102蓮智
103実念
104長西
105信西
106寂明
107行西
108恵忍
109円空
110観阿弥陀仏
111蓮慶 百十人
112浄阿弥陀仏
113観尊
114具慶
115蓮慶
116蓮仏
117進西
118正念
119持乗
120覚弁
121蓮定 百二十人
122導匠
123深心

124 往西
125 観尊
126 一円
127 実蓮
128 白毫
129 正観（裏書）「正観房北野」
130 有西（裏書）「伊与国喜多郡
蓮観房」
131 上信百卅人
132 定阿弥陀仏
133 念仏
134 観阿弥陀仏
135 蓮仁
136 蓮西
137 徳阿弥陀仏
138 自阿弥陀仏
139 持阿弥陀仏
140 西仏
141 空阿弥陀仏百四十人

九日

142 覚勝
143 西仏
144 慶俊
145 信西
146 進西
147 源也
148 雲西
149 実念
150 心光
151 西源百五十人
152 応念
153 惟阿
154 源西
155 行願
156 信恵
157 忍西
158 寂因
159 安西
160 仏心
161 心蓮百六十人
162 観源
163 聖西
164 蓮寂
165 智円
166 参西
167 永尊
168 空寂
169 願蓮
170 証西
171 西念百七十人
172 戒蓮
173 専念
174 法阿弥陀仏
175 西阿
176 西法
177 西念
178 西忍
179 幸西
180 成蓮
181 実念百八十人
182 西教（花押）
183 僧慶宴
184 沙門感善
185 有実

186 浄心
187 立西
188 唯阿弥陀仏
189 行西
190 向西

つづいて、『指南抄』『漢語灯録』（千葉県市川市善照寺所蔵恵空本、以下同じ）各所収本を載せる。（署名部分を除く本文について、二尊院本を底本に、それぞれ異同と見られる箇所は括弧で囲み、挿入箇所には傍線、削除箇所には点線を付す）

『指南抄』中巻末(3)所収本

一、普告《アマネクツケタマハクニ》三（于）二予門人《ワカモンニン》念仏上人等《トウ》一、
可《ヘキ》下下停《チヤウシスイマタウカヽハ》下止未《ス》三窺二一句文《ノヲ》一、奉《タテマツルコトヲハシ》中中破二真言・止観《ヲ》一、
謗《ハウシヨ》中余仏《フチ》・菩薩《ホサチヲコト》上事、
右至《イタテリフ》三立二破《ハスルニ》道《ヲ》一者《ハ》、学生《カクシヤウ》之《ノ》所《トコロフル》二経一也、非《アラスク》二愚人之《ニンノ》
境界《キヤウカイニ》一、加之《シカノミナラスヒ》誹謗正法《ハウシヤウホフ》、免《メン》二除《チヨセラレタリミ》弥陀願《タクワンニソノホウ》一、其報
当《マサニタスヘシ》三堕二那落《ナラクニ》一、豈非《アニアラスチ》二癡闇之至《アムノイタリニヤ》一哉、
一、可《ヘキ》下下停下止《チヤウシスモテ》以二無智身《ムチノミヲ》一対《ムカヒウチノニ》二有智人一、遇《アフテヘチキヤウノトモカラニ》二別行輩一
好《コノミテイタスコトヲシヤウロンヲ》致中諍論上事、
右論義者《ミキロンキハ》、是智者之有也《コレチシヤノウナリ》、更非《サラニアラスク》二愚人之分《ニンノフンニ》一、又諍《マタシヤウ》
論之處《ロンノトコロハモロ〳〵ノ》諸煩悩起《ホムナウオコル》、智者《チシヤ》遠離《オンリスルコトコレヲヒヤクユ》之二百由旬《シユン》
也《ナリ》、況《イハムヤオイテヲ》於二一向念仏之行人《キヤウニンニヤ》一乎、

恵空本『漢語灯録』巻第十所収本

普告《クク》下号《スルカ》二予門人《ト》二之念仏《ノ》上人等《ニ》上、
一、可《ツ》レ停下止未《ス》レ窺二一句文《ノ》章《ヲモ》一、奉《リ》レ破二真言・止観《ヲ》一、
謗《スルコトヲ》中余《ノ》仏・菩薩《ヲ》上事、
右至《テハ》二立破道《ノ》一者《ニ》、是学《レ》（匠）之所レ経《ル》也、非二愚人《ノ》之境
界《ニ》一矣、加一之誹《ス》謗正法《ハ》、既除《リ》二弥陀《ノ》本願《ニ》一、其《ノ》報当《ニ》レ堕二
那落《ニ》一、豈《ニ》非《スヤ》二癡闇《ノ》之至《リニ》一哉、
一、可レ停下止以《テ》二無智《ノ》身一対《シ》二有智《ノ》人《ニ》一、遇《テ》二別行《ノ》輩《ニ》一好《テ》致《コトヲ》中
諍論上事、
右論義者《ハ》、是《レ》智一者之有也、更《ニ》非二愚人《ノ》之分《ニ》一矣、又諍
論《ノ》之処《ニハ》、諸《ノ》煩悩起《ル》、智者《ハ》遠二離《コトヲ》之一百由旬也、況《ヤ》於《ヲヤ》二一
向念仏《ノ》行人《ニ》一乎、

一、可《ヘキ》二停《チヤウ》下下止《シス》一対《ムカフテ》二 別解別行《ヘチケヘチキヤウノ》 人《ニ》一、以《モテ》二愚癡偏執《クチヘンシフノ》 心《コヽロヲ》一、
(僃)《イソコトヲマサニ》下 当《ヘシト》中中 弃《キ》二置本業《チシホンコフヲ》一、強嫌《シキテケム》中喧《キラヒキラフ》 之《クワンスコレヲコト》上事、
右修道之習《ミキシユタウノナラヒ》、……各《オノ〱》 勤《ツトムルニ》…… 敢《アエテス》 不三遮《シヤセヨ》二余行《キヤウヲサイハウ》一、西方
要決《エウクエチニイハク》 云、別解別行《ヘチケヘチキヤウハ》 者、惣《スヘテオコセキヤウシムヲモシシヤウセハキヤウ》 起二敬 心一、若生二 軽
慢《マンヲ》一、得《エムコトツミヲナシトキワマリ》二 罪一無二窮一 云云、何 背《ナンソソムカムコノセイヲヤ》二 此制一哉、

一、可《ヘキ》下下停《チヤウ》中中止《シスオイテ》於二念仏門《モンニカウシテナシトカイキヤウ》一号三 無二戒行一、専《モハラス、メイム》 勧二婬 酒《シユ》
食《シヨクニクヲタマ〱》 肉、適 守《マモルリチキヲ》二律儀一者 名《モノヲナツクサフキヤウト……》二雑行一　、 馮《タノムミ》二弥陀本願《タノホ［ン］□クワンヲ》一
者《モノ》、説 勿《トイテナカレトイフコトヲオソル、コトサウアクヲ》中 恐上上 造悪上事、
右戒《ミキカイ》ハ是《コレ》仏法ノ大地《タイチ》也、衆行《シユキヤウ》雖《イエトモ》二（ 區《マチ〱ナリトオナシクモハラス》一 同 専二
之《コレヲ》一、是 以善導和尚《コレヲモテセンタウクワシヤウアケテメヲ》 挙二目一不《ス》三見《ミ》二女人《ニヨニンヲ》一、此行状《コノキヤウシヤウ》 之
趣《オモムキスキタリホンリチセイシヤウコフノ》 過二 本律制 浄業之類《タクヒニス》一、不三順《シユンセコレニハ》二 之一者、惣 失《スヘテワスレタリ》二
如来之遺教《ニヨライノユイケウヲ》一、別《ヘチシテハソムクソシノ》 背二祖師之旧跡《キウセキニ》一、旁《カタ〱ナキ》 無二拠《ヨルトコロモノ》一 者
歟《カ》ト、

一、可《ヘキ》下下停《チヤウ》下止《シスイマタワキマヘセ》未三弁二 是非《ヒヲ》一癡人《チニン》、 離《ハナレシヤウケウヲアラス》二聖 教一非《シ》二師説《セチニ》一、
(恐)《オソラクハシユチシワタクシノキヲ》 述二 私《ス》 義一、妄《ミタリニクワタテシヤウロンヲ》 企《クワタテ》二 諍 論一、被《ル》三咲《ワラハチ》二智者《シヤニ》一、迷《メイ》中

一、可レ停下止対メ二……別一行人ノニ一、以二愚癡偏執ノ心ヲ一、称メレ当ト
レ棄二置ク本業ヲ一、強ニ嫌中(喧)一ヲ之ヲ上事、
右修道ノ之習ヒ、只各〱勤テ二自行ヲ一、敢テ不レ遮二余行ヲ一、西方要
決ニ云、別解別行ノ者ニハ、惣メ起スヘシ二敬心ヲ一、若シ生セハ二軽慢ヲ一、得コレ罪ヲ
無レ窮ト云(云)、何ソ背ン二此ノ制ヲ一哉、加一之ス善導和尚大ニ呵シ下フレ之ヲ、
未レ知二祖師ノ之誡ヲ一、愚闇ノ之弥〱甚キ也、

一、可停下止於テ二念仏門ニ一号メレ無ント二戒行一、専ラ勧メ二婬酒食肉ヲ一、
適〱守ル二律儀ヲ一者ヲハ名テ二雑行ノ人ト一、馮ム二弥陀ノ本願ヲ一者、説ノハレ勿コヲレト
恐コ二造悪ヲ上事、
右戒ハ是仏法ノ大地也、衆行雖レ區ク同専レ之ヲ、是以善導和
尚挙ハレ目ヲ不レ見二女人ヲ一、此ノ行状之趣過タリ二本律制ノ一ニモ、浄業ノ之
類ヒ不ンハレ順レ之ニ者、惣メ失ハシ二如来之遺教ヲ一、別メハ背ケリ二祖師之旧一
跡ニ、旁〱無レ拠者ノ歟、

一、可レ停下止未ルレ弁二是非ヲ一癡人、離レ二聖教ヲ一非ス二師説ニ一、恣ニ
述ヘ二私ノ義ヲ一、妄リニ企テ二諍論ヲ一、被ハレ咲二智者ニ一、迷中乱スルコヲ愚人ヲ上事、
右無智ノ大天此ノ朝ニ再誕メ、猥リニ述フ二邪義ヲ一、既ニ同ス二九十六種ノ異

乱《ランスルコトヲク》　愚人《ニンヲコト》上事、
右無《ミキム》智大天此朝再誕《チノタイテンコノテウニサイタムシテ》、猥《ミタリカワシク》　述《シユチス》二　邪義《シヤキヲ》一、既《ステニ》　同《トウシ》二九
十（五）種《シユノイ》　異道《タウニ》一、尤可《モトモヘシ》三悲《カナシムコレヲ》二　之一、
一、可《ヘキ》下停《チヤウシスモテ》下止以二癡鈍《チトンノミヲ》　身一殊《コトニコノミシヤウタウヲ》　好二唱　導一、不《スシテシラ》三知二正　法《シヤウホフヲ》一
説《トキテシユ》二種（種《シユノ》）邪法《シヤホフヲ》一、教《ケウ》中化《クエスルコトヲム》　無智道俗《チノタウソクヲコト》上事、
右無《ナクシテサトリナルハシト》　解作二　師一、是梵網《コレホムマウノ》之制戒《セイカイ》也、黒闇《コクアムノ》之　類　欲《タクヒオモフテ》三
顕《アラワサムトオノレカサイヲ》二　己　才一、以二浄《モテシシヤウトノケウヲシテ》　土教一為二芸能《ケイノウト》一、貪《トムシミヤウリヲ》二名　利一望《ノソム》二
擅越《タンオチヲ》一、（恐《オソラクハナシテシ》）成二自由《ユノ》之妄説《マウセチヲ》一、（狂《ワウ》）二惑《ワクセムセ》　世間《ケンノ》　人《ヲ》一、誑《ワウ》
法《ホフノ》之過殊《トカコトニオモシ》　重、是輩《コノトモカラハアラスコタソクニヤ》　非二国賊《クニノヌスヒト、イフ》一乎、
一、可《ヘキ》下停《チヤウシスミツカラトキテアラサルフチケウニシヤホフヲ》下止　自　説四非二　仏教一邪法《シ》三為二正法《シヤウホフトイツワリテ》一、偽
号《カウスルコトヲシ》中　師範《ハンノセチトコト》　説上事、
右各《ミキオノ〱イエトモ》　雖二　一人一、説《ナリトトク》下所《トコロツメル》二積一　為《タメナリトワカ》中　予一身《ノ》上、衆悪《シユアクヲシテ》
汚《ケカス》二弥陀教文《タノケウモンヲ》一、揚《アク》二師《シ》匠《シヤウノ》　之悪《アクミ□□ヲフ〔ヤウ〕》　名、不善《センノ》之甚《ハナハタシキコトナキ》　無三
過《スキタルコトコレニモノナリ》二　之一者也、
以《イ》前《セン》七箇《カ》条甄録《テウケンロクコトシカクノ》如二斯一、一分学《キチフンマナハムケウモンヲテ》二　教文一弟子《シ》等《ラ》者《ハ》頗《スコフルシリテ》　知二
旨趣《シシユヲ》一、年来《ネンライ》之間《アヒタイエトモシユスト》　雖三　修二　念仏《ヲ》一随《スイ》二順《シユンシテシヤウケウニアエテス》　聖　教一、敢　不三

道《ニ》一、尤可レ悲《ム》レ之《ヲ》、
一、可レ停下止以二癡鈍身《ノ》一殊《ニ》好《ミ》二唱導《ヲ》一、不レ知二正法《ヲ》一説《テ》二
種々《ノ》邪法《ヲ》一、教中化《ヿヲ》無-智《ノ》道俗《ヲ》上事、
右無《メ》レ解《ヿハ》作レ師《ト》者、是梵網之制戒也、黒闇之類《ヒ》欲レ顕《ソト》二
己《カ》才《ヲ》一、以二浄土《ノ》教《ヲ》一為二芸能《ト》一、貪二名利《ヲ》一望《ミ》二檀越《ヲ》一、恣《ニ》成《ノ》二
自由之妄説《ヲ》一、誑《ス》二惑世間《ノ》人《ヲ》一、誑-法《ノ》之過殊《ニ》重《シ》、是寧《ロ》非《スヤ》二
国賊《ニ》一乎、
一、可レ停下止自《ミ》説《テル》下非《ニ》二仏教一邪法《ヲ》上為二正法《ト》一、偽《テ》号《ヿヲ》中師範《ノ》
説《也ト》上事、
右各雖二一人《ノ》説《ト》一、所《ロ》レ積《ル》為二予《タリカ》一身《ノ》衆悪一、汚《シ》二弥陀《ノ》教文《ヲ》一、
揚《ク》二師匠之悪名《ヲ》一、不善《ノ》之甚《ヿキ》無レ過《タルハ》レ之《ニ》者也、
以《ノ》前七（ケ）条甄《ケン》録如《シ》レ斯、一分《モ》学《セン》二教文《ヲ》一、弟子等者《ハ》頗《ル》
知《レ》二旨趣《ヲ》一、年来《ノ》之間雖レ修《メ》二念仏《ヲ》一随二順聖教《ニ》一、敢《テ》不レ逆《サカヘ》二人
心《ニ》一無レ驚《シヿ》二世聴《ヲ》一、因《テ》レ茲《レニ》于今《ニ》十（ケ）年、無為《ニ》渉《ヌル》二日
月《ヲ》一、而《ニ》至《テ》二近（年）《ニ》一此《ノ》十ケ年《ヨリ》以後、無智不善輩《ノ》時-々到
来《ス》、非《スタヽ》三啻《ノミニ》失二弥陀《ノ》浄業《ヲ》一、又汚《ス》二穢釈迦之遺法《ヲ》一、何不《ンヤ》
レ加《ヘ》二（炳）誡《ヲ》一乎、此《ノ》七ケ条《ノ》（外）、不-当之（聞）《ヘ》巨-細《ノ》

逆㆓人心㆒無㆔驚《タカハニンシムニナカレオトロカスコトヨ》㆓世聴《キコヘヲ》㆒、因㆓茲《ヨテコレニ》㆒于㆓今《イマ》㆒三十箇《カ》年無為《ネンフキナリ》、渉㆓日月《ワタリシチクエチヲテ》㆒而至㆓近(王)《イタルマテチカキワウニ》㆒、此《コノ》十(箇《カ》)年以後《ネンヨリイコ》、無智不《ムチフ》善輩《センノトモカラ》時(時)〱《トキ》到来《タウライス》、非㆔啻失《アラスタヽシチスルノミニ》㆓弥陀浄業《ノシヤウコフヲ》㆒、又汚《ワ》㆓穢釈迦遺法《ヱスシヤカノユイホフヲ》㆒、何不㆔加㆓炯誡《ナンソサラムクワヘキヤウカイヲヤ》㆒乎、此七《コノシチ》(箇《カ》)条《テウ》之内《ウチ》、不《フ》当之間《タウノアヒタコ》巨細《サイシ》事等《ラ》多、具難㆓(註)述《オホシツフサニカタシチユシユチシスヘテコトキカクノ》㆒、惣如㆓此《ラ》㆒等之《ノ》無《ム》方《ハウ》、慎《ツヽシンテス》不㆔可㆓犯《ヘカラオカス》㆒、此上猶背㆓制法㆒輩《コノウヘナホソムクセイヘフヲトモカラハ》者、是非㆓予《コレアラスヨカ》門人《モンニンニ》㆒、魔眷属《マノクヱンソク》也、更《サラニス》不㆕可㆔来㆓草庵《ヘカラキタルサウアムニ》㆒、自《シ》今以後《コムイコ》、各〱《オノ〱》随《シタカフテ》㆓聞及《キヽオヨ□□□》㆒（ハムニ）、必可㆕被㆔触㆓之《ヘシラルフレコレヲ》㆒、余人勿㆓相伴《ヨニンナカレアヒトモナウコトモシス》㆒、若不㆓然《シカラ》㆒者、是同意人《コレトウイノヒト》也、彼過如《カノトカコトキノナス》㆓作㆒者《モノハス》、不㆘能《アタハ》㆘(瞋《イカリ》)㆓同《トウ》法㆒恨《ホフヲウラムルコトシ》㆗師匠《シヤウヲシ》㆖、自業《コフシ》自得之《トウノ》理《コトワリ》、只在《タヽアリ》㆓己《オノレカ》(身《ミニ》)㆒而已《ナラクノミト》、是故今日催《コノユヘニコムニチモヨオシテ》㆓四方行人《ハウノキヤウニンヲ》㆒、集《□□□》（アツメ）㆓一室㆒告命《キチシチニカウミヤウスラクワスカニ》、僅雖《イヱトモ》㆔有㆓風聞《アリトフフン》㆒、(慥《タシカニス》)不㆔知《シラ》㆓誰人失《タレノヒトノトカト》㆒、拠㆔于《ヨテニ》㆓沙汰《サタ》㆒愁《シウ》歎《タンス》、(遂《オクル》)㆓年序㆒非㆔可㆓黙止《ネンシヨヲアラスヘキニモタス》㆒、先随㆓力及㆒、所㆔廻《マツシタカフテチカラノオヨフニトコロメクラス》㆓禁遏之計《キムアチノハカリコトヲ》㆒也、仍録㆓其趣㆒、示㆓門葉等《ヨテロクシテソノオモムキヲシメスモンエフラニ》㆒之状如《シヤウコトシ》㆓件《クタンノ》㆒、

元久元年《クヱンキウクワンネン》十一月七日　沙門源空

事等雖㆑多具難《ニ》㆓(註)《シ》㆒述㆒、惣《メ》如㆑此等之《ノ》無㆒方《ハ》、慎《テ》不㆑可㆑犯《ス》、此上《ノ》猶背㆓制法《ニ》㆒之輩者《ハ》、(非《ス》㆓是《レ》)予《カ》門人《ニ》㆒、魔眷《ノ》属也、更《ニ》不㆑可㆑来㆓草庵《ニ》㆒、自今以後、各《ノ》随《テ》㆓聞及《ニ》㆒、必可㆑被㆑触㆓之《ヲ》余人《ニ》㆒勿《レ》㆓相伴《コト》㆒、若《シ》不㆑然者、是同意《ノ》人也、彼過《ノトカ》如《シ》㆓作《スノ》者㆒、不《レ》㆑能㆘嗔《リ》㆓同法《ヲ》㆒恨《コ》㆗師匠《ヲ》㆖、自業自得之理《リ》、只在㆓己《カ》心《ニノミ》㆒而已、是故今日催《ノ》㆓(西)方《ノ》行人《ヲ》㆒、集《メテ》㆓一室《ニ》㆒告命《ス》、僅雖《ニ》㆑有㆓風聞《ニ》㆒、(慫)《ニ》不《レハ》㆑知㆓誰人《ノトフ》㆒失《ヲ》㆑拠㆓于沙汰《スルニ》㆒、愁《ノ》(嘆)送《ル》㆓年序《ヲ》㆒、非《レハキニ》㆑可㆓黙止《ス》㆒、先随《ツテ》㆓力及《ノフニ》㆒、所《ラス》㆑(回)㆓禁遏之《ノ》計《コヲ》㆒也、仍録《ノ》㆓其趣《ノヲ》㆒、示《ス》㆓門葉等㆒之状如㆑件㆒、

元久元年甲午十一月七日　沙門源空御判

信空法蓮房　感聖定生房　尊西相縁房
証空善恵房　源智勢観房　行西
聖蓮　見仏大和入道　道亘玄教房
道西敬光房（導イ）　寂西真阿弥陀仏　宗慶
西縁兵衛入道　親蓮性善房　幸西成覚房
住蓮　西意善寂房　仏心
源蓮信願房　源雲　欣西唯願房

信空《シンク》　感聖《カム》　尊西　証空《ショウク》
源智《クエンチ》　行西　聖蓮　見仏《ケンフチ》
導亘《タウクワン》　導西　寂西《シャクセイ》　宗慶《ソウケイ》
西縁　親蓮《シンレン》　幸西《カウセイ》　住蓮《チュレン》
西意《サイイ》　仏心　源蓮　蓮生《レンセイ》
善信　行空　已上

已上二百余人連署《レンショ》了、

生阿弥陀仏　安照　如進
導空　昌西道也　遵西安楽房
義蓮　安蓮如願房　道源
証阿弥陀仏　念西　行首
尊浄　帰西　行空法本房
道感　西観　尊成
禅忍　学西　玄耀
澄西　大阿　西住
実光　覚妙　西入
円智　導衆心性房　尊仏
蓮恵証法房　源海　安西
教芳　詣西　祥円
弁西　空仁　示蓮
念生　尊蓮　尊忍
参西　仰善　忍西
住阿弥陀仏　鏡西　仙空
惟西　好西　祥寂

戒心　顕願　仏真
西尊　良信　綽空禅本
善蓮　蓮生法力熊谷　阿日
静西　度阿弥陀仏　成願
覚信尊性房　自阿弥陀仏　願西
私云、執筆法蓮房也、右大弁行隆息也、

この原本である二尊院本と『指南抄』『漢語灯録』といった遺文集所収本とは、その史料的性格からしてかなり直接的に関係しているものと思われるがどうであろうか。

二尊院本と『指南抄』所収本との相違点については後にも述べるところであるが[4]、まず、本文第一条の起筆である「一」を題目ともいうべき冒頭のうえに記しており、さらにその題目に「于」の一字を挿入しているが、これらは意味からして『指南抄』のほうの誤謬であると考えられる。そして、『指南抄』に付されている音訓点による読みに少しく相違する箇所があるものの、字句の異同は全体的に言って若干に過ぎず内容にまで及ぶようなものではない。しかし、第三条の二尊院本に「只各勤自行」とある部分が、『指南抄』所収本では「各勤」とだけなっており、また同じく第三条には『指南抄』本に「加之善導和尚大呵之、未知祖師之誡、愚闇之弥甚也」（二尊院本）の二一字が欠けている点は、重要な相違箇所としてあげられる。

また、『指南抄』本の署名のほうを見ると二二名を記すにとどまり、「已上二百余人連署了」と省略している。これも一九番目源蓮までは間違いなく二尊院本と一致しており、このあと蓮生（熊谷直実）、善信（親鸞）、行空（法本房）の三人の署名が繰り上げられて記されている。これについては、恐らく親鸞が筆写の際に親交の深い者と自分の署名を意図的に操作して記したためであろうと推測され[5]、『指南抄』本の欠落箇所にはある共通性を認めることができる。『指南抄』本の記述はこうした一貫した現象を除けばほぼ二尊院本の記述に近く、むしろ『指南抄』の編者は何らかの形で、この原本かあるいは同系列の写本等を参考にしたものと言える。

二尊院本と恵空本『漢語灯録』所収本の相違点についてはすでに充分に考証しているところであり[6]、ただ一箇所日付に「甲午」なる間違った干支を宛てているのは疑問と言えるものの、本文において二十余箇所を指摘できる字句の異同は、そのすべてが転写伝来の際に生じた誤りの類と言えるものである。『漢語灯録』本の署名は八七名にとどまりあとは省略しているが、その二〇番目源雲まではまったく一致し、これ以降は若干の異同・脱漏を見ながらもおおむね同様に途中まで書写しているわけである。そして「私云、執筆法蓮房也、右大弁行隆息也」との註記を添えて終わっている。百名余りの署名をどの時点でなぜ省略したのかもっとも疑問とするところであるが[7]、本文の照合の結果や署名前半部の状態からすれば、二尊院本の体裁をよく伝えている記述であると評価してよい。

ところで、前記各種法然伝所載本について各記述をつぎに表示して見ることにする。（署名の連記の仕方は諸本により異なるが、便宜上一様に二列に記す）

〔各種法然伝所載「七箇条制誡」対照表（甲）〕

①『四巻伝』[8]第二所載本	②『高田本』[9]下巻所載本	③『弘願本』[10]巻三所載本
土御門中院御宇元久元年甲子十一月七日普	七箇条の起請文	普告于予門人念仏上人等、

告二門人一七箇条の起請文云、取レ要略之、

一、一句文をうかゝはすして、真言・止観を破する事、

二、無智身をもて物を論する事、

一、あまねく予か門人の念仏上人等に告玉はく、いまた一句の文をうかゝはす、真言・止観を破し、余仏・菩薩を謗したてまつる事を停止すへき事、

右道を立破するにいたつては、学生のふるところ也、愚人の境界にあらす、しかのみならす誹謗正法は、弥陀の願に免除せられたり、その報まさに那落に堕すへし、豈癡闇のいたりにあらすや、

一、無智の身をもて有智の人にむかひ、別行のともからにあふて、このみて諍論を致すことを停止すへき事、

右論義は智者の有なり、さらに愚人の分にあらす、又諍論のところ

一、可停止未窺一句文、奉破真言・止観、謗余仏・菩薩事、

右至立破道者、学生之所経也、非愚人之境界、加之誹謗正法、除却弥陀願、其報当堕那落、豈非癡闇之至哉、

一、可停止以無智身対有智人、遇別行輩好致諍論事、

右論義者、是智者之有也、更非愚人之分、諍論之処諸煩悩起、智者遠離之百由旬也、況於一向念仏之行人乎、

（四巻伝）

三、別解人と本業をすてゝ強嫌嗤
　事、

四、念仏に戒行なしと号して、専

（高田本）

にはもろ〱の煩悩起る、智者こ
れを遠離すること百由旬なり、い
はむや一向念仏の行人においてお
や、

一、別解別行の人にむかふて、愚
　癡偏執の心をもて、まさに本業
　を棄置し、しゐてこれを嫌喧す
　へしといふことを停止すへき事、
右修道のならひ、おの〱つとむ
るに、あえて余行を遮せす、西方
要決にいはく、別解別行のものに
は、すへて敬心をおこせ、もし軽
慢を生せは、つみをえむことき
まりなしと云云、何そこの制をそ
むかむや、

一、念仏門において戒行なしと号

（弘願本）

一、可停止対別解別行人、以愚癡
　偏執心、当奇置本業、強嫌之事、
右修道之習、各勤自行、敢不遮余
行、西方要決云、別解別行者、惣
起敬心、若生軽慢、得罪無窮、何
背此制乎、加之善導和尚大呵之、
未知祖師之誡、愚闇之弥甚也、

一、可停止於念仏門号無戒行、専

婬酒食肉をすゝめて、たま〳〵
律儀の人をは雑行と名て、弥陀
の本願には説勿恐造悪事、

五、癡人の聖教をはなれて、師説
にあらさる事をもて、智者に咲

して、専ら婬酒食肉をすゝめ、
たま〳〵律儀をまもるものを雑
行となつく、弥陀の本願をたの
むもの、説て造悪をおそるゝこ
となかれといふ事を停止すへき
事、

右戒はこれ仏法の大地なり、衆行
まち〳〵なりといえとも、おなし
くこれをもはらにす、これをもて
善導和尚めをあけて女人をみす、
この行状のおもむき本律の制浄業
のたくひにすきたり、これに順せ
すはすへて如来の遺教をわすれた
り、別しては祖師の旧跡にそむく、
かたかた拠なきもの歟、

一、是非をわきまへさる癡人、聖
教をはなれ師説にあらす、おそ

勧婬酒食肉、適守律儀者名雑行
人、憑弥陀本願者、説勿恐造悪
事、

右戒者是仏法大地也、衆行雖區同
専之、是以善導和尚挙目不見女人、
此行状趣過本律制、浄業之類不順
之者、惣失如来之遺教、別背祖師
之旧跡、旁無拠者歟、

一、可停止未弁是非癡人、離聖教
非師説、恐述私義、妄企諍論、

（四巻伝）

事、これは無智大天狗来て、猥く邪義述て、九十五種異道、尤可恐之、

六、癡鈍身をもて殊唱導を好て、正法を不知、種々邪法を説て、恣妄説を成て、世間人を誑惑し、過殊重、寧国賊にあらすや、

（高田本）

らくはわたしの義を述し、みたりに諍論をくわたて、智者にわらはれ、愚人を迷乱する事を停止すへき事、

右無智の大天魔この朝に再誕して、みたりかはしく邪義を述す、すてに九十五種の異道に同じ、もともこれをかなしむへし、

一、癡鈍のみをもてことに唱道〔導〕をこのみ、正法をしらすして種々の邪法をとき、無智の道俗を教化することを停止すへき事、

右さとりなくして師となるは、これ梵網の制戒なり、黒闇のたくひ、おのれか才をあらはさむとおもふて、浄土の教をもて芸能として、

（弘願本）

被咲智者、迷乱愚人事、

右無智大天狗此朝再誕、猥述邪義、既同九十五種異道、尤可悲之、

一、可停止以癡鈍身殊好唱導、不知正法説種々邪法、教化無智道俗事、

右無解作師、是梵網経之制戒也、黒闇之類欲顕己才、以浄土教為芸能、貪名利望檀越、恐成自由之妄説、誑惑世間人、誑法之過殊重、是輩非国賊乎、

七、右各雖一人説、所積為予一身衆悪、汚弥陀之教文、揚師匠之悪名、不善之甚、無過之者也、

以前起請如此、一文を学する弟子等、年来念仏を修といへとも、聖教にしたかふ故に、人の心よの聞

名利を貪し檀越をのそむ、おそらくは自由の妄説をなして、世間の人を誑惑せむ、誑法のとかことにおもし、このともからは国賊にあらすや、

一、みつから仏教にあらさる邪法をときて正法とし、師範の説と号する事を停止すへき事、

右おの〳〵一人なりといえとも、つめるところ予一身のためなりととく、衆悪をして弥陀の教文をけかし、師匠の悪名をあく、不善のはなはたしきこと、これにすきたる事なきもの也、

以前七箇条甄録かくのことし、一分も教文をまなはむ弟子等はすこふる旨趣を知りて、年来のあひた

一、可停止自説非仏教邪法為仏法、偽号師範説事、

右各雖一人説、所積為予一身衆悪、汚弥陀教文、揚師匠之悪名、不善之甚無過之者也、

以前七箇条甄録如斯、一分学教文弟子者頗知旨趣、年来之間雖修念仏随順聖教、敢不違人心無驚世聴、

（四巻伝）

をおとろかさす、近来不善のともから、たゝ弥陀の浄文をうしなふのみにあらす、兼は釈迦の遺法をけかす、何不加炳誡乎、猶背制法輩は、是非予門人、魔眷属也、更不可来草庵、自今以後、各随聞及、必被触之、余人勿相伴、若不然者、同意人也、彼過如作者文、其略之所詮大旨如此、

（高田本）

念仏を修すといえとも聖教に随順して、あえて人心にたかはす世聴をおとろかすことなかれ、これによていまに三十箇年、無為なり、日月をわたりて近王にいたるまて、この十箇年より以後、無智不善のともから時々到来す、たた弥陀の浄業を失するのみにあらす、又釈迦の遺法を汚穢す、何そ炯誡をくわへさらむや、この七箇条のうち、不当のあひた巨細の事等おほし、註述しかたし、すへてかくのことくきらの無方、つつしんておかすへからす、このうへなほ制法をそむくともからは、これ予《わか》門人にあらす、魔の眷属なり、さらに草庵に

（弘願文）

因茲于今三十箇年、無為渉日月而至近王、此十箇年以後、無知不善輩時々到来、非啻失弥陀浄業、汚穢釈迦遺教、何不加炯誡乎、此七箇条之内、不当之間巨細事等多具難註述、惣如此等之無方、慎不可犯、此上猶背制法輩者、是非予門人、魔眷属也、不可来草庵、自今以後、各随聞及、必可被触之、余人勿相伴、若不然者、是同意人也、彼過如作者、不能嗔同法恨師匠、自業自得之理、只在已身而已、是故今日催四方行人、集一室告命、僅雖有風聞、慥不知誰人失、拋于沙汰、愁歎遂年序、非可點〔黙〕止、先随力及、所迴禁遏之計也、仍録其

きたるへからす、自今以後、おの〱ききおよはむにしたかふて、かならすこれをふれらるへし、余人あひともなうことなかれ、もししからすは、これ同意の人なり、かのとかなすことときものは、同法をいかり師匠をうらむることあたはす、自業自得のことはり、たたおのれか身にありならくのみ、このゆへに、今日四方の行人をもよおして、一室にあつめて告命すらく、風聞ありといえとも、たしかにたれの人のとかとしらす、沙汰によて愁歎す、年序をおくる、ととめもたすへきにあらす、先ちからのおよふにしたかて、禁遏《アチ》のはかりことをめくらすところ也、よ

趣、示門葉等之状如件、

元久元年十一月七日

沙門源空

（高田本）

てそのおもむきを録して、門葉等
にしめす状如件、
元久元年十一月七日
沙門源空

見仏　聖蓮
行西《セイ》　源智
証空　尊西
感聖　善信
導亘　導西
寂西　西縁
幸西　西意
源蓮　行空
宗慶　親西
信蓮　仏心
蓮生

（弘願本）

源空上人
信空　感聖《セイ》
尊西《サイ》　証空
源智　行西
聖蓮　見仏
導亘《クワン》　導西
寂西　宗慶《ソウケイ》
西縁　親西
幸西　住蓮
西意　仏心
源蓮　蓮生
善信　行空
成覚房　三十三人

〔各種法然伝所載「七箇条制誡」対照表（乙）〕

已上二百余連署畢、

④『古徳伝』(11) 巻六所載本

七箇条起請文詞云、

普《ク》告《ク》二于予門人《ノ》念仏《ノ》上人等《ニ》一、

一、可レ停下止《ス》未レ窺《スシテ》二一句《ノ》文《ヲ》一、奉《リ》レ破《シ》二真言・止観《ヲ》一、謗《スルコトヲ》中余仏・菩薩《ヲ》上事、

右至二立破《ノ》道《ニ》一者、学生之所レ経也、非《ス》二愚人之境界《ニ》一、加レ之誹謗正法《ハ》、除二却《セリ》弥陀《ノ》願《ニ》一、其報当《ニ》《シ》レ堕《ス》二那落《ニ》一、豈非二癡闇之至《ニ》一乎、

一、可レ停下止《ス》以《テ》二無智《ノ》身《ヲ》一対《シ》二有智《ノ》人《ニ》一、遇《テ》二別行《ノ》輩《ニ》一好《テ》致《スコトヲ》中 諍論《ヲ》上事、

右論義者、是智者之有也、更非《ス》二愚人之分《ニ》一、又諍論之処《ニハ》諸煩《ノ》悩起《ル》、智者遠二離《スルコト》之《ヲ》一百由旬也、況於二一向

⑤『九巻伝』(12) 巻第五上所載本

教二誡念仏門輩一七箇条起請、

普告下号二予門人一念仏上人等上、

一、可レ停下止未レ窺二一句文一、破二真言・止観一、謗中余仏・菩薩上事、

右至二立破道一者、学生所レ経也、非二愚人之境界一、加レ之誹謗正法、既除二弥陀願一、其報当レ堕二那落一、豈非二癡闇之至一哉、

一、可レ停下止以二無智身一対二有智人一、遇二別行輩一好致中諍論上事、

右論議者、是智者之有也、更非二愚人之分一、又諍論之処諸煩悩起、智者遠レ之百由旬也、況於二一向念

⑥『四十八巻伝』(13) 第三一巻所載本

あまねく予か門人念仏の上人につく、

一、いまた一句の文義をうかゝはすして、真言・止観を破し、余の仏・菩薩を謗することを停止すへき事、

一、無智の身をもちて有智の人に対し、別解別行の輩にあひて、このみて諍論をいたす事を停止すへき事、

（古徳伝）

念仏之行人ニ二乎、
一、可レ停下止ス対シテ二別解別行ノ人ニ一、以テ二
愚癡偏執ノ心ヲ一、称イフコトヲレ当ニヘシト中棄二置シ本
業ヲ一、強テ嫌レ之ヲ事、
右修道之習、各勤ルニ二自行ヲ一、敢テ不スレ遮セ二
余行ヲ一、西方要決ニ云、別解別行ノ者ニハ一、
総シテ起セ二敬心ヲ一、若シ生スレハ二軽慢ヲ一、得コトヲレ罪ト無
レ窮云云、何ソ背二此制ヲ一乎、加レ之善導
和尚大ニ呵シ玉ヘリレ之ヲ、未レ知二祖師之誡ヲ一、
愚闇之弥甚也、
一、可六停五止ス於テ二念仏ノ門ニ一号シテレ無ト二戒
行一、専勧二婬酒食肉ヲ一、適守ル二律儀ヲ一
者ヲハ名テ二雑行ノ人ト一、憑二弥陀ノ本願ヲ一者、
説コトヲ四勿レト三恐コト二造悪ヲ一事、
右戒者是仏法ノ大地也、衆行雖レ區ナリト
同ク専スレ之ヲ、是以善導和尚挙テレ目ヲ不レ見二

（九巻伝）

仏行人二乎、
一、可レ停下止対二別解別行人一、以二
愚癡偏執心一、称レ可レ棄二置本業一、
強嫌嗤ヿ之事、
右修道之習、各勤二自行一、不レ遮二余
行一、西方要決云、別解別行者、惣
起二敬心一、若生二軽慢一、得レ罪無レ窮
云云、何背二此制教一哉、加レ之善導
和尚大呵レ之、未レ知二祖師之誡一、愚
闇之甚也、
一、可レ停下止於二念仏門一号レ無二戒
行一、専勧二婬酒食肉一、適守二律儀一
者嫌名二雑行人一、憑二弥陀本願一、
説ヿ勿レ恐二造悪一事、
右戒是仏法大事也、衆行雖レ區同
専レ之、是以善導和尚挙レ目不レ見二

（四十八巻伝）

一、別解別行の人に対して、愚癡
偏執の心をもちて、本業を棄置
せよと称して、あなかちこれを
きらひわらふ事を停止すへき事、

一、念仏門にをきては戒行なしと
号して、もはら婬酒食肉をすゝ
め、たまたま律義〔儀〕をまもるをは
雑行人となつけて、弥陀の本願
を憑ものは、造悪をおそるゝこ
となかれといふ事を停止すへき

女人《ヲ》一、此行状之趣、過《タリ》二本律制《ノ》浄業
之類《ニ》一、不レ順レ之《ニ》者、総《シテハ》失《シ》二如来之
遺教《ヲ》一、別《シテ》背《ク》二祖師之旧跡《ヲ》一、旁無レ拠
者歟、
一、可レ停下止《ス》未レ弁二是非《ヲ》一癡人、
離《レ》二聖教《ヲ》一非《スシテ》二師説《ニ》一、恣述《ヘ》二私《ノ》義《ヲ》一、
妄《ニ》企《テ》二諍論《ヲ》一、被レ咲《レ》二智者《ニ》一、迷中乱《スルコトヲ》
愚人《ヲ》上事、
右無智《ノ》大天狗此朝《ニ》再誕《シテ》、猥《シク》述《フ》二邪
義《ヲ》一、既同《ニ》二九十五種《ノ》異道《ニ》一、尤可レ悲
レ之《ヲ》、
一、可レ停下止《ス》以《テ》二癡鈍《ノ》身《ヲ》一殊《ニ》好《ト》二唱
導《ヲ》一、不レ知二正法《ヲ》一説《テ》二種々《ノ》邪法《ヲ》一、
教中化《スルコトヲ》無智《ノ》道俗《ヲ》上事、
右無《シテ》レ解作《ルハ》レ師《ト》、是梵網之制戒也、
愚闇之類欲《シテ》レ顕《ント》二己才《ヲ》一、以《テ》二浄土《ノ》教《ヲ》一
為《シテ》二芸能《ト》一、貪《リ》二名利《ヲ》一望《ム》二檀越《ヲ》一、恐《クハ》

女人一、此行状之趣過二本律制一、浄業
類不レ順レ之者、惣失二如来遺教一、別
背二祖師旧跡一、無レ所レ拠者歟、
一、可レ停下止未レ弁二是非一癡人、
離二聖教一背二師説一、恣述二私義一、
妄企二諍論一、被レ咲二智者一、迷中乱
愚人上事、
右無智大天此朝再誕、猥述二邪義一、
更以似二九十五種異道一、尤可二悲歎一
也、
一、可レ停下止以二癡鈍身一殊好二唱
導一、不レ知二正法一説二種々邪法一、
教中化無知道俗上事、
右無レ解作レ師、是梵網之制戒也、
愚闇之類欲レ顕二己才一、以二浄土教一
為二其芸能一、貪二名利一望二檀越一、恣

こと、

一、いまた是非をわきまへさる癡人、聖教をはなれ師説をそむきて、ほしきまゝに私の義をのへ、みたりに諍論をくはたてゝ、智者にわらはれ、愚人を迷乱する事を停止すへき事、

一、愚鈍の身をもてことに唱導をこのみ、正法をしらす種々の邪法をときて、無智の道俗を教化する事を停止すへき事、

（古徳伝）

成《シテ》二自由之妄説《ヲ》一、誑二惑《スルコトヲ》　世間《ノ》人《ヲ》一、
誑法之過殊《ニ》重《シ》、是輩非二国賊《ニ》一乎、
一、可レ停丙止自《スミ》説《テ》下非《サル》二仏教《ニ》一邪法《ヲ》上
為《シ》二仏法《ト》一、偽《テ》号《スルコトヲ》乙　師範《ノ》説《ト》甲事、
右各雖二一人説《ナリト》一、所レ積為《タリ》二予《カ》一身《ノ》
衆悪一、汚二弥陀《ノ》教文《ヲ》一、揚《ク》二師匠之悪
名《ヲ》一、不善之甚《コト》　無レ過《ルハ》レ之《ニ》者也、
以前七箇条甄録如《シ》レ斯《ノ》、一分学《スル》二教
文《ヲ》一弟子等者頗知《テ》二旨趣一、年来之間
雖レ修《スト》二念仏《ヲ》一随三順《シテ》　聖教《ニ》一、敢《テ》不レ逆《ハ》二
人心《ニ》一無《シ》レ驚《コト》二世聴《ヲ》一、因レ茲于レ今三十
箇年、無為《ニシテ》渉《ル》二日月《ヲ》一、而至《テ》二近年《ニ》一此
十ケ年以後、無智不善《ノ》輩時々到来《ス》、
非《ス》三啻失《スルノミニ》二　弥陀《ノ》浄業《ヲ》一、又汚二穢《ス》釈
迦《ノ》遺教《ヲ》一、何不レ加二炳誡《ヲ》一乎、此七箇
条之内、不当之間巨細《ノ》事等多《シ》、具《ニ》

（九巻伝）

成二自由之妄説一、誑二惑世間人一、誑
レ法之過殊重、寧非二国賊一乎、
一、可レ停下止自説乙非二仏教一邪法甲
為二正法一、偽号中師範説上事、
右各雖二一人説一、所レ積在二貧道一
身一、汚二弥陀教文一、揚二師匠之悪名一、
不善之甚豈過レ之哉、
以前七箇条教誡甄録如レ斯、学二一
分教文一弟子等者頗知二旨趣一、年来
之間雖修念仏随順聖教、不レ逆二人
心一無レ驚二世聴一、因レ茲今三十箇年、
無為渉二日月一、而至二近来一此十ケ
年以後、無智不善之輩時々到来、
非三啻失二弥陀浄業一、又汚二穢釈迦
遺法一、何不レ加二炳誡一乎、此七箇
条之内、非法所行、巨細事多具難二

（四十八巻伝）

一、みつから仏教にあらさる邪法
をときて、いつはりて師範の説
と号することを停止すへき事、

難《シ》二註述《シ》一総《シテ》如レ此等之無方、慎《テ》不
レ可レ犯《ス》、此上猶背《カン》二制法《ニ》一輩者、是
非《ス》二予門人《ニ》一、魔《ノ》眷属也、更《ニ》不レ可レ来二
草庵《ニ》一、自今以後、各随《テ》二聞及《ニ》一、必
可レ被レ触レ之《ヲ》、余人勿二相伴《コト》一、若《シ》不
レ然者、是同意人《ノ》也、彼過如レ作者、
不レ能下嗔《リ》二同法《ヲ》一恨《コト》中師匠《ヲ》上、自業自
得之理、只在《リ》二己《カ》身《ニ》一而已、是故今
日催《シテ》二四方《ノ》行人《ヲ》一、集《テ》二一室《ニ》一告命《ス》、
僅《ニ》雖レ有二風聞一、慥《ニ》不レ知二誰人《ノ》失《ト》一、
愁歎《シテ》逐《テ》二年序《ヲ》一、非《ス》レ可《ニ》二黙止《ス》一、先随《テ》二
力《ノ》及《ニ》一、所レ廻二禁遏之計《ヲ》一也、仍録《シテ》二
其趣《ヲ》一、示《ス》二門葉等《ニ》一之状如レ件、

元久元年十一月七日

沙門源空

源空聖人

信空　感聖

注述一、惣如レ此等之無方、慎不レ可
レ犯、此上猶背二制法一輩、是非二予
門人一、既魔眷属也、更不レ可レ来二草
庵一、自レ今以後、各随二聞及一、必可
レ被レ触レ之、余人勿二相伴一、若不レ然
者、是同意之人也、彼過如二作者一、
不レ能下嗔二同法一恨中師匠上、自業自
得理、只在二己心一而已、是故催二
四方行人一、集二一室一告レ之、僅雖
レ有二風聞一、慥不レ知二誰人一、失レ拠二
于成敗一、愁歎送二年序一、非レ可二黙
止一、先随レ所二力及一、廻二禁遏之計一
也、仍録二其趣一、示二門葉等一之状
如レ件、

元久元年十一月七日

沙門源空

署判之門人七十五人略レ之、

元久元年甲子十一月七日

沙門源空在判

信空　感聖

尊西　証空

（古徳伝）

尊西　証空
源智　行西
聖蓮　見仏
導亘　導西
寂西　宗慶
西縁　親西
幸西　住蓮
西意　仏心
源蓮　蓮生
善信　行空

已上二百余人連署畢、

（四十八巻伝）

源智　行西
聖蓮　見仏
道亘　導西
寂西　宗慶
西縁　親蓮
幸西　住蓮
西意　仏心
源蓮　源雲
欣西　生阿
安照　如進
導空　昌西
道也　遵西
義蓮　安蓮
導源　澄阿
念西　行首
尊浄　帰西

行空　西観　禅忍　玄耀　大阿　実光　西入　導衆　蓮恵　安西　詣西　弁西　示蓮　尊蓮　業西　忍西　鏡西

道感　尊成　学西　澄西　西住　覚妙　円智　尊仏　源海　教芳　祥円　空仁　念生　尊忍　仰善　住阿　仙空

（四十八巻伝）

惟西　好西
祥寂　戒心
顕願　仏真
西尊　良信
禅空　善蓮
蓮生　阿日
静西　度阿
成願　覚信
自阿　願西

連署の交名かくのことし、執筆右大弁行隆息法蓮房信空也、

これらのなかで本文を原型どおりに収録しようとしているのは『高田本』『弘願本』『古徳伝』『九巻伝』であり、『四巻伝』『四十八巻伝』は条文の停止条目等を簡略に記すのみにとどめている。そして、その詳細を検証すると、『四巻伝』では第四条の「雑行と名て」、第五条の「九十五種異道」など、『高田本』では第一条の「一、あまねく予か門人の念仏上人等に告玉はく」、第四条の「雑行となつく」、第五条の「九十五種の異道」、第六条の「おそら

くは自由の妄説をなして」、後文の「近王にいたるまて」「たたおのれか身にありならくのみ」など、『弘願本』では題目の「普告于予門人念仏上人等」、第五条の「恐述私義」「九十五種異道」、第六条の「恐成自由之妄説」、後文の「至近王」「只在己身」「遂年序」など、『古徳伝』では第五条の「九十五種異道」、第六条の「是輩非国賊乎」、後文の「只在己身」「逐年序」などの字句の異同箇所は『指南抄』本と一致している。また、二尊院本との比較によって「恐」「近王」「遂」など草体が類似していることによる誤写と見做されるものも多い。

そして『四巻伝』はともかくとして、『指南抄』の影響は『高田本』『弘願本』『古徳伝』の署名のほうに目をやると説得力をもつ。『指南抄』の署名は一九番目源蓮までは二尊院本を忠実にならい、そのあと蓮生・善信（綽空）・行空の署名を繰り上げて計二二名を連ね、「已上二百余人連署了」と註記して記述を終えているが、これと『高田本』を比較すると順番こそまったく異なっているものの、署名者については信空の署名を脱していることが指摘される外は計二一名の署名がほぼ一致し、少なからず『指南抄』との関係が想定できるものと言える。『弘願本』はこれにさらに「成覚房」を加えて「三十三人」としている。これは勿論「二十三人」の誤りであろうが、ほかには二尊院本の花押の部分に「源空上人」と記していたり、一四番目親蓮を「親西」とする以外はまったく『指南抄』本と一致している。『古徳伝』のほうはその「源空上人」「親蓮」などの異同を除けば、体裁までも『指南抄』本とまったく同じである。これらのことから、とくに『弘願本』『古徳伝』とは『指南抄』本とまったく同系列の記述とすることができる。

『九巻伝』の本文は『弘願本』『古徳伝』に比べるとかなり原本との間に字句の異同が多い。しかし、『指南抄』との共通点は第五条の「九十五種異道」以外にはなく、恐らくはほかの系統の写本類によっているものと思われる。そして、末尾には署名について「署判之門人七十五人略之」と註記している。『四十八巻伝』の条文の記述においてはその各条目の解説部分をすべて省略しているが、これを二尊院本と校合してみるとその部分に限っては若干の字句の異同にとどまりほぼ一致した記述である。しかも、署名のほうを見ると八八名を記しているが、これは恵空本『漢語灯録』の署名と比較すると、二二番目生阿弥陀仏を生阿、三〇番目道源を導源、三一番目証阿弥陀仏を澄阿、六四番目参西を業西、六七番目住阿弥陀仏を住阿、八三番目度阿弥陀仏を度阿、八六番目自阿弥陀仏を自阿とする外はまったく同じである。(14)

また『漢語灯録』本の二六番目昌西に道也と註記する記述（二尊院本では二九番目導也）を、『四十八巻伝』では署名として加えて記したために、一人ずつ増えて計八八名となっている。これは『四十八巻伝』と『漢語灯録』本との間に密接な関係を想定することができる証左であり、これらの相違を除いてことごとく両者の署名の記述が一致しており、『四十八巻伝』が「執筆右大弁行隆息法蓮房信空也」と書き添えるのも、『漢語灯録』本の末尾の註記を参考としているものと見られる。これらの署名の一致は、二尊院本と比較すると前述したように途中で署名の異同・脱漏が認められ、人数も後半が省略されているのであり、したがって、『四十八巻伝』の記述が『漢語灯録』本系の記述に依拠していることはほぼ相違ない。

ところで、これら諸本の記述の相違を見ていくと、『四十八巻伝』に至ってどのような改変がなされたのかその過程を明瞭に知ることができる。『四十八巻伝』第三一巻冒頭の法難記事の最初の部分には、

上人の勧化一朝にみち四海にをよふ、しかるに門弟のなかに専修に名をかり本願に事をよせて放逸のわさをなすものおほかりけり、これによりて、南都北嶺の衆徒念仏の興行をとゝめ、上人の化導を障礙せむとす、土御門院の御宇門徒のあやまりを師範におほせて、蜂起するよしきこえしかとも、なにとなくてやみにしほとに、元久元年の冬のころ、山門大講堂の庭に三塔会合して、専修念仏を停止すへきよし、座主大僧正真性に訴申け

り、（図省略）

上人この事を聞給て、すゝみては衆徒の欝陶をやすめ、しりぞきては弟子の僻見をいましめむために、上人の門徒をあつめて、七箇条の事をしるし起請をなし、宿老たるともから八十余人をゑらひて連署せしめ、なかく後証にそなへ、すなはち座主僧正に進せらる、件起請文云、

とある。つまりこれによると、一連の弾圧は元久元年（一二〇四）の冬、山門衆徒が大講堂に会合して法然の専修念仏の停止を座主真性に訴えたことに始まり、法然はこの衆徒の欝陶をやすめ弟子の僻見を誡めるために、七箇条の起請をなし、門弟のなかから宿老八十余人を選んで連署せしめて後証に備え、座主真性に送ったというのである。しかし、二尊院本の原本の内容からは座主に送ったものであるなどとはどこにも記されていないし考えられもしない。

ただ、『漢語灯録』にはほかに同日付の「送山門起請文」を所収しており、後述[15]のようにこちらのほうは内容的にも起請文と言えるものであるし、座主に送ったものと見做される。『四十八巻伝』第三一巻にも「七箇条制誡」の記述のあとに、この「送山門起請文」を『漢語灯録』と同様に同日の十一月七日付で掲載しており、こちらと混同したことが想定される。

しかしながら、どうもそのあとに収録する九条兼実が山門の動静を窺い理解懇請のため座主真性に宛てた消息との関係から理解できそうである。これは十一月十三日付のものであるが、『琳阿本』巻五、『古徳伝』巻五においてはどちらも九条兼実が大原大僧正顕真に送った消息となっているが、これは顕真の没年が建久三年十一月十四日である（『華頂要略』）ことによって誤謬であることが指摘できる。それが座主真性に送ったものと訂正されるのは『九巻伝』巻第五上の記述からである。それには、

（上略）当時已に数輩の門徒をあつめて七箇条の起請をなし、各連署を集めて永く証拠にそのふ、上人もし謗法を好まハ禁遏豈かくのごときならんや、（下略）

とあって、「七箇条制誡」の目的と成果について触れている。同様のことは『琳阿本』『古徳伝』にもあるが、『四十八巻伝』にはこうした記述は省かれている。そして、『古徳伝』『九巻伝』では「送山門起請文」を「七箇条制誡」の記述の前に掲載し、ことに『九巻伝』では「送山門起請文」の日付まで十一月三日としている。『琳阿本』『古徳伝』の「送山門起請文」の日付は九条兼実が大原顕真に宛てた消息と同日の十一月十三日を採用しているところを見ると、この「送山門起請文」の位置付けが重要な意味を有するように思われる。それを『九巻伝』のように「七箇条制誡」よりも前とすると、制誡はあたかも山門の訴えに対して後証のため連署せしめたごとくに語られてくる。したがって、『九巻伝』巻第五上の「七箇条制誡」を掲載する前段に、

（上略）已に山門の大訴に及間、同月七日門人等をあつめ、制禁七ヶ条に及、門人五十七人の連署をとりて、亀鏡にそなへ後証にたつ、所請七ヶ条の起請に云、

とあるのは、そうした意図によるものであると言える。そして、「七箇条制誡」の記述を載せたあとに、

上人若謗法をこのまハ、禁遏豈かくの如きならんや、彼正文すでに月輪殿に進し置かる、（下略）

と記して、前述した九条兼実が座主真性に宛てた消息との関係を述べている。こうした操作を経て『四十八巻伝』では前掲記述のごとくに、「七箇条制誡」は後証のために座主真性に送ったものと記すようになったことがわかる。

『九巻伝』が一般的に言われるように(16)『四十八巻伝』の草稿本であるとすれば、「七箇条制誡」の起草目的に関するこうした意図的な改変は、『九巻伝』編集時にその素地が求められるものである。『四十八巻伝』ではそれを一層明確なものとして表現し、「七箇条制誡」の引用に際しては『漢語灯録』系統の記述を用いている。『古徳伝』が

本願寺覚如の編であることから、これに『指南抄』本の影響が大きいことは自然である。そして、『弘願本』『古徳伝』のような『指南抄』系の記述から、『九巻伝』で見たような操作を経て結果的に『四十八巻伝』のごとき記述が生まれたのであろう。

最後に、今度京都市東山の永観堂禅林寺に天文二十三年（一五五四）三条西公条仍覚書写の「七箇条制誡」を現蔵することが[17]確認されたため、写真版とともにここに全文を掲載する。

普《ク》告《ク》下号《スルカ》二予門-人《ト》一念-仏《ノ》上-人等《ニ》上、

一、可《シ》二停-止《ス》一未《シテ》レ窺二一-句《ノ》文《ヲ》一、奉《ル》下破《シ》二真言・止観《ヲ》一、謗《シ》中余仏《ノ》・菩薩《ヲ》上事、

右至《テ》二立-破《ノ》道《ニ》一者、学-生《ノ》之所レ経《ナリ》也、非二愚-人《ノ》之境-界《ニ》一、加之誹-謗正-法《ハ》、既除《ケリ》二弥陀《ノ》願《ニ》一、其-報当レ堕二那-落《ニ》一、豈非二癡-闇之至《ニ》一哉、

一、可停止以《テ》二無-智身《ヲ》一対《シ》二有-智《ノ》人《ニ》一、遇《テ》二別-行《ノ》輩《ニ》一好《テ》致二諍-論《ヲ》一事、

右論義者、是智-者《ノ》之有也《ナリ》、更非二愚-人之分《ニ》一、又諍-論之処《ニハ》諸《ノ》煩-悩起《ル》、智-者遠-離《スルヿ》之百由旬也、況於《テ》二一向念仏行人《ニ》一乎、

一、可停止対《シ》二別-解別-行人《ニ》一、以二愚-癡偏-執《ノ》心《ヲ》一、称《ノ》レ当《シト》三弃二置本-業《ヲ》一、強《アナカチニ》嫌二咲レ之一事、

右修道之習、只各勤《テ》二自-行《ヲ》一、敢不《レ》レ遮二余-行《ヲ》一、西方要決云、別-解別-行者《ノモノ》、惣起《セ》二敬-心《ヲ》一、若生《セハ》二軽-慢《ヲ》一、得《コト》レ罪《ヲ》無窮《ナリト》云云、何《ソ》背《ン》二此-制《ニ》一哉、加之善導和尚大呵《シ玉フ》レ之《ヲ》、未レ知二祖-師之誡《ヲ》一、愚-闇《ノ》之弥〳〵甚《ナリ》也、

一、可停止於二念仏《ノ》門《ニ》一号レ無《ト》レ戒-行、専勧二婬-酒食-肉一、適《タマ〳〵》守《ル》二律-儀《ヲ》一者名《テ》二雑-行《ノ》人《ト》一、憑《ム》二弥-陀本-願《ヲ》一者《ハ》、説レ勿《レト》レ恐《ヿ》二造-悪《ヲ》一事、

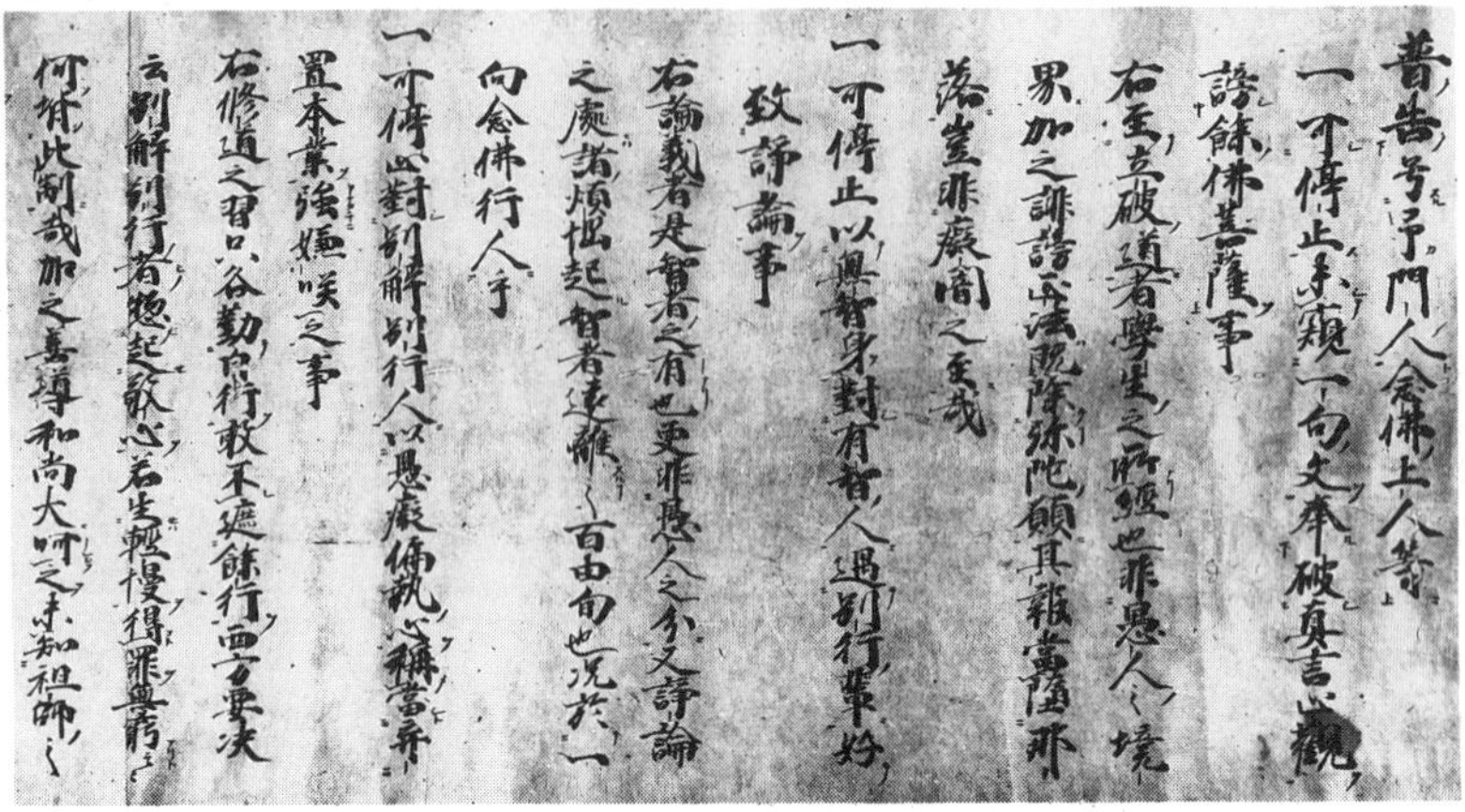

普告予門人念仏上人等
一 可停止未窺一句文奉破真言止観謗餘仏菩薩事
右至立破道者学生之所経也非愚人之境界加之誹謗正法既除弥陀願其報当堕那落豈非癡闇之至哉
一 可停止以無智身対有智人遇別行輩好致諍論事
右論義者是智者之有也更非愚人之分又諍論之処諸煩悩起智者遠離之百由旬也況於一向念仏行人乎
一 可停止対別解別行人以愚癡偏執心称当棄置本業強嫌嗤之事
右修道之習只各勤行敢不遮餘行西方要決云別解別行者惣起敬心若生軽慢得罪無窮云何背此制哉加之善導和尚大呵之未知祖師之

禅林寺所蔵仍覚書写本「七箇条制誡」（その1）

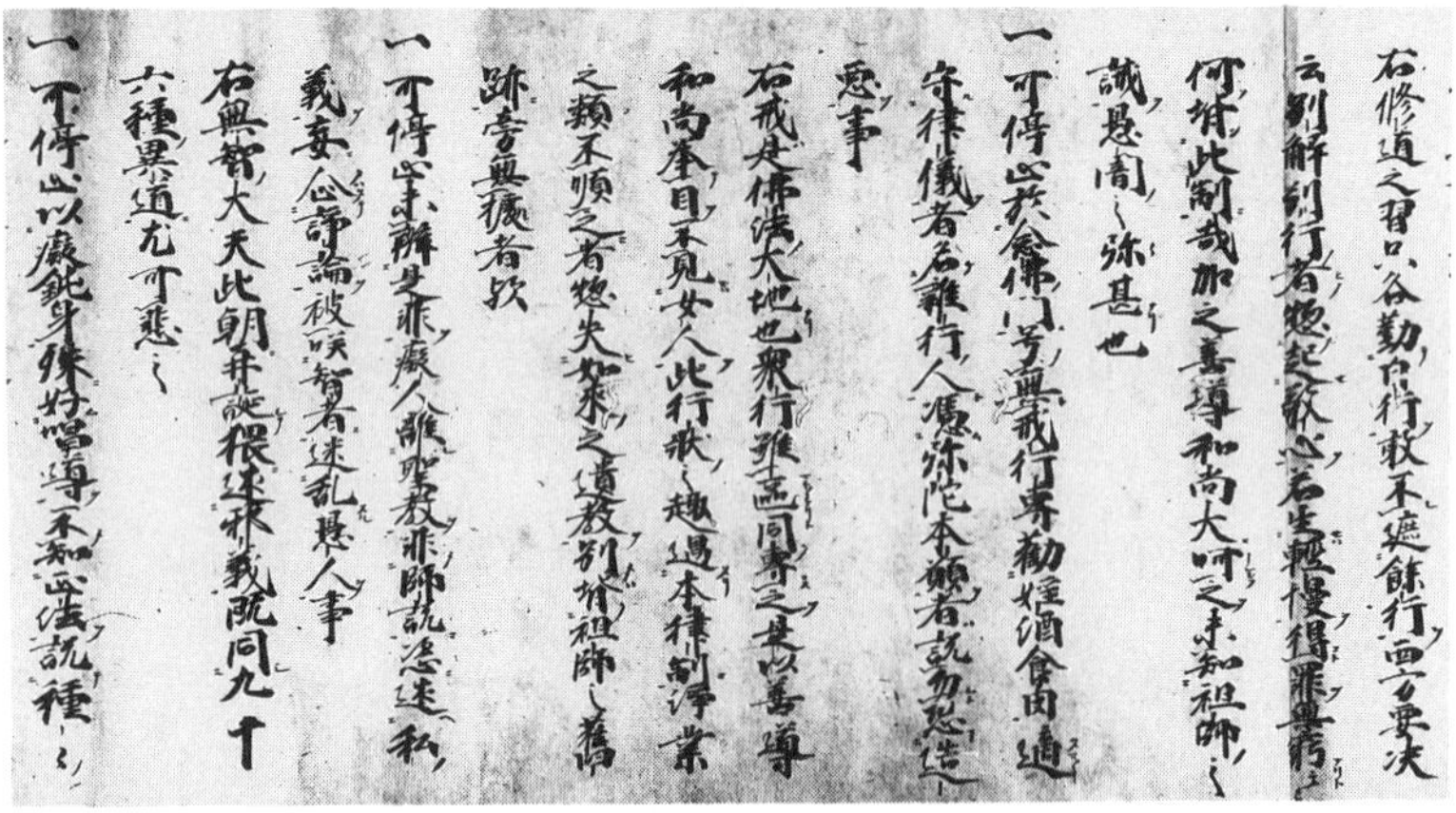

右修道之習只各勤行敢不遮餘行西方要決云別解別行者惣起敬心若生軽慢得罪無窮云何背此制哉加之善導和尚大呵之未知祖師之
誡愚闇之弥甚也
一 可停止於念仏門号無戒行専勧婬酒食肉適守律儀者名雑行人憑弥陀本願者説勿恐造悪事
右戒是仏法大地也衆行雖区同専之是以善導和尚挙目不見女人此行状之趣過本律制浄業之類不順之者惣失如来之遺教別背祖師之旧跡旁無拠者歟
一 可停止未弁是非癡人離聖教非師説恣述私義妄企諍論被嗤智者迷乱愚人事
右無智大天此朝再誕謗猥述邪義既同九十六種異道尤可悲之
一 可停止以癡鈍身殊好唱導不知正法説種々

同　上（その2）

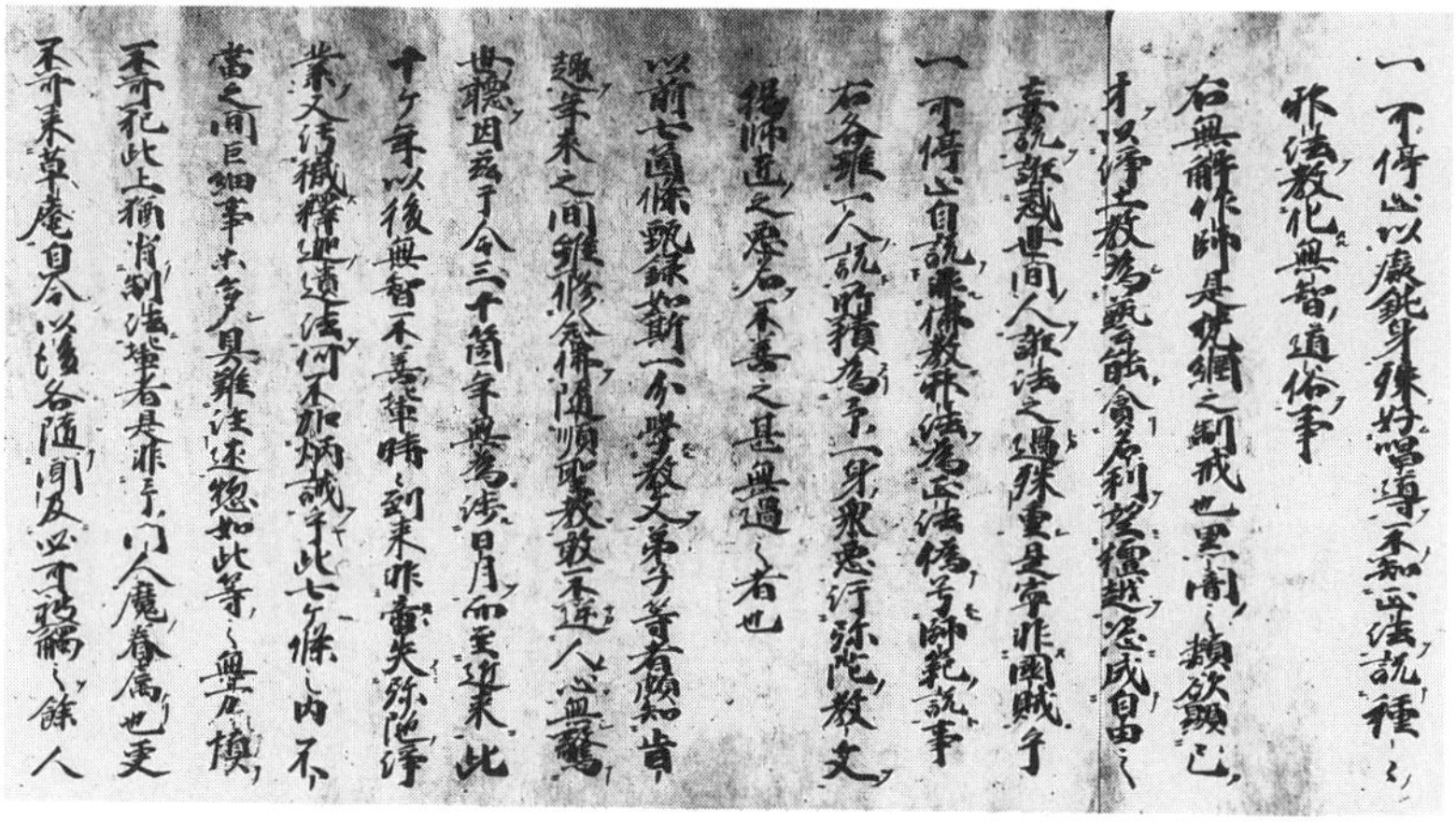
一可停止以麁鈍身殊好唱導不知正法説種々
邪法教化無智道俗事
右無解作師是梵網之制戒也黒闇之類欲顕己
才以浄土教為芸能貪名利望檀越恣成自由之
妄説誑惑世間人誑法之過殊重是寧非国賊乎
一可停止自説非仏教邪法為正法偽号師範説事
右各雖一人説所積為予一身衆悪汚弥陀教文
揚師匠之悪名不善之甚無過之者也
以前七箇条甄録如斯一分学教文弟子等者頗知旨
趣年来之間雖修念仏随順聖教敢不逆人心無驚
世聴因茲于今三十箇年無為渉日月而至近来此
十ケ年以後無智不善輩時々到来非啻失弥陀浄
業又汚穢釈迦遺法何不加炳誡乎此七ケ条之内不
当之間巨細事等多具難注述惣如此等之無方慎
不可犯此上猶背制法輩者是非予門人魔眷属也更
不可来草庵自今以後各随聞及必可被触之余人

同　　上　（その3）

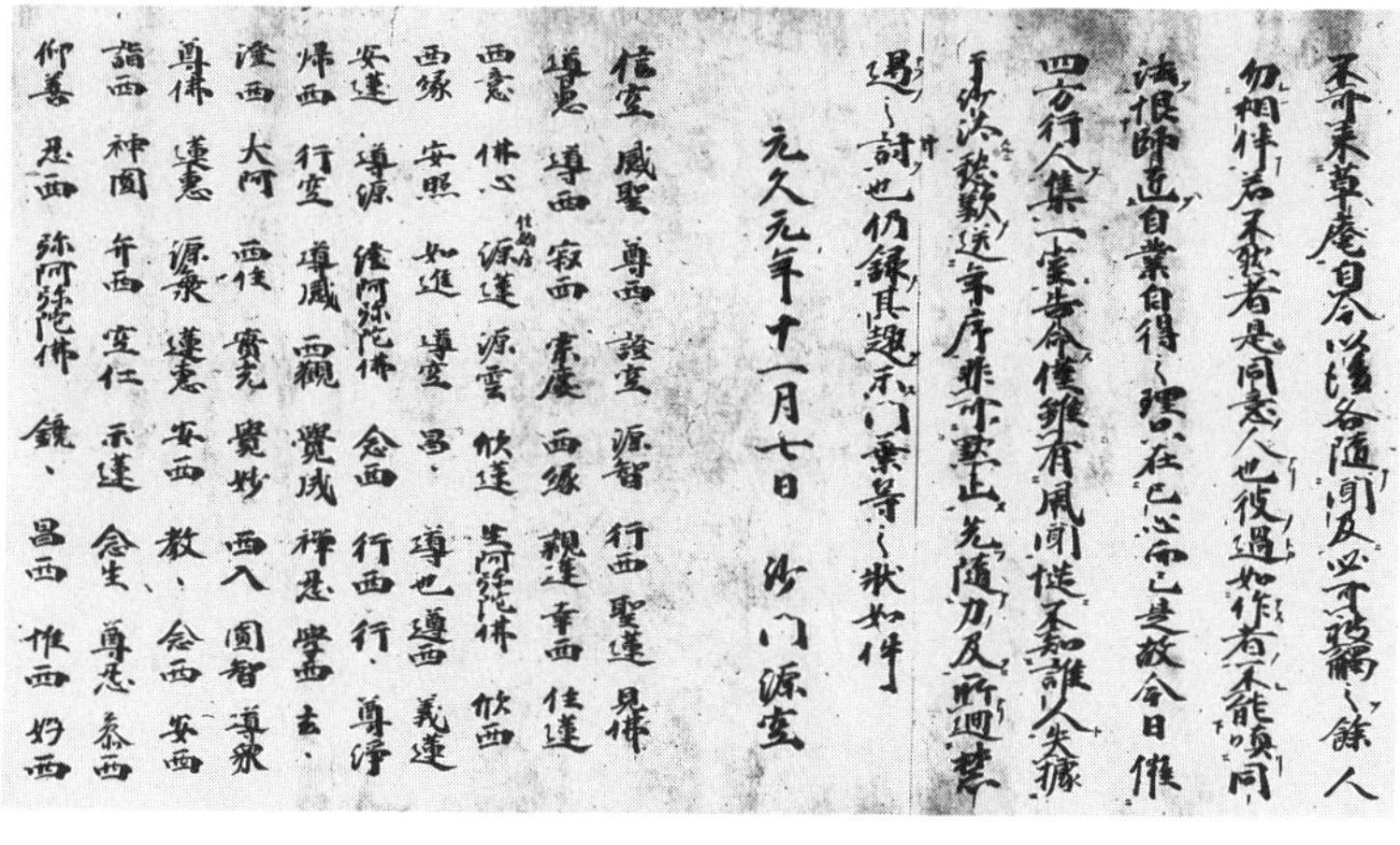
不可来草庵自今以後各随聞及必可被触之余人
勿相伴若不然者是同意人也彼過如作者不能嗔同
法恨師匠自業自得之理只在己心而已是故今日催
四方行人集一室告命僅雖有風聞慥不知誰人失拠
于沙汰殿歎送年序非可黙止先随力及所廻禁
遏之計也仍録其趣示門葉等之状如件
元久元年十一月七日　沙門源空
信空　感聖　尊西　證空　源智　行西　聖蓮　見仏
導亮　導西　寂西　宗慶　西縁　親蓮　幸西　住蓮
西意　仏心　源蓮　源雲　欣蓮　生阿弥陀仏　欣西
西縁　安照　如進　導空　昌西　導也　遵西　義蓮
安蓮　導源　證阿弥陀仏　念西　行西　行首　尊浄
帰西　行空　導感　西観　覚成　禅忍　学西　玄
澄西　大阿　西住　実光　覚妙　西入　円智　導衆
尊仏　蓮恵　源蓮　蓮恵　安西　教芳　念西　安西
諦西　神円　弁西　空仁　示蓮　念生　尊忍　参西
仰善　忍西　阿弥陀仏　鏡芳　昌西　惟西　好西

同　　上　（その4）

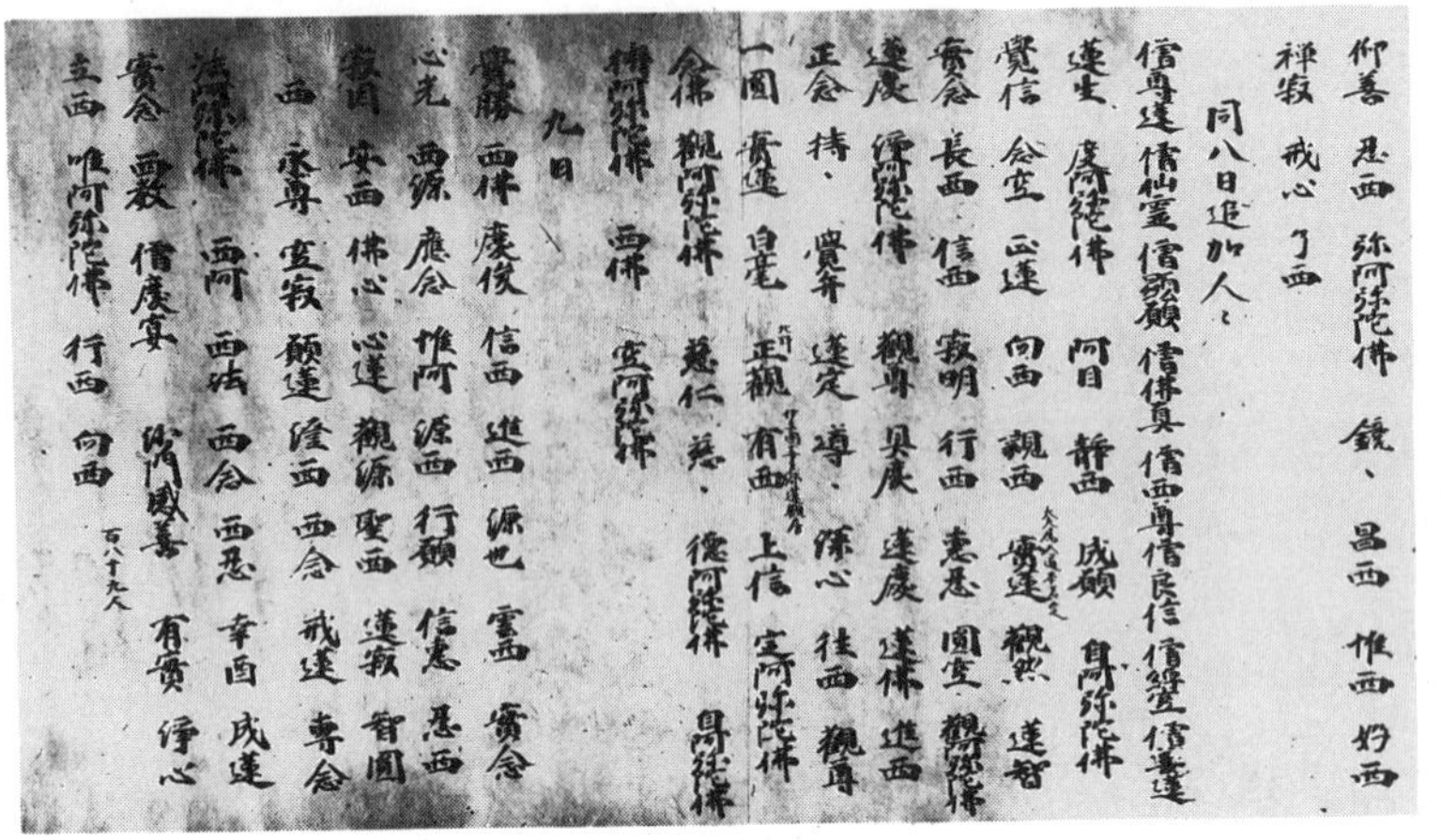

同　上（その5）

同　上（その6）

右戒是仏法大地也、衆行雖区　同専之、是以善導和尚挙目不見女人、此行状之趣過本律制、浄業之類不順之者、惣失如来之遺教、別背祖師之旧跡、旁無拠者歟、

一、可停止未弁是非痴人、離聖教非師説、恣述私義、妄企諍論、被咲智者、迷乱愚人事、

右無智大天此朝再誕、猥述邪義、既同九十六種異道、尤可悲之、

一、可停止以痴鈍身殊好唱導、不知正法説種々邪法、教化無智道俗事、

右無解作師、是梵網之制戒也、黒闇之類欲顕己才、以浄土教為芸能、貪名利望檀越、恣成自由之妄説、誑惑世間人、誑法之過殊重、是寧非国賊乎、

一、可停止自説非仏教邪法為正法、偽号師範説事、

右各雖一人説、所積為予一身衆悪、汚弥陀教文、揚師匠之悪名、不善之甚無過之者也、

以前七箇条甄録如斯、一分学教文弟子等者頗知旨趣、年来之間雖修念仏随順聖教、敢不逆人心無驚世聴、因茲于今三十箇年、無為渉日月、而至近来此十ケ年以後、無智不善輩時々到来、非啻失弥陀浄業、又汚穢釈迦遺法、何不加炳誡乎、此七ケ条之内、不当之間巨細事等多具難注述、惣如此等之無方、慎不可犯、此上猶背制法輩者、是非予門人、魔眷属也、更不可来草庵、自今以後、各随聞及、必可被触之、余人勿相伴、若不然者、是同意人也、彼過如作者、不能嗔同法恨師匠、自業自得之理、只在〔三〕己心而已、是故今日催四方行人、集一室告命、僅雖有風聞、慥不知誰人、失拠于沙汰愁歎送年序、非可黙止、先随力及、所廻禁遏之討《計》也、仍録其趣、示門葉等之状如件、

元久元年十一月七日　　　沙門源空

信空　感聖　尊西　証空　源智　行西　聖蓮　見仏　導恵　導西　寂西　宗慶　西縁　親蓮　幸西　住蓮　西意
仏心　源蓮〈信願房〉　源雲　欣蓮　生阿弥陀仏　欣西　西縁　安照　如進　導空　昌、　導也　遵西　義蓮　安蓮　導源
証阿弥陀仏　念西　行西　行、　尊浄　帰西　行空　導感　西観　覚成　禅忍　学西　玄、　澄西　大阿　西住
実光　覚妙　西入　円智　導衆　尊仏　蓮恵　源海　蓮恵　安西　教、　念西　安西　詣西　神円　弁西　空仁
示蓮　念生　尊忍　参西　仰善　忍西　弥阿弥陀仏　鏡、　昌西　惟西　好西　禅寂　戒心　了西

同八日追加人々

僧尊蓮　僧仙霊　僧顕願　僧仏真　僧西尊　僧良信　僧綽空　僧善蓮　蓮生　度阿弥陀仏　阿目　静西　成願
自阿弥陀仏　覚信　念空　正蓮　向西　親西　実蓮〈大夫屬入道本名定〉　観然　蓮智　実念　長西　信西　寂明　行西　恵忍　円
空　観阿弥陀仏　蓮慶　浄阿弥陀仏　観尊　具慶　蓮慶　蓮仏　進西　正念　持、　覚弁　蓮定　導、　深心
往西　観尊　一円　実蓮　白毫　正観〈北野〉　有西〈伊与国喜多郡蓮観房〉　上信　定阿弥陀仏　念仏　観阿弥陀仏　慈仁　慈、　徳阿弥
陀仏　自阿弥陀仏　持阿弥陀仏　西仏　空阿弥陀仏

九日

覚勝　西仏　慶俊　信西　進西　源也　雲西　実念　心光　西源　応念　惟阿　源西　行願　信恵　忍西　寂因
安西　仏心　心蓮　観源　聖西　蓮寂　智円　、西　永尊　空寂　願蓮　澄西　西念　戒蓮　専念　法阿弥陀仏
西阿　西法　西念　西忍　幸西　成蓮　実念　西教　僧慶宴　沙門感善　有実　浄心　立西　唯阿弥陀仏　行西

向西百八十九人

（奥書）
「此一巻法然上人金言也、於真筆者為二尊教院霊宝、爰十念寺江空上人近来嘆有背上人之勧化者、要見此一巻、
仍予向彼院書写之加点与之、〈於本者、弟子等連署為各々行、今依行数多、輯而書連之、〉庶幾壊裂邪綱帰入正機矣、于時天文廿三季春十五誌之、

称名野釈仍覚（三条西公条）
（花押）
」

これは、奥書によると十念寺江空[18]なる者の請によって三条西公条[19]が二尊院本を書写し加点したものであるが、法然の制誡文に接してその勧化の趣旨を知ることにより十念寺の寺法としようとしたことが窺われる。

これを二尊院本と比較してみると、ほとんど原本に忠実に書写し、訓点をほどこしていることがわかる。源空の花押の所在が明記されてはいないが、署名に四箇所ある裏書もそのまま傍注しているほか、署名中随所に見える「昌、」「行、」「玄、」のごとき「、」符は、二尊院本によって確認してみるとどうも判読のうえで困難であった箇所と考えることができるなど、この写本が二尊院本を直接的に底本としたものであることが言える。したがって、この仍覚書写本の存在によって、二尊院現蔵の「七箇条制誡」は、一六世紀中頃にも確かに二尊院に実在していたことが確認されるところである。

註

（1）　坪井俊映「初期法然教団における法難について―特に七ケ条制誡・送山門起請文の成立について―」（『印度学仏教学研究』第七巻第一号）。

（2）　『大日本史料』第四編之九（五六五―五七四頁）においても、二尊院本本文の19行目「律儀」を「律義」としていたり、21行目「右戒」のつぎに「是」の一字が脱落、33行目「是寧」の間に「輩」の一字が加えられ、また44行目「炯誡」は「炳誡」となっている。さらに署名では三七番目「行首」を「行西」、一三六番目「蓮酉」を「蓮西」、一七九番目「幸酉」を「幸西」、一八四番目「感善」を「感喜」としているが、これらはいずれも『大日本史料』の誤謬箇所として指摘しておく必要がある。

（3）　『親鸞聖人真蹟集成』第五巻。

（4）（5）　本章本節（三八一頁）参照。

（6）　第Ⅰ部第三章第一節（一五〇―一五三頁）参照。

（7）　註（1）掲載坪井所論、大橋俊雄「七箇条起請文偽撰説を疑う」（『印度学仏教学研究』第七巻第一号）は、「七

箇条制誡」諸本に見られる署名者数の相違については、ともに諸本の成立時期との照合から増広過程を示しているものとし、二尊院本の成立年時が降るものであると述べられている。

（8）（9）（10）（11）（12）（13）井川定慶編『法然上人伝全集』所収。以下同じ。

（14）恵空本『漢語灯録』所収本の七八番目のいわゆる親鸞の署名に「綽空」《禅本》との註記が存し、原本には「禅空」とあることが示されているが、『四十八巻伝』所載本の七九番目には「禅空」とこの記述を採っているところを見ると、『四十八巻伝』が『漢語灯録』本にもとづいていたことを証している。

（15）第Ⅱ部第五章第四節（四八五頁）参照。

（16）三田全信著『成立史的法然上人諸伝の研究』参照。

（17）鷲尾順敬「法然上人七箇条起請の原本検討」（『現代仏教』第九巻第九八号）に、この奥書を掲載して所蔵を紹介されている。『浄土宗西山派三本山誓願寺・光明寺・禅林寺所蔵古文書等緊急調査報告』（京都府教育委員会、昭和五十三年）参照。

（18）西山短期大学所蔵『浄土宗禅林寺光明寺西山派下寺院本末牒』（延享三年）によると、禅林寺・光明寺両山派下末寺として山城国京都十念寺の記述がある。

（19）『実隆公記』（続群書類従完成会編）大永三年九月十日条、同四年六月六日条によれば、三条西実隆は遣迎院の僧祐泉や花開院の住持から、熊谷入道宛の法然書状を自第において閲覧して写し留めており、また同記享禄五年二月五日条には「法然上人七ヶ条告文・同自筆聖教一巻依二御所望一入二南御所一見参、賜二御□〔盃〕一」とあり、実隆は法然の「七箇条制誡」ならびに自筆の聖教一巻を将軍家の閲覧に供している。三条西公条は父実隆の法然関係典籍に対するこうした問題意識に強く影響を受けていたものと推測される。

第二節　署名の筆跡

「七箇条制誡」の署名は前述もした通り、当時の専修念仏者の実態を語るものとして興味深いが、二尊院所蔵の原本によると、この一九〇名の署名の筆跡には疑問な点も多く、これらの解明によって「七箇条制誡」起草時における法然周辺の事情が如実に物語られるものと言える。法然真蹟の署名、署名中に若干確認できる自署の存在は二

⑫ ⑪ ⑩ ⑨ ⑧ ⑦ ⑥ ⑤ ④ ③ ② ①

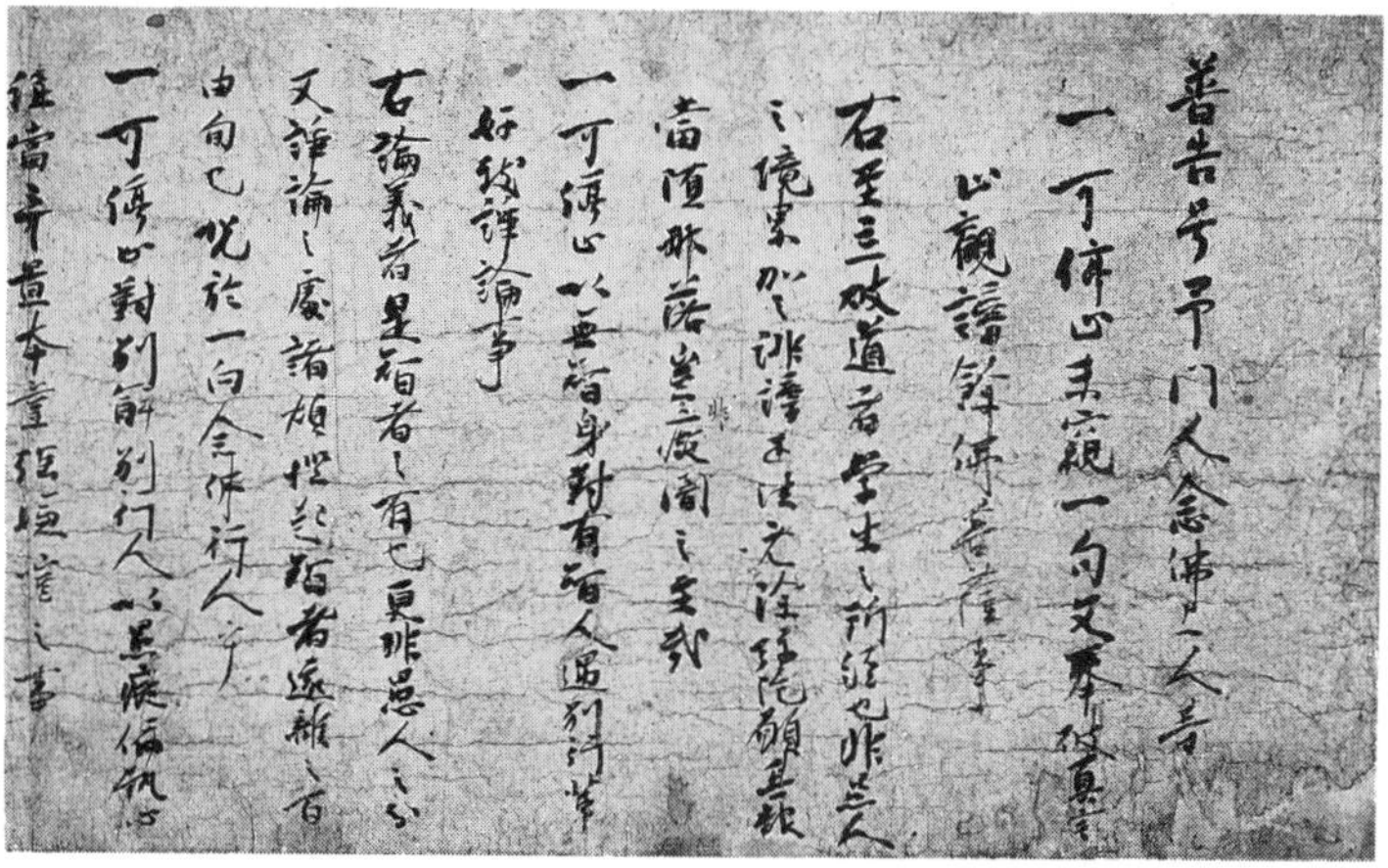

二尊院所蔵「七箇条制誡」（その1）

㉙ ㉘ ㉗ ㉖ ㉕ ㉔ ㉓ ㉒ ㉑ ⑳ ⑲ ⑱ ⑰ ⑯ ⑮ ⑭ ⑬

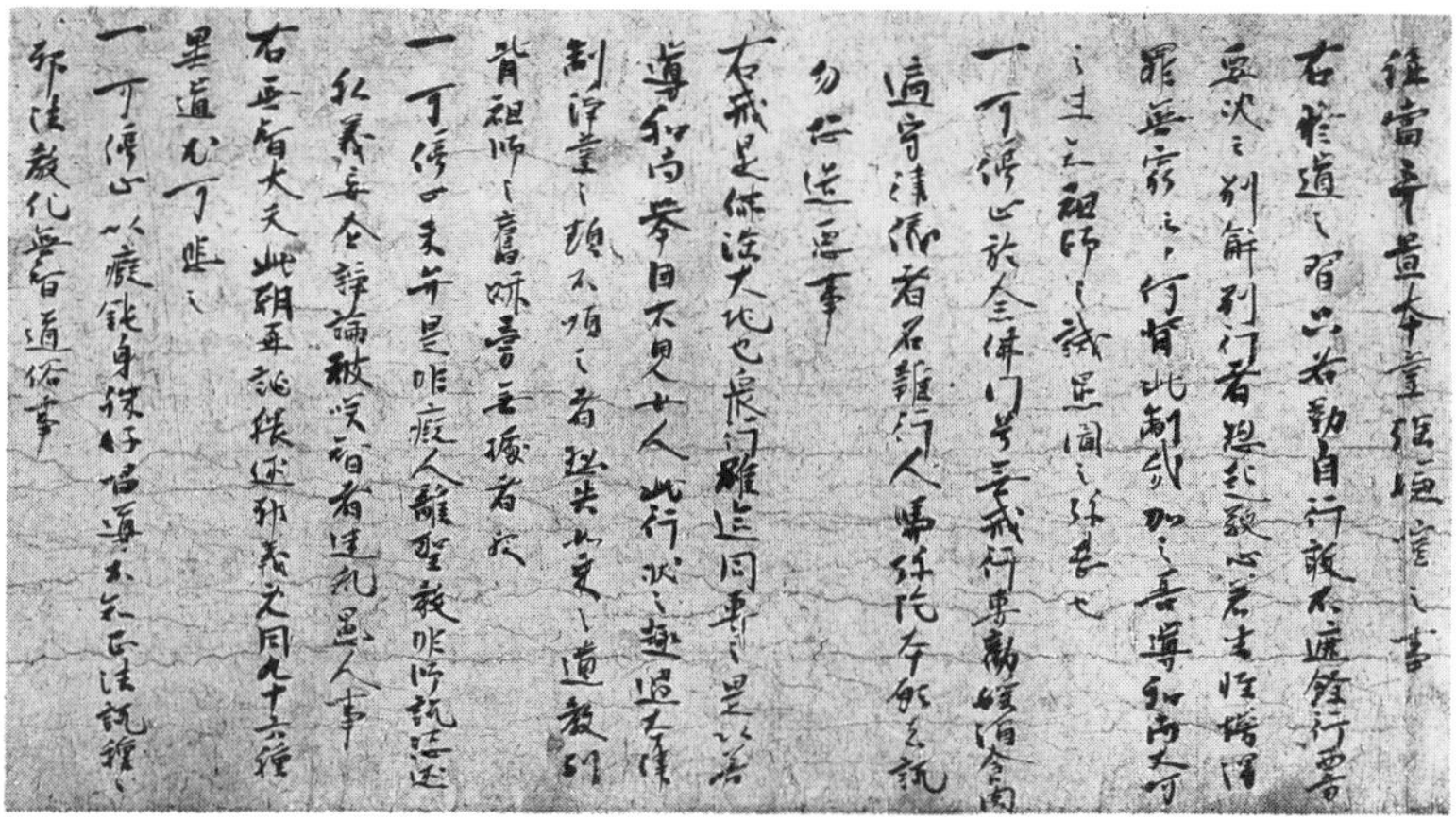

同　　上　　（その2）

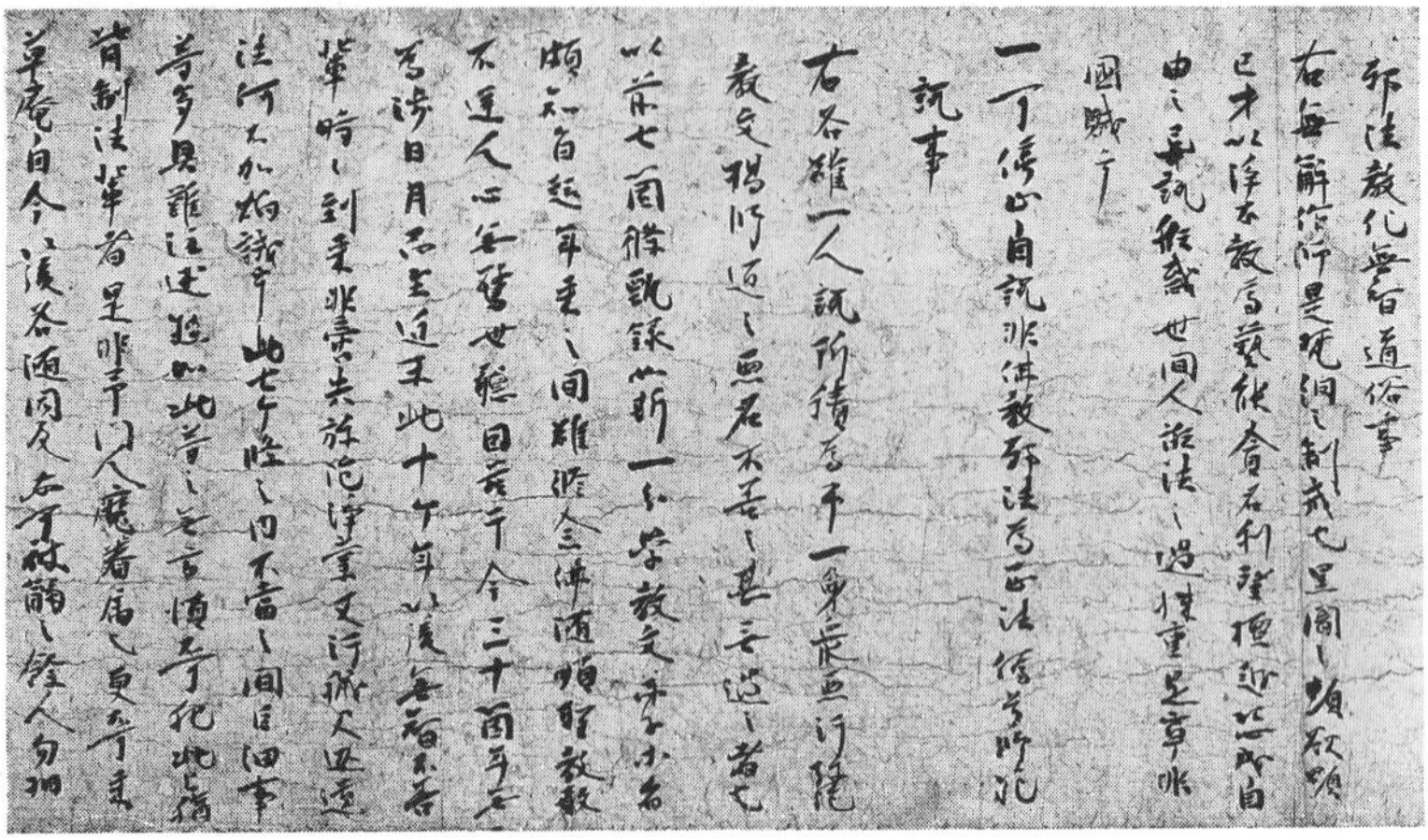

同　上　（その3）

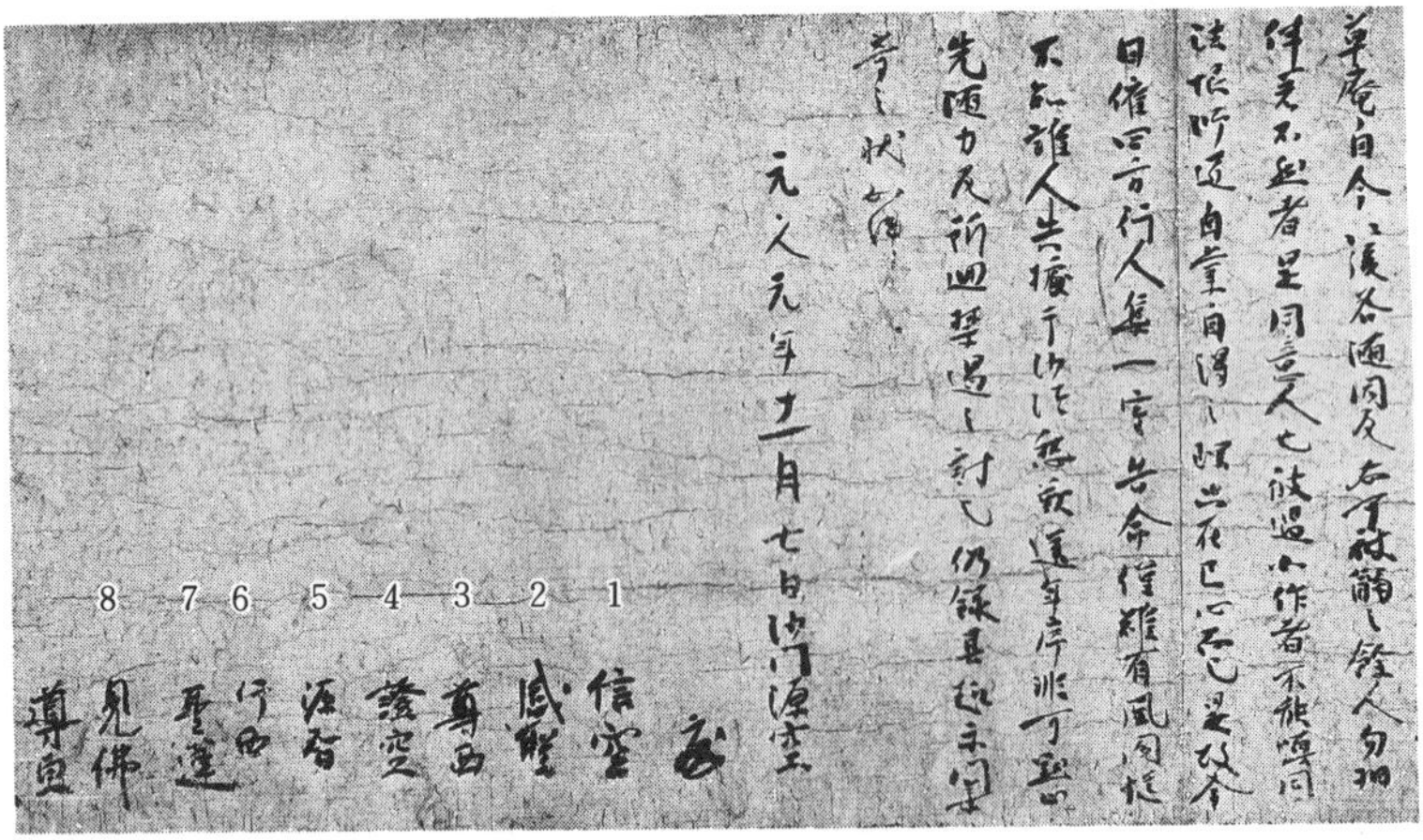

同　上　（その4）

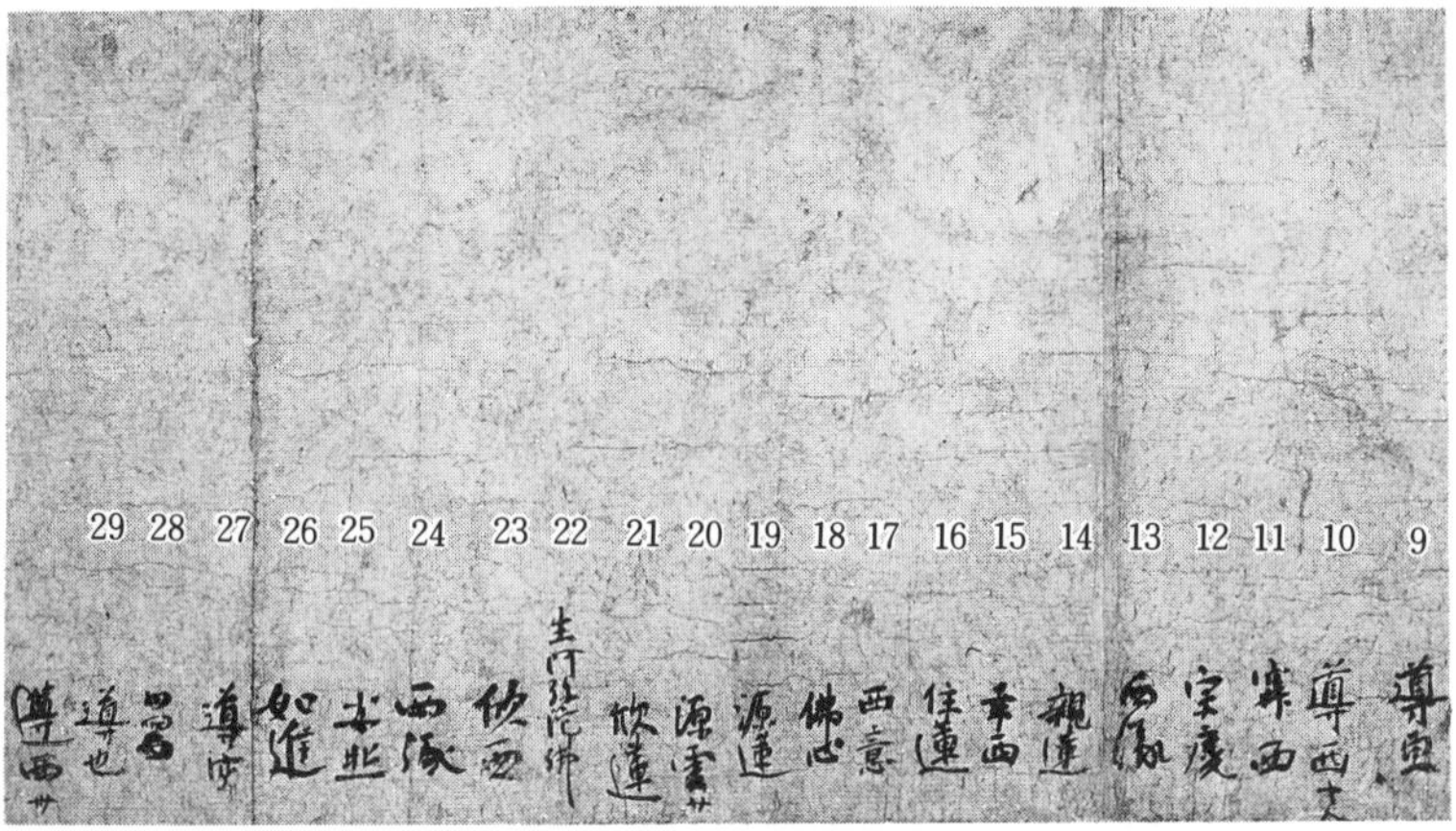

同　上　（その5）

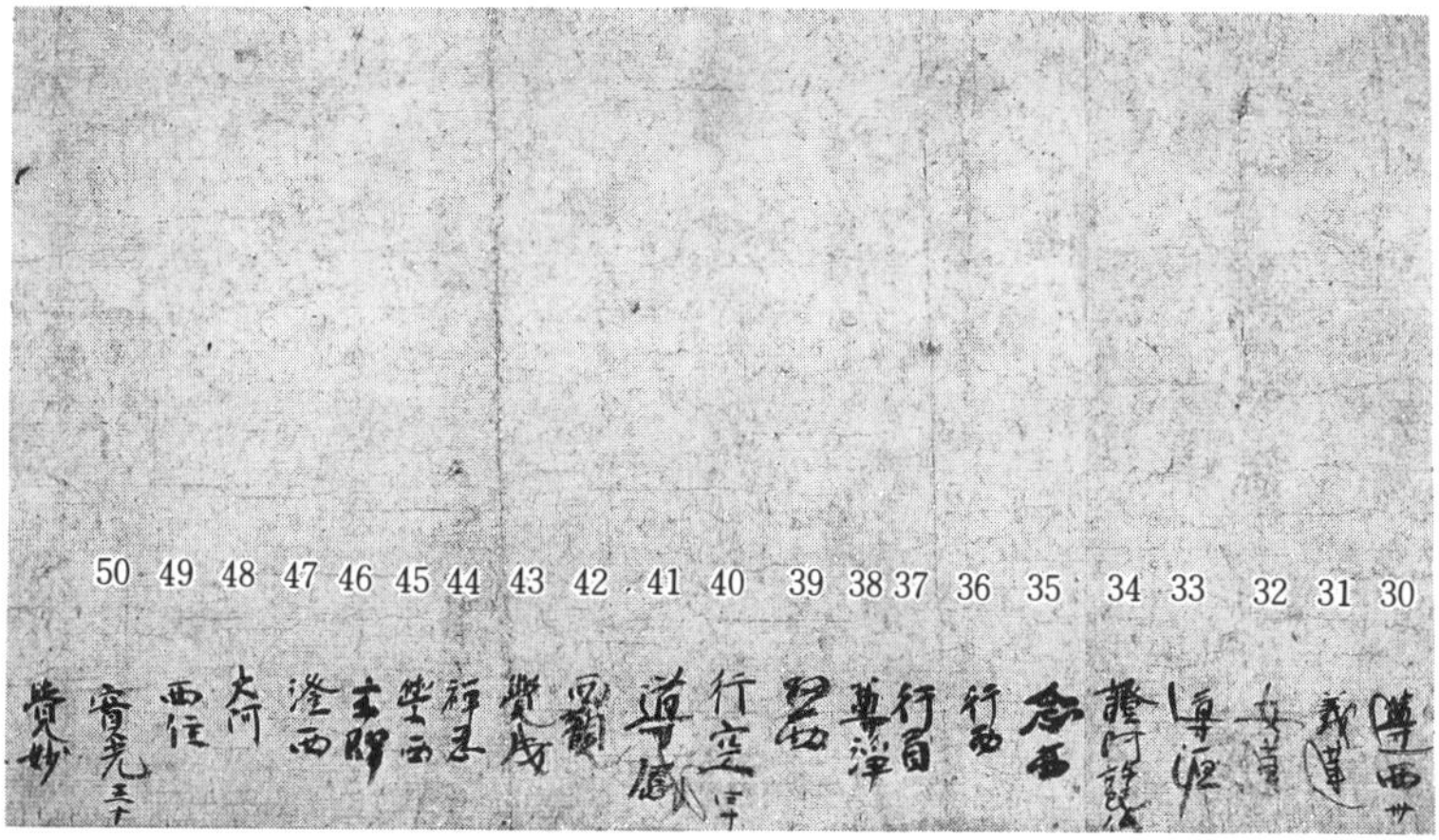

同　上　（その6）

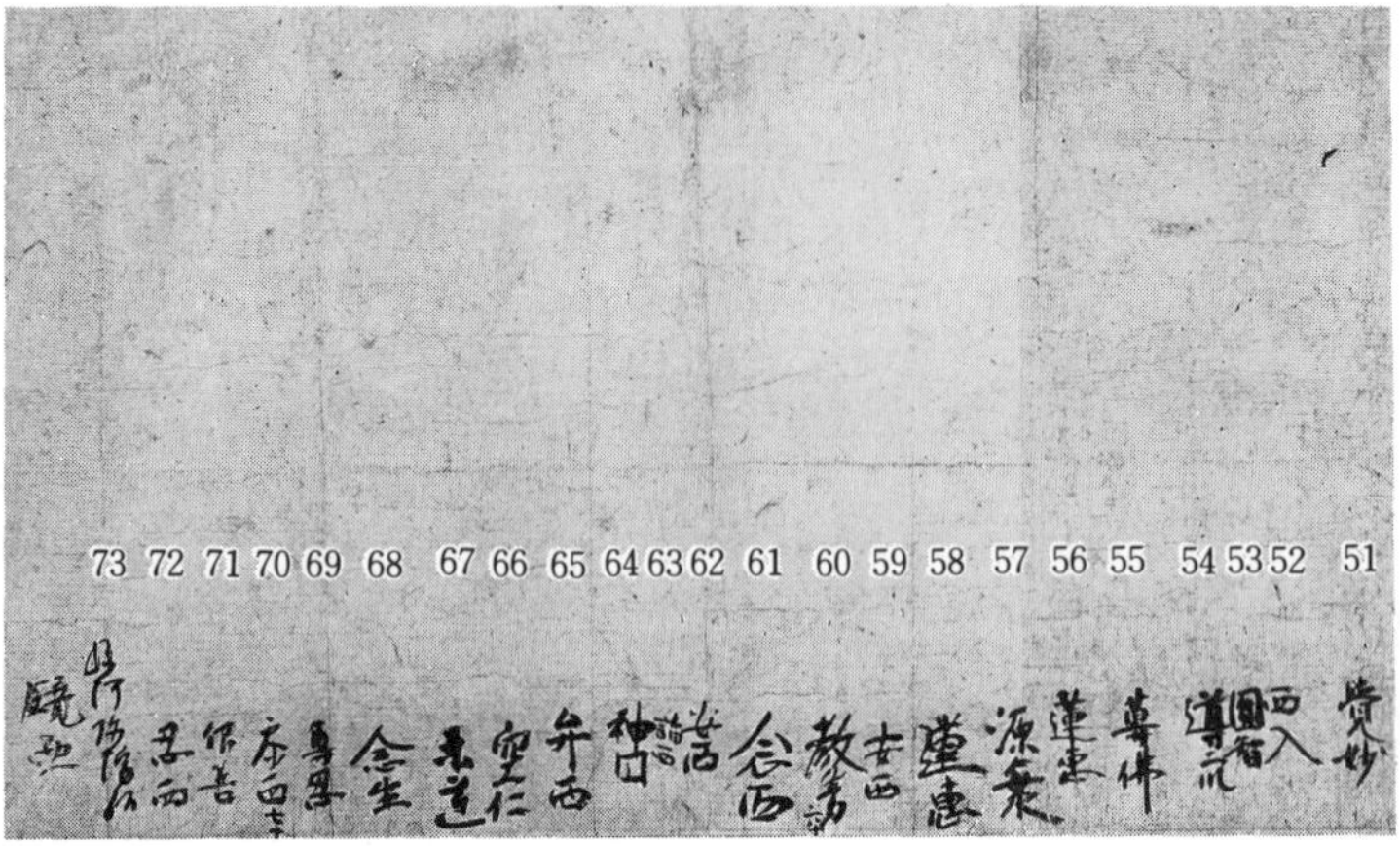

同　上　（その7）

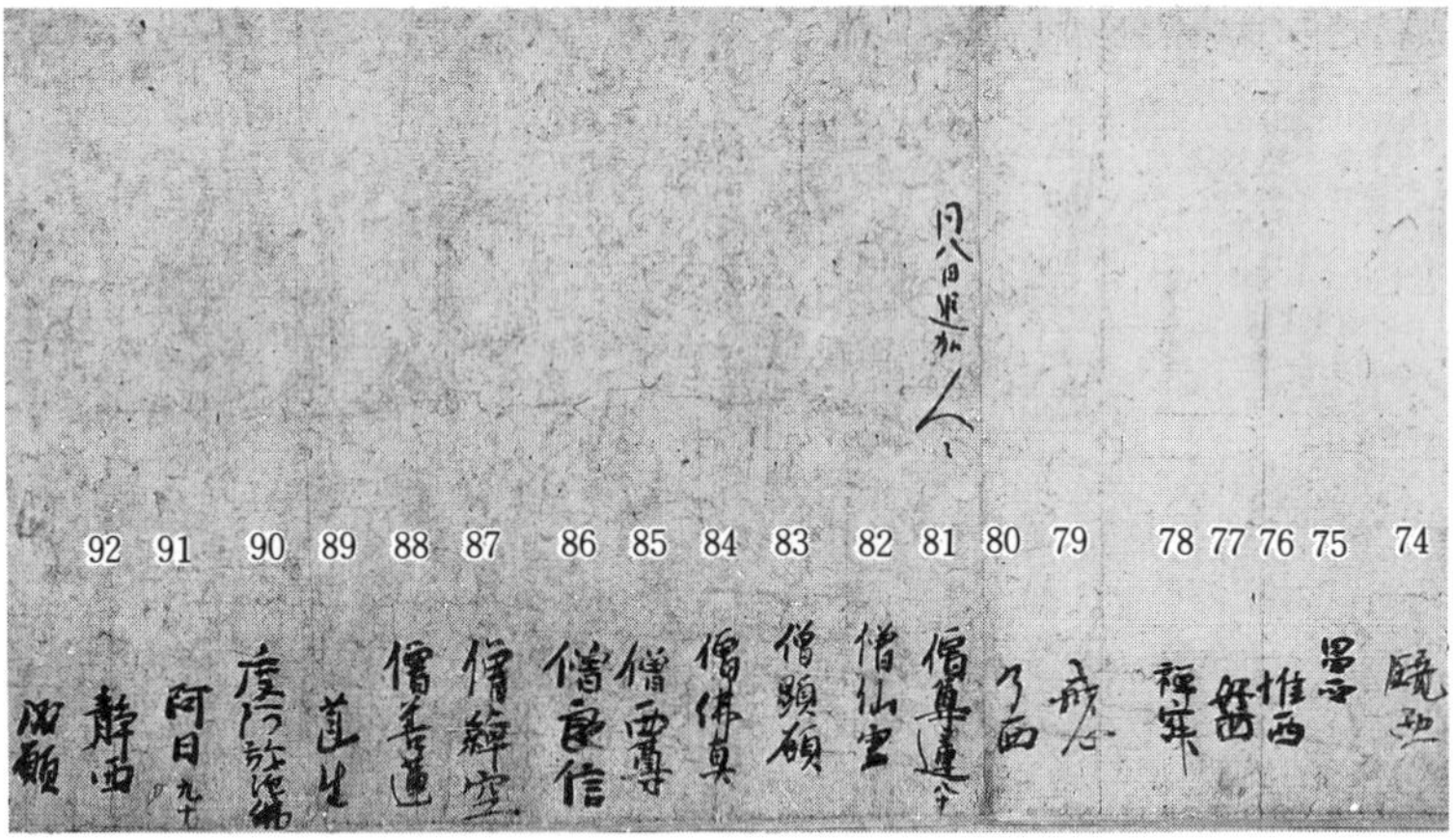

同　上　（その8）

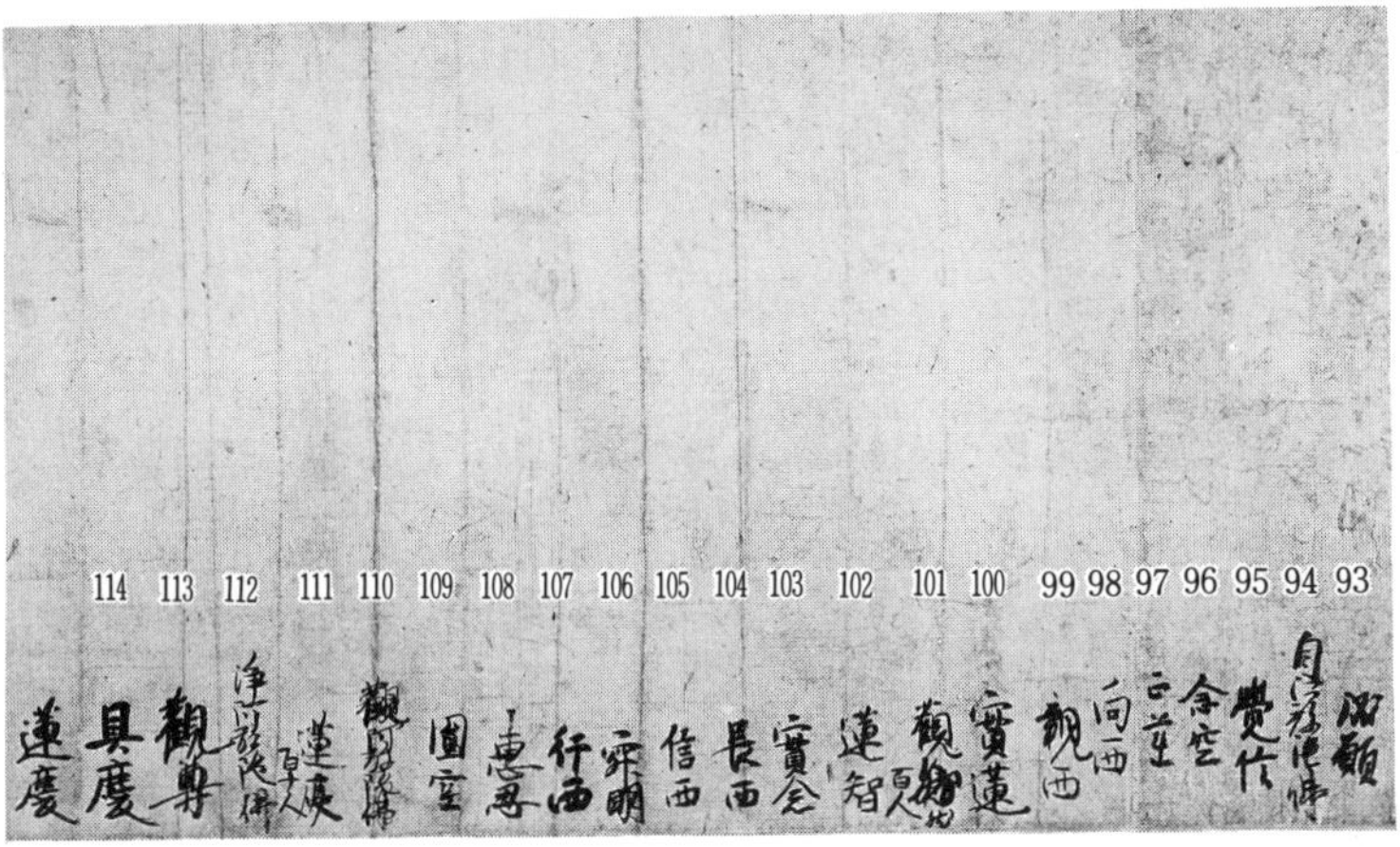

同　上　（その9）

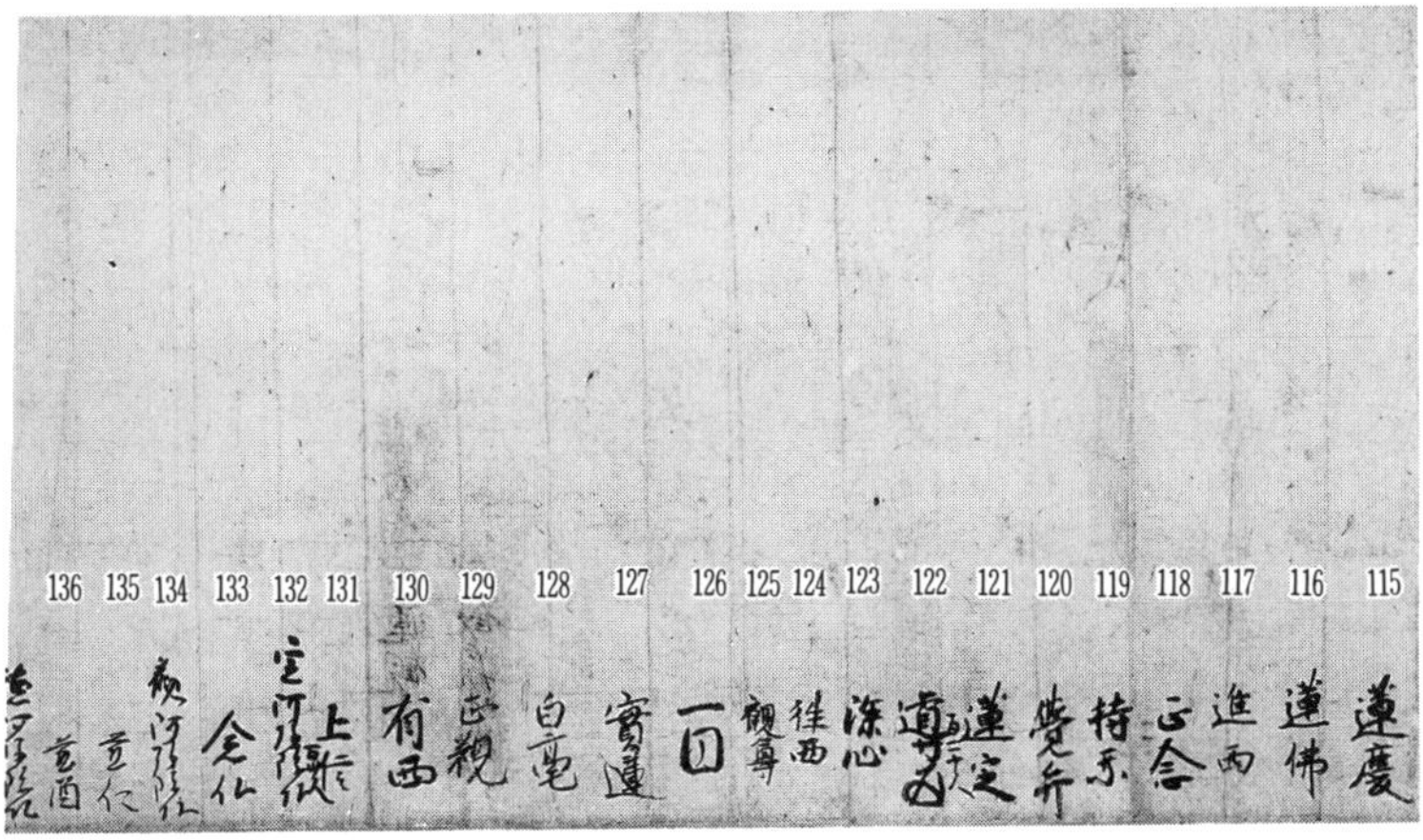

同　上　（その10）

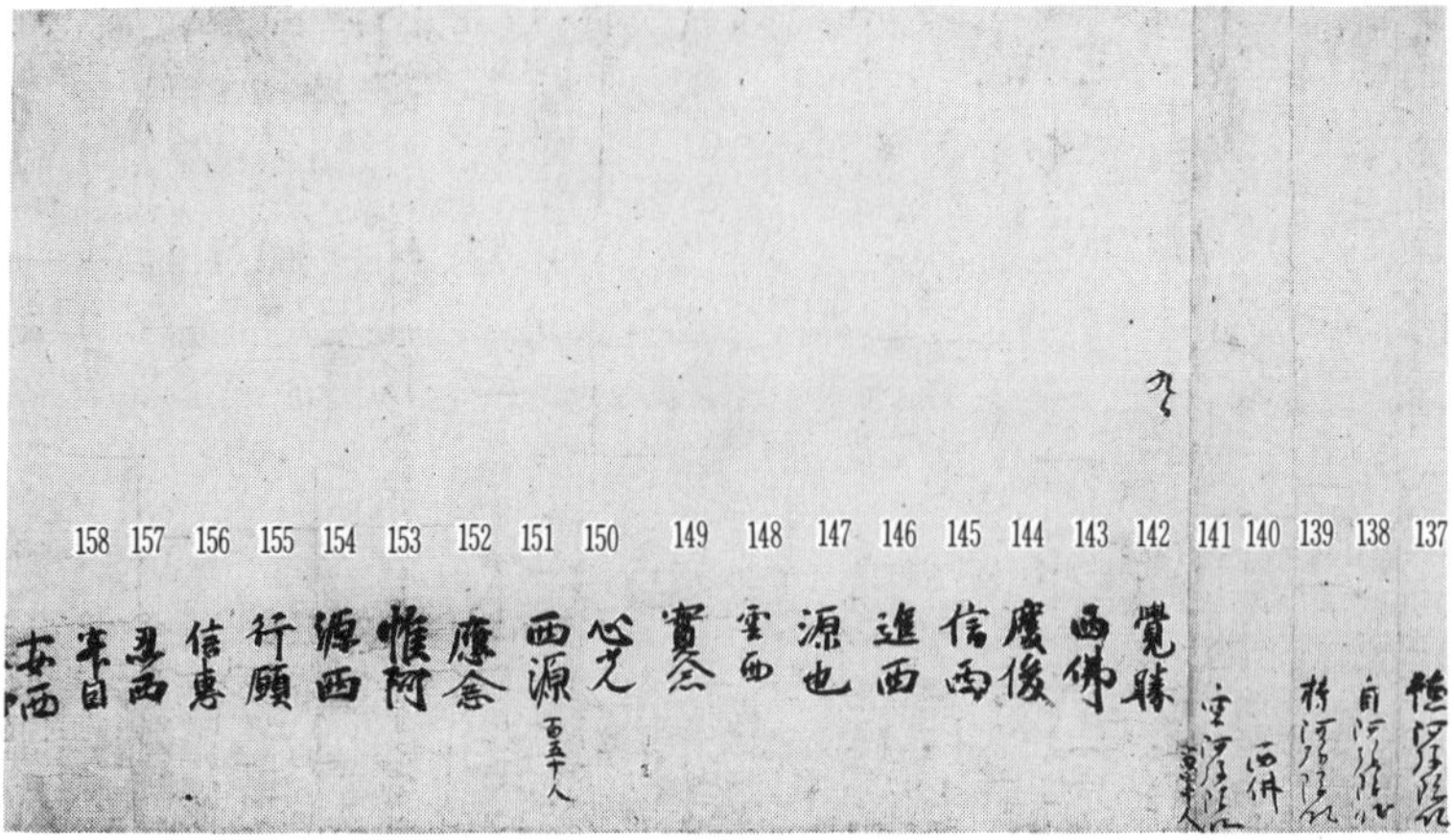

同　　上　　（その11）

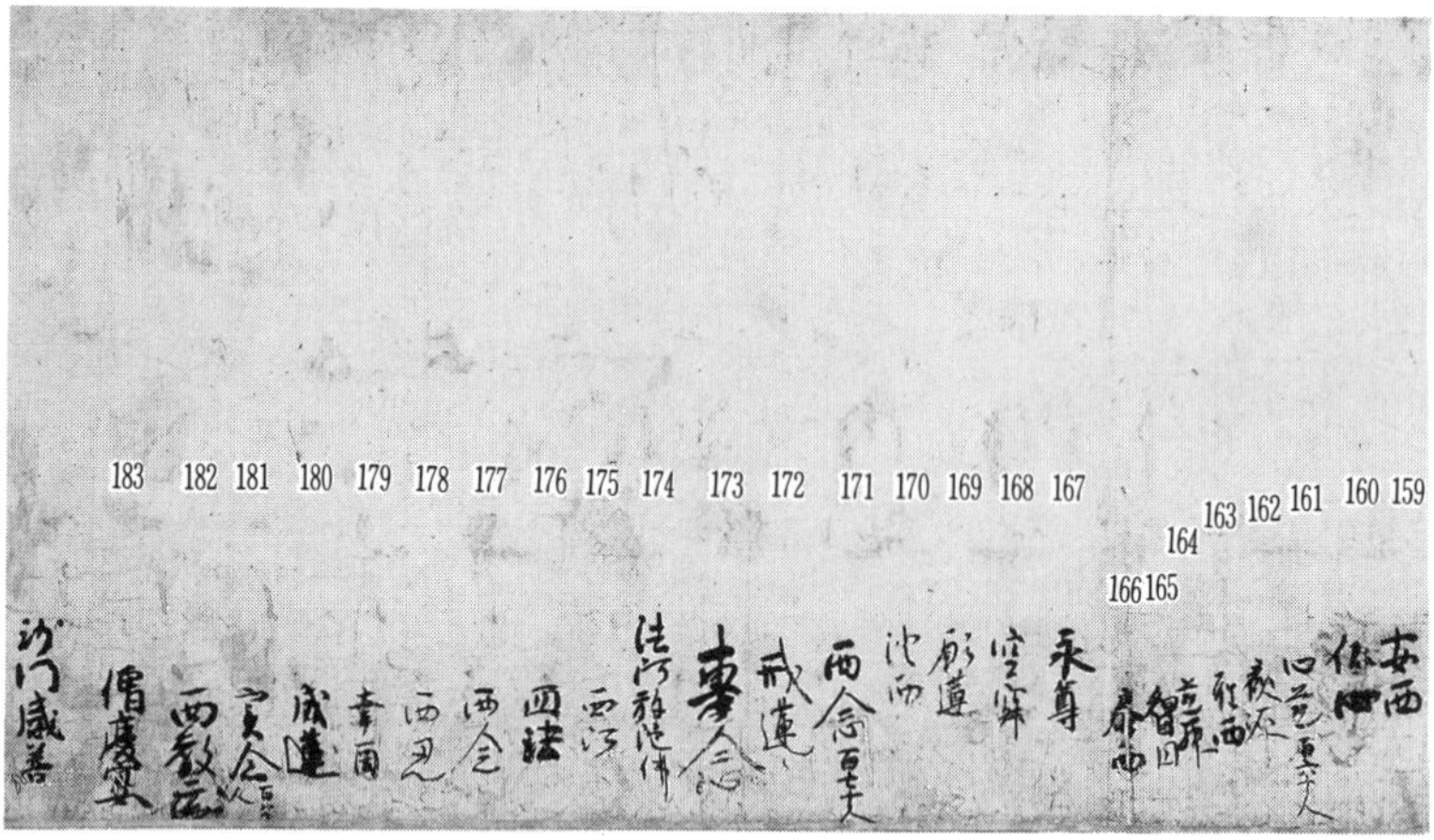

同　　上　　（その12）

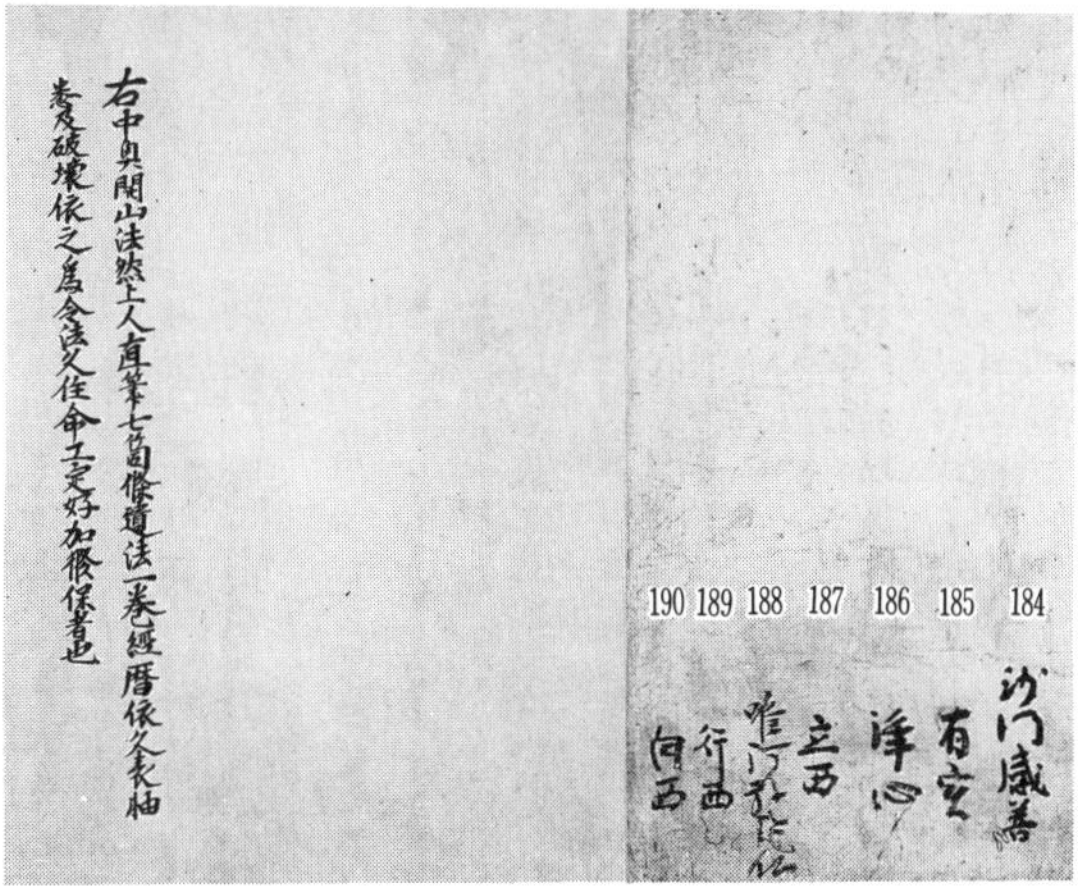

同　　上　　（その13）

尊院本が原本に相違ないことを実証するものである。そして、もっとも問題とされる署名方法については、本文と署名との筆跡の比較から新知見を見出すことが出来、このことは「七箇条制誡」の起草目的や、起草時の事情を語るうえできわめて重要な収穫である。以下に、これらの諸点について詳細を述べることにする。

はじめに二尊院本の写真を掲載するが、本文の頭部には行数を、また署名には署名順番をそれぞれ示すために、便宜を計って算用数字を付す。

一　署名の疑問点

全部で一九〇名の署名が一列に整然と並んでいるが、途中「十人」「廾」「卅」などの表示が見られ、これによって署名人数を数えると一八九名ということになる。どこでこの表示と実際の署名人数とが違ったのか見ていくと、70（署名順番、以下同じ）参西までは確かに一致しているが、80了西には「八十」の表示がなく81尊蓮に付いているから、この間に誤認があったことになる。ただ全体の署名のなかでは63詣西のみがあとで書き入れたように見え、これと無関係には思われないが、ともかくこの辺りから一人ずつ表示と相違し181実念に「百八十人」と記しているのである。

『指南抄』『弘願本』『古徳伝』各所収本は「已上二百余人連署畢」としてその多くの署名を省略しているが、二尊院本最後尾の190向西のあとの部分を見ると、その余白がまったくないことに疑問を感じないこともない。つまりあと一紙程存したものが紙の継目から欠落して、ここが最後尾となったもので、もとは二百余名の署名があったと考えることである。いずれにしても、元久元年十一月七日から九日までの三日間に亘って署名されたのであり、七日は80了西までの八〇名、八日は141空阿弥陀仏までの六一名、九日は190向西までの四九名である。十一月七日に本文を書き終えて、その七日・八日・九日と署名を引き続き行なってから、『四十八巻伝』で述べるごとく山門に送ったという[1]のは、とくに七日付という本文の日付に不自然さを感ずる。やはりこれは送ったものではなく、法然が門下の内部に意思を表示するための誡飭であったと考えることが妥当である。

それはともかく、署名真下や横に付されている「十人」から「百八十人」のごとき表示がすべて同筆であることは明白である。筆者は八日と九日との署名の高さに大きな違いのあることを問題であると思っているが、その紙継目のうえに「百四十人」とあり、166参西も同じく紙継目のうえに署していることなどから、現行本のような体裁は起草当時のものと言えるようである。難点を一箇所指摘しておくと160仏心の署名は、一旦紙を削ってそのうえに記している。

署名全体を概観して特徴的なことを述べると、まずもっとも不審なのは157忍西から166参西までの左下がりの現象である。これはどのような署名形式であったために生じたことなのであろうか。また、八日分の最初81尊蓮から88善蓮までの八名のみが僧という一字を僧名に冠しているが、これはどのような意味を有するのであろうか。ところで、182西教のみに花押がある。花押は後述のごとく法然のものが日下署名の左横に存するが、門下のなかで花押を署しているのはこの西教一人のみである。さらに、184感善には沙門の二字が添えられている。そして、19源蓮には「信願房」、100実蓮には「大夫属入道本名定綱」、129正観には「正観房北野」、130有西には「伊与国喜多郡蓮観房」等の裏書が存するが、これらがいつ頃に記されたのかは明確でない。

ところで、鷲尾順敬氏も前掲論考(2)において、次々に二人三人同一人の筆であるものが見えると指摘されているが、この点についてはもっと詳しく吟味してみる必要があろうと思う。あるいはもっと顕著に同筆の署名が多く見えるのであるがいかがであろうか。また、同名者が多出することは、藤島達朗氏(3)や前掲香月氏論考(4)によって同名異人であると述べられているが、これはよく見ると、59・62安西、171・177西念、140・143西仏（140は八日、143は九日分である）、56・58蓮恵、111・115蓮慶のごとく大変近い箇所に認められることから、多少の重複署名もあり得るものと考えられる。いずれにしても、当時の僧名はかなり同じものが用いられていたようで、例えば奈良興善寺所蔵法然自筆書状等の紙背にある念仏結縁交名状(5)、あるいは滋賀県信楽町玉桂寺所蔵の「源智造立願文」と一緒に納入されていた数万人に及ぶ念仏結縁交名類(6)等は、同時代のものとして恰好の例証にあげることができる。

不可解な点の一つに、署名者のなかに聖覚・湛空らが見えないのはどうした事由によるものなのか(7)である。聖覚は『漢語灯録』によれば、元久元年十一月七日同日付で「送山門起請文」の執筆者となっており、聖覚はこの制誡起草とも大いに係わりを有する者と考えられるが、山門の探題という立場からしたならば、かりに法然に帰依渇仰していても署名のないことの説明がつく。しかし、湛空の場合には当時二尊院に居住し、円頓戒の正嫡として信空のもっとも近くにあった筈であり、後述のごとき制誡起草に果たした信空の役割を考慮するとますます不思議である。

これら諸点の疑問を提示し、後日研究の進展による解決を俟つことにする。

二　「源空」の署名

法然の筆跡[8]といわれるものとしては、前述のように廬山寺本『選択集』の冒頭題目を含む二一文字、金戒光明寺所蔵「一枚起請文」、大阪一心寺所蔵「一行一人阿弥陀経」の「源空」と署名のある行、嵯峨清凉寺所蔵熊谷直実宛法然書状、奈良興善寺所蔵法然書状断簡三通ならびに懸紙二枚、そしてこの二尊院所蔵「七箇条制誡」の署名・花押等があげられる。このうち金戒光明寺所蔵「一枚起請文」については、すでに真蹟であるとすることに疑問で

金戒光明寺所蔵「一枚起請文」源空
署名・花押

二尊院所蔵「七箇条制誡」源空
署名・花押

あるとの見方が存するが、[9] これをも含めてとくに二尊院本「七箇条制誡」の法然の署名・花押について、前掲各本との比較から私見を述べることにする。

二尊院本「七箇条制誡」の法然の署名と花押について鷲尾順敬氏は、署名は本文の筆者が別時に書したもので法然の自筆でないことは明白であるとし、左傍の花押は必ず法然の自筆にかかるものでなければならないと述べられている。[10] こうした見方はその後藤島達朗氏[11]・香月乗光氏[12]らにも受け継がれて今日に至っている。

金戒光明寺所蔵「一枚起請文」についてはすでに玉山成元氏によって、系統論的にいって「為証」以下の添書が後世に付け加えられた形態のものであること、源智の副状が偽物であると考えられるなどの理由によって、法然の真蹟ではないことが述べられているが、[13] ここにその署名と花押の写真を掲載して二尊院本「七箇条制誡」のそれと比較してみる。

両者の間には署名・花押ともに隔りを強く感じ、とても同一人のものとは見えないのである。

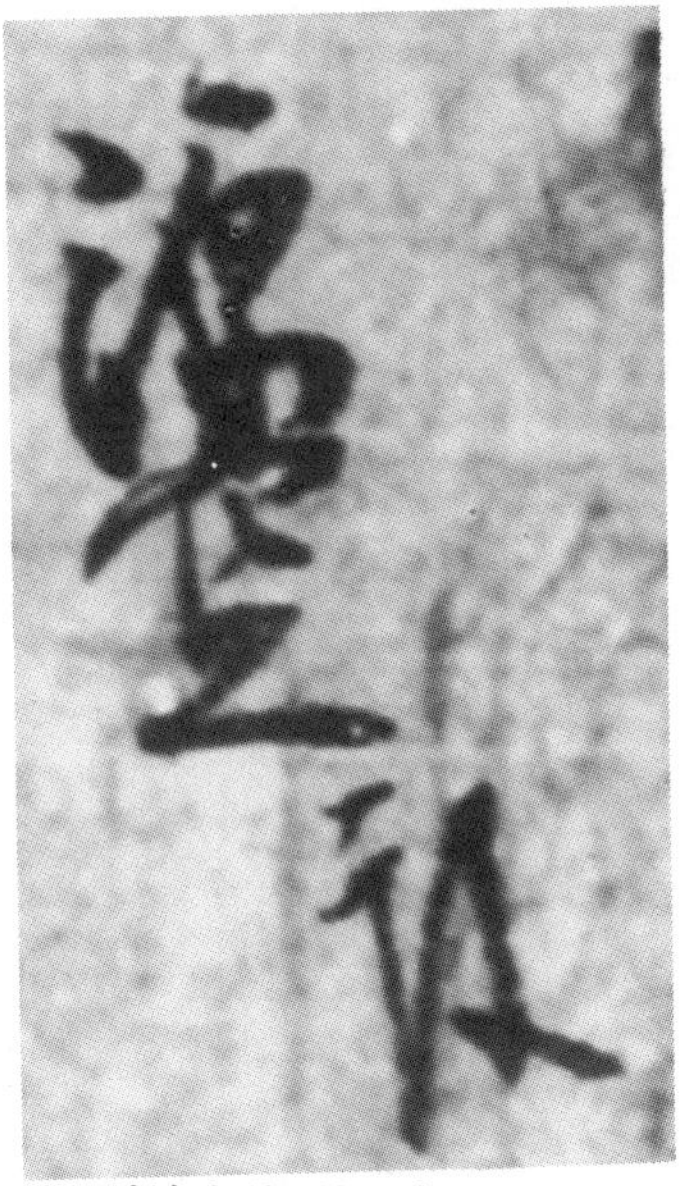

清凉寺所蔵法然書状署名

興善寺所蔵法然
書状懸紙 (1)

興善寺所蔵法然
書状懸紙 (2)

嵯峨清凉寺所蔵熊谷直実宛法然書状は、奈良興善寺文書の発見によってこれとの筆跡の合致を見、双方ともに真蹟と認められるようになったのであるが、ここに両方の署名の写真を掲載する。

これらの筆跡は本文においても合致するように、署名がまた間違いなく同一人のものであると認めることに多くが賛成の意を表すところであろう。とくに清凉寺所蔵法然書状と興善寺所蔵法然書状懸紙(2)のものとは、「源」の字の第七画から第十画、「空」の字の第三画目、第五画目等に認められる個癖が明らかに一致している。「空」の字については興善寺所蔵法然書状懸紙(1)のものにも同様のことが言える。

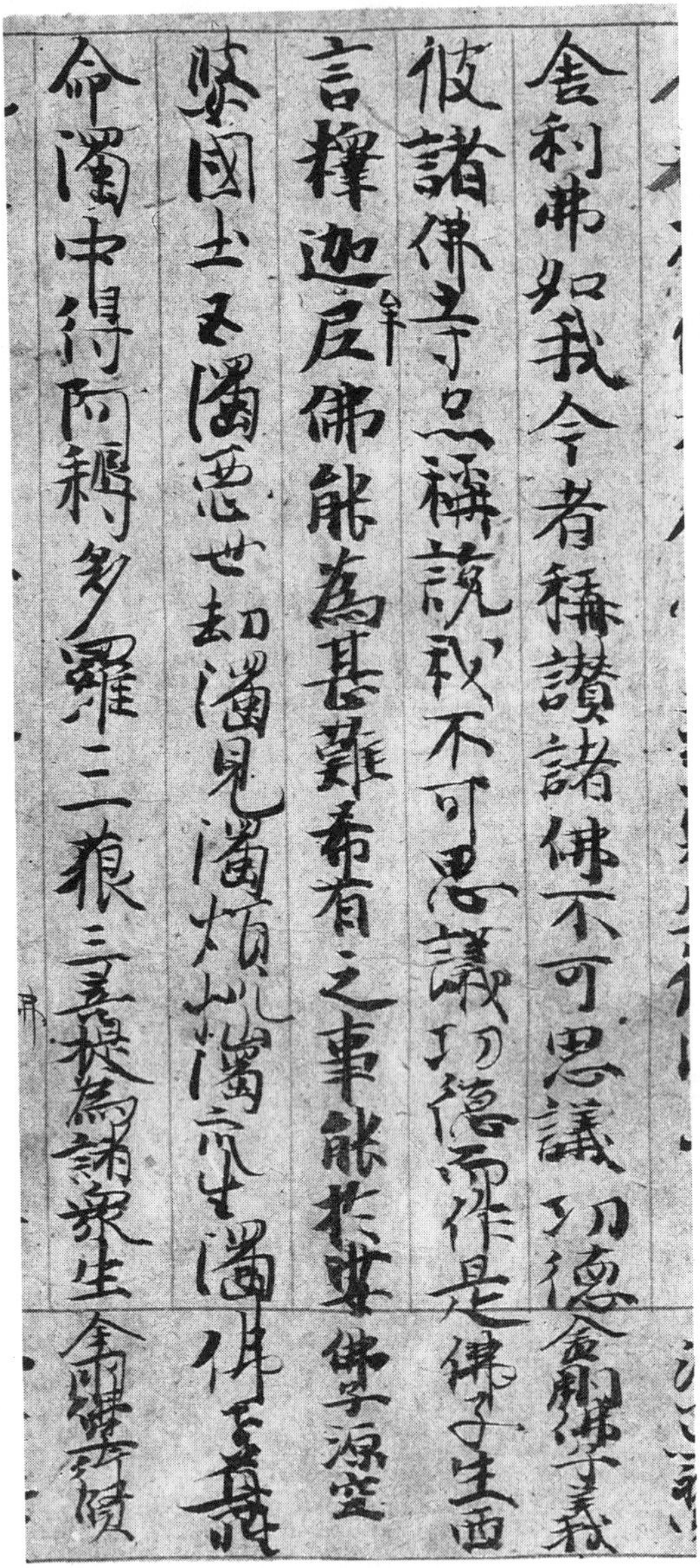
舎利弗如我今者稱讃諸佛不可思議功徳
彼諸佛等亦稱説我不可思議功徳而作是
言釋迦牟尼佛能爲甚難希有之事能於娑　佛子源空
婆國土五濁惡世劫濁見濁煩惱濁衆生濁
命濁中得阿耨多羅三藐三菩提爲諸衆生

一心寺所蔵「一行一人阿弥陀経」源空の行

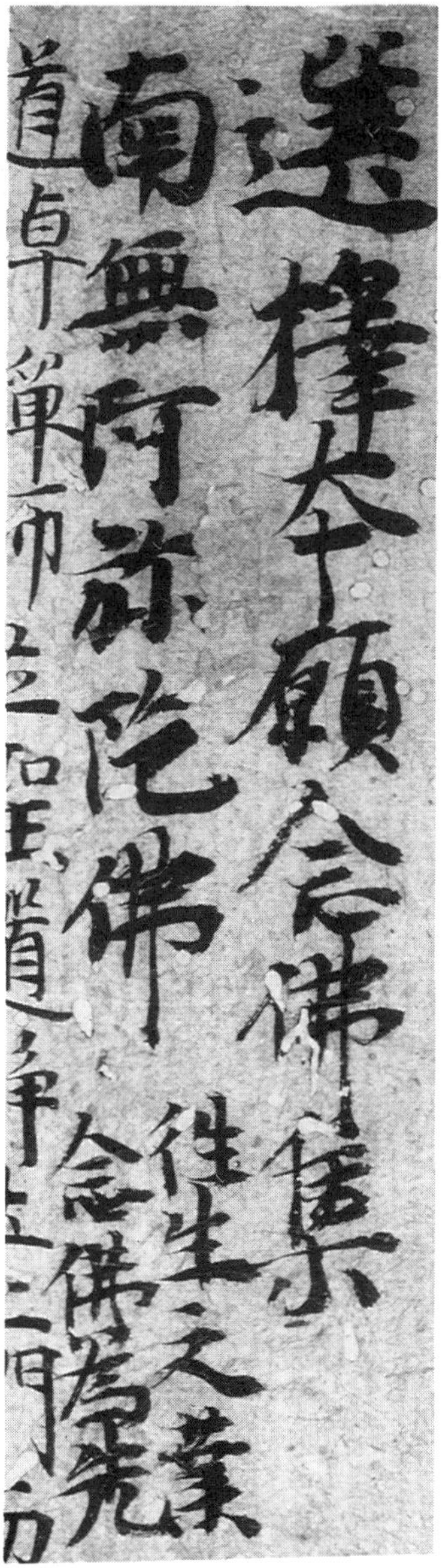

廬山寺所蔵『選択集』冒頭21文字

大阪一心寺所蔵「一行一人阿弥陀経」の「源空」の署名であるが、これと前掲の興善寺所蔵法然書状懸紙(1)の署名は、とくに「源」の字において共通するものを感ずる。

「源空」が書写した「言釈迦〇《牟》尼仏能為甚難希有之事能於娑」の一六文字（挿入文字「牟」は一応除外する）を、廬山寺本『選択集』の冒頭二一文字と比較してみると、「擇」と「釋」の旁、「選」と「迦」の之繞、「佛」の字、「為」の字、「之」の字などの部分に酷似するものが認められ、恐らく双方ともに法然の真蹟であるものと考えられる。したがって、「一行一人阿弥陀経」の署名と興善寺所蔵法然書状懸紙の署名との間に共通するものが認められることも充分にあり得るところである。

そこで、二尊院本「七箇条制誡」の署名についてであるが、前掲の各署名のなかではとくに「源」の字において、清凉寺所蔵法然書状のものと、興善寺所蔵法然書状懸紙(1)や大阪一心寺所蔵「一行一人阿弥陀経」のものとの丁度中間のようなものに見られ、ここに共通性が認められ法然の自筆と考えられるわけである。これは前述の鷲尾氏をはじめする先学が、[14]本文の筆跡と同筆であるとするのとは違った見解を示すことになるが、「沙門源空」の四字の筆跡は本文のものと少しく相違すると感じられ、また後で考証されるであろうその本文の筆跡が信空であるとするならば、筆頭に署名する信空の自署とは筆跡が一致しない等の理由によって、私は法然自身の署名である可能性が強いものと推察するのである[15]（四五四頁付記参照）。

最後にその二尊院本「七箇条制誡」の花押であるが、これは前掲金戒光明寺所蔵「一枚起請文」のものとは明らかに相違するものである。『花押かゝみ』二鎌倉時代一（東京大学史料編纂所編、昭和五十六年）―1651、『国史大辞典』第三巻末「花押」一覧表―812に、それぞれこの二尊院本「七箇条制誡」のものが用いられているごとく、一般的にこれが法然の花押であると認識されているようであるが、その他には信頼できるものが伝わらないため比較する術を有しないのが現状である。

鷲尾氏は花押が左傍にあることは異例であるとしながらも、尾張長母寺所蔵道暁附属状に徴して便宜に随ったものであって形式等に屈托すべきでないことを述べられているが、[16]このことは後に藤島達朗氏によっても指摘されている。[17]しかし、同時代の古文書類に例証を求めてみると、管見の限りにおいても『東大寺文書』（百巻文書二一）寿永元年八月二十一日付東大寺小綱俊成起請文の俊成の花押、『東大寺文書』（宝庫文書）正治二年十一月日付周防国在庁官人置文の奥書に見られる「南無阿弥陀仏」（重源）の花押、嵯峨清凉寺所蔵元久三年十月二日記「熊谷直実自筆夢記」の蓮生の花押、奈良円成寺所蔵大日如来座像の台座裏銘の運慶の花押、和歌山『施無畏寺文書』寛喜三年四月日付湯浅景基寄進状の同月十七日外題の高弁（明恵）の花押、『建仁寺文書』年代未詳五月二十一日付権律師行勇書状の行勇の花押等、それはとくに僧侶の花押に数多くあげることができる。法然の花押が署名の左傍に存することをもって即座に疑問とすることはないのである。

三　自署の筆跡

署名のなかには自署であることが判明するものが若干ある。1信空は、後述するように「七箇条制誡」自体の起草に深く関係する第一の門弟として筆頭に署名しているが、これが塚本善隆・三谷光順両氏によって、栂尾高山寺所蔵元仁元年（一二二四）十一月二十八日付「信空自筆円頓戒戒脈」の署名と、とくに「空」の字の個癖などが合致すると指摘されている。[18] 制誡起草時における信空の果たしたと思われる役割を考えれば当然のことであるが、ここに両署名を掲げて比較してみる。

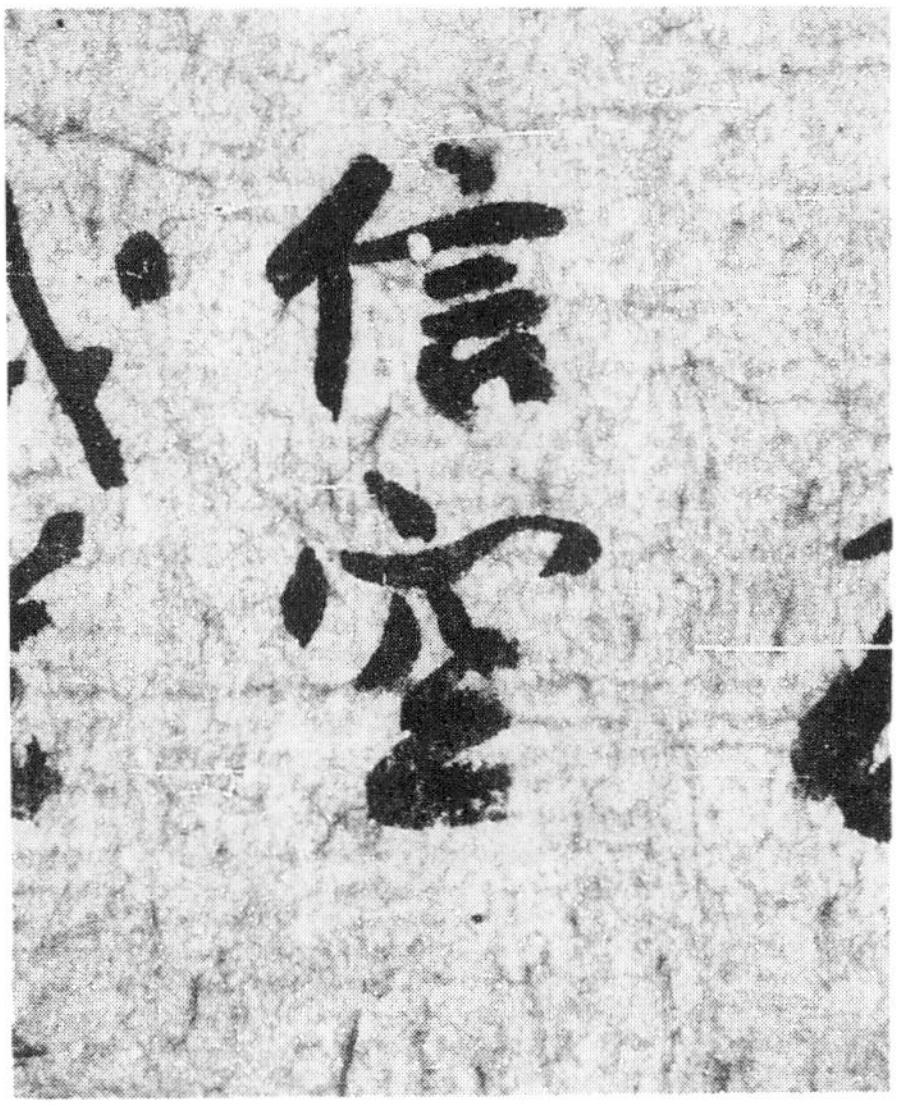

二尊院所蔵「七箇条制誡」信空署名

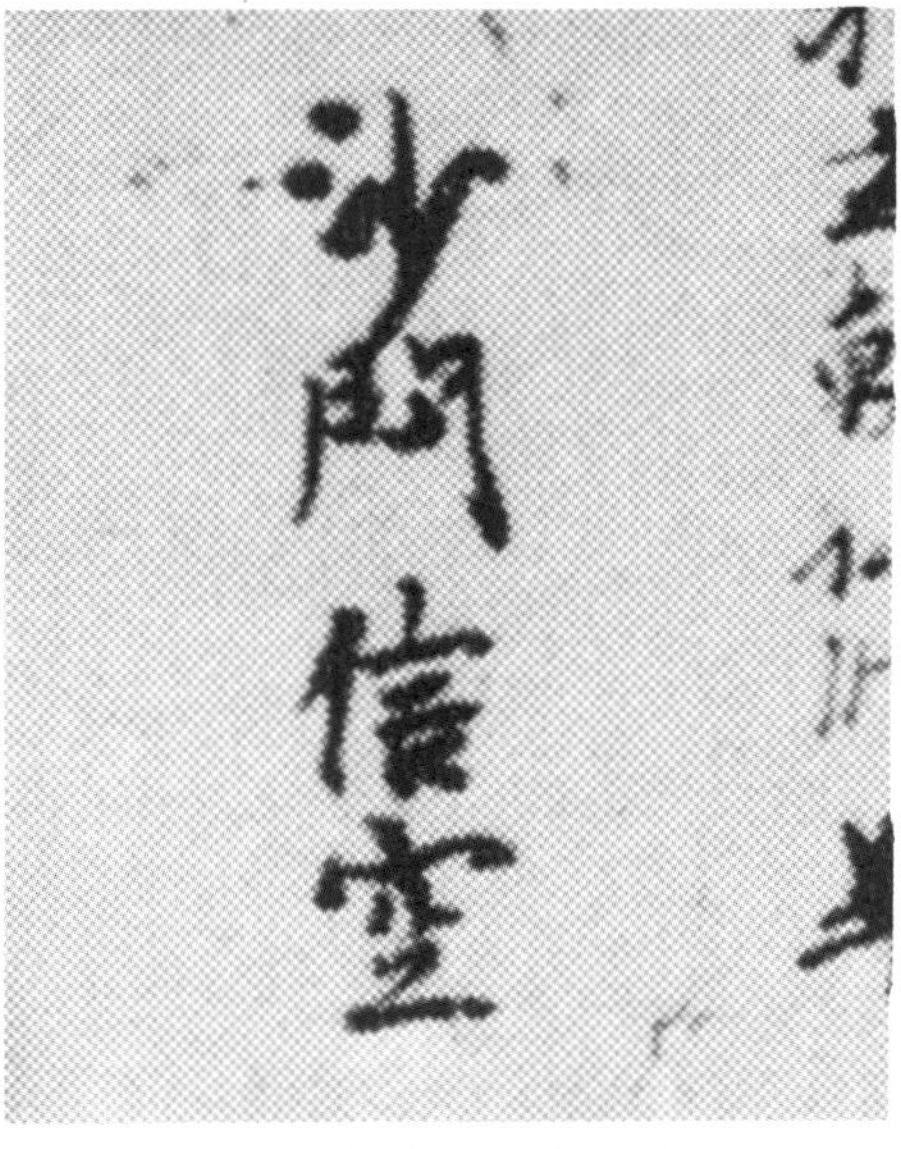

高山寺所蔵「信空円頓戒戒脈」信空署名

これは私見においても酷似していることが首肯されるところである。

5源智の署名については、昭和五十二年滋賀県信楽町玉桂寺の阿弥陀如来立像胎内より発見された建暦二年（一二一二）十二月二十四日付「源智造立願文」の署名と相通じるところがある。ここに両署名を比較してみる。

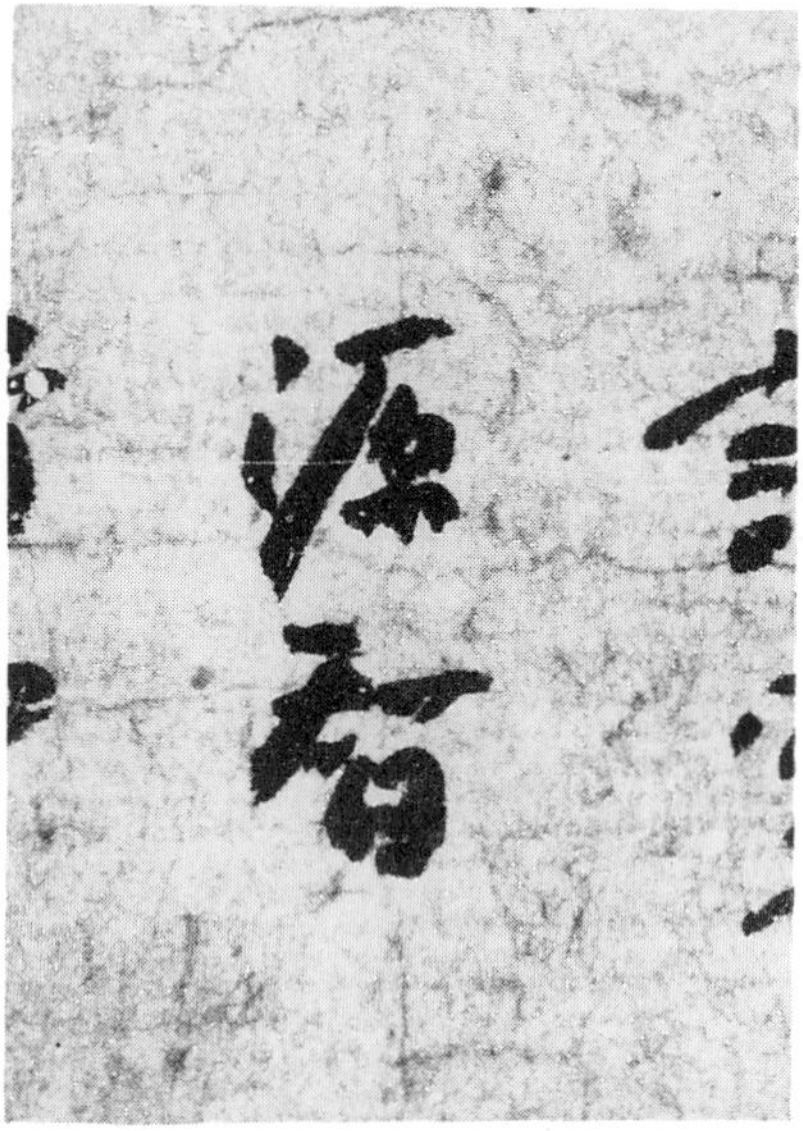

二尊院所蔵「七箇条制誡」源智署名

玉桂寺所蔵「源智造立願文」署名

この「源智造立願文」は、遺弟の源智が師法然の一周忌を迎えるに当たり、三尺の阿弥陀仏立像の造立を発願し、有縁無縁数万人の結縁を募ってその交名状と共に胎内に納入したものであり、源智の師法然に対する真摯な報恩謝徳の念が深く籠められているものといえ、間違いなく源智自筆のものと考えられる。それと共通するとはかなり信憑性を有するものと言えるのである。

23欣西の署名については、すでに赤松俊秀[19]・香月乗光[20]・斎木一馬[21]の各氏によって指摘されているところであるが、奈良興善寺所蔵十二月四日付欣西書状の差出書、及びその封上書との二箇所の署名が確実に合致するものである。

左に「七箇条制誡」の署名と、欣西書状差出書の署名とをともに掲げることにする。

二尊院所蔵「七箇条制誡」欣西署名

興善寺所蔵欣西書状署名

87綽空の署名については、辻善之助氏の『親鸞聖人筆跡之研究』によって、「綽」の字の糸偏の筆の重い様子などが『浄土論註』の筆の趣に似たところがあり、「空」の字の「ウ」は本願寺本『教行信証』のものと類似するとし、とくに『教行信証』後序の記述に「綽空」と称していた徴証をもとに、二尊院本「七箇条制誡」の綽空の署名を親鸞自筆のものと考察されている。ここで、その『浄土論註』[22]巻下奥書の糸偏、『教行信証』[23]の「空」の字、『教行信証』後序[24]の「綽空」という文字の部分などを掲出し、二尊院本「七箇条制誡」の「綽空」の署名と比較してみる。

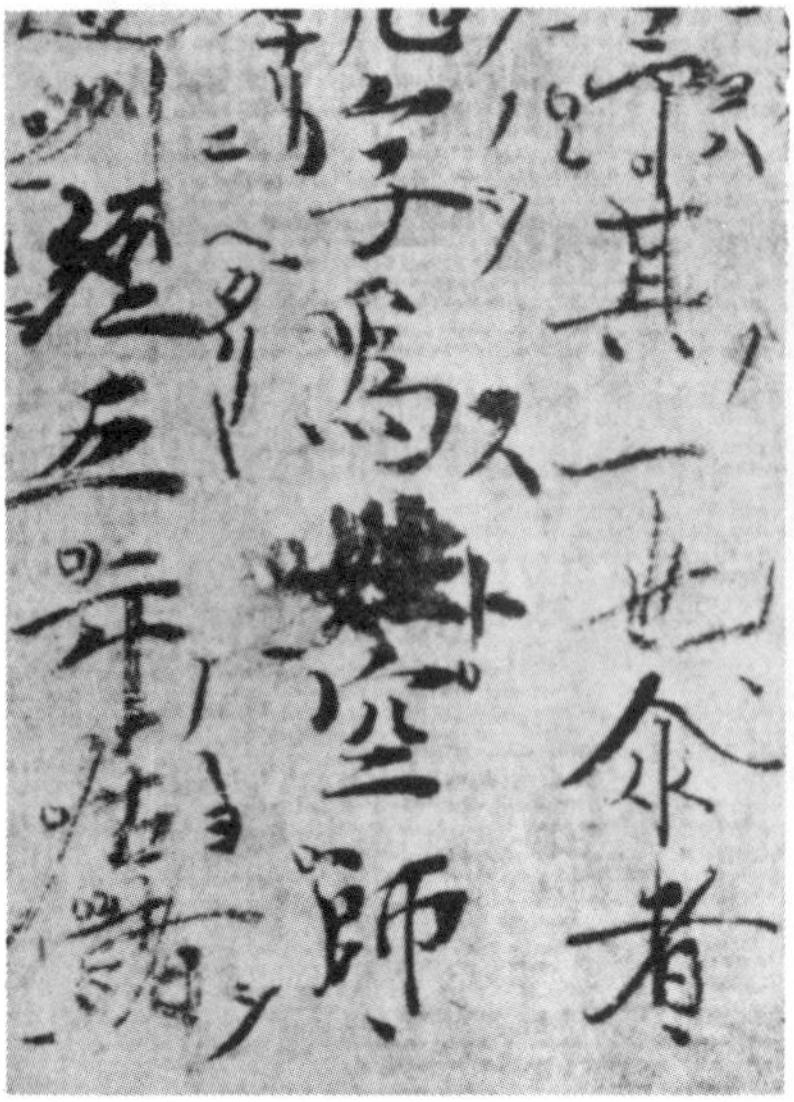

親鸞筆『教行信証』「空」
の文字（親鸞聖人真蹟集成より）

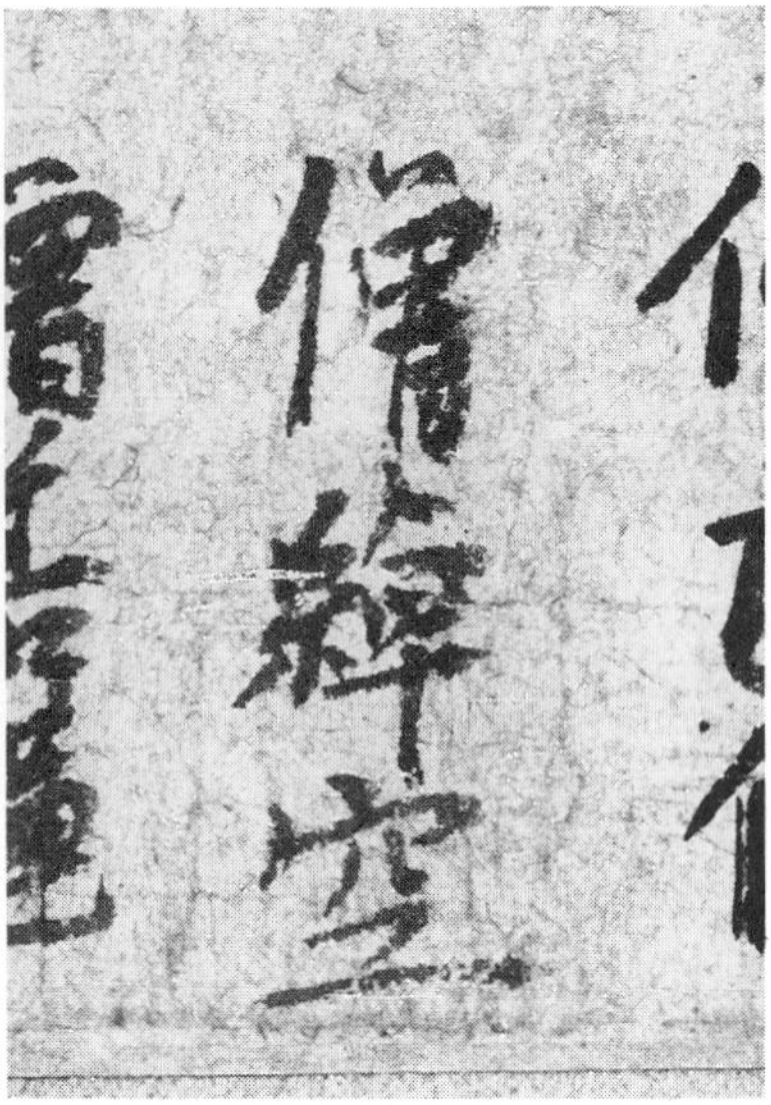

二尊院所蔵「七箇条制誡」綽空署名

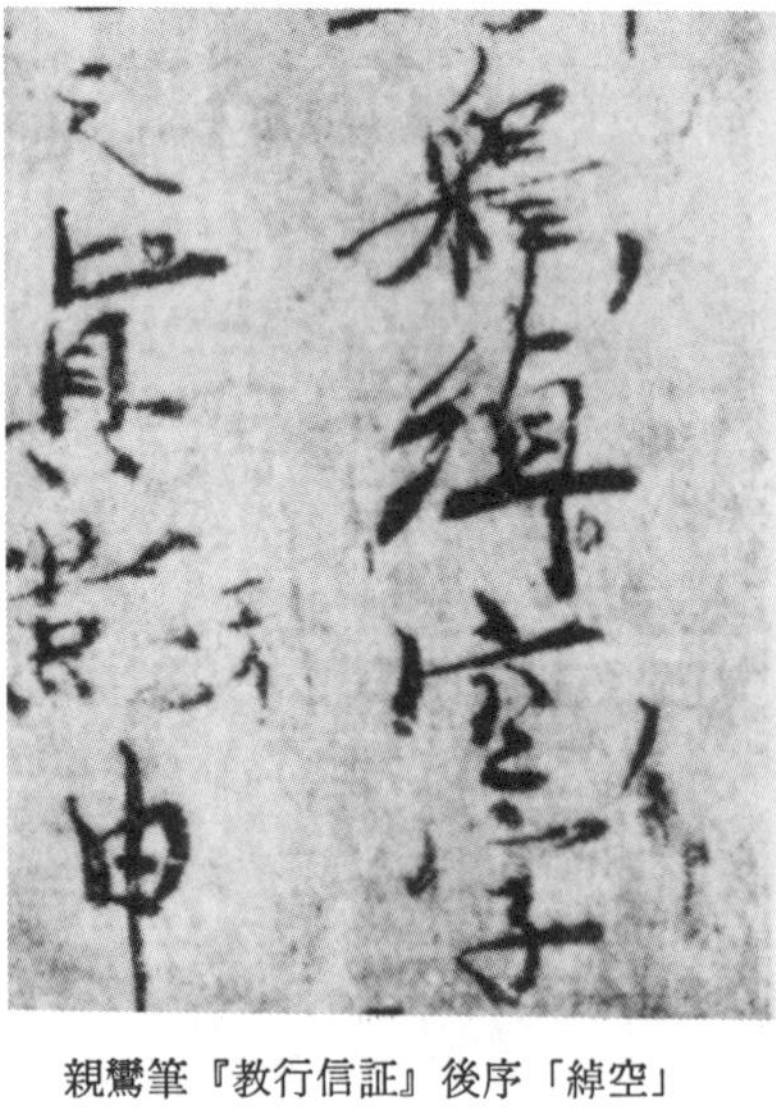

親鸞筆『教行信証』後序「綽空」
の文字（親鸞聖人真蹟集成より）

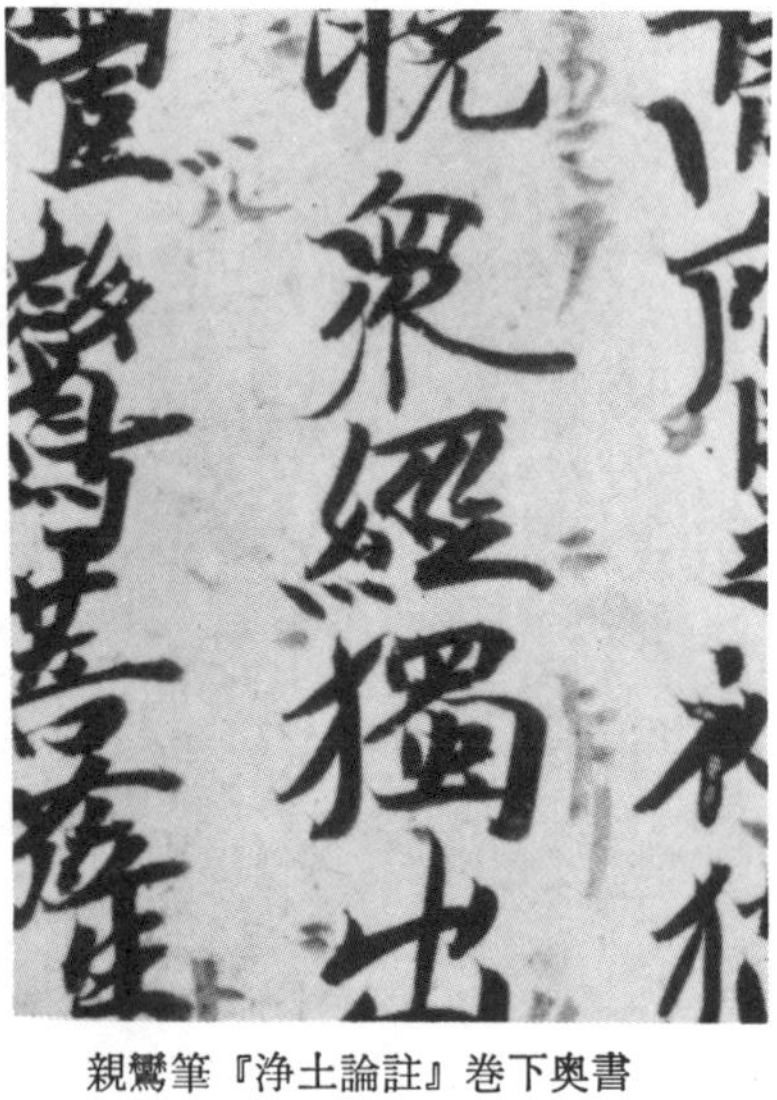

親鸞筆『浄土論註』巻下奥書
糸偏（親鸞聖人真蹟集成より）

これらは、やはり筆者の見解においてもすべて同筆のものということに異論を挿む余地がない。

89蓮生についても、嵯峨清涼寺所蔵「熊谷直実自筆夢記」の署名とを比較してみるとこれに酷似している。蓮生の署名はほかにも『熊谷家文書』[25]建久二年三月一日付熊谷直実譲状のものがある。ただし、この文書は『大日本古文書』では、鎌倉時代を降らない偽文書として扱われている。参考までにその署名・花押を掲げ、清涼寺所蔵「熊谷直実自筆夢記」のものと比べてみる。

これらの署名・花押はいずれもよく似ていると言える[26]けれども、『熊谷家文書』の方にはいくらか筆力に欠ける感を抱くため、ここでは一応『大日本古文書』校訂者の立場を踏襲しておく。しかし、清涼寺所蔵「熊谷直実自筆夢記」と二尊院本「七箇条制誡」の署名同士は、明らかに酷似しているものである。

182西教はただ一人花押を署している。一般的に言って花押を署するのは本人以外にないことは当然のことである。どうして、この西教のみが花押を記したのかその点は疑問であるが、ここにも本人が署名している例を認めることができるのである。

以上、一九〇名の署名のなかには、他の傍証史料によって、自署の筆跡であることの確かなもの、あるいはその可能性大なるものを若干認めることができる。これは二尊院本が原本であることを何よりも証するものと言える。署名のなかには同筆のものが多く見られ、何人かによって代署された場合もかなりあるようであるが、ここで確認したものはそのごく一部に過ぎないであろうから、なかには確かに本人によって書かれた署名も相当数あると考えられる。

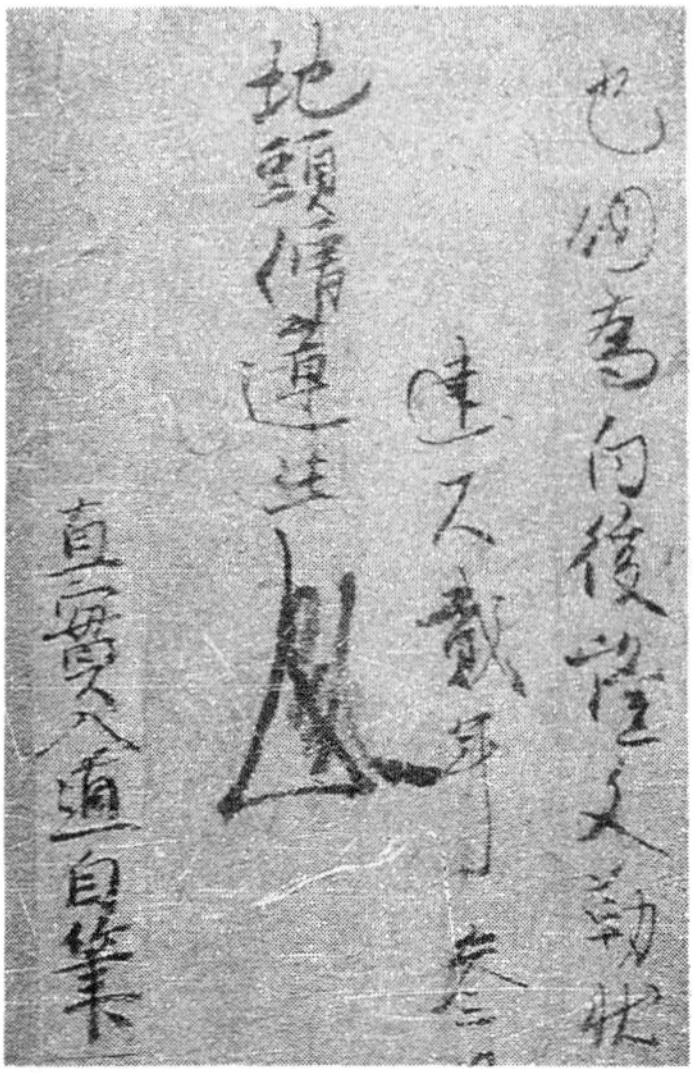

『熊谷家文書』熊谷直実譲状
署名・花押

二尊院所蔵「七箇条制誡」蓮生署名

二尊院所蔵「七箇条制誡」西教
署名・花押

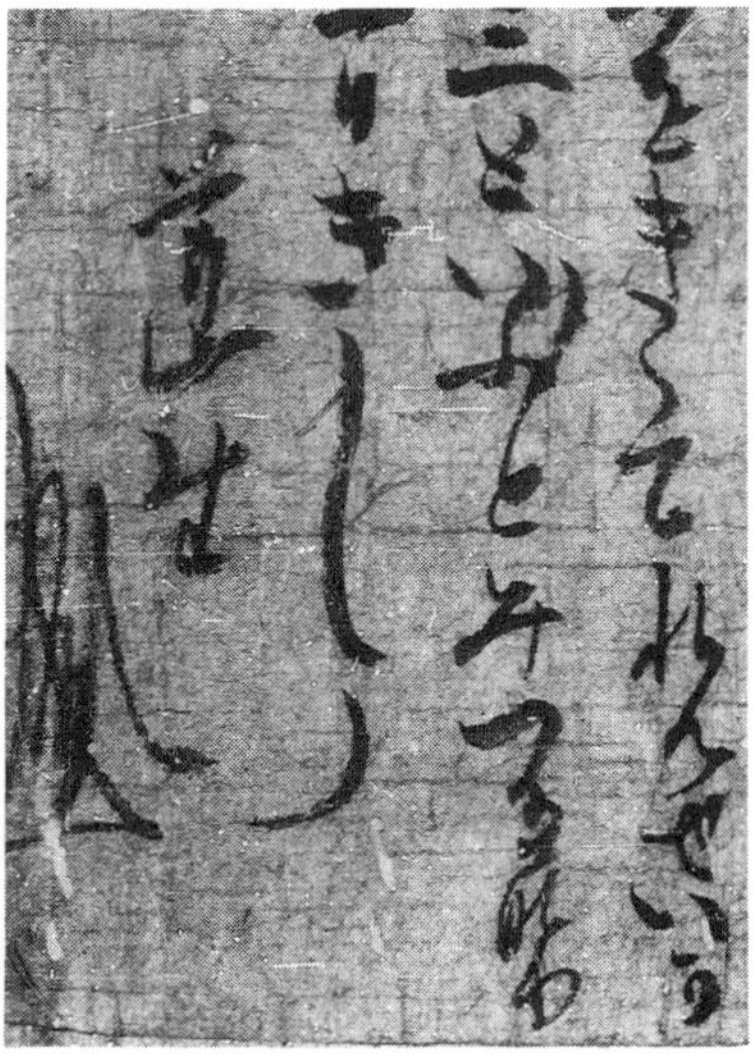

清凉寺所蔵「熊谷直実自筆夢記」
署名・花押

四　本文筆跡との比較

署名のなかには同筆と見られるものが多い。一九〇名の署名はいったいどのように行なわれたのか、前述のような自署のものと代署とが混在しているとすれば、それはどうした事情によるものであろうか。次節において具体的な署名者の検討を通し、そうした署名方法に関する私見が述べられるが、ここでは本文の筆跡と共通する筆跡の署名がいくつか見受けられるため、両方を詳細に比較しながらその本文筆跡と署名との関係を追究してみようと思う。

本文筆跡と署名筆跡との比較

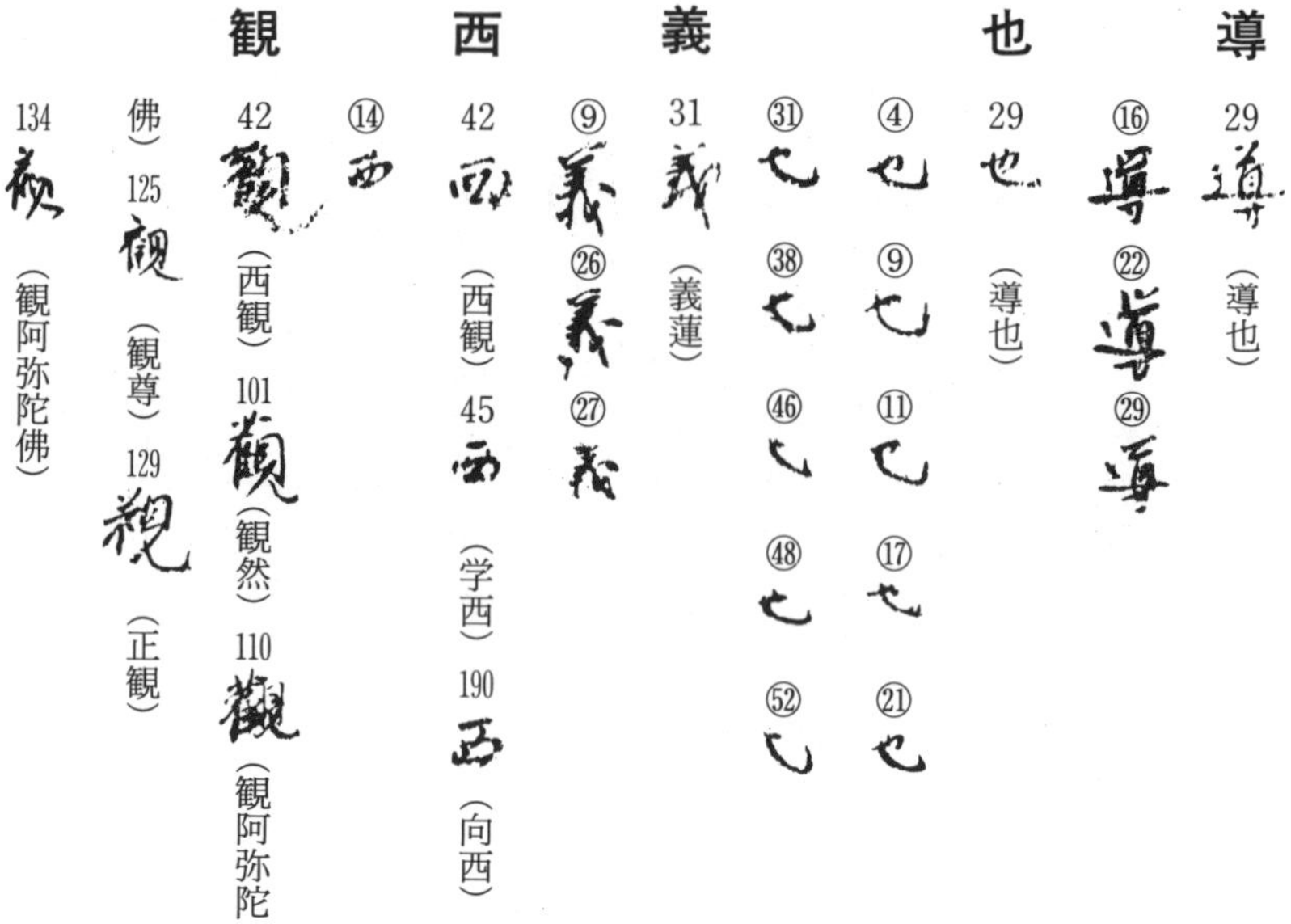

導
29（導也）
⑯
㉒
㉙
也
29（導也）
④
⑨
⑪
⑰
㉑
㉛
㊳
㊻
㊽
(52)
義
31（義蓮）
⑨
㉖
㉗
西
42（西観）
45（学西）
190（向西）
⑭
観
42（西観）
101（観然）
110（観阿弥陀佛）
125（観尊）
129（正観）
134（観阿弥陀佛）

覚
③
㉒（見）
43（覚成）
51（覚妙）
95（覚信）
成
43（覚成）
93（成願）
㉜
学
45（学西）
④
㊴
教
60（教芳）
(93)
㉕
㉚
㉜
㉟
㊳
㊴
㊵
善
71（仰善）
88（善蓮）
⑯
㉑
㊳
㊷

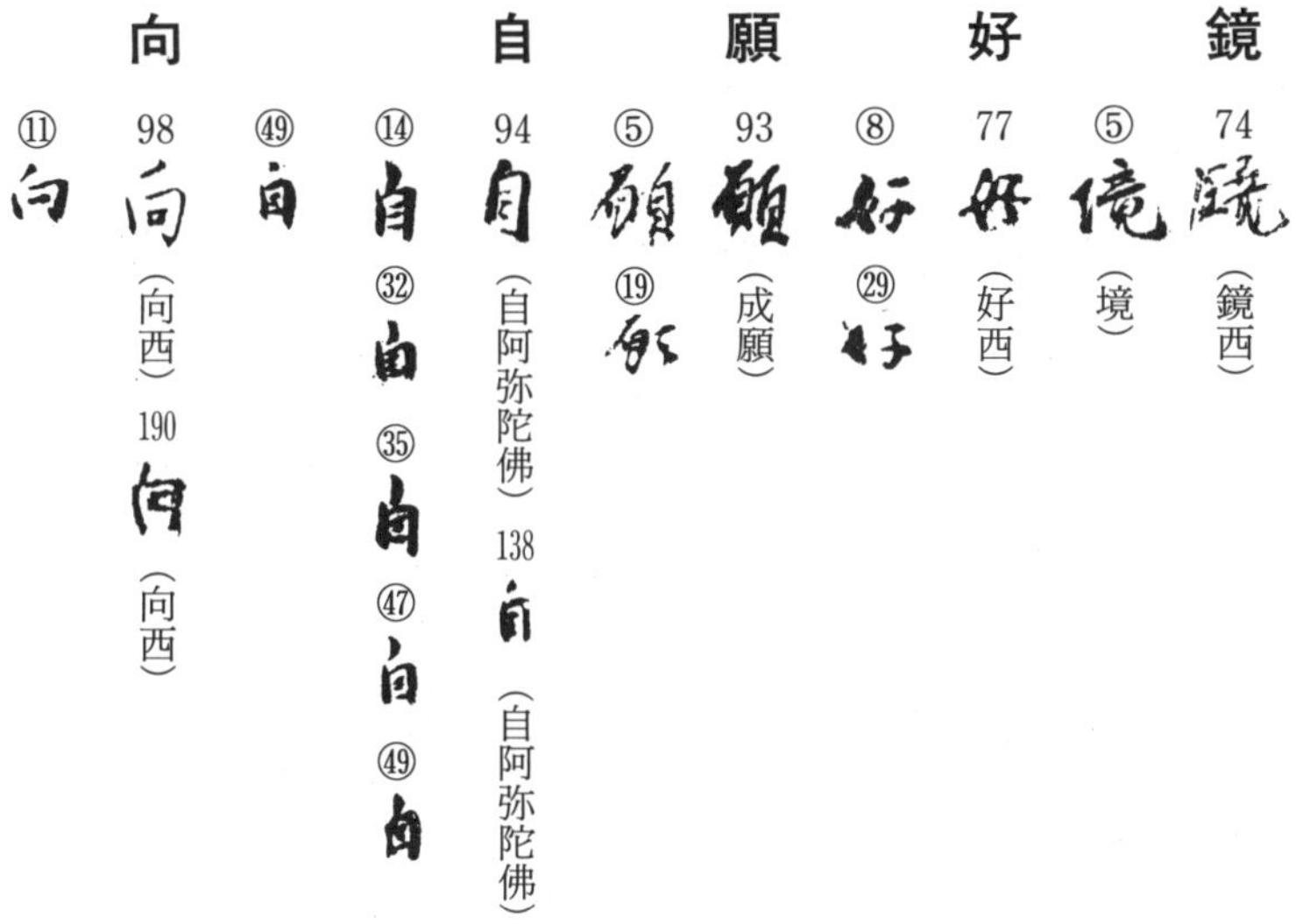
鏡
74
(鏡西)
⑤
(境)
好
77
(好西)
⑧
㉙
願
93
(成願)
⑤
⑲
自
94
(自阿弥陀佛)
138
(自阿弥陀佛)
⑭
㉜
㉟
㊼
㊾
㊾
向
98
(向西)
190
(向西)
⑪

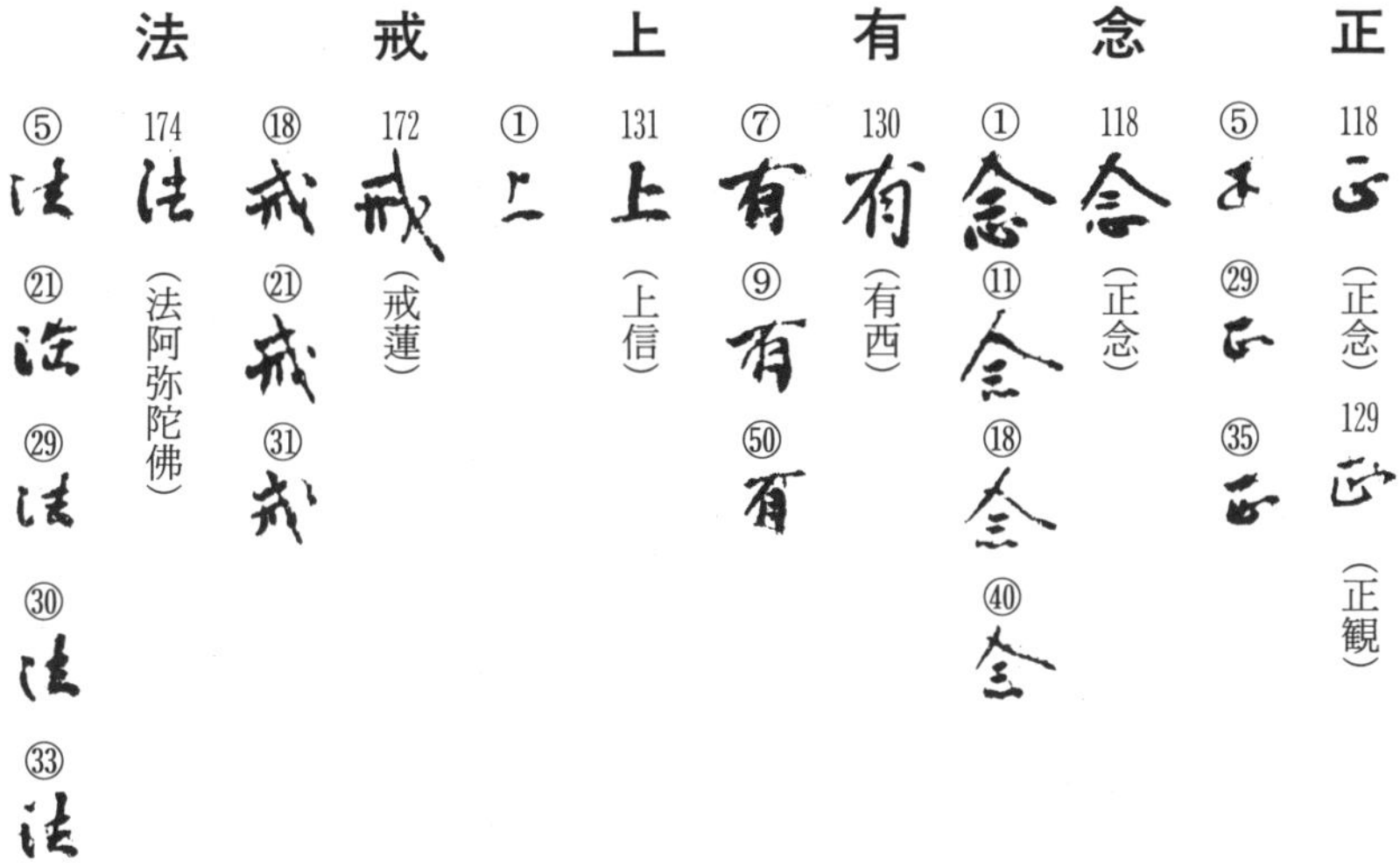
正
118
(正念)
129
(正観)
⑤
㉙
㉟
念
118
(正念)
①
⑪
⑱
㊵
有
130
(有西)
⑦
⑨
㊿
上
131
(上信)
①
戒
172
(戒蓮)
⑱
㉑
㉛
法
174
(法阿弥陀佛)
⑤
㉑
㉙
㉚
㉝

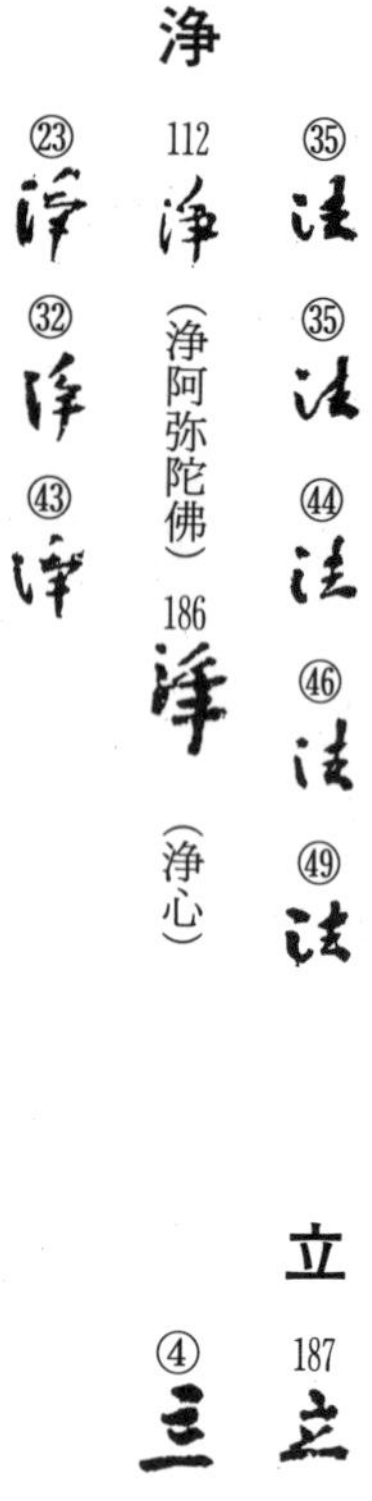

「七箇条制誡」の本文と署名との筆跡の比較研究は、筆者が大正大学大学院博士課程在籍中、故斎木一馬教授の講義において野村恒道・福田行慈・塩入亮乗の各氏とともに作業を行なったもので、すなわち斎木教授のご指導による成果の報告であり、本書の刊行を機に永く放置していたこの問題について受講生を代表して筆を執らせていただくことにする。

ここに掲載する作業結果は、右に署名（算用数字は署名順番を示す）中の文字、左に本文（丸で囲む算用数字は本文の行数を示す）中の文字を並列に置き、双方の筆跡を比較したものである。そして、これらはとくに筆跡が酷似するものを列挙したに過ぎず、ほかにもその字体・筆法等類似するものは多い。

本文の筆跡と署名の筆跡を比較してみるに、一九〇名の署名のなかにかなり多くの酷似するものが確認されるとしたならば、それは本文の筆者が多くの署名の代署を行なっていた証明となり、その本文筆記者の果たした役割についても見直さなければならなくなるであろう。本文の筆記者については、『漢語灯録』巻第一〇所収本の末尾に「私云、執筆法蓮房也、右大弁行隆息也」とあり、『四十八巻伝』第三一巻所載本の末尾に「執筆右大弁行隆息法蓮房信空也」とあるように、法然とは法兄弟で門弟のなかの筆頭ともいえる信空との説が記されている。これは当時の信空の立場からして当然考えられることであるが、前述したように最初に署名する信空の署名が、栂尾高山寺所蔵元仁元年十一月二十八日付「信空自筆円頓戒戒脈」の署名と合致することでも分かるように、制誡起草時に法然のもっとも近くにあったわけであるから、その信空が本文の起草に深く関与していたことは充分想定できることである。そして、信空は法然の意を承けて門弟の署名を募ったのである。

勿論自らが参じて署名することが原則であったろうし、実際に自署の者もかなりいたであろうが、信空自らが代署した念仏者の署名も多かった。このことは、署名全体を通して前述した如き疑問な点が多く、場合によっては「七箇条制誡」の史料的欠点ともなってきたわけであるが、そのうちのかなりの問題について解決の糸口となるものと言える。そして、信空の「七箇条制誡」起草時に担っていた役割を再評価すべきことになる。すなわち、すでにこの頃法然は信空を名実ともに後継の指導者と位置付け、その指示のもとに信空によって門下の誡飭が促されていたわけであり、それは本文を記すだけの書記的役割を負っていたというようなものではなく、この制誡起草自体の中核的存在として門弟を掌握していたように見受けられる。

いずれにしても、信空も師法然同様に南都北嶺などを中心とした念仏宗に対する批判的な気風[27]に確実な懸念を感じ取っていたものであろう。後章に掲げる同日付で比叡山に送った「送山門起請文」の起草者が、比叡山探題で法然の強い理解者である聖覚であったことを並行して考えると、法然のとった態度と当時の念仏宗内外における人的配置に頷けるものがあるのではなかろうか。

註

（1）本章第一節（三八三頁）参照。

（2）鷲尾順敬「法然上人七箇条起請の原本検討」（『現代仏教』第九巻第九八号）参照。

（3）藤島達朗「法然上人七箇条制誡の人名について」（『大谷大学仏教史学会会報』一、昭和二十七年）参照。

（4）香月乗光「各種法然上人伝所載の『七箇条起請文』について」（『法然上人伝の成立史的研究』第四巻）参照。
（5）堀池春峰「興善寺蔵法然上人等消息並に念仏結縁交名状に就いて」（『仏教史学』第一〇巻第三号）参照。
（6）『玉桂寺阿弥陀如来立像胎内文書調査報告書』所収。
（7）三田全信「正信房湛空について―特に七箇条起請文及び四巻伝の著者に関する私見―」（『仏教文化研究』第一〇号、昭和三十六年）には、湛空の署名のない理由として、一九〇人程もあった法然の門人に説いて署名するよう東奔西走していたので、自己の署名の機会を逸したものと述べられているが、これだけでは説得力を有するものではない。
（8）『法然上人真蹟集成』（法藏館、昭和四十九年）解説篇赤松俊秀「総説」参照。
（9）鈴木（玉山）成元「一枚起請文について」（『浄土学』第二六号、昭和三十三年）参照。
（10）註（2）掲載鷲尾所論参照。
（11）註（3）掲載藤島所論参照。
（12）註（4）掲載香月所論参照。
（13）註（9）掲載鈴木（玉山）所論参照。
（14）註（2）掲載鷲尾所論、註（3）掲載藤島所論等参照。
（15）註（8）掲載赤松所論にも、署名・花押ともに奈良興善寺所蔵文書などによって確認できるものとして貴重であると述べられている。
（16）註（2）掲載鷲尾所論参照。
（17）註（3）掲載藤島所論参照。
（18）塚本善隆・三谷光順「法蓮房信空上人の研究」（『専修学報』第一輯）参照。
（19）註（8）掲載赤松所論参照。
（20）註（4）掲載香月所論参照。
（21）斎木一馬「欣西書状（仏教古文書学講座）」（『日本仏教史学』第一五号）参照。
（22）『親鸞聖人真蹟集成』第七巻所収。
（23）『親鸞聖人真蹟集成』第一巻・第二巻所収。
（24）『親鸞聖人真蹟集成』第二巻教行信証下所載。
（25）『大日本古文書』家わけ第一四所収。
（26）赤松俊秀著『続鎌倉仏教の研究』所収「熊谷直実の上品上生往生立願について」は、『吾妻鏡』の熊谷直実出家の記載について、『熊谷家文書』建久二年三月一日付熊谷直実譲状に見える「地頭僧蓮生（花押）」の花押が、清涼寺所蔵「熊谷直実自筆夢記」所見のものと一致することを理由にあげ、これより以前に出家していたことになるとして『吾妻鏡』の記載を創作であろうと批判されている。
（27）元久年間から建永年間にかけての念仏宗弾圧の背景については、平雅行「建永の法難について」（『日本政治社会史研究』下、岸俊男教授退官記念会、塙書房、昭和六十年）に詳しい。

第三節　署名者の検討

元久元年（一二〇四）十一月七日から九日までの三日間になされた一九〇名の署名についてであるが、これらの署名は、初期専修念仏者の規模や実態を知る上にまことに貴重な材料と言える。ところがこの署名個々人の考証は、高瀬承厳氏「法然上人門下列表」（『我祖法然上人』、大正十三年）のほかには、数人の著名な高弟を除いてほとんど行なわれていない。(1) しかしこのような作業なしに、法然が何のために制誡を示して署名させようとしたのか、すなわち「七箇条制誡」自体の起草目的を考えることはできない。

一九〇名の署名のなかには同筆と見られるものが非常に多い。二人三人ごとに次々と同一人の筆であるとも言われている。(2) しかるに、前節で述べたように明らかに自署と認められるものもある。そして、勿論代書されたものも多い筈であるが、それでは一九〇名もの署名がいかなる方法によって行なわれたのであろうか。これらの問題について、署名個々人の考証から推察される一現象を見出すに至ったため、若干の卑見を述べて起草目的を解明する一試論としたい。

一　署名個々の考証

一九〇名について考証を行なうわけであるが、すべてを解明することは到底困難である。それでも、法然の伝記類を参考に、『尊卑分脈』や『吾妻鏡』及び当時の日記類等によって、約六〇名程の署名についておよその見当をつけることが可能である。以下、署名の順に述べることにする。

（七日署名分）

1信空　法蓮房信空は葉室行隆の息に生まれ、十二歳の時叡山黒谷の叡空に師事して出家を遂げ、法然と法兄弟となった（『尊卑分脈』『明義進行集』）。法然はこの前年から嵯峨清涼寺に参籠し、その後南都に遊学をしているから（『四十八巻伝』）、信空の入室年時を求めると、「法然上人第一弟子」ということから見て、真観房感西の入室する承安元年（一一七一）以前ということになる。(3) そして、建久九年（一一九八）四月八日の「没後遺誡文」(4)によっても、法然門下における信空の特別な位置を認めざるをえない。黒谷本房・白川本房・坂下薗一所・洛中地一所・本尊・聖教等を譲り受けており、他の門弟を圧倒している。このような信空が、『漢語灯録』(5)所収の「七箇条制誡」（以下、『漢語灯録』本と称す）の末尾に「私云、執筆法蓮房也、右大弁行隆息也」とあるように、「七箇条制誡」の条文の執筆役を勤めることは、何ら不自然ではない。この点については前述もしたが、この信空の署名を自筆と確認できることからも裏付けられる。

2感聖　「没後遺誡文」によると、法然は没後の財産分与を考慮し、「但《シ》弟子雖レ多《シト》、入室者《ノ》僅《ニ》七人也」と記し、その中に信空・感西・証空らと共に感聖も入れている。そして、信空から長尊までの五人においては、具体的な付属物件を記しているが、感聖にはそれがない。感聖はまた『漢語灯録』本には定生房と註記されている。『四巻伝』(6)巻第四に「定生房往生の跡に、五日、法蓮上人（信空）の沙汰として、以二定仏一為二後房主一」とあり、感聖の寂後定仏が大谷房の房主になっている。つまり感聖は大谷房の房主であったことになる。

3尊西　『漢語灯録』本に相縁房と註記されているが詳細はわからない。ただ「没後遺誡文」に「此外《ノ》雖レ非二年来旧交一（『翼賛』ニテ補校ス）、当時同法者三人、所謂尊西・直念・欣西也、為《シテ》（ママ）二其証人一《ト》故（ママ）《ニ》二所二註列《シ》一也」とあって、尊西なる者が、法然の財産分与に当たって、同法者であるからといってその証人として名を列ねているので、かなり法然の身近な存在にあった念仏者と見て差支えないであろう。

4証空　　善恵房証空は治承元年（一一七七）源親季の息として生まれたが、久我通親の猶子となって、建久元年十四歳の時、自ら出家を望んで法然の室に入ったとされている（『尊卑分脈』『九巻伝』）。『浄土法門源流章』(7)には「源空上人作《ル》二選択集《ヲ》一、証空年二十三《ニ〆》是勘文役《タリ》、深達《クス》二彼義《ニ》一」とあって、法然の『選択集』撰述の時勘文役を勤めたとも言われている。ところで、嵯峨清涼寺所蔵の四月三日付証空書状や、(8)奈良興善寺所蔵の証空書状・同断簡合せて三通(9)等の内容から、証空は法然の門弟に差し出す文書の代筆を勤めたりして、法然に身近でしかも門弟にとってもかなり重要な位置にあったことがよくわかる。(10)これら一連の証空書状が、元久二年（一二〇五）頃のものと推定されている(11)ことを考慮に入れると、「七箇条制誡」起草時における証空の置かれていた立場として受け取ることができる。

5源智　　勢観房源智の出自についてはいくつかの説があるが、(12)ここでは『四十八巻伝』『尊卑分脈』『法水分流記』（大谷大学所蔵本、以下同じ）等にあるように、平師盛の息、すなわち平重盛の孫という通説に従っておく。『四十八巻伝』(13)第四五巻によれば、建久六年（一一九五）十三歳の時法然の室に入ったが、慈鎮について出家したとなっている。また法然入滅まで十八ヵ年の間、常随給仕の弟子であったとも記されている。

6・36・107・189行西　　『尊卑分脈』によれば、二階堂行政の息行村の法名に行西の名が見える。その註記によれば、行村は建保七年（一二一九）正月二十七日出家して行西と名乗ったようである。したがって、元久元年「七箇条制誡」起草時には、まだ行西とは言っていなかったことになるが、当時の出家が、具体的に何を意味するのか判然としない上に、後述もするように（155行願）、二階堂家と専修念仏者の関わりが認められるだけに、あながち否定もできないように思う。

7聖蓮　『民経記』嘉禄三年（一二二七）八月三十日条には、「検非違使別当宣」を載せて、逮捕すべき念仏者余党の交名が記されている。その中に「聖蓮菩提院」とあるが、或いはこの聖蓮なのであろうか。

8見仏　『漢語灯録』本には大和入道と註記されており、『国華本』(14)にも法然臨終に侍座した人々の中に「大和守見仏」と見える。『四巻伝』巻第二に、建久三年（一一九二）秋、八坂の引導寺における後白河法皇廻向のための七日念仏に、参会した念仏者として「大和入道親盛見仏」とあり、図中礼讃修行僧の銘記に、住蓮・安楽・心阿弥陀仏らと共に、「沙弥見仏」ともある。そして『尊卑分脈』には、長良卿孫親康の息に大和守左衛門尉親盛の名が見えるから、この人であろうと思われる。ところで『翼賛』(15)巻五七には、「一説ニ平氏ニテ、平家没落シテ、西海ニ赴キシ時、池ノ大納言頼盛卿ト京都ニ留リテ、上人ノ弟子トナルト」とあるが、その証左は何もない。頼盛は清盛の弟であるから、後白河院との関係を暗示するものであろうか。『玉葉』建久三年三月十五日条に、「此日、後白河院御葬送也、（中略）炬火六人、北面下﨟、大夫尉公朝、定康、造酒正尚家、前大和守親盛、検非違使章清、俊兼、」とあり、親盛は後白河法皇葬送の儀式において、北面の武士として炬火役を勤めたことがわかる。

11寂西　『漢語灯録』本には真阿弥陀仏と註記している。真阿弥陀仏は『知恩伝』(16)上によると、建久元年（一一九〇）秋、清水寺における法然の七日説戒に、左衛門入道法阿と同道聴聞したとあるが、また『四巻伝』巻第二によると、心阿弥陀仏なる者が、八坂引導寺における七日念仏に参会しており、これを『十巻伝』(17)巻第四は真阿弥陀仏としている。これは単なる音通であって、双方とも寂西のことと見られる。『尊卑分脈』によれば、藤原隆信の息信実が法名を寂西と号し、父子とも似絵書の名人であったとある。『知恩伝』下、『四十八巻伝』第四八巻等にあるように、法然の真影を描いたようである。そして後述もするように（79戒心）、父隆信の善知識となった住蓮・安楽の二人も（『四十八巻伝』）、八坂引導寺において六時礼讃を行なっていることから見て、真阿弥陀仏すなわち寂西とは、藤原信実のことと見られる。

12宗慶　『尊卑分脈』によれば、内麿公孫宗光の息宗慶の註記に、「得業　源空上人弟子　光空上人」とあるから、この人であろうと思われる。

13・24西縁　『漢語灯録』本には13西縁に、兵衛入道と註記されている。これは『秘伝』[18]下によって、法然によく似ていたので、身代わりに自分が土佐へ赴いたという随蓮を指していることがわかる。随蓮については諸伝に、「入道随蓮」或いは「沙弥随蓮」等とあって、四条万里小路に住していたとされており、法勝寺の阿弥陀堂で法然と出会い、専修念仏の確信を得たという夢想を載せるものが多い。

14親蓮　奈良興善寺所蔵の一連の文書に、この親蓮のものがある。十二月十六日付で正行房に宛てたものであるが、これは23欣西の書状と兼ね合わせて考えられるもので、いずれも元久元年（一二〇四）のものと推定されている。また「あい(親)したしきもの〻く(下)たり候なり」という言葉で書き始まるが、斎木一馬氏は「源空は南都北嶺の大衆らへの無用の刺激を避けるため、門弟らの京都集住を禁じて地方へ分散せしめたのである」と述べられている。[19]そういう情勢のなかで、親蓮は先に奈良に帰住している正行房に対して、新たに下向することになった同法者の面倒を依頼したものと解釈できるものである。

15幸西　『漢語灯録』本には15幸西に成覚房と註記してある。これは一念義主張者として著名な成覚房幸西である。『四十八巻伝』第二九巻には、もと比叡山西塔南谷の僧侶であったが、三十六歳の時遁世して法然の弟子となり、成覚房幸西と号するようになったとある。また『法水分流記』の註記に「宝治元丁未四十四往生八十五歳」とあるので、これによって逆算すると、それは建久九年（一一九八）のことになる。元久三年になると興福寺から院に対して、念仏者を罪科に処するべきであると頻りに強訴している。特に『三長記』元久三年二月二十一日条には、

（上略）源空仏法怨敵也、子細度々言上了、其身並弟子安楽・成覚此弟子未レ知二名字一・住蓮・法本等可レ被レ行二罪科一、（下略）

とあり、安楽・住蓮・法本らと共に、成覚の名を挙げて罪科に処するように訴えている。そして『古徳伝』(20)巻七によると、幸西は阿波国に流罪となる。さらに法然の滅後も、山門衆徒の訴えによって薩摩へ流罪となっている（『民経記』嘉禄三年七月六日条）。

16住蓮　『尊卑分脈』によれば陸奥寺主実遍の息とされている。そして、『四十八巻伝』第一二巻によると元久二年には、安楽とともに藤原隆信（79戒心）の善知識として遣わされている。ところが、住蓮で有名なのは何と言っても六時礼讃である。『四巻伝』巻第二によると建久三年秋、八坂引導寺の礼讃念仏にやはり安楽と共にその名が見える。建永二年（一二〇七）二月九日には、鹿ケ谷で安楽と共に六時礼讃を勤めていたところ、後鳥羽上皇の熊野臨幸の際に、留主役の女房がこの二人について出家したとして処刑される。住蓮の処刑については『知恩伝』下に詳しい。官人から誓状を進上するように言われても、たとえ死罪となろうが怠状には及ばないと、安楽房の助音によって日中礼讃を行ないながら終わったとある。

17西意　『漢語灯録』本には善寂房と註記がある。『古徳伝』巻七に、建永の法難時の罪科人が記載されている。その死罪人として「善綽房西意於二摂津国一誅、佐々木判官不レ知二実名一沙汰」とある。『法水分流記』にも「善綽　西意於二摂州一被レ誅」とある。この善綽房西意を指すとすれば、住蓮や安楽と同法の念仏者として処刑されたことになる。

18・160仏心　大原問答の参会者として、『琳阿本』(21)巻三に「菩提山の蔵人入道仏心」と見える。ただ大原問答についての諸伝の記載はまちまちで、『私日記』(22)には「菩提山長尾蓮光坊　東大寺人」とあり、『古徳伝』では「蔵人入道仙心菩提山」としている。ほかに『尊卑分脈』にその名を求めると、完戸家政の息家周の法名が心仏と号したようであるが、『系図纂要』によると、前行右横の家周の従兄知宣の項に「心仏」、家周の項に「法名仏心」とそれぞれある。いずれにしても、かの宇都宮頼綱蓮生らの遠縁に当たるため、参考として掲げておく。

23欣西　『漢語灯録』本には唯願という註記がある。この署名は前述したように唯願房欣西の自筆と認められる。ところで欣西は、建久九年（一一九八）の「没後遺誡文」に、法然財産分与の証人として、3尊西・直念と共にその名が見え、この頃にはすでに法然の身近な念仏者であったことがわかる。また奈良興善寺所蔵の一連の書状に、十二月四日付の正行房宛欣西書状がある。そのなかに「それにはなに事かをハしまし候、おぼつかなく候、又、なみた《（涙）》ながらくた《（下）》らせ給ひて候事を」とあって、欣西が涙ながらに奈良に下向した正行房に対して、安否を気遣っている様子がわかる。14親蓮の書状と同様元久元年（一二〇四）のものと推定されている(23)だけに、南都北嶺による念仏者弾圧の気運を心配しての言葉と察せられる。

30遵西　『漢語灯録』本には安楽房と註記がある。安楽は少外記入道中原師秀の子で、高階泰経の侍であった（『四十八巻伝』『愚管抄』）。『四巻伝』巻第二によれば、建久三年（一一九二）秋八坂引導寺において、16住蓮と共に六時礼讃を行なっているように、礼讃を好む念仏者であった。また『選択密要決』(24)には、建久九年三月『選択集』撰述に当たって、第二章までは安楽に執筆させたが、法然は安楽が驕慢の言を吐いたのを理由にこれを斥け、第三章からは代わって真観に執筆させたとある。『四十八巻伝』第一一巻によると、元久二年79戒心の臨終に当たって、住蓮と共に善知識として遣わされている。ところが、同伝第三三巻にあるように、建永二年（一二〇七）二月九日には、住蓮と同じように六条河原において死罪に処せられている。

32安蓮　『漢語灯録』本では安蓮を如願房と註記している。『法水分流記』にも如願とある。そこで『尊卑分脈』によれば、佐貫秀宗の息秀能が出家して法名を如願と称したようである。その註記には、

元土御門内大臣《（久我）》通親公家祗候、十六歳時被レ召二後鳥羽院北面西面一、（中略）獄執行官人　防鴨河判官、（中略）

承久三年兵乱之時追手大将也、乱之後於二熊野山一出家、法名如願、（下略）

とある。佐貫秀能は久我通親家に祇候していたが、十六歳の時後鳥羽院に召されたようである。ここで重視すべきことは、獄執行の官人、及び防鴨河判官と記されている点である。これについては、『四十八巻伝』第三三巻が、建永の法難の契機となった住蓮・安楽事件の処刑役を、「官人秀能」と記しているのでこれを指すものと考えられる。とすれば、処刑役人も「七箇条制誡」に署名していたことになる。そして安楽はこの二つ前に署名している。後述するが、建永の法難に処罰された念仏者の署名が、この辺に集中していることからも、この推測は容認されてよかろう。少なくとも『漢語灯録』の編者了恵は、そのことを意識して如願房と註記したのであろうし、『尊卑分脈』の記載も或いは『漢語灯録』本に拠ったものと考えられ、この(25)佐貫秀能如願が、安蓮と称する専修念仏者であったと見ることができよう。

40行空　『浄土法門源流章』には「美州行空大徳〈道号法宝〉」とあり、『法水分流記』には「住二美乃〔濃〕一」とあるから美濃の出であったと思われる。『総系譜』(26)が「美作州人」とするのは誤記であろう。行空がいつ法然の室に入ったかは不明であるが、『浄土法門源流章』には、幸西・隆寛・証空・聖光・信空・長西らと共に、「源空大徳親承面承之弟子也」とされている。しかし、『三長記』元久三年（一二〇六）二月三十日条には、「件両人、遵西者安楽房也、行空者法本房也、於二行空一者依二殊不当一、源空上人放二一弟一了」とあるように、法然の室から破門されることになる。これは同年二月十四日条に、

（上略）件法々〔本〕・安楽両人源空上人一弟也、安楽房者勧二進諸人一、法々〔本〕房者立二一念往生義一、仍可レ被レ配二流此両人一之由、山階寺衆徒重訴二申之一、仍及二此沙汰一歟、（下略）

とあるように、行空は一念往生義を立てたとして、興福寺側から配流に処するよう重ねての訴えがなされており、

法然はこのような情勢に気を配って破門にしたものと考えられる。そして、『古徳伝』巻七によれば、法難によって佐渡国へ流罪となったようである。このように、行空は幸西とともに一念義の主張者であって、最も弾圧の対象とされていたのである。

42西観　『吾妻鏡』承久三年（一二二一）七月十二日条に、葉室光親は承久の乱の際、武田信光の預りとなって下向したが、駿河の辺りで鎌倉の使者と出会い、加古坂において梟首されたとある。その前日に出家をし法名を西親と称したと記されているが、同書の吉川本には「西親《観》」の如く「観」の傍書が加えられている。もしもこの「観」が正しいとすれば、署名の西観がこの光親であるのかも知れない。『四十八巻伝』第三五巻によると、兼実は法然の配流につき、光親を召し涙を流して赦免を依頼したと記している。そして、『私日記』や『醍醐本』[27]によれば、光親は法然配流勅免の宣旨を奉じている。そこで、署名の西観をこの光親と考えられないであろうか[28]。

47澄西　『歎異抄』[29]や『古徳伝』巻七には、建永の法難において流罪となった念仏者の記載がある。そのなかに、「禅光房澄西伯耆国」等とあるが、この伯耆国に流罪となった禅光房のことと見られる。

57源海　『法水分流記』には親鸞門侶の真仏の弟子として、源海の名が見えるが、『総系譜』では親鸞の門弟となっている。いずれにしても、他にこれを証するものはない。

78禅寂　正徳版『漢語灯録』本には祥寂、谷大本・善照寺本等には祥宿となっているが、いずれも誤記と思われる。『尊卑分脈』の記載からは、日野兼光の息長親のことと考えられ、長親は大原如蓮上人と称され、法名を禅寂[30]といったようである。そして、「源空上人弟子」という註記もある。『玉葉』文治四年（一一八八）二月十七日条に、長親の出家の様子が記されており、兼実はこのことに感歎していることがわかる。この長親がいつ頃法然と出会ったのかはわからないが、出家して大原に住していたものと察せられる。

79戒心　『四十八巻伝』第一二巻には、建仁元年（一二〇一）隆信は出家して法名を戒心と号したとある。隆信といえば、藤原為経の息で定家の異父兄でもあり（『尊卑分脈』）、後白河法皇が法然の真影を写させた似絵書の名人として著名である。また『四巻伝』巻第二には、頭光顕現の図中列僧の銘記に「沙弥戒心」が見られる。その年時について、『知恩伝』下では元久元年としているが、『四巻伝』は元久二年四月一日としている。そこで隆信の往生を『四十八巻伝』第一二巻は元久元年二月二十二日としているが、『明月記』元久二年二月二十八日条に、

（上略）今日聞、右京権大夫入道（藤原隆信）日来病悩、夜前已入滅、不ㇾ聞二及一不ㇾ問ㇾ病、臨終之躰殊勝、高声念仏、著ㇾ清衣ㇾ引二五色絲一作ㇾ坐終云々、（下略）

とあり、隆信の往生の様子が記されている。隆信は清衣を着して五色の絲を引き、高声念仏して、坐しながら往生を遂げたことがわかる。そして隆信の没年は、元久二年（一二〇五）ということになる。したがって、署名の戒心は隆信のことに相違ないと見られる。そして、月輪殿における頭光顕現は、隆信の存生中すなわち元久元年とする方が妥当である。それにしても、『四十八巻伝』第一二巻によれば、法然は隆信の往生に、住蓮・安楽の二人を知識として遣わしているのである。

（八日署名分）

81尊蓮　『民経記』嘉禄三年（一二二七）八月三十日条には、逮捕すべき念仏者として「尊蓮雲居寺」の名が見える。雲居寺については『四十八巻伝』第一三巻に、建仁元年（一二〇一）秋、法然は藤原宗貞夫婦発願の法会に雲居寺へ参詣したが、仏像安置の様子を見てその供養を断わった。その後翌二年八月再び参詣したところ、勢至菩薩を安置してあるので、不断念仏を始行し寺号を引接寺と名付けたとある。また『尊卑分脈』によれば、日野有範の息範宴（87綽空）の従兄弟に当たる信綱の法名が尊蓮と見える。

82仙雲　『四十八巻伝』第九巻の仙洞における如法経勤修の記載に、その経衆として山門の仙雲律師の名が見える。また同伝第四一巻では、毘沙門堂明禅の密宗の師として、法曼院流の正統仙雲を挙げているが、これも天台の学僧である。

84仏真　『私聚百因縁集』(31)の大原問答における参会者の記載に、「妙覚寺ノ聖人仏真房安念、高野ノ人也、」とあるが、『私日記』と対比すれば、少なくともこの仏真房は、追記されたものであろうと容易にわかる。

85西尊　「没後遺誡文」に「持仏堂本在二大谷一、西《ノ》坊《ノ》尼御前、自二西尊・成乗房之手一乞《フ》レ之《ヲ》、所二壊《コホチ》渡《ス》一也」とあって、西坊の尼は西尊と成乗の進言によって、持仏堂を付属されたようである。

87綽空　綽空とは親鸞のことに相違ない。自らの手写にかかる『指南抄』中巻末所収の「七箇条制誡」の署名には、二一番目に善信と記している。親鸞は承安三年（一一七三）、日野有範の息として生まれ、治承五年（一一八一）青蓮院慈鎮について出家して叡山に登った（『親鸞伝絵』『尊卑分脈』『日野一流系図』）。そして建仁元年（一二〇一）二十九歳の時に、叡山を離れて法然の室に入っている（『教行信証』後序）。ところが、建永二年には越後国へ流罪となる（『歎異抄』『古徳伝』）。

89蓮生　宇都宮頼綱と熊谷直実の二人を考えられるが、『漢語灯録』本の註記に法力熊谷とあるばかりか、前述もしたように、署名自体が熊谷直実蓮生の自筆と認められる。直実は熊谷直貞の息に生まれたが（『熊谷氏系図』）、建久三年（一一九二）、久下直光との境相論によって、髻を切り走湯山に逐電した（『吾妻鏡』建久三年十一月二十五日条）。その後上洛して法然の室に入るわけであるが、清凉寺所蔵元久元年五月十三日付「熊谷蓮生房誓願文」には、「又こくらく《(極楽)》に所くわん《(願)》ニしたかんてう《(つ)》まる、との給へる事をよことニ《(夜毎)》けんさい《(現在)》み《(見)》をかみ《(拝)》て、ことし八十一年ニなる」とあり、これから逆算すると、その入室は建久四年ということになるから、逐電した翌年には上洛して法然と

出会っているのである。それは走湯山源延から聖覚を通してのことであるとも言われている。(32)

93成願　『平戸記』仁治三年（一二四二）九月二十五日条には、

（上略）自二今日一能声輩、定心・敬仏・成願・聞信・性阿弥陀仏・准成、已上衆者最上、此外、観阿弥陀仏・定仏、已上次衆、都合八人来臨念仏、（下略）

とあり、平経高が招いた念仏衆の中に成願の名が見える。これは『平戸記』に頻出する恒例念仏衆(33)であって、最上・次衆というような段階があったようで、成願は最上に属したこともわかる。同記仁治三年九月二十九日条に、

（上略）念仏衆出レ声、定心・敬仏為二音頭一、其声如二迦陵頻一、念仏衆等即各々抑レ涙、愈聴聞之輩簾中簾外堂上堂下莫レ不レ抑二随喜之涙一、何況於二願主之心一哉、（下略）

とあるように、その声は迦陵頻のごとき念仏で、聴聞の人々を随喜させたのである。そのために能声輩と称されたのである。

94・138自阿弥陀仏　『総系譜』の聖光門弟に自阿弥陀仏の名が見え、その註記には「筑前州宗像教安寺開山」とある。『浄土宗寺院由緒書』(34)によっても、筑前教安寺の開山としてその名が見られ、「開山剃髪元祖(法然)上人弟子」とある。

95覚信　『漢語灯録』本には尊性房と註記されている。『四十八巻伝』第四四巻には、隆寛への『選択集』伝授について、隆寛は尊性と昇蓮なる者に、『選択集』書写の助筆をさせたとあるが、あるいはこの尊性のことであろうか。

100実蓮　この署名の裏書(35)には「大夫屬入道本名定綱」という記載がある。『尊卑分脈』によれば該当者として、佐々木秀義の息定綱が考えられる。その註記には「元久元四十六使宣、号二佐々木太郎一、使左衛門尉イ五下叙留、元

久二四七依レ病出家、同十五日卒」とある。また『吾妻鏡』元久二年（一二〇五）四月九日条には、「検非違使左衛門少尉源朝臣定綱法師卒云々、」と定綱の卒去を記している。さらに同書弘長元年（一二六一）五月十三日条には、定綱を「佐々木判官定綱」と記している。この佐々木定綱は大夫判官、すなわち従五位下の検非違使尉に任ぜられ、法名を或いは実蓮と号したのであろうか。

104長西　法然晩年における常随の弟子覚明房長西は、元暦元年（一一八四）に讃州西三谷で生まれ、建仁二年（一二〇二）十九歳の時法然の室に入ったとされている（『浄土法門源流章』『法水分流記』）。したがって、「七箇条制誡」の起草は入室後間もないことであったのである。

109円空　『四十八巻伝』第四二巻に、嘉禄の法難に際して、法然の遺骸をひとまず広隆寺の来迎房円空のもとに移したとあるが、この円空のことのようである。『法水分流記』『総系譜』等によれば、証空の門下にその名がある。また『新撰往生伝』(36)巻之三には「久我家之裔也」とあるが、これは『尊卑分脈』が久我通親の六男に、円空の名を記していることによったものと思われる。

110・134観阿弥陀仏　『総系譜』の証空の門下に、観阿という名が見える。また『平戸記』には、能声念仏者の一人として観阿弥陀仏の名が頻出する（93成願参照）。これが同一人であるのか、異人で110・134のそれぞれなのかは分らない。

111・115蓮慶　『私日記』の大原問答についての記載に、「大原来迎院明定坊蓮慶、天台宗人」とある。

112浄阿弥陀仏　『四巻伝』巻第三の法然配流についての記述中、力者の棟梁として輿をかついだ「信濃国角張成阿弥陀仏」の名が見えるが、『源平盛衰記』は、法然が甘糟太郎戦死の報を受けた時、同席した念仏者として角張浄阿弥陀仏を記している。

116蓮仏　『四十八巻伝』第二六巻に諏訪入道蓮仏が、弘長二年（一二六二）西明寺時頼の念仏往生の様子を敬西房に報じた書状が載せられている。『吾妻鏡』宝治元年（一二四七）六月二日条に、「即以㆓諏方入道蓮仏㆒先面々被㆑賀㆓仰之㆒、次召㆓御前㆒賜㆑鎧云々、」とあるが、この諏訪入道蓮仏は、『尊卑分脈』の諏方信綱の息右兵衛尉盛重のようである。そして、『吾妻鏡』によると諏訪盛重は、西明寺時頼の側近者として活躍している。

118正念　『鎮流祖伝』[37]巻第三に正念の項があり、それには、はじめ明遍僧都に師事したが、後に弁師の門に入るとある。このことは、『総系譜』掲載の弁阿聖光門下正念の註にも同様に見える。

121蓮定　『尊卑分脈』によれば、法然と交渉の深い宇都宮氏と親族に当たる八田知家の息知重の法名に蓮定と見える。

132定阿弥陀仏　定阿弥陀仏を定仏と見なせば、『四巻伝』巻第四によると、元仁元年（一二二四）定仏は、信空の沙汰によって大谷房の房主となったとある。あるいは、『平戸記』に能声の念仏者として頻出する定仏であるかもしれない。

133念仏　この署名は、嵯峨釈迦堂清凉寺の再建に尽力した隠遁聖念仏房のことと思われる。『四十八巻伝』第四八巻には、「往生院の念仏房又号㆓念阿弥陀仏㆒は、叡山の住侶、天台の学者なりき」とある。また『私日記』は、大原問答に集会した人々を列記しているが、その中に「嵯峨往生院念仏房　天台宗人也」と記している。それにしても、天台宗の人であったとは諸伝に等しく記されている。建久二年（一一九一）九月日付の念仏房願文[38]には、幼少の頃叡山に登ったが、首位貫主の名利を捨てて、一向専修の門に入った様子が記されている。また『私日記』に、霊山寺不断念仏の記載があるが、これについて『大原談義聞書鈔』[39]は年時を建久三年とし、時衆十二人を列挙している。その中に念仏房の名も見える。念仏房がいつ叡山を下山したかは分明でないが、いずれにしても大原問答のあった文治二年より以前から、すでに法然と深い交渉があったものと思われる。また『四十八巻伝』第四八巻に「かの西隣の往生院も、このひじり《（聖）》の草創なり」と記され、『法水分流記』の註記にも「嵯峨往生院本願」等とある如く、嵯峨往生院はこの念仏房によって草創された。この年時についても詳かでないが、『明月記』元久二年（一二〇五）七月十四日条には、

今日此西往生院有㆘修㆓仏事㆒事㆖、礼讃結願、道俗男女参会、今夜軒騎往反、

とあり、恐らく念仏房のことを記したものと思われるが、往生院に道俗男女が参会し礼讃の行なわれていたことがわかる。これは往生院が少なくとも元久年間には存在したことを証すると共に、念仏房の念仏勧化の様子を如実に示している。

135蓮仁　『吾妻鏡』康元元年（一二五六）十一月二十三日条には、最明寺時頼の出家に際し、結城・三浦・二階堂の諸士が、共に出家を遂げた記載がある。その中に「同十郎朝村法名蓮忍、以上結城、各兄弟、」とある。法名を蓮忍と称したこの結城朝村であるが、178西忍について諸伝が「西仁」としている例に徴して、署名の蓮仁と見ることもできる。というのも『吾妻鏡』正治元年（一一九九）十月二十五日条に、「結城七郎朝光於㆓御所侍㆒、称㆑有㆓夢想告㆒、奉㆘為㆓幕下《（頼朝）》将軍㆒、勧㆗人別一万反弥陀名号於傍輩等㆖」とあり、その父結城朝光が将軍頼朝の供養のために、一万反の念仏を勧化しているように、熱心な念仏者であったからである。

140・143西仏[40]　『四十八巻伝』第四二巻が、嘉禄の法難で武家の廟堂破却を制止しようとした念仏者として、「頓宮の内藤五郎兵衛尉盛政法師西仏」という名を記している。この西仏は、法然の遺骸改葬に当たっての警固役としても、174法阿や宇都宮蓮生・塩屋信生・渋谷道偏らと共に挙げられている。

141空阿弥陀仏　高野聖として著名な明遍も遁世して空阿弥陀仏と号した。『私日記』によれば、文治二年大原

問答に参会し、『醍醐本』によれば法然の「三昧発得記」を披覧して涙するという記載があるけれども、これらを証するものがないため、ここでは以下に述べる法性寺空阿弥陀仏のことであろうと見ておきたい。法性寺空阿弥陀仏は『四十八巻伝』第四八巻によると、叡山の住侶であったが、法然と出会い一向専念の行者となり、読経も礼讃もせずして、四十八人の能声を集めて、一日七日の念仏を勤行する多念の念仏者であったと記している。『明月記』建保五年（一二一七）三月二十九日条には、

（上略）近年天下有下称二空阿弥陀仏念仏一事上、件僧結二党類一、多集二壇〔檀〕越一、天下之貴賤競而結縁、（下略）

とあり、また同記嘉禄元年（一二二五）五月四日条には、

（上略）近日伝聞、上人空阿弥陀仏専修念仏法師、依二山衆徒訴訟一、被レ出二関外一了、（中略）天下貴賤尼女悉群集、面々各々捧二珍膳一供養、其物皆用二風流一餝レ玉結レ花、入二菓物飯菜一、毎数受レ之食レ之、往生及二十余日一、病漸付減、供養不レ怠云々、（下略）

とある。これらの記事から空阿弥陀仏の貴賤を問わない勧化と、帰依者からいかに尊ばれていたかが如実に窺われる。ところが、『民経記』嘉禄三年七月六日条によっても明らかなように、壱岐へ流罪に処せられる。

（九日署名分）

155 行願　『吾妻鏡』康元元年（一二五六）十一月二十三日条には、前述の結城・三浦兄弟の出家と同様に、二階堂行綱・行忠兄弟の名をも記し、法名をそれぞれ行願・行一としている。これは勿論『尊卑分脈』にも踏襲されている。年代的にはかなり相違するのであるが、『吾妻鏡』嘉禄三年（一二二七）七月二十五日条に、

民部大夫入道行然（二階堂行盛）為二一位家（平政子）御追善一、令レ草二創梵宇一、今日遂二供養一畢、導師聖覚僧都（安居院）、自二京都一令二招請一、夜前下着給、凡表白餝レ花、啓白貫レ玉之間、聴聞尊卑、随喜渇仰、非レ所レ及二言語一乎、（下略）

とあり、二階堂行盛は平政子の追善供養のために、導師として京都から聖覚を招請している。前掲の行西を二階堂行村とも考えられると述べたが、ここに関連性が見出せる。

161心蓮　『九巻伝』巻第三下によると、正治元年（一一九九）法然の三昧発得を記すに当たり、心蓮房なるものがその証人として登場している。

164蓮寂　大谷旭雄氏は「七ケ条起請文に署名した蓮寂について」（『日本歴史』第二一六号、昭和四十一年）において、署名の蓮寂を、坂本求法寺・西教寺に台密事相の書写本を残した蓮寂であると指摘されている。ところで、『法水分流記』等の源智門下に蓮寂の名が見える。この蓮寂について『百万遍知恩寺誌要』(41)には、諱を信恵と号し、高野太政大臣兼房の孫で兼良の息、すなわち慈鎮の甥孫に当たると記されている。しかしこの信恵は同誌要によると、弘安四年（一二八一）七十七歳にして滅すとあり、これを逆算すると「七箇条制誡」の起草された元久元年に生まれたことになり、この蓮寂に当てるのは無理であるから、大谷氏の論説は注目されるところである。

168空寂　『法水分流記』『総系譜』等には、覚明房長西の門下に空寂の名を挙げている。

169願蓮　『九巻伝』巻第七上などには、法然が証空に師事するように推挙した天台僧として、願蓮の名が見られる。

171・177西念　『知恩伝』上によれば、建久元年（一一九〇）の清水寺七日説戒に関して、

（上略）夢覚恠思之処、明朝上人御弟子真阿弥陀仏（藤原信実、法名寂西）来告曰、此程右馬入道（山鹿時家）西念勧進於二清水一法然上人説戒之次被レ演二説浄土法門一、何不レ被二聴聞一哉云々、

とある。これは左衛門入道法阿、すなわち後述する174法阿弥陀仏千葉胤頼の夢想につづいての記載である。とすれば、『尊卑分脈』に宇都宮頼綱の従兄弟時家が、左衛門尉で法名を西念と号したとあるので、恐らくこの人であろ

うと思われる。但し『尊卑分脈』によれば、前述の佐々木定綱（100実蓮）の弟盛綱にも「法名西念」と記されている（171・177それぞれであるとも考えられる）。

174法阿弥陀仏　『知恩伝』上は建久元年の清水寺説戒について、仁和寺に籠居する左衛門入道法阿の夢想を記している。これは『四十八巻伝』第四三巻に、元久元年（一二〇四）冬西仙房心寂の往生の瑞相を記し、つづいて「大番の武士、千葉の六郎太夫胤頼これを見て、たちまちに発心出家す、上人給仕の弟子法阿弥陀仏これなり」とあるように、大番勤仕の千葉胤頼のことのようで、『尊卑分脈』によっても確認できる。彼はまた『四十八巻伝』第四二巻等に、嘉禄の法難に際し遺骸警固の一人として見られる。

175西阿　『四十八巻伝』第四四巻に、隆寛奥州流罪に同行の途、自らの住所相摸飯山へと迎えたと記す森入道西阿のことと思われる。『尊卑分脈』によれば、大江広元の息毛利季光が法名を西阿と号したと見え同人と確認できる。そこで『吾妻鏡』宝治元年（一二四七）六月五日条には、

（上略）列二候于絵像御影御前一、或談二往事一、或及二最後述懐一云々、西阿者専修念仏者也、勧二請諸衆一為レ欣二一仏浄土之因一、行二法事讃一廻二向之一、（三浦）光村為二調声一云々、（下略）

とあり、西阿は三浦泰村の乱に一味して自害するが、善導の『浄土法事讃』を行じ諸衆に念仏を勧化し、専修念仏者としての最期を遂げた様子が記されている。ところで『醍醐本』には建永二年（一二〇七）、弟子西阿が法然配流に際して、一向専修の義を説く法然に、世間を気遣って止めようとしたところ、自らの首を斬られてもという決意に接したとある。西阿は少なくともこれ以前に法然の室に入っていることになる。

178西忍　『四巻伝』巻第三に、法然の四国配流の途、讃岐国塩飽地頭高階保遠入道西仁が、美膳をもてなしたと記されている。この西仁については、『弘願本』[42]も西仁としているが、『琳阿本』は「西仏」、『九巻伝』[43]と『四十

八巻伝』はそれぞれ「西忍」と記しており、この人であろうと見られる。

186浄心　奈良興善寺所蔵十二月四日付欣西書状には、「一てう《条》の浄心房けふあすとみへ候、となり《隣》のたから《宝》をかそへ《数》てすき《過》候なんするやらん、かまへ《構》てはけませ《励》給ひ候へ」とあり、欣西らの同法者に浄心房なる者がいたことがわかる。『四十八巻伝』第三〇巻には、妙覚寺浄心房の臨終を記しているが、このあと法然は虚仮の行者であったと評している。これらが同一人であるかどうかは判断し難い[44]。

二　署名相互の関連

右に推定された署名相互のなかには、何らかの関連の認められるものが多い。まず『尊卑分脈』を中心に考えると、血縁関係或いは縁戚関係にあるものが意外に多い。11寂西（藤原信実）と79戒心（藤原隆信）は親子であったし、100実蓮（佐々木定綱）と171・177西念（佐々木盛綱カ）は兄弟であった。また12宗慶・81尊蓮（日野信綱）・87綽空（親鸞）はともに従兄弟関係にあるし、78禅寂（長親）もその一族であった。このような親鸞を取りまく一族から、多くの署名を検出できることは大変興味深い。しかも尊蓮と綽空の署名は非常に接近している（78禅寂は七日署名）。121蓮定（八田知重カ）は18・160仏心（宍戸家周カ）の伯父に当たり、171・177西念（山鹿時家カ）の従兄弟には、宇都宮頼綱蓮生や塩谷朝業信生らがいる。これら宇都宮氏一族からも多くの候補者が挙げられる。また、155行願（二階堂行綱カ）の祖父行光の弟が、6・36・107・189行西（二階堂行村カ）であった。さらには、42西観（葉室光親カ）の祖父光頼の弟に180成蓮（藤原成頼）が考えられる[45]。これらについての詳細は前述した通りであるが、血縁関係にある者同士が、互いに何らかの形で影響し合って、専修念仏を行なっていた可能性は十分にある。

つぎに、署名者の行状や、念仏者としての性格を見ていくと、つぎのような現象が見出せる。

(1)　1信空・2感聖・3尊西・4証空・5源智ら少なくともこの五人は、元久元年（一二〇四）の時点で、ともに法然常随の門弟であったと言える。

(2)　8見仏と11寂西は、ともに建久三年（一一九二）八坂引導寺において、後白河院の供養のため、礼讃念仏を行なっている。

(3)　78禅寂は日野氏一族であった。79戒心は11寂西の父親であったが、『尊卑分脈』の註記によると、父為経の兄弟は大原三寂と称したようで、大原に住すという点で前の禅寂と共通する。そして12宗慶は親鸞の従兄弟に当たった。すると「寂西・宗慶」「禅寂・戒心」というように、藤原隆信父子のすぐ横に、日野氏一族の念仏者が並んで見えることになる。

(4)　15幸西は一念義主張者であるとのことで、建永の法難に流罪となった。16住蓮は六時礼讃によって、後鳥羽上皇の女房を勧化したということで処刑された。17西意もこの事件で処刑された。また13西縁は法然配流の身代わりに土佐国へ流された随蓮と考えられた。また14親蓮についても、その書状からこれらと同法者であったと思われる。このように、13西縁から17西意まで、みな建永の法難に処罰された念仏者である。

(5)　30遵西は処刑された安楽房である。32安蓮はその安楽の処刑人秀能と考えられた。40行空は一念義法本房のことで、やはり流罪となっていた。42西観は、法然帰洛の宣旨を奉じたとする葉室光親と思われた。47澄西も流罪に処せられている。このように、ここでも建永の法難に処罰されたり、関係した念仏者の署名が集中して見えるのである。また23欣西も、その書状から恐らくはこれら余党と同法者であったものと思う。

(6)　87綽空と89蓮生については、『指南抄』所収の「七箇条制誡」に、わざわざ蓮生の署名を繰り上げていることからも、二人の関係を察することができる。また親鸞は『唯信鈔』を数度に亘って書写しているが、蓮生との間に聖覚を通して関連するものが推察される。

(7) 109円空と110観阿弥陀仏を、ともに証空の門弟と考えると共通点を見出せる。

(8) 100実蓮（佐々木定綱）と116蓮仏（諏訪盛重カ）と121蓮定（八田知重カ）らは、ともに東国武士である。

(9) 132定仏・134観阿弥陀仏を能声の念仏衆と見ると、133念仏は嵯峨往生院を草創した念仏者で、礼讃念仏による唱導家であったから、非常に性格の近い念仏者同士が、すぐ並んで署名していることになる。

(10) 171・177の西念は宇都宮氏一族の山鹿時家か佐々木盛綱と思われた。174法阿弥陀仏は大番役の千葉胤頼であった。175西阿は大江広元の息毛利季光と見られる。178西忍は讃岐国塩飽地頭高階保遠であった。このように、関東の御家人と思われる者の署名が、後部に集まって見えるのである。

このような多くの現象はどのように理解されるべきであろうか。単なる偶然とは考え難いのである。血縁関係にある者同士の署名が、あるいは念仏者として性格の近い者同士の署名が、すぐ横に並んで、または非常に近くに見えることが判明するのである。これは、この制誡の署名方法にこれといった原則がなかったために、むしろ自然に生じた現象と考えられる。これまで署名の順序に関して疑問もあったが、同法者同士がそれぞれ一緒に署名したり、その中の誰かが代表で署名したり、または誰かが代署する際に、親しい者の名も書き添えたと見れば納得のいくことである。したがって、中には法然の直弟というよりは、極端には法然が名前も知らないような念仏者の署名もあるのかもしれない。

以上のような推測が許されるならば、「七箇条制誡」自体の起草目的について、少しく考察を加えることができる。それは、七日分の署名についてである。前述の(1)は常随の弟子であるにしても、(2)・(3)・(4)・(5)等はすべて何らかの形で関係が深い。特に(4)と(5)は建永の法難に処刑・流罪等になったり、その同法者である。また(2)・(3)に見られる藤原隆信の周辺についても、たとえば住蓮と安楽の二人が、隆信の善知識となったり、八坂引導寺の六時礼讃には、見仏と隆信の子信実や二条院なるものが、住蓮や安楽と一緒に行動している。二条院とは『明月記』建保五年三月二十九日条によって、九条院（藤原忠通の女子、兼実・慈円の妹）所生の尼公であることがわかるが、二条院はここでも隆信の娘と共に法性寺空阿弥陀仏らの念仏教化に結縁している。すなわち、一念義の主張者と礼讃を好む念仏者、或いはそれを取りまく人々の署名が、一九〇人のうち最前部に並んで集中して見えるということである。

元久元年十一月といえば、それはまさに専修念仏に対する弾圧の気運が高まった時期である。その対象となり易かったのが、いま挙げたような行動をとっている念仏者であったに違いない。そこで法然は、南都北嶺の大衆らへの無用の刺激を避けるため、そのような念仏者に対して自誡をうながす意味で、七箇条の制誡を示して署名させようとしたものと考えられる。七箇条すべての条文からも容認されようが、特に第五条で恣に私義を述べることを停め、第六条において唱導を好み邪法を説くことを停めているが、そういう意味合いのこめられていることを理解すべきである。

註

（1）同名者の多出することは、藤島達朗「法然上人七箇条制誡の人名について」（『大谷大学仏教史学会会報』第一号）によって指摘されている。

（2）鷲尾順敬「法然上人七箇条起請の原本検討」（『現代仏教』第九巻第九八号）参照。

（3）玉山成元「法然門下における信空と聖光」（『浄土学』第二八号、昭和三十六年）参照。

（4）恵空本『漢語灯録』所収。以下同じ。

（5）石井教道・大橋俊雄編『昭和新修法然上人全集』。以下同じ。

（6）井川定慶編『法然上人伝全集』以下同じ。

（7）『浄土宗全書』第一五巻。以下同じ。

(8) 斎木一馬「清凉寺所蔵熊谷入道宛証空自筆書状について」(『仏教史研究』第七号)参照。
(9) 斎木一馬「興善寺所蔵の源空・証空書状覚え書」(『史学仏教学論集』乾)参照。
(10) 玉山成元「源空門下における証空」(『日本仏教史学』第一三号)参照。
(11) 註(9)揚載斎木所論参照。
(12) 三田全信「勢観房源智上人の史的考察」(『摩訶衍』第一六号、昭和十一年)参照。
(13) 井川定慶編『法然上人伝全集』。以下同じ。
(14) 井川定慶編『法然上人伝全集』。
(15) 『浄土宗全書』第一六巻。
(16)(17) 井川定慶編『法然上人伝全集』。以下同じ。
(18) 『浄土宗全書』第一七巻。
(19) 斎木一馬「親蓮書状(仏教古文書学講座)」(『日本仏教史学』第一四号)参照。
(20)(21) 井川定慶編『法然上人伝全集』。以下同じ。
(22) 『指南抄』中巻末(『親鸞聖人真蹟集成』第五巻)所収。以下同じ。
(23) 斎木一馬「欣西書状(仏教古文書学講座)」(『日本仏教史学』第一五号)参照。
(24) 『浄土宗全書』第八巻。
(25) 『尊卑分脈』によると、佐貫氏は薗田成家・大胡氏等の専修念仏者とも縁戚関係に当たる。また親鸞が越後から常陸へ移住の途、しばらく滞在し浄土三部経を転読し、意を決したのも上野国佐貫の地である(『恵信尼文書』)。
(26) 『浄土宗全書』第一九巻。
(27) 井川定慶編『法然上人伝全集』。以下同じ。
(28) 『四十八巻伝』第三八巻等で、法然往生の夢想を感じた人々に、「別当入道惟方卿の娘」とあるが、『尊卑分脈』によれば、葉室惟方は光親の祖父の弟に当たる。
(29) 『真宗聖教全書』宗祖部。
(30) 禅寂は『月講式』の記主としても知られる。三田全信著『浄土宗史の新研究』(隆文館、昭和四十六年)四「禅寂と月講式」において、陽明文庫所蔵『月講式』の奥書に見える「権少僧都豪信」は、『尊卑分脈』に見える藤原隆信の末裔為理の息豪信であろうと述べられている。
(31) 『大日本仏教全書』第九二巻。
(32) 福田行慈「熊谷直実の吉水入門をめぐって」(『日本仏教史学』第一五号)参照。
(33) 伊藤唯真著『浄土宗の成立と展開』第二章第三節「貴族と能声の念仏衆—平経高を例として—」参照。
(34) 『増上寺史料集』第六巻(続群書類従完成会、昭和五十五年)。
(35) 二尊院所蔵「七箇条制誡」の署名には、他にも19源蓮に「信願房」、129正観に「正観房北野」、130有西に「伊与国喜多郡蓮観房」等と、合わせて四箇所の裏書が存する。
(36)(37) 『浄土宗全書』第一七巻。

(38)『続群書類従』第二八輯の上願文集。
(39)『浄土宗全書』第一四巻。
(40) 中沢見明「親鸞聖人門下の西仏房」(『高田学報』第三二・三三号、昭和十八年)には、『御伝絵詞照蒙記』等に記される親鸞門下の大夫坊覚明西仏は、後世偽造されし架空の人物であると述べられている。
(41)『浄土宗全書』第二〇巻。
(42)(43) 井川定慶編『法然上人伝全集』。
(44)『法水分流記』は浄心に「妙覚坊」と註記している。
(45)『尊卑分脈』顕隆卿孫参照。

第四節　専修念仏者の実態

初期専修念仏教団の実態を理解するための必要条件として、念仏者個人の性格あるいは行動についての具体的な研究があげられる。法然をはじめその門弟達のなかから多くの者が弾圧を受けるに至ったのは何によるものであろうか、このような難題は容易に解決するものではないが、当時の社会的状況、仏教教団内部の情勢のなかで、専修念仏者達の行動を仔細に検討していくことも重要な観点である。その意味において、伊藤唯真氏著『浄土宗の成立と展開』の念仏聖による余党の存在が初期専修念仏教団の中心を成していたという視座は、至当であり注目を要するべき指針である。

そこで、「七箇条制誡」の一九〇名に及ぶ署名の個々人について追究してみると、血縁関係にあるものや性格的に非常に近い念仏者同士が、並んであるいは近くに署名していることが判明した(1)。これは署名の順序等に特別な原則がなかったために自然に生じた現象であり、ここに念仏者同士によるいくつかの余党の存在を裏付けることができるのである。ここでは、そのなかからとくに一念義念仏者や礼讃を好む念仏者達の周辺を具体的にとりあげてこれら余党の存在の例証とし、「七箇条制誡」起草時における専修念仏者の実態を把握することに努めたい。

一　安楽房遵西の周辺

『三長記』によれば元久三年（一二〇六）になると、興福寺から院に対して、念仏者を罪科に処すべきであると頻りに強訴している。そんななかで、『四十八巻伝』によると翌建永二年二月には、後鳥羽上皇の熊野臨幸の際に、留主役の女房が鹿ケ谷で六時礼讃を勤める住蓮・安楽らについて出家したとして、二人は処刑される。周知のように、この事件が発端となって法然までもが流罪となる。ここでは、特にその安楽房遵西の周辺について述べるわけであるが、これより前元久元年十一月に、法然が門弟らに誡飭を促すために起草した「七箇条制誡」の七日分の署名の検討を通して、とくに安楽房遵西の処刑人の置かれた立場に関して、推察される重大な問題点を提唱したい。

多くの法然の伝記のうちで、住蓮・安楽の処刑を詳述するものとしてつぎの二つが挙げられる。『四十八巻伝』[2]第三三巻には、

（上略）おほきに逆鱗ありて、翌年建永二年二月九日、住蓮・安楽を庭上にめされて、罪科せらるゝとき、（中略）官人秀能におほせて、六条川原にして安楽を死罪におこなはるゝ時、奉行の官人にいとまをこひ、ひとり日没の礼讃を行ずるに、（下略）

とあり、また『知恩伝』[3]下には、

（上略）可レ処ニ死罪一之旨被ニ仰下一間、官人等重誘ニ住蓮等一、可レ進ニ誓状一由申レ之、（中略）官人不レ及レ力、二人河原引出欲レ誅レ之、住蓮申云、何於ニ二所一不レ被レ斬、官人曰、勅定也、住蓮云、設雖ニ勅命一今一度於ニ一所一欲レ申ニ臨終念仏一、官人許具ニ来安楽房一、両人日中礼讃始、住蓮房調声、安楽房助音也、（下略）

とある。ところが、この両伝記の記載には少しく相違する点がある。すなわち、『四十八巻伝』が主に安楽房の死

罪について記しているのに対し、『知恩伝』は住蓮の処刑の様子を詳述している。処刑役の官人についても、『四十八巻伝』では秀能という名を挙げているが、『知恩伝』は官人と記すのみである。そして処刑の場所についても、『四十八巻伝』が六条川原とするのに対し、『知恩伝』は河原としか記していない。また、『知恩伝』の記述に矛盾する点がある。官人が二人を河原に引き出して処刑しようとしたと記しながら、住蓮がなぜ一所にて斬らないのか、勅命であろうと今一度一所にて臨終の念仏を申したいと願ったところ、許されて安楽房がそれに助音したとあって、つまり二人は同じ場所で処刑されなかったことになる。このような内容上のくい違いは、この事件の記載について、『知恩伝』を信用し難いとする理由の一つとしてあげられる。

ほかに二人の処刑された場所について記すものがある。『古徳伝』[4]巻七には「性願房・住蓮房・安楽房已上於二近江国馬淵一誅、二位法印尊長沙汰云云、」とあって、性願・住蓮・安楽の三人は近江国馬淵で処刑されたとし、二位法印尊長なるものが沙汰したというのである。このことは『法水分流記』にも同様に見え、前述の両伝記とまた違った説である。『華頂要略』(御門領)によると、近江国馬淵庄は承久三年まで二位法印尊長の所領であった。そこで『京都坊目誌』によれば、国賊の首級入洛する時は、検非違使が出張して武将の手より請け取り、弾正台において糺明し罪状を弾正してから、司獄司に命じ六条河原で獄門に梟首するを例としたとあるが、二位法印尊長とはこの司獄司に当たるものではなく、恐らく罪状を弾正して命じた検非違使を指すのであろうと思われる。或いは尊長の所領内でのこととして、意識的に当てられた名前なのかもしれない。いずれにしても、『知恩伝』の記載を裏付けるものではない。

一方『四十八巻伝』の記述であるが、まず建永二年二月九日に住蓮・安楽を庭上に召して罪科に処すとあるが、これは『明月記』[5]同日の条に「(上略)近日只一向専修之沙汰被二搦取一被二拷問一云云、非二筆端之所一レ及、(下略)」とあって、その証左が得られる。また官人秀能についてであるが、『尊卑分脈』[6]によれば佐貫秀宗の息に秀能の名があ

り、その註記には、

元土御門内大臣通親（久我）公家祗候、十六歳時被ㇾ召二後鳥羽院北面西面一、（中略）獄執行官人　防鴨河判官、（中略）承久三年兵乱之時追手大将也、乱之後於二熊野山一出家、法名如願、（下略）

とある。『四十八巻伝』にいう六条川原とは鴨河の河原のことに相違ない。そうすると、獄執行とは安楽の処刑のことを指すものと考えられる。そして、この佐貫秀能は久我通親に祗候していたが、十六歳の時に後鳥羽上皇に召されたとある。久我通親といえば証空が猶子となっている。同じく『尊卑分脈』によれば、秀能の娘も通親の女房として仕えている。さらに、承久の乱の後熊野山において出家し法名を如願と称したとある。

そこでこの法名であるが、「七箇条制誡」の三二番目の署名安蓮を、了恵は『漢語灯録』に輯録の際如願房と註記しているのである。「七箇条制誡」の署名については問題も多いが、前述の如く個々の署名を検討していくと、血縁関係にある者同士や親交の深い者同士が、並んで或いは非常に近くに署名していることがわかる。この安蓮のまわりも同様で、15幸西・40行空は一念義主張者であり、16住蓮・17西意は建永の法難に処刑、47澄西は流罪となった念仏者である。そして30遵西は安楽房のことである。さらに、彼らと性格の近い念仏者を挙げれば、8見仏、11寂西、12宗慶、13・24西縁（同名異人）、14親蓮、23欣西、42西観、78禅寂、79戒心等の如くで、すべてが七日分の署名についてである。したがって、了恵が『漢語灯録』に「七箇条制誡」を輯録の際、安蓮という署名に如願房と註記したのは、安楽の処刑人秀能のことを意識したためのことと考えられる。すなわち、『四十八巻伝』に記された官人秀能とは、この如願房安蓮と見られることになる。ちなみに、佐貫氏は法然の門人として著名な薗田成家や大胡氏とも親族である。また弘長三年二月十日付恵信尼書状[7]によると、越後に流罪となった親鸞が常陸国稲田へ移住の途、上野国佐貫の地に四・五日滞在して、浄土三部経を読経したことが知られる。これらからも、佐貫氏に専修念仏者がいても不思議でないことが首肯されよう。

この事件に関しては『四十八巻伝』の記述の方が、『知恩伝』よりも成立は遅いがその傍証を得られるという点で、真実を伝えているように思う。そして、『尊卑分脈』の佐貫秀能の註記は、『四十八巻伝』の記述に拠ったのかもしれない。しかしながら、『四十八巻伝』の編者が何かを意図して処刑人に秀能の名を当てたものとも考えられ、事実であるかどうかは速断できない。かりに了恵が『漢語灯録』に輯録の際に如願房と註記している点に注目すると、少なくとも文献の上では安楽房遵西は同法者である安蓮によって斬首されたことになるのである。したがって、こうしたことも相俟って「七箇条制誡」に見る安楽房遵西の周辺には、かなり堅固な一念義念仏者としての同法意識を想定することが出来、そのことが社会的に問題を有し、注目される存在であったことを顕著に窺うことができるのである。

二　藤原隆信戒心の周辺

藤原隆信父子は、歌人として、或いは法然の真影を描いた似絵書の名人として著名であるが、法然と交渉の深い専修念仏者でもあった。ここで藤原隆信を取りあげるのは、「七箇条制誡」の署名を吟味していくと、周辺の念仏者と共に一余党を成していたように思われるからである。そこで、これらの念仏者としての性格を検討したうえで、一念義主張者や能声の念仏衆との関連性についても言及し、これらの問題が「七箇条制誡」の起草目的を考えるうえで、いかに重要な意味を持つかを述べたい。

隆信は『尊卑分脈』によると長良卿孫為経の息で、母は藤原定家と同じ若狭守親忠女とある。『四十八巻伝』第一二巻には、隆信は建仁元年（一二〇一）、出家を遂げ法名を戒心と号したとある。「七箇条制誡」の七九番目に戒心という署名があるが、『四十八巻伝』は隆信の往生を元久元年二月二十二日と記しており、「七箇条制誡」の起草時元久元年（一二〇四）十一月には生存しないことになり、その署名を隆信と考えるには矛盾が生ずる。しかし、『明月記』(8)元久二年二月二十八日条に、

（上略）今日聞、右京権大夫（藤原隆信）入道日来病悩、夜前已入滅、不ニ聞及一不レ問レ病、臨終之躰殊勝、高声念仏、著ニ清衣一引ニ五色絲一乍レ坐終云云、（下略）

と隆信の往生を記しているから、隆信の没年は元久二年に相違なく、したがって「七箇条制誡」署名の戒心を、隆信と考えて差支えないことになる。そして、隆信は清衣を着して五色の絲を引き、高声念仏して坐しながら往生を遂げたことがわかる。

つぎに、『四巻伝』巻第二に、建久三年（一一九二）秋大和入道親盛見仏が後白河法皇の供養のため、八坂引導寺において七日念仏を結願したという記載がある。これに際して、心阿弥陀仏と二条院とが捧物を施したところ、法然から布施は見苦しいことであると咎められたとあり、これが六時礼讃の始まりであるとも記している。この心阿弥陀仏を『十巻伝』巻第四は真阿弥陀仏としているが、これは単なる音通によるものである。『知恩伝』上によると、真阿弥陀仏は建久元年（一一九〇）秋、清水寺における法然の七日説戒を聴聞している。ところで、『漢語灯録』に所収される「七箇条制誡」の一一番目寂西には、その真阿弥陀仏という名を註記している。『尊卑分脈』によると、隆信の息信実が法名を寂西と称したようであるから、すなわち前述の心阿弥陀仏とは、藤原信実のことと考えられる。

また二条院であるが、『明月記』(9)建保五年（一二一七）三月二十九日条に、

（上略）今日勝事、近年天下有下称ニ空阿弥陀仏念仏一事上、件僧結ニ党類一、多集ニ壇〔檀〕越一、天下之貴賤競而結縁、殊

占㆓故宗通卿後家所造之堂㆒九条、世称㆓大宮相国堂㆒為㆓其道場㆒、是隆信朝臣娘・九条院所生尼公、為㆓念仏宗之張本㆒之故也、世称㆓二条院姫宮㆒（下略）

とあり、九条院所生の尼公が二条院姫宮と通称されていたことがわかる。九条院とは藤原忠通の養女で、兼実や慈円の妹に当たる（『尊卑分脈』）。その二条院と隆信の娘らが、法性寺空阿弥陀仏らに結縁して、藤原宗通の後家所造の大宮相国堂を道場に、念仏の教化を計っていたというのである。二条院は前述の八坂引導寺における七日念仏でも、隆信の息信実と同行していたように、隆信周辺の念仏者の一人として確認できるのである。

さらに大和入道親盛見仏は、『尊卑分脈』によると長良卿孫親康の息にその名が見える。また『玉葉』[10] 建久三年（一一九二）三月十五日条には、

（上略）此日後白河院御葬送也、（中略）炬火六人、北面下臈、大夫尉公朝、定康、造酒正尚家、前大和守親盛、検非違使章清、俊兼、（下略）

とあり、親盛は後白河法皇葬送の儀式において、北面の武士として炬火役を勤めたことがわかる。親盛はそういった後白河法皇との関係から、菩提廻向の念が起こったのであろう。『漢語灯録』本「七箇条制誡」署名の八番目見仏に、大和入道と註記されているから、署名の見仏はこの親盛のことに違いない。見仏については、『平戸記』[11] 仁治三年（一二四二）五月五日条に、

今日、念仏衆故見仏入滅之後、当㆓百ヶ日㆒也、仍彼衆十二人企㆓一夜念仏㆒、可㆑訪㆓件菩提㆒云云、（下略）

とあり、一二人の念仏衆が見仏の百カ日に当たって、その菩提を弔うため一夜念仏をしている。この念仏衆とは、『平戸記』に頻出する恒例念仏衆であって、能声の輩と称されていた。見仏はこのような性格を持つ念仏者らと深い関係にあったのである。したがって、見仏の八坂引導寺における礼讃も、納得のできる行動と言える。
専修念仏者としての藤原隆信戒心の周辺を考えるうえで、この『四巻伝』巻第二の記載は、多くの示唆を与えて

くれる。図中礼讃修行僧の銘記に、「住蓮　安楽　心阿弥陀仏　沙弥見仏」らの名が見えるが、『四十八巻伝』第一二巻には、法然は隆信の往生に住蓮と安楽の二人を善知識として遣わしたとある。住蓮と安楽は建永二年（一二〇七）二月、六時礼讃の科によって処刑される事件で有名である。このように、隆信とその息信実、そしてこの父子と親密であったと思われる親盛らは、住蓮・安楽らと性格の近い礼讃を好む念仏者であったと推察される。

そこで、以下「七箇条制誡」の署名に関して、問題の所在を指摘してみたい。署名は三日間に亘って一九〇名に及んでいる。これら個々の署名を検討すると、前述の如く血縁関係にある者同士の署名が或いは念仏者として性格の近い者同士の署名が、すぐ横に並んでまたは非常に近くに見えることが判明する。そのなかで特に十一月七日分の署名に興味深い現象が見られた。79戒心（藤原隆信）の直前七八番目に禅寂の名がある。禅寂とは『尊卑分脈』によると日野兼光の息長親のことのようで、「大原如蓮上人也」という記載もある。同書には隆信の父為経の兄弟が大原三寂と通称されたともあり、二人には大原に住すという点で共通点が見出せたのである。さらに、12宗慶は日野宗光の息で親鸞の従兄弟に当たった。したがって、藤原隆信父子のすぐ横に日野氏一族の念仏者が並んで見えることになる。その11寂西（藤原信実）の近くに前述した8見仏の署名があるが、この二人の関係は引導寺七日念仏を通して確認された。

そのうえに、「聖覚法印表白」(12)につぎのような記載がある。

法然上人之御前而、隆信右京大夫入道法名戒心、〔戒〕・親盛大和入道法名見仏、為㆓上人之御恩謝徳㆒修㆓御仏事㆒、御導師聖覚云々、

（下略）

これによれば、隆信戒心と親盛見仏の二人が、法然への報恩謝徳のために聖覚を導師として仏事を修しているのである。このような記載は、隆信父子を取りまく余党の存在を裏付けるものと言ってよい。そして住蓮の署名は一六

番目に、遵西（安楽）の署名は三〇番目にそれぞれ見える。この二人は建永の法難に処刑された念仏者であるが、同じように建永の法難において流罪に処せられたり、何らかの形で関わりのあったと思われる念仏者の署名がこの辺に集中して多く見られる。13西縁、14親蓮、15幸西、17西意、23欣西、32安蓮、40行空、42西観、47澄西らがそうである。そしてこれらの多くは一念義主張者か、または住蓮や安楽のような礼讃を好む念仏者であったように思われてならない。

このように、藤原隆信の周辺には礼讃を好む能声の念仏者ともいえる性格を持った念仏者が多く、一念義主張者と同様に「七箇条制誡」七日分の署名にその存在が認められる。法然は南都北嶺の大衆らへの無用の刺激を避けるため、このような念仏者に対して自誡をうながす意味で、制誡を示して署名させようとしたものと考えられる。七箇条すべての条文からも容認されようが、特に第五条で恣に私義を述べることを停め、第六条では唱導を好み邪法を説くことを停めているが、こういった念仏者達に特に示そうとしたものと推察される。これらの理解のためにも、藤原隆信戒心周辺の念仏者としての性格を把握することは重要な課題と言えよう。

三　嵯峨往生院念仏房の周辺

往生院念仏房が文献のうえで初めて現われるのは、『私日記』による文治二年（一一八六）の大原問答に列座している記載である。その後建久二年（一一九一）九月、嵯峨往生院にて修善文を執筆している。それによると念仏房は比叡山の学僧であったが、綱位などの名利を捨てて念仏一門に帰入し、隠遁の生活を望んで嵯峨の辺りに下山したことが窺い知られる。このことは『四十八巻伝』第四八巻にも、

往生院の念仏房又号二念阿弥陀仏一は、叡山の住侶、天台の学者なりき、しかるに上人の勧化によりて、浄土の出離をもと

め、たちまちに名利の学道をやめて、ふかく隠遁の風味をこひねがはれけり、(中略)承久三年、嵯峨の清涼寺釈迦堂是也、回禄の事侍しを、このひじり、知識をとなへて程なく造営をへ、翌年二月廿三日、供養をとげられにき、かの西隣の往生院も、このひじりの草創なり、(下略)

と同様のことが記されている。ただし清涼寺釈迦堂回禄の年時を承久三年としているが、『仁和寺日次記』の建保六年(一二一八)十一月十日条に清涼寺諸堂宇・宝物等焼失の記事が見えるし、『百錬抄』の承久四年(一二二二)二月二十三日条には清涼寺釈迦堂の造営供養の記載があることから、単純にこの前年を当てたに過ぎないと見るのが妥当と思われる。このように、念仏房は比叡山を下り回禄に遇った清涼寺の再建、ならびに往生院の草創を成し遂げた勧進僧であった。ここに往生院念仏房をとりあげるのは、周辺の念仏者との関係が前述したような余党の例証になり得ると考えられるからで、かくの如き観点に立って念仏房とその周辺について見ていくことにする。

『大原談義聞書鈔』によれば、建久三年(一一九二)の霊山寺不断念仏に参会した一二人の念仏時衆の名を列挙しているが、ここに信空・感西・住蓮・安楽等と共に念仏房の名が見える。すでにこの頃、法然の門弟等と行動を共にしていたことを示すものである。ところで、前述の如く「七箇条制誡」は、元久元年(一二〇四)十一月七日から九日までの三日間に亘り、法然が門弟らに誡飭をうながすために署名をつのるものであったが、その一三三番目に念仏の名がある。これがすなわち往生院念仏房であるのかどうか速断することはできないが、この前後の署名すなわち132定阿弥陀仏、134観阿弥陀仏といった念仏者に関して、『平戸記』仁治三年(一二四二)九月二十五日条を見ると、

(上略)自二今日一能声輩、定心・敬仏・成願・聞信・性阿弥陀仏・准成、巳上衆者最上、此外、観阿弥陀仏・定仏、巳上次衆、都合八人来臨念仏、(下略)

とあり、平経高の恒例念仏衆のなかにこれらと同人と思われる念仏者の名が見える。また同記の同年二月二十七日条によると、経高は雲快なる者の老母臨終に際し、生前の契約であるからと念仏房を善知識として遣わしていることから、念仏房が経高とかなり深い関係にあったことが推察される。

そして、『明月記』元久二年七月十四日条には、

今日此西往生院有㆘修㆓仏事㆒事㆖、礼讃結願、道俗男女参会、今夜軒騎往反、

とあり、往生院において道俗男女結集して礼讃会が行なわれたことがわかる。年代からしてこの中心人物は念仏房に相違なく、念仏房が礼讃念仏による活動を盛んに行なっていたことを示すものである。前述したような『平戸記』に頻出する経高の恒例念仏衆も能声の輩と呼ばれたように礼讃を好む念仏者と見られ、この点において念仏房と観阿弥陀仏や定仏の念仏者としての性格がごく近いものであったことが想察される。したがって、「七箇条制誡」の定阿弥陀仏・念仏・観阿弥陀仏と続く署名は、偶然ではなく念仏房がこれら能声の輩と称される念仏者らと行動を共にしていたために生じたのであり、念仏房を中心とする余党の存在を証するものと考えられる。

さらに『明月記』に念仏房の記載が数ヵ所見られる。嘉禄元年（一二二五）十月十日条には、

辰時許出㆑京向㆓嵯峨㆒、先入㆓東北房㆒謁㆓人々㆒、問㆓此善事之儀㆒、先度事、願主念仏勧進、以㆓結縁所㆑出物㆒、造㆓阿弥陀堂㆒了、又為㆑造㆓食堂㆒今度始㆑之、聖法印説法、無㆑障者始終、有㆓指障㆒者、其日者可㆑請㆓他人㆒、慶忠・能玄已下読誦、又寺僧書㆓写之㆒、一字三礼之行云々、以㆓五種行㆒、以㆓結縁衆会之力㆒、可㆑廻㆓向食堂㆒、仍各同心集会云々、（下略）

とあり、阿弥陀堂・食堂等造営のために、念仏房が願主となって、一字三礼による写経、五種行等による勧進を行なっている様子がわかる。清涼寺釈迦堂再建の勧進についてもその方法を連想させる記載である。また寛喜二年（一二三〇）四月十四日[13]条には、

（上略）及二申時一心寂房来談、一日嵯峨念仏、請二聖覚法印一、供三養善道〔導〕像一、公棟・敦通以下入道成レ群縮坐、狭小座之中、常覚〔成〕弟子教脱（一念宗之長云々）、入二其中一、座狭而不二安座一之間、超二公棟肩一入二道場一、人雖二属目一説法了、件教脱礼讃無二指事一、法印退帰云云、（下略）

とあり、嵯峨において聖覚を請して善導像を供養する念仏会が催されている。同年六月十九日条に念仏房重態の記載があるから、この四月の念仏会はともすると念仏房の病気平癒のために往生院で行なわれたのかもしれない。それにしても一念義成覚房幸西の弟子教脱の名が見られ、「一念宗之長」と記されており、さらにこの教脱が礼讃を行なっているのである。ここに、念仏房や能声の輩と称される平経高の恒例念仏衆のような礼讃を好む念仏者と、一念義主張の念仏者との密接な関係が見出されるのである。

以上、往生院念仏房とその周辺について、念仏者としての性格を中心に見てくると、念仏房自身は嵯峨で礼讃念仏による活動を展開させており、能声の輩と称される念仏者らがこの念仏房の周辺を取り巻いていたことが明らかとなる。さらに、礼讃を好む念仏者と一念義の念仏者らとの関係が具体的に確認され、こうした性格の念仏者が当時の専修念仏教団のかなりの割合を占めるようになっていたことが如実に分かる。そして、このような念仏活動が種々なる弾圧の原因につながっていった可能性が強い。すなわち、往生院念仏房の周辺から当時の専修念仏者の実態と世相の一端を窺うことができるのである。

註

（1）本章第三節（四三九頁）参照。
（2）井川定慶『法然上人伝全集』。以下同じ。
（3）（4）井川定慶『法然上人伝全集』。
（5）『明月記』第二。
（6）『新訂増補国史大系』尊卑分脈第二篇。
（7）『定本親鸞聖人全集』第三巻和文・書簡篇。
（8）『明月記』第一。

（9）　同右第二。以下同じ。
（10）　『玉葉』（国書双書刊行会編）第三。
（11）　『増補史料大成』平戸記一。以下同じ。
（12）　『親鸞聖人真蹟集成』第九巻見聞集Ⅱ。
（13）　『明月記』第三。

増補改訂版付記

本書刊行後、中世の花押の書式において署名の次行に記す場合には、花押が自筆で署名は代筆であることが多いことを学ぶ機会を得た。ここで述べる推論の根拠について十分なものでないことを認め、この問題については今後の重要な課題としていくこととしたい。

第五章　「送山門起請文」について

鎌倉新仏教の先駆となった法然の真意を探る点において、あるいは法然を取りまく門下達の行動と関連深い問題として、専修念仏者に対する朝廷並びに旧仏教側からの数度の弾圧的行動に関する真相を明確にすることは、容易でないが法然研究にとってさらには鎌倉新仏教全体の理解のために重要な課題であると言える。

ことに、昭和五十四年八月、滋賀県甲賀郡信楽町玉桂寺所蔵の木像阿弥陀如来立像の胎内から、「源智造立願文」一点と、念仏結縁交名数巻が発見されたことによって、この分野に関する数多くの新しい問題点が提示されるようになった。この新史料はすでにいくつかの報告(1)にあるように、法然の門下の一人であった源智が、師法然の一周忌を前に、約四万六千人に及ぶ道俗貴賤・有縁無縁の人々の交名を、造らせていたと見られる三尺の阿弥陀仏像に、自ら記した願文と共に納めて、法然と結縁することによって引接にあずからせようとしたものである。したがって、源智の真摯なまでに師法然の恩徳に報いようとする姿が浮彫りにされる。このような場合の胎内史料についてであるが、明らかに後世になってからの納入の痕跡があると認められない限り、造仏までして納めようとしたものに偽りを記すことは、阿弥陀仏に対して虚偽を表明することになるわけで、願文の内容からそのようなことはあり得ないことと考えられ、したがって、これらの胎内史料は初期専修念仏者達の実態を知るうえでの一等史料と言うことができる。

そうした前提に立つ時、念仏結縁交名のなかに「頼朝　頼家　尊成　新院　当君　実朝　公継」と書き入れているが、源氏三代の将軍と後鳥羽上皇・土御門天皇・順徳天皇・右大臣徳大寺公継といった、いわば従来の見方からすると、弾圧を加えた側の為政者達の名をどうして加えたのであろうかといった単純な疑問が生じてくる。しかも源智はこの部分に限って自らの筆によって記している。また源空の名をも交名に記し、この近くに源智とその一族と思われる者の名、そして九条兼実の名も記すとともに天台座主慈円の名が載せられている。筆者はこうした事実に直面した時、弾圧的行動をとったとされている為政者ならびに比叡山と専修念仏者との実質上の立場について、再度検討を加えることの必要性を痛感する。ここに元久元年（一二〇四）十一月七日付の「送山門起請文」を取りあげ、これについての史料的信憑性・社会的背景等を問題とするのは、以上の理由と問題意識に基づくものである。

ところで、この「送山門起請文」に関しては多くの問題点が指摘されている。先に詳述する「七箇条制誡」との関連性において論じられる場合が多く、特に田村圓澄氏・坪井俊映氏によって両史料の偽撰説が唱えられ(2)、一時はこれに対する反論(3)もなされ重要な問題点となったが、これも香月乗光氏の精密な考証(4)によって、二尊院所蔵の「七箇条制誡」が原本であることが首肯されるようになり、「送山門起請文」の史料的価値も見直されることとなった。さらに、福井康順氏が法然の思想的立場について、「内専修外天台」の評語を提唱されたの(5)も、この「送山門起請文」に対する扱いからくるものであったが、この問題も法然自身の立場、あるいは初期専修念仏者への弾圧の真相等を解明する手掛かりとして、重要な示唆を与えているように思われ、本史料の仏教史上に置かれる意義は非常に重大であると言える。

そこで、本章では本史料の信憑性についての検討と並行して、執筆に及んだ社会的背景を考察しながら、法然自身の起草目的に関して若干の私見を述べることにする。またこの問題は、法然自身あるいは法然を取りまく門下達と比叡山との関係[6]について、すなわち、弾圧的行動の真相を解明する方向を示すことになり、この点に関しても併せて少しく論じたいと思う。

註

（1）史料発見後すぐに玉山成元「新発見の源智造立願文」（『浄土宗宗報』第七二八号）に、造立願文の訓みと交名等の概要が紹介されたが、昭和五十六年三月、『玉桂寺阿弥陀如来立像胎内文書調査報告書』が出版されその全容が明らかになった。そして伊藤唯真著『浄土宗の成立と展開』第三章第一節「勢観房源智の勧進と念仏衆―玉桂寺阿弥陀仏像胎内文書をめぐって―」において、精密な調査の結果得られた問題点が詳述されている。ほかにもこの史料を扱ったものとして玉山成元「勢観房源智のこと」（『大正大学大学院論集』第七号）、深貝慈孝「勢観房源智の著書についての一考察」（『法然浄土教の綜合的研究』）、野村恒道「勢観房源智の親類紀氏について」（『三康文化研究所年報』第一六・一七号）、伊藤唯真「源智と法然教団」（『仏教文化研究』第二八号）、柴田実「勢観房源智の造像勧進の随縁者―信楽玉桂寺木像阿弥陀如来立像の胎内納入文書に就いて―」（『鷹陵史学』第一二号）、伊藤唯真「源智勧進の念仏結縁交名より見たる法然教団について」（『源智弁長良忠三上人研究』）、玉山成元著『勢観房源智上人』等がある。

（2）田村圓澄著『法然上人伝の研究』第三部第五章「遺誡文と起請文」、坪井俊映「初期法然教団における法難について―特に七ヶ条制誡・送山門起請文の成立について―」（『印度学仏教学研究』第六巻第一号）において偽撰説が提唱された。

（3）大橋俊雄「七箇条起請文偽撰説を疑う」（『印度学仏教学研究』第七巻第一号）、同「法然上人に於ける制誡と勧誡―特に制誡関係書の真偽撰と制誡内容を中心として―」（『日本仏教』第六号、昭和三十四年）、香月乗光「七箇条起請文と送山門起請文とについて―その偽作説に対する反論―」（『仏教文化研究』第八号）等において、坪井氏の偽撰説にそれぞれ反論が示された。

（4）香月乗光「各種法然上人伝所載の七箇条起請文について」（『法然上人伝の成立史的研究』第四巻）において、『指南抄』『漢語灯録』『古徳伝』等所収のものとの校合によって、二尊院本が原本であることを実証された。

（5）福井康順「法然伝についての二三の問題」（『印度学仏教学研究』第五巻第二号、昭和三十二年）、同「法然上人の捨聖帰浄について―回心と聖道門との関係―」（『仏教史学論集』)、同「天台沙門源空について」(『印度学仏教学研究』第一四巻第二号、昭和四十一年)等において、法然の思想的立場を「内専修外天台」と位置付けられている。
(6)　菊地勇次郎「源空の門下について—とくに天台宗教団との関係」(『浄土学』第二六号、昭和三十三年)、吉田清「源空教団と念仏停止」(『大谷史学』第一〇号、昭和三十八年)、鈴木智恵子「専修念仏宗の法難—元久・建永の法難における興福寺・貴族の動向—」(『史艸』第一九号、昭和五十三年)、平雅行「建永の法難について」(『日本政治社会史研究』下)、吉田清「念仏停止と専修念仏(一)—源空の立場と態度—」(『花園史学』第九号、昭和六十三年)等参照。

第一節　『漢語灯録』所収本

「送山門起請文」の伝来に関する検討は必ずしも充分とはいえず、原本の伝わらないという欠点から端を発し、内容的な面で多くの疑問を生ずるに至っている。そこで、まずこの伝来について可能な限りでの吟味をすることから論を起こしたいと思う。

現在、「送山門起請文」を所収する主なものは、『大日本史料』第四編之九(五七四・五七五頁)、竹内理三氏編『鎌倉遺文』古文書編第三巻(一九五頁)、黒田真洞・望月信亨両氏編『法然上人全集』(四〇六・四〇七頁)、石井教道・大橋俊雄両氏編『昭和新修法然上人全集』(七九四・七九五頁)等である。いずれも文永十一年(一二七四)・十二年の両年に亘って了恵道光によって編集された『語灯録』収載のものによっている。『語灯録』は、『漢語灯録』一〇巻二二篇、『和語灯録』五巻二四篇、『拾遺語灯録』三巻—漢語一巻、和語二巻—一一篇からなっている。「送山門起請文」は『漢語灯録』第一〇巻に、「没後起請文」「七箇条起請文」(『漢語灯録』における呼称、以下同じ)とともに、計三点の「諸起請文」という形で所収されている。『漢語灯録』にも諸本あるが、『大日本史料』ならびに『鎌倉遺文』、

『法然上人全集』等は、正徳五年（一七一五）良照義山によって開版された正徳版を底本としているようで、『昭和新修法然上人全集』は、千葉県市川市善照寺所蔵にかかる善照寺本を底本に、大谷大学図書館所蔵の谷大本と正徳版との校合による字句の相違を示している。

筆者はすでに『漢語灯録』の伝来過程に関する問題として、正徳年間に義山によって開版された義山本に比べると、嘉元四年（一三〇六）覚唱が了恵の正本を書写した二尊院本との校合を、元禄十一年（一六九八）に恵空得岸が行なった恵空本の方がより原型に近いことを考察している。[1] すなわち、義山本である正徳版よりも恵空本である善照寺本・谷大本の方が良質ということである。これは恵空本に記される奥書によるものであるが、何よりも嵯峨二尊院所蔵の「七箇条制誡」の原本を底本として、両本の『漢語灯録』所収の「七箇条起請文」とを校合することによって得られたことであり、そうした点からすると、「七箇条起請文」と関連性が非常に深いこの「送山門起請文」についても、同様のことが想定できるように思われる。そこで再度これら三本の対校を行なってみたい。（上段にはかりに善照寺本を底本として、谷大本との異同を傍註㋟にて示し、下段には義山本である正徳版を掲げることとし、上段の恵空本との校合について、字句・語句の異同は下段に括弧で囲み、上段に対して削除されているものは上段に点線を付し、挿入されているものは下段に傍線でそれぞれ示した。なお底本には振仮名・返り点等が付されているが割愛することとし、また通読の便を考えて新たに読点をほどこした）

恵空本（善照寺本を底本、谷大本との異同を傍註㋟にて表示）

送山門起請文三

叡山黒谷沙門源空敬白

義山本（大正大学所蔵正徳版）

送山門起請文三

叡山黒谷沙門源空敬（投）[イ]

当寺住持三宝護法善神御宝前
右源空壮年之昔日、粗窺三観戸、衰老之今時、偏望九品境、是又先賢之古跡、更非下愚之所願、然近日風聞云、源空偏勧念仏教、謗余教法、諸宗依此陵夷、諸行依之滅亡云云、伝聞此旨、心神驚怖、終事聞于山門、議及于衆徒、可加炳誡之由、被申達貫首畢、此条一者恐衆勘、一者喜衆恩、所恐者以貧道之身、忽及山洛之禁、所悦者銷謗法之名、永止花夷之誹、若非衆徒糺断者、争慰貧道之愁歎哉、凡弥陀本願云、唯除五逆誹謗正法云云、勧念仏之徒、争謗正法、恵心要集云、聞一実道、入普賢願海云云、欣浄土之類、豈捨妙法哉、就中、源空当念仏余暇、披天台教釈、凝信心於玉泉之流、致渇仰於銀池之風、旧執猶存、本心何忘、且憑冥鑒、且仰衆察、但老後遁世之輩、愚昧出家之類、或入草菴剃頭、或臨松窓言志之次、以極楽可為所期、以念仏可為所行之由、時々［時㋟］以諷諫、是則齢衰不能練行、性鈍不堪研精之間、暫置難解難入之門、試示易往易修之道、仏

当寺住持三宝護法善神宝前、
右源空壮年之昔、粗窺三観(ロ)（幽扃）、衰老之今、偏望九品(ハ)浄境、是（乃）訪先賢之古（蹟）、更非下愚之（今案）也、然近聞(ニ)華夷皆（言）、源空偏(ホ)（弘）念仏（道）、誹謗（他）教法、諸宗（由）此陵夷、諸行（由）之（窒塞矣）、（一）聞此（言）、心神驚怖(ヘ)、又聞浪言（遂）聞于山門、（而）及于衆（議）、（欲）加（厳）誡、頻達貫首（矣）、（予於是且恐且喜）、所恐者以貧道之（所以）、（叨）（労）（衆徒）之胸（襟）也、所悦者自此永銷謗法之名也、若非衆徒之糺断者、（何発）貧道之（困蒙）哉、（夫）弥陀願網、雖普救済一切善悪、尚漏五逆謗法之輩、故彼仏本願云、唯除五逆誹謗正法、然則勧念仏（者）、（誰）謗正法、且聖道浄土二門雖異、至其所期同在一実、恵心往生要集云、行者生彼国已、乃至即従菩薩漸至仏所、跪七宝階、瞻万徳之尊容、聞一実道、入普賢之願海、欣(ト)求浄土之（人）、（又何）棄捨華厳法華等妙法（乎）、源空念仏余暇、以披天台教釈、凝信心於玉泉之流、致渇仰於銀池之風、旧執

智猶設方便、凡慮豈無斟酌哉、敢非存教之是非、只偏思機之堪不也、此条若可為法滅之縁者、向後宜従停止、愚矇竊惑、衆断宜定、本来不好化導、天性不専弘教、此外以僻説弘通、以虚誕披露、尤可有糺断、尤可有炳誡、所望也、所欣也、此等子細、先年沙汰之時進起請了、其後于今不変、雖不能重陳、厳誡既重畳之間、誓状又及再三、上件子細、一事一言、以虚言設会釈者、毎日七万遍念仏、空失其利、堕在三途、現当二世依身、常沈重苦永受楚毒、伏乞当寺諸尊満山護法、証明知見、源空敬白、

元久元年甲子十一月七日　沙門源空在御判

私云、執筆宰相法印聖覚也、

猶存焉、(今)心又何(軽)乎、抑予所勧化者、老後遁世之輩、愚昧出家之(徒)、或(来)艸菴剃頭、或敲松窓(述)志、対此等人、偏教極楽、専勧念仏、是(乃)報色(衰窮)不能練行、性(質)闇昧不堪研精、是故暫(措)難解難入之門、試示易(修)易(往)之道、仏智(既)設方便、則雖凡慮豈無斟酌、固非存教之是非、由偏(顧)機之堪不也、(チ)此(事)尚為法滅之縁、(冐止之耳)、愚蒙竊惑、(請取決於)衆断也、源空天性魯鈍、不好化導、而有講説由不得已也、(リ)後来若以僻説弘通、当受衆徒厳責、此所不可避也、(ヌ)此等子細、先年(呈)(誓詞)了、雖不(及)(復)陳、(ル)而厳(責)既畳、不得敢黙、覆述下情、只仰賢慮之淵鑑耳、所陳若以虚(欺)、日別七万念仏、空失其利、現当二世常沈重苦、永受楚毒無免出期矣、伏乞一切三宝護法諸神、証明知見、源空敬白、

元久元年甲子十一月七日　沙門源空(ヲ)

私云、執筆宰相法印聖覚也、

善照寺本と谷大本とは同系列の写本であるために、ただ一箇所の相違を見るのみで、それも「時々」を「時時」と記す程度で誤写と言えるものではない。ところが、この善照寺本・谷大本等の恵空本系の写本と義山本の正徳版とでは、字句の異同、ならびに傍線・点線等で示した如き削除・挿入と見られる箇所があまりにも多く、根本的に内容をまで変えているようである。そこで、善照寺本・谷大本の書写年時が不明であることもあって、いずれが原型に近いものであるかの検討を要するわけである。前掲の対照表において、括孤・点線・傍線等で恵空本と義山本との異同を示したが、そのなかから、内容的に問題とすべき箇所について、両本の記載を対照しながら感ずるところを述べておく。（語句対照の際は、上段に恵空本、下段に義山本の記載を示す）

(イ)（前掲義山本に付したる記号、以下同じ）

沙門源空敬白　　　　一　沙門源空敬投

これは本史料の書き止めに「敬白」と記すところからも「敬白」の方が妥当と思われる。同様のことは前述の信楽玉桂寺所蔵建暦二年十二月二十四日付「源智造立願文」にも見られるように、願文・起請文という様式からすると、巻頭と書き止めに同じ語句を用いて崇敬の念を表するといったことは不自然なことではない。さらに義山本が「敬投」とする意味は、その返り点からつぎの一文「当寺住持三宝護法善神宝前」に投ずるというように、法然自らの謝罪の様態を示しているかのように見られるが、起請文全体の内容からは、法然は決してそうした目的意識を持って起草してはいない。

(ロ)　粗窺三観戸　　　　一　粗窺三観幽扃

三観とは天台における三種の観法を指すのであるから、法然がその戸牖を窺ったことのあることを記したもので、義山本の示すように、自ら三観の幽扃を窺ったという自負するような表現は自然でないように思われる。

(ハ)　偏望九品境　　　　　　　　　一　偏望九品浄境

義山本は「浄」の一字を挿入することによって、前述(ロ)恵空本の表現との隔たりをより明確にしようとしているように思われる。

(ニ)　近日風聞云　　　　　　　　　一　近聞華夷皆言

この風聞が、本起請文の起草されるに至る経過の端緒をなすものと考えられる。これを比叡山の衆徒等のものとすることは、直後に述べられている衆徒にも及ぶようになったとする記述と矛盾するため、これは山門以外に求められるべきと考える。私は南都の特に興福寺を中心とした風聞であるように思う。というのも、翌元久二年十月には笠置の貞慶起草の「興福寺奏状」(2)が奏され、九箇条から成る法然の失を朝廷に厳しく訴えている。『三長記』(3)には元久三年二月からの記事しか伝わらないが、興福寺は幾度となく、法然やその門下達を処罰するよう朝廷に迫っている。(4)このような興福寺の態度は到底急に現出したものではなく、「興福寺奏状」を呈するに至るまでに、すでに専修念仏批難の情勢が存したことに相違ない。したがって、こうした南都からの風聞が拡まっていったものと見ると、義山本のような表現は、あたかも南都北嶺のそれぞれの状況を混同しているかに思われる。

(ホ)　源空偏勧念仏教、謗余教法、　　一　源空偏弘念仏道、誹謗他教法、

「興福寺奏状」を見ても、冒頭に「沙門源空所レ勧専修念仏」、「立二念仏之宗一、勧二専修之行一」等と、批判する側の表現でさえも、法然は専修念仏を「弘」めていたのではなく「勧」めていたのである。「興福寺奏状」には同様に「第三軽釈尊失」に「不レ礼二余仏一、口不レ称二余号一、其余仏余号者、即釈伽等諸仏也」、「第六暗浄土失」で「只憑二弥陀之願力一、於二余経余業一者、無二引摂別縁一、無二来迎別願一」等と述べられていたり、また「七箇条制誡」の第一条に「謗余仏菩薩事」等とあることから、念仏外の余行について自他共に「他教法」というより「余教法」ととら

えていたようである。

(ヘ)　終事聞于山門、議及于衆徒、可加炳誡之由、被申達貫首畢、　——　又聞浪言遂聞于山門、而及于衆議、欲加厳誡、頻達貫首矣、

この箇所の理解も本史料の起草目的を知るうえに重要である。前に指摘した興福寺を主とする南都からの風聞が、比叡山の衆徒達にまで及んだことが、座主への言上となっていった原因であろうが、義山本の表現ではそうした経緯が曖昧に感じられる。

(ト)　欣浄土之類、豈捨妙法哉、　——　欣求浄土之人、又何棄捨華厳法華等妙法乎、

このあと前掲の如く「就中〔ナシ㋛〕、源空当念仏余暇、〔以アリ㋛〕披天台教釈、凝信心於玉泉之流、致渇仰於銀池之風」（傍註㋛は義山本との異同を示す）というように、天台智者の行迹に係わる表現に続くことを考慮すると、一見義山本に記されるように「華厳法華等」とする方が文意が通じるようであるが、これでは前述の風聞の内容と比べて、教理的に些か山門を意識し過ぎていて不自然に思われてならない。ここでは念仏以外の余行として、単に「妙法」と記されていたのではなかろうか。

(チ)　此条若可為法滅之縁者、向後宜従停止、　——　此事尚為法滅之縁、宜止之耳、

自らの浄土門についての理論を、人の機根に照らして開陳したあと、仮定としてそれが法滅の縁をなすのであれば停止に従うと述べたものであって、義山本に示すような表現では法然の決意として甚だ妥協的であるように思われる。

(リ)　此外以僻説弘通、以虚誕披露、尤可有糺断、尤可有炳誡、所望也、所欣也、　——　後来若以僻説弘通、当受衆徒厳責、此所不可避也、

この箇所はまったく意味を異にする。しかし、法然は起請文としてこの文章を起草したのであるから、ここにも仮定として、もし僻説や虚誕による弘通が生じたならば炳誡も望む所であると記す方が、今後そうしたことのないことを言明したことになり自然である。義山本のように衆徒の厳責も避けられないと記すのは、すでに後来に僻説の生ずることを認めていることにはならないであろうか。

(ヌ)　此等子細、先年沙汰之時進起請了、　　一　此等子細、先年呈誓詞了、

この先年沙汰の起請文あるいは誓詞が、いずれも具体的に何を指すのか現存の史料からは判明しないが、法然が元久元年以前に山門に差し出すものとしては、本起請文の内容から考えても、「呈誓詞」といった妥協的な姿勢によるものであったとは到底思われない。このあと恵空本では「誓状又及再三」と記しているが、誓状とは本起請文を指すのであるが、義山本はこの語句の意味を連想しながら誓詞と改変したのであろう。

(ル)　厳誡既重畳之間、　　一　而厳責既畳、

義山本のように「厳責」と記すとすれば、すでに比叡山衆徒達による弾圧的行動が起こっていたことになる。この部分は恵空本のように、自誡の行動を意味した表現でなければならないと思う。

(ヲ)　沙門源空在御判　　一　沙門源空

法然の花押については問題が多いが、「七箇条制誡」においても、二尊院所蔵の原本には署名の左傍らではあるが花押が署せられている。そして、『漢語灯録』所収の「七箇条起請文」に「沙門源空御判」とある。これと同様に、「在御判」と記載する方に信を置きたい。勿論、聖覚の執筆による起請文であるから、恐らく署名と花押のみを、あるいは花押のみを最後に記したものである。しかし、重要なこの部分を見落とすとは考えられない。

ここまで、恵空本と正徳版についての字句・語句の相違に関して、特に内容的に問題である箇所について私見を

述べてきたわけであるが、ほかにも前掲対照表中に点線・傍線等で示したごとく、すなわち恵空本に比べて削除・挿入されている箇所はあまりにも多く、またそれは熟語の相違とかではない長文のものがいくつもある。義山本に見られるこのような表現の相違は本遺文のみにとどまらず、全篇に亘っているのであるが、それは魚魯倒置遺字闕脱の類とは到底見られない、義山の明らかなる作文意図を感ずるものである。そこで、前述の個々の問題点と併せて総合的に恵空本系の方がはるかに原型に近いということであり、義山本の記載は出来るだけ浄土宗教団としての色彩を強め、特に比叡山に対して妥協的な立場で起請文を送ったと表現することを目的としたのではないかとさえ思われる。

ところで、筆者はこの「送山門起請文」が、『漢語灯録』の「諸起請文」中に「七箇条起請文」と共に収められている点に注目したい。「送山門起請文」に関する諸問題は、同日付の「七箇条制誡」と並行して考察しなければならないことは前にも触れたが、『漢語灯録』の編者了恵は、そうした点を重視してここに所収したのであろう。勿論、生涯を法然の遺文蒐集にかけた了恵の真摯な情熱からして、偽りの文書を所収するとは考えられない。しかし、義山本等に見られるような改変が行なわれてより、原型の体裁が変貌を遂げ内容的にも相違するものとなった遺文は多い。「送山門起請文」もその一つであるが、恵空本系の善照寺本・谷大本等に所収される記載内容は、かなり原文に近いものであると考えられる。それは次項にて詳述するように、各種法然伝所載の「送山門起請文」と対照してみると、先に指摘したような義山本に見られる字句の相違箇所について、いずれの伝記の記載とも関連性が認められないばかりか、恵空本系所収の記載がそれらの原型に近いと考えられることからも実証されるところである。

さらに、二尊院所蔵の「七箇条制誡」の原本性については、すでに塚本善隆・三谷光順両氏「法蓮房信空上人の研究」（『専修学報』第一一号）によって、執筆者信空の署名と栂尾高山寺所蔵元仁元年（一二二四）十一月二十八日付「信空自筆円頓戒戒脈」の署名と、特に「空」の字の個癖などが合致すると指摘されたことによって、ほぼ容認されることとなった。『漢語灯録』所収の「七箇条起請文」の末尾に「私云、執筆法蓮房也、右大弁行隆息也」と記されていることの有力な証左が得られたわけである。さらに、二尊院本の二三番目に署名する欣西の署名については、香月乗光氏や斎木一馬氏によって、奈良興善寺所蔵十二月四日付欣西書状の差出書、及びその封上書との二ヵ所の署名と合致すると述べられ[5]、また辻善之助氏の親鸞の筆跡研究[6]の結果、87綽空の署名が自筆のものと確認されるなど、諸先学によっても明らかであるが、これに加えて、筆者も89蓮生のものと、清涼寺所蔵の「熊谷直実自筆夢記」の署名とが酷似している点、5源智は、前述の信楽玉桂寺所蔵「源智造立願文」の署名と相通じるところがある点、また182西教が花押を署している点等を述べた[7]ごとく、二尊院本が原本であることは曲げようのない事実である。

そして、この二尊院本と恵空本系所載のものとの校合の結果が、字句の異同が認められるすべての箇所について、転写伝来の際に生じた誤謬と容認のできる範囲であること[8]を考慮すれば、「送山門起請文」についても同様のことが言えるであろうことは、むしろ当然のように思われる。以上の検討結果によって、恵空本系の善照寺本・谷大本等に所収される「送山門起請文」の記載が、現存の諸本のうちでは最も原型に近いことが判明し、従来特に義山本である正徳版等の記載を研究対象とするところから生じた諸問題に関して、内容的な面から再び検討を要すると言える。

註

（1）拙稿『黒谷上人語灯録』の基礎的研究—特に漢語灯録について—」（『仏教論叢』第二九号）、「『黒谷上人語灯録』（聖教解説）」（『日本仏教史学』第二一号）等、及び第Ⅰ部第三章第一節（一七九頁）参照。
（2）『大日本仏教全書』第六一巻、『大日本史料』第四編之九、竹内理三編『鎌倉遺文』古文書編第三巻等参照。
（3）『増補史料大成』三長記。以下同じ。
（4）『三長記』元久三年二月十四日条・同年二月二十一日条等参照。
（5）香月乗光「各種法然上人伝所載の七箇条起請文について」（『法然上人伝の成立史的研究』第四巻）、斎木一馬「欣西書状（仏教古文書学講座）」（『日本仏教史学』第一五号）等参照。
（6）辻善之助著『親鸞聖人筆跡之研究』参照。
（7）第四章第二節参照。
（8）第Ⅰ部第三章第一節（一五三頁）、註（1）掲載拙稿等参照。

第二節　各種法然伝所収本

法然の各種伝記のなかにもこの「送山門起請文」が収載されている。なかでも、各種伝記の古形の一つとされる『四巻伝』[1]に所収されるものは、その伝記自体の成立年代から考えて、前項にて検討を加えた了恵編集の『漢語灯録』本よりも遡りうる史料であると言える。しかしながら、いずれがその原型に近いものであるかを判断するには、成立年代のみを基準とするのでは早計であるように思う。それは、『四巻伝』所収の「七箇条制誡」に関して、「七箇条の起請文云、取ㇾ要略ㇾ之」等と記していることからも、これに載せられる史料の扱いに慎重でなければならないことが窺い知られる。ところで、各種法然伝に記されるものとの対照を行なうことによって、いかに「送山門起請文」の記載が変遷を遂げるのか、あるいはそれは何故に生じたのであるか等の検討をしなければならない。併せて『漢語灯録』本の記載と各種伝記所収のものとの対照をし、ここから想起される「送山門起請文」自体の蓋然性に関する私見を述べてみたい。

はじめに、「送山門起請文」を所収する各伝記(2)の記載を、伝記の成立年代順に並べると左のようになる。

(恵空本の記載に比して脱文箇所と認められる箇所に傍線を付し、さらに通読の便を計って読点をほどこした)

〔**各種法然伝所収「送山門起請文」対照表**〕

『四巻伝』 巻第二	**『琳阿本』** 巻五	**『古徳伝』** 巻五	**『九巻伝』** 巻第五上「山門蜂起事」	**『四十八巻伝』** 第三一巻
天台座主、御問状付て誓文を進給、其詞云、——源空偏勧念仏教、謗余	是によりて上人へたつね申さるゝにつゐて、上人起請文を進せらる、叡山黒谷の沙門源空敬白、当寺住持の三宝護法善神の御宝前、右源空壮年のむかしの日は、粗三観のとほそをうかゝふ、衰老のいまの時はひとへに九品のさかひをのぞむ、これ先賢の古跡なり、さらに下愚か行願にあらす、しかるに近日風聞にいはく、源空ひとへに念仏	依之座主僧正、聖人にその尋あり、其時上人起請文をゝくらる、其状に云、叡山黒谷沙門源空敬白、当寺住持三宝護法善神御宝前、右源空壮年の昔の日は、粗三観の枢をうかゝひ、衰老の今の時は、偏に九品の堺をのぞむ、此又先賢の故跡也、更に下愚の行願に非す、而に近日風聞して云、源空偏に念仏の教を勧て余の教法を謗す、諸宗	座主大僧正より上人に御尋あるに付て、上人起請文を進らる、その詞に云、——近日風聞して云、源空偏に念仏の教門を勧め	又座主に進せらるゝ起請文云、——近日の風聞にいはく、源空偏に念仏の教をす

（四巻伝）

教法、諸宗依之凌夷、諸行依之滅亡云々、――

凡弥陀本願云、唯除五逆、誹謗正法云々、勧念

（琳阿本）

の教をすゝめて余の教法を謗す、諸宗これによりて陵遅し諸行これによりて滅亡すと云々、此旨を伝聞に心神を驚す、ついに則事山門にきこへ議衆徒に及へり、炳誡をくわうへきよし、貫首に申されをはりぬ、此条一には衆勘をおそる、一には衆恩をよろこふ、おそるゝところは、貧道か身をもて忽に山洛のいきとをりに及む事、――謗法の名をけちてなかく花夷のそしりをやめむ事、若衆徒の糺断にあらすは、いかてか貧道か愁歎をやすめむや、

（古徳伝）

此に依て凌遅し、諸行因茲滅亡云々、此旨を伝聞に心神をおとろかす、終に則事山門にきこえ議衆徒にをよへり、炳誡を加へき由貫首に被申訖、此条一には衆勘をおそれ、一には衆恩をよろこふ、おそるゝところは、貧道か身をもて忽に山洛の欝にをよはむ事、悦ところは、謗法の名を削てなかく花夷の誹をやめん事、若糺断に非は、争か貧道の愁歎をやすめんや、凡弥陀の本願に云、唯除五逆誹謗正法と云々、念仏をつとめん輩争か正法を謗せ

（九巻伝）

て、自余の教法を謗る事、諸宗是に依て陵夷し、諸行是によりて滅亡すと云々、此旨を伝へ承に心神驚怖す、遂に事山門に聞え議衆徒に及て、炳誡を可加之由貫首に申送らる、此条は一には衆勘を恐れ、一には衆恩を喜ふ、恐るゝ所は、貧道か身をもて忽に山洛のいきとほりに及はん事を、悦ふ所は、謗法の名を消して永く花夷の謗を止めん事を、若衆徒の糺断にあらすは、いかてか貧道か愁歎を慰めんや、弥陀の本願に云、唯除五逆誹謗正法と、

（四十八巻伝）

ゝめて、余の教法をそしる、諸宗これによりて凌夷し、諸行これによりて滅亡す云々、この旨を伝聞に心神驚怖す、つゐに縡山門にきこえ議衆徒に及て、炳誡を加へきよし貫首へ送られ畢、此条一には衆勘をおそれ、一には衆恩をよろこふ、おそるゝところは、貧道の身をもちて忽に山洛のいきとをりにおよふ、喜ところは、謗法の名をけしてなかく華夷の謗をとゝめん、もし衆徒の糺断にあらすは、争貧道の愁歎をやすめんや、凡弥陀の本願云、唯除

仏之徒、争謗正法、恵心要集云、聞一実道、入普賢願海云々、欣浄土之類、豈捨妙法哉、——

但老耄遁世之輩、——

おほよそ弥陀の本願にいはく、唯除五逆誹謗正法と云々、念仏をすゝむるともからいかてか正法を謗せむ、又恵心要集には、一実の道をきゝて普賢の願海に入と云々、浄土をねかふたくひあに妙法をすてむや、就中源空念仏の余暇にあたりて、天台の教釈をひらきて、信心を玉泉の流にこらし、渇仰を銀池の風にいたす、旧執なを存す、本心なんそ忘む、唯冥鑒をたのむ、たゝ衆察をあふく、たゝし老後遁世のともから、愚昧出家のたくひ、あるひは草庵に入てかみそり、

ん、又恵心の集には、一実の道を聞て普賢の願海に入と云々、浄土をねかふ輩豈妙法を捨んや、就中、源空念仏の余暇に当て、天台の教釈を開て、信心を玉泉の流にこらし、渇仰を銀池の風にいたす、旧執なを存す、本心何忘ん、たゝ冥鑒をたのみ、たゝ衆察をあふく、但老後遁世の輩、愚昧出家の類、或は草庵に入て髪をそり、或は松室に望て心さしを云次に、極楽をもて所期とすへし、念仏をもて所行とすへきよし、時々もて説諫す、是則齢衰て——

念仏をすゝむる輩いかてか正法を謗せん、又恵心の要集には、一実の道を聞て普賢の願海に入と、浄土を欣たくひ豈妙法を捨んや、就中源空壮年の昔は、天台の教釈を披て、三観のとほそにつらなる、衰老の今は、善導の章疏を伺ひて、九品の境にのそむといへとも、旧執なを存す、本心何忘れん、只冥鑒をたのみ、只衆察を仰く、但老門遁世の輩、愚昧出家の類ひ、或は草廬に入て髪をそり、或は松門に臨て志をいふ次に、極楽をもつて所期とすへし、念仏をもて所行

五逆誹謗正法と、念仏をすゝめむ輩むしろ正法をそしらんや、——

（四巻伝）

以極楽可為所期、以念仏可為所行之由、時々諷諫、是則齢衰不能練行、性鈍不堪研精之間、暫置難解難入之門、試示易往易行之道、仏智猶設方便、凡慮豈無斟酌哉、敢非存教是非、偏思機堪不也、此条若可為法滅之縁者、向後宜従停止云々、

（琳阿本）

或は松室にのそみて心さしをいふつゐに、極楽をもて所期とすへし、念仏をもちて所行とすへきよし、時々もて説諫す、是則よはひをとろへて――研精にたへさるあひた、暫く難解難入の門を出、心みに易行易道をしめすなり、仏智猶方便をまうけ給ふ、凡愚あに斟酌なからむや、あえて教の是非を存するにあらす、ひとへに機の堪否を思ふ、この条もし法滅の縁たるへくは、向後よろしく停止にしたかふへし、愚朦ひそかにまとへり、衆断よ

（古徳伝）

研精にたへさるあひた、暫難解難入の門を出て、試に易行易往の道をしめすなり、仏智猶方便を儲給、凡愚豈斟酌なからんや、敢て教の是非を存するにあらす、偏に機の堪否をおもふ、この条もし法滅の縁たるへくは、向後よろしく停止に随へし、愚蒙潜にまとへり、衆断よろしくさたむへし、いにしへより化導をこのます、天性弘教をもはらにせす、このほかに僻説をもて弘通し、虚誕をもて披露せは、最糺断あるへし、尤炳誡あるへし、のそむとこ

（九巻伝）

とすへきよし、時々諷諫す、是則齢衰て自余の練行に能はす、性鈍にして聖道の研精に堪へさる間、しはらく難解難入の門を閣て、試に易行易往の道を示すなり、仏智なを方便をまうけ給ふ、凡愚あに斟酌なからんや、敢て教の是非を存するにあらす、機の堪否を思也、此条もし法滅の縁たるへくは、向後は宜く停止に従ふへし、

（四十八巻伝）

此則以僻説弘通、以虚誕披露、尤可有糺断、尤可有炳誡、所望也、所欣也、此等子細、去年沙汰之時、進起請了、其後、于今不変改、不能重陳、厳誡既重畳之間、誓状又及再三、上件子細、一事一言、以虚誕設会釈者、毎日七万返念仏、空失其利、堕在三途、現当二世依身、常沈重苦、永受楚毒、伏乞当寺諸尊満山護法、証明知見、源空敬白、

ろしくさたむへし、いにしへより化導をこのます、天性弘教をもはらにせす、このほかに僻説をもて弘通し、虚誕をもちて披露せは、もとも糺断あるへし、尤炳誡あるへし、のそむ所なり、ねかふ所、よし此等の子細、先年沙汰のとき起請文を進しおはりぬ、又其後今に変せす、かさねて陳するにあたはすといへとも、厳誡すてに重畳のあひた、誓状また再三、かみくたむの子細、一事一言、虚誕をくはへ、会釈をまうけは、毎日七万遍の念仏、その利をうしなひて、三

ろなり、ねかふところなり、此等の子細、先年沙汰の時起請文を進し訖ぬ、其後いまに変せす、かさねて陳するにあたはすといへとも、厳誡すてに重畳の間、誓状又再三、上件の子細、一事一言、虚誕をくはへ、会釈をまうけは、行住坐臥の念仏、其利をうしない、三途に堕在して、現当二世の依身、常に重苦に沈て、なかく楚毒をうけん、伏乞当寺の諸尊満山の護法、証明知見し給へ、源空敬白、元久元年十一月十三日源空敬白とそかゝしめたまひける、

此外に僻説をもて弘通し、虚誕をもて宣聞せは尤糺断あるへし、尤炳誡あるへし、願所也、望む所也、此等の子細は、先年沙汰の時起請文を進し畢ぬ、其後いまに変せす、重て陳するに能すといへとも、厳誡すてに重畳の間、誓文亦再三に及ふ、上件の子細、一事一言、虚言をもて、会釈をまうけは、毎日七万返の念仏、むなしく其利益を失て、三悪道に堕在し、現当二世の依身、常に重苦に沈て、永く楚毒をうけん、伏乞当

僻説をもちて弘通し、虚誕をもちて披露せは、尤糺断あるへし、尤炳誡あるへし、のそむところなり、ねかふところなり、此等の子細、先年沙汰の時起請を進了、其後いまた変せす、かさねて陳するにあたはすといへとも、厳誡すてに重畳の間、誓状又再三にをよふ、上件の子細、一事一言、虚言をもちて、会釈をまうけは、毎日七万遍の念仏、むなしく其利をうしなひ、三途に堕在して、現当二世の依身、

（四十八巻伝）	（九巻伝）		（琳阿本）
つねに重苦にしつみて、なかく楚毒を受了、伏乞当寺の諸尊満山の護法、証明知見したまへ、源空敬白、取詮 元久元年十一月七日 源空	寺の諸尊満山の護法、証明知見し給へ、源空敬白、 元久元年十一月三日 沙門源空敬白云々、 その時の座主は、後白川院孫王真性宮の大僧正也、		途に堕在して、現当二世の依身、常重苦にしつみて、なかく楚毒をうけむ、ふしてこふ当寺の諸尊満山の護法、証明知見し給へ、源空うやまて申す、元久元年十一月十三日源空敬白、御判在

まず各種法然伝のうち比較的成立が古いとされる『醍醐本』『私日記』等には所収されていないが、この点は両伝記ともに初期のものであるためか、法然の事情を網羅的に記述しようとしたものではないため、必ずしも疑問であるとは言えない。「七箇条制誡」との同時性から考えると、『弘願本』が「七箇条制誡」を所収するにもかかわらず、「送山門起請文」の記載が見られない点、逆に『琳阿本』が「七箇条制誡」を載せないで「送山門起請文」のみを所収する点についての理由は分明でないが、ほかの『四巻伝』『古徳伝』『九巻伝』『四十八巻伝』等では両史料をともに所収している。

ところで、日付についてであるが、『四巻伝』には記載がなく、『琳阿本』『古徳伝』等は元久元年十一月十三日としており、さらに『九巻伝』は元久元年十一月三日としている。これは『漢語灯録』本の元久元年十一月七日とする方が、「七箇条制誡」との関連性、すなわち一方で門下達に署名させることによって誡飭をうながし、同時に比叡山には起請文を書き示したと考えられることから、より妥当性があると言える。したがって、『四十八巻伝』が元久元年十一月七日とするのは、原本もしくは『漢語灯録』本等によっての考証を経ているものと解される。『四巻伝』に記述のない理由はわからないが、『琳阿本』『古徳伝』は次項の九条兼実が大原の顕真に宛てた書状(『九巻伝』『四十八巻伝』では、これを天台座主真性に宛てたものとする)の日付が、いずれの伝記においても十一月十三日であるから、こちらの方との関連性に重きを置いて編集されたのであろうと見られる。そして『九巻伝』はそれの誤解・誤写等から生じた記載と思われる。

また冒頭の記述法、とくに『漢語灯録』本(恵空本、以下同じ)にある「叡山黒谷沙門源空敬白」の文句であるが、これは『琳阿本』『古徳伝』等には同様に見えるが、ほかの『四巻伝』『九巻伝』『四十八巻伝』等には見られない。さらに『漢語灯録』本との語句の異同を見るに、『琳阿本』と『古徳伝』は、「毎日七万遍の念仏その利をうしなひて」を「行住坐臥の念仏其利をうしない」と記す箇所の他は、両本に非常に親近性が感じられ、そして『漢語灯録』本の記述に最も近いことがわかる。しかも、「及山洛之禁」を「山洛のいきとをりに及む事」「山洛の欝にをよはむ事」に、「且憑冥鑒、且仰衆察」を「唯冥鑒をたのむ、たゝ衆察をあふく」「たゝ冥鑒をたのみ、たゝ衆察をあふく」と、また「或入草菴剃頭、或臨松窓、言志之次」を「あるひは草庵に入てかみそり、或は松室にのそみて心さしをいふつゐに」「或は草庵に入て髪をそり、或は松室に望て心さしを云次に」と、そして「本来不好化導、天性不専弘教」をともに「いにしへより化導をこのます、天性弘教をもはらにせす」というように、和文体に訓み下す際の改変・誤記と考えられる箇所の一致を見る。同様に「是則齢衰不能練行、性鈍不堪研精之間」の箇所について、それぞれ「是則よはひをとろへて研精にたへさるあひた」「是則齢衰て研精にたへさるあひた」の如く脱文箇所まで一致しており、ここに及んでは両伝記所収本の関連性は大方において首肯できるものと言えよう。ちなみに、この両伝記の記載が、順を追って後述する他の伝記所収本の記載に比して、はるかに『漢語灯録』本に近いのである。さらに言えば、それは『漢語灯録』のうちでも先に指摘した恵空本系の善照寺本・谷大本等の記載に対してであって、少なくとも義山開版の正徳版において相違の確認された字句・表現法は些かも見出し得ない。その意味からも逆に恵空本がより原型に近いであろうことの補足とすることができる。

つづいて、『九巻伝』の記述であるが、和文体ではあるが概して前述した両伝記のものと類似している。ところが、二箇所の大きい脱文（傍線部分）と文章の改変（傍線部分）一箇所が見られる。このうち文章の改変は『漢語灯録』本に「就中源空当念仏余暇、披天台教釈、凝信心於玉泉之流、致渇仰於銀池之風」と記されるところを、「就中源空壮年の昔は、天台の教釈を披て、三観のほそにつらなる、衰老の今は、善導の章疏を伺ひて、九品の境にのそむといへとも」としているが、これは明らかに作文の行なわれた痕跡と言うことができ、それも『九巻伝』に欠ける記載であって『漢語灯録』本の冒頭に見える「源空壮年之昔日、粗窺三観戸、衰老之今時、偏望九品境」の箇所をここに挿入したことに気がつく。

そこでこの改変された箇所の意味についてであるが、「玉泉」とは湖北省当陽県の玉泉寺を指し、「銀池」とは天台山の銀地嶺を意味した比喩のように見られ[3]、つまり非常に天台智顗に傾倒する表現であると言える。それは法然自身が天台の教釈を学んだ結果であった。そうした内容をすべて他の表現によって、すなわち善導の章疏に傾倒したとするのは、何らかの意図的な改変であることが充分に想定できる。加えて『九巻伝』にも冒頭の「叡山黒谷沙門源空」は削除されている。『九巻伝』が『四十八巻伝』製作のための草稿本的性格を有するものであるという説[4]に従うと、作者舜昌がこれら天台的色彩の濃い記述について、その融和を計ろうとして作文に努めたものとの仮説を提示できる。

さらに前掲の対照表によって確認された如く、『四十八巻伝』に至ると大きな脱行の存することがわかる。その箇所がちょうど『漢語灯録』本によって示すと、「恵心要集云」から「本来不好化導、天性不専弘教」までの何と二一六字に及ぶ大きな脱文である（傍線部分）。内容的にも本起請文においては法然が主張する教理的な根幹をなすところである。これを編集・書写の段階で過失においてでさえ脱するとは考え難い。何か明確に意図するものがあったためと推察される。そこで、教学的な面で天台的色彩を排除しようとした編者の意志による可能性が強くなってくる。しかも、このような下準備が『九巻伝』編集の際に、すでに行なわれているかに見られたことも大きな参考となろう。

そこで、再度『四巻伝』の記述における数箇所の脱文（傍線部分）であるが、成立が『漢語灯録』よりも明らかに古いために判断に迷うが、この脱文箇所と前述の『九巻伝』とを比べると一部の一致を見る。また前述した『四巻伝』の性格等を考慮に入れると、法然伝所収の「送山門起請文」について二種に大別できるのである。一つは『漢語灯録』本に忠実であり天台的色彩もほぼ原文のままと見られる『琳阿本』と『古徳伝』である。さらに一つは『漢語灯録』本に比べて、特に天台教学に関する記載を努めて排除しようとしているもの、すなわち『四巻伝』『九巻伝』そして『四十八巻伝』である。もしこの仮説が妥当であるとすれば、『四巻伝』以前に原本あるいはそれに近いものが存して、これを底本として操作がなされたことになり、了恵はこれをそのまま忠実に書写したということになる。

かくの如き問題点と接する時、宇高良哲氏によって新しく発見された「隆寛作法然上人伝」の記述が、『九巻伝』『四十八巻伝』等に見られる一部の記載内容と一致する点について、「浄土宗開祖法然上人を顕彰する目的で編纂される浄土宗側の伝記の中に、これらの天台的な記事を収めることは不都合であり、法然上人伝の編纂過程で抹殺されてしまったのではないか、特に知恩院の正統性を主張しようとする九巻伝や四十八巻伝にはとても容認することができなかったのであろう。(5)」と論じられる新説を想起させる。「隆寛作法然上人伝」の史料的信憑性については、これからの検討にまだ俟たねばならない。しかし、「七箇条制誡」の原本性についてほぼ容認されている現在、この原本に最も近いと判断される恵空本系の善照寺本・谷大本『漢語灯録』に所収される「送山門起請文」について、これを基準として各種法然伝所載の記述とを対照したところが、法然伝の編集過程における天台的色彩の排除といった具体的事実が露呈したわけで、したがって、そうした経緯の生ずる必然的因由を求めるに、やはり当時の法然滅後における比叡山と専修念仏者の立場等を配慮しなければならなかった点がはじめに考えられる。またそのことは、比叡山に対抗する集団を形成するために利用されたのかもしれない。

こうした推測はここまでとして、いずれにしても、そのような改変の過程と必然性が明らかに考証されるとすれば、この原本の存在性はまず動かし難い事実であると言わなければならない。法然自身がこのような起請文を書き示したことが事実であったから、当時の情勢からそのうちの天台的色彩の強い記述について取り除こうとする者が現われたのである。もし法然自身にそうした事実が存しなかったのであれば、現存の「送山門起請文」に関するこれらの文体は、後世になってから作られたものとなって、前述したような改変過程に見られた事情の説明はつかなくなる。したがって、こうした過程が考証できたことにより、「送山門起請文」が間違いなく法然自身の意を伝えるものであることをここに提唱するものである。さらに、文体としては諸本あって従来ともすると史料批判のうえで誤解を生じていたが、今後は最も原型に近いと考えられる恵空本系の『漢語灯録』所収の記述に依拠すべきことも付言しておく。

註

（1）（2）　井川定慶編『法然上人伝全集』所収。以下同じ。

（3）　香月乗光「七箇条起請文と送山門起請文とについて——その偽作説に対する反論——」（『仏教文化研究』第八号）註（15）に述べられるごとく、「玉泉」は『隋天台智者大師別伝』（大正蔵五〇史伝部二、一九五頁上）に「於当陽県玉泉山而立精舎、蒙勅賜額号為一音、重改為玉泉」とあり、また「銀池」は『仏祖統紀』第六（大正蔵四九史伝部一、一八二頁上）の天台智顗の伝記を述べるなかに「此処金地吾已居之、北山銀地汝宜居焉」とそれぞれ記されるものを意味している。

（4）　三田全信著『成立史的法然上人諸伝の研究』一七「法然上人伝記（九巻伝）」参照。

（5）　宇高良哲「新出の隆寛作『法然上人伝』について」（『大正大学研究紀要』第六九輯、昭和五十八年）参照。

第三節　筆者聖覚について

『漢語灯録』本の末尾に「私云、執筆宰相法印聖覚也」とあって、編者了恵の見解として、この「送山門起請文」の筆者を聖覚に求めているが、これは同様に「七箇条起請文」の末尾に「私云、執筆法蓮房也、右大弁行隆息也」と記される点について、前述の如き二尊院本の筆跡研究において証明されるに及んでいるから[1]、「送山門起請文」の執筆者の記述についても信頼が置けるであろうと考えられる。そこで、聖覚の行状等に関する検討を行ないながら、どうして聖覚が執筆者となったのであろうかという問題について考えてみたい。

聖覚は当時唱導家として著名な安居院澄憲の嫡子である。『尊卑分脈』[2]の記載を見ると、一族の多くは出家して比叡山・東大寺・興福寺・仁和寺等に入っている。聖覚の註記には「天下大導師名人也、能説名才」と記されるなど、父澄憲の唱導を継承し安居院[3]に住したのである。同系図の内閣文庫本には「源空上人之弟子」なる註記が加えられている。また澄憲の兄弟には西山広谷に住し念仏三昧の霊証を得て法然と親交の深かった遊蓮房円照（是憲）、あるいは高野山で隠遁生活を送った空阿弥陀仏明遍らがいるばかりか、「興福寺奏状」の起草者解脱房貞慶も、藤原通憲の二男貞憲の息として、すなわち聖覚とは従兄弟関係にあったことなどがわかる。

ところで、この聖覚について現在浄土宗側に伝来する系譜類を見ると、まず永正三年（一五〇六）融舜の編集に成る栃木県大沢円通寺蔵の『浄土惣系図』にはつぎのように記されている。

聖覚法印　安居院法印澄憲真弟、伯父宰相俊憲猶子、号ニ宰相法印一、東塔北谷竹林房住、従ニ静厳法印一、兼学ニ憲公一、又従ニ上人ニ承ニ円戒一学ニ浄土宗一、建暦二年乙未三月五日、六十九、

これによると伯父俊憲の猶子となり、比叡山東塔北谷竹林房に住し静厳なるものに師事したとされ、さらに法然より円頓戒を授かり浄土宗を学んだことなどが記されている。同様の記述は『蓮門宗派』前図、『浄土源流章図』等の註記に認められるが、法然の弟子としてその系譜に連ねるのは、ほかに『法水分流記』『浄土血脈論』『浄土宗派承継譜』『総系譜』等主なる浄土宗側の系図に統一的に見られるところである。あるいはこれら諸系図の記述は、信空の弟子信瑞撰『明義進行集』(4)巻三の「第七安居院法印聖覚」の項の冒頭に、

〔文〕天暦二年乙未三月ノ五日入滅、トキニ年六十九、法印ト者、澄憲法印ノ真弟子、叡山東塔ノ北谷ノ八部ノ尾ノ竹林房ノ住侶ナリ、静厳法印ニシタカヒテ、円宗ヲ稟承シ、カネテ先師法印ニモナラヘリ、スヘテ一山ノ明《メイ》匠《メイシヤウ》、四海ノ導師ナリ、又源空上人ニ、日頃ノ妙戒ヲウケ、浄土ノ法門ヲツタフ、上人ツネニノタマヒケルハ、吾カ後ニ、念仏往生ノ義スクニイハムスル人ハ、聖覚ト隆寛トナリト云々、（下略）

と述べられ、『四十八巻伝』もこれを踏襲して、さらに法然との関係を濃厚に描写しているものによると考えられる。聖覚が実際に法然から円頓戒を受けているかどうかは確認できないが、『日本大師先徳明匠記』(5)の竹林坊流相

承には、

――澄豪――長耀――静厳竹林坊――聖覚――隆承――聖憲

とあって、竹林坊静厳を師としている。さらに『天台宗系図』(6)を見ると、聖覚は檀那流を静厳から、恵心流を座主顕真からそれぞれ相承する正統の相伝者であったことを記している。

また『探題故実記』(7)所収の「探題次第」に「聖覚法印竹林房明禅之義也」という記載が見えるのをはじめ、『華頂要略』門下伝(8)にも「探題」とあるなど、聖覚が山門の探題を務めていたことは相違なかろう。さらに『天台座主記』(9)の建保四年六月の記事に、

同四年(建保)丙子六月十五日、上皇御二幸日吉社一三ヶ日御参籠、以二梶井一為二御所一、今日有二御経供養一、同十六日梶井御所被レ行二番論義一、十七日還幸有二勧賞一、

座主前権僧正承円、以二権少僧都公暁一叙二法印一、御導師法印聖覚、以二已講信覚一任二律師一、(下略)

とある。これは土御門上皇が三日間日吉神社へ行幸になり、坂本の梶井を御所として番論義を行なったというものであるが、この時の導師が聖覚であった。そして、『華頂要略』門主伝(10)貞永元年六月六・七両日の記事によれば、日吉山王社において法華八講が修され、まず一品経供養を聖覚の導師にて勤め、そのあと説法が聖覚と俊範の証義にてなされている。さらに『天台座主記』の同年九月二十九日の記事にも、

(上略)三塔同心於二中堂一摺千部仁王経、以二法印聖覚一為二導師一、是去八日彗星出現御祈也、(下略)

とあり、ここでも聖覚は彗星出現に際して行なわれた仁王経祈禱の導師を務めている。これらは、いずれも聖覚が比叡山の重職を負う立場にあったことを示すものである。

そうした聖覚は承久三年(一二二一)五十五歳にして『唯信鈔』を著わすが、現在高田専修寺に親鸞自筆の書写

本を現蔵している。その奥書[11]には、

草本云、
承久三歳仲秋中旬第四日
安居院法印聖覚作
寛喜二歳仲夏下旬第五日　以㆓彼草本真筆㆒
愚禿釈親鸞書㆓写之㆒、

とあって、親鸞によって成立後間もない寛喜二年（一二三〇）に書写されていることがわかる。そして、『末灯鈔』『親鸞聖人御消息集』『親鸞聖人血脈文集』[12]等のなかから、親鸞はこれを『後世物語』『自力他力文』等と同様に、何度となく書写し門侶達に送ったことが知られる。したがって、このことが法然と聖覚を結ぶ思想的経路として重んじられているわけである。その内容を見るに、二門すなわち聖道門・浄土門の廃立、また諸行往生と念仏往生との対比等を経て、念仏の本願性に論及する点などは、確かに法然の『選択集』を尊信していた影響と言える。

そこで、実際の法然と聖覚との関わりを考察する必要があろうが、この「送山門起請文」あるいは「登山状」の執筆者であることを示す記載を除くと、諸伝記に法然と聖覚との具体的な交渉を記す最初は、元久二年八月瘧病を患った法然を、九条兼実の勧めによって聖覚を導師に呼び、善導像供養を行なって治病したという一件である（『醍醐本』『四巻伝』『知恩伝』『琳阿本』『古徳伝』『九巻伝』『四十八巻伝』『明義進行集』）。これについては肯定・否定の両説があるが、筆者はこれよりわずか九ヵ月程前の元久元年十一月に、「送山門起請文」の執筆を行なっているなど、すでに親密な法然との関係が見られることから肯定的な見方をしている。『明月記』[13]の寛喜二年四月十四日条には、

（上略）及㆓申時㆒心寂房来談、一日嵯峨念仏、請㆓聖覚法印㆒、供㆓養善道〔導〕像㆒、公棟・敦通以下入道成㆑群縮㆑坐、

狭小之座之中、常〔成〕覚弟子教脱（一念宗之長云々）、入二其中一、座狭而不二安坐一之間、超二公棟肩一入二道場一、人雖二属目一説法了、

件教脱礼讃無二指事一、法印退帰云云、（下略）

とある。これは礼讃念仏者であった嵯峨往生院念仏房が、嵯峨において一日念仏を催した記事(14)であるが、ここで念仏房は聖覚を導師として善導像の供養(15)を行なっている。すなわち、唱導家としての聖覚の活動に、こうした善導像の供養という方法が通常的に行なわれていたようである。

また同記建仁二年一月二十八日条によると、九条兼実は前日夜前に法然を戒師として出家しているが、同月二十六日条によれば兼実の仏事に聖覚が訪ねている。兼実は出家にあたって聖覚に相談をかけていたのかもしれない。いずれにしても、兼実を介して法然と聖覚とがかなり親交のあったことを想定することができる。このように考えると、諸伝記に見える元久二年八月の法然と聖覚との関係もあながち否定し難いように思われる。したがって、聖覚の比叡山での立場と当時の法然との関係を合わせ考えるに、聖覚が「送山門起請文」の執筆者であることは決して不思議なことではない。

註

（1）　塚本善隆・三谷光順「法蓮房信空上人の研究」（『専修学報』第一輯）参照。

（2）　『新訂増補国史大系』尊卑分脈第二篇。

（3）　『雍州府志』巻第八（『新修京都叢書』第一〇巻）、『山城名勝志』乾巻之二（『新修京都叢書』第一三巻）等によれば、安居院は比叡山東塔北谷の竹林院の里坊であったようである。

（4）　井川定慶編『法然上人伝全集』、『大日本史料』第五編之九等参照。

（5）　『大日本仏教全書』第六五巻参照。

（6）　京都大学所蔵『天台宗系図』。

（7）　『続群書類従』第四輯上、『天台宗全書』第二〇巻等参照。

（8）『天台宗全書』第一巻参照。
（9）『続群書類従』第四輯下補任部。以下同じ。
（10）『大日本仏教全書』第六五巻、『華頂要略』門主伝三参照。
（11）『定本親鸞聖人全集』第六巻写伝篇、『大日本史料』第五編之九等参照。
（12）『定本親鸞聖人全集』第三巻和文・書簡篇参照。
（13）『明月記』第三。
（14）第Ⅱ部第四章第四節（四五三頁）参照。
（15）伊藤唯真著『浄土宗の成立と展開』第四章第二節「法然伝に現われた聖覚像の成立過程」において、この念仏房の病気治癒のために行なわれた善導像供養に聖覚が導師を勤めたという史実が、法然瘧病平癒の善導像供養へと発展したものであると指摘されている。

第四節　「七箇条制誡」との関連

法然は「送山門起請文」を比叡山に書き示すと同時に、七箇条から成る条文を門下等に示し誡飭をうながしている。嵯峨二尊院に所蔵する「七箇条制誡」のことであり、「送山門起請文」と同日付の元久元年（一二〇四）十一月七日法然自ら花押を署し、そのあと七日から九日までの三日間に亘り、一九〇名にも及ぶ念仏者の署名が見られる。従来ともすると、この両文書が同日付でともに比叡山の天台座主真性に送られたと誤解されることが多く、このことが「七箇条制誡」の起草目的等に関する疑問の一因を成していたのである。また十一月七日付でありながら、七日から九日までの三日間に亘る連署が見られることも不自然なことと考えられてきた。これらの諸問題の解決とともに、「送山門起請文」自体の起草目的について併せて考察することにする。

『漢語灯録』（善照寺本・谷大本）は第一〇巻に「諸起請文第十六有三三通二」として、すなわち「没後起請文」「七箇条起請文」「送山門起請文」の三通を起請文ということで収録している。活字本がこれらについてどのように表示しているかを見ると、『大日本史料』は第四編之一一に「没後遺誡文」（正徳版『漢語灯録』）、第四編之九に「源空七箇条起請文」「送山門起請文」（正徳版『漢語灯録』）等とし、竹内理三氏編『鎌倉遺文』古文書編第三巻は「源空法然房起請文」「源空法然房告文案」等としている。また黒田真洞・望月信亨両氏編『法然上人全集』では「没後遺誡文」「七箇条起請文」「送山門起請文」、石井教道・大橋俊雄両氏編『昭和新修法然上人全集』は「没後起請文」「七箇条起請文」「送山門起請文」とそれぞれしているが、どちらもこれらをまとめて「制誡篇」としている点は賛成し難い。

それにしても、これら三通の法然遺文の呼称はまちまちである。そこで、『漢語灯録』のまとめる「起請文」に関して述べて置きたい。佐藤進一氏著『古文書学入門』の起請文の項（二三三頁）には「その書出しに「敬白 起請文事」と書くのがほぼ定型となったが、より重要なことは、ある事柄について偽りない旨を宣誓し、つぎに、もし偽りがあれば神仏の罰を蒙るべきことの二点を記述することであった。この前半の遵守すべき誓約を述べた部分を起請文前書、後半の神仏の勧請及び呪詛文言を神文という。」と述べられているし、また相田二郎氏著『日本の古文書』上の起請文の項（八六九・八七〇頁）にも「若偽あればかく〳〵の神仏の神罰冥罰を蒙るべき由を書いて、本文を結ぶのを通例としてゐるが、この例文を後に神文と称した。而して前に虚偽なき事柄を書き表した部分を、前書と云ってゐる。即ち起請文は前書と神文とから成立つのが例式となってゐる。」とほぼ同様のことが述べられている。この点については『国史大辞典』第四巻においても指摘されるように、古文書学的な起請文の定義とも見做される。すなわち、起請文は虚偽なき旨趣を記した前書と、もし偽りがあれば神罰・仏罰を蒙るべき由を誓った神文とから成る。かくの如き観点に立つ時、『漢語灯録』収録の三通の起請文のうち、古文書学的に起請文とすることのできるのは、「上件子細、一事一言、以㆓虚言㆒設㆓会釈㆒者、毎日七万遍念仏、空失㆓其利㆒、堕㆓在三途㆒、現当二世依身、常沈㆓重苦㆒永受㆓楚毒㆒、伏乞当寺諸尊満山護法、証明知見」と記す神文を有する「送山門起請文」のみであると言えよう。

　したがって、「没後起請文」については、義山本である正徳版『漢語灯録』が「没後遺誡文」とするように、内容的には遺誡の方が妥当であり、また「七箇条起請文」においても内容的な面から「七箇条制誡」と称するべきものである。すなわち、これら二通には神文に当たる箇所が存在しないわけで、その意味からは起草目的が各々起請文といった誓状的なものではなかった。そう考えてくると、同日付にて起請文が二通存したとか、二通ともに比叡山に送ったとの解釈が誤りであることに気がつく。比叡山に書き示したのはこの「送山門起請文」の方に相違ない。神文に「当寺諸尊」と記すのは他ならない比叡山延暦寺のことである。『四十八巻伝』[1]第三一巻には、

（上略）七箇条の事をしるし（記）て起請をなし、宿老たるともから（輩）八十余人をゑらひ（選）て連署せしめ、なかく（永）後証にそなへ（備）、すなはち（即）座主僧正（真性）に進せらる、件起請文云、（下略）

と記してこのあとに「七箇条制誡」の条文と署名を載せている。諸伝記の記載のなかで、このように「七箇条制誡」を天台座主に送ったとするのは、この『四十八巻伝』第三一巻の記述のみである。それが、編者舜昌の単なる錯誤によるものか、何らかの意図に基づいてなされた改変であるのかは断じ難いが、いずれにしても　法然が比叡山に送ったとすれば、それは「送山門起請文」の方である。

　ところで、「七箇条制誡」に見られる一九〇名の署名については、前章第三節において個々人の考証から推察される一現象を指摘し、その結果に基づいて「七箇条制誡」自体の起草目的について論じた。すなわち、血縁関係にある者同士の署名が、あるいは念仏者として性格の近い者同士の署名がすぐ横に並んで、または非常に近くに見えることが判明する。これは、この制誡の署名方法にこれといった原則がなかったために、むしろ自然に生じた現象と考えられ、同法者同士がそれぞれ一緒に署名したり、そのなかの誰かが代表で署名したり、または誰かが代署す

る際に、親しい者の名も書き添えたと見れば納得のいくことである。そこで、常随の弟子の署名を除くと、建永の法難に処刑・流罪等になったり、またその同法者、つまりは一念義の主張者と礼讃を好む念仏者、或いはそれを取りまく人々の署名が、一九〇人のうち最前部に並んで集中して見える。

元久元年十一月といえば、それはまさに専修念仏に対する弾圧の気運が高まった時期である。諸伝記によれば、山門の衆徒蜂起して大講堂の三塔会合して専修念仏停止を天台座主に訴えたと記している。そのような弾圧の対象となり易かったのが、いま挙げたような行動をとっている念仏者達であったに違いない。そこで法然は、南都北嶺の大衆らへの無用の刺激を避けるため、そのような念仏者に対して自誡をうながす意味で、七箇条の制誡を示して署名させようとしたのである。特に第五条で恣に私義を述べることを停め、第六条において唱導を好み邪法を説くことを停めているのは、そのような意味によるものである。したがって、法然は世情を懸念してかあるいは要請によってか、門下らに七箇条の制誡を示し署名を得て誡飭を促がし、一方では同日付で比叡山に起請文を記して自らの真意を表したのである。

しかも、自ら「叡山黒谷沙門源空」と記して、神文においては比叡山の諸尊に対して、もし虚言であるならば七万遍の念仏もその利を失なって、三途に堕在しても構わないとの決意を述べている。すなわち、法然自身比叡山の僧であるとの意識を強く持っていた。ところが、比叡山衆徒等の動静を知り、無用の刺激は避けなければならないとの意識に基づいて起請文を表わしたのであろう。そして、門下達への誡飭には信空がその執筆にあたり、比叡山に対する起請文の執筆には、なかでも法然の最大の理解者であった聖覚があたったのである。聖覚の当時の比叡山での立場から考えると、法然が起請文を表してまで刺激を避けようとしたその対象は、あくまでも衆徒達にあったものと思われる。

結び

『漢語灯録』に所収される「送山門起請文」についての検討を行なってきたわけであるが、まずこの信憑性について同日付の「七箇条起請文」が、二尊院所蔵の原本と比べると条文の字句に異同が少ない。同じく『漢語灯録』がその執筆役を信空とする裏付けが得られる等、原型の体裁をよく踏襲していると考えられることから、同様のことが「送山門起請文」にも言えるであろうとの推測ができる点、諸伝記所載の「送山門起請文」と『漢語灯録』所収本とを比べると、伝記によっては天台的な色彩の強い記載が排除され、『四十八巻伝』に至っては大部な脱行を生じていることが判明するなど、法然伝の成立過程に「送山門起請文」の改変がなされていた点等を総合的に判断すると、原本の存在した事実がより明確になったと言えよう。しかも、その文体についてであるが、従来正徳版等の義山本によって論の進められる場合が多かったが、恵空本系のすなわち善照寺本・谷大本等の記述の方が、両系統本の校合、諸伝記の記述との対照等から、原型に近いものであることを論じ得たつもりである。

その恵空本系の善照寺本・谷大本等の記述によって「送山門起請文」の内容を見ると、義山本である正徳版に比べればかなり天台的色彩が強い。たとえば「衆断宜㆑定、本来不㆑好㆓化導㆒、天性不㆑専㆓弘教㆒」とあるのを義山本には脱しているが、法然はもともとは化導・弘教を好まなかった様子が如実に示されている。同じ様に「以㆓虚誕㆒披露、尤可㆑有㆓紕断㆒、尤可㆑有㆓炳誡㆒、所㆑望也、所㆑欣也」とある文を脱しているが、ここの部分は、もし虚言であったならば紕断・炳誡があっても当然で、望むところ欣うところであるとさえ言い、法然の比叡山に対する信頼の念が知られる箇所である。さらに、神文のなかで「当寺諸尊満山」の字句を脱しているが、これはまた比叡山のことを指すのであって、誓約を述べもし偽りであった場合の仏罰を受ける相手の名を記した箇所だけに、これを脱するのは何らかの意図を感じないでおられない。細部に至れば他にもこれに類似した意味での改変が多く見られる。

したがって、その原型を尊重してこの「送山門起請文」を扱うに、法然の天台僧としての意識と、比叡山の衆徒達への刺激を何とか避けようとの意志が一貫して読み取れるのである。また執筆に当たった聖覚は、のちに比叡山の探題という地位にもなった法然に対する理解者であった。そうした関係が法然をして執筆役に聖覚を選ばしめたのであろうが、また聖覚の方から申し出たとの可能性もまったく否定はできないように思う。すなわち、「送山門起請文」自身の起草目的が、同日付の「七箇条制誡」との関連において見られるごとく、主として一念義主張者、礼讃を好む念仏者達に自粛・自誡を促がす一方、比叡山に対しては、そうした風紀を乱す行動を取るはずのないことを誓約し、衆徒達の無用の刺激を避けることにあったのである。

事実、翌元久二年十月には「興福寺奏状」が朝廷に上奏され、その後も『三長記』等の記載によると、興福寺は朝廷に対して一念義法本房行空・安楽房遵西らの処罰を迫って来る。(2) ついに元久三年二月法然は行空を破門にしている。(3) そして建永元年十二月の住蓮・安楽事件を契機に建永の法難へと展開する。(4) 興福寺にとって行空や遵西の行動は攻撃の恰好な材料となったに違いない。当時の情勢として、このような執拗なる興福寺の要請に対して、三条長兼をはじめとして朝廷は非常に苦慮していた。『三長記』の記事はその部分が欠けているが、興福寺側のそうした兆しは元久元年の頃にもすでにあったであろうと思う。法然や聖覚にとっては、こうした情勢に何とか対処しなければならなかったものと思う。比叡山の衆徒達にとっては同等視されることへの憤りもあったであろう。この辺に法然が南都北嶺の衆徒達へ同時に気を配らねばならなかった因由がある。このような推測がもし大方のご理解を頂けるとすれば、恐らく『四十八巻伝』等法然伝の成立過程のなかで、これらの実情が徐々に抹殺されていき、天台宗比叡山と専修念仏宗とを、まったく遊離させて認識することが通例となってしまったとの仮説が成り立つことになる。したがって、今後は法然とその門下らに対する法難の実態に関して、こうした観点から再度見直す必要性を提示するところである。

註

（1）井川定慶編『法然上人伝全集』参照。
（2）『増補史料大成』三長記元久三年二月十四日条。
（3）『増補史料大成』三長記元久三年二月三十日条。
（4）『四十八巻伝』第三三巻。

第六章　「善導寺御消息」諸本の問題点

法然の遺文類のうち、今日法語として伝来するものは数多い。なかでも「一枚起請文」は、法然が臨終に遺弟勢観房源智に授与したものとして著名、かつその根本聖典としての意義が大であることは今更のごとく述べることではない。しかしながら、こうした貴重な文献でありながら伝承[1]については決して明確であると言い難い。この分野において最初に歴史学的な考証を加えられたのは、玉山成元氏の「一枚起請文について」（『浄土学』第二六号）である。それによると、京都金戒光明寺所蔵の伝自筆本の肯定[2]よりも、各種伝存する書写本の比較から、「一枚起請文」の伝承には源智相承本と聖光相承本の二系統存することに着目され、法然は臨終間際ではなくもう少し早い頃からこうした法語を唱えていたと述べられ、したがって、授与されたのも口伝が多く源智一人ではなかったものと考証されている。

その重要な史料となっているのが、ここで取りあげる「善導寺御消息」なる遺文であり、表現は若干異にするものの内容的には「一枚起請文」とほぼ同一のものであって、両者の関連性については、法然の遺文伝承の過程を論ずるうえにも恰好なる事例としなければならない。玉山氏の論に従えば、「善導寺御消息」は聖光伝承本の基本をなすところのものである。そして、これは「末代念仏授手印」をはじめ、三巻七書等浄土宗の伝書ともなって発展するわけで、その意味でも慎重に扱われなければならない。とくに、伝来文献諸本の確認と相互の関連性、ならびにこれにかかわる問題点の整理は基礎的作業として重要といえるであろう。

註

（1）「一枚起請文」の伝存諸本を整理されたものに林彦明「一枚起請文の研究」（『専修学報』第二輯、昭和九年）がある。

（2）小川竜彦著『一枚起請文原本の研究』は、金戒光明寺所蔵の建暦二年正月二十九日付の源智添書を有する「一枚起請文」が、法然真筆本であることを強調している。

第一節　徳富蘇峰氏旧蔵本

最初に徳富蘇峰氏に旧蔵したといわれるもの（以下、徳富本と称す）をあげる。これは現在、林彦明氏の「伝灯血脈と五重伝書」（『専修学報』第五輯、昭和十三年）なる論文に掲載される写真版、あるいは『浄土宗大辞典』第二巻口絵19掲載の写真版等によって確認されるものの、その伝存については詳かでない。したがって、ここでは徳富本の掲載にあたって、これらの掲載写真版をもとに翻刻する。

日本国

安貞第二年、西海道筑後国善導寺沙門弁阿《（聖光房弁長）》ミたふつ《（弥陀仏）》に、諸国修行の人々の中にとひて《（問）》のたまハく《（曰）》、コ《（故）》法然上人ハ念仏往生の事ヲハ真実にハいかやう《（如何様）》におほせ《（仰）》候しそ、このことをつふさ《（具）》にうけたまハり《（承）》候て、我もふつと《（不図）》往生を思きり候ハん、又さも念仏往生のこゝろさし《（志）》ふかく《（深）》候ハむ人にも、かたりつたへ《（語伝）》候ハんと思候に、アリノマヽ《（有盡）》、ノチカコト《（誓言）》タテ《（立）》ツキテ、カタリツタヘ《（語伝）》ヲハシマシ候ヘ、アナカシコ《（穴賢）》〳〵、ウケタマハリ《（承）》候ハム、予コノコトマウ《申》シタクサフラウ、コノコロ《此頃》モトアルヒト《元在人》モイマクル《今来》人モ、コ《故》法然上人ノヲシヘ《教》トテ念仏ノコトマウシア《申合》ヒテ候コトノミナ《皆》カハリ《変》テマウシ《申》候トウケタマハリ《承》候、ミツカラ《自》モノコリ《残》ノイノチ《命》イクハク《幾何》モ候ハス、カクテヤミ候ナハコ、ロウキコト《心憂事》カナトヲモヒ《思》候テ、ヨ《世》ニマウシヲキ《申置》タキコトニテ候ニウレシク《嬉》ヲオセ《仰》ラレタリ、マウシヲキ《申置》サフラハム、ソレニサモ心サシフカク《指深》候ハム人ニハツタヘ《伝》ヲカセ《置》タマヒ《給》候ハ、、マコト《誠》ニウレシク《嬉》候、コレコソホイ《本意》ニテ候へ、念仏往生トマウシ《申》候コトハ、コ《故》法然上人ノ御房ノ候シハ、モロコシ《唐土》・我朝ニモロ〳〵《諸々》ノ智者達ノサタ《沙汰》シマウ《申》サル、観念ノ念仏ニモアラス、学文ヲシテ念仏ノコ、ロ《心》ヲサトリ《悟》トヲシテマウ《申》ス念仏ニモアラス、タ、《唯》往生極楽セムカタメニナモアミタ《南無阿弥陀》仏トマウ《申》シテ、ウタカヒ《疑》ナク往生スルソト思トリテマウ《申》シ候ホカ《外》ニヘチ《別》ノコト候ハス、タ、《但》シ三心ソ四修ソナムト《等》マウ《申》ス事ノ候ハ、ミナ《皆》決定シテナモアミタ《南無阿弥陀》仏ハ往生スルソト思ウチ《内》ニヲサマレ《納》リ、コノ《此》ホウシ《法師》モヨク〳〵《能々》ナラヒ《習》候テノチ《後》ニ思アハセ《合》、コ《故》ヒシリ《聖》ノ御房モヲホセ《仰》ラレ〳〵テハ、ナモアミタ《南無阿弥陀》仏トマウ《申》スハ、決定シテ往生スル事ナリトシム《信》トレトコソ候シカ、コノホカ《此外》ニヲクフカ《奥深》キコトノアルソトハ、マタク《全》ヲオセ《仰》候ハス、モシソレコノホカ《此外》ニヲクフカキ《奥深》事ノアルソトモ、ヒシリ《聖》ノ御房ノヲ、セ《仰》コト候ハ、、アミタ《阿弥陀》仏ト尺迦仏トノヲムアハレミ《御憐》マカリカフリ《罷蒙》候ハシ、又念仏守護ノホムテム《梵天》・タイシヤク《帝釈》ノヲム《御》ハチ《罰》フカク《深》アタリ《当》候ハム、念仏ヲ信シタマハ《給》ム人ハ、一代ノミノリ《御法》ヲヨク《能》学シナラヒ《習》タル人ナリトモ、文字一モシラヌ《知》クチ《愚癡》・トムコム《鈍根》ノフカク《不覚》ノ身トナシテ、尼入道無智ノトモカラ《輩》ニワカミ《我身》ヲナシテ、智者フルマイ《振舞》ナカク《長》セスシテ、タ、《唯》一向ニナモアミタ《南無阿弥陀》仏トマウ《申》シテソカナハ《叶》ムト、コ《故》法然ノ御房ハヲホセ《仰》候シカ、ミツカラ《自》カキ、《聴》ツメ、ヒシリノヲムハウ《聖御房》ノタシカ《慥》ニヲシヘヲカセ《教置》タマヒ《給》シコト、百度モ千度モ如此シ、

安貞二年十一月十日

この徳富本は前述のごとく所在が明らかでないが、親しくその古鈔本を閲覧したと述べる前掲林氏論稿によれば、

字体から推して平安朝の末期か鎌倉初期の鈔本と見られ、著作の年安貞二年を去ること程遠からぬものと指摘されている。もちろん、平安朝の末期というのは些か思い過ごしであろうが、確かに筆者の主観に過ぎないけれども、写真版から字体を概観しても鎌倉時代の草体をとどめているように思われる。原文は平仮名片仮名交りであるが、とくに片仮名のほうに鎌倉期の特徴を窺うことができる。鎌倉期の文献で片仮名の史料を豊富に提供するものとして、康元元年（一二五六）から翌二年にかけて親鸞によって書写された『指南抄』がある。いまそれと比較してみると、「个」（ケ）、「ホ」（コ）、「ッ」（ツ）、「ア」（ホ）、「T」（マ）、「メ」（メ）等、共通するものが検出される。これらは『国史大辞典』第三巻（三四四―三四七頁）掲載の「片仮名字体変遷図」でも、同時代のものとして確認されるところである。また、「ヘチノコト」「ヲムハチ」などのように、「別」「罰」等の訓みについても、『指南抄』が「別行」「諸仏」「決定」に対して、それぞれ「ヘチキヤウ」「シヨフチ」「クエチチヤウ」との訓みを付すなどの特徴に共通性を指摘できる。また、法然のことを「ヒシリノ御房」「ヒシリノヲムハウ」等と記しているが、これについても最も信頼できる奈良興善寺所蔵文書のうち、一連の証空書状に「聖人御房」「御房」[1]と、また欣西書状には「ひしりのをんハう」「このをんハう」「かのをんハう」等とあることをもって、その徴証とすることができる。

しかし、疑問な点もある。後述する浄厳院本において「善導寺御消息」と題されてはいるが、消息というよりは内容的にむしろ法語に属する遺文とみられる。でなければ、書き出し部分の平出や「安貞二年十一月十日」の日付についての説明がつかない。つまり、消息すなわち文書としての体裁からすれば、後述するような文章構成とともに、何を目的として誰に記されたものか等の基本的な疑問が生ずるわけである。また、何故に冒頭八行分を平仮名交りで記し、九行目から文末までの大部分を片仮名交りに書き替えているのであろうか、このことは、解消できないもっとも疑問な点である。

内容的には、筑後善導寺の聖光房に諸国修行の者が法然の念仏往生の真実義を尋ねたところ、近頃は多くの人が法然の念仏の教えを様々に主張し皆変わってきたとして、自分の余命幾何もなく真実の教えが途絶えてしまうことを嘆き、そのように志の深い者には是非とも語り伝えようと、有りの儘の誓言を記し置き、最後に法然より百度も千度も教え置かれたと結んでいる。

この誓言なる語句は、後に掲げる『和語灯録』第一所収「御誓言の書」と表現が通ずるところであり、『九巻伝』(2)巻七下、『四十八巻伝』(3)第四五巻、『弘願本』(4)巻二、『存覚袖日記』(5)等に収録されたる「一枚消息」「法然上人御起請文」等、いわゆる「一枚起請文」と共通するものである。今、これらの諸本にも若干の異同はあるものの、この徳富本の内容と比較して大きく違うところは、「コノホウシモヨク〱ナラヒ候テノチニ思アハセ」以下の挿入部分と、「二尊のあはれみにはつれ、本願にもれ候へし」の部分が、阿弥陀仏と釈迦仏というように具体的な如来の名を記し、さらに念仏守護の梵天・帝釈の罰の当たることを述べている点である。このように、徳富本のほうがより具体的で、起請として厳しい文句をつらねているといえよう。玉山氏が指摘される聖光相承本とは、もちろんこの徳富本のほうをいうのである。

ところで、安貞二年（一二二八）十一月二十八日の日付を有する「末代念仏授手印」(6)との関連性については、後世の浄土宗教団伝法史上きわめて興味深いものがある。まず、その日付であるが、徳富本に記す安貞二年十一月十日とは、授手印の製作より十八日前に当たることになる。そして、それは熊本往生院所蔵の「末代念仏授手印」(7)（聖護伝承本）によれば、肥後国往生院における四十八日別時如法念仏道場の途中ということになる。その序文には、

（上略）上人往生之後諍二其義於水火一、致二其論於蘭菊一、還失二念仏之行一空廃二浄土之業一、悲哉悲哉、為レ何為レ何、爰貪道齢已及二七旬一、余命又不レ幾不レ可二不レ悩一不レ愁空止、依レ之於二肥州白川河之邊往生院之内一結二二十

有之衆徒㆒、限㆓四十八之日夜㆒、修㆓別時之浄業㆒勤㆓如法之念仏㆒、於㆓此間㆒徒悩㆑失㆓称名之行㆒、空悲㆑廃㆓正行之勤㆒、
且為㆓然師報恩㆒且為㆓念仏興隆㆒、任㆓弟子昔聞㆒依㆓沙門相伝㆒録㆑之留贈㆓向後㆒、（下略）

とある。これは「末代念仏授手印」の著者聖光房が、師法然入滅後に念仏の真実義をめぐる論諍を嘆き、また自分も七十歳を超えたことから余命を案じ、以前師法然から聞くところの相伝を筆録して後世に備えようとした、その執筆についての強い意志を記す部分である。これは徳富本に「コノコロモトアルヒトモイマクル人モ、コ法然上人ノヲシヘトテ念仏ノコトマウシアヒテ候コトノ、ミナカハリテマウシ候トウケタマハリ候」以下、前述したごとき師法然の説く念仏の真実義を語る事情を記した箇所と酷似しており、両者に何らかの深い関係が想定されるところである。

ここに述べた「一枚起請文」ならびに「末代念仏授手印」との関係は、「善導寺御消息」も含めて、文献個々の伝承過程を明らかにし、かつ原本の執筆背景が考察されるに及んで、ようやく明確なる相互関係の理解を生むものと考えられる。「一枚起請文」や「末代念仏授手印」の諸本検討は別の機会に譲るとして、「善導寺御消息」にはほかにも後に掲げるように清浄華院、浄厳院所蔵のもの、さらには『和語灯録』に所収される記述等があって、その意味でもこれらの比較検討は重要な意味を持つこととなる。また、これらの諸本が清浄華院とその周辺に伝来するのは、ただ偶然によるものであろうか、あるいは伝来に関して相互関連性が認められるものなのか、以下、こうした観点にも注目しながら上述各本について見ていくことにする。

註

（1）　ほかにも徳富本に「ナモアミタ仏」と三箇所特徴的な訓みが出てくるが、元亨版『和語灯録』第一所収「御誓言の書」にも「南無阿弥陀仏《なもあみたぶつ》」との訓点が付されている。

（2）（3）（4）　井川定慶編『法然上人伝全集』所収。以下同じ。
（5）『続真宗大系』第一五巻所収。
（6）　伝聖光真筆の「末代念仏授手印」としては、熊本市往生院所蔵の聖護伝承本、久留米善導寺所蔵の生極楽伝承本、佐賀市大覚寺所蔵の唯称伝承本、福岡市善導寺所蔵の円阿伝承本、さらには清浄華院所蔵の善弁伝承本等の五点が現存する。
（7）　林彦明校訂『昭和新訂末代念仏授手印』（土川勧学宗学興隆会、昭和五年）所収。

第二節　清浄華院所蔵本

京都の清浄華院に所蔵される「善導寺御消息」（以下、清浄華院本と称す）はあまり知られていない(1)。わずかに小川竜彦氏著『一枚起請文原本の研究』第三章「一枚起請文の流伝史」の註において、記主本としてその存在のみを紹介され「敬蓮社入阿が黒谷原本の文章によって、新作したものと判断してゐる。」と「一枚起請文」との関係において位置付けられている。しかし、筆者は金戒光明寺所蔵の「一枚起請文」に安易に関連付けることには疑問を持っており、「清浄華院所蔵良忠筆録『善導寺御消息』について」（『仏教論叢』第三一号、昭和六十二年）なる小文のなかで、全文を翻刻し二・三の問題点を指摘したが、ここで再び取りあげて検討を加えることにする。

まずその写真版と釈文を載せる。

日本国
安貞第二年、西海道筑後国善導寺沙門弁阿ミたふつ（弥陀仏）□〔にカ〕、諸国修行の人々の中にとひ（問）てのたまハく（曰）、

……………………（継目）……………………

念仏往生トマウシ（申）候コトハ、コ（故）法然上人ノ御房ノ候シハ、モロコシ（唐土）・我朝ニモロ〱（諸々）ノ智者達ノサタ（沙汰）シマウサ（申）

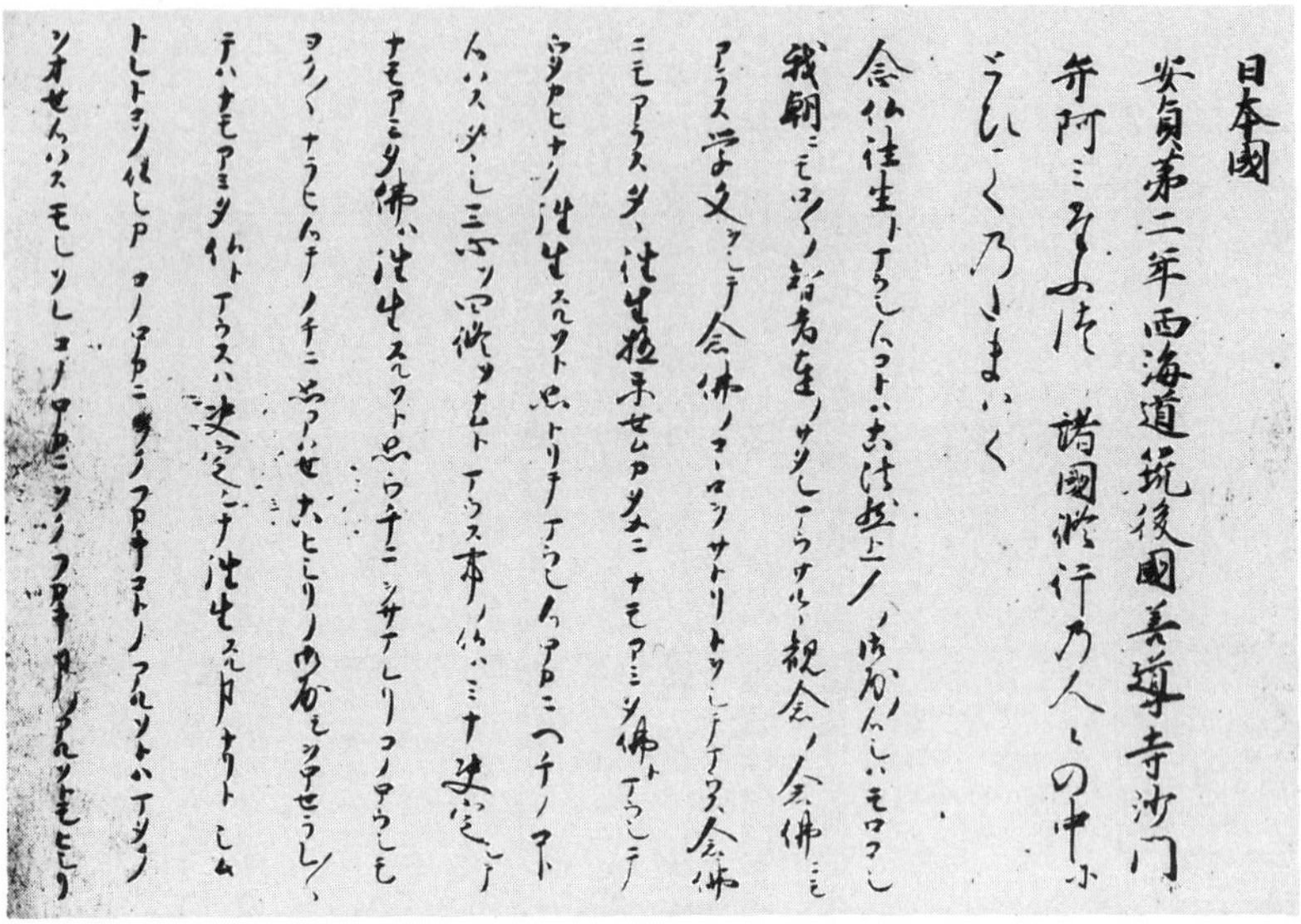

清浄華院所蔵「善導寺御消息」(その1)

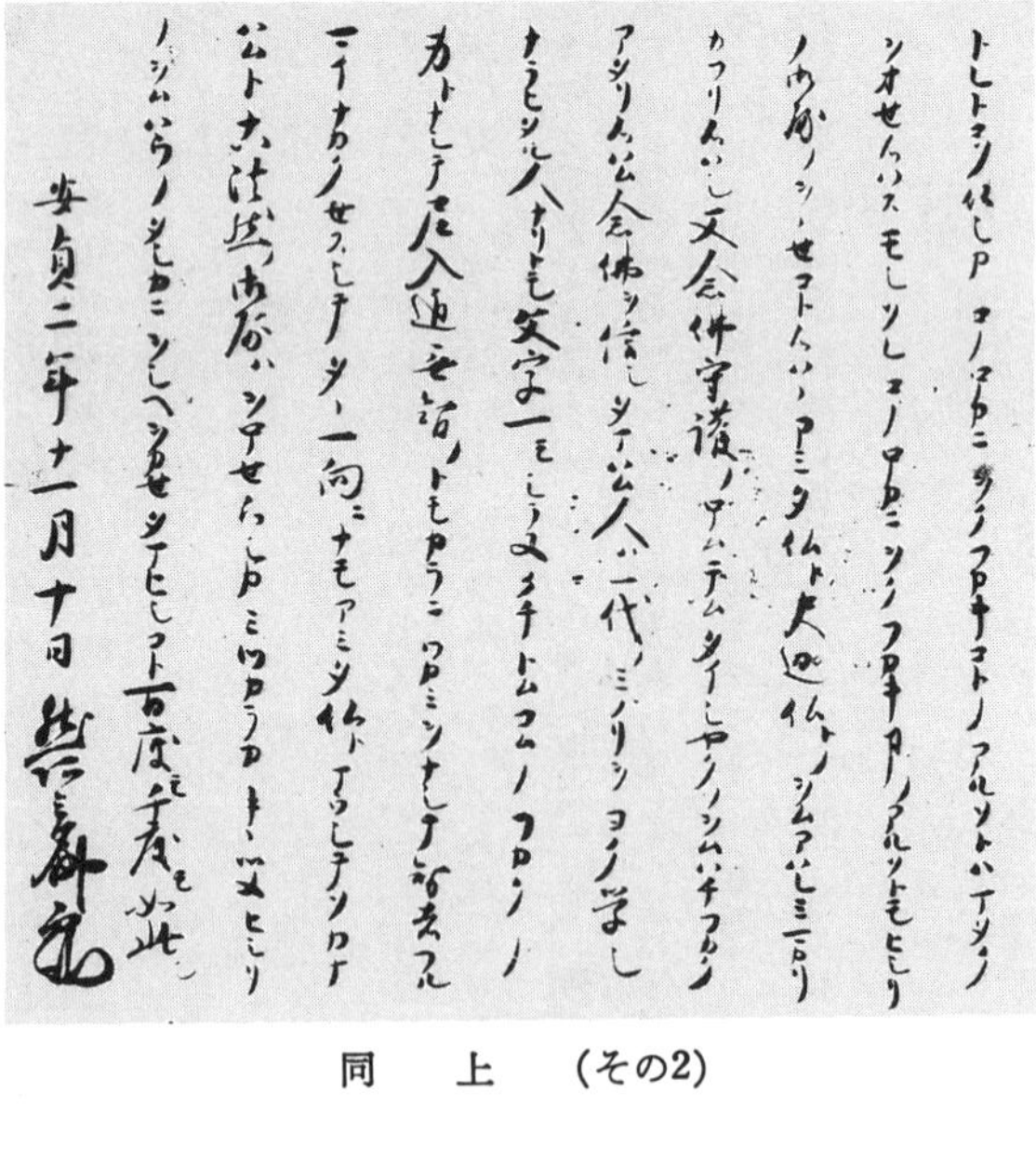

同　　上　　(その2)

ル、観念ノ念仏ニモアラス、学文ヲシテ念仏ノコヽロ《（心）》ヲサトリ《（悟）》トヲシテマウス《（申）》念仏ニモアラス、タヽ《（唯）》往生極楽セムカタメニナモアミタ《（南無阿弥陀）》仏トマウシ《（申）》テ、ウタカヒ《（疑）》ナク往生スルソト思トリテマウシ《（申）》候ホカ《（外）》ニヘチ《（別）》ノコト候ハス、タヽシ《（但）》三心ソ四修ソナムト《（等）》マウス《（申）》事ノ候ハ、ミナ《（皆）》決定シテナモアミタ《（南無阿弥陀）》仏ハ往生スルソト思ウチ《（内）》ニヲサマレ《（納）》リ、コノ《（此）》ホウシ《（法師）》モヨク〱《（能々）》ナラヒ《（習）》候テノチ《（後）》ニ思アハセ《（合）》、コ《（故）》ヒシリ《（聖）》ノ御房モヲホセ《（仰）》ラレ〱テハ、ナモアミタ《（南無阿弥陀）》仏トマ《（申）》ウスハ、決定シテ往生スル事ナリトシム《（信）》トレトコソ候シカ、コノホカ《（此外）》ニヲクフカキ《（奥深）》コトノアルソトハ、マタク《（全）》ヲオセ《（仰）》候ハス、モシソレコノホカ《（此外）》ニヲクフカキ《（奥深）》事ノアルソトモ、ヒシリ《（聖）》ノ御房ノヲヽセ《（仰）》コト候ハヽ、アミタ《（阿弥陀）》仏ト尺迦仏トノヲムアハレミ《（御憐）》マカリカフリ《（罷蒙）》候ハシ、又念仏守護ノホムテム《（梵天）》・タイシヤク《（帝釈）》ノヲムハチ《（御罰）》フカク《（深）》アタリ《（当）》候ハム、念仏ヲ信シタマハ《（給）》ム人ハ、一代ノミノリ《（御法）》ヲヨク《（能）》学シナラヒ《（習）》タル人ナリトモ、文字一モシラ《（知）》ヌクチ《（愚癡）》・ト《（鈍》ムコム《根）》ノフカク《（不覚）》ノ身トナシテ、尼入道無智ノトモカラ《（輩）》ニワカミ《（我身）》ヲナシテ、智者フルマイ《（振舞）》ナカク《（長）》セスシテ、タヽ《（唯）》、一向ニナモアミタ《（南無阿弥陀）》仏トマウシ《（申）》テソカナハ《（叶）》ムト、コ《（故）》法然ノ御房ハヲホセ《（仰）》候シカ、ミツカラ《（自）》カキヽ《（聴）》ツメ、ヒシリ《（聖）》ノヲムハウ《（御房）》ノタシカ《（慥）》ニヲシヘヲカセ《（教置）》タマヒ《（給）》シコト、百度モ千度モ如此シ、

安貞二年十一月十日

然阿ミタ仏《（良忠）》（花押）

この清浄華院本の書誌的検討であるが、紙質・墨・字体等おおむね鎌倉時代後期をそう大きく降ることはないであろうという主観を述べる反面、いくつかの難点も指摘しなければならない。まず第四行目までは平仮名交りであるが、第五行目からは片仮名交りの文章となっており全体として不統一である。これは、徳富本においても冒頭第八行目までの部分が平仮名交りで、第九行目から片仮名交りになっていることと共通している。清浄華院本は、その

第四行目と第五行目の間に紙が継がれているが、一紙の大きさからすれば不自然な体裁としか言えない。さらに第三行目の「弁阿ミたふつ」の下部に文字の削り取られた痕跡が認められる。これらの諸点はいずれも人為的操作によるものと言わざるを得ない。いつ誰がこのような操作をしたのであろうか、またその目的は何にあったのか等の背景を探ることが、清浄華院本の史料的価値あるいは清浄華院に所蔵される理由を解明する糸口となるであろう。

そこで、徳富本と校合してみるに、後述の前半部における大部なる脱行箇所を除くと一字一句が合致する。しかも、字体もどちらかが模写したのかもしれないが酷似している。脱行の箇所は徳富本の「コ法然上人ハ念仏生の事ヲハ」以下「マコトニウレシク候、コレコソホイニテ候へ」までの一四行半に亘るもので、内容的には諸国修行の人々の問いに聖光が念仏往生についての法然の真意を答えようとするなかで、師法然に対する教義的理解が変りつつあることを嘆き、法然の真実義を披瀝しようとした経過を語る部分である。この全体を脱することによって、聖光が諸国修行の人々に説いたという文体にすることが可能なのである。したがって、清浄華院本第三行目の「弁阿ミたふつ」の下部に認められた削り跡が、徳富本によると「に」の文字であったことがわかるが、こうした操作も上述したごとき意図によるものと考えられよう。

かりに清浄華院本と徳富本との筆者が同一人である場合、考えられることは、消息の一本を完成したあとに、徳富本でいうと第四行目の「とひてのたまハく」までの文と、第一九行目以降の残りの文とをわざわざ別々に作成して、それらが文体として連続するように紙を貼り継いだという積極的な人為的操作を想定するしか、たとえば清浄華院本第四行目の「のたまハく」以下の文字が存しない事実などを説明することができない。それが、両本同一人の筆ではなくどちらかの模写であるとすると、それは勿論徳富本から清浄華院本が生まれたと見なければならない。いずれにしても、清浄華院本の方が後から出来たことは確かなことである。それがいつ頃誰によってなされたものかについては、清浄華院本に存する良忠の署名ならびに花押の検討に譲ることにする。

良忠自身の署名・花押となると晩年期のものしか存しないために一概に比較の対象にならないが、鎌倉『光明寺文書』の弘安九年（一二八六）八月日付良忠譲状、同年九月六日付・十一月七日付の両良忠附法状、弘安十年六月日付良忠附法状等の花押には八十八・九歳という高齢のためか書体に著しい乱れが見られるものの、清浄華院本の花押と酷似している。また清浄華院所蔵の「末代念仏授手印」（善弁伝承本）に、弘安十年三月二十四日付の日付を記す良忠の奥書があり署名と花押が記されているが、これとも類似している。しかし、清浄華院本に見られる「然阿ミタ仏」なる署名は、『光明寺文書』の良忠関係文書の多くが「良忠」、同文書文永九年正月十六日付良忠譲状ならびに清浄華院所蔵の「末代念仏授手印」（善弁伝承本）に「然阿弥陀仏」とあるのに比べて、少しく特異な形式と言える。(2)

そこで、再び清浄華院本の花押であるが、それには今一つ筆力に欠ける感があり、良忠の花押の形を真似て記された可能性を捨て切れないのである。上述したごとき紙の継目、削り跡、大部の脱行等の問題と併せて判断すれば、やはり徳富本などの体裁のものから、後世に良忠の名に仮託して作製したものとの見方が出てくる。そして、こうした操作は恐らく良忠の没後そう大きくは降らない頃になされたと推測できる。

註

（1）　藤堂恭俊著『一枚起請文のこころ』第一章二「『一枚起請文』の伝承とその類本」においてとりあげられている。

（2）　大橋俊雄「道光撰『然阿上人伝』について一、二の問題」（『戸松教授古稀記念浄土教論集』、大東出版社、昭和六十二年）参照。

第三節　安土浄厳院所蔵本

安土浄厳院には隆堯の著書・書写本が多く現存する。これらは、古記録・古書類の少ない浄土宗史の研究にとって、いずれも珍重すべき文献である。そのなかに、「善導寺御消息」と題する法語（以下、浄厳院本と称す）を所収する一冊の書写本（以下、これを別に浄厳院本所収本と称す）が存する。これは、すでに林・玉山両氏の前掲所論などによって紹介され、さらに玉山氏は「隆堯の著書と書写本」（『三康文化研究所年報』第四・五号）において、所収文献全体の内容を詳細に述べられている。ここでは、とくにこの所収文献の伝来に注目し、その一つとして所載される浄厳院本の信憑性について、ほかの徳富本ならびに清浄華院本との関係も考慮に入れながら追究してみる。

はじめに全文の釈文を左に掲げる。

善導寺御消息

念仏往生の事まこと《(真実)》にハいかやう《(如何様)》におほせ《(仰)》候しそ、事おほけれ《(多)》はまきるゝ《(紛)》やうに候、肝要《カンエウ》の御言《コトハ》を一はし《(端)》うけ給つめて、我もたしか《(慥)》に往生をおもひさため《(思定)》、又さも往生に心さし《(指)》ふかく《(深)》候はん人々にも、かたりつたへ《(語伝)》候はむとおもひ《(思)》候に、ありのまゝ《(有儘)》に誓言《チカコト》をたて給て、たしか《(慥)》につたへ《(伝)》おハしませ、穴賢々々《アナカシコ〳〵》、うけ給きり候はむ、

けにこの事申たく候に、御たつね《(尋)》大切《タイセツ》ニ候、このころ《(頃)》もと《(元在)》ある人もいまくる《(今来)》人も、故《コ》法然上人の御をしへ《(教)》とて念仏の事申あひ《(合)》て候ことは《(言葉)》のみな《(皆)》かはり《(変)》て申候なる、愚老《クラウ》も残《ノコリ》のいのち《(命)》幾《イクハク》も候ハす、けに〳〵しくたつぬる《(尋)》人

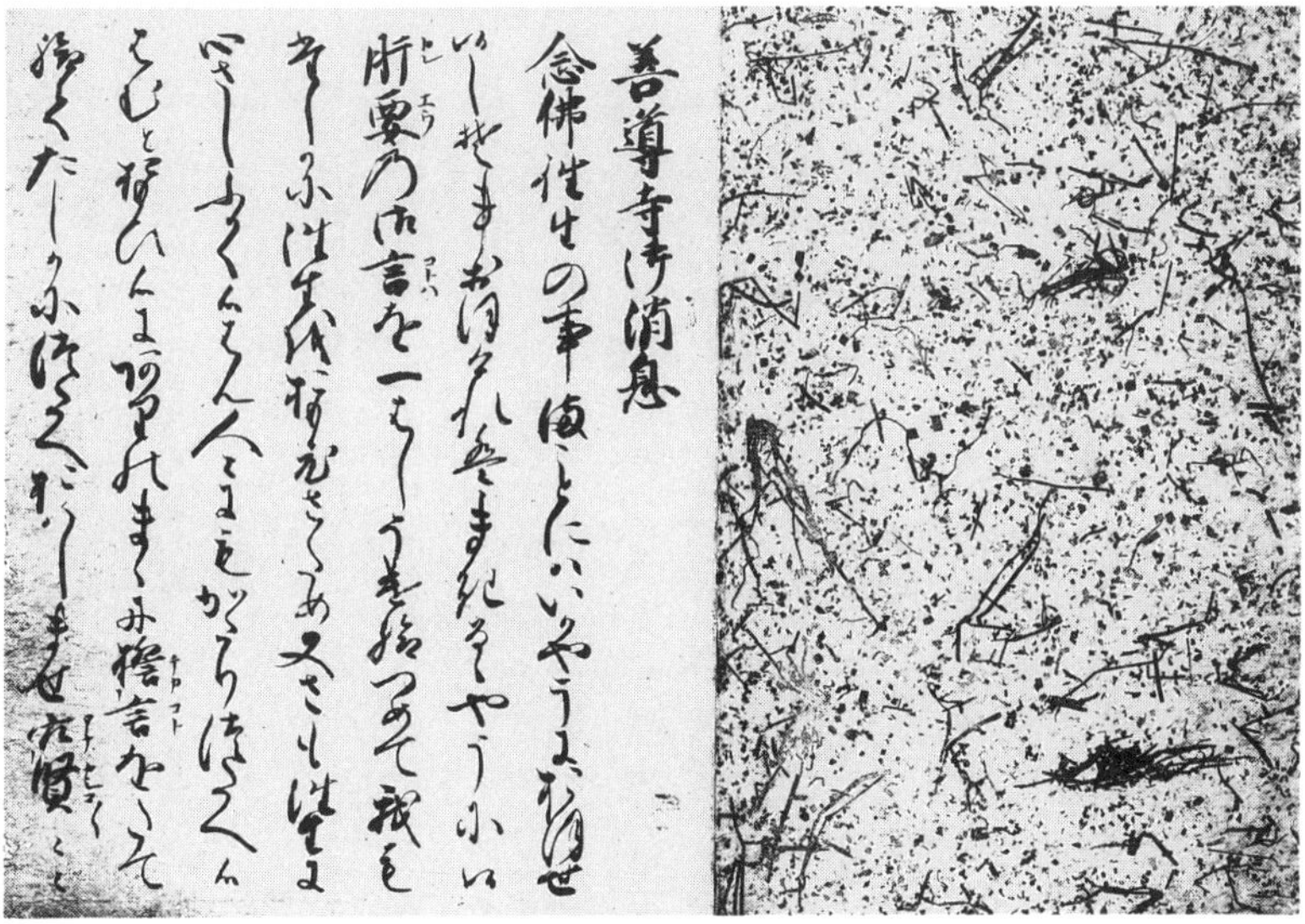

浄厳院所蔵「善導寺御消息」冒頭部分

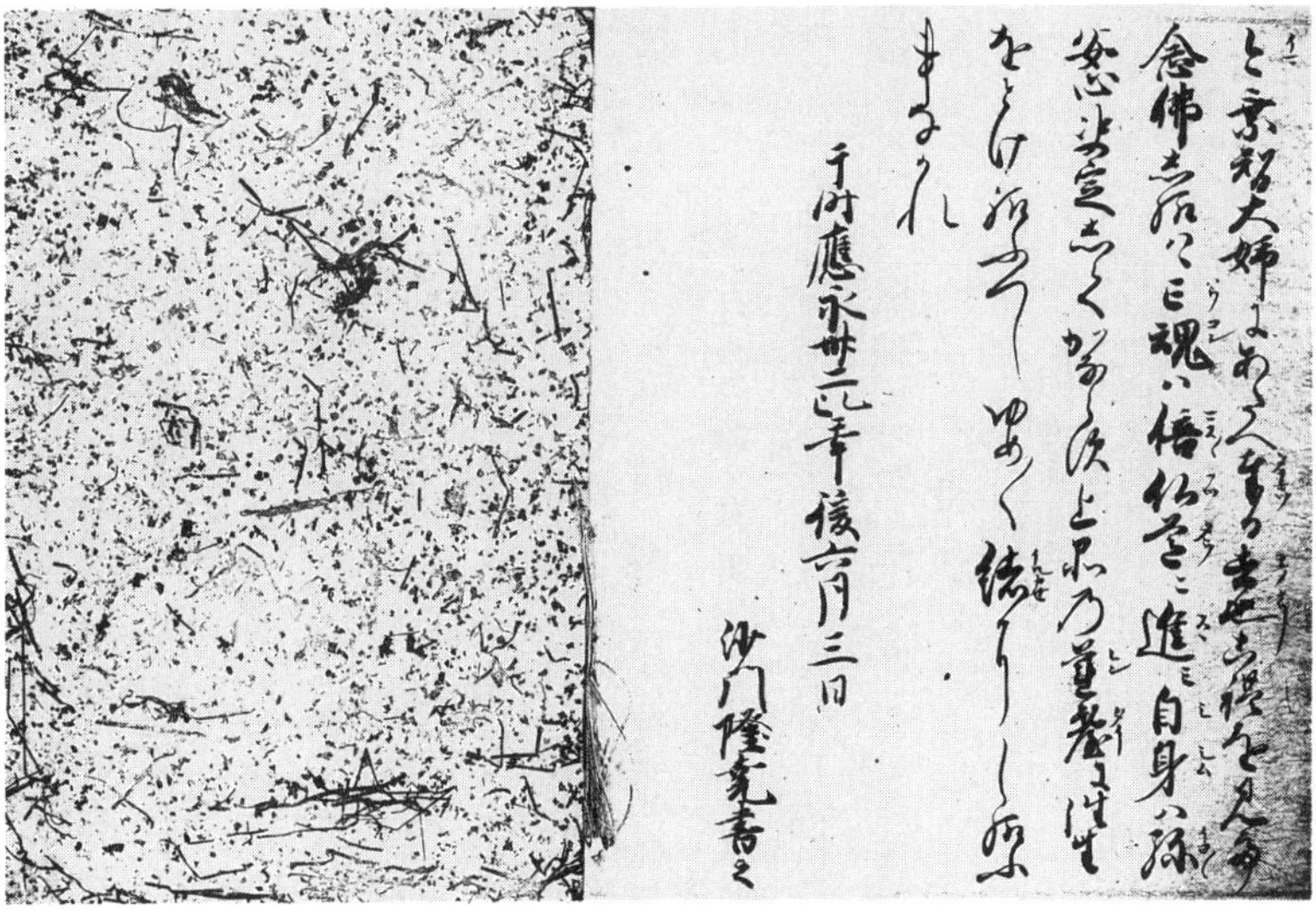

浄厳院本「善導寺御消息」所収本奥書部分

も候ハて、かくてやミ候なは心うき(憂)事かなと思ひ候て、よ(世)に申をき(置)たき事にて候にうれし(嬉)くもおほせ(仰)られたり、申をき(置)候ハむ、それにも心さし(指)ふかく(深)候はむ人には伝《ツタ》へさせ給ハヽ、誠《マコト》にうれし(嬉)く候、これこそ本意《ホムイ》にて候へ、さて故法然上人御房の候しは、念仏往生と申事ハ、もろこし(唐土)・我朝《テウ》にもろ〳〵(諸々)の智者《チシヤ》たちの沙汰《サタ》し申さるゝ観念の念仏にもあらす、又学問《カクモン》をして念仏の心をさとり(悟)とをして申念仏にもあらす、たゝ(唯)極楽《コクラク》に往生せむかために南無阿弥陀仏と申て、疑《ウタカヒ》なく往生すへしとおもひ(思)とりて申外《ホカ》にハ別《ヘチ》の事候ハす、但《タヽシ》三心そ四修《シユ》そなむと申事の候ハ、皆決定《ミナケツチヤウ》して南無阿弥陀仏ハ往生するそとおもふ(思)うち(内)におさま(納)れり、此法師《コノホフシ》もよく〳〵(能々)習《ナラ》ひ候てのち(後)に思ひあはせ(合)、故《コ》ひしり(聖)の御房も仰《オホセ》られ〳〵てハ、南無阿弥陀仏と申せハ、決定して往生する事なりと信しとれとこそ候しか、この(此)外《ホカ》におく(奥)ふか(深)き事のあるそとも、聖《ヒシリ》の御房の仰《オホセ》候事候ハヽ、阿弥陀ほとけ(仏)・釈迦仏の御あはれみ(憐)まかり(罷)かふり(蒙)候ハし、又念仏守護《シユコ》の梵天《ホンテン》・帝釈《タイシヤク》の御罸《コハチ》ふかく(深)まかり(罷)かふり(蒙)候ハん、念仏を信《シム》せむ人は、たとひ(縦令)一代《タイ》の御のり(法)をよく〳〵(能々)学《カク》しきはめ(極)たる人なりとも、文字《モンシ》一もしら(知)ぬ愚癡《クチ》・鈍根《トンコン》の不覚《フカク》の身になして、尼入道《アマニフタウ》の無智《ムチ》のともから(輩)に我身を同《オナシ》くして、智者《チシヤ》ふるまひ(振舞)をなか(長)くせすして、たゝ(唯)一向に南無阿弥陀仏と申てそかなは(叶)むするとこそ、故法然ノ御房ハおほせ(仰)候しか、自《ミツカラ》かきゝ(聴)つめ、聖《ヒシリノ》御房のたしか(慥)にをしへ(教)をかせ(置)給ひし事、百度《ト》も千度《セント》もかくのこと(此如)し、

安貞《アンテイ》二年十一月七日

沙門弁《ヘン》阿(聖光房弁長)在判

伝授《テンシユク》口決師《ケツシ》入阿(敬蓮社)在判

まずは最後部に弁阿すなわち聖光房の署名と伝授口決師として入阿の名が見え、徳富本・清浄華院本とでは別系統であることがわかる。清浄華院本がかりに良忠の名に仮託したものであったとしても、日付の後部に署名・花押を

記す形式は、この法語特有のたとえば相伝のごとき意味をもっていたのかもしれない。ここにはその相伝の経路が並んでいるとみてよい。

入阿であるが、これは久留米善導寺所蔵の「末代念仏授手印」（生極楽伝承本）に見える安貞二年十二月四日付の起請文に記す三六名の結衆署名のうち、中程に「沙門入阿弥陀仏（花押）」と署名・花押が見えるこれであろう。比較的信頼の置ける系譜である『浄土惣系図』(1)には、聖光の弟子良忠の法兄弟に敬蓮社なる名が見え、これに「作レ之入西、又号二入阿一」と註記があり、また『法水分流記』(2)にも同様の箇所に見られ「入西イ、弘安四十二亡」との註記があるなど、これと見て差支えなかろう。したがって、聖光の法語を入阿が相伝し、それをこの伝受者が口伝によって入阿から相伝したと理解される。もちろん、浄厳院本自体は数度の転写を経て伝来したものであるが、恐らく口伝によって相伝した法語を伝受者が書きとどめていたのであろう。そして、それがもととなって後世に伝わったものと考えられる。また、浄厳院本の日付は「安貞二年十一月七日」であり、徳富本・清浄華院本の三日前ということになり、聖光は肥後往生院での四十八日別時念仏会において、こうした法語の相伝を何人かに行なっていたことになる。

ところで、内容を徳富本と比べるに、若干の異同は認められるものの、ほぼ同様の内容と言える。その著しい異同箇所を二・三指摘しておこう。まず、「善導寺御消息」なる題目はこの浄厳院本に見られるのみである。つづいて徳富本の「日本国　安貞第二年、西海道筑後国善導寺沙門弁阿ミたふつに、諸国修行の人々の中にとひてのたまハく、コ法然上人ハ」と記す冒頭部分が、浄厳院本にはない。

つぎに、浄厳院本には聖光に質問の事情を記す箇所に、「事おほけれはまきるゝやうに候、肝要《カンエウ》の御言《コトハ》を一はしうけ給つめて」といった記述が加わっている。同様に浄厳院本には「御たつね大切《タイセツ》ニ候」「けに〱しくたつぬる人も候ハて」等の記述を余分に見ることができる。徳富本のほうにも「予コノコトマウシタクサフラウ」と「予」が存したり、「コノホカニヲクフカキコトノアルソトハ、マタクヲオセ候ハス、モシソレ」なる記述が余分ということになる。また、徳富本に「念仏ノコトマウシアヒテ候コトノ」が、浄厳院本では「念仏の事申あひて候ことはの」とまったく意味が変わっていたり、徳富本に「ヲムハチフカクアタリ候ハム」とある箇所が浄厳院本では「御罸ふかくまかりかふり候ハん」と、また同様に徳富本に「一代ノミノリヲヨク学シナラヒタル人ナリトモ」が浄厳院本では「一代の御のりをよく〳〵学しきはめたる人」等と語句の表現を変えている点をあげることができる。

これらの諸点を概観して言えることは、どちらかというと徳富本のほうから浄厳院本の記述が生まれていった可能性を想定するほうが納得いくわけであるが、少なくとも浄厳院本においては前述もしたが何度かの転写を経た記述であって、その転写伝来の中途に生じた異同とする見方が一般的であろう。また、こうした相互関連性は両系統の原型にまで遡ることによって説明されるべきで、すなわち両本ともに聖光の法語から相伝された結果と見做される。

ところで、浄厳院本所収本にはこの「善導寺御消息」につづいて、「黒谷上人の給く」として「念仏には甚深の義といふ事なし」以下法然の法語が四件、聖覚の法語が一件掲載され、そのあと古歌と称して四八首の和歌がそれぞれ載せられ、巻末に書写人隆堯の奥書が存する（第Ⅱ部第七章第二節五二九頁参照）。それによれば、この浄厳院本所収本は、良海なる者が病中に京都より下って、「一枚起請文」のほか肝要の法語を書写したいと所望していたが、その後良海の病気も重くなり、それまでもなく念仏して殊勝な往生を遂げたので、その形見として法語類を書写し乗智大姉なる者に与えたということである。良海とは『総系譜』(3)によると四祖良誉定恵の弟子として見え、「聖圓」

との註記がある。これはまた『浄土惣系図』においても確認できる。定恵は良忠の真弟寂恵良暁の弟子であるから、良海はその良忠一門の末流に位置するのである。

そこで、前述のこれら法語類・和歌、さらには本稿の主題である「善導寺御消息」などが、この浄厳院本所収本に合糅収録される事情、すなわち伝承経路についてどのような考え方ができるであろうか。この問題と関連すると思われる記述として、『四十八巻伝』第一七巻に、

> 上人の第三年の御忌にあた《当》りて、御追善のために、建保二年正月に、法印《聖覚》真如堂にして、七ケ月のあひだ《間》道俗をあつ《集》めて、融通念仏をすゝ《勧》められけるに、往生の要枢安心起行のやう、上人勧化のむね《旨》こまごま《細々》とのべ《述》たまひて、これもし我大師法然上人の仰られぬことを申さば、当寺の本尊御照罰候へと、誓言再三に及でのちもしなを不審あらん人は、鎮西の聖光房にたづね《尋》とは《問》るべしと申されければ、聴衆のなかに一人の隠遁の僧ありけるが、草庵にかへら《帰》ずして、すぐに筑後国にくだり《下》て、聖光房に謁し、法流をつたへ《伝》門弟となり、九州弘通の法将とぞなりにける、敬蓮社《入阿》といへるこれなり、法印追福の心ざし《指》あらはれて、諸人の随喜はなはだ《甚》しくぞありける、

とある。これは前述の聖覚の法語、すなわち但馬宮雅成親王からの問いに答えた内容を掲げる箇所につづく記述であり、これによると、建保二年正月真如堂での法然の三回忌に当たって、聖覚が疑問のある者は鎮西の聖光房を訪ねることを勧めたところ、すぐに筑後国に下り聖光房に会って九州弘通の中心となった、これが敬蓮社という者であるという。

その敬蓮社とは前述のように、『浄土惣系図』『法水分流記』等の註記からほかならぬ浄厳院本の伝授口決師入阿

のことである。一応、これらの記述に従うとすれば、入阿は但馬宮雅成親王に答えた聖覚の法語を、(4)聖覚からも聖光からも入手し得る近い存在にあったということである。また、法語類の詳しい検討については後章に譲るとするが、一見して聖光・良忠系の文献に多く現われていることが明らかである。これらの各記述と浄厳院本所収本の原型とは、いずれが先行するか判断のむつかしい問題である。すべてが入阿の資料提供を基礎としたものと考えるのは早計であるが、聖光から同じ内容の法語を聴聞していたり、また各々の文献成立の段階で入阿との間に情報交換があったことは当然予想されるところである。

註

(1)　栃木県益子町大沢円通寺所蔵。
(2)　大谷大学図書館所蔵。以下同じ。
(3)　『浄土宗全書』第一九巻所収。
(4)　第Ⅱ部第七章第二節（五二八頁）参照。

第四節　『和語灯録』「諸人伝説の詞」所載本

法然の遺文集として文永十一年（一二七四）から同十二年にかけて、良忠の門弟了恵によって『語灯録』が編纂された。その和語篇である『和語灯録』第五に「諸人伝説の詞」を所収し、隆寛・乗願・信空・弁阿・禅勝房・沙弥道遍ら六人の門弟、合わせて二八種類の法語が載せられている。このうち第一八番目に「善導寺御消息」と同内容の法語がある（以下、『和語灯録』本と称す）。了恵は良忠の門弟であって、法然門下の法語を聴聞したりあるいは所在について詳しかったものと思われ、このような法語類の蒐集には恰好な立場にあった。ここでは、『和語灯録』本の伝承経路についての検討と並行して、とくに徳富本・浄厳院本等との比較からそれぞれの伝来過程を知る手がかりとし、史料的信憑性にどの程度迫れるか考えていくことにしたい。

『和語灯録』には今日おもに三種類の版本が伝わっている。まず、編者了恵在世中の元亨元年（一三二一）に西山派円智によって印行された元亨版が龍谷大学に現蔵する。そして、近世になって寛永二十年（一六四三）に片仮名本の寛永版が上梓され、正徳五年（一七一五）には平仮名本の正徳版が義山によって開版されているが、これらの全体を元亨版と比べてみると、寛永版は元亨版を底本にしていると見られるのに対して、正徳版の方の字句にかなりの相違があり、元亨版とは別系統の転写本によって成ったものと考えられる。こうした傾向についてはすでに漢語篇すなわち『漢語灯録』において、義山の改竄によることが充分に考証されている[1]ところであり、したがって、ここでは正徳版を除外し、さらに参考のため元亨版と寛永版双方の記述を掲げることにする。

○元亨版[2]『和語灯録』本

又上人の給ハく、念仏往生と申す事ハ、もろこし《唐土》・わか《我》朝のもろ〳〵《諸々》の智者たちの沙汰し申さるゝ観念の念仏にもあらす、又学問をして念仏の心をさとり《悟》とほして申す念仏にもあらす、たゝ極楽に往生せんかために南無阿弥陀仏と申て、うたかひ《疑》なく往生するそとおもひ《思》とりて申すほか《外》に別の事なし、たゝし《但》三心そ四修そなんと《等》申す事の候ハ、ミな《皆》南無阿弥陀仏ハ決定して往生するそとおもふ《思》うち《内》におさまれり《納》、たゝ《唯》南無阿弥陀仏と申せハ決定して往生する事なりと信しとるへき也、念仏を信せん人は、たとひ《縦》一代の御のり《法》をよく〳〵《能々》学しきハめ《極》たる人なりとも、文字一もしら《知》ぬ愚癡・鈍根の不覚の身になして、尼入道の無智のともから《輩》にわか《我》身をおなし《同》くなして、智者ふるまひ《振舞》せすして、たゝ《唯》一向に南無阿弥陀仏と申てそかな《叶》はんすると、同集、

○寛永版[3]『和語灯録』本

又上人言ク、念仏往生ト申事ハ、モロコシ(唐土)・我朝ノ諸ノ智者達ノ沙汰シ申サル、観念ノ念仏ニモ非ス、又学問ヲシテ念仏ノ心ヲサトリ(悟)トホシテ申念仏ニモ非ス、只極楽ニ往生センカ為ニハ南無阿弥陀仏ト申テ、疑ナク往生スルソト思ヒ取リテ申ス外ニ別ノ事ナシ、但シ三心ソ四修ソナント(等)申ス事ノ候ハ、皆南無阿弥陀仏ハ決定シテ往生スルソト思フ内ニヲサマレリ(納)、タ(唯)ヽ南無阿弥陀仏ト申セハ決定シテ往生スル事也ト信シ取ルヘキ也、念仏ヲ信セン人ハ、縦《タト》ヒ一代ノ御ノリ(法)ヲ能々学シ極メタル人ナリトモ、文字一ツモ知ヌ愚癡・鈍根ノ不覔ノ身ニナシテ、尼入道ノ無智ノ輩ニ我身ヲ同クナシテ、智者ノ振舞ヒセスシテ、只南無阿弥陀仏ト申テソ叶ハンスル、

同集、

この元亨版・寛永版の両記述は、平仮名交りと片仮名交りという文体の違いや、寛永版のほうが多くの漢字を宛てている等の異同はあるが、内容・語句ともにほとんど合致している。したがって、元亨版自体にまったく問題がないわけではないが、前述した如く一応元亨版の記述をもとに考察を進めることにする。この「諸人伝説の詞」(4)には個々の法語に出典とした文献が示されている。

伝承者が「弁阿上人」の法語は、第一五番目から第二〇番目までの計六種類存する。このうち第一五番目の法語の末尾に「物語集にいてたり」との割註があり、あと第一八番目までは「同集」となっており、すなわち『和語灯録』本「善導寺御消息」の出典は「物語集」ということである。これについて近世になって義山・素中の撰という『和語灯録日講私記』(5)によれば、「物語集とは未レ知二何書一、定めて鎮西の物語集と見へたり」とあり、さらに酉誉聖聡が『徹選択本末口伝抄』を著わした際に参考とした「筑紫の物語集」なる書の存在を示している。これは聖光本人の筆録か門人らによる編集か分からないが、どこかの時点でこうした法語集があったことを意味している。いわゆるところで、『和語灯録』第二には「善導寺御消息」と同内容の遺文「御誓言の書」が所収されている。

「一枚起請文」である。これも掲げてみよう（元亨版『和語灯録』）。

御誓言の書第二
もろこし《(唐土)》・わか《(我)》朝にもろ〳〵《(諸々)》の智者たちの沙汰し申さるゝ観念の念にもあらす、又学問をして念の心をさとり《(悟)》て申す念仏にもあらす、たゝ《(唯)》往生極楽のためにハ南無阿弥陀仏と申して、うたかひ《(疑)》なく往生するそとおもひ《(思)》とりて申すほか《(外)》にハ別の子細候はす、たゝし《(但)》三心四修なんと《(等)》申す事の候ハ、ミな《(皆)》決定して南無阿弥陀仏にて往生するそとおもふ《(思)》うち《(内)》にこもり《(籠)》候なり、このほか《(此外)》におくふかき《(奥深)》事を存せは、二尊の御あはれミ《(憐)》にはつれ《(外)》、本願にもれ《(漏)》候へし、念仏を信せん人ハ、たとひ《(縦令)》一代の御のり《(法)》をよく〳〵《(能々)》学すとも、一文不知の愚鈍の身になして、尼入道《にうたう》の無智《むち》のともから《(輩)》におなし《(同)》くして、智者のふるまひ《(振舞)》をせすして、たゝ《(唯)》一向に念仏すへし、

これハ御自筆の書なり、勢観《(源智)》聖人にさつけ《(授)》られき、

これは末尾の註記にあるように、法然が源智に授けた法語となっているが、内容的には「善導寺御消息」とまったく変わりはない。ただし字句の相違はかなり認められ、到底同一系統の伝承とするには無理がある。むしろ、『九巻伝』巻第七下、『四十八巻伝』第四五巻等に所載のいわゆる源智相承の「一枚起請文」と近い記述と言える。『九巻伝』『四十八巻伝』では源智ただ一人への相承が強調されているが、『和語灯録』編纂時にはこの註記に記されるごとく、源智相承の法然自筆本が存したのであろうか。いずれにしても、了恵は『和語灯録』に所収の際、この「御誓言の書」とは別に、「諸人伝説の詞」のなかに聖光伝説の詞として、「善導寺御消息」を前述の「物語集」なる文献から引用していたのである。

さて、『和語灯録』本の記述は、前掲した徳富本ならびに浄厳院本等と比較してどうなのであろうか。当然なが

ら文章全体の構成からは、『和語灯録』本には法然の真実義を伝えようとした事情を語る最初の部分がない。また、法語の部分のみを見ても徳富本や浄厳院本に比べて『和語灯録』本には、「コノホウシモヨク〳〵ナラヒ候テノチニ思アハセ、コヒシリノ御房モヲホセラレ〳〵テハ」（徳富本）の文をはじめ、「コノホカニヲクフカキ事ノアルソトモ」以下「ヲムハチフカクアタリ候ハム」（同上）等の大部の欠落箇所を指摘することができ、『和語灯録』本のみが別系統の記述であるかに見える。

ところが、三本における字句の相違点をさらに詳細に検討してみると、徳富本では『和語灯録』本と浄厳院本との相違点が一致する箇所は（「」内は徳富本、括弧内は浄厳院本の記述）、「往生スルソト思トリテ」（往生すへしとおもひとりて）のわずか一箇所のみであるが、逆に浄厳院本において、『和語灯録』本と徳富本との相違点で一致する箇所は、「学文ヲシテ」（又学問をして）、「タ、往生極楽セムカタメニ」（たゝ極楽に往生せむかために）、「念仏ヲ信シタマハム人ハ」（念仏を信せむ人は）、「一代ノミノリヲヨク学シナラヒタル人ナリトモ」（たとひ一代の御のりをよく〳〵学しきはめたる人なりとも）、「ワカミヲナシテ」（我身を同くして）等数箇所をあげることができる。これは、『和語灯録』本の記述が徳富本よりも浄厳院本の記述に近いことを意味しており、あるいは浄厳院本の原型が想定できるとすれば、『和語灯録』本はそうしたものから抄出して形成された記述であるのかもしれない。いずれにしても、基本的には三本ともに共通する記述といえ、まずは聖光系という枠では同一系統のものと見做して差支えなかろう。

『和語灯録』所収「諸人伝説の詞」の聖光伝説の法語としては、ほかにも五種類ほど掲載されているが、これらのなかに浄厳院本に見える法然の法語類は一件もない。したがって、筆者は浄厳院本のごとき入阿伝承本と『和語灯録』本の先行論を展開するよりは、このどちらにも共通するような聖光系の法語集の存在を想定することが、これら諸本の伝来性についてもっとも納得いくものと考える。そして、その法語集に聖光が聴聞した法然の法語などを筆録したものが所収されていたものと推測する。かりに「善導寺御消息」の法語が、後世どこかの時点で伝書としての性格を備えたとして、法語の原型がそれ以前に遡って求められるとすれば問題はない。しかしながら、その明確なる基準を設けられない現状では、この点はとくに後考への課題としなければならない。

結び

諸本の検討を終えて未だ確実に原型に遡り得るものとの結論までは達していない。ただいわゆる「一枚起請文」の伝承には、この「善導寺御消息」が聖光系の法語として伝わるように、源智系のみならずほかにも想定できるということである。しかし、「善導寺御消息」は「末代念仏授手印」のごとき伝書へと発展する素地をもっていた。そのことが、今日史料批判の障碍となっている感がある。筆者が諸本のうちもっとも信頼を置くのは、伝承経路がある程度明らかとなった浄厳院本である。しかも、それは後章で詳述するように聖光の弟子入阿から専空、向阿というように、中世の浄華院に伝承した法語の可能性が強い。『和語灯録』本との共通性なども考え合わせると、少なくとも向阿の頃、あるいはそれ以前に聖光系の重要な法語であるとの位置付けが確立していたように推測する。

したがって、浄厳院本・『和語灯録』本の二本の存在によって、原型想定への手掛りとできるのである。そうなってくると、清浄華院本に認められた数箇所の問題点は、良忠の名に仮託して伝書としての意味を持たせようと作製された痕跡であるとの見方が強まってくる。それは勿論良忠没後のことであろうが、良忠に血脈のうえでそうした必然性が出てくる頃に考えられることであろう。また、これが徳富本から生まれたものであるから、徳富本系の記述もその頃には確定していたのである。徳富本は浄厳院本とは内容的に極めて近いが、日付などからみて明らかに別系統の記述である。このように、浄華院を中心として徳富本、浄厳院本、『和語灯録』本等三系統の記述の存在が考えられる。

以上、筆者の述べたところは論旨必ずしも明快でなく甚だ不徹底の憾みを免がれないが、どうも「善導寺御消息」のような後に教団の伝書へと発展した法語類の理解には、その法語に対して教団や寺院にとっての存在価値が生じてから以降のものと、それ以前に伝承したものとを、切り離して考えなければならないと思われる。

註

（1）　第I部第三章第一節（一七九頁）、藤原猶雪著『日本仏教史研究』所収「徳川時代における法然上人漢語灯録の改竄刊流」等参照。

（2）　龍谷大学図書館所蔵。以下同じ。

（3）　本稿では大正大学図書館所蔵版本による。

（4）　藤堂恭俊「諸人伝説の詞について―門弟によって伝承された宗祖の詞―」（『鷹陵』第一五号）、同「禅勝房によって聴聞されたと伝えられる宗祖の詞の研究」（『人文学論集』第一号）等、一連の法然法語研究によってその伝来過程が明らかにされている。

（5）　『浄土宗全書』第九巻所収。

第七章　法然義の伝承と但馬宮雅成親王

浄土宗の伝法史上、聖光房弁長・然阿良忠らはいわゆる二祖三代と位置付けられ、後世の教団形成の基礎を築いた人物と言われている。しかし、それは諸本現存する「末代念仏授手印」所載の血脈譜、あるいは鎌倉『光明寺文書』の良忠附法状などに依拠するものであり、さらに具体的なたとえば法然の遺文類、「一枚起請文」など法語の伝承過程において言われることではない。前章においてはとくに聖光系に伝承する「一枚起請文」とみられる「善導寺御消息」の諸本のうち、安土浄厳院所蔵のものを検討することによって、敬蓮社入阿なる者の浄土宗史上に果たした役割に触れ、さらにその「善導寺御消息」の遺文としての価値について論じた。その論証過程に但馬宮雅成親王との関連による聖覚法語が存したが、法然伝のなかにはこの雅成親王の質疑に答えるかたちで法然門下の語録や請文などがいくつか所収されているので、ここでこの聖覚法語が所収される意義や雅成親王が登場する事情等について考えてみようと思う。

但馬宮雅成親王は後鳥羽天皇の第五皇子で、母は中宮修明門院重子、順徳天皇の同母弟に当たる（『本朝皇胤紹運録』）(1)。『四十八巻伝』によれば修明門院は法然より受戒しており(2)、その父高倉範季も法然や九条兼実と親密であったとされている(3)。そして、修明門院重子といえばとくに法然の遺弟源智が韋提希夫人なる貴女の出現によって、賀茂の辺に居住するようになったとする『四十八巻伝』第四五巻の記述について、この韋提希夫人を修明門院重子であるとする説(4)に導かれ、源智との親交を通じて法然との関わりが注目視されている。それはもちろん後鳥羽上皇の中宮であることが大きな要因である。法然伝に見える雅成親王の質疑についての記述は、こうした一族の法然やその門弟との親交と無関係ではありえないが、ほかにも何らかの例えば教団形成のうえで後世になって生じていった歴史的必然性についても考察しておく必要がある。

註

(1)　『群書類従』第五輯系譜部所収。

(2)　『四十八巻伝』第一〇巻に「後鳥羽院度々　勅請ありて円戒を御伝受、上西門院(鳥羽院皇女、統子)・修明門院(後鳥羽天皇中宮、藤原重子)同じく御受戒ありき、かかりしかば三公・公卿かうべ(頭)をかたぶけ(傾)、一朝あふぎて伝戒の師とせずといふ事なかりき」とあり、上西門院と修明門院は法然より受戒したことを叙述している。

(3)　『四十八巻伝』第一一巻に「月輪殿をつくられける(造)に、例もなき屋を一字さしづ(指図)を下させられけり、殿下の御所おほく見候へども、かかる屋いまだ見候はずと、奉行の三位(高倉)範季卿申ければ、思食様ありとていそ(急)がせられければまづ造たててけり、何事の御科にかとおもふ(思)程に、はや上人(法然)の御息所なりけり、(下略)」とあり、高倉範季と九条兼実の親交が窺われる。

(4)　三田全信著『改訂増補浄土宗史の諸研究』(山喜房仏書林、昭和三十四年)1の三「賀茂の韋提希夫人の考究」、野村恒道「源智の俗縁と浄華院」(『仏教文化研究』第三三号、昭和六十三年)等参照。

第一節　雅成親王の法然義信受の記述

雅成親王が母修明門院重子と同様に、直接法然と交流しその専修念仏義に信仰を寄せたものかどうかはわからないが、各伝記類の記述に雅成親王が少なからず法然義に傾倒したことを示すものが見られる。

『四十八巻伝』[1]第一七巻には、

法印《聖覚》ひとへ《偏》に上人《法然》の勧化を信伏して、念仏往生の口伝相承、そのかくれ《隠》なく名誉ありしかば、承久三年のころ《頃》、但馬宮雅成親王念仏往生に条々の不審をたてゝ、時の名誉ある先達に御尋ありけり、この法印その専一なり、かの請文云、御念仏のあひだ《間》の御用心は、一切の功徳善根のなかに、念仏最上候、十悪五逆なりといへども、罪障またくその障とならず、一称一念のちから《力》決定して往生せしむべきよし、真実堅固に御信受候べきなり、聊も猶予の儀ゆめゆめ《努々》候べからず、或は身の懈怠不浄にはゞかり《憚》、或は心の散乱妄念におそれ《恐》て、往生極楽に不定のおもひ《思》をなすは、極たるひが《僻》事にて候、仏意にそむく《背》べく候なり、日々の御所作更に不浄を憚思食べからず候、念仏の本意はたゞ《唯》常念を要とし候、行住坐臥時処諸縁を簡ばず候、但毎月一日歟、殊御精進潔斎にて御念仏候べき也、その外日々の御所作は、たゞ《唯》御手水ばかり《計》にて候べき也、已上取詮、(中略)上人の第三年の御忌にあたり《当》て、御追善のために建保二年正月に、法印真如堂にして七ケ日のあひだ《間》、道俗をあつめ《集》て融通念仏をすゝめ《勧》られけるに、往生の要枢安心起行のやう、上人勧化のむね《旨》こまごま《細々》とのべ《述》たまひ《給》て、これもし我大師法然上人の仰られぬことを申さば、当寺の本尊御照罰候へと、誓言再三に及でのち、もしなを不審あらん人は、鎮西の聖光房にたづね《尋》と《問》はるべしと申されければ、聴衆のなかに一人の隠遁の僧ありけるが、草庵にかへら《帰》ずしてすぐに筑後国にくだり《下》て、聖光房に謁し法流をつた《伝》へ門弟となり、九州弘通の法将とぞなりにける、敬蓮社《入阿》といへるこれなり、法印追福の心ざし《指》あらはれて、諸人の随喜はなはだ《甚》しくぞありける、

とある。ここには承久三年[2](一二二一)頃の雅成親王による念仏往生の質疑に対する聖覚の請文、また建保二年

（一二一四）正月の法然の三回忌に、不審ある者は鎮西の聖光房を訪ねることを勧めたことなどが記されている。そして、この記述は後述の浄厳院本所収本の「善導寺御消息」が、聖光から入阿なる者への相伝本であることについてその事情を示唆する観点を提供している。すなわち、聖覚の勧めに従ってすぐに筑後国に下り聖光房に会って九州弘通の中心となった、これが敬蓮社という者であるという。その敬蓮社とは後述のごとく、『浄土惣系図』『法水分流記』等の註記からほかならぬ浄厳院本「善導寺御消息」の伝授口決師入阿のことである。したがって、一応これらの記述に従うとすれば、入阿は但馬宮雅成親王に答えた聖覚の語録を聖覚からも聖光からも入手し得る近い存在にあったということである。

それはともかく、雅成親王の質疑は『四十八巻伝』第四一巻にも、

（上略）承久三年のころ《(頃)》但馬宮《(雅成親王)》より念仏往生の事御たつね《(尋)》ありしには、要文をあつめ《(集)》てこまか《(細)》に注申されき、又散心念仏の事、後鳥羽院遠所の御所より西林院の僧正承円につげ《(告)》て仰下されける、（下略）

とある。この部分は毘沙門堂明禅について記しているが、ここに承久三年の明禅に対する雅成親王の質疑がみえ、そのあと後鳥羽上皇の遠所から西林院承円によって散心念仏のことについての質疑があったことを記して、嘉禄二年正月十五日付の上皇の書状の内容を掲載している。これは前掲第一七巻の記述の紹介に中途省略したが、その部分に、

又嘉禄二年のころ《(頃)》、後鳥羽院遠所の御所より、西林院の僧正承円に仰下されける御書にも、散心念仏の事一定出離しぬべく候はんやう、明禅・聖覚などにくはしく《(詳)》尋さくり《(探)》て、最上の至要をしるし《(記)》申さるべきよし仰下されければ、法印《(聖覚)》こまか《(細)》にしるし《(記)》申されけるとなむ、

とあり、明禅や聖覚と後鳥羽上皇あるいは雅成親王らとの親交を説明する題材としている。そして、同じく第四三巻にも、

（上略）法印(明禅)但馬宮へ進ぜられける状にも、このひじり(聖)の事をば、内外博通し智行兼備せり、念仏宗の先達、傍若無人といふべしとぞのせ(載)られて侍る、（下略）

とある。この部分は信空の行状について記すその末尾であるが、ここに雅成親王に進上した明禅の書状の内容を載せ、明禅の信空に対する敬慕の評を記している。ほかにも同第四五巻に、

（上略）承久三年のころ(頃)、但馬宮(雅成親王)より念仏往生の事御尋ありければ、三箇条の篇目たてゝくはしく(詳)しるし(記)申されけり、かの宮(雅成親王)の御夢想には、法然上人・隆寛律師は、たがひに(互)師弟となりてともに(共)行化をたすく、浄土にては律師(隆寛)は師範上人(法然)は弟子、娑婆にては上人は師範律師は弟子なりとぞ御覧ぜられける、（下略）

とある。ここは長楽寺隆寛の所行と多念義の信心について記す箇所であるが、ここに隆寛と雅成親王の関係を述べるにあたり雅成親王の夢想を載せて、法然と隆寛との師弟関係を浄土では隆寛が師で法然が弟子、娑婆では法然が師で隆寛が弟子と両人の法契を比喩している。これらの雅成親王と法然門弟との親交を示す記述の存在は、とりもなおさず雅成親王の法然義への傾倒を意味するものにほかならないが、さらに、このような『四十八巻伝』の記述に至るまでの経緯を見ていく必要があろう。

そこで、前述した聖覚の請文であるが、隆寛系統[3]の法語集である『閑亭後世物語』[4]巻上には、

（上略）雅成親王《まさなりしんわう》の御尋に依て、安居院《あぐい》法印聖覚のうけ(請)文に、御念仏の間の御用心は、一切の善根の中に念仏最上に候、十悪五逆の罪たりといへども全く障たらず、一称十念の力決定して往生せしむべきよし、真実堅固

に御信受《じゆ》候べき也、聊《いさゝか》も不定の義ゆめ〳〵《（努々）》候べからずと云々、

問、不浄の時念仏申経をよむ《（読）》事いかゞ《（如何）》候べき、答、経を読事は不浄にて不レ可レ叶ト、西方要決には見《みへ》て候、念仏も長楽寺の律師隆寛は、不浄の身にてみたり《（妄）》がはしくずゞ《（数珠）》を取本尊にむか《（向）》ふべからず、不浄ならん時は即行水を用ふべし、但病に沈みたらん人は不レ及レ力たゞ《（唯）》念仏を申、仏像にもむか《（向）》ひ奉るべしと云々、又但馬の宮《（雅成親王）》の此事を御尋有しに、毘沙門堂《びしやもんだう》の法印明禅《めうぜん》の御請文《うけぶみ》には、不浄の時の称名《しやうみやう》の事、衣をすゝ《（濯）》ぎ身をもすゝぎ候事は別時の儀に候、常の念仏は不浄あながち《（強）》と憚候べからずと云々、同御尋に依て、聖覚《せいかく》の請文に日々の御所作は更に不浄憚べからず候、或は身の懈怠不浄に憚、或は心の散乱妄念《さんらんまうねん》におそれ《（恐）》て往生に不定の思をなすは、き《（極）》はめたる僻《ひが》事也、仏の御心にも背べく候也、念仏の本意は、たゞ《（唯）》常に念ずるを要として、行住坐臥《ぎやうぢうざぐわ》を簡《えらば》ず時処《じしよ》諸縁《ゑん》をきら《（嫌）》はず候也、但月毎に一日なんど《（等）》は御精進潔斎《しやうじんけつさい》にて御念仏候べし、其外の日々の御所作はたゞ《（唯）》御手水斗にて候べき也と云々、

とある。これは雅成親王の質疑に対する請文であるが、ここには毘沙門堂明禅と聖覚に対する質疑の内容が載っている。なかでも聖覚の請文は二件存し前後に分かれてみえるが、これを前掲『四十八巻伝』第一七巻の記述と比較してみると共通するものであることがわかる。

またこれとは別に、信空の弟子信瑞編『明義進行集』(5)には、隆寛・信空・聖覚・明禅らの項目にこの雅成親王の質疑の記述を載せている。順番に見ていくと第二の「第三長楽寺律師隆寛」には、

（上略）

雅成《マサナリ》親王但州ノ謫《タク》所ヨリタツネ《（尋）》オホ《（仰）》セラレテイハク、一日七日之ノ行、一心不乱之様、難二存知一候、罪悪生死ノ凡

夫心《ノ》、一時猶易レ乱候歟、彼不乱ハ定メテ其義候歟可レ承候、又現在ノ事ナレハトテ、他仏ニモ神ニモ祈ヲモ勤ヲモスルハ、雑行ナレハ往生ノサハリニモ成ヌヘク候歟、又現在ノ事ハ別ノ事ニテ、後生ノ勤トテハ念仏ハカリナレハ不レ可レ有レ苦候申覧、毎事可レ被二計仰一候也、恐々謹言、

八月十日　　在御判

律師御房

（下略）

とあり、雅成親王が但州の謫所より「一日七日之行一心不乱之様」について質疑を行なってきたことに対応して、このあと実際に隆寛の請文を所収し「一日乃至七日一心不乱之事」「雑行事」「称名念仏用心事」と題する語録を載せている。これは前掲『四十八巻伝』第四五巻に、雅成親王から隆寛に承久三年ころ三箇条の篇目を立てて詳しく尋ねるところのあったという記述と符合している。

同じく第二の「第五白河上人信空」には、

（上略）雅成親王明禅法印ノモトヘ、不浄ノ時ノ称名ノ事イカヤウニカ用意スヘキト御尋アリシニ、明禅ワレ（我）トハ計不レ被レ申、内々コノ上人（信空）ニ相伝《タツネ》シテ申サル、御文ニイハク、不浄《ノ》時《ノ》称名事、洗レ衣浴《アライ》レ身荘《ヲカサルハ》二厳道場等《ヲ》一別時之儀《ニ》候、常儀《ノ》口称三昧《ハ》唯繫念相続《ヲ》可レ為レ先《ト》候、不浄之勤行《ハ》不レ可レ有二強《アナカチ》憚《ニ》一候歟之由存念《シ》候、然而以二短才一無二左右一計申之条、冥顕之恐尚難レ免候之間、相二尋信空上人一法蓮房、宗行卿舎兄、法然上人ノ上足弟子ナリ、之処《ニ》御文如レ此、不レ申下被二仰下一之旨《ヲ》上内々相触候、仍《テ》他事相交候之間切出進《シテ》入候、彼上人（信空）内外博《ハク》《ヒロク》通《シ》智行兼備《ヘテ》、念仏宗《ノ》先達可レ謂《ツ》二傍若《シヤク》無《フ》人《ト》一、申状尤可レ為二亀鏡一候歟、

切出被二進入一状ニイハク、彼不浄不レ苦ル正シ文不レ覚候、経ノ唯除二食時一ト候、善導ハ従不レ除二食時一除二睡時一ト候ヘハ、

不レ論二行住坐・浄不浄ヲ一意計ハ分明ニ候歟、

（下略）

とある。ここでは、雅成親王の明禅に対する不浄時の称名についての質疑に関して記している。明禅は不浄の勤行を憚ることとなしとしながらも、信空に尋ねてその証拠にしようとしたとし、明禅の申状と信空の返書を載せ、信空が善導の説を引いて不浄時の称名の必要性を述べたことを記している。そしてここの部分の表現は、前掲『四十八巻伝』第四三巻の信空と雅成親王の親交について記す箇所と相通じる点がある。また、同第三の「第七安居院法印聖覚」には、

（上略）雅成親王念仏ノアヒタ（間）ノ用心、ナラヒ（并）ニ日々ノ所作ニ不浄ヲハ、カルヘ（憚）シヤイナ（否）カノコト、イカヤウ（如何様）ニカ存ス申トオホセ（仰）ラレタル請文ニイハク（云）、御念仏之間ノ御用心者ハ、一切功徳善根之中ニ念仏最上ニ候、十悪五逆ノ罪障ト云ヘトモ全ク不レ為二其障ヲ一、一称一念ノ力決定ノ可レ令二往生一之由、真実堅固ニ御信受之可レ候也、聊モ猶預〔予〕之義〔儀〕努力〳〵不レ可レ候、或憚リ二身ノ懈怠ヲ不浄ヲ一、或ハ恐二心散乱妄念ヲ一、於二往生極楽ニ一成ナスハ二不定之想ヲ一極タル僻事ニ候、可レ背二仏意一候也、恐惶謹言、

十二月十九日　　法印聖覚御文

追言上

御念仏ノ事、日々ノ御所作更ニ不レ可三彼憚二不浄ヲ一候、念仏ノ本意只ハ〔唯〕常念ヲ為レ要ト候、不レ簡二行住坐臥時処諸縁ヲ一候也、但毎月一日夜殊御精進潔斎ニテ御念ノ事可レ候也、其外ハ日々ノ御所作只ハ〔唯〕御手水計ニテ可レ候也、以二此旨ヲ一可下令二披露一給上、

重恐惶謹言、

（下略）

とあり、聖覚の項にも雅成親王の質疑を記しており、これに対して念仏の間の用心、不浄時の念仏等についての聖覚の請文を載せているが、とくにこの部分の記述は前掲『四十八巻伝』第一七巻の雅成親王の聖覚への質疑に関する記述に近い。同巻の「第八毗沙門堂法印明禅」には、

（上略）雅成親王ノ御尋ニヨリテ、念仏ノ肝要ノ文注進セラル、状ニ曰ク、称名念仏ノ肝要ノ文少々注進上候、可二令レ申給一候、抑明禅応二勅喚一而年久、誤雖レ備ト二四宗之証義ヲ一、遁二公御ヲ一而日浅、専未レ詳二九品之浄業ヲ一、自行念仏用心尚迷、況注進之条旁憚多候歟、仍直録二本文一、聊述二其義一趣許候、恐惶謹言、

十二月十八日　　　　法印明禅請文

とあり、雅成親王の問いに対して明禅の称名念仏肝要の文についての請文を載せている。そして、注進の文には善導の『六時礼讃』、源信の『阿弥陀経略記』『往生要集』、慈恩の『西方要決』、善導の『西方観経疏』、道宣の『四分律行事抄』などから七件の問題をとりあげて説明している。これは前掲『四十八巻伝』第四一巻で明禅と雅成親王の親交を記すなかに要文をあつめてこまかに注進したという記述に通じる。それにしても、明禅の項ではこの雅成親王の質疑に対する明禅の注進の文がその大半を占め、あたかも念仏宗にとっての明禅の活動をこの点にのみ評価しているごとき位置付けであるが、こうした編集には何らかの意図が存するものと思われる。このように、『明義進行集』では隆寛・信空・聖覚・明禅らについて記すにあたり、雅成親王からの質疑への対応を説明の中心に置いている傾向を見ることができる。

さらに、編集年代の遡るものとしては正嘉二年（一二五八）良忠の著とされる『浄土宗行者用意問答』(6)の一「一

向称名行者振舞之事」には、

（上略）又近比但馬ノ宮（雅成親王）ヨリ不浄念仏ノ事ヲ御問アリシ時、聖覚法印ノ御返事ノ状ニハ、念仏ノ行ハ万行万善ノ中ニ最上第一ノ法ナリ、十悪五逆ノ罪障アリトイヘドモ全ク障《サハ》リトナラズト、真実堅固ニ御信受候ベキナリ、所詮念仏ノ行ハ係念相続ヲ要トス、強ニ浄不浄ヲ簡ハズ、但シ毎月ニ一日ナドハ、誠ニ御精進潔斎ニテ御念仏候ベキナリ、ソノ（其）外日日ノ御所作ハタヾ御手水バカリ（計）ニテ候ベキナリ云云、明禅法印ノ御返事ニハ、信空上人ニ尋申候ニ信空ノ状ニ云ク、不浄ノ念仏苦シカラズト申ス文ヲバ覚ヘズ候、但シ経ニハ唯除ク二食時ヲ一ト候ヲ、善導ハ尚食時ヲ許サズ唯除ク二睡時ヲ一ト候ウヘハ、在家ノ不浄食ノ輩食時ニモ勤メヌレバ、不浄ヲ嫌フマジキ義意バカ（計）リハ分明ニ見ヘ候歟云云、隆寛律師ノ御返事ニハ、不浄ノ時ハ御行水アルベク候云云、先師コノ事ヲ伝ヘ聞テ云ク、法然上人ノ三種ノ行儀ヲ伝ヘテン上ハ、コノ行儀ノ替リタル様ヲゾ申スベカリケルト云云、（下略）

とある。これは雅成親王の不浄時の念仏についての質疑に答えた書状の内容を記しているが、聖覚・明禅・隆寛の順に載せられ明禅の返事には信空に尋問した際の返事の内容を記している。これらは、前掲『四十八巻伝』の各質疑への対応の記述と相通じるものであるが、とくに前掲『明義進行集』の記述と類似しており、『浄土宗行者用意問答』の信憑性が認められることになれば基礎となった記述として位置付けられるところである。

　そして、この記述の少し前には、

（上略）但シ相伝ニ云ク、念仏ニ三種ノ行儀アリ、一ニハ平生尋常ノ行儀、コレハ行住坐臥ヲ論ゼズ、時処諸縁ヲ簡バズ、身ノ浄不浄心ノ乱不乱コレラ（此等）ノ時ヲ嫌ハズシテ常ニ行ズベシ、総ジテ行ノ成就スルコハ相続ヲ本トスルガ故ナリ、（下略）

とある。これによって、この一節が三種の行儀の詳説であることがわかるが、ここに相伝という語句が見えており、これらが法然の三種の行儀を伝えんとする記述であることが確認される。さらに、康元元年（一二五六）から翌二年にかけて親鸞によって書写されたという『指南抄』(7)中巻本所収「法語十八条」の第一二条目には、

又云、称名《シヨウミヤウ》ノ行者常途《キヤウハシヤウツ》念仏ノトキ、不浄《フシヤウ》ヲハヽ《(憚)》、カルヘカラス、相続《サウソク》ヲ要《エウ》トスルカユヘ《(故)》ニ、如意輪《ニヨイリン》ノ法《ホフ》ハ、不《フ》浄《シヤウ》ヲハヽ《(憚)》、カラス、弥陀《ミタ》・観音一体不二《クワンオムキチタイフニ》也、コレ《(此)》ヲオモフ《(思)》ニ、善導《センタウ》ノ別時《ヘチシ》ノ行《キヤウ》ニハ、清浄潔斎《シヤウシヤウケチセイ》ヲモチキル《(用)》、尋《シム》常《シヤウ》ノ行、コレ《(此)》ニコトナル《(異)》ヘキ歟《カ》、恵心《エシム》ノ不論時処諸縁之釈《フロンシシヨシヨエンノシヤク》、永観《キヤウクワン》ノ不論身浄不浄之釈《フロンシンシヤウフシヤウノシヤク》、サタメテ《(定)》存《ソン》スルトコロ《(所)》アル歟《カ》ト云、

とあり、同様の法語を所収していることが認められる。「法語十八条」なる遺文の成立がいつ頃まで遡れるものかが問題であるが、ここに少なくとも『指南抄』成立以前にまで想定することが可能となる。

そして、親鸞はこの『指南抄』の書写より以前、文暦二年（一二三五）聖覚の著『唯信鈔』(9)の書写にあたり、奥書の後に「聖覚法印表白文」(8)についでつぎのような文を書写している。(10)

依㆓但馬親王令旨㆒聖覚法印御報状云、

承久三年十二月十九日也、

御念仏之間御用意者、一切功徳善根之中、念仏最上候、雖㆓十悪五逆罪鄣㆒、全不㆑為㆓其鄣㆒、雖㆓一称㆒十念之力、決定可㆑令㆓往生㆒之由、真実堅固御信受可㆑候也、猶予之儀努力々々不㆑可㆑候、或鄣㆓身懈怠不浄㆒、或恐㆓心散乱妄念㆒、於㆑往㆓生極楽㆒成㆓不定㆒之思、極㆓僻事㆒候、可㆑背㆓仏意㆒也、

重謹言、

御念仏事日日御所作、更不レ可レ被レ鄣ニ不浄一候、念仏本意只常念為レ要候、不レ簡ニ行住坐臥時処諸縁一候也、但毎月一日者、殊御精進潔斎御念仏事可レ候也、其外日日御所作者、御手水許可レ候也、以ニ此旨一可下令ニ披露一給上候、恐々謹言、十二月十九日法印聖覚、

これは内容の一致をみることからして、承久三年（一二二一）の雅成親王の質疑に対する聖覚の請文に相違なく、親鸞が聖覚への追慕から『唯信鈔』とともに書写したものと推察できる。したがって、この親鸞の書に疑義を挿む余地のないことを認めることによって、雅成親王と聖覚の間に念仏往生の義について親交の存したことは明らかであり、こうした書信のやりとりが後年になって雅成親王の法然義信受としてとりあげられるようになっていったことが裏付けられる。

前述の各法然伝の記述によると、雅成親王は聖覚・明禅という天台僧をはじめ、信空・隆寛のような法然の門弟と親交があり、その間柄から法然義を信受したことが法語類の伝承をとおして窺い知られる。とくに『明義進行集』では雅成親王からの質疑に対する法語が、記述のうえで威厳の高揚といった役割を果たしているように見られた。そして、雅成親王が親交を結んだ学匠達がどちらかというと天台的色彩の強い僧侶であったことも、当時の社会的背景を考察するうえに何らかの示唆を与えているように思う。

註

（1）　井川定慶編『法然上人伝全集』所収。以下同じ。

（2）　承久三年とは聖覚の主著『唯信鈔』の著わされた年時であることは、親鸞自筆の書写本（『親鸞聖人真蹟集成』第八巻）の奥書によって明らかであり、雅成親王の質疑との関連性も充分に考慮に入れなければならないであろう。

（3）　『続浄土宗全書』第九巻巻末戸松啓真「先徳要義集解説」において、『閑亭後世物語』の作者は隆寛の弟子であろうとし、とくに『法水分流記』の註記から隆寛の弟子覚終と推定されている。

(4) 『続浄土宗全書』第九巻所収。
(5) 『仏教古典叢書』所収。以下同じ。
(6) 『浄土宗全書』第一〇巻所収。以下同じ。永井隆正「良忠上人における法然上人御法語の受容―『浄土宗行者用意問答』の場合―」(『仏教論叢』第三〇号、昭和六十一年)参照。
(7) 『親鸞聖人真蹟集成』第五巻所収。以下同じ。
(8) 『親鸞聖人真蹟集成』第九巻見聞集Ⅱの所収題目による。
(9) 『親鸞聖人真蹟集成』第九巻見聞集Ⅱ「御念仏之間用意聖覚返事」。
(10) 『親鸞聖人真蹟集成』第九巻巻末藤島達朗「解説」によると、この「御念仏之間用意聖覚返事」と称される文は、「見聞集」と外題の附せられた表紙が存し、紙背に「涅槃経」の書かれている紙表の巻尾にあるが、これはもとは紙表に書かれている『唯信鈔』の後に「聖覚法印表白文」につづいて位置し、紙背に「浄土五会念仏略法事儀讃」と「涅槃経」とが書かれていたが、後世これが別冊となって分断されてしまったために、その第二分冊の紙背に「涅槃経」が書かれているほうの紙表に、『唯信鈔』の末尾と「聖覚法印表白文」とがともにのこり、その後部に所載されるようになったものであるという。

第二節　安土浄厳院所伝の聖覚法語

安土浄厳院に現蔵する隆堯の著書・書写本は[1]、いずれも珍重すべき古記録類である。そのなかに、雅成親王との因縁を註記する聖覚の法語が伝えられている。これは「善導寺御消息」と題する法語を所収する一冊の書写本に、「善導寺御消息」[2]、法然の法語四件につづいて所載されるもので、そのあとには四八首の和歌が掲載されている。この浄厳院本所収本については、前章においてとくに「善導寺御消息」諸本の伝来についての検討を行なったわけであるが、ここでは聖覚法語がここに所収されるに至った事情を考えることにしたい。はじめに、この聖覚法語を載せよう。

聖覚法印ノ云ク、日々《ニチ〳〵》の御所作《ショサ》はさら《（更）》に不浄《フシヤウ》はゝかり《（憚）》あるへからす、或《アルヒ》ハ身の懈怠《ケタイ》不浄《フシヤウ》にはゝかり《（憚）》、或《アルヒ》は心の散乱《サンラン》妄念《マウネム》におそれ《（恐）》て、往生に不定《フチヤウ》のおもひ《（思）》をなす《（成）》ハきはめ《（極）》たるひか事《（僻）》なり、ほとけ《（仏）》の御心にそむく《（背）》へく候也、念仏の本意《ホンイ》はたゝ《（唯）》常《ツネ》に念するを要《エウ》として、行住坐臥をえらは《（簡）》す時処《シショ》諸縁《エン》をきらは《（嫌）》す候なり、但《タヽ》し月ことに《（毎）》一日なん《（等）》とハ御精進潔済《シヤウシムケツサイ》〔斎〕にて御念仏候へきなり、其外《ソノホカ》の日々の御所作《ショサ》ハたゝ《（唯）》御手水はかり《（計）》にて候へきなりと云々、

これは但馬《タヂマ》の宮《ミヤ》（雅成親王）よりして、不浄の念仏ハいかゝ《（如何）》あるへきと御たつね《（尋）》によて、しる《（記）》し申されけりと云云、されは毎月一日の精進をなんとハ人によるへき事なるをや、

これは末尾の註記にあるように、但馬宮雅成親王の不浄の念仏のあり方についての尋問に対して記されたものとされており、内容的にも一見して前掲の『閑亭後世物語』『明義進行集』『浄土宗行者用意問答』『指南抄』等に所載の記述とほぼ同一のものであることがわかる。したがって、この聖覚法語が当時一般的なものとして何らかの重要な価値を有していたものと想定される。すなわちその所収意義についての理解には、浄厳院本所収本全体の編集あるいは書写の事情等に迫る必要がある。

「善導寺御消息」には、前章で述べたように浄厳院本のほかに徳富氏旧蔵本、清浄華院所蔵本、『和語灯録』「諸人伝説の詞」所載本等の諸本が伝存するが、なかではこの浄厳院本が伝承経路のうえでもっとも信頼の置けるものと考えられた。安貞二年十一月七日付で入阿から相伝されたものと見られるが、入阿とは久留米善導寺所蔵の「末代念仏授手印」（生極楽本）に見える安貞二年十二月四日付の起請文に記す三六名の結衆署名のうち、中程に「沙門入阿弥陀仏（花押）」と署名・花押が見えるこれであろう。比較的信頼の置ける系譜である『浄土惣系図』(3)には、聖光の弟子良忠の法兄弟に敬蓮社なる名が見え、これに「作レ之入西、又号ニ入阿一」と註記があり、また『法水分流

記』(4)にも同様の箇所に見られ「入西イ、弘安四十二亡」との註記があるなど、これと見て差支えなかろう。したがって、聖光の法語を入阿が相伝し、それをこの伝受者が口伝によって入阿から相伝したと理解される。もちろん、浄厳院本自体は数度の転写を経て伝来したものであるが、恐らく口伝によって相伝した法語を伝受者が書きとどめていたのであろう。そして、それがもととなって後世に伝わったものと考えられる。

浄厳院本所収本にはこの「善導寺御消息」につづいて、「黒谷上人の給く」として「念仏には甚深の義といふ事なし」以下法然の法語が四件、そして前掲した聖覚の法語が一件、そのあと古歌と称して四八首の和歌がそれぞれ載せられ、巻末につぎのような書写人隆堯の奥書が存する(前掲五〇三頁写真参照)。

この双帋《サウシ》ハ故《コ》良海大徳病 中《ヒヤウチウ》ニ京都《キヤウト》より下《クタシ》て、一枚起請其外《マイキシヤウソノホカ》念仏肝要《カンエウ》の法語を写《ウツシ》てと所望《シヨマウ》ありしに、軈《ヤカ》て程なく病気《ヒヤウキ》おも(重)くなりて、それまでもなく念仏して殊勝《シユセウ》の往生をとけ(遂)給ひぬ、しかれはこの双帋《サウシ》ハ彼形見《カノカタミ》たる間《アヒタ》、その所望《シヨマウ》の如《コト》くの法語《ホフコ》共《トモ》をうつ(写)して、今《イマ》乗智大姉にあたへ(与)奉《タテマツ》る者也《モノナリ》、これを見て念仏し給ハヽ、亡魂《ハウコン》ハ倍《マス〱》仏道《フツタウ》ニ進《ス、》ミ、自《シ》身《シム》ハ弥《イヨ〱》安心決定してかなら(必)す上品の蓮台《レンタイ》に往生をとけ(遂)給ふへし、ゆめ〱(努々)緒《イルカセ》(マ、)にし給ふ事なかれ、

于レ時応永卅二乙巳季後六月三日　　　　沙門隆堯書レ之、

これによれば、この浄厳院本所収本は、良海なる者が病中に京都より下って「一枚起請文」のほか肝要の法語を書写したいと所望していたが、その後良海の病気も重くなりそれまでもなく念仏して殊勝な往生を遂げたので、その形見として法語類を書写し乗智大姉なる者に与えたということである。良海とは『総系譜』(5)によると四祖良誉定恵の弟子として見え「聖圓」との註記がある。これはまた、『浄土惣系図』においても定恵の弟子に「性圓《聖圓》」とあっ

て存在を確認できる。定恵は良忠の真弟寂恵良暁の弟子であるから良海はその良忠一門の末流に位置するのである。

ところで、浄厳院本所収本には「善導寺御消息」につづいてつぎのごとき法然の法語を載せている。

黒谷上人の給く、

念仏には甚深《シンシン》の義《キ》といふ事なし、たゝ《(唯)》念仏申者《モノ》ハかならす《(必)》往生すとしる《(知)》はかり《(計)》也、智者学生《チシヤカクシヤウ》とても宗々《シユウ〳〵》にあか《(明)》さらん甚深《シンシン》の義《キ》をハ、いかに《(如何)》つくりいたし《(作出)》て云《イフ》へき云々、又云、称名《シヨウミヤウ》念仏ハ様《ヤウ》なきをもて様《ヤウ》とす、身のふるまひ《(振舞)》心の善悪《センアク》を沙汰《サタ》せす、念仏を申せは往生するなり云々、又云、本願の念仏は摺形木《スリカタキ》なり云々、又云、称名の時心におもふ《(想)》へき様ハ、人の膝《ヒサ》なむ《(等)》とをひきうこかし《(引動)》てたすけ《(助)》給へといはむか如《コトク》なるへしと、相伝《サウテン》ニ云ク、御念仏の時の御けしき《(気色)》もさやう《(左様)》に見之給ひしなりと云々、

この法然の法語は四件から成っている。掲載順に述べるとはじめに「念仏には甚深の義といふ事なし」であるが、『祖師一口法語』(6)の第二番目に同様の法語が見られ、また『九巻伝』(7)巻第四の上「教阿弥陀仏事」、『四十八巻伝』第二〇巻等に、それぞれ教阿弥陀仏への相伝の法語として引用されている。「称名念仏ハ様なきをもて様とす」は『一言芳談』(8)巻下の一一四番目、『祖師一口法語』の第一番目に同様の法語が見えるが、すでに『指南抄』中巻本には「法語十八条」としてその第六条目に、

又云、念仏ハヤウ《(様)》ナキヲモテナリ、名号《ミヤウカウ》ヲトナフル《(称)》ホカ《(外)》、一切ヤウ《(様)》ナキ事也ト云リ、

との法語を所収しており、ここにその原型をみることができる。また、『明義進行集』第二の「第五白河上人信空」に、

（上略）先師法然上人ノアサユフ《（朝夕）》ヒト《（人）》ニヲシヘ《（教）》ラレシコトナリ、念仏ニハ全ク様ナシ、タヽ《（唯）》申セハ極楽ヘ詣ル事トシリ《（知）》テ、コヽロ《（心）》ヲ至シテ只《（唯）》申セハマイル《（詣）》コトナリ、（下略）

とあり、ほぼ同じ内容の文が所収されている。そして、これに近い記述としては『四十八巻伝』第二一巻「上人つねに仰られける御詞」の第二番目の法語として載っているものがあげられる。「本願の念仏は摺形木なり」であるが、これは『祖師一口法語』の第三番目に同様の法語が見える。したがって、順番は少しく違うが『祖師一口法語』の書き出し部分と、この浄厳院本所収本の法語類とには密接な関連性を想定することができよう。「称名の時心におもふへき様ハ」は『四十八巻伝』第二一巻「上人つねに仰られける御詞」の第二一番目、『浄土宗行者用意問答』の七「口称之時数取之事」にそれぞれ同様の法語が認められる。とくに『浄土宗行者用意問答』では割註の「相伝ニ云ク」以下の記述も同様に見られる。

そして聖覚法語があり、そのあとに前述のごとく四八首の和歌が所収されているが、湛澄の『空華和歌集』[9]、あるいは『和語灯録』『四十八巻伝』をはじめとする各種法然伝に同一の和歌を求めるに、管見の限りではつぎの二首[10]のみしか確認できない。ほかの四六首の和歌は新出の和歌ともみられ、今後その伝承経路についての詳細なる検討が俟たれるところである。ともかく、その二首の和歌とは第四三首目に、

柴戸《シハノト》にあけくれかゝるしら雲を　いつむらさきの色と見なさん

とある。これはかりに『四十八巻伝』第三〇巻によれば勝尾寺にて詠んだとなっており、建永二年二月遠流の宣旨が下り、同十二月には赦免となるが入洛許可までの間摂津勝尾寺に滞在したとなっておりその間のものということである。もう一首はつづいて第四四首目に、

阿弥陀仏といふよりほかは津《ツ》の国の　なにはのこともあしかりぬへし

とある。これも『四十八巻伝』第三〇巻に前掲の「柴戸に」の歌につづいて載っており、また『高田本』[11]巻下、『弘願本』[12]第四巻、『古徳伝』[13]第七巻いずれも、法然が讃岐の塩飽島の高階時遠入道西仁の館で美膳のもてなしを受けた際に詠んだものとなっている。[14]

それはともかく、浄厳院本所収本に所載の記述について他に所載本を求めると、『浄土宗行者用意問答』『九巻伝』『四十八巻伝』『一言芳談』『祖師一口法語』のごとき聖光・良忠系の文献に多く現われている。『法水分流記』によれば、一条派礼阿然空の弟子専空の註記に「住㆓専修念仏院㆒、浄花院本号、敬蓮（入阿）社真弟」とあり、専空は入阿の真弟であったとなっている。これがもし事実であるとすれば、この浄厳院本「善導寺御消息」、あるいはほかに浄厳院本所収本に見られる法語類の伝来について推論が成り立つのである。『清浄華院文書』[15]の乾元二年（一三〇三）三月十五日付専空譲状には、

奉㆓譲渡㆒仏閣事

合壱所仏殿・僧坊・土蔵・本尊・聖教

在㆓三条坊門高倉㆒、号㆓専修院㆒、

但、四至等在㆓施主寄進本券㆒、

右件仏閣専空進退之所也、而沈㆓病床㆒之間、相㆓副施主之寄進状㆒、限㆓永代㆒奉㆑譲㆓渡向阿上人㆒者也、後々代々更不㆑可㆑有㆓他妨㆒、仍譲状如㆑件、

乾元弐年三月十五日　　沙門専空（花押）

とある。これによって確認されるごとく、専空は三条坊門高倉にある浄華院の仏閣・本尊・聖教類を向阿証賢に譲っている。そして、向阿はこの後浄華院の開山と称されるようになる。[16]この専空に入阿から法語類の相伝があった

としてもまったく不思議ではない。そして、後世浄華院に伝えられていったとすれば、浄華院第九世住持定玄の弟子で安土浄厳院を開いた隆尭がこれらの法語類を相伝したり、また書写して所持していたと考えるのは至極妥当なことであろう。

そして、良海なる良忠の血脈をひく者がこれの書写を切望したとの因縁も、恐らくこれらの法語類が貴重な存在であると評価されていたからに違いない。とすれば、ここに雅成親王の尋問についての聖覚法語が掲載されていることにも、「善導寺御消息」や聖光・良忠系統の法語類の伝承と同等の相伝のごとき意義が存するものと言えよう。

小結および展望

雅成親王の質疑の記述が皇親としての威厳を有していたことは容易に想察されるところであるが、実は同様の内容によって聖光・良忠系統と想定される伝書ともいえる文献のなかに聖覚の法語として確認された。しかも、その文献は浄華院で修学した隆尭の書写本であったが、その書写本には敬蓮社入阿口伝の「善導寺御消息」も所収されていた。この入阿の弟子に向阿証賢に浄華院の仏閣・本尊・聖教類を譲った専空がいた。どうも、この雅成親王の質疑に応じた聖覚の語録は、浄華院を中心としたその周辺において、聖光・良忠系の語録とともに法然義の伝承というすなわち後世に法語としての価値を有するようになったものとみられる。このように、雅成親王が法然義を信受したことは間違いないところであろうが、後世このことが、聖覚・明禅・信空・隆寛ら法然門下との親交として各法然伝に取りあげられるようになり、また一部は法語として相伝のごとき効力をもって伝承されてくる。こうした展開は、初期法然教団から中世浄土宗教団へと歩んでいく教団化の先駆と見てもよい。

ところで、浄華院に前述のような聖光・良忠系の法語の伝承をともなう歴史的所以があるのであろうか。浄華院については、宇高良哲氏によって紹介された新出の「隆寛作法然上人伝記」[17]の浄華院遺跡説の真偽問題[18]をはじめ、向阿開山説[19]と向阿以前存在説[20]との対立など、すなわちその成立時期に関して所説分かれているところである。そこで、注目すべき問題は浄華院と関係の深い華開院の濫觴についてである。『真如堂縁起』[21]には向阿についてつぎのように記している。

（上略）抑彼向阿と申は、もとは園城寺の住侶、浄花房証賢とて無双の碩学也、然而弘安十年行年廿三にして発心し離山しけるか、如意寺の大門の柱に、

　おもひたつ衣の色はうすくとも　かへらしものよ墨染のそて

と一首をそか（書）きつけ、洛川にい（出）て花開院（五辻宮皇居）にして、則隠遁黒衣の身となり、其後浄華院を開基して、是心上人と号す、

これによれば、向阿は弘安十年（一二八七）二十三歳で園城寺を離れ洛川に出で華開院に隠遁したとなっている。その華開院に五辻宮皇居との註記がある。野村恒道氏は「源智の俗縁と浄華院」（『仏教文化研究』第三三号）において、この『真如堂縁起』の記述から華開院の濫觴を後鳥羽上皇の仙洞である五辻殿の跡に求められ、この華開院と修明門院重子との関連性を想定されている[22]。はじめに触れたように、『四十八巻伝』に見える源智と韋提希夫人という貴女の関わりについて、韋提希夫人を修明門院重子とする説[23]に従うとすれば源智を通して浄華院・華開院の濫觴に遡ることが可能になる。したがって、後鳥羽上皇の第五皇子で母は修明門院という雅成親王の質疑による聖覚法語の伝承が、この浄華院の周囲に伝来することはまったく偶然によるものとは思われない。

　そして、いつの時期に聖光・良忠系統の伝承が浄華院に入ってくるのかは今後の課題としなければならないが、向阿が浄華院の開山と称されるようになり、また室町期には等熈らによって鎮西流の正統性が大いに強調されてい

くことを考えると、向阿の存在に一層目を注ぐべきところと言えよう。

註

（1）玉山成元「隆堯の著書と書写本」（『三康文化研究所年報』第四・五号）参照。

（2）浄厳院本「善導寺御消息」は林彦明「伝灯血脈と五重伝書」（『専修学報』第五輯）、註（1）掲載玉山所論などに紹介されている。

（3）栃木県益子町大沢円通寺所蔵。以下同じ。

（4）大谷大学図書館所蔵。以下同じ。

（5）『浄土宗全書』第一九巻所収。

（6）『仏教古典叢書』所収。以下同じ。

（7）井川定慶編『法然上人伝全集』所収。

（8）『仏教古典叢書』所収。

（9）『続浄土宗全書』第八巻所収。

（10）『和語灯録』第五所収「諸人伝説の詞」の末尾に、「御歌」と称し九首の和歌が載っているが、ここからも「柴戸に」と「阿弥陀仏と」との同じ二首の和歌を確認するのみである。

（11）（12）（13）註（7）に同じ。

（14）『空華和歌集』巻中では後白河法皇とともに四天王寺西門の新別所にて詠むとしている。

（15）水野恭一郎・中井真孝編『京都浄土宗寺院文書』（同朋舎、昭和五十五年）所収。

（16）『後愚昧記』『三井続灯記』『建内記』などの記録に、「向阿上人開山也」「為㆓浄華院開山上人㆒」「開山向阿上人」などとそれぞれ記されるようになる。

（17）宇高良哲「新出の隆寛作『法然上人伝』について」（『大正大学研究紀要』第六九輯）参照。

（18）中井真孝氏は註（17）掲載宇高所論発表後、「隆寛作『法然上人伝』に関する若干の問題―特に浄華院と一枚起請文をめぐって―」（『佛教大学人文学論集』第一八号、昭和五十九年）と題する所論を示されて、とくに記述内容の検討から史料的価値に疑問を提起された。

（19）鷲尾順敬「浄華院及び開山向阿上人」（『歴史地理』第一二巻第五号、明治四十二年）、中井真孝「中世の浄華院について」（『仏教文化研究』第二二号、昭和五十一年）、註（18）掲載中井所論等参照。とくに中井氏は『選択決疑抄見聞』巻五、『後愚昧記』永徳元年十二月二日条、『三部仮名鈔』隆堯跋文、『西谷礼阿上人御作抜書』隆堯跋文、『建内記』正長元年六月二十四日条、『真如堂縁起』等の記述を傍証として浄華院の開山は向阿であると述べられる。

(20) 宇高良哲「浄土宗京都浄華院成立年次考―特に新出の浄華院文書を中心に―」(『大正大学研究紀要』第七一輯)において、新出二三点の清浄華院所蔵文書を紹介され、向阿以前の浄華院あるいはその前身の存在について論証されている。

(21) 『続群書類従』第二七輯上釈家部所収。

(22) 清浄華院所蔵文書の次第証文の一つに、嘉元三年閏十二月日付藤原氏等売券があるが、それは藤原氏が私領を但馬僧都なる者に売却したもので、ここに何らかの関係が想起される。

(23) 三田全信著『改訂増補浄土宗史の諸研究』1の三「賀茂の韋提希夫人の研究」参照。

補論　大徳寺本『拾遺漢語灯録』について

『拾遺漢語灯録』は法然の遺文集である『黒谷上人語灯録』（以下、『語灯録』と略称す）拾遺のうち漢語篇を意味するが、『語灯録』の文献学的研究において従来最も疑問視されていたものである。それが、近年曽田俊弘・梶村昇の両氏によって「新出『大徳寺本拾遺漢語灯録』について」（『浄土宗学研究』第二二号、平成八年）に滋賀県甲賀郡水口町立図書館所蔵本（後述するが、水口町大徳寺より委託管理されて所蔵することから大徳寺本と称す、以下同じ）が紹介され、『拾遺漢語灯録』の記述が中世に遡ることを証明できる可能性が出てきた。『語灯録』研究の面からも総合的に評価することができるようになるなど、この大徳寺本発見の意義は大きい。今後は法然遺文研究の資として大いに役立ち法然研究に新たな進展が計られることになるものと思われる。そこで、本論ではまず基礎的作業として必要と考えられる大徳寺本と正徳版との校合、そして法然遺文を所収する他の諸本との比較を行い、大徳寺本の文献としての史料的性格について考察しようとするものである。

一

法然の初期遺文集としては、仁治二年（一二四一）頃に源智の門弟によって編集されたと考えられる醍醐三宝院所蔵の『法然上人伝記』（以下、『醍醐本』と称す）、仁治二年から宝治二年（一二四八）頃までに信空系の者によって編集されたと想定される高田専修寺所蔵の『西方指南抄』（以下、『指南抄』と称す）、良忠の弟子了慧道光により文永十一年（一二七四）から翌十二年にかけて編集された『語灯録』の三本をあげることができる。このうち、『語灯録』は漢語篇（以下、『漢語灯録』と称す）一〇巻に「無量寿経釈」以下二二篇、和語篇（以下、『和語灯録』と称す）五巻に「三部経釈」以下二四篇の遺文を所収、さらに拾遺篇として漢語体のもの（これを『拾遺漢語灯録』と称す、以下同じ）一巻に「三昧発得記」以下五篇、和文体のもの（以下、『拾遺和語灯録』と称す、以下同じ）二巻に「登山状」以下一二篇を所収するように最も大掛かりな編集となっている。本書第三章「『黒谷上人語灯録』について」においては、これら三本の法然遺文集について文献学的な考察を施し、概ねその信憑性を証することが出来たものと考えているが、その過程において『語灯録』のうちとくに『拾遺漢語灯録』については課題を残す結果となった。

ここで『語灯録』各篇の諸本について整理しておくことにする。まず『漢語灯録』には恵空得岸書写本を伝承する写本（以下、恵空本と称す）と、良照義山印行本（以下、義山本と称す）の二系統の伝承本が存し、双方の記述内容および字句にかなりの相違点があることから、両本の信頼性をめぐる考察の必要性に迫られ、現在では良照義山が何らかの意図によって記述内容、表現等に手を加え改変していることが認められるとして、恵空本の方に信を置くべきであるとする見解が一般的となっている(1)。そのなかで、『漢語灯録』には前述の正徳五年（一七一五）に印行された義山本（以下、正徳版と称す）のほかに、恵空本として千葉県市川市善照寺と大谷大学図書館とに各一本ずつ所蔵しているが、この両本ともに江戸時代末期から明治時代にかけての新しい写本である。『和語灯録』にも同様に正徳五年印行の義山本があり、ほかに寛永二十年（一六四三）に印行された片仮名本をあげることができるが、最も信頼性の高い貴重本として龍谷大学図書館所蔵の元亨元年（一三二一）版[2]がある。写本としては近年確認されたものとして江戸時代中期頃のものと見られる旧西村冏紹氏所蔵本[3]（現在佛教大学図書館所蔵）、中世に遡るものとして安居院西法寺所蔵の鎌倉時代末期から室町時代初頭にかけての写本と見なされる残欠本[4]が紹介されている。『拾遺和語灯録』については『和語灯録』の場合と同様で各々の末尾に付属する形で伝承している。そこで、『拾遺漢語灯録』であるが、これは従来正徳版の義山本でしかその存在を確認することが出来なかったわけである。

二

大徳寺本は前掲所論のうち曽田氏解説によれば、『郷土資料並古書類　註解附目録』（鳥居忠夫・石川季男編、水口町教育委員会・水口町立図書館刊、昭和五十二年）によって確認されていたというが、これが実際に『語灯録』研究のうえで極めて重要な位置付けをもつもので、法然遺文集の研究にとって意義深い文献であることについては、今回の曽田氏の発見によって斯界に紹介され初めて認知されることとなった。

体裁は縦二七センチメートル、横一九・五センチメートル、墨付二七丁、外二丁、袋綴じの冊子本ということである。表紙に「滋賀県水口町大徳寺」の角印があり、表紙裏に「大徳寺什」の書がありそのうえに「家松山蔵書」という丸印があるという。そして、一丁表の脚部中央に「家松山大徳寺」の角印が捺されているということである。

大徳寺は滋賀県甲賀郡水口町字赤堀に位置する浄土宗寺院であるが、『浄土宗寺院由緒書』(5)によると、末寺一一箇寺を有する知恩院末寺院として確認され、成立年代については不詳であるが、天正十年（一五八二）に水口城主中村一氏が水口城西に浄慶寺を建立し小田原大蓮寺から叡誉を開山として招請したことに始まるとしている。叡誉が徳川家康の家臣本多忠勝の伯父に当たることから、関ヶ原合戦の後家康が参詣して寺領二九石を寄進し、山号を家松山と命名したという。家康はその後第二代岌誉の時代にも立ち寄り宿所とし大徳寺という寺号を与えたことなどが記されている。

ところで、大徳寺本の奥書にはつぎのようにある。

右此一冊雖レ令二写本之章段文字乱脱一聊加二了簡一奉二書写一者也、後輩感二得正本一者必糺レ之、

維時元禄十五壬午十二月上旬　　六十歳 興誉（興誉） 恩哲書レ之、（中阿）

南無阿弥陀仏

この奥書によって大徳寺本が興誉恩哲なる者の筆写によるものであることが分かる。興誉恩哲については前掲所論の曽田氏解説によると安土浄厳寺の一四世住持であったという。そして、浄厳寺所蔵『漢語灯録』第七、『仮臥抜書』『浄土諸要文類』『看病用心鈔幷十楽』『神子問答抜書』の五冊に興誉恩哲伝領の署名が確認される。興誉恩哲はこの大徳寺本を写本を底本として書写したようで、写本の章段・文字を乱脱にするかもしれないが了簡を加えて書写すると記している。さらに後輩に対して正本を得たならば必ず糺すようにと言っているように、興誉恩哲は大徳寺本を書写するに当たって疑問な点を感じていたようである。

梶村昇氏は前掲所論のなかで、大徳寺本の発見によって『拾遺漢語灯録』が『醍醐本』を収録したものであったことが証明されると主張される。その理由として、まず両書の「浄土随聞記」（『拾遺漢語灯録』）と「一期物語」前半部（『醍醐本』）、「臨終祥瑞記」（『拾遺漢語灯録』）と「御臨終日記」前半部（『醍醐本』）、「三昧発得記」（『拾遺漢語灯録』）と「御臨終日記」後半部（『醍醐本』）とは、文章の出入りがあるとはいえ対応していることをあげ、とくに『醍醐本』「御臨終日記」前半末尾の「上人入滅以後及二三十年一」以下の記述は、『醍醐本』編集の意図を述べた記述であり『醍醐本』にのみ有用なものであるが、これが『拾遺漢語灯録』「臨終祥瑞記」の末尾にも記されているということは、『拾遺漢語灯録』が『醍醐本』を書写していたということになると指摘される。また、大徳寺本の「浄土宗見聞」の第九問と第十問の間に禅勝房との問答いわゆる「十一箇条問答」の記述が存したことを意味する内容の註記があるが、このことは『拾遺漢語灯録』が編集された当時の原本に「十一箇条問答」の記述が存在していたことを証するとともに、ほかに「三心料簡事」も含まれていた可能性を想定することになると述べられている。そして、「三心料簡事」もはじめから『拾遺漢語灯録』に所収されていたが、この法語には悪人正機説も含まれていたために、これを正徳版『拾遺漢語灯録』の鏑木光明寺良求奥書に見られる建武四年（一三三七）の老宿達の治定に際し削除するという改変が行われたものと考察し、宝永二年（一七〇五）の知恩院第四十二世白誉至心跋文は、『醍醐本』の記述について以前から抱いていた疑問が伊豆薬王寺にある武州金沢文庫の蔵本を確認したことによりたちまちに晴れたため、義山に命じてこの書室に収めたことを意味するというのである。筆者はこうした一連の梶村氏の見解に些か異を唱えるものであるが、詳細は考察を進めながら明かしていきたい。

本論に入る前に前掲所論には大徳寺本全文の影印と翻刻を掲載し、研究資料としての便宜が計られているが、翻刻について若干の誤植・誤読と思われる箇所が見られるため、これらを指摘し後考の資としたい。

（丁数表裏・行数）	（誤）	（正）
二丁表・5行目	現レ之	現レ之ヲ
七丁裏・5行目	是非ンハ二行躰ニ一者	是非レハ二行躰ニ一者
十一丁表・2行目	不ストレ可レ解脱生死ヲ一也	不ストレ可レ解二脱生死ヲ一也
十一丁表・4行目	不レ可レ解脱生死ヲ一	不レ可レ解二脱生死ヲ一
十一丁裏・1行目	払ヒ-上リ池ク中ノ塵ヲ一	払ヒ二-上ク池中ノ塵ヲ一
十一丁裏・8行目	干時	于時
十二丁表・4行目	可二参勤申ノ一	可二参勤申ス一
十三丁表・1行目	全ク不レ許二凡ノ夫往生ヲ一也	全ク不レ許二凡夫ノ往生ヲ一也
十三丁表・1行目	諸ノ宗所談	諸宗ノ所談
十三丁表・4行目	為二勝ノ他一也云云	為二勝他ノ一也云云
十三丁表・7行目	是故ニ	是ノ故ニ
二十丁表・1行目	就二何レノ文ニ立レ之給耶	就二何レノ文ニ二立レ之給耶
二十丁表・8行目	故知テ二智恵ノ分際ヲ一	故-知テ二智恵ノ分際ヲ一
二十一丁表・4行目	聊御平癒之時	聊御平喩之時
二十三丁裏・6行目	若-于クノ人々	若干クノ人々
二十四丁裏・1行目	不レ信二仏法一	不レ信二仏法ヲ一
二十四丁裏・8行目	同ヲ在二見聞ノ奥ニ一	同ク在二見聞ノ奥ニ一

このほかにも校訂の方法としては、二十二丁表2行目に「建久元年十一月十七日」とある箇所は「建久〔暦〕元年十一月十七日」と、二十三丁表2行目に「同廿日己時ノ」とある箇所は「同廿日己〔巳〕時ノ」と、いずれも校訂註を付して正すべきであり、また二十五丁表8行目に「於下犯二四重五逆等之重罪一ヲ候上者上ニ」とある箇所の返り点「上」が重複しているためにこれに「衍」を付して、「於下犯二四重五逆等之重罪一ヲ候上〔衍〕者上ニ」とする必要があるし、さらに二十七丁裏1行目奥書の冒頭に「(奥書)」と註記したり、同3行目「興誉恩哲」に重ねて捺されている二種類の角印の印影と、その印文「興誉」「中阿」を註記するなど、原型を忠実に踏襲した翻刻が望まれる。それにしても、ここに指摘した箇所は九牛の一毛に過ぎず、いずれも全体に影響を及ぼす程のものではない。

三

大徳寺本の史料的性格を検討するにあたり、大徳寺本・正徳版・『醍醐本』の三本相互の関係について考えることにする。はじめに、各々に所収される遺文・記録の題目を比較するとつぎのようである。

大徳寺本	**正徳版**	**『醍醐本』**
三昧発得記	三昧発得記	(三昧発得記)
夢記	夢感聖相記	
浄土宗見聞	浄土随聞記	一期物語
臨終記	臨終祥瑞記	御臨終日記
御教書御請	答博陸問書	

別伝記
（十一箇条問答）
（三心料簡事）

大徳寺本と正徳版の題目は「三昧発得記」を除くすべてにおいて相違している。これはいったいどういうことであろうか。どちらが原型に近いのか、あるいはまたどちらも後世に改変もしくは作成されたものなのか重要な問題点が提起される。『醍醐本』はそれ自体が三部構成となっていて題目としては「別伝記」を含めて三点であるが、実際には括弧書で示したように六箇の遺文及び記録から成っており、そのうちの「御臨終日記」後半部の記述が『拾遺漢語灯録』のいわゆる「三昧発得記」に当たる。また「一期物語」においても後半部の「十一箇条問答」「三心料簡事」を除く前半部の記述が、『拾遺漢語灯録』の大徳寺本では「浄土宗見聞」、正徳版では「浄土随聞記」として収録する遺文と共通するわけである。『拾遺漢語灯録』と『醍醐本』の所収遺文・記録を全体的に比べると、『醍醐本』には大徳寺本で「夢記」、正徳版で「夢感聖相記」と称するもの、そして大徳寺本では「御教書御請」、正徳版では「答博陸問書」と称するこの二つの遺文・記録に当たるものが『醍醐本』の方にはなく、反対に『醍醐本』所収の「別伝記」と「一期物語」の後半部に掲載されているいわゆる「十一箇条問答」と「三心料簡事」は『拾遺漢語灯録』の方にはない。この時点で普通であれば『拾遺漢語灯録』と『醍醐本』の直接的な関係を論ずることに無理があることが諒解されるところである。このように、所収する題目の比較からも大徳寺本と正徳版がまったく別系統のものであることが想定される。

さらに、記述内容を比較していくと同じ『拾遺漢語灯録』であるにもかかわらず、大徳寺本と正徳版には文体に大きな隔たりが存することが明瞭になる。しかるに、両者には所収体裁を中心として共通性の認められる部分もある。例示するとつぎのような箇所である。

	大徳寺本『拾遺漢語灯録』	**正徳版『拾遺漢語灯録』**
(イ)	三昧発得記第一　黒谷自筆記	三昧発得記第一
(ロ)	（上略）三昧発得記畢、	三昧発得記　源空自筆記之
(ハ)	建久九年五月二日註之　源空	建久九年五月二日註之　源空
(ニ)	浄土宗見聞第二　勢観上人記	浄土随聞記第二　勢観上人著
(ホ)	殊《ニ》於二戒《ノ》法門《ニ》一者相二承《ノ》源空《ニ》一之人也云云、私云、以二此言《ヲ》一知《ヌ》、就二付属文《ニ》一立二宗義《ヲ》一事顕然也、	円戒法門《ハ》乃予之弟子也、私《ニ》云、以レ此《ヲ》乃知《ヌ》、依《テ》二付属《ノ》文《ニ》一而立二宗義《ヲ》一也、
(ヘ)	又上人或時、聖道門《ハ》喩《ヘハ》如二祖父《ノ》沓《ノ》一、為二祖父大足一雖レ用《ト》レ之、為二孫《メニ》小《ノ》足《ノ》一不レ中《タラ》レ用《ニ》也、当世人追二甘《ノ》跡《ヲ》一欲レ修《ント》二聖道門《ヲ》一事《モ》亦復如レ是、此《レ》云《ヘル》二道綽《ノ》一意也、或文《ニハ》如二祖父《ノ》弓《ノ》一云云、	又一時《ニ》師語曰、聖道門《ハ》者喩《ルニ》レ之如《シ》二祖父《ノ》履《ノ》一、祖父《ハ》大足《ナリ》、兒孫《ハ》小足《ナリ》、其《ノ》履不レ可レ用也、今《ノ》人欲《モ》下追《テ》二昔賢《ノ》之跡《ヲ》一修《セント》中聖道門《ヲ》上亦復如《シ》レ是、此《レ》道綽禅師《ノ》意也《ナリ》、或文《ニ》如二祖父《ノ》弓《ノ》一

(ト) 私云、臨終記雖レ非二上人之語《ニ》一、同在《ク》二見聞《ノ》奥《ニ》一、為レ令二人《ヲメ》取レ信《ヲ》同載レ之者也、見者得《ヨ》レ意《ヲ》、

(チ) 御教書御請　第三

(リ) 二月廿一日　源空

(ヌ) 拾遺黒谷語灯録巻上

(ル) 予廿余年之間久《ク》尋二花夷《ヲ》一委験《テ》二真偽《ヲ》一所二撰集《スル》一、漢語《ノ》灯録幷《ニ》拾遺都有二廿（十字可一件一矣、此外世《ニ》有二綴集一、本願奥義一巻、往生機品一巻、注二黒谷作《ト》一全是偽書也、又有二三部経惣章一巻一、列二四十八願名目一第十八願名二十念往生願一也、問決一巻亦是偽書歟、黒谷遺二鎮西《ヘ》一状云、金剛宝戒章疑書、源空全以如是事不申候、釈迦弥陀《ヲ》為《ナスト》レ証云云、況復聖道法門也、不レ能レ編二入浄録《ニ》一也、管見所レ及取捨如レ斯、若有《ラハ》レ所レ誤者後覧

私云、此《ノ》記雖レ非《ト》二上人《ノ》之語《ニ》一、而附《ス》二之《ヲ》随聞《ノ》之後《ニ》一、庶幾《ク》後人視《ハ》二上人臨終《ノ》之祥瑞《ヲ》一発二起《センヲ》信心《ヲ》一也、見《ン》者得《ヨ》レ心《ヲ》、

答博陸問書第三

二月廿三日　源空

拾遺黒谷語灯録巻上

漢語灯録十巻十七章幷拾遺語灯録上巻三章都《テ》是《レ》二十章、此《レ》予二十年来偏《ク》索二此於華夷《ニ》一、慎《テ》換《テ》二真偽《ヲ》一而所《ナル》二撰集《スル》一也、此《ノ》外《ニ》世間《ニ》所《ノ》レ流《ル》本願奥義一巻、往生機品一巻、称《スル》二黒谷《ノ》作《ト》一者《ノハ》即偽書《ナリ》也、又有《リ》下三部経《ノ》総章、列《テ》二四十八願《ノ》名目《ヲ》一第十八願《ヲ》名《ル》二十念往生願《ノト》一者《ノ》一巻、及《ヒ》問決一巻、金剛宝戒章三巻上幷亦偽書《ナリ》也、上人与《ル》二鎮西《ニ》一書《ニ》曰、金剛宝戒章是《レ》偽書《ナリ》也、予不レ製《セ》二如《ノ》レ是《ノ》書《ヲ》一釈迦弥陀《ヲ》以為《ト》二灯明《ト》一云云、況《ヤ》又拠《テ》レ理《ニ》而論《スルニ》宝戒《ニ》

必糺レ之、又有《ラハ》レ所レ遺者乞続之矣、

(ヲ)　私云、中下両巻之和語《ハ》流布之語灯録六七《ノ》巻《ト》全同、故略《ノ》不レ書レ之、三巻欲《セハ》二全部《ナラント》一者、以二彼六七巻《ヲ》一可レ次レ之者也、

所《ハ》レ述《スル》乃是聖道《ノ》法門《ニメ》而非《ヿ》二上人《ノ》之所作《ニ》一者著明《ナリ》矣、今則管見《ノ》所レ及《フ》取捨如《シ》レ斯《ノ》、若有《ラハ》二舛差一後賢糺《セ》レ之《ヲ》、又有《ラハ》二子遺一来哲続《ケ》レ之《ヲ》、又拾遺語灯本《ト》有二三巻一、但《シ》中下両巻《ハ》和語《ニメ》而与二和字語灯録第六第七巻一其《ノ》事全《ク》同《シ》、故《ニ》今略《ノ》不レ載レ之《ヲ》、若欲《セハ》二三巻全《ニ》備一《セシ》以二彼六七両巻《ヲ》一続二次《スヘシ》于茲《ニ》一焉、

順を追って見ていくと、(イ)(ロ)は最初に所収される「三昧発得記」の内題と尾題の部分であるが、まず両本ともに題目の下に所収順を示す「第一」という記述がある。大徳寺本はその内題につづいて「黒谷自筆記」との註記があるが、正徳版では(ロ)の尾題につづいて同様の記述が確認される。(ハ)は大徳寺本が「御夢記」、正徳版が「夢感聖相記」と題する記録の末尾に記される日付と署名であるが、双方まったく共通した体裁の記述となっている。(ニ)は同様に大徳寺本が「浄土宗見聞」、正徳版が「浄土随聞記」と題する記録の内題につづいて、両本ともに「第二」と記しその下部に「勢観上人記」「勢観上人著」なる註記が存する体裁は共通するものである。(ホ)はその「浄土宗見聞」「浄土随聞記」両本の第十九問、月輪禅定殿下のところに参じた時に住山の者への説示を記す箇所の末尾にある註記の部分であるが、両本ともに共通している。(ヘ)は(ホ)につづいて記され第二十問、聖道門を祖父の沓や弓に喩えた説示であるが、この(ホ)(ヘ)ともに『醍醐本』の該当箇所には記述が確認できない部分であり、その意味において大徳寺本・正徳版両本に共通性があると言える。(ト)は大徳寺本が「臨終日記」、正徳版が「臨終祥瑞記」と題する記録の末尾にある註記の部分であるが、このように内容的には少し変えられてはいるが体裁のうえでは共通している。(チ)は大

徳寺本が「御教書御請」、正徳版が「答博陸問書」と題する記録の内題につづいて、両本ともに「第三」という所収順の記述を記している。(リ)はその日付と署名であるが、大徳寺本が「二月廿一日」、正徳版が「二月廿三日」というように記述に相違が認められるが、その体裁についてはまったく共通している。(ヌ)は両本の末尾にある『拾遺漢語灯録』自体の尾題であるが、これは両本ともに合致する記述となっている。そして、この後に(ル)に掲げるような編者の奥書がある。これも両本を比較すると語句の表現はかなり相違するが内容的にはほぼ一致している。さらに、(ヲ)は大徳寺本の奥書に付記されている註記であるが、同様の内容が正徳版では(ル)の奥書につづく形で記されている。このように、大徳寺本と正徳版の記述のなかには、双方の記述内容には大きな隔たりが存するけれども、所収体裁を中心としてかなりの共通性を認めることが出来る。このことはすなわち、どちらかがどちらかの系統の記述を参考として伝襲された可能性を想定しなければならないことを意味するものと言える。

つぎに、前掲した箇所のほかにも大徳寺本には註記が数箇所確認されるが、これらの註記の性格を検討すると、大徳寺本独自の註記、『拾遺漢語灯録』の編者による註記、あるいは記録の原型そのものに存した註記である等の可能性が考えられる。そこで、これらを正徳版や『醍醐本』における該当箇所等を参考に見ていくことにする。まず前掲表のうち(ホ)(ヘ)の箇所はつづきの記述であるが、両方とも『醍醐本』所載「一期物語」の該当箇所には見当たらない。このうち(ホ)と(ト)は『語灯録』の編者すなわち了慧道光による註記であり、(ヘ)はもともと所収した遺文の原型に存した記述と考えられる。とくに(ト)の部分は、法然の語ではないが「見聞」ここでは「浄土宗見聞」の奥に在った記録なので後人のために載せたとあるように、『語灯録』の編者が所収する際にその事情を記し置いた記述であったものが、正徳版において「浄土宗見聞」を「浄土随聞記」と改称して引き継がれたものと見られる。大徳寺本独自の註記であると考えられるものをあげると、まず「三昧発得記」冒頭の「七々日念仏記正本在二尊院御影堂、文字及點全如正本、不可私點等也、」

なる記述と、「御教書御請」末尾の日付・署名の下部にある「或云、正本在二尊院一云云、可レ尋レ之、」なる記述は、正徳版にも『醍醐本』にも見られないことから、大徳寺本かその底本の筆記者が注記したものと思われる。問題の箇所は大徳寺本の「浄土宗見聞」の第九問と第十問との間にあるつぎのような注記である。

私云、是《ハ》所作《ノ》時《ノ》言也、界《ケノ》外《ニ》カクヘシ、此次下《ニ》遠州蓮花寺《ノ》住持禅勝房造阿弥陀仏云《ト》人アリ、上人奉《ヘ》レ問二十二《ノ》問答《ヲ》一
其書有レ之、雖レ然和語第十四巻末《ノヘニ》見《タリ》、依レ繁不レ載レ之、

これは『拾遺漢語灯録』の原本には、遠州蓮花寺住持禅勝房造阿弥陀仏なる者との間に交わされた「十二箇条問答」が掲載されていたことを意味する注記であり、梶村氏はこの「十二箇条問答」は「三心料簡事」とともに、鏑木光明寺良求奥書に見られる建武四年（一三三七）の老宿達の治定に際して削除されたと主張される。実際に『醍醐本』によって確認してみると、この注記がある箇所は「一期物語」の丁度真ん中であり、「或時遠江国蓮花寺住僧禅勝房参上人奉問種々之事上人一々答之、」として始まる十一箇条の問答と、その最後尾につづいて所収される「三心料簡事」の記述はまだかなり先ではあるが、大徳寺本の注記に「界外ニカクヘシ」とあるように、ここではとくに所作の時のことと関係してこの第九問の記述に対して記されたものと考えられる。そして、この「浄土宗見聞」のつぎに「十一箇条問答」が所収されていたことになる。しかし、この「十一箇条問答」が『醍醐本』の「三心料簡事」とともに建武四年に削除されたとするには少し無理がある。それは「三心料簡事」が所収されていたことを示す注記があるわけではない点、さらにはこの注記に「界外ニカクヘシ」とあって、もともとは界の外すなわち頭注もしくは脚注としてあった注記をこのように記したことが分かるからである。それは、やはり大徳寺本書写の時点でかもしくは大徳寺本が底本とした転写本の筆記者等によって行われたものと考えられるのである。

各記録の原型にすでにあったのではないかと想定される記述として、大徳寺本所収の「三昧発得記」冒頭の注記

につづいてあるつぎの部分である。

元久三年正月四日念仏之間《ニ》三尊共《ニ》現《下フ》二大身《ヲ》一、又五日《ニモ》、初生丑年也、生年六十有六也、午《ノ》年也、

このうち前半部の記述は、正徳版所収「三昧発得記」では最末尾に、「元久三年正月朔日勤二修《ス》恒例《ノ》七日《ノ》念仏、至二第四日《ニ》一念仏《ノ》之間、阿弥陀仏観音勢至《ノ》三尊共《ニ》現《ス》二大身《ヲ》一、五日《ニ》復現、」とある部分に当たり、また『醍醐本』においてもいわゆる「三昧発得記」の末尾部分に、「元久三季正月四日念仏之間、三尊現大身《ヲ》一、又五日如前云々、」とある記述と共通している。後半部分の記述は正徳版所収「三昧発得記」では、冒頭の内題下部にある「長承二年癸丑誕生、至《テ》二于建久九年戊午《ニ》一年六十有六、」なる記述と共通しており、また『醍醐本』所収の「三昧発得記」では最初の「御生季当六十六《ニ》一、長承二季癸丑誕生、」に当たるなど、大徳寺本所収「三昧発得記」冒頭のこれらの記述は、もともとの「三昧発得記」の記述がどこかの時点で改変されて出来上がったものと想定されるわけである。つぎに、大徳寺本所収「浄土宗見聞」の第十七問と第十八問との間につぎのような註記がある。

（勢観上人）私云、此言《ノ》下《ハノ》聊有《ニ》二所存一歟、選択集已《ニ》以二真言仏心《ヲ》一入二聖道《ニ》一、捨二聖道門《ヲ》一入二浄土宗《ニ》一、対二念仏《ニ》一而廃レ之給、其智恵深遠《ナル》事不レ可二勝計《ス》一歟、

これと共通する記述は正徳版所収「浄土随聞記」の該当箇所には確認できないが、『醍醐本』所収「一期物語」の該当箇所に、註記ではなく本文に混入する形で「私云、此言下《ノタニ》聊有所存一歟、選択集已《ニ》二以真言仏心一入聖道門《ニ》一為浄土宗教相《ノト》一、以聖道門二対浄土門《ニ》一而廃之給、其智恵深遠《ナル》事言語道断者歟、」とある。この記述にはとくに「私云」を「勢観上人」と記しているが、これが大徳寺本かあるいは大徳寺本の底本の筆記者によるものであるのか、または『醍醐本』所収「一期物語」系統の記述から転写した際に記されたものなのかが問題となってくる。これは今の時点で確実な徴証が得られるわけではないが、『醍醐本』所収「一期物語」の方が表現上理解し易いことや、『醍醐本』

自体が醍醐三宝院義演の門弟達によって行われた聖教類書写事業の一環であったことを予測させる程正鵠を得たものでない点等を考慮すると、もともとの原型からこのような註記が存し、『醍醐本』では転写の際に本文と同様に扱われたものと考えるのが妥当であろう。さらに、大徳寺本所収「浄土宗見聞」の第十九問に「住山者ノ一人参会ス、」としこれに「聊有レ憚ヲ不レ載ニ其名一、」なる割註があるが、これは正徳版所収「浄土随聞記」の該当箇所には記述が確認できないが、『醍醐本』所収「一期物語」の該当箇所には、「聊有憚故不載其名、」との同様の割註が存する。これも恐らくは原型からこのようにあったものと想定される。

このように、大徳寺本・正徳版・『醍醐本』という三本の記述を比較検討して言えることは、大徳寺本と正徳版は所収遺文に第一・第二・第三という編数を記したり、その第一・第二に「付」と称して別記を付記するなど、また前掲表に示すとおり所収体裁を中心として共通性があることが認められる。言うまでもなく正徳版の記述内容は大徳寺本のそれと大きく隔っており、むしろ『醍醐本』の対応する記録の記述内容に近似している。しかしながら、大徳寺本に数箇所確認される註記を検討すると、それは大徳寺本かその底本の筆記者によって加えられた註記と、『拾遺漢語灯録』の編者の註記、あるいは『醍醐本』にさらに遡る原型からすでに存した可能性のある註記等に分けられるのである。このことは大徳寺本系統の記述が、少なくとも現在伝襲される『醍醐本』の記述によって近世になって再編されたものではなく、中世に遡って記述が存在したことを証することとなり、正徳版はそうした系統の『拾遺漢語灯録』を底本として良照義山により改変されたものであることを証することになる。その編集に際して原型の『醍醐本』を参考としたことも、あるいは同一系統の記録をもとに収録したことも充分に想定出来るところである。

四

大徳寺本所収本のうち『醍醐本』と対応する「三昧発得記」（「御臨終日記」後半部）、「一期物語」、「御臨終日記」前半部の各記述について、大徳寺本の各該当箇所と比較検討してみると、よく共通してはいるがそれは必ずしも大徳寺本が『醍醐本』を底本としたというような直接的な関係として想定することは難しい。そこで、筆者は大徳寺本や『醍醐本』に更に遡る記述の存在として、康元元年（一二五六）から翌二年にかけて親鸞によって書写されて伝来する『指南抄』所収の該当遺文・記録との比較対照が必要であることを提言する。

『指南抄』所収文献のうち大徳寺本と対応するものは、中巻本[6]所収「建久九年正月一日記」、同「法然聖人御夢想記」、同「法然聖人臨終行儀」の三本である。このうち『醍醐本』にも所収されている「建久九年正月一日記」「法然聖人臨終行儀」について、『醍醐本』『指南抄』各所収本の記述を大徳寺本と比較対照し、それぞれの相違点を左に表示する（対照箇所を示すために大徳寺本に傍点を付す）。

〔建久九年正月一日記〕

	大徳寺本	『醍醐本』	『指南抄』中巻本
(1)	建久九年正月一日記	建久九年正月一日	建久九年正月一日記

(2)	申ノ時計恒例正月七日念仏始㆓行之ヲ㆒、	未時恒例㆒毎月七日念仏始行之㆒	未申ノ時ハカリ恒例正月七日念仏始行セシメタマフ、
(3)	自㆑例甚明云云、	自然トノ甚明也、	自然アキラカナリト云云、
(4)	水想観自然ニ成就之云云、	水想観自然成就㆒之、	水想観自然ニコレヲ成就シタマフ云云、
(5)	七日重又現㆑之、	七日朝重テ又現之、	七日朝ニマタカサネテコレヲ現ス、
(6)	即以㆓此宮殿ヲ㆒顕㆓其相ヲ㆒現㆑之、	即似宮殿ノ類ニ㆒其相現之㆒、	スナワチコノ宮殿ヲモテ、ソノ相影現シタマフ、
(7)	二月廿八日依㆑病ニ念仏退㆑之、一万遍或二万返、	二月廿八日依為〔病〕念仏延之㆒、一万或二万反、	二月廿八日病ニヨテ念仏コレヲ退ス、一万返アルイハ二万、
(8)	右眼ヨリ其後有㆓光明㆒甚也、	左眼ニ其後有光明放コト㆒、	右眼ニソノ、チ光明アリ、ハナタナリ、

(9) 又光端《ノ》青《シシ》、又眼《ニ》有二瑠璃一、其《ノ》形如二瑠璃《ノ》壺一、有二赤花如二宝瓶《ノ》一、

(10) 見《ルニ》二四方《ヲ》一皆毎レ方有二赤青宝樹一、

(11) 其高無レ定、高下随意《フ》、

(12) 或四五丈或二三十文云云、

(13) 八月一日ヨリ如レ本六万返始之、

(14) 及二九月廿二日朝《ニ》一地想分明影現《ス》、周圍七八段計也、

又光端《ノ》赤《シシ》、又眼《ニ》有瑠璃一、其眼如瑠璃壺一、々々々《ニ》有赤花如宝瓶《ノ》一、

見四方《ヲ》一有赤有青宝樹、

其高無定、高下随喜一

或四五丈或二三丈云々、

八月一日如本一七万返始之、

及九月廿二日朝地想分明現《ニス》、闇円七八段許也、

マタ光アリ、ハシアカシ、マタ眼ニ瑠璃アリ、ソノ形琉璃ノ壺ノコトシ、琉璃ニ赤花アリ、宝形ノコトシ、

四方ミナ方コトニ赤青宝樹アリ、

ソノ高サタマリ〇《ナシ》、高下コヽロニシタカフテ、

アルイハ四五丈、アルイハ二三十丈ト云、

八月一日本ノコトク六万返コレヲハシム、

九月廿二日朝《ノニ》、地想分明現《ニス》、周囲七八段ハカリ、

(15) 正治二年二月之比、地想等《ノ》五観行住坐臥随《ニ》レ心任運現レ之云云、

(16) 建仁元年二月八日《ノ》後夜《ニ》聞二鳥音《ヲ》一、

(17) 筀音等聞レ之、

(18) 丈六計《リニ》勢至《ノ》御面現《ス》、

(19) 以レ之推レ之《ヲ》、〔西〕《ノ》面持仏堂《ニテ》勢至菩薩形、丈六《ノ》出現《セリ》、

(20) 是則推レ之此菩薩

正治二季二月之比、地想等《ノ》五観行住坐臥《ニ》随意《ニ》一任意《ニ》一任運現之、

建仁九〔元〕季二月八日後夜《ニ》聞鳥舌《ヲ》一、

丈六許《ノ》御面現一云々、

西《ノ》持仏堂《ノ》勢至菩薩《ノ》形《タリ》、丈六面現《リ》、

是則此菩薩

正治二年二月ノコロ、地想等ノ五観、行住座臥コヽロニシタカフテ、任運《ニ》コレヲ現スト云々、

建仁元年二月八日ノ後夜《ニ》鳥ノコヱヲキク、

シヤウノオトラコレヲキク、

丈六ハカリノ勢至ノ御面像現セリ、

コレヲモテコレヲ推スル、西ノ持仏堂ニテ勢至菩薩、形像ヨリ丈六ノ面ヲ出現セリ、

コレスナワチコレヲ推スルニ、コノ菩薩ステニモテ、

(21) 今為二念仏者《ノ》一示二現《シ下フ》其形《ヲ》一、

(22) 同第二日始《テ》座処《ノ》下《ヲ》四方一段計《リ》、

(23) 建仁二年十二月廿八日高畠少将殿来《ル》、

(24) 透通《テ》仏《ノ》面示現《ス》、大《サ》如二丈六《ノ》面《ノ》一即亦隠《レ》給畢、

(25) 廿八日午時之事也、

(26) 已上三昧発得記畢、

今為念仏音《ヲ》示現其相、

同廿六日始《テ》座処《ヨリ》下《テ》四方《ニ》一段許、

建仁二季二月廿一日高畠少将殿、

徹通《テ》仏面而現、大如長丈六《ノ》仏面《ノ》、即忽ニ隠給《ヌ》、

廿八日午時也、

イマ念仏者ノタメニ、ソノカタチヲ示現シタマヘリ、

同六日ハシメテ、座処ヨリ四方一段ハカリ、

建仁二年十二月廿八日高畠小将キタレリ、

スキトホリテ仏ノ面像ヲ現シタマフ、丈六ノコトシ、仏面スナワチマタ隠タマヒ了、

廿八日午時ノ事也、

〔法然聖人臨終行儀〕

大徳寺本

(1) 建〔暦〕久元年十一月十七日可入洛之由賜二宣旨《ヲ》一、藤原中納言光親奉也、

(2) 凡此二三年耳《ハ》溺心朦昧也、然而死期已近如レ昔分明也、

(3) 我本在二天竺《ニ》一交二声聞僧《ニ》一常《ニ》行二頭陀《ヲ》一、其後来二日本国《ニ》一入二天台宗《ニ》一、又弘二念仏《ヲ》一、

『醍醐本』

建暦元季十一月十七日可入洛之由賜宣旨《ヲ》、藤中納言光親《ノ》奉也、

凡《ツ》此二三季耳ヲボロニ心朦昧也、然死期已近《テ》如昔耳目分明也、

我本在天竺《ニ》交声聞僧《ニ》常《ニ》行《シキ》頭陀、其後来本国入天台宗《ニ》、又勧念仏《ヲ》、

『指南抄』中巻本

建暦元年十一月十七日藤中納言光親卿ノ奉ニテ、院宣ニヨリテ、

オホカタコノ二三年ノホトオイホレテ、ヨロツモノワスレナトセラレケルホトニ、コトシヨリハ耳モキヽ、コヽロモアキラカニシテ、トシコロナラヒオキタマヒケルトコロノ法文ヲ、時時オモヒイタシテ、弟子トモニム□〔カ〕ヒテ談義シタマヒケリ、

ワレハモト天竺《ニ》アリテ、声聞僧ニマシワリテ頭陀行セシミノ、コノ日本《ニ》キタリテ、天台宗《ニテ》入、マタコ

(4) 弟子問可令往生極楽給哉、

(5) 唱二此仏名号《ヲ》一者不虚、

(6) 又観音勢至菩薩衆在前拝之否、

(7) 其時勧乙可下奉レ拝二本尊《ヲ》給上之由《ヲ》甲、上人以レ指《ヲ》指《ノ》二虚空《ヲ》一此外又有《リヤ》レ仏、

弟子問云、可令往生極楽哉、

唱此仏名《ヲ》一者不虚《ラテ》云、

又観音勢至菩薩聖衆在《リ》前拝之乎否、

コノ御仏ヲカミマイラセタマフヘシト申侍ケレハ、聖人ノタマハク、コノ仏ノホカニマタ仏オハシマスカトテ、ユヒヲモテムナシキトコ

ノ念仏ノ法門《ニ》アエリトノタマヒケリ、

ヒトリノ僧アリテ、トヒタテマツリテ申スヤウ、極楽ヘハ往生シタマフヘシヤト申ケレハ、

名号ヲトナエムモノ、ヒトリモムナシキ事ナシトノタマヒテ、

観音勢至菩薩聖衆マヘニ現シタマフオハ、ナムタチオカミタテマツルヤトノタマフニ、

其時可拝本尊一之由奉勧、上人以指々空《ヲ》一此外《ニ》又有仏一、

(8)

此十余年念仏之功《ヲ》積《ミ》奉レ拝二極楽荘厳仏菩薩一事是《レ》常也、

(9)

又仏《ノ》御手《ニ》付二五色糸一勧《レハ》二取《リ》レ之《ヲ》給《ヘト》一者、如レ是事者大様《ノ》事也云《トテ》終《ニ》不レ取《下ハ》、

(10)

同廿日己〔巳〕《ノ》時当二坊上《ニ》一紫雲聳《フ》雲中《ニ》有二同《シ》-形《ノ》雲一、

ロヲサシタマヒケリ、

此十余季奉拝極楽荘厳化仏菩薩《ヲ》一事是常也、

又御手《ニ》付《テ》五色《ノ》糸《ヲ》二可令執之給之由勧者、如此事是大様事也云《トテ》終《ニ》不取、

又同廿日巳時《ニ》、大谷《ノ》房ノ上《ニ》アタリテ、アヤシキ雲西東ヘナオクタナヒキテ侍中ニ、ナカサ五六丈ハカリシテ、ソノ中ニマロナルカタチアリケリ、

コノ十余年ヨリ、念仏ノ功ツモリテ、極楽ノアリサマミタテマツリ、仏菩薩ノ御スカタヲツネニミマイラセタマヒケリ、

仏ノ御手ニ、五色ノイトヲカケテ、コノヨシヲ申《シ》侍ケレハ、聖人コレハオホヤウノコトノイハレソ、カナラスシモサルヘカラストソノタマヒケル、

同廿日巳時当二坊《ノ》上《ニ》一紫雲聳《ク》其中《ニ》有円-戒〔形カ〕雲、

(11) 往レ道人々於二処々《ニ》一見レ之、

(12) 弟子云、虚空《ニ》紫雲已《ニ》聳《フ》、御往生近付給歟、上人云、善事哉、

(13) 人皆尋レ之奉レ問二仏《ヲ》御覧《スル》歟《ト》一、答然也《ト》、

(14) 在二西山《ニ》一炭焼十余人見レ之来《テ》即《チ》語《ル》、又自二広隆寺一下向《ノ》尼於二

行道《ヲ》一人々於処々見之、

弟子云《ク》、此空《ニ》紫雲已聳《ク》、御往生近給歟、上人云、哀《ナル》事哉、

人皆奇之一奉問二仏《ノ》在《スト》歟一、然也答《下テ》、

在西山《ニ》一炭焼十余人見之一来《テ》而語《ル》、又従庄〔広〕隆寺二下向《スル》尼於路頭一来《テ》而

ミチヲスキユク人々、アマタトコロニテミアヤシミテオカミ侍ケリ、

アル御弟子申テイフヤウ、コノ上ニ紫雲タナヒケリ、聖人ノ往生ノ時チカツカセタマヒテ侍カト申ケレハ、聖人ノタマハク、アハレナル事カナトタヒ〳〵ノタマヒテ、

人ミナアヤシミテ、タヽ、事ニハアラス、コレ証相ノ現シテ、聖衆ノキタリタマフカトアヤシミケレトモ、ヨノ人ハナニトモコヽロエス侍ケリ、

西ノ山ノ水ノ尾ノミネニミエワタリケルヲ、樵夫トモ十余人ハカリ

路頭ニ一見来テ而語ル、

(15) 殊ニ強盛高声念仏シ給事或一時或半時也、

(16) 自二廿四日酉時一至二同廿五日午時一、

(17) 漸ク細ク高声ハ時々相交ル、雖レ然高声念仏無絶ルヿ、弟子五六人番々ニ

語ル、

殊強盛高声念仏事或一時或二時、

自廿四日酉時至廿五日、

高声念仏無絶、弟子五六人番々ニ助音ス、

ミタリケルカ、ソノ中ニ一人マイリテ、コノヨシクワシク申ケレハ、カノマサシキ臨終ノ午ノ時ニソアタリケル、マタウツマサニマイリテ下向シケルアマモ、コノ紫雲オハオカミテ、イソキマイリテツケ申侍ケル、

コトニツネヨリモツヨク高声ノ念仏ヲ申タマヒケル事、或ハ一時、或ハ半時ハカリナトシタマヒケルアヒタ、

マタオナシキ廿四日ノ酉時ヨリ廿五日ノ巳時マテ、

聖人高声念仏ヲヒマナク申タマヒケレハ、弟子トモ番ニカワリテ、

助音《ス》、

一時ニ五六人ハカリコヱヲタスケ申ケリ、ステニ午時ニイタリテ、念仏シタマヒケルコヱスコシヒキクナリニケリ、サリナカラ、時々マタ高声ノ念仏マシワリテキコエ侍ケリ、

⒅ 誦《シテ》㆓光明遍照十方世界念仏衆生摂取不捨之文《ヲ》㆒如眠命終《シ》給《フ》、

誦光明遍照十方世界念仏衆生摂取不捨《ト》㆒如眠命終《ス》、

⒆ 諸人競来拝ㇾ之猶如㆓盛市《ノ》㆒、

ソノ、チヨロツノ人々キオイアツマリテ、オカミ申コトカキリナシ、

諸人競来拝《テ》之供如盛市、

「建久九年正月一日記」の対照では、三本のうち相違箇所と認められるそのほとんどが大徳寺本と『醍醐本』においては、わずかな例を除いては相違するにもかかわらず、大徳寺本と『指南抄』の記述とは一致している。大徳寺本の記述で『醍醐本』とだけ共通する箇所としては、⑺「或二万返」(大徳寺本、以下同じ)、⑼「如宝瓶」、⑽「見《ルニ》㆓四方《ヲ》㆒」、㉓「高畠少将殿」、㉔「大如《サ》丈六面《ノノ》㆒」をあげるのみである。『醍醐本』と『指南抄』とだけが一致する記述としては、⑸「七日朝」(『醍醐本』、以下同じ)、⑼「光《ノ》端《シ》赤《シ》」「々々々《ニ》有赤花」の部分のみである。このように、

「建久九年正月一日記」いわゆる「三昧発得記」においては、大徳寺本の記述形成には『醍醐本』の影響というよりは『指南抄』所収本との関係を想定しなければならない。つぎに「法然聖人臨終行儀」の方であるが、この場合は前例と違って大徳寺本と『醍醐本』との記述は全体的には共通している。『指南抄』だけが他の二本とは違い文体にかなり多くの記述が付加されている。これを文字どおり後の付加と考えるか、逆に『指南抄』本系の記述から他の二本の記述に縮少されていったのかは一概には断じられない。とくに(3)「其後来㆓日本国《ニ》㆒入㆓天台宗《ニ》㆒」(大徳寺本、以下同じ)、(5)「唱㆓此仏名号㆒者」、(8)「此十余年念仏之功《ヲ》積《ミ》」、(11)「往㆑道人々《ハ》」、(15)「或一時或半時」、(17)「漸《ク》細《ク》高声《ハ》時々相交《ル》、雖㆑然高声念仏無絶《ル》㆑」等の部分においては、『醍醐本』とは相違し『指南抄』と共通している。このことは、少なくとも『醍醐本』の記述がそのまま大徳寺本となったということはないことを意味するものである。

ところで、大徳寺本においても「臨終記」には前掲(19)の記述につづいて「或人七八年之前感《ス》㆓霊夢《ヲ》㆒」として記述の付加があるが、この記述は『指南抄』が「法然聖人臨終行儀」につづいて、「聖人御事アマタ人々夢ニミタテマツリケル事」(以下、「聖人御事諸人夢記」と称す)を所収しており、中宮の大進兼高以下丹後国しらふ庄別所の和尚に至る一六件のいわゆる霊夢の記事を集録するうち、その最初の記事である中宮の大進兼高の夢想記事を土台として形成されたものであることが確実である。これに釈尊滅後百年の阿育王仏心開悟の物語、さらには『醍醐本』編者の附記と見られる記述等を掲載しているわけであるが、その体裁については『醍醐本』を踏襲した形となっている。また正徳版『拾遺漢語灯録』ともまったく一致している。これは『醍醐本』所収本の形成過程において『指南抄』所収本の原型をなす記述の影響を受けていたことを間違いなく証することになるものであり、また梶村氏が説かれるとおり大徳寺本が『醍醐本』の影響によって成立している可能性を示すことになる。

『指南抄』所収本にもう一点「法然聖人御夢想記」がある。『醍醐本』には対応するものがないが、これを大徳寺本所収「夢記」と対照してみたい。短い記録なので全文を左に掲げる。

大徳寺本「夢記」

御夢記

或夜夢《ラク》、有二一《ノ》大山一、其峯極高《シ》、南北長遠《ニ〆》向二西方《ノ》山根《ニ》一、有二大河一傍《テ》レ山《ニ》出《テ、》レ北《ヨリ》流《ル》レ南《ニ》、河原眇々《ト〆》而不レ知二其邊際一《ヲ》、林樹滋々《ト〆》而不レ知二其限数一《ヲ》、於レ是源空忽登《テ》二山《ノ》腹《ニ》一遥視《ルニ》二西方一《ヲ》、自レ地已《ニ》上《ル┐》五十尺計《リ》上《リ》‐昇、空‐中《ニ》有二一《ノ》聚紫雲一、以‐為《ラク》何《レノ》処《ニ》有《リヤト》二往生人一哉、爰《ニ》紫雲飛《テ》至《ル》二於我前《ニ》一、為《ス》二希有之思《ヲ》一処、即自二紫雲之《ノ》中一孔雀鸚鵡等之衆鳥飛‐出《テ》、遊《ヿ》戯《ノ》河原《ニ》一崛レ沙《ヲ》戯《ル》レ濱《ニ》一、見《ルニ》二此等《ノ》鳥《ヲ》一、是非《レ𪜈》二自レ身放《ツニ》レ光《ヲ》照曜《スル┐》無レ極、其後飛‐昇《テ》如レ本入《リ》二紫雲《ノ》中《ニ》一畢、爰《ニ》此《ノ》紫雲不レ往二此所一、過而向《ヒ》二北隠《ノ》山河《ニ》一畢、又以‐為《ラク》山《ノ》東有《ニ》二往《リヤト》生人一哉、如是思惟《スル》之間《ニ》、須臾《ニ》還‐来《テ》即住二於我前《ニ》一、自二紫雲《ノ》中一着《タル》二墨染之衣一僧

『指南抄』中巻本「法然聖人御夢想記」

法然聖人御夢想記　善導御事

或夜夢ニミラク、一ノ大山アリ、ソノ峯キワメテ高、南北ナカクトオシ、西方ニムカヘリ、山ノ根ニ大河アリ、傍ノ山ヨリ出タリ、北ニ流タリ、南ノ河原眇眇トシテソノ邊際ヲシラス、林樹滋滋トシテ、ソノカキリヲシラス、コヽニ源空タチマチニ山腹ニ登テ、ハルカニ西方ヲミレハ、地ヨリ已上五十尺ハカリ上ニ昇テ、空中ニヒトムラノ紫雲アリ、以為、何所ニ往生人ノアルソ哉、コヽニ紫雲トヒキタリテ、ワカトコロニイタル、希有ノオモヒヲナストコロニ、スナワチ紫雲ノ中ヨリ、孔雀・鸚鵡等ノ衆鳥トヒイテヽ、河原ニ遊戯ス、沙ヲホリ、濱ニ戯、コレラノ鳥ヲミレハ、凡鳥ニアラス、身ヨリ光ヲハナチ□〔テ〕、照曜キワマリナシ、ソノノチトヒ昇テ、本ノコトク紫雲中ニ入了、コヽニコノ紫雲コノトコロニ住セス、コノトコロヲスキテ、北ニムカフテ山河ニカクレ了、マタ以為、山ノ東ニ往生人ノアルニ哉、

一人飛下《テ》住二留《ス》我《カ》立《タル》処之許《ニ》一、即為《ノ》二恭敬《ヲ》一歩一下《テ》、立《テ》二僧《ノ》足《ノ》下一瞻二仰《スレハ》此僧《ヲ》一者、身《ノ》上半《ハ》肉身《ニメ》即僧形也、身《ノ》下半《ハ》金色《ニメ》如二仏身《ノ》一也、爰源空合掌低首《メ》言《ク》、是《レハ》誰《レ》人《ノ》来《レルヤ》哉、答曰、我是善導也《ト》、又問曰、為《ノ》レ何《ンノ》故《ニ》来《リ玉ヘルヤ》哉、又答曰、尒雖二不肖《ト》一能《ク》言二専修念仏一、甚一以為レ貴《ト》、為《ノ》レ之《レカ》故《ニ》以《テ》来《ル》也、又問曰、専修念仏之《ノ》人皆《ハ》為《ルヤ》二往生一哉、未《タ》レ承《ル》二其《ノ》答《ヲ》一之間《ニ》、忽然《トメ》而夢一覚《メ》畢《ンヌ》、
建久九年五月二日註之　　源空

カクノコトク思惟スルアヒタ、須臾ニカヘリキタリテワカマヘニ住ス、コノ紫雲ノ中ヨリ、クロクソメタル衣着僧一人トヒクタリテ、ワカタチタルトコロノ下ニ住立ス、ワレスナワチ恭敬ノタメニアユミオリテ、僧ノ足ノシモニタチタリ、コノ僧ヲ瞻仰スレハ、身上半ハ肉身、スナワチ僧形也、身ヨリシモ半ハ金色ナリ、仏身ノコトク也、コヽニ源空合掌低頭シテ問テマフサク、コレ誰人ノ来タマフソ哉、答曰、ワレハコレ善導也ト、マタ問テマフサク、ナニノユヘニ来タマフソ哉、マタ答曰、尒不肖ナリトイエトモ、ヨク専修念仏ノコトヲ言、ハナハタモテ貴トス、タメノユヘニモテ来也、マタ問言、専修念仏ノ人ミナモテ為二往生一哉、イマタソノ答ヲウケタマハラサルアヒタニ、忽然トシテ夢覚了、

この両本の記述は非常に近いことが確認される。大徳寺本に「傍《テ》レ山《ニ》出《テ、》レ北《ヨリ》流《ル》レ南河原眇々《トメ》而不レ知二其邊際《ヲ》一」とある箇所は、『指南抄』に「傍ノ山ヨリ出タリ、北ニ流タリ、南ノ河原眇眇トシテソノ邊際ヲシラス」とあるから、大徳寺本の方の返り点の誤りに過ぎないものと見られる。あとは大徳寺本に「至《ル》二於我前《ニ》一」とある箇所が『指南抄』では「ワカトコロニイタル」とあり、同様に「住二留《ス》我《カ》立《タル》処之許《ニ》一」とある箇所が「ワカタチタルトコロノ下ニ住立ス」とあり、また『指南抄』にある「コレラノ鳥ヲミレハ凡鳥ニアラス」「コノトコロヲスキテ」「コノ紫雲ノ中

ヨリ」「ワレスナワチ恭敬ノタメニアユミオリテ」の各傍点部分の記述が大徳寺本にはない点、さらには大徳寺本末尾の「建久九年五月二日註之　源空」という日付・署名の記述が『指南抄』にはない点、以上の相違箇所を除くと全文が合致している。したがって、対応する記録が『醍醐本』にはないので参考としかならないが、大徳寺本の記述について考察するには『指南抄』所収本系の記述との関連性を想定することが必要であると言える。

まとめ

大徳寺本の記述内容を正徳版『拾遺漢語灯録』をはじめ『醍醐本』の対応する記述、さらには『指南抄』の該当記述等との比較対照を行うことによって検討を進めてきたわけであるが、まずは大徳寺本に数箇所確認される註記を検討することにより、大徳寺本独自の註記、『拾遺漢語灯録』編者による註記、あるいは遺文・記録の原型そのものに存した註記である等の可能性が考えられた。このことによって大徳寺本系統の記述の存在をかなり遡らせることが出来るようになったわけである。

そこで、大徳寺本「三昧発得記」と『指南抄』「建久九年正月一日記」の比較対照からは、とくに『醍醐本』所収本との異同箇所に限っては、両者に共通性が認められたが大徳寺本の方の記述との関係が深い。また、大徳寺本「臨終記」と『指南抄』「法然聖人臨終行儀」とではもともと記述の形態が相違しているが、とくに『醍醐本』所収本との異同箇所に限るとやはり大徳寺本の方の記述に近い。大徳寺本「夢記」と『指南抄』「法然聖人御夢想記」とでは、両者の記述に密接な関係を想定するほど非常に近いことが判明した。これらのことから、どこかの時点で大徳寺本系統の記述と『醍醐本』系統の記述が存在するようになったと想定することとなり、さらにこれらの両記述に遡った存在として、『指南抄』系統の記述にその原型を求めることが出来るものと考えられた。

正徳版は近世になって良照義山により、中世から存していた『拾遺漢語灯録』をもとに記述の改変が行われて印行されたものである。大徳寺本の検討結果を踏まえると、この大徳寺本の確認によって、『拾遺漢語灯録』が正徳版に先行し中世に遡って存在した可能性が提示された意義は非常に大きいと言うことができる。法然の遺文集ともいうべき『語灯録』の信憑性については従来から決して高い評価を受けてきたわけではない。その最大の焦点となっていたのが『拾遺漢語灯録』の位置付けであり、これに良質の文献が欠けていることが『語灯録』全体の評価を低くしていた大きな因由であった。大徳寺本は従来の正徳版に先行するものというばかりでなく、『醍醐本』『指南抄』所収本等との比較から原型をかなり忠実に伝えているのではないかと考える。

『和語灯録』『拾遺和語灯録』には元亨版と西法寺蔵鎌倉末期写本、『漢語灯録』には浄厳院蔵隆堯書写本、そして『拾遺漢語灯録』にはこの大徳寺本が中世に遡りうる文献として確認出来ることとなったわけである。したがって、大徳寺本の存在は『拾遺漢語灯録』に所収される各遺文・記録の信憑性を高めるとともに、『語灯録』全体の史料的価値を確固たるものにするなど、法然遺文研究の進展に大いに貢献するものと言える。

註

(1) 藤原猶雪著『日本仏教史研究』(大東出版社、昭和十三年)所収「徳川時代における法然上人漢語灯録の改竄刊流」、本書第I部第三章第一節「『漢語灯録』について」参照。

(2) 『黒谷上人語灯録(和語)』(龍谷大学善本叢書15、同朋舎、平成七年)参照。

(3) 西村冏紹「『語灯録』(和字)の一考察──新出浄写本を中心として──」(『仏教学会紀要』第二号、平成六年)参照。

(4) 本書第I部第三章第二節「『和語灯録』について」参照。

(5) 『増上寺史料集』(続群書類従完成会、昭和五十五年)第六巻所収。

(6) 『親鸞聖人真蹟集成』(法藏館、昭和四十八年)第五巻所収。

初出一覧

本書は既発表の論文に若干手を加えたものの合成によってその大要を成しているため、ここにこれら拙稿の原題並びに所在等を発表年次に順じ一括列挙しておく。

◇二尊院所蔵七箇条制誡について………『三康文化研究所年報』第一三号　昭和五十六年三月刊（伊藤唯真・玉山成元編『法然上人と浄土宗』日本仏教宗史論集第五巻〈吉川弘文館　昭和六十年二月刊〉所収）
◇専修念仏者安楽房遵西の処刑人………『印度学仏教学研究』第三〇巻第一号　昭和五十六年十二月刊
◇専修念仏者藤原隆信（戒心）の周辺………『仏教論叢』第二六号　昭和五十七年九月刊
◇嵯峨往生院念仏房の周辺………『仏教論叢』第二八号　昭和五十九年九月刊
◇法然の送山門起請文について………『仏教史学研究』第二九巻第一号　昭和六十一年七月刊
◇漢語灯録についての一考察………『仏教文化研究』第三二号　昭和六十二年三月刊
◇法然の没後遺誡文について―特に条文内容の整合性分析―………『華頂短期大学研究紀要』第三二号　昭和六十二年十二月刊
◇醍醐本『法然上人伝記』所載「御臨終日記」の成立過程について………『藤堂恭俊博士古稀記念 浄土宗典籍研究』研究篇　同朋舎　昭和六十三年十一月刊
◇『西方指南抄』所収「法然聖人御夢想記」について………『華頂短期大学研究紀要』第三三号　昭和六十三年十二月刊
◇「善導寺御消息」諸本の問題点について………『日本仏教史学』第二三号　平成元年二月刊

◇「三昧発得記」偽撰説を疑う………『印度学仏教学研究』第三八巻第一号　平成元年十二月刊
◇法然義の伝承と但馬宮雅成親王………『華頂短期大学研究紀要』第三四号　平成元年十二月刊
◇醍醐本『法然上人伝記』所載「別伝記」について………『法然学会論叢』第七号　平成二年三月刊
◇『西方指南抄』の成立について………『三康文化研究所年報』第二二号　平成二年三月刊
◇法然の没後遺誡文について―遺文としての信憑性攷―………『浄土宗学研究』第一七号　平成三年三月刊
◇大徳寺本『拾遺漢語灯録』について………『佛教大学総合研究所紀要』別冊　平成十四年三月刊

第Ⅰ部　第三章第二節（新稿）
第三章第三節（新稿）
第四章（新稿）
第Ⅱ部　第四章第一節（新稿）
第四章第二節（新稿）

増補改訂版あとがき

本書を世に送ったのは平成六年（一九九四）、法然研究のための基礎史料について、史料批判の方向がいまだ定まらず、研究者のなかには法然研究は史料不足ゆえに研究の進展など望むべくもないと唱える者もおられた頃であった。いまや『醍醐本』『指南抄』『語灯録』などの史料的信憑性について、個々には課題を残しながらも全体としては法然研究のための基礎史料との評価が定着しつつあると言える。隔世の感である。本書がもしその評価に幾許程か貢献できていたとするならば、それは感慨無量である。

今回、法藏館様から再版のお話をいただき、法然研究における文献研究、基礎的研究の重要性がようやく認知されてきた喜びにひたっている。そのまま再版することも考えたが、本書刊行後に、特に唯一の課題と考えていた『拾遺漢語灯録』が、平成八年大徳寺本の確認によって大きな進展を遂げることになったことは画期的な出来事であり、筆者もこの大徳寺本に史料批判を加え機会があれば本書に所収する必要性を感じていた。また本書初版本には筆者の未熟さに起因する誤認、誤謬、誤植箇所が多く、この際これらも出来るかぎり見直しを行った。こうした作業にご理解をいただき増補改訂として再版をお許しいただいた法藏館社長の西村明高氏に深甚の謝意を表すところである。

ともかく、法然研究のための文献研究の発展は目ざましく、平成七年には元亨版を影印所収する龍谷大学善本叢書15『黒谷上人語燈録（和語）』（同朋舎出版）の出版、平成八年には前述の大徳寺本『拾遺漢語灯録』の確認、平成十年から同十三年には大正大学浄土宗宗典研究会編『選択集諸本の研究』第一巻〜第五巻（文化書院）の出版、最近では中井真孝編『「法然上人絵伝の基礎的研究」研究報告書』（佛教大学アジア宗教文化情報研究所）による各種法然上人伝法絵の影印出版などの成果をあげることができる。

本書の再版が、これら法然研究における基礎的な文献研究の重要性について、更なる喚起の声のあがる機縁となりうれば望外の喜びとするところである。

平成二十二年三月

中野正明

索　　引

―凡　例―

1．　法然、阿弥陀仏、念仏等、本書における基本的な用語については、これを割愛した。
2．　人名、文献名、寺院名等を中心に、必要と思われる項目にはそれぞれ見よ項を立てた。
3．　法然消息類の各題名は、本書第Ⅰ部第四章付録「法然書状所収文献照合一覧表」（256～258頁）によって統一し、同一消息名にはそれぞれ見よ項を立てた。
4．　人名に、ゴシック体で算用数字を冠するのは、二尊院本「七箇条制誡」の署名順番を示す。
5．　項目の並びについては、初版本のとおりとした。また、増補改訂版の刊行にあたり、補論の索引を加えた。

あ

い

お

き

く

こ

さ

し

す

せ

そ

た

ち

つ

て

と

ね

の

は

ひ

ふ

へ

ほ

ま

み

む

め

も

や

ゆ

よ

る

れ

ろ

わ

中野正明（なかの　まさあき）

1954年、福井県に生まれる。1977年、大正大学史学科日本史学専攻卒業。1982年、大正大学大学院文学研究科博士課程（佛教史学）修了。博士（文学）。現在、華頂短期大学教授、佛教大学大学院非常勤講師、浄土宗教学院理事、佛教史学会評議員、日本佛教教育学会理事、総本山知恩院文化財保存委員長。2002年より華頂短期大学学長、2009年より学校法人佛教教育学園副理事長。主要編著・論文に、『岐阜本誓寺文書』（共編、東洋文化出版）、『京都永観堂禅林寺文書』（共編、文化書院）、『増上寺史』（共編、大本山増上寺）、『説法色葉集』（共編、青史出版）ほかがある。

増補改訂　法然遺文の基礎的研究

二〇一〇年五月二五日　初版第一刷発行
二〇一一年七月二五日　初版第二刷発行

著作者　中野正明
発行者　西村明高
発行所　株式会社　法藏館
京都市下京区正面通烏丸東入
郵便番号　六〇〇—八一五三
電話　〇七五—三四三—〇〇三〇（編集）
〇七五—三四三—五六五六（営業）

印刷・製本　リコーアート・吉田三誠堂製本所

ISBN978-4-8318-6055-2 C3015